中国医学の起源

中国医学の起源

山田慶兒著

岩波書店

目次

はじめに

1

近代科学の方法を用いる医学を近代医学、それ以外の医学を伝統医学と呼ぶならば、十九世紀のはじめまでは伝統医学の時代であったといえよう。世界のあらゆる地域の医療活動をすべて、伝統医学がになっていたのである。その後、目覚しい発展をとげた近代医学は、西ヨーロッパにおいて勝利をおさめたのち、ヨーロッパ的世界の拡大とともに、地球的な規模で医学の主導権を確立してゆく。とはいえ、地域による強弱の差こそあれ、伝統医学に完全にとって代わることはなかった。それどころか、近代医学が多くの分野でいちじるしい成果をおさめた反面、その限界と欠陥もまた明確になるにつれて、伝統医学は再評価され、世界的に復活の動きがおこってきたのである(1)。

現代社会における伝統医学のこの在りかたは、ほかの伝統科学とははっきり異なる。伝統科学のどんな分野であれ、いまもなお独立の活動領域をもつものはほかにない。医学をのぞく伝統科学はつとに、あるいは近代科学によって乗り越えられ、あるいはそのなかに吸収された。もちろん、伝統科学は現代科学技術文明の源流であり、現代文明の位置と位相を明らかにするためにも、きわめて重要な研究対象である。しかしそのことは、伝統科学の方法と理論がいまも有効であることを意味しない。伝統科学のなかに学ぶべき知恵があるとしても、それは知恵にとどまる。

伝統科学のなかで医学のみが例外的に、今日もなお生きているのはなぜだろうか。それは医学が人を対象とする学問であり、しかも人の病を治すのをその究極的な目的としているからである。人はもっとも高度に組織化された、きわめて複雑な構造と機能をもつ生体である、というだけではない。医学の対象となる人は人間一般ではなく、一人ひとり、身体的な性質も性格も心性も生活歴も生活環境もすべて異なる具体的な個人、ひとことでいえば個性としての人間である。しかもその個人はある時代、ある社会に、ある文化的伝統を背負って生きている。それぞれの個人におけるる病のあらわれかたは、個性的であるとともに、しばしば時代的・社会的・文化的でさえある。のみならず、診療にたずさわる医師もまたおなじく具体的な個人、個性としての人間なのである。つきつめていえば、ある社会制度と文化的伝統のもとで、まったく異なる個性をもつふたりの個人がとり結ぶ、医師-患者関係をとおしてしか医療行為は成立せず、医療行為なしに医学は存在しないところに、医学の特異なありかたが生まれてくる。

視点を変えていえば、医学は人間の生物学に裏づけられた、人の病を認識する科学であると同時に、方法の進歩とともに経験の蓄積によっても豊かにされる、人の病を治療する技術であり、そのうえにいわゆる科学や技術を超えた人間的行為をともなうのである。近代医学が科学と技術的手段の進歩を誇り、病と治療行為を成り立たせるほかのさまざまな要素を閑却してきたとすれば、そしてその誇るにたる技術的手段の進歩が逆に多くの弊害を生むにいたったとすれば、長い歴史をとおしてそれぞれの社会制度と文化的伝統のなかにしっかりと根を下ろし、人びとの病の治療と予防、健康の維持と増進に貢献してきた伝統医学に再評価の眼が向けられたのは、とうぜんの成り行きであったといえよう。

2

世界の伝統医学のなかでも中国医学は、従事するひとの数や根づいている地域の広さと人口の多さにおいてきわだっているが、医学としてみたばあいも、鍼灸という、ほかに類例のない療法をもっている。それは中国医学が最初からそなえていた特性であった。いや、正確には、その特性を獲得することによって、中国大陸の医学は今日われわれの知るような「中国医学」になった、というべきだろう。中国医学の形成過程を特徴づけているのは、第一に、鍼灸という特異な治療法が発達したこと、第二に、この鍼灸療法と結びついて医学理論が形成されていったこと、第三に、鍼灸医学とともに生まれた理論が薬物療法を中心とする医学の全体系の基礎理論へと発展していったことである。これを歴史の三つの段階とみなしてもよい。そこからただちに、中国医学の基本的な概念や思考の枠組をつくりだしたのは鍼灸医学であり、この特異な療法の発明こそ中国医学形成の原動力であったのが理解されよう。ひとことでいえば、中国医学のユニークな特性はなによりも鍼灸医学に由来したのである。(2)

鍼灸を推力とする中国医学の形成過程は、戦国時代(前四〇三―前二二一)から後漢(二五―二二〇)にかけて進行する。その過程を主導した医師たちの著作が、三部の医書として後世に伝えられている。すなわち中国医学の三大古典、『黄帝内経《こうていだいけい》』(『素問』+『霊枢』、または『太素』)、『黄帝八十一難経《なんぎょう》』(『難経』と略称)、そして『傷寒雑病論』(『傷寒論』+『金匱《きんき》要略』)である。この三つの古典による中国医学体系の範型ができあがったのは後漢末であった。

『漢書《かんじょ》』藝文志《げいもんし》にその名がみえる『黄帝内経』は、鍼灸医学と医学理論(診断法・解剖学・生理学・病理学)の書であり、各分野の専論のほかに、評論、解説、講義用テキスト、注釈など、多様な文章をおさめる。薬物療法にかんする記述はほとんどないが、それをべつとして、中国医学理論の大綱はここに定まった、と一応はいってよい。気の理論にもとづく基本的な考えかたや診断と治療の原則など、大きな方向性はすでに出ているか、すくなくとも見えはじめているからだ。とはいえ細目にいたっては、あるいは言明し、あるいは祖述し、あるいは改変し、あるいは否定するいろいろな主張や解釈、あるいは独立し、あるいは並行し、あるいは矛盾し、あるいは対立するもろもろの理論や技術が、まるで等しい価値をもつようにとりあつかわれ、並列して投げだされている。この熱気にあふれた、混沌たる様相こそ、『黄帝内経』が形成期の軌跡であることの、たしかな証なのである。

第二の古典『難経』は、秦越人、すなわち伝説的な名医扁鵲《へんじゃく》の著作とされる。むろん仮託だが、内容の整合性からみて、無名の多くの著者の文章を集めた『黄帝内経』とちがい、おそらくは一人の著作であろう。『黄帝内経』を基礎に、あるいはその欠を補い、さまざまな理論や技術を独自の立場から解釈し統合して、鍼医学と医学理論を体系化するところに、その意図があった。大胆かつ野心的なこの試みは、とりわけ理論的にも臨床的にも中国医学の核心をなす脈の理論と脈診の方法を確立させ、永く後世の規範となった。作品としてみれば、『黄帝内経』に生気をあたえていた「創造的混沌」(ゲーテ)は『難経』から失われているが、それは体系的著作のもつ宿命というべきであろう。

鍼灸医学が目覚しい理論活動を展開しているあいだ、薬物療法はなお経験的な対症療法の集積にとどまっていた。薬物療法にたずさわる医師たちも、鍼灸療法とともに生まれた脈診を採用したが、それは病因や病名を確定する手段としてであり、薬の投与はあくまで対症的であった。(3) とはいえ、そうした経験の蓄積が脈と薬とを結びつける方向へ導いたのであろう。後漢の張仲景は、『黄帝内経』と『難経』にもとづいて、薬物療法に脈の理論を適用するとともに、その体系化をはかった。それが第三の古典『傷寒雑病論』である。実在する個人の名をいただくこの最初の医書は、今日まで標準とされ、いわゆる漢方を特徴づけている、数多くの湯液(煎じ薬)の処方を記載している。同時に、それは後に、六経弁証と呼ばれる診断＝治療法を成立させることになる。診察された脈の状態や症状を、基礎理論によって病証に弁別し、治療法を決めてゆく、現代中医学の弁証論治の方法は、『傷寒論』のなかから析出された六経弁証を発展させたものなのである。

ちなみに、中国医学は宋・金・元、さらには明の時代に大きな飛躍を遂げることになるが、それは中国医学の範型をつくりだしたこれら三つの古典の研究を基礎にして生じたのであった。さらにつけくわえておけば、本草と称する薬物学の誕生も、医学の範型の形成と並行するできごとであった。その最初の著作『神農本草経』を第四の古典にかぞえるべきであろう。

3

中国医学の起源は従来謎につつまれていた。解答は伝説か想像力にゆだねられてきたのである。歴史家にはいつも、起源をできるだけ古くさかのぼらせようとする誘惑がつきまとう。

中国医学の起源とは、あらためて指摘するまでもなく、第一に鍼灸の起源を意味する。『黄帝内経』は、歴史的な視点に立てば、鍼灸医学の形成期の証言集ということができるが、収録されている文章は、成書年代がわからないうえにすでにかなりの完成度に達していて、原初の形態をとどめていない。とうぜんその前史がなければならない。しかし、既存の文献からそれを再構成することはできなかった。

鍼灸療法の成立以前にもむろん医学はあった。呪術療法、薬物療法、そして簡単な外科手術、それが殷代の甲骨文や周代の文献から読みとれる医学である。要するに、どこにもみられる治療法が中国でもおこなわれていたというにすぎず、伝統医学としてとりたてて特色はない。ただ戦国時代の文献のなかにわずかにみられる灸療法への言及が、さらにさかのぼれば、春秋時代の歴史書にみえる「気」の病理学への萌芽が、歴史になにがおこったかを示唆するのみであった。

この状況を打ち破ることになったのは、一九七三年末に湖南省長沙の馬王堆前漢墓から出土した一連の医書であった。一九八三／八四年にはさらに湖北省江陵県の張家山前漢墓から医書が発見され、馬王堆漢墓出土医書を補完した。

成書年代は戦国時代後期にさかのぼると考えられるこれらの医書には、当時の医学の全領域を覆う書がふくまれている。ところが驚くべきことには、そこに灸療法と砭石《へんせき》療法（瀉血と簡単な外科手術）は記載されていたが、鍼療法への言及はどこにもみいだされなかったのである。しかしそれは先秦の文献の記載と一致しており、鍼療法の出現の新しさをしめしていた。太陽・陽明・少陽・太陰・少陰・厥陰《けっちん》の名称をもつ、手と足の十一脈とそれに属する病気や脈診法の記述は、脈と脈診が灸療法を編みだした医師たちによって発見されたことを物語っていた。また、道家の気の理論が養生法をとおして医学に導入されたらしいことも、そこに示唆されていた。(4)

だがそれだけではない。十一脈の記述をはじめいくつかの文章はあきらかに、『黄帝内経』におさめるいくつかの文章の祖型であった。それは『黄帝内経』を歴史的に分析するための最初の確実なてがかりを提供していた。各文章の成立の絶対年代はわからなくても、その相対的な前後関係が明らかになるならば、『黄帝内経』のなかに歴史を発見し、ある段階以後の古代医学の形成過程を再構成できるだろうからである。しかもその前史としては出土医書がある。

これが新しい研究の出発点であった。本書には、中国医学の起源と古代医学の形成にかんするわたしの探索の軌跡が、すべておさめられている。I部の主題は、鍼灸・湯液および本草という、中国医学の特質をかたちづくる三つの要素の起源である。II部では、『黄帝内経』を歴史的に分析し再構成するとともに、古代医学形成のパターンを抽出する。古代において確立された中国医学の範型とはなにか、中国医学の今日にいたる連続性は歴史のいかなる運動によって達成されたか。それはわたしが問いつづけなければならなかった、隠された主題である。

中国古代医学史にあまりなじみのない読者は、どうか最初に、II部第五章の「『黄帝内経』の成立」に目を通していただきたい。それは中国医学の起源にかんしてわたしが書いたはじめての論文であり、古代医学史研究のそのころの状況と、本書に展開される研究の出発点となった仮説群とが、簡潔にしるされていて、論旨や仮説・解釈などにはその後さまざまな修正をくわえることになったとはいえ、なお全体の見取図としても役立つだろうからである。

なお、引用文には、読み下したばあいと現代語訳したばあいとがある。引用文全体の意味を理解する必要があるときは、現代語訳にするか、でなければ読み下しのあとにくわしい説明をつけた。しかし、引用文が全体としてなにを述べているかでなく、そのなかの一部分——たとえば砭石とか湯液といった語がどういう意味につかわれているか——だけを知ればすむこともすくなくない。そういうばあいには、引用は説明ぬきの読み下し文にとどめてある。読者には、不必要な細部に気をとられずに論旨をたどってくださるよう、希望する。

I 起源

第一章　鍼灸の起源

1　古典の記述と出土医書

鍼灸療法の起源は謎につつまれている。(1) これまでいくつかの答が提出されなかったわけではむろんない。たとえば、どこでおこったかについてなら、鍼灸の古典である『黄帝内経』そのものが、あらかじめ答を用意している。『太素』巻十九にみえる岐伯派(2)の論文「知方地」篇(『素問』巻四・異法方宜論篇)である。それはさまざまな治療法の起源を「地勢」のちがいに求めようとする。地理的風土的な条件のちがいによって生活様式や摂取する食物が異なり、それが体質や発生する病気のちがいを生み、それに応じて異なった治療法がつくりだされた、というのである。とはいえ、「砭石《へんせき》」は東方、「毒薬」は西方、「灸焫《きゆうぜつ》」は北方、「九鍼」は南方、「導引・按蹻《あんきよう》」は中央というその異地域起源説は、いうまでもなく五行説にもとづいて主要な療法を空間的に分類・配置しただけであり、とりたてて意味があるとも思えない。この文章が書かれた時代にはまだ、それらの分野のうちすくなくとも一、二の治療法については、その起源にかんする伝承ないし記憶が残っていたであろうが、はたしてこの分類に生かされているかどうか。かりにいくらかは生かされているとしても、それをたしかめる資料は存在しない。むしろこの説が物語っているのは、道家や神仙家の重んずる導引(医療体操)と按蹻(マッサージ)を中央に置いた、その価値観についてである。黄帝学派は、あとで述べるように、いわば鍼療法(以下、鍼法と呼ぶ)派であったにもかかわらず、この篇の著者は導引・按蹻に最高の価値をあたえた。『黄帝内経』が編集されたさいにこの文章がとりいれられた以上、それはたんなる著者の個人的な好みには帰せられない価値序列であったにちがいない。黄帝学派にたいする道家の養生思想のふかい影響を、この説ははっきりしめしているのである。

ともあれ、『黄帝内経』の説くところは、空間的地理的な起源であって、時間的歴史的な起源ではない。西晋(二六五―三一六)の皇甫謐《こうほひつ》(二一五―二八二)の「帝王世紀」によれば、八卦《はっか》を作り、漁猟を人民に教えた(『易』繋辞伝下)とされる伏羲《ふっき》が、「百薬を嘗味し、而して九針を制」したという。またべつに、黄帝は「雷公・岐伯に命じ」て「九鍼を制し、内外術経十八巻を著さ」せたともいう。これらの説話は、あきらかに九鍼(九種類の金属鍼)の出現後、いいかえれば鍼法の成立後に、とくに後者は『黄帝内経』の成書後に、つくられたのである。事物の起源を語る、「帝王世紀」以前の伝説のなかには、鍼灸療法の創始者の名は伝えられていない。いっぽう、周代の制度としてどこまでが事実のこだまであるにせよ、『周礼《しゅらい》』天官にみえる食医・疾医・瘍医《ようい》・獣医とそれを統轄する医師という五つの職掌のなかにも、鍼灸療法は記載されていない。それでは考古学的遺物はどうか。艾《がい》(もぐさ)の出土は期待できないとしても、鍼ならありうるし、事実そうだとみなされている出土品もすくなくない。しかし、それらにはほとんど医療用の鍼だと特定する根拠は存在しない。医療用具と断定する、あるいは、高い蓋然性をもって推論することをゆるすような、なにかほかの遺物といっしょに、組み合わされて出土するのでなければ、ほかの用途の鍼と区別できないのである。そうでないばあい、かりに医療に用いられた可能性を推論するとしても、そう推論するためには、あらかじめ鍼法の存在が証明されていなければならない。そしてその証明は、さしあたり文献の記載に求めるほかはない。

鍼灸にかんするもっとも古い記載、すくなくとも従来そうみなされてきたのは、灸療法(以下、灸法と呼ぶ)については『荘子《そうじ》』盗跖《とうせき》篇の説話と『孟子』離婁《りろう》上篇の言葉、鍼法については『左伝』(『春秋左氏伝』)成公十年の記事である。『荘子』によれば、大泥棒の盗跖に会いにゆき、道を説こうとして「詐巧虚偽」だと一蹴された孔子は、茫然自失、

青息吐息で魯に帰りつき、こう語る、

丘(孔子)は所謂《いわゆる》病無くして自ら灸するなり。

と。この「所謂」という表現は、「無病而自灸」が一種の俚諺であったこと、それだけ灸法が普及していたことをしめしている。灸ではないが艾という語なら『孟子』にみえる。

今の王たらんと欲する者は、なお七年の病に三年の艾を求むるがごときなり。

七年越しの長患いに採ってからわずか三年しか経っていない艾を用いるようなもの、と。趙岐《ちょうき》注によれば、「艾は以って人の病に灸することを為すべし。乾けること久しければ益ます善し。故に以って喩《たとえ》と為す」。『本草綱目』巻十五・艾・修治に李時珍はいう、「凡そ艾葉を用うるには、須《すべから》く陳久なる者を用《も》って、治して細軟ならしむべし。若《も》し生艾もて灸火すれば、則ち人の肌脈を傷《やぶ》る。故に孟子に云う、七年の病に三年の艾を求む、と」。艾(よもぎ)には薬としてさまざまな用法があるが、古いものほどよいとされるのは灸法用の艾(もぐさ)のばあいだから、孟軻《もうか》(前三七二—前二八九)の言は灸法の存在のたしかな証とみていいだろう。

いっぽう、『左伝』成公十年には、有名な病膏肓《こうこう》に入る話がみえる。晋公の病床に招かれた秦の医緩はこう診断する。

疾為すべからず。肓の上、膏の下に在り。之を攻めんとするも可ならず、之に達せんとするも及ばず、薬ここに至らず。為すべからず。

問題の一句は「達之不及」である。西晋の杜預《どよ》(二二二—二八四)の注によれば「達は針」を意味する。これが当時の一般的な理解であったことは、後漢末の荀悦《じゅんえつ》(一四八—二〇九)の『申鑒《しんかん》』雑言上にみえるつぎのことばにもうかがえる。すなわち、「夫れ膏肓は心に近くして阨《あい》(隘)に処《お》る。之に鍼するも遠からず(遠は当に達に作るべし)、之に薬するも中《あ》たらず、之を攻めんとするは可ならず」、と。「達」とは刺鍼を指すという解釈は今日にいたるまでうけいれられ、鍼法の起源の古さを立証する資料とされている。

文献資料としてもうひとつ忘れてならないのは、『史記』扁鵲伝であろう。(3) いったい扁鵲は伝説的要素を多分にそなえた人物であり、司馬遷(前一四五?—前八六?)の伝える挿話によれば、春秋のひとともされ、数百年にわたって活躍した名医ということになる。その扁鵲が鍼灸による治療をおこなった、と司馬遷はいう。わたしは数人の名医の伝承から一人の扁鵲の伝説が形成されたのであろうと考えているが、かりにその数人のうちのひとりでもいい、鍼灸にたずさわったのが事実だとすれば、おそくとも戦国時代(前四〇三—前二二一)のかなりはやい時期にそれらの技術が存在していたことになる。扁鵲伝はじっさいにそう解釈されてきたのである。

従来の一般的な見かたによれば、以上のような文献は、鍼灸療法の技術がおそくとも戦国時代には確立していたこと、その確立期はおそらく春秋時代にまでさかのぼるであろうことを、立証するものであった。(4) この見かたをべつの面から補強していたのは、『黄帝内経』の成書年代である。伝統的な見かたでは、問題の多い『霊枢』はともかく、『素問』は戦国時代の著作というのが定説であった。北宋の程伊川の表現によれば、「素問の書は必ず戦国末に出ず。其の気象を観て之を知る」(『河南程氏遺書』巻十五)のである。(5) 近代的研究がはじまると、戦国から前漢(前二〇二—八)にかけてのものとする説、(6) 前漢とする説、(7) 後漢(二五—二二〇)まで下げる説、(8)『素問』を前漢、『霊枢』を後漢とみる説(9)など、さまざまな見解が提出される。しかし、依然として戦国とみる説が有力であった。(10)『黄帝内経』がもし戦国時代の著作であれば、鍼灸の技術だけでなく理論もまた、すでにその時期に基本的には成立していた、という結論が導かれる。もっとも、かりに『黄帝内経』が漢代の著作であるとしても、体系的な理論が成立するまでに長い技術的実践の時期、経験的知識の蓄積の時期があったと想定すれば、さきの文献にみえる証言と抵触するものではなかった。

一九七三年、馬王堆第三号漢墓から出土した十五種の医書は、従来のこうした見解にたいして、根本的な再検討を迫った。第一に、これらの医書には灸法の記載はあったけれども、鍼法への言及はまったくみられず、第二に、医書のうちの四篇は、現存する『黄帝内経』に収録されている数篇の論文もしくはその一部の、いわば祖型とみなしうるものだったからである。(11)むろん、それらの事実の可能な解釈はひとつではない。第一の事実は、出土したのがたまたま灸法の書だっただけのことにすぎぬ、と解釈することもできるし、当時はまだ鍼法が存在しなかったのだ、と考えることもできる。第二の事実も、その関係をどうみるかによって、『黄帝内経』の成立過程の構図はちがってくる。

しかし、いずれにしろいっぽうの強力な仮説として、第一に、馬王堆漢墓出土医書が書かれたころには鍼法はまだ存在せず、第二に、現存する『黄帝内経』のなかの論文はこれらの医書より後に執筆された、というふたつの命題が浮かびあがる。そしてこれは、鍼法が出現したのはせいぜい戦国末期か秦代(前二二一—前二〇六)であり、その技術が急速に発達し、理論的に体系化されていったのは漢代を通じてであったろう、という推論をゆるす。馬王堆医書の筆写年代は、その整理にあたった中国の研究グループによれば、だいたい秦漢交代期であろうという。写本の作成年代がそうだとすれば、成書年代は戦国時代の後期までさかのぼるとみていい。わたしはかりに、紀元前三世紀の半ばごろを成書年代と想定している。とすれば、鍼法の出現の年代はそれ以後ということになる。

たしかに、馬王堆漢墓からは鍼法の書が出土しなかっただけだ、と考えることもできる。だが、そのばあい、当時の医学の領域にたいして出土医書が覆っている拡がりを見逃してはなるまい。『漢書』藝文志によれば、「方技とは、みな生生の具」であり、今日でいえば医学にあたるが、その方技略には医経・経方・房中・神僊《しんせん》の四家が収められている。医経は医学の基礎理論と鍼灸療法の分野、経方は薬物療法を主とする臨床医学の分野、房中と神僊は健康と長寿を保つための養生の分野である。前漢末のこの分類にしたがえば、馬王堆医書のうち「足臂十一脈灸経」・「陰陽十一脈灸経」・「陰陽脈死候」・「脈法」は医経、「五十二病方」と「胎産書」は経方、「十問」・「合陰陽」・「天下至道談」・「養生方」・「雑療方」は房中と神僊、「却穀食気」・「雑禁方」・「導引図」は神僊に属する。また一九八三／八四年に発見された張家山漢墓出土医書に『引書』(導引)と『脈書』があり、後者には「陰陽十一脈灸経」・「陰陽脈死候」・「脈法」のほかに、経方の「病候」・「六痛」がふくまれている。いずれにしろ、医学の全分野を覆う拡がりが出土医書にはある。にもかかわらず、そのなかには鍼法への言及は絶無なのである。もはやこれを偶然といってすますことはできまい。鍼法はじっさいにまだ存在しなかったとみるのが、もっとも妥当な解釈であろう。

この立場からもういちど、『荘子』・『孟子』・『左伝』・『史記』の記述をふりかえってみよう。『荘子』盗跖篇は戦国末の作品であろうとされている。[12] とすれば、例の説話がたしかに語っているのは、この時期にはすでに灸法がかなり普及し浸透していた、ということである。『孟子』は、その時期をおそくとも戦国中期までさかのぼらせることができる、と証言する。『左伝』の成公十年は前五八一年だが、内容についてもっとたしかな指標となるのは『左伝』の成書年代であろう。楊伯峻によれば、それは前四〇三年以後、前三八六年以前だという。[13] かりにこの説にしたがっておけば、杜預の解釈を認めることは、おそくとも前四世紀の初めには鍼法が確立していたとみなすことになる。しかし、「達」はかならずしも鍼と結びつく語ではなかった。『藝文類聚《げいもんるいじゅう》』巻八十二・草部下・艾に引く孔璠之《こうはんし》の「艾賦《がいふ》」にいう、「良薬達せず、妙針宣《とお》すなし」、と。『左伝』の記事にいう「攻めんとする」のも「達せんとする」のも、薬であっていっこうにさしつかえなかったのである。杜預の生きた時代には、灸法・鍼法・薬物療法など、古代医学はすでに体系化され、一応の完成をみていた。その時代の眼で古代の文献をみれば、杜預の注はごく自然な解釈だったのかも知れぬ。だが、しょせん時代が生んだ解釈にほかならなかったのである。最後に、崔適《さいてき》のことばによれば多くは「寓言」にすぎない[14]『史記』扁鵲伝だが、その医学知識はじつは著者司馬遷の時代のそれであろう、とわたしは考えている。この点についてはあとでくわしく検討する。

鍼灸療法の起源はきわめて古い、という固定観念から自由になって、その古さをしめす証拠とされてきた文献を読んでみると、要するに、灸法は戦国中期にはすでに存在しており、その初期まではむろんさかのぼれるだろうが、鍼法は戦国時代には、あとで述べるようにすくなくとも『韓非子』の時代までは、まだ出現していなかったことを、疑う余地なく物語っているとしか思えない。鍼法への言及は、前漢代の文献にはじめてあらわれる。そして、そのことは馬王堆医書の示唆している事実とみごとに一致するのである。

わたしは鍼灸療法の起源と発展という問題をあらためて検討してみたいと思う。あたえられている資料は決して多くないけれども、旧来の資料に新たに発見された資料をあわせて分析することによって、いま描きうる像をできるだけ明晰に描きだし、今後探究してゆくべき問題点がどこにあるかをはっきりさせておきたい。

2　手術用具としての砭石

古来、鍼の起源は砭石《へんせき》にある、と考えられてきた。たとえば『後漢書《ごかんじょ》』巻八十下・趙壱《ちょういつ》伝にみえる「鍼石」に、唐(六一八—九〇七)の李賢等は注していう、「古者は砭石を以って鍼と為す」、と。『南史』巻五十九・王僧孺《おうそうじゅ》伝の説がその先駆であろう。『素問』の注釈を志していた梁(五〇二—五五七)の侍郎全元起が、王僧孺に砭石のことをたずねた。かれは答えた。古人は石で針をつくったにちがいなく、きっと鉄をつかわなかったのです。『説文《せつもん》』にこの砭の字があり、許慎(三〇—一二四)によれば「石を以って病を刺す」のです。「東山経」に「高氏の山、針石多し」とみえ、郭《かく》璞《はく》(二七六—三二四)は「以って砭針と為す可し」といっています。『春秋』に「美《び》疢《ちん》は悪石に如《し》かず」とみえ、服子慎の注によれば「石とは砭石」のことです。後世にはもう佳《よ》い石がありません。そこで鉄をそれに代えただけです、と。後世の説はこの王僧孺の答をついに超えていない。

砭石の技術(以下、砭法と呼ぶ)が鍼法の源流であることを、べつにわたしも否定しようというのではない。ただ、それは源流のひとつにすぎず、しかも、石鍼を金属鍼に代えれば鍼法が成り立つといった単純な事柄ではなかった、と考えているのである。そこでとりあえず、砭石に触れている古い文献において、砭石とはどのようなものと理解され

ているかを、あらかじめたしかめておこう。まず王僧孺の言及する文献だが、後漢の許慎の『説文』にいう、

砭。石を以って病を刺すなり。石に従う乏《へん》の声。

砭とは石で「病を刺す」ことである。残念ながら著作年代はあきらかでないが、『山海経《せんがいきょう》』東山経には、

高氏の山、其の上玉多く、其の下箴石《しんせき》多し。

とみえ、東晋の郭璞は、

以って砥針《ししん》を為《つく》り癰腫《ようしゅ》を治す可き者。

と注する。清の郝懿行《かくいこう》は、「砥は当に砭字の譌《が》と為すべし。南史王僧孺伝に此の注を引き、以って砭針と為す可しに作るは、是なり」、という。しかし、砭石を砥石に作る例が、あとで引用する『韓非子』にみえる。砭石はべつに砥石といわれることもあったのではないか。ともあれ、砭とは癰腫を刺すことであり、またそのための石製の道具を指す語にほかならなかった。

たんに石と称されている道具も砭石のことと解釈されてきた。『左伝』襄公二十三年（前五五〇）の臧孫《ぞうそん》のことばのなかに、その語がみえる。

李孫が我を愛するは疾疢《しっちん》なり、孟孫が我を悪《にく》むは薬石なり。美疢は悪石に如かず。夫れ石は猶《な》お我を生かす。疢の美なる、其の毒滋《ます》ます多し。

疢はうまい食物、それを食べすぎてかかる病気が疾疢である。後漢末の服虔《ふくけん》の解誼《かいぎ》にいう、

悪石とは砭石なり。

なお、薬石がなにを指すかについてはふたつの説があり、楊伯峻の注がそれを尽くしている。引用しておこう。

薬とは、草木の病を治す可き者を謂《い》う。石とは、鐘乳・礬《はん》・磁石の類の如く、用《もち》って病を治す可き者を謂う。或いは謂《おも》えらく、古、針砭に石を用い、之を砭石と謂《い》えり、と。

むろんかれも石の解釈は服虔の説によっている。ついでながら、『列子』周穆王《しゅうぼくおう》篇に「薬石の攻むる所に非ず」ということばがあり、東晋(三一七—四二〇)の張堪《ちょうたん》が「薬石を投じて、以って其の苦しむ所を攻む」と注しているのは、薬石を草薬と石薬の意味に解したのである。

『黄帝内経』をのぞけば、砭石に言及した古代の文献はきわめてすくない。『戦国策』秦策にみえる扁鵲の挿話がそのひとつである。

医扁鵲、秦の武王に見《まみ》ゆ。武王之に病を示す。扁鵲除かんと請う。左右曰く、君の病は耳の前、目の下に在り。之を除くとも、未だ必ずしも已《い》えじ。将《まさ》に耳をして聡ならず、目をして明ならざらしめんとす、と。君以って扁鵲に告ぐ。扁鵲怒りて其の石を投じて曰く、……。

後漢の高誘の注にいう、

投は、棄なり。石砭は、人の臃《よう》(癰)腫を砭弾する所以なり。

高誘注の妥当性は、おなじく「韓策」の「或るひと韓の相国に謂いて曰く、人の扁鵲を善しとする所以の者は、臃腫あるが為《ため》なり。扁鵲を善しとするも、臃腫を無からしむれば、則ち人之を為す莫《な》けん」ということばによって証明される。高誘はまた、『淮南子《えなんじ》』説山訓のことば、

病者席に寝《つ》く。医が針石を用い、巫が糈藉《しょせき》を用う、救う所は鈞《ひと》し。

に注していう、

石針抵《あた》る所、人の雍痤《ようざ》を殫《つく》し、其の悪血を出す。

と。悪性の化膿性疾患の患部にあてて、膿や悪血を出す手術用具が砭石なのである。

高誘の注はただちに『韓非子』外儲説《がいちょせつ》右上篇の一節につながる。

夫れ痤疽《ざそ》の痛むや、骨髄を刺すに非ずんば、則ち煩心《はんしん》支う可からざるなり。是《かく》の如きに非ずんば、人をして半寸

の砥石《しせき》を以って之を弾《さ》かしむる能わず。

痛くて居ても立ってもいられぬほどでなければ、とても切開手術などしてもらう気にはなれぬ。ここで注意したいのは、砭石が砥石と書かれていること、その大きさ(おそらく身の幅)は半寸という、ごく小さなものであること、砥石は「弾《さ》」(割)くものであること(高誘注の「砭弾」という表現を想起せよ)、そして砥石をふかく体内に入れることを「刺」と表現していることである。『説文』にも「刺病」ということばがあった。刺すといえばいかにも後世の鍼法の技術を想起したくなるが、そうでないことは、つぎの『韓非子』安危篇の文章から明らかであろう。

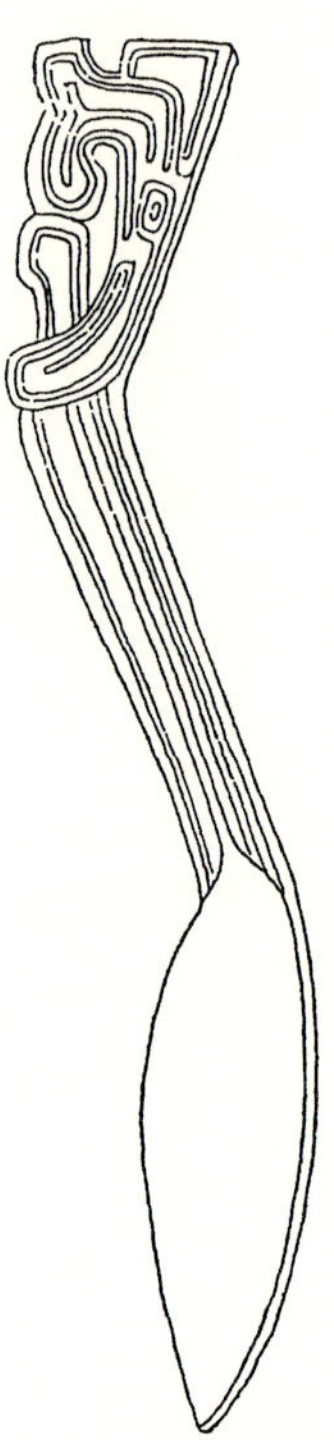

図1-1　古銅匕

古《いにしえ》、扁鵲の其病(王先慎によれば、其は甚の残闕字)を治むるや、刀を以って骨を刺し、聖人の危国を救うや、忠を以って耳に払《もと》る、と聞けり。骨を刺す、故に小痛 体に在りて、長利 身に在り。耳に払る、故に小逆 心に在りて、久福 国に在り。故に甚病の人は、利 痛みを忍ぶに在り。猛毅の君は、福を以って耳に払る。痛みを忍ぶ、故に扁鵲 巧を尽くす。耳に払れば、則ち子胥《ししょ》 失わず。寿安の術なり。病みて痛みを忍ばざれば、則ち扁鵲の巧を失い、危くして耳に払らざれば、則ち聖人の意を失う。此の如くんば、長利遠く垂れず、功名久しく立たじ。

ここでは砥石でなく刀とされているが、全体の文脈からみて、「骨を刺す」はまえの「骨髄を刺す」とおなじく化膿性疾患の手術にちがいない。後世、扁鵲は鍼法の名手とたたえられる。しかし、『韓非子』の言を信ずるならば、当時は骨にまで達するような深部の化膿性疾患の手術によって聞こえていた。「手術用具」によって「化膿部を刺す」ことが、いつのまにか「鍼」によって「経穴を刺す」ことにすりかえられたのだ。後漢の魏伯陽の『周易参同契《しゅうえきさんどうかい》』巻中にいう、「扁鵲は針を操る」、と。九鍼とよばれる初期の鍼、九種類の形と用法を異にする鍼のなかには、手術用具としての砭石の形や用途をそのままうけついだものもあっただけに、このすりかえに心理的な抵抗はほとんどなかったであろう。鍼法の出現はじつは医療技術の大いなる革新であった。あとで述べるように、革新者たちはそれを自覚していた。にもかかわらず、鍼法の起源が見失われてしまったのはひとつには、扁鵲伝説の変質に象徴されているように、砭石からの鍼への転換が意識のうえでなめらかに進行したためにちがいない。

図1-2　犂

いったい、砭石とはどういう意味か。砭は古くは砚と書かれた。『説文』によれば、㔾は马《かん》である。「马は嘾《たん》なり。艸木の華、未だ発《ひら》かずして圅《かん》然」たる形を象った字であり、『説文通訓定声』によれば、「茎耑《けいたん》の蓓蕾《ばいらい》の形を象《かたど》」ったのである。とすれば、砚は枝の先端に蕾をつけたような形の石製の道具にちがいない。砥《し》がそれを傍証する。氏は氏に一を付した字であるが、郭沫若によれば、氏は匙《し》の初文であろうという。(15) そして、『説文』の段玉裁注を引き、「古匕《ひ》は首鋭くして薄し」というその説は、実際とぴったり一致すると評している(図1-1参照)。とすれば、氏は地上に置いた匕であり、それを上から見た形に似た石製の道具が砥にほかなるまい。つまり、砚と砥はおなじ形を、一方は枝の先の蕾に、他方は匙に、なぞらえた語にほかならない。もうひとつの傍証は、砭石の別名のひとつ、鑱石《さんせき》である。毚は㔾に通ずる。のみならず、『広韻』によれば、呉人は「犂鉄《れいてつ》」、すきの歯のことを鑱とよぶ。漢代の画像石をみると、犂も枝先の蕾や匙とおなじような形をもつ(図1-2参照)。砭・砥・鑱とすべて同一の形状を指ししめしているのだ。

砭石は箴石・鍼石と表現されることもある。『素問』巻八・宝命全形論篇の林

図1-3　鈹

億の新校正に、全元起の注が引用されている。

砭石は是れ古の外治の法、三つの名有り。一に鍼石、二に砭石、三に鑱石。其の実は一なり。古来未だ鉄を鋳する能わず、故に石を用って鍼と為す。故に之を鍼石と名づく。

鍼石はふつう石針と解釈される。そのばあいには細長い、先の尖った棒がイメージされているのであろう。たしかに、化膿部の深さと大きさによっては、そのような形状の道具を必要とするばあいもあるだろうし、実際につくられていたかも知れない。しかし、かりに全元起のいうように、鍼が砭・鑱とまったくおなじものだとすれば、それを縫針のようなイメージで理解するのは不適当であろう。むしろ深く刺すという用途からきた名称とみるべきではあるまいか。

金属製の九鍼が発明されたとき、そのなかに砭石の直系というべきものが、すくなくとも二つあった。ひとつは鑱鍼。『太素』巻二十一・九鍼所象（『霊枢』巻一・九鍼十二原）に、「頭は大、末は兌《だ》、陽気を瀉するを主《つかさど》る」とみえる。用法は鑱石と異なるが、形状は同じにちがいない。もうひとつは鈹《ひ》（錍）鍼。おなじく、「末は剣鋒の如く、以って大膿を取る」とみえる。鋒は『釈名』釈兵・剣に、「其の末を鋒と曰う」。用途は砭石を継承しているが、形はどうか。それを推定するてがかりになるのは武器の鈹である。『方言』第九に「錟《たん》は之を鈹と謂う」、郭璞注に「今江東は大矛《ぼう》を呼びて鈹と為《い》う」。また『史記』秦始皇本紀にみえる「錟」について集解に、「如淳曰く、長刃の矛なり、と」。大きな矛、長い刃をもつ矛のほかに、剣にも鈹とよばれるものがあった。『説文』には「大針なり」という解釈をあたえたのち、「一に曰く、剣にして刀のごとく装せる者」といい、段玉裁は「剣は両刃、刀は一刃にして装同じからず。実は剣にして刀削を用《も》って之を裹《つつ》む、是を鈹と曰う」と注する。また『文選《もんぜん》』巻五・呉都賦の李善注に、概念はいささか混乱しているが、「鈹は両刃の小刀なり」とある。林巳奈夫は剣と矛に共通な鈹の特徴を「身の薄くて長い」とところに求め、実例として図1-3の矛先を挙げている。[16] 要するに鈹鍼とは、先がだんだん細くなっている、身の薄くて長い、小さな剣と考えればいいだろう。鑱鍼は砭石の形を、鈹鍼は用途を、それぞれ継承したのである。ちなみに、『太素』巻二十二・五節刺(『霊枢』巻十一・刺節真邪)には錍石(鈹石)という語がみえ、小便不利の病に用いるという。楊上善が指摘するように、錍石は錍鍼であり、その用途は化膿性疾患以外にもひろげられていたことがわかる。なお、鈹石という表現は石製の鈹がかつてあった名残かも知れない。

九鍼のなかにはもうひとつ、瀉血専用の鋒鍼がある。「九鍼所象」篇によれば、形は「必ず其の身を筒にして其の末を鋒にし」、「熱を寫し血を出す」のに用い、「刃は参隅」である。いわゆる三稜鍼であり、前漢の金製の実物が出土している(五四ページの図1-6、図1-7参照)。その用途はたしかに砭石と共通するが、三隅の鋭く尖った先端をもつ道具を石でつくるのは困難であったろう。金属鍼がつくられたときに発明されたものと考えたい。

九鍼の復元図はいくつもあるが、ここには(a)元代、(b)明代、(c)現代の図を挙げておく(図1-4)。鑱鍼としては明らかに(b)(c)がよく、鈹鍼はどちらかといえば(b)に近い。

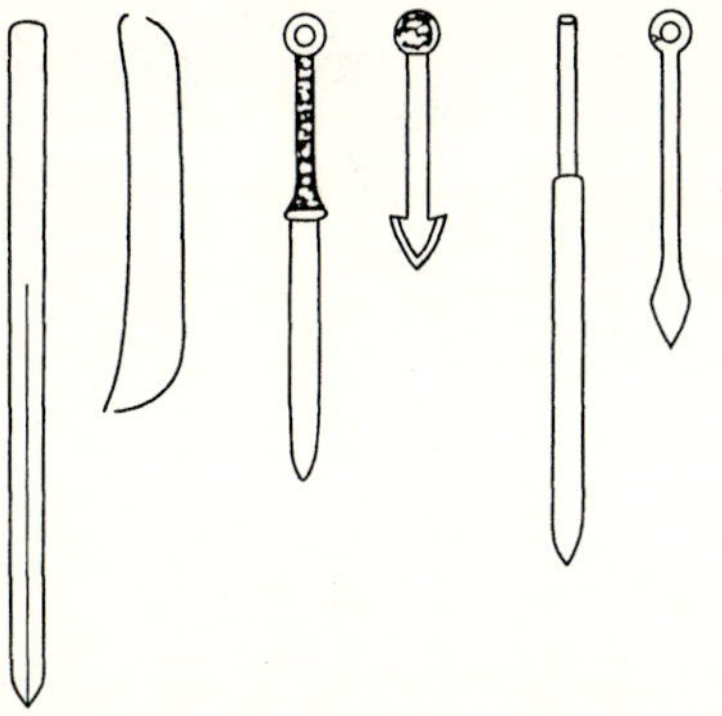

図1-4　九鍼

鑱鍼や鈹鍼が砭石をひきついでいるとすれば、それは砭石が一刃の刀でなく、両刃の剣の系統に属していたことを示唆する。化膿性疾患の手術には、『韓非子』にいうように、砭石と刀の両方がつかわれていたのである。『韓非子』喩老篇には、さらに扁鵲の言として、鍼石という語もみえる。

扁鵲曰く、疾 腠理《そうり》に在るは、湯熨《とうい》の及ぶ所なり。肌膚に在るは、鍼石の及ぶ所なり。腸胃に在るは、火斉《かざい》の及ぶ所なり。骨髄に在るは、司命の属《かか》る所、奈何《いかん》ともする無きなり。

この文章は、すぐあとで述べるように、若干の表現を改めて、そっくり

『史記』扁鵲伝に生かされる。とりあえず、鍼石のおよぶのは肌膚にある病気、と限定している点に注意しておこう。そこには当時の鍼石の用途が的確に表現されている。

扁鵲を砭石や刀による手術の名手とみた韓非の時代、戦国末期には、その技術はつとに確立されていたにちがいない。成書年代はたしかではないけれども、注目すべきは『周礼』天官の記述である。それによれば、医学には食医・疾医・瘍医《ようい》・獣医の四科があり、瘍医すなわち外科医の職掌は、

> 腫瘍《しゅよう》・潰瘍《かいよう》・金瘍・折瘍の祝薬劀殺《かっさい》の斉《ざい》を掌《つかさど》る。

ことにあった。後漢の鄭玄《じょうげん》(一二七―二〇〇)の注によれば、劀は「膿血を刮去《かっきょ》する」こと、殺は「薬を以って其の悪肉を食する」ことである。ここにいう劀・刮去が手術用具を用いることを意味するかどうかはわからない。ここでの記述の重点はあきらかに薬物療法にある。しかし、外科医が専門化することによって、手術法や砭石の技術はすみやかに、多様な展開を遂げていったであろう。砭法の起源は時代的にどこまで遡れるかわからないけれども、手術法が戦国時代に目覚しい発展をみたであろうことは、想像にかたくない。その象徴が扁鵲だったのである。

魏晋以後、砭法の知識は急速に失われてゆく。たとえば東晋の葛洪(二八三?―三四三?)の『抱朴子』には、箴砭や針石といった語は比喩的な表現としてしかあらわれない。北斉(五五〇―五七七)の劉画の撰ともいわれる、撰人不詳の『新論』巻九・利害には、

> 夫れ内熱する者の毒薬を飲むは、害われざるには非ず、疽痤の砭石を用うるは、痛まざるには非ず。然して之を為す者は、小痛来りて大痛減り、細害至りて巨害除かるればなり。

といい、「瘕疾《かしつ》 胸を塡《うず》むるも敢て鈹せず」ともみえる。砭石や鈹鍼の用法の記述が正確なのは、著者の時代を示唆するのであろうか。梁の全元起は『素問』に注するにあたって、それを「多く古事を識る」王僧孺に問いただされなければならなかった。唐初の顔師古(五八一―六四五)は『漢書』藝文志・医経の説明、

医経は、人の血脈・経落・骨髄・陰陽・表裏を原《たず》ね、以って百病の本、死生の分を起《た》て、而して用《も》って箴石・湯火の施す所を度《はか》り、百薬・斉和の宜き所を調う。

に注していう、

箴は、病を刺す所以なり。石とは箴石を謂う、即ち石箴なり。古者、病を攻むるとき則ち砭有り。今其の術絶えたり。

砭石が手術用具として生きていた戦国末期からその技術が失われていった魏晋南北朝時代までのあいだに、すなわち秦漢時代に、医療技術における大きな変化が生じたのである。

前漢の昭帝の始元六年(前八一)、専売制度をめぐって会議が招集され、政府代表と民間代表とのあいだに論争がくりひろげられた。その会議の内容を伝える桓寛の『塩鉄論』軽重篇において、民間の知識人代表のひとり文学は、こう語っている。

扁鵲は息脈を撫して疾の由って生ずる所を知る。陽気盛んなれば、則ち之を損して陰を調え、寒気盛んなれば、則ち之を損して陽を調う。是れを以って気脈調和して、邪気留むる所無し。夫れ拙医は脈理の腠、血気の分を知らず。妄《みだ》りに刺して疾に益無く、肌膚を傷くるのみ。今有余を損して不足を補わんと欲す。富者は愈いよ富み、貧者は愈いよ貧なり。法を厳にし刑に任じ、以って暴を禁じ姦を止めんと欲して、而も姦猶お止まず。意《おも》うに扁鵲の鍼石を用うるに非ず。故に衆人未だ其の職を得ざるなり。

ここにいう鍼石は、もはや化膿した患部を手術する道具でなく、気を補瀉して陰陽を調和させる道具、経穴に刺す鍼にほかならない。それに答える政府代表の御史のことばのなかにも、「鍼石を用い、有無を調均し、不足を補う」という表現がみえる。当時の鍼にはもちろん、まだ鈹鍼のように膿をとりのぞくためのものもあった。おなじく大論篇において御史大夫はいう、「窮醫《きゅうい》が短鍼を以って疽《そ》を攻めんと欲し、孔子が礼を以って跖《せき》に説くに似たる有り」。しかし、鍼法の重点は明らかに移行している。文学は答えていう、「扁鵲は腠理を攻めて邪気を絶つ。故に癰疽《ようそ》は形を成すを得ず」、と。

決定的な変革が前漢の中葉までにおこったこと、後期には一般の知識人も鍼法の基本的な考えかたになじむまでになっていたことを、『塩鉄論』の一節は象徴的に立証している。それでは医学書『黄帝内経』には、その変革はどのように映しだされているだろうか。

3 『黄帝内経』の砭・鍼・石

漢代の書物のなかで砭石と鍼灸にもっとも多く言及しているのは、とうぜんの話だが『黄帝内経』である。『黄帝内経』は中国医学の基礎理論の書とみなされてきたし、また事実そのとおりにちがいない。しかし、医療技術という観点に立っていえば、それはあくまで鍼法の書であった。基礎理論の形成が鍼法の分野においておこなわれたところに、中国医学のきわだった特色をみることができよう。黄帝学派の自負と野心は、みずからを鍼法派と自覚し、その技術と理論を完成させることにあった。『太素』巻二十一・九鍼要道(『霊枢』巻一・九鍼十二原)の冒頭にいう、

黄帝、岐伯に問うて曰く、余 万民を子とし、百姓を養いて、其の租税を収む。余 其の終えざるを哀み、疾病有るを属《あわれ》む。余 毒薬を被らしむること勿《な》く、砭石を用うること無からんと欲す。微鍼を以って其の経脈を通じ、其の血気を調え、其の逆順出入の会を営《おさ》め、後世に伝うるを可ならしめんと欲す。

強い薬をつかわず、手術刀を用いず、小さな鍼だけで病気を治す技術を完成させて、後世に伝えるにたるものにしたい。また、おなじく巻二十三・疽癰逆順刺(『霊枢』巻九・玉版)にいう、

夫れ民を治する者は、亦唯だ鍼のみ。

と。わたしはここに、鍼法という新しい医療技術をひっさげて登場した革新者たちの真面目をみる。黄帝学派とはこの革新者たちがつくった学派にほかならぬ、というのがわたしの考えなのである。それは経験的な技術の単純な延長線上におずおずと開花したのでは決してなかった。たしかに、その前提となる技術と理論の蓄積は過去にあったにちがいない。砭法と灸法がそうであろうことは、容易に予想できる。しかし、鍼法の眼目はあくまで新しい技術にあった。

それでは鍼法をかかげる黄帝学派は、砭法と灸法をどのように評価し、継承し、位置づけたのであろうか。わたしの想定が妥当だとすれば、そして鍼法の正当性と優越性を強調する必要がかれらにあったとすれば、そうした点について『黄帝内経』のなかに、なにかてがかりになることばが残されていてもおかしくない。

いま引用した「九鍼要道」篇のなかで毒薬と砭石が対置されているのは、内治と外治という観点からであった。同様に『太素』巻十九・知祝由（『素問』巻四・移精変気論篇）にいう、「毒薬もて其の内を治し、鍼石もて其の外を治す」、おなじく巻十九・知古今（『素問』巻四・湯液醪醴論篇）にいう「必斉（おそらくは火斉の誤り）[17]・毒薬もて其の中を攻め、鑱石・鍼艾もて其の外を治す」と。これらはいずれも、古と今を対比し、上古には簡単なやりかたで病気を治せたのに、当今はこうしたさまざまな技術を用いながらうまく治せないのはなぜか、という文脈のなかにおかれたことばである。対置された内治－外治の技術、すなわち毒薬－鍼石、火斉・毒薬－鑱石・鍼艾は、『太素』巻十五・色脈診（『素問』巻四・移精変気論篇）のおなじ文脈のなかでは、「微鍼もて其の外を治し、湯液もて其の内を治せんと欲す」と、湯液－微鍼に変わっている。これら内治・外治の観点から医療技術を分類しているのはすべて、黄帝学派のなかでも後期の主流をなす、とわたしが考えている岐伯派[18]の文章であり、そのころ鍼法はすでに確立期に入っている。

黄帝学派の区分によれば、内治を代表する薬物療法（火斉・毒薬・湯液）にたいして、砭法・鍼法・灸法は外治の技術であった。そして砭石・微鍼・灸焫と呼ぶとともに、鍼法と灸法をくくって鑱石・鍼艾とも称した。『黄帝内経』全体を通じてもっとも多いのは、この後者の系列の呼びかたである。すなわち、刺灸・砭石(『素問』巻二十三・疏五過論篇、同・示従容論篇、『太素』巻十六・脈論)、灸刺・鍼石(『太素』巻十九・知形志所宜、『素問』巻七・血気形志篇、『霊枢』巻十二・九鍼論)、鑱石・灸刺(『太素』巻三十・重身病、『素問』巻十三・奇病論篇)、さらには石・鍼灸(『太素』巻十九・知鍼石、『素問』巻十三・病能論篇)。このなかで、刺灸・砭石と呼んでいる『素問』巻二十三の二篇は、黄帝学派のもっとも初期の論文であるのに注意しておきたい。ちなみに『淮南子』精神訓にもこの語がみえる、「吾安んぞ夫の刺灸して生きんと欲する者の惑いに非ざるを知らんや」、と。刺灸ないし灸刺というのが、鍼灸療法のもっとも古い呼びかたであった。

呼称は同時に類別でもある。以上の諸篇においては、鍼法の源流を砭法に求める人びとのおそらくは予想に反して、砭法と鍼灸療法とが区別され、対置されている。鍼法は、砭法よりも灸法に親近性をもつもの、砭法に対したときには灸法とおなじ類に属するもの、として把握されているのである。むろん、鍼法と灸法を区別した記述も多くあるのは、ことわるまでもない。前漢代の医師たちによるこうした類別は、注目に価する。同類にくくられるものは、つねになんらかの意味で、本質的な共通性をもつ。とすれば、それは鍼法のもうひとつの源流、砭法よりももっと本質的なつながりをもつ、いっそう重要な源流が灸法にあることを、示唆しているだろうからである。

それでは鍼法を主体とする『黄帝内経』において、鍼法と灸法はどのように意味づけられ、位置づけられているのだろうか。砭石・鑱石・鍼石という語は三つの意味に用いられている、ひとつは高度な医療技術を代表するものとして、ひとつは鍼のいわば古名として、もうひとつは本来の手術用具として。まず第一の例をみておこう。『素問』巻二十三・徴四失論篇は、治療にあたって避けるべき四つの原則を論じている。一は理論的根拠を知らずに診察すること、二は本格的な技術の訓練を受けずに「妄りに砭石を用い」ること、三は環境・体質・気質などにもとづく患者の類型について無知であること、四は患者の悩み・日常生活・食事・病歴などを問診せずに、すぐに脈をとって診断を下すこと、「此れ治の四失なり」。『太素』巻十四・人迎脈口診(『素問』巻三・五蔵別論篇)は鬼神と鑱石を対比していう、

「鬼神に拘《とらわ》る者は、与《とも》に至治を言《かた》る可からず。鑱石を悪《にく》む者は、与に至巧を言る可からず」。前者は初期の黄帝派、後者は後期の岐伯派の論文である。

第二の例はいずれも後期の論文にみられる。『太素』巻十九・知鍼石(『素問』巻八・宝命全形論篇)は、鍼には天下に懸書・宣布できるものが五つあるとして、第三の「毒薬の真為《た》るを知る」、とならべて、第四に「砭石の大小を制す」を挙げる。『太素』楊上善注はそれを「用って癰を破る」手術用具と解するが、『素問』王冰注は「古者は砭石を以って鍼と為す、故に九鍼を挙げず、但だ砭石を言うのみ」とみる。ここは鍼法のすぐれた点を数えあげているのであり、技術的な問題としていろんな「砭石」を制作できると述べているのだから、それはやはり九鍼を指すと考えなければならない。薬物と鍼のそれぞれ適切な適用症を弁別できることと、症状に応じて使い分ける大小さまざまな形の鍼を制作できるということに、鍼法の利点をみているのだ。『素問』奇病論篇(『太素』重身病)は、「刺法に曰く、不足を損し有余を益して以って疹を成すこと無かれ」を解説していう、「所謂不足とは、身羸痩《るいそう》し、鑱石を用いること無きなり」、と。くりかえすまでもなく、『黄帝内経』においては、しばしば「鍼」の代りに「刺」が用いられる。刺法は鍼法と同義である。そのほか『太素』巻三・陰陽雑説(『素問』巻一・金匱真言論篇)に、冬病は陰、夏病は陽、春病は陰、秋病は陽に在る、「皆其の所在を視て、鍼石を施すことを為す」、『霊枢』巻八・論痛に、筋骨・肌肉・皮膚・腠理それぞれ個体差があるが、「其の鍼石・火焫《かぜつ》の痛みに于《お》けるは如何」などというばあい、鍼石はむろん鍼を意味している。

しかし、砭石という語がもっとも多く用いられているのは、やはり第三の手術用具の意味においてである。『太素』知形志所宜(『素問』血気形志篇、『霊枢』九鍼論)によれば、脈に生ずる病には灸刺、筋には熨引、肉には鍼石、咽喝《いんかつ》には薬、不仁(麻痺)には按摩《あんま》・醪薬《ろうやく》を用いる。このばあい、肉に生ずる病とはおそらく癰疽を指す。おなじく「知方地」篇(『素問』巻四・異法方宜論篇)にいう、癰瘍を治療するには砭石がよい、と。『太素』巻三十・順時(『素問』巻八・通評虚実論篇)は、冬は閉塞しているから薬を用いてあまり鍼石をつかわないようにすると述べたのち、「いわゆる鍼石を用いることを少くすとは、癰疽の謂《いい》に非ざるなり。癰疽は時を須《ま》つを得ず」とつけくわえる。ここにいう鍼石を楊上善は「鍼と砭石」と解釈するが、文脈からみて、鍼石といえばふつうは手術用具を指していたことがわかる。癰疽の手術について、やや具体的に書いているのは、『太素』巻二十六・癰疽(『霊枢』巻十二・癰疽)である。

掖《えき》下に発して赤堅なるを、名づけて米疽と曰う。之を治する砭石は、細くして長からんことを欲す。数《しば》しば之に砭し、塗るに豕膏《しこう》を以ってす。六日にして已《い》ゆ。之を裹《つつ》む勿れ。

「細くして長からんことを欲す」とは、楊上善によれば、「傷の形深きなり」。むろん、砭石も細くて長い形のものが必要であったろう。

金属鍼はしばしば微鍼あるいは小鍼と呼ばれる。それは黄帝学派の医師たちのむしろ誇りをこめた表現なのだが、かれらが微あるいは小というとき、それと対比的にイメージしていたのは、おそらく砭石であろう。とはいえ、すでに述べたように、鍼のなかには砭石の用途を受け継いでいるものもあった。『太素』巻二十三・疽癰逆順刺(『霊枢』巻九・玉版)にいう、

小を以って小を治するときは其の功小さく、大を以って大を治するときは害うこと多し。故に其の以《すで》に膿を成す者は、其れ唯だ砭石・排鋒の取る所なり。

排鋒は鈹鋒すなわち鈹鍼と鋒鍼。鋒鍼は瀉血用の鍼である。楊上善は鋒鍼を無視していう、癰は小鍼では治りにくく、大鍼では傷が大きくなる。化膿したものにつかえるのは、砭石か鈹鍼だけである、と。ここには砭石と鈹鍼を一連のものとしてとらえる意識がある。ちなみに、九鍼のひとつ長鍼は、大鍼と形容されている(『太素』巻二十一・九鍼所象)。

どうつかわれたか、後世の解釈が分かれているのは、たんに「石」と称するばあいである。『太素』巻十九・知鍼石(『素問』巻十三・病能論篇)のつぎの一節がそうだ。

黄帝、岐伯に問うて曰く、頸癰を病む者有り。或いは石もて之を治し、或いは鍼灸を以って之を治し、而して皆已《い》ゆ。其の真、安《いずく》に在りや。岐伯曰く、此れ名を同じくして等《しな》を異にする者なり。夫れ癰気の息《さかん》なる者は、宜しく鍼を以って開きて除去すべし。夫れ気盛んにして血聚るは、宜しく石もて之を寫すべし。皆所謂病を同じくして治を異にする者なり。

楊上善によれば、「異等」とは療法を異にすること、「息」は消息の息、増大すること。王冰によれば、「異等」とはおなじく頸癰といっても皮下の状態が等しくないこと、「息」とは瘜、すなわち死肉のこと。王冰はいう、「石とは砭石なり。以って大膿を破し膿を出す可し。今は銉鍼を以って之に代う」、と。これはむしろ砭石の解説であって、本文の解釈になっていないけれども、すくなくとも砭石の用法には明確な限定をつけている。それにたいして楊上善は、まず鍼のばあいについて、

癰気長息するは、宜しく鍼を以って其の穴を刺開し、其の気を寫去すべし。

石のばあいについて、

気盛んにして血聚るも未だ膿を為さざるときは、石を以って熨《い》し、其の盛気を寫す可きなり。気盛んにして膿血聚るときは、砭石の鍼を以って破去す可きなり。

と注する。すなわち、かれは癰の症状を初期・中期・末期に分け、癰ができはじめた初期には鍼、まだ化膿するにはいたっていない中期には石、化膿してしまった末期には砭石の鍼を適用する、と解釈したのである。王冰が鍼石とみた石に、楊上善は砭石と「石」をみた。この名称を異にするふたつの物は、楊上善によれば、二種類の異なった用途をもつ道具であり、「破去」する「砭石」にたいして、「石」は「熨」する物、つまり罨法の道具なのだ。

「石」が罨法につかわれたという見解を、楊上善は『太素』癰疽(『霊枢』癰疽)の注においても述べている。すなわち、「膝に発するを、名づけて疵疽《しそ》と曰う。其の状は大いなる癰にして、色変ぜず、寒熱して堅し。石する勿れ、之に石

すれば死す。其の柔なるを須《ま》ちて乃ち之に石する者は生く」の楊注にいう、「之に石する勿れ」というのは、ふつうの例ならみな「之に砭す」とあるところだが、ここだけ「之に石す」といっているのは、「或いは冷石を以って之を熨す」るのであり、「ゆえに堅なるとき石せざるは、其の寒 聚結するを以ってなり。柔なるを聴《うかが》いて乃ち之に石す」、と。つづけて「踝《か》に発するを、名づけて走緩と曰う。其の状は色変ぜず。数《しば》しば其の輪に石して其の寒熱を止むれば、死せず」にこう注する、「其の輪に石するとは、冷石を以って其の由る所の輪を熨するなり」、と。そして末尾に近い一段（『素問』巻十一・腹中論篇）に、

黄帝、岐伯に問うて曰く、癰腫を病む有り、……之を治するは奈何。（岐伯）曰く、之に灸すれば則ち瘖《いん》し、之に石すれば則ち狂す。其の気弁《へい》するを須《ま》ちて、乃ち治す可し。曰く、何を以って然る。曰く、陽気上に重なり、上に余り有り、之に灸すれば則ち陽気陰に入り、則ち瘖す。之に石すれば則ち陽気虚し、虚すれば則ち狂す。其の気弁するを須ちて之を治すれば、全から使む可し。

とみえるのに注していう、

之に灸すれば瘖すとは、陽気上に実し、陰気下に虚し、之に灸すれば火壮んにして、陽盛んにして溢れて陰に入る、故に瘖す。冷石を以って之を熨すれば、則ち陰気独り盛んにして、陽気独り虚す。陽気独り虚するを以って、狂を発す。自ら和するに任せ、然る後之を療し、之をして全から使む可し。

冷やす罨法として「石」を用いるという楊上善にたいし、この一段の王冰の解釈は異なる。「石すとは、石鍼を以って之を開破するを謂う」とみるのだ。石を手術用具とする王冰と、手術用具および罨法用具の両方を指すとする楊上善と、唐代の解釈は対立しているが、じつはもうひとつ解釈の余地が残されている。わたしの推定のように砭石が細長い形をしているとすれば、罨法用具としては効果的であろうはずがない。砭石が細長い石であるかぎり、罨法用の石は砭石とはまったくちがった形をそなえていたにちがいない。形も用途も異なる二種類の医療用具が、はたして同

じ名称で呼ばれるだろうか。石とはじつは砭石でなく、罨法専用の石製の道具を指す語ではないだろうか。石がまぎれもなく砭石を指す用例は、『黄帝内経』にはみいだされないから、この第三の解釈も十分に成立する余地がある。しかし、いずれの説が妥当であるかは、ほかの資料によって検証するほかはない。あとでじっさいにそれを試みよう。

もうひとつとりあげなければならないのは、『太素』脈論(『素問』示従容論篇)のつぎの文章である。

雷公曰く、此こに人有り、四支懈惰《かいだ》し、喘欬《ぜんがい》・血洩《けっせつ》す。愚人、之を診て以って傷肺と為す。……愚敢て治せざるに、粗工砭を下し、病愈ゆ。血を出すこと多く、止まれば身軽し。此れ何物ぞや。

血洩は嘔血のこと、黄帝の答に、傷肺は「衄《じく》(鼻血)せざれば則ち嘔す」、と。雷公のことばを楊上善はこう解釈する。愚人謂いて以って傷肺と為すと雖も、疑いて敢て療せざるなり。粗工量らざる有り、所以《ゆえ》に直ちに砭石を下し、血を出し、病差《い》ゆること衆多なり。然れば大病に於ては不当なれども、血を出せば即ち能く除差するは、其の義何ぞや。

ここで砭石が瀉血に用いられていることは、楊注だけでなく、本文の症候と療法の記述からみても、疑いを入れない。たった一例ではあるけれども、砭石が瀉血用の道具でもあったことを、たしかに証明しているのである。

『黄帝内経』に記載されている砭石の用法は、第一に化膿性疾患の手術、第二に瀉血である。楊上善はさらに石を手術用具であるとともに罨法用具でもあるとみるが、王冰はその解釈をとらない。石が砭石でなく、罨法専用である可能性については、すでに指摘した。

それでは、『黄帝内経』の鍼法を主体とする療法体系のなかで、灸法にはどのような位置づけがあたえられているのであろうか。『黄帝内経』のなかでも著作年代の古い黄帝派の論文のひとつ、とわたしが考えている『太素』巻八・経脈連環(『霊枢』巻三・経脈。以下、「経脈」篇と略称)に、それはいちはやく宣明され、原則的に確立されている。すなわち、「盛なれば則ち之を寫し、虚なれば則ち之を補し、熱なれば則ち之を疾くし、寒なれば則ち之を留め、陥下すれば則ち之に灸し、盛ならず虚ならざれば、経を以って之を取る」、と。脈が「陥下」しているときには灸をすえるというのが、その原則である。この単純にして明快な原則は、むろん実際の治療にあたっては、もっと具体的な条件をつけて適用されなければならない。それを述べたのが、おなじく黄帝派の論文、『太素』巻十四・人迎脈口診（『霊枢』巻八・禁服）である。「経脈」篇のことばはむしろ、この篇の記述からもっとも基本的な操作法をひとつの原則として抽出してきたもの、とみなすことができよう。

「人迎脈口診」篇に述べられている診断法では、手首の「中を主る」寸口脈と頸部の「外を主る」人迎脈とをとり、脈動の大きさを比較し、その脈診にもとづいて治療法を決める。「人迎大なること寸口に一倍すれば、病は少陽に在り。人迎二倍すれば、病は太陽に在り。人迎三倍すれば、病は陽明に在り」。このばあいの症候は、人迎脈の状態が「盛なれば則ち熱を為し、虚なれば則ち寒を為し、緊なれば則ち痛痹を為し、代なれば則ち乍《たちま》ち甚しく乍ち間《しず》かなり」。楊上善の注によれば、「其の気の動きて緊なるは、急なるに似」ており、「代とは、止なり。脈絶えて来たらず、故に代と曰うなり。代なるときは、邪気血絡の中に客し、飲食に従いて変ず、故に病は乍ち甚しく乍ち間か」なのである。このそれぞれの脈証に応じて、つぎのような治療を施す、「盛なれば則ち之を寫し、虚なれば則ち之を補し、緊痛なれば則ち之を分肉に取り、代なれば則ち血絡を取り、且つ薬を飲ませ、陥下すれば則ち之に灸し、盛ならず虚ならざれば、経を以って之を取る」、と。こんどは逆に、「寸口、人迎より大なること一倍なれば、病は厥陰に在り。寸口二倍なれば、病は少陰に在り。寸口三倍なれば、病は太陰に在り」というばあいの症候は、「盛なれば則ち脹満し、寒中して食化せず、虚なれば則ち熱中して糜《び》を出し、気少く溺色変じ、緊なれば則ち痹《ひ》と為り、代なれば則ち乍ち痛み乍ち止む」。寒中・熱中は、腸胃が寒・熱の状態になること、前者では冷えて消化不良をおこし、後者では熱をもって粥のような大便を出し、小便は黄色くなる、と楊上善はいう。そのときの治療法は、「盛なれば則ち之を寫し、虚なれば則ち之を補し、緊なれば則ち先に刺して後に之を灸し、代なれば則ち血絡を取りて之を洩し、陥下すれば則ち徒《ただ》に之に灸し、……盛ならず虚ならざれば、経を以って之を取る」のである。なお人迎脈が四倍なら外格、寸口脈が四倍なら内関といい、いずれも不治の病とされた。だからこの脈診法は、「死生を決す」る方法でもあったはずである。ちなみに「経を以って之を取る」とは、みずから病んだ経脈を飲薬または刺灸によって治療すること。「血絡を取る」とは瀉血のことであり、それをあつかった専論に『太素』巻二十三・量絡刺（『霊枢』巻六・血絡）がある。

人迎・寸口両脈の比較にもとづく、人迎＞寸口と人迎＜寸口のふたつのばあいの治療法には、すぐわかるように共通の要素がふくまれている。それをとりだせば、ひとつの原則ができあがるだろう。事実、この篇の著者はつづけていう、「大数に曰く、盛なれば則ち徒《ただ》に寫し、虚なれば則ち徒に補し、緊なれば則ち灸刺し、且つ薬を飲ませ、陥下すれば則ち徒に之に灸し、盛ならず虚ならざれば、経を以って之を取る」、と。「徒」とは、鍼のあとで灸をすえるといったようにふたつの療法を併用するのでなく、単独に用いることをいう。「大数」は原則と訳するのが適切であろう。ただ、この要約においては、緊のもとに緊と代のばあいがまとめられ、しかも灸・鍼・薬の三つの療法が併用されている。だから、原則とみなすにはそれは複雑すぎるし特殊でありすぎる。はたして「経脈」篇は、この緊のばあいをのぞいて、簡潔に原則を命題化したのであった。

灸法は鍼法にたいする補助的な療法であり、脈が陥下しているばあいに適用するというのが、黄帝学派の大原則である。『太素』巻十一・府病合輸（『霊枢』巻一・邪気蔵府病形）にいう、「其の脈の陥下する者を視れば、之に灸す」。それにさらに副次的な条件がつくが、その第一が緊である。『太素』巻十九・知官能（『霊枢』巻十一・官能）は、「鍼の為さざる所は火の宜《よろし》き所」とその補助的な役割を指摘し、先の原則の盛虚を上下陰陽の気に置き換えて「上気足らざれば、推して之を揚《あ》げ、下気足らざれば、積みて之に従い、陰陽皆虚ならば、火自ら之に当《あ》つ」、すなわち、陰陽という観点に立てば、灸法を用いるのは陰と陽がみな虚のばあいであることを明らかにしたのち、さらに「経陥下すれば、火即ち之に当つ。結絡堅緊なるは、火の治する所」とつけくわえる。

それでは虚実という観点からみればどうなるか。『素問』巻八・通評虚実論篇（『太素』巻三十・経絡虚実）にいう、「絡満経虚すれば、陰に灸し陽を刺す。経満絡虚すれば、陰を刺し陽に灸す」。経脈が陰、絡脈が陽である。満あるいは盛とは実のことである。そして、『太素』巻十一・気穴（『霊枢』巻八・背輪）にいうように、「気盛なれば則ち之を瀉し、虚すれば則ち之を補う」のが原則であった。そのばあい、灸の主な機能は補であるが、灸で瀉する技術もあったことを、この篇は伝えている。「火を以って補する者は、其の火を吹くこと勿《な》く、自ら滅するを須《ま》つ。火を以って瀉する者は、疾《すみやか》に其の火を吹き、其の艾を傅《たす》け、其の火の滅するを須つ」。

この原則と技術をもってすれば、灸法は広範な症候に適用できたはずである。事実、西晋の皇甫謐の『鍼灸甲乙経』は、理論的には『黄帝内経』に依拠しつつ、すべての経穴について、鍼のうちかたとともに灸のすえかたを指示している。しかし、『黄帝内経』では、実際に灸を用いる例はごくわずかである。癲疾と狂（『太素』巻三十・癲疾、驚狂、『霊枢』巻五・癲狂病）、癩とも呼ばれる大風（『太素』巻十一・骨空、『素問』巻十六・骨空論篇）、癰が脇にできる婦人の病気の敗疵《はいし》（『太素』癰疽、『霊枢』癰疽）、マラリアの瘧《ぎゃく》（『太素』巻三十・刺瘧節度、『素問』巻十・刺瘧篇）、強直性痙攣の痓《せい》（『素問』巻六・玉機真蔵論篇）で、それぞれある特定の症候をともなっているばあいが散見するにすぎない。そのほか、『太素』巻五・十二水（『霊枢』巻三・経水）は、灸をすえすぎたばあいの悪い効果にふれ、『太素』人迎脈口診（『霊枢』巻二・終始）には、「陰陽倶《とも》に足ら」ないときは灸をしない、という注意がみえる。これが灸への言及のすべてである。

『黄帝内経』では、刺灸といい鍼艾といい、鍼法と灸法を並記し、理論的には両者を対等に位置づけているようにみえながら、じつは灸法にたいして鍼法の補助療法という機能をあたえているにすぎない。黄帝学派が灸法にあたえた位置は、『太素』巻二十三・雑刺（『霊枢』巻四・四時気）のつぎの問答に象徴されている。

黄帝、岐伯に問うて曰く、夫れ四時の気は、各おの形を同じうせず。百病の起るや、皆生ずる所有り。灸刺の道は、何をか宝とす可きや。岐伯対《こた》えて曰く、四時の気は各おの在る所有り。灸刺の道は気穴を得るを宝と為す。

故に春は経血脈を分肉の間に取り、甚しき者は深く之を刺し、間なる者は浅く之を取る。……冬は井榮に取り、必ず深くして以って之を留む。

井榮は五輪(三九ページをみよ)のこと。灸刺の道といっても、実際には鍼法のことしか述べていない。灸刺とは、たんに鍼法を指す慣用語にすぎないようにみえる。しかし、逆にいえば、慣用語としてであれ、灸刺という表現が生きているところに、鍼法の形成前史が示唆されているようにわたしには思えるのだ。

4 『史記』扁鵲倉公列伝の鍼灸

『黄帝内経』についで重要な漢代の医学文献は、『史記』扁鵲倉公列伝である。それには紀元前一〇〇年ごろ書かれたという、はっきりした日付けもある。ただ問題なのは、司馬遷が扁鵲伝と倉公伝を、まったく性質の異なる材料をつかって書いた、という点だ。

すでに述べたように、扁鵲伝は多分に伝説的な要素をふくんでいる。それだけに、記述の医学的内容にはかえって司馬遷の時代の知識が混入している可能性が大きい。倉公伝は異なる。その記述の大部分は、倉公淳于意の二十五枚のカルテにもとづいて構成されている。これらのカルテが淳于意そのひとの手になるものであることは、ほぼ疑いを入れない。素人に書けるような診断の記録ではないからだ。淳于意はみずからこう述べている。

今臣意の診る所は、皆診籍有り。之を別かつ所以は、臣意師に受くる所の方適《まさ》に成るや、師死す。故を以って診る所を表籍し、死生を期決し、失う所得る所を観て、脈法に合わす。故を以って今に至りて之を知る。

滝川亀太郎の考証が指摘するように診籍はカルテ、表籍とはカルテに記入すること、「倉公の医案二十五条は、此れより節録」したものにちがいない。その間の事情はこうである。

文帝四年(前一七六)、淳于意は罪を問われ、長安に送られるが、娘の上書によって刑をまぬがれる。肉刑法廃止のきっかけとなった事件である。その後、文帝の下問に対《こた》えて淳于意は、二十五条の医案を中心に師や弟子のこともくわえ、一篇の文章を綴った。この奏対の文章を司馬遷はおそらく、そっくり倉公伝におさめたのである。司馬遷の作為は短い序文をつけくわえたことと、せいぜい修辞を改めたことぐらいであろう。とすれば、医案のもとになった診籍は前一七〇年代をはさむ長い診療活動の成果にちがいないから、倉公伝にみえる医学的知識の時代の目安として、その年代を採用することができる。要するに、「扁鵲倉公列伝」の医学的知識は、生卒年代とは逆に倉公伝のほうが古く、倉公伝は前漢初期、扁鵲伝はおなじく中期のそれをしめしているだろう、ということである。砭石と鍼灸にかんする、扁鵲伝の記述からみてゆくことにしよう。

扁鵲が虢《かく》国を過ぎたとき、医学にいささか心得のある役人がかれに語ったことばのなかに、鑱石《さんせき》という語がみえる。

臣聞く、上古の時、医に俞跗《ゆふ》有り。病を治するに湯液・醴灑《れいさい》・鑱石・撟引《きょういん》・案抏《あんごつ》・毒熨を以ってせず、……と。

醴灑はおそらく醴酒の誤り(19)、撟引は導引、案抏は按摩、毒熨は薬物をつかって熨する罨法。ここで鍼灸ないしそれにあたる語がみえないのは、もしこのことばが古い伝承にもとづいているとすれば、興味深い。ちなみに、『黄帝内経』にもよく似た一節がある、「上古の聖人は湯液・醪醴《ろうれい》を作るも、為《つく》りて用いざるは何ぞや」(『太素』巻十九・知古今、『素問』巻四・湯液醪醴論篇)、と。上古には技術らしい技術など用いずに病気を治したという、『黄帝内経』にくりかえしあらわれる思想的文脈のなかのことばである。

扁鵲伝においてただひとつ、具体的な治療行為がしるされているのは虢の太子の病気、尸厥《しけつ》のばあいだ。ちなみに、尸厥の説明と治療法は『素問』巻十八・繆刺論篇(『太素』巻二十三・量繆刺)にある。

扁鵲は虢太子を治療するにあたって、まず鍼をうたせる。

扁鵲、すなわち弟子子陽をして鍼を砥石に厲《と》がしめ、以って外の三陽五会を取る。

三陽五会が孔穴の名称であることは疑いを入れないが、それには従来三つの解釈がある。第一は、『鍼灸甲乙経』巻三に「百会、一名三陽五会」とあるのにもとづき、頭頂の孔穴とする多紀元簡などの説。第二は、三陽を三陽脈、すなわち太陽・少陽・陽明の三つの経脈、五会を上体にある百会・胸会・聴会・気会・臑会の五つの孔穴とする唐の張守節の説。第三は、扁鵲のおなじ挿話を伝える『韓詩外伝』巻十と『説苑』弁物篇に「三陽五輸」とあるのにもとづき、五蔵の輸とする孫詒譲の説。いずれの説にもそれぞれ難点がある。

第一の説は、三陽五会を百会の古名とみれば成り立つ。しかし、『黄帝内経』では、尸厥の治療には手足の六つの孔穴しか用いていない。たんなる流派のちがいにすぎないのだろうか。第二の説は、三陽と五会との関係が明らかでなく、また五会という用語も『黄帝内経』にみえない。さらに、第一の説について述べたことは、ここにもあてはまる。第三の説にいう五輸は、『黄帝内経』によれば、五蔵六腑の経脈のそれぞれについて、井・滎・輸・経・合と呼ばれる五つの主要な孔穴を指定し、それを五輸というのである。ここでは三陽脈の五輸ということになる。問題は五会と五輸がおなじかどうかだ。『韓詩外伝』にしろ『説苑』にしろ、『史記』の文章にかなり手をくわえており、すでに意味のわからなくなった五会という概念を五輸に書き換えた可能性が大きい。

三陽五会が『黄帝内経』のどの概念にあたるにしろ、扁鵲伝の尸厥の記述内容は全体として、『黄帝内経』との時代的な近接性をしめしている。馬王堆漢墓出土の二つの「十一脈灸経」が証明しているように、三陰三陽の脈の概念はそれらが執筆されたとき、ようやく成立しつつあったのであり、孔穴の考えかたにいたっては存在していたかどうか、かりに存在していたとしても、どれだけの数の孔穴が発見され、さらには命名されていたか、きわめて疑問である。「五十二病方」をもふくめて、その確証はどこにもない。まして扁鵲の時代に三陰三陽脈や孔穴の概念がすでにあったとは、とうてい考えられない。扁鵲伝の医学的知識は司馬遷の時代、もしくはそれに近接した時代のそれとみなければならないのである。

扁鵲伝にはもうひとつ、鍼石にふれた文章がある。

> 扁鵲曰く、疾の腠理《そうり》に居るや、湯熨の及ぶ所なり。血脈に在るは、鍼石の及ぶ所なり。其の腸胃に在るは、酒醪《しゅろう》の及ぶ所なり。其の骨髄に在るは、司命と雖も、之を奈何《いかん》ともする無し。

病気は体の表面から内部へとすすむにしたがって重くなるという、『黄帝内経』において基本原理として確立される、重要な考えかたがここにはっきり表明されている。この一節を『韓非子』から引くにあたって、司馬遷は三つの表現に手をくわえた。第一は、「司命の属《かか》る所」を「司命と雖も」に変えたこと。生死を司命神の意志とする韓非とそれを超えたところにさらに大きな力をみる司馬遷と、その死生観ないし運命観のへだたりをきわだたせる改変である。第二は、「肌膚」を「血脈」に変えたこと。おなじ鍼石という語がつかわれていても、肌膚から血脈へという改変の背後に砭石から鍼への技術の革新をみてとるのは、読みこみすぎであろうか。第三は、「火斉」を「酒醪」に改めたこと。この点にはここではふれない[20]。ともあれ、韓非(前二八〇?—前二三三)から司馬遷をへだてる一世紀半の歳月が、その間における医学の発展が、かれの表現になんらかの陰翳を落としていないはずはない。

ついでながら、『史記』にやや先立つ『淮南子』泰族訓の伝える、もうひとつの扁鵲像を紹介しておこう。

> 扁鵲を貴ぶ所以《ゆえん》の者は、其の病に随いて薬を調するを貴ぶに非ず。其の息脈血を擥《おさ》えて、病の従《よ》りて生ぜし所を知るを貴ぶなり。

診断の名手としてのこの扁鵲像は、ただちに淳于意のそれに重なる。

倉公淳于意が師から受け、もっとも得意としたのは、脈診を中心とする診断法であった。その診断法は馬王堆漢墓出土の「足臂十一脈灸経」・「陰陽脈死候」などの記述とくらべると、比較を絶するほどの飛躍的な発展をみせている。淳于意は師から「黄帝・扁鵲之脈書」ないし「脈書上下経」その他の診断法の書を授けられたといい、医案のなかにしばしば「脈法」・「診法」といった書を引用している。最初の書名は黄帝や扁鵲を脈診法の開祖と仰ぐ人びとがすでにあらわれていたことをしめしているが、それだけではない。たとえば、かれの引く「脈法に曰く、熱病の陰陽交わる者は死す、と」は、『太素』巻二十五・熱病説(『素問』巻九・評熱病論篇)に病名は「名づけて陰陽交と曰い、交わる者は死す」、三国・魏の王叔和の『脈経』巻七(熱病陰陽交幷少陰厥逆陰陽竭尽生死証)に「熱病の陰陽交わる者は死す」とみえ、さらに「脈法」から引用されたその他の二条が『脈経』に伝えられていて、その書とのちの脈書との部分的ではあれ連続性を物語っている。淳于意の用いている概念には『黄帝内経』と共通するものが多い。同時に、その医学的記載は『黄帝内経』にくらべて、全体として未成熟である。たとえば、つぎに述べるように、孔穴の名称があらわれないのもそのひとつだ。淳于意の医案と『黄帝内経』との関係をここで立ち入って検討することはできないけれども、わたしの考えをとりあえず仮説として述べておこう。淳于意の医案は、馬王堆医書と『黄帝内経』の中間に位置しており、現存する『黄帝内経』の文章の大部分は、淳于意の時代以後に執筆されたか、もしくは現在の形をととのえた。そのことは、『黄帝内経』のなかに淳于意よりも古い時代や同時代の文章がふくまれていない、ということを意味しない。そこにおさめられている文章には、一人の手で一時になったものばかりでなく、長い歳月のあいだに複数のひとの手を経て完成されたものもすくなくないからである。

淳于意は二十五症例中、十五症例に治療を施している。適用した療法は二十、五症例では二種の療法を併用した。二十の療法のうち、薬物療法が十四、残りは鍼法二、灸法二、その他二である。淳于意は、鍼法学派であるのちの黄帝学派とはちがい、薬物療法を主体とし、鍼灸その他を併用する折衷派とでもいうべきだろう。かれがおこなった鍼法と灸法の記載はつぎのとおりである。

1　其の足心を刺すこと各おの三所、之を案じて血を出す無し。
2　足の陽明脈を刺すこと、左右各おの三所。
3　其の足の厥陰の脈に灸すること、左右各おの一所。

4　其の左の大陽明脈に灸す。

4にいう大陽明脈は、多紀元簡の指摘によれば、『証類本草』では大を手に作り、『医説』では明がない。これは齲歯《うし》の治療であり、『太素』巻二十三・量繆刺(『素問』巻十八・繆刺論篇)に「歯齲は手の陽明を刺す」とみえるから、『証類本草』にしたがうべきだろう。なお、1は熱厥、手足が熱く胸苦しくなる病気、2は厥、頭痛があり身が熱く胸苦しくなる病気、3は気疝、大小便が出なくなる病気の療法である。化膿性疾患に用いられた砭石とちがい、鍼はいわゆる厥症、気が逆上しておこる病気につかわれている。それは砭法と鍼法のちがいを、砭法から鍼法への連続性はきわめて限られた面にしか存在しないことを、端的に物語る。

ここで注意すべきは、鍼灸をほどこす場所としてふたつの経脈と足心が指定され、孔穴の名称はみえないことである。ほかの医師の誤った診療を指摘したところでも、その点に変わりはない。

5　衆医……、之を刺す。

6　斉の太医……、其の足の少陽脈口に灸して、……また其の少陰脈に灸す。

7　衆医……、其の足の少陽脈を刺す。

8　後に聞く、医 之に灸して即ち篤し、と。

孔穴名がないことは、孔穴の概念や体系が十分に成熟していなかったのをしめしていよう。といってもそれは、孔穴ないしそれにあたるものが認識されておらず、治療につかわれてもいなかった、ということではない。手・足のような身体の部分について特定の脈名を指定することは、単数もしくは複数の刺灸すべき場所、治療上効果があると経験的にたしかめられている場所を指定することを、おそらく含意していたであろう。それを示唆しているのは、『素問』巻六・三部九候論篇である。

頭・手・足(三部)のそれぞれ三つの部位(九候)で脈をとる方法を述べたこの篇は、黄帝学派の後期の著作に属する。

その当時は多くの特定の治療点が知られており、あるものはすでに孔穴名をもち、あるものは身体上の位置によって具体的にその場所がしめされた。刺鍼では、後世にくらべて、瀉血の占める比率がかなり高かったことも忘れてはなるまい。それらの場所のなかには、のちに名称をあたえられた孔穴もあれば、そうでないものもあった。たとえば、「足の内踝の下、然骨の前の血脈(1)を刺して血を出し、足の跗上の動脈(2)を刺す。已《い》えざれば、三毛上各おの一痏(3)を刺す。血を見れば立ちどころに已ゆ」(『素問』巻十八・繆刺論篇、『太素』巻二十三・量繆刺)というばあい、(1)は足少陽脈の絡脈、(2)は、王冰によれば、足の甲にある足陽明脈の衝陽穴、(3)は、王冰によれば、足の親指外側にある足厥陰脈の大敦穴、楊上善によれば孔穴でなく、その脈の絡脈を指すという。ちなみに、ここにいう血脈は血絡とも呼ばれ、瀉血(刺絡)する絡脈のこと、動脈は脈の搏動する場所のことであり、ここで脈はいずれも血管を意味しているのに注意しよう。どんな症状ないし病気のときにはどの治療点に刺灸するかという、治療点と病気との対応関係もむろんみいだされている。孔穴や動脈にかんするこのような知識の蓄積にもかかわらず、「三部九候論篇」では、刺鍼と診脈のちがいこそあれ、頭部については両額・両頬・耳前の動脈を指定しているものの、手・足両部については脈をとる場所を具体的にしめさず、それぞれひとつの脈名をしるすにとどまっている。第九章でくわしく述べるように、三部九候脈法はきわめて古い起源をもつ脈法であり、出土医書や『史記』倉公伝にみえるのとおなじ記載のしかたがそこに伝えられたのであろう。この脈名がなにを意味するかについてふたりの注釈家、王冰と楊上善の意見は一致している。それぞれの動脈を指すというのである。そして王冰は八つの場所にたいしてそれぞれ一つの孔穴を、楊上善は二つの場所にたいしてそれぞれ一つの孔穴を、四つの場所にたいしてそれぞれ複数の孔穴を(『太素』巻十四・巻首闕題篇)挙げる。

倉公伝の記述にとって示唆的なのは楊上善の注であろう。治療点についても同様に、ある身体部分の脈といえば、単数もしくは複数の特定の場所を含意していたにちがいない。個々の病気に対応する効果的な治療点が脈にそってしだいに発見され固定されていって、それらがもっぱら治療に用いられるようになった、と推測されるからである。しかし、孔穴の概念と体系が確立するまでには、淳于意の時代からさらに時間が必要であった。

表現として興味深いのは、淳于意が治療の原則を述べた部分である。

9　形獘《つか》るる者は、当《まさ》に関灸・鑱石し、及び毒薬を飲むべからず。

10　論に曰く、陽疾 内に処《お》り、陰形 外に応ずる者は、悍薬《かんやく》及び鑱石を加えず。

11　法 当に砭灸すべからず、砭灸すれば気《き》逐《ちく》に至る。

11は8に触れて述べたことばである。そのほか、かれが弟子に授けた教科のなかに、

12　鑱石に宜く、砭灸を定むる処を以ってすること歳余。

がある。9の関灸は、『太素』巻二十二・五刺(『霊枢』巻二・官鍼)に五つの刺しかたのひとつとして関刺という語がみえるから、灸のすえかたの一種であろう。ここに鑱石・砭灸という語がつかわれている。ところが淳于意は、化膿した疽病の患者を診断しただけで見放しているし、簡単な手術さえおこなった形跡がない。むしろ手術は不得手だったようにみえる。とすれば、鑱石や砭はここでは鍼を指すとみなければならぬ。具体的な治療行為の記述でなく、抽象的な原則を述べた部分にこのような古い用語があらわれるということは、鍼法が砭法からなにを受け継いだかをよく物語っている。同時に、砭石をそのまま鍼を意味する語に転用できたのは、それがまさに刺す道具であったからだということを示唆している。さらに『黄帝内経』ではすでに消滅していた砭灸という用語が、ここにはまだ生きていることも見逃してはなるまい。砭法と灸法があって鍼法がなかった時代の記憶を、それは伝えているにちがいない。

5　出土医書と出土遺物

馬王堆漢墓出土医書のうち、二つの「十一脈灸経」と「脈法」および「五十二病方」に、いまの主題にかかわる記載がふくまれている。すでに述べたように、「十一脈灸経」と「脈法」は『黄帝内経』とおなじく、いわゆる医経に属する書であり、『黄帝内経』のなかの数篇の文章とふかいかかわりをもち、その祖型と呼べる内容をそなえている。それにたいして「五十二病方」は経方の書であり、薬物療法を主体とする臨床医学の書であって、その意味では淳于意の医案につながってくる。とはいえ、淳于意の医学の特色は診断法、とくに脈診法にあり、それが「十一脈灸経」や「脈法」の主題の一部をなしていたのである。まず、「五十二病方」からみてゆくことにしよう。

砭石はいちどだけ、癩《たい》病すなわち鼠蹊ヘルニアの治療につかわれている。（以下、引用文中の仮借・異体の字はすべて通用の字に改める。）

　先に卵を上げ、引いて其の皮を下げ、砭を以って其の隋の旁《かたわら》を穿《うが》つ。

卵は睾丸《こうがん》、隋は陰嚢の垂れ下がった部分を指す語であろう、とわたしは解釈している。ここでは砭は皮膚を刺してそこに小さな穴をあける道具である。その傷口になにかの汁と膏を（欠字のために定かでないが、おそらく）つけ、濃い酒をそそぎかけたのち、

　また其の痏《ゆう》に灸す。

痏は傷。傷口にじかに灸をすえる。そうしておいて、

　其の太陰、太陽□□に灸す。

「五十二病方」で脈に灸をすえると指示しているのは、ここだけである。

癩病の療法には灸がさらに二例、また人病馬不癇に一例記載されている。（□は欠字、⧄は字数不明の欠字。）

　癩□は左胻⧄に灸し⧄。

　枲《し》垢《こう》を取り、艾を以って裹《つつ》み、以って癩者の中顛に灸し、爛れしむれば已《い》ゆ。

左足の中指に灸す。

胻は膝の下のあたり、臬垢は麻屑、中顱は頭のてっぺん、孔穴でいえば、『鍼灸甲乙経』の百会、別名三陽五会にあたる。

患部に直接灸をすえるやりかたが、牡痔《ぼじ》（いぼ痔）と尤《ゆう》（いぼ）につかわれている。根元が小さく先が太くなっている牡痔は、

之に□し、疾《すみやか》に灸して熱し、其の本小なる者を把りて之を螫絶《ちゅうぜつ》す。

螫絶はひきちぎること。たんに灸というばあいは艾を用いたのだろうが、尤のばあいは異なる。

敝《やぶれ》し蒲《がま》の席若《も》しくは藉の蒻《じゃく》を取り、之を縄し、即ち其の末を燔《や》き、以って尤末に灸し、熱して、即ち尤を抜きて之を去る。

席はむしろ、藉はござ、蒻は蒲の若いもの。旧いむしろかござの若い蒲の葉をよりあわせ、その末端に火をつけて、それでいぼの先に灸をすえる。艾を用いない唯一の例である。

灸ではないが、痔の一種である朐癢《くよう》には、艾による燻蒸法が用いられている。症状の記載によれば、肛門のかたわらに小さな孔があり、そこからときどき小さな虫が出てきて、ひりひり痛むという。盆の大きさにあわせて地面に穴を掘り、乾燥させて、そのなかにまず艾を二、そのうえに柳茸を一の割合で置き、火をつける。底に孔をあけた盆を穴にかぶせ、患者をそこに腰掛けさせて、患部をいぶすのである。艾のひとつの用法として記憶しておきたい。

大きないぼ痔の切除には刀を用いる。小さな角で患部を吸い出しておき、

繫ぐに小縄を以ってし、剖《さ》くに刀を以ってす。

牝痔（肛門周囲膿瘻）で巣（腫物）が腸を塞いでいるばあいは、犬の膀胱に竹管をつけ、腸内に入れてふくらませ、患部を引き出しておいて、

徐《おもむろ》に刀を以って劙《れい》して其の巣を去る。

劙は突き破ること。さらにいぼ痔のばあい、

先に之を劙す。

むろん刀をつかうのであろう。そのあとで、

小橢石を燔《や》き、醯《けい》中に淬《さい》して、以って熨す。

小橢石は小さな楕円形の石、醯は酢、淬はにらぐ、刀の焼入れとおなじように、石を焼いて酢のなかにさっとつけるのである。これは罨法の一種であるが、朐癢の療法のなかには、「石」を焼いて水のなかに入れ、粥を煮る例もみえている。

砭法と灸法にかかわる「五十二病方」の記載は、以上につきる。ここで注目すべきは、つぎのいくつかの点である。第一に、鍼法の記述はみられない。戦国時代にはまだ鍼法は出現していなかった、というわたしの想定を、これは裏づけている。第二に、刺して孔をあけるための砭は、切除手術用の刀や罨法用の石とははっきり区別され、べつの用語で記述されている。これは『黄帝内経』における砭や石の用例と一致し、わたしの分析の妥当性を立証する。ちなみに、『黄帝内経』には手術用具としての刀はでてこない。第三に、孔穴の名称はまったくでてこない。そのかわり、灸をすえるべき脈を指示したものが一例、特定の場所を指示したものが三例ある。これは『史記』倉公伝の記載のしかたとおなじである。第四に、患部に直接灸をすえるのが二例(痔と尤)、砭であけた傷口にすえるのが一例(癩)、記載されている。これはすでに検討した文献にはみえなかった用法であり、とくに後者では、傷口に灸をすえたあとで、さらに二つまたは三つの脈にすえているのが、特異である。第五に、艾は灸だけでなく、燻蒸にも用いられている。この用法もさきに検討した文献にはみえない。そして第六に、灸・砭・刀・石という外治の法が適用されているのは、癩・痔・尤の三つの病気にかぎられており、砭・刀・石も癰疽のような化膿性疾患にはかえって用いられていない。

もっともこれは、それらの技術にとって本質的なことでなく、たんに「五十二病方」の著者が化膿性疾患の手術を得手としなかったためとみることもできよう。

馬王堆医書の「脈法」は欠字が半ば近くに達していた。ところがさいわいにも、張家山漢墓から出土した『脈書』のなかに「脈法」が収録されており、欠字はほとんど埋められた[21]。「脈法」には、灸法と砭法の原則がしめされている。病気を治療するばあいには「有余を取って不足を益す」という、のちに『黄帝内経』における治療の根本原則となる命題を提出したのちにいう、

> 気上りて下らざれば、則ち有過の脈を視て、環に当てて之に灸す。病甚しく、陽 環より上ること二寸なれば、益して一たび灸するを為す。

環はどこを指すのかわからないが、孔穴とは考えられない。これは気が逆上して下らない、いわゆる厥症の治療の原則を述べたものである。わたしはさきに『史記』倉公伝をとりあげたさい、淳于意が鍼法を適用しているのは厥症にたいしてだと指摘した。これは決して偶然の対応ではない。そこに灸法から鍼法への医療技術の転換が含意されているにちがいないのである。なおべつに、「膿有るときは灸す可からず」ともいう。

砭法の原則はつぎのとおりである。

> 気 膕《かく》と肘《ちゅう》の脈に出ずれば、而《すなわ》ち之に砭す。砭を用《も》って脈を啓《ひら》く者は必ず式の如くす。癰腫 膿有れば、則ち其の小大を称《はか》りて之に砭を為す。砭に四害有り。膿深く砭浅し、之を不及と謂う。一害なり。膿浅く砭深し、之を過と謂う。二害なり。膿大にして砭小なる、之を瀲《らん》と謂う。瀲なるときは、悪畢《つ》きず。三害なり。膿小にして砭大なる、之を砭と謂う。砭なるときは、良肉を傷《やぶ》る。四害なり。

膕は膝の裏側のくぼみ。ここにはふたつの原則がみえる。ひとつは瀉血。まず肘《ひじ》と膕の搏動する部位で脈をとったのであろう。「脈を啓く」のには砭を用いる。切開する脈はのちに絡脈と呼ばれるものであろうが、切開する方式は残

念ながら書かれていない。ここで脈診と結びついて瀉血に用いられた砭は、膿癰の剔出《てきしゅつ》にもつかわれる。四害の形式で述べられているのがその原則である。瀉血・手術用の砭が刺鍼用の鍼へと変化したとき、黄帝学派はこの原則を、つぎのようなかたちで継承した。『太素』巻二十二・九鍼所主（『霊枢』巻二・官鍼）にいう、

九鍼の要は、鍼を官《つかさ》どること最も妙たり。九鍼の宜は、各おの為す所有り、長短小大は、各おの施す所有り、其の用を得ざれば、病移す能わず。病浅く鍼深ければ、内に良肉を傷《やぶ》り、皮膚癰を為す。病深く鍼浅ければ、病の気寫せず、反って大膿を為す。病小にして鍼大ならば、気寫すること大いに疾《はや》く、必ず後に害を為す。病大にして鍼小ならば、大気寫せず、亦た復た敗を為す。

膿を病に、砭を鍼に置き換えることによって、砭石の操作の原則はただちに九鍼の操作の原則へと転化していったことが、この短い一節のなかにあざやかに立証されている。

それでは脈の概念はどの分野で成立したのか。その答は二つの「十一脈灸経」にある。二つの「灸経」の叙述形式は似かよっているものの、やや異なる。「足臂十一脈灸経」（以下、「足臂経」と略記）では、脈の名称、脈の経路を記述したのち、「其の病」を列挙し、たとえば冒頭の足の太陽脈なら「諸《もろ》もろの此の物を病む者は、皆泰陽脈に灸す」と結ぶ。「陰陽十一脈灸経」（以下、「陰陽経」と略記）のほうは、おなじく脈の名称、脈の経路を記述したのち、たとえば冒頭の足の鉅（太）陽脈なら「是れ動けば則ち腫・頭痛……を病み、腰は折るるに似たり、云々。此れ踝厥為《た》り、是れ巨陽脈の主治なり」と症候および主治の脈を述べ、さらに「其の産（生）む所の病」として病名を列挙し、以上の「十二病為り」と病気の数でしめくくる。これらの記述はまだ簡単ではあるけれども、『黄帝内経』の「経脈」篇の祖型をなしていること、のちに指摘するとおりである。[22]

まず脈の名称と配列をみておこう。太陽を「足臂経」は泰陽、「陰陽経」は鉅陽とするなど、後世の表記とやや異なるところもあるが、ここではのちの名称によって叙述する。「足臂経」・「陰陽経」のいずれも、足の三陰（太陰・少

陰・厥陰）三陽（太陽・少陽・陽明）脈と手の二陰（太陰・少陰）三陽脈の十一脈を記載する。手の厥陰脈は『黄帝内経』になってはじめてあらわれる。注目されるのは、「陰陽経」において、後世の手の太陽・少陽・陽明の脈にあたるものが、肩脈・耳脈・歯脈と呼ばれていることだ。脈の配列は、「足臂経」が足の三陽脈、三陰脈、ついで手の二陰脈、三陽脈、「陰陽経」が足の三陽脈、ついで肩・耳・歯脈、足の三陰脈、手の二陰脈の順序である。

二つの「十一脈灸経」に表現されている、もっとも重要な思想は第一に、体内を複数の脈が走っており、それぞれの脈にはそれぞれ異なった複数の病が属している、いいかえれば、それらの病をそれぞれの脈が支配している、という考えかただ。この脈が動く、つまり正常な状態からの乱れを生ずるときは、一群の症候があらわれ、各種の病が発生している。脈の乱れはむろん脈診によって観察される。そこから第二に、ある病を治療するには、その病気の属する脈の状態を正常にもどせばよい、という考えかたが生まれてくる。この対応関係こそ中国の臨床医学体系の根幹をなす思想にほかならず、それが「十一脈灸経」のなかに治療技術の含意として表明されているのである。

もっとも、のちには脈そのものが臓腑に属するとみなされるようになる。その萌芽はすでに「陰陽経」にあらわれている。足の太陰脈が、さしあたってはひとつの例外にすぎないけれども、「是《こ》れ胃脈なり」と規定されているのである。すなわちのちの脾脈である。病が脈に属し、脈が臓腑に属するならば、その帰結は明らかであろう。淳于意の引用する「脈法」にいう、「病主は心に在り」、「病主は腎に在り」、と。淳于意が脈診に長けていたことはすでに述べた。「足臂経」には、脈によって死に至る病を判断するひとつの基準がしめされている。

ちなみにここにいう脈は、『黄帝内経』では経脈とも呼ばれることになる。そのばあいにはふたつの意味に用いられる。ひとつは血液の流路、すなわち血管を指す。脈を診るのはその特定の場所においてである。もうひとつは鍼灸の治療点を結ぶ経路を指す。おなじ語であらわされるこのふたつの脈がどんな関係にあるかは、あとで考えよう。ここにいう脈はそのふたつが分化する以前の脈である。

脈の発見、あるいは、脈という思想の成立は、中国における医学の形成の歴史にとって、まさに画期的な出来事であった。二つの「十一脈灸経」は、その発見の過程について、ひとつの示唆をあたえている。脈の記載は、足脈のほうがずっとくわしく、手脈は簡単である。この点では「足臂経」と「陰陽経」に変わりはない。ところが、脈の経路の記述のしかたには若干のちがいがみられる。「足臂経」にあっては、足脈はすべて足に発して上体に向かっており、手脈もすべて手に発して胴体に入っている。「陰陽経」も、足太陰脈をのぞいて、五足脈・二手脈はおなじである。とすれば、足脈とは足に発する脈、手脈とは手に発する脈を意味していたにちがいない。足太陰脈は、例の胃脈と定義された脈であった。それにふさわしく、経路の記述も胃からはじまっている。胃脈という定義が、あるいは胃に属するという考えかたの導入が、脈の記述の方向を逆転させたにちがいない。肩・耳・歯の三脈の記述も見逃せない。肩脈は肩のほうから記述されてゆく。それが示唆するのは、肩・耳・歯脈も本来、肩・耳・歯に発する脈を意味する用語であったろう、ということだ。ところが、耳・歯両脈は手指にはじまると記述されている。手指に発する脈であってはじめて、手脈と呼ばれるにふさわしい。おそらく肩・耳・歯の三脈を手の陽脈として、三陰三陽説にもとづく体系に統合する準備がはじまっていたのであろう。耳脈・歯脈・足太陰脈(胃脈)、とつづけて記載されているのも、たんなる偶然以上のものを感じさせる。「陰陽経」は、肩・耳・歯脈という、おそらくは古い名称をとどめているにもかかわらず、体系化への志向という点では「足臂経」にぬきんでており、全体の記述の体裁も『黄帝内経』の「経脈」篇にいっそう接近している。

ここでひとつだけ断っておきたいのは、経脈の「循環」についてである。後世の理論では、十二経脈に属するある経脈の終点はべつの経脈の始点であり、経脈は全体としてひとつにつながっていて、そこに血気のいわば大循環がおこなわれる。大循環の経路を完成させるのは『難経』である[23](図1-5)。しかし、この段階ではまだ循環の思想は成立していない。切れぎれの脈が体内を走っているだけである。足脈や手脈、肩脈や耳脈や歯脈といった、脈の始発部位による命名のなかにも、その考えかたがよくあらわれている。循環の考えかたは人体の解剖学的研究をおこなった伯高派によって生みだされる。それについてはあとで述べる(第七章2節以下)。

わたしは付録した文章(24)において、「足臂経」の足厥陰脈のあとに付加されている一文、それに対応する「陰陽経」の足三陰脈のなかの文、および「陰陽脈死候」を比較分析し、こう指摘した。第一に、記述の詳細さからみて、最初に足脈が発見され、病気との関係がかなり究明されたのち、いわばその応用として手の二陰脈と肩・耳・歯脈がみいだされたのであろう。第二に、手脈よりも足脈のほうが重視されていた。第三に、足の陰脈は死に至る病にかかわる死脈、逆に陽脈は生脈とみなされていた、と。ここでさらに推論をすすめて、十一脈が発見され、その概念が確立してゆく順序をつぎのように想定しておこう。

足三陰脈──→足三陽脈──→手二陰脈──→肩・耳・歯脈══⇒手三陽脈

前漢代に入って、さらに手厥陰脈を加え、手足三陰三陽の十二経脈が完成する。とはいえ、三陰三陽説の立場から体系的整合性を求めて案出されたこの手厥陰脈は、経脈理論のなかで最後まで、さまざまな例外をそなえた脈として位置づけられてゆくことになる。

脈を正常な状態にもどす療法はさまざまにありうるだろう。たとえば、のちに淳于意がおこなったように、薬物を用いて治療することもできよう。「十一脈灸経」では、乱れをしめす脈そのものに直接に灸をすえるという手法をとる。「足臂経」にいう「其脈に灸す」、「陰陽経」にいう「其脈の主治」が、それである。くりかえすまでもなく、この手法は「五十二病方」の記載とも一致する。孔穴の記載はない。

臓脈		腑脈
手太陰肺脈	──→	手陽明大腸脈
足太陰脾脈	←──	足陽明胃脈
手少陰心脈	──→	手太陽小腸脈
足少陰腎脈	←──	足太陽膀胱脈
手厥陰心主脈	──→	手少陽三焦脈
足厥陰肝脈	←──	足少陽胆脈

図1-5

脈の発見については、従来ほとんど自明のこととみなされてきた考えかたがあった。まず治療点としての孔穴が経験的に発見されてゆき、関連痛その他の生理現象をとおして孔穴どうしが関連づけられ、脈として把握されるにいたった、というのである。ところが出土医書は、それがまったく逆であったことを証明した。まず脈が発見され、のちにその脈に沿って、あるいは脈からはずれた場所に、孔穴の所在が確認されていったのだ。『史記』倉公伝の医案がそれを傍証している。

二つの「十一脈灸経」は三つの決定的に重要な事実を明らかにした。第一に、脈が発見され、脈の病理学と診断法が創始されたのは、灸法の分野においてであった。第二に、脈のほうが孔穴よりも先に発見された。第三に、灸法では脈に治療を施した。さらに「五十二病方」・「脈法」によれば、第四に、脈以外にも灸をすえる場所があった。これが鍼法の継承すべき灸法の財産目録にほかならなかった。

これまでとりあげた医経・経方の書とはやや性質を異にする、房中に属する書に「天下至道談」がある。房中術も古代医学の重要な分野をなしていたのである。そのなかに一箇所だけ灸に言及したところがある。「七損八益」について述べた部分であり、衰えた体力を回復させるのに、

薬を飲み灸を約(灼)き、以って其の気を致し、服司(食?)して以って其の外を輔《おぎな》う。

のだという。ここで注目すべきは、第一に、灸が飲薬とともに補気の法として把握されていることである。そして第二に、ここにも灸法があって鍼法がないことである。補気の法もまた鍼法がひきつぐべき財産のひとつであった。

最後にもうひとつ検討しておかなければならない出土文物は、砭石と鍼である。これまで砭石であろうと推定されてきたものは、決して二、三にとどまらない。(25) しかし、それらはすべて決め手になる傍証に欠けているというだけではない。わたしが明らかにしたような石と砭石と刀の区別が、従来まったくなされていないのである。砭石の形には、鑱鍼型のもののほかに、鈹鍼型のものもあるかも知れない。そうした点も考慮しながら、出土遺物をあらためて再検

討する必要がある。この作業をわたしは中国の研究者たちに期待したい。

鍼法用の鍼であるのがたしかめられている漢代の唯一の遺物は、河北省満城県の中山国靖王劉勝（?―前一一三）の墓から、医工の銘文のある銅盆やその他の医療器具とともに出土した、金銀製の鍼である[26]。金鍼は四本、『黄帝内経』に記載されている九鍼でいえば、毫鍼にあたると思われるものが二本、おなじく鍉鍼と思われるものと鋒鍼がそれぞれ一本ある（図1-6、1-7、表1-1）。銀鍼は五本、すべて断片だが、一本は九鍼のなかの円鍼ではあるまいかと

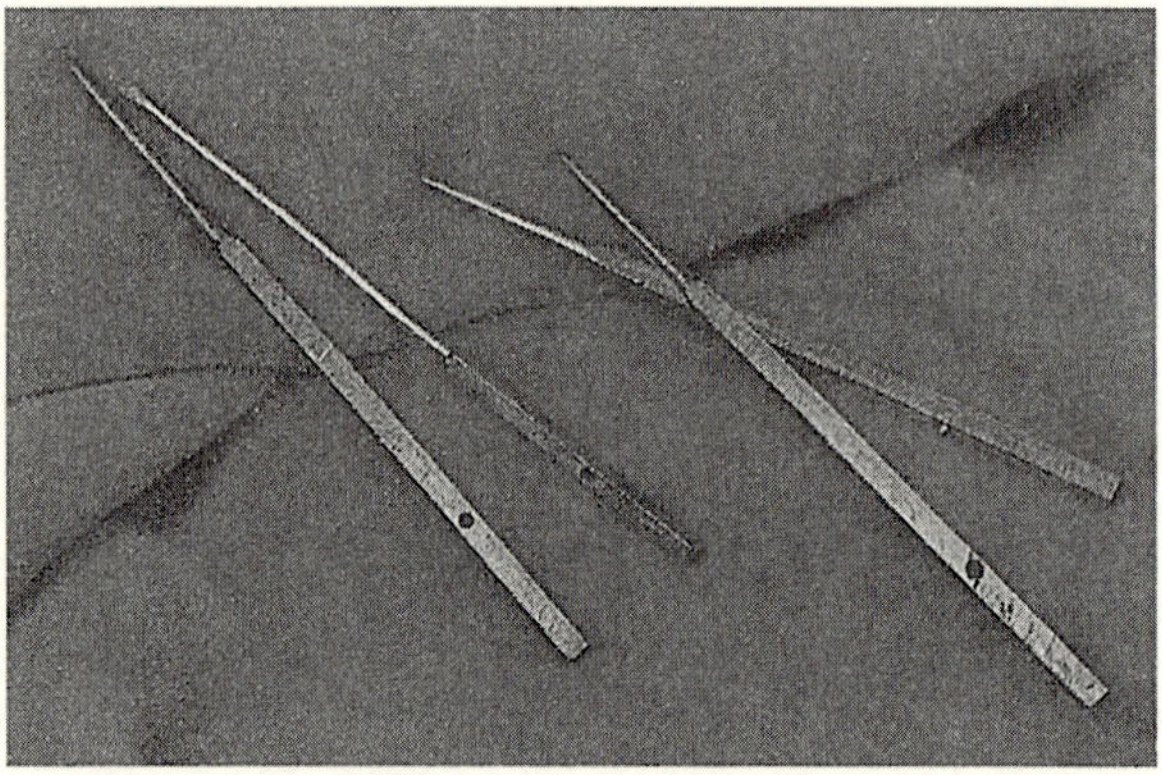

図 1-6　劉勝墓出土金鍼

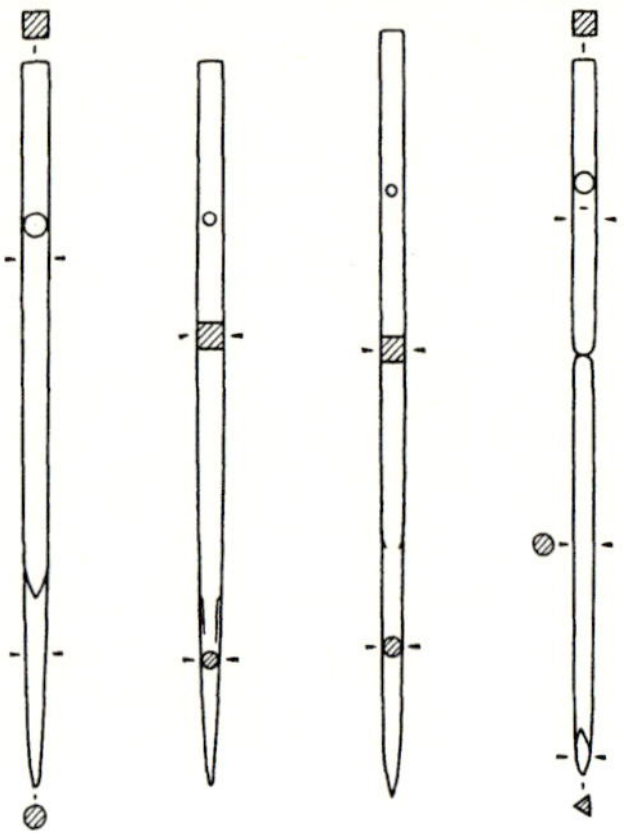

1　2　3　4

図 1-7　劉勝墓出土金鍼

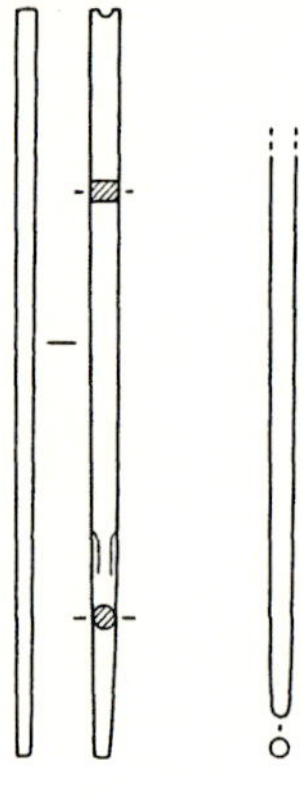

図 1-8　劉勝墓出土銀鍼

表 1-1　金鍼の大きさ

（単位・cm）

		長さ	柄の長さ	幅	鍼身の長さ
図の番号	1, 2（毫鍼？）	6.6	4.9	0.2	1.7
	3　（鍉鍼？）	6.9	4.6	0.2	2.3
	4　（鋒鍼）	6.55	2.65	0.2	3.9

推定されている(図1-8)。劉勝の生きた時代は司馬遷のそれと大きく重なり、鍼法はすでに目覚しい発展期に入っていたにちがいない。金銀鍼はその輝ける象徴であった。ちなみに、一般につかわれた鍼法用の鍼はおそらく、後世のそれとおなじく、鋼製であったろう。『後漢書』巻八十一・戴就伝のなかで拷問に用いられている大鍼が九鍼の一種としての大鍼であったかどうか、残念ながらわからない。

6　砭法・鍼法・灸法

『韓非子』にはじめてあらわれ、『史記』に引かれた扁鵲のことばは、後漢初の厳遵《げんじゅん》の『道徳指帰論』巻五・為無為篇にいたって、つぎのように変貌する。

大難の将に生ぜんとするや、猶お風邪の人に中《あ》たるがごとし。未然の時、之を慎めば来らず。皮毛に在るは、湯熨之を去る。分理に入るは、微箴之を取る。蔵府に在るは、百薬之を除く。骨髄に入るは、天地も憂う能わず、而して造化も治す能わず。

砭石の別名である鍼石から、おそらくは鍼を意味する鍼石へ、そしてその意味どおりの微箴へという、戦国末期から前漢中期をへて後漢初期にいたる、この用語と意味の変化は、三世紀たらずのあいだにおこった医療技術の革新の過程と成果を、確実に、疑う余地なく写しとっている。

しかし、鍼法は砭法の技術をすっかりとりこんでしまったのではない。九鍼を制作してそれを引き継ごうとした初期の鍼法学派の意図にもかかわらず、軽い瀉血のような技術をのぞけば、砭法が鍼法のなかに吸収されてしまうことはなかった。外科の技術はやはり独立の分科をなしていたと考えていい。後期黄帝学派はある時期に、癰疽の切開のような技術を放棄し、外科の領域から手を引いた形跡がある。たとえば『太素』巻二十三・疽癰逆順刺(『霊枢』巻九・

玉版）にいう、癰疽が化膿すれば助かるのは十人に一人であり、聖人は化膿しないように処置するのを良法とする、化膿してから診療するのは愚者である、と。「小を以って小を治する者は其の功小さく、大を以って大を治する者は害うこと多し。故に其の以《すで》に膿を成す者は、其れ唯だ砭石・排鋒の取る所なり」というとき、その語気はまぎれもなく、鍼の技術の本領は化膿を未然に防ぐことだ、砭石・排鋒を用いる手術は末技であり、やむをえない処置にすぎない、と主張するところにある。かくて鍼法は、特殊な疾病のばあいに少量の瀉血をほどこすほかは、今日まで伝えられているような、そこでこそもっとも大きな効果を期待できるような、その基調に予防医学的な色彩をつよくおびた鍼の技術へと、急速にみずからを限定してゆく。砭法と鍼法とはもともと、尖った道具で刺すという以外に共通点をもたない異質の技術なのだから、それが自然の成り行きというものであったろう。前漢中期の満城漢墓から発掘された金鍼に、瀉血用の鋒鍼はあったけれども、鑱鍼と鈹鍼はふくまれていなかった。あるいは出土品がたまたまそうだったにすぎないとしても、『黄帝内経』は九鍼にかんする諸篇をのぞけば、鍼を用いる外科手術についてほとんど語ろうとしない。砭法と鍼法は、その道具のもつ共通性のゆえに、連続面のみが不当に強調されてきたのである。

それでは灸法はどうか。たしかに、黄帝学派は灸法に補助的手段という位置づけしかあたえなかった。しかし、戦国時代に俚諺を生むまでに普及し、効果もたしかめられた治療法が、それほど簡単になくなるはずはない。黄帝学派もその技術を、補助的なものとしてであれ、利用しつづけている。のみならず、その技法を磨きあげてきた灸法派の医師たちが、やすやすと新興の鍼法派のまえに膝を屈してしまうはずはない。鍼法派である黄帝学派が『黄帝内経』におさめられたような多くの論文を残したのは、ひとつには理論的な基礎づけと技術の体系化という、鍼法そのものの内的な要請にもとづくものにちがいなかったが、ひとつには技術の革新者として、在来の技術を理論の地平においても乗り越える必要に迫られたからであったろう。とくに灸法からはその技術の基盤をそっくりうけついでいるだけに、鍼法派は意識的に灸法をかろんじた気配がある。

黄帝学派の主張がどうであれ、現実には灸法派の医師たちも数多くいたであろうし、普通の医師はたいてい、淳于意のように、鍼・灸・薬物といずれの療法をも用いる折衷派であったろう。前漢の昭帝（在位前八七—前七四）から元帝（在位前四九—前三三）の時代にかけて生きた焦贛《しょうこう》は、『焦氏易林』巻三にいう、

針頭もて手を刺せば、百病瘳愈し、
抑按して灸を捫《と》れば、死人復た起つ。

と。そのとき焦贛の眼には、鍼法と灸法にたいする社会的評価の比重はまったくおなじ、と映っていたらしい。

一九七二年に甘粛省武威の後漢墓から出土した「武威漢代医簡」は、内容からみて後漢初期の著作であろうが、残存する木簡の十九簡から二十五簡までは鍼灸療法である。胃腸疾患にたいする鍼法の記載につづけて、黄帝治病神魂忌と題する灸法の禁忌がみえる。

武1　人　生まれて一歳、心に灸する毋《なか》れ、十日にして死す。人　生まれて二歳、腹に灸する毋れ、五日にして死す。人　生まれて三歳、背に灸する毋れ、廿日にして死す。人　生まれて四歳、頭に灸する毋れ、三日にして死す。……九十より百歳に至る者は、九歳と同じ。年已《すで》に百歳を過ぐる者は、灸刺すべからず、気脈一たび絶ゆ。灸刺する者は、鍼灸に随いて死せん。

『黄帝内経』とは逆に、ここでは「灸刺」「鍼灸」は主として灸法を指す。のみならず、この禁忌は黄帝の名で呼ばれている。さらに後漢末・三国初にあらわれた道教経典『太平経』巻五十におさめる「灸刺訣」では、灸法と刺法がまったく同格にあつかわれている。

むろん、鍼法と脈診法を旗印とする、おそらくは黄帝学派の正統を引く流れもあったにちがいない。「武威漢代医簡」があらわれた紀元一世紀、その後半に、『後漢書』巻八十二下・方術列伝下によれば、「食を人間に乞い、疾む者有るを見れば時に針石を下し」た、涪翁《ほうおう》と号する人物がおり、「針経」・「診脈法」を著して世に伝えた。その医学は

程高をへて、和帝（在位八八―一〇五）のとき太医丞となった郭玉に継承されたという。

さらに百年あまりへて、後漢末から魏（二二〇―二六五）にかけ、のちに伝説的な存在となる、ひとりの名医が活躍した。麻痺薬の麻沸散を飲ませて外科手術をおこない、腹部を切開して病巣を剔出《てきしゅつ》したり、腸を切断・縫合したりしたと伝えられる、華佗《かた》である。(27) 西晋の陳寿（二三三―二九七）の『三国志』魏書・巻二十九・方技伝には、かれの診療記録十六例がみえる。うち五例は診察して注意をあたえただけ、一例は心理療法、一例は温湯で患部をあたためる療法、六例は薬物療法、一例は薬物療法と鍼法の併用、一例は鍼法、あと一例は開腹手術をおこなっている。これによると、伝の冒頭において「方薬に精し」と述べたあと、「若し灸に当たれば、一両処に過ぎず、毎処七八壮に過ぎず」、「若し針に当たれば、また一両処に過ぎず」といい、さらに外科手術の名手であると強調しているにもかかわらず、華佗の本領は外治の法よりもむしろ内治の法にあったようにみえる。劉宋の裴松之（三七二―四五一）の注に引く華佗別伝の挿話は、ややちがった傾向をしめす。記述にもその行為の異様さや超人ぶりを描きだそうとつとめている趣があり、すでに伝説の形成がはじまっているのをおもわせる。記載されている五つの症例のうち、華佗は一例に灸法、一例に薬物療法、一例に冷水浴と温めた病床で発汗作用をうながす療法を適用する。伝と別伝の記載をあわせると、華佗はともかく鍼と灸のいずれもおこなったことになる。

貴重な証言を残しているのは、残りの二例であり、それぞれ瀉血と薬物療法、および、切開手術と薬物療法を併用している。前者では「佗は弟子数人をして鈹刀を以って脈を決せめ」たし、後者では「刀を以って之を断ち、悪肉を刮出《かっしゅつ》」したという。鈹刀という表現は、「呉都賦」李善注の「鈹は両刃の小刀」ということばと重なる。鈹といっても九鍼のひとつではない。手術刀である。数人がかりでやる、むしろ手術といえそうな大きな瀉血に、その鈹刀が用いられている。悪肉はおそらく腫瘍であろう。それは刀で剔出する。これらの挿話に読みとれるのは、手術専用のメスの存在、したがってまたそれを使用する技術と専門家の存在である。砭法から発展してきた外科の技術が、鍼法とはべつに、ひとつの独立した分科を形成していた証左を、そこにみることができる。

専門家といえば、華佗伝のあとに記載された、かれのふたりの弟子がいる。ひとりは「佗に依準して治し」、たいてい患者を全快させたという呉普である。伝にはみえないが、かれは「呉普本草」の著者として知られているから、薬物療法を得意としたのだろう。内治の法を継承した呉普にたいし、外治の法をうけついだのは「針術」の名手、樊《はん》阿《あ》である。華佗という万能の医師のもとから異なった分野の専門家たちが育ったのは興味深い。医学は専門化への道を確実にたどっていたのである。

むろん、専門化への傾向はつとにあらわれていた。扁鵲は土地の風俗に応じて帯下医(婦人病)、耳目痹医(老人病)、小児医に専門を変えたと伝えられ、周官には医師のもとに食医・疾医・瘍医・獣医の四科の専門医が置かれていたという。しかし、とりわけ後漢代に入ってすすんだであろう専門化はそれと異なり、鍼法の目覚しい展開に刺激された、医療の理論と技術の高度化にともなう専門化であった。たとえば、後漢末の張仲景の『傷寒雑病論』(現存するテキストは『傷寒論』+『金匱要略』)に象徴される湯液派の出現がそうである。[28] かれらは三陰三陽の六経脈の病の脈証にもとづいて湯液を主体とする療法体系をつくりだす。それは灸法が生みだし鍼法が育ててきた、経脈に属する病という考えかたを、鍼灸療法からきりはなして薬物療法に適用したのであり、その方向はすでに前漢の淳于意の診療に萌芽をみることができたのだった。

鍼灸療法の分野で形成された理論は、後漢末までには中国医学のすべての分野を覆う基礎理論となっていた。その背景には、鍼法の旗幟を鮮明にした黄帝学派をはじめ、扁鵲・白氏など前漢の諸学派の解体があった。西晋の皇甫謐は灸法にも、その社会的要請からみてとうぜん占めるべき位置をあたえ、鍼法との統一をはかって『黄帝鍼灸甲乙経』を書いた。『黄帝内経』の再編成を意図しているものの、すでに学派意識はない。おなじく三国・魏の王叔和は、『素問』・『鍼経』(『霊枢』のもとのテキストであろう)から扁鵲・張仲景・華佗にいたる著作の「要訣」を集めて『脈経』を著した。そのなかには、『傷寒雑病論』の現存する最古のテキストもふくまれている。脈の理論と方法という立場から鍼灸療法と薬物療法、外治の法と内治の法を綜合したのである。

7 鍼灸の起源にかんする仮説命題群

戦国時代には、灸法はすでに存在していたけれども、鍼法はまだ出現していなかった、という作業仮説のもとにわたしは分析をすすめてきた。その結果、鍼灸療法の起源はきわめて古いという、従来すべての研究者によって自明の理とみなされてきた通説に反して、この作業仮説に抵触する資料はひとつも確認されなかっただけではない。多様な資料に嵌めこまれている錯綜した事実が、点在する孔穴のように脈絡をもちはじめたのである。わたしはここであらためて、それを基本的な仮説として命題化しようと思う。ことわるまでもなく、新たな資料が発見され、決定的な反証が提出されたときには、この事実にかんする仮説をわたしはよろこんで撤回する用意がある。

命題1　灸法の発明はすくなくとも戦国時代初期までさかのぼることができるが、鍼法が出現する年代の上限はせいぜい戦国時代の末期である。

歴史的研究における仮説の重要さは、それがいかに事実を説明するかだけでなく、歴史家の想像力をかきたてて、具体的な歴史像を描きださせるかにもかかっている。わたしはこれまで検討して確認した事柄を、この基本的な仮説を補う仮説群として命題化し、さらにいくつかの補助的仮説をも立てながら、鍼灸療法の形成と展開の過程を手短に、しかし具体的に展望しておきたい。命題化することによって、各仮説の独立性と仮説間の関係は明確になるだろう。

中国の古代医学の治療法には、『黄帝内経』の表現によれば、内治と外治のふたつの技術があり、薬物療法の前者にたいして、後者を代表するものとして、先秦時代には砭法と灸法があった。まず砭法の起源にふれておこう。

膿を体外に出すことによって化膿性疾患を治療する技術は、きわめて古い時代から存在していたにちがいない。しかし、砭石と呼ばれる、瀉血にも用いられるようになった、専用の手術具があらわれたのは、文献的にたしかめうるかぎり、戦国時代になってからである。

命題２　砭石は特定の形状をそなえていたであろう、両刃の刺す道具であり、その用途は膿の除去や瀉血などにかぎられていた。ここで特定の形とは、のちの九鍼のひとつである鑱鍼や、あるいは鈹鍼から推測されるような、ある種の形状をいう。

系２-１　用いる砭石の大小と刺しかたの深浅を化膿部の大小・深浅に応じて決めるのが、砭法の原則であった。しばしば砭石と混同されてきた外治用の道具に、刀と石がある。

系２-２　患部の切開や切除や剔出には刀、罨法には石が用いられた。

刀は片刃の手術用具。石は、患部を温めたり冷やしたりするのに適した形状のものでなければならず、おそらくは塊状の、やや平べったい、滑らかな表面をもつものであったろう。砭石や石は、『黄帝内経』がその用法を正確に記述しているところからみて、漢代にはまだ用いられていたにちがいない。

その起源について比較的考えやすい砭法にたいし、灸法の起源ははるかにむずかしい問題を投げかけている。脈に灸をすえるというやりかたの成立はかなり時代が下るとしても、灸の原初的な形態の起源は、あるいはきわめて古いのかも知れない。示唆的なのは「五十二病方」にみえる灸のすえかたと艾のつかいかたであろう。そこには後世のとはちがった、四つの特徴的なやりかたがみいだされる。第一は、艾以外の植物の使用。一例ではむしろかござの蒲《がま》でいぼに、べつの一例では麻屑を艾でつつんで頭のてっぺんに、それぞれ灸をすえている。後者はたんに灸の効果を高めるといった類の、単純な技法上の処理であろうが、前者は一種の灸の起源を示唆している。すなわち、艾を用いない灸が存在していたということであり、それは第二の、患部の直接焼去、と結びついていた可能性が大きい。直接焼去の例にはいぼのほかにいぼ痔があるが、そのばあいは艾をつかって焼いたのだろう。いずれも皮膚の突起を焼いたあと抜去する技法であり、外科技術の一部をなしている。これを直接焼去型の灸と呼んでおこう。脈や足指・中顚などにすえる灸を熱的効果型と呼ぶならば、それとは原理的に異なる。材料に艾を用いたところで、熱的効果型とは原理的に結びつかない、とわたしは思う。

身体の特定の場所に艾《もぐさ》による熱的な効果をあたえて治療する、という着想はどこから生まれたか。灸法の起源にかんするこの第一の問題についてわたしの考えは十分に熟していないが、作業仮説としてあえていまの考えを書いておく。わたしにとって示唆的なのは、「五十二病方」に特徴的な第三と第四のやりかただ。第三は、穿口施灸。その手続きはいささか複雑かつ奇妙である。鼠蹊ヘルニアの患者の陰嚢に砭石で孔を開け、なにかの汁と膏をおそらくはつけ、濃い酒をそそいでおいて、その傷口に灸をすえる。第四は、患部の燻蒸。柳茸といっしょに艾《よもぎ》を焼いて痔をいぶす。

艾《もぐさ》はいうまでもなく艾《よもぎ》で作る。『荊楚歳時記《けいそさいじき》』によれば

五月五日、……艾を採りて以って人を為《つく》り、門戸の上に懸け、以って毒気を禳《はら》う。

人は人形。この地方には古く艾人《がいじん》を身につけて魔除けにする習慣があった。『楚辞』離騒に、

戸ごとに艾を服して以って要《こし》に盈《み》つ。

とみえるのがそれだ。陳章の「艾人賦」(『文苑英華』巻百四十九)によれば、艾人のすがたは、

腰に盈つれば楚客より賤《いや》しと雖も、
臂《うで》を奮いて厲鬼《れいき》を威《おど》すが若《ごと》し。

であったという。艾はくすべて用いることもあった。『呂氏春秋』仲春紀・貴生篇のつぎの挿話は、『荘子《そうじ》』譲王篇と『淮南子《えなんじ》』原道訓にも引かれている。

越人、三世 其の君を殺す。王子捜 之を患え、丹穴に逃がる。越の国に君無し。王子捜を求むれども得ず、之を丹穴に従《お》う。王子捜、出ずるを肯んぜず。越人、之を薫《くす》べるに艾を以ってし、之を乗するに王輿を以ってす。

陳奇猷の近著の説にしたがえば、(29)

之を薫べるに艾を以《もち》うるは、不祥を去る所以なり。中原各国は萑葦《かんい》を用い、而して楚・越は艾を用いしのみ。

萑葦は、『風俗通義』巻八・祀典・桃梗葦交画虎に引く『呂氏春秋』に、

湯 始めて伊尹を得て、之を廟に祓い、薫べるに萑葦を以ってす。

すなわち、王子捜のばあいとおなじく、やはり特定の地位につけるまえにくすべて不祥をはらったのである。このように、楚越地方では、艾は厲鬼をしりぞけ毒気をはらう力をもつと信ぜられていた。

艾とおなじよもぎ属の香草に蕭《しょう》がある。『説文《せつもん》』によれば蕭は「艾高なり」。『詩経』王風・采葛《さいかつ》は野草をつむ少女に寄せる思いをうたう。

彼の采葛よ　一日見ざれば　三月の如し
彼の采蕭よ　一日見ざれば　三秋の如し
彼の采艾よ　一日見ざれば　三歳の如し

毛伝は葛を「絺綌《ちげき》を為る所以」、蕭を「祭祀に共する所以」、艾を「病を療する所以」と説明する。絺綌は葛で織った布だが、その根は食料にもなる。蕭は祭祀のときに供えて天の神を招き寄せる香臭として用いられる。『詩経』大雅・生民之什・生民に「蕭を取りて脂を祭る」、毛伝に「蕭を取りて黍稷《しょしょく》に合わせ、臭 牆屋《しょうおく》に達す」。『礼記《らいき》』効特性によれば、

周人は臭を尚ぶ。……蕭を黍稷に合わせ、臭陽 牆屋に達す。故に既に奠《てん》して、然る後に蕭を焫《や》きて羶薌《せんきょう》に合わす。

奠は酒食を供えて祭ること。鄭玄の注にいう、「蕭は薌蒿《きょうこう》なり。染《ひた》すに脂を以ってし、黍稷に合わせて之を焼く」、と。「采葛」に季節は歌われていないが、春から初夏にかけて薬草を採る習慣があった。『初学記』巻四・五月五日引の『夏小正』に、「此の月 薬を蓄え、以って毒気を蠲《けん》除す」、後漢の崔寔《さいしょく》の『四民月令』三月三日に、「是《こ》の日より以って上除に及ぶまで、艾を采るべし」。上除は上巳、毎月上旬の巳《み》の日をいう。そのばあい、もともと艾はたんなる薬草ではなかったはずだ。おなじよもぎの仲間の蕭と艾が、いっぽうは天神を招きよせ、たほうは厲鬼をはらう香草とされていた。そこには二種の植物のあいだに役割の分化がおこっているものの、本来の機能はまったく同一だったにちがいない。いいかえれば、神を招くことがそのまま邪鬼をはらうことを意味していたであろう。

「五十二病方」のふたつの艾の用いかたに返ろう。艾といっしょに燻蒸につかわれた柳茸は柳の古木に生えるきのこ、五木耳すなわち五種類の木に生える茸のひとつであり、『神農本草経』(『政和本草』巻十三)には「五木耳、名は檽《なん》。気を益《ま》して飢えしめず、身を軽くし志を強くす」とみえる。要するに、神仙養生の術につかわれたのである。しかし、陶弘景は「軽がるしくは信ずべからず」と一蹴し、「軟湿なる者は、人採りて以って葅《しょ》と作す。皆復た薬用無し」(『政和本草』巻十三・木部中品)と断言する。葅は漬物。唐の『新修本草』(同)によれば、「楮耳は人常に食う。槐耳は痔を療するに用う。楡柳桑耳、此を五耳と為す。軟き者は並《み》な噉《くら》うに堪ゆ」。槐耳はたしかに当時、痔の治療に用いられていたらしい。『外台秘要』巻二十六・五痔方に引く文仲療腸痔方に「槐木上の耳を以って末に擣《つ》き、飲服すること方寸匕《ひ》、日に三たびす」という。だがこれは柳茸でなく、しかも内服するのである。おそらく陶弘景のいうとおり、薬効は認められないのであろう。とすれば、逆に『神農本草経』の記載が生きてくる。茸には人に生命力をあたえる呪術的な力がある、と古代人は信じていたのであろう。厲鬼をはらう艾《よもぎ》といっしょにくすべるのは、おそらくそのためであった。

この燻蒸法は、直腸のかたわらに小さな孔があり、ときおり虫が出てくる痔に適用されている。同様な症状の痔にやはり燻蒸を用いる後世の治療法が、『千金要方』巻二十三・五痔にみえる。すなわち治五痔方にいう、「猬《い》皮、熏黄、熟艾。右三味、地を穿ちて孔を作り、調和し、取りて便《すなわ》ち之を熏ず。口中に熏黄の烟気出ずるを佳と為す」、と。猬はねずみ。熏黄は雄黄の別名。『政和本草』巻四・雄黄に引く『新修本草』によれば、「悪しき者を熏黄と名づけ、用って瘡疥を熏ず、故に之に名づく。別に熏黄無し」。雄黄は解毒・殺虫剤であり、その効果はまぎれもなく「熏黄の烟気」に依存している。しかし、燻蒸法において艾に期待されていた効果はもっとべつの作用であったろう。

その作用をきわめて劇的なかたちでしめしているのが、鼠蹊ヘルニアの患者の陰嚢に灸をすえるやりかたである。くりかえせば、陰嚢に傷をつけたのち、なにかの汁と膏を塗り、酒をそそぎかけて、傷口に灸をすえる。その治療行為の手続きや使用される物と、『礼記』効特性にみえる祭祀行為のそれとのあいだには、驚くべき共通性ないし類似性がある。後者では、犠牲の血や肉を供え、酒杯を席前に置いてから、犠牲の腸の脂にひたした蕭草を黍稷に合わせて焼き、屋内にその臭気をゆきわたらせる。結論を急ごう。要するに、わたしはこの治療法を、鼠蹊ヘルニアの病因である疫鬼を追いはらう呪術療法、と考えているのだ。事実、「五十二病方」の㿗の治療法の呪文によれば、狐叉《そう》または狐麃《ほう》と呼ばれる疫鬼をその病因と考えていたらしい。灸をすえる場所は、腹腔の内容物が落ちこんでくる陰嚢の下垂部である。そこは患部というよりも、むしろ病気があらわになってくる進路ないし区域 route ともいうべきだろう。あるいは疫鬼がそこに入りこんで病気をひきおこすと考えられていたのかも知れぬ。

艾をくすべて体内に入りこんだ疫鬼をはらう呪術にはふたつのやりかたがあった。患部に艾《よもぎ》の煙をあてていぶす間接的な法と病気の区域にあたる身体の一部に艾《もぐさ》をくっつけて焼く直接的な法である。身体の特定の区域に灸をすえるという治療法は、おそらくこの前者に由来するのであろう。これが灸法の起源にかんする第一の問題についてのわたしの考えである。それを命題のかたちで表現しておこう。

命題3　患者の身体の特定の区域に艾《もぐさ》で灸をすえるという治療法は、艾《よもぎ》をくすべて体内の疫鬼をはらう呪術に由来する。

しかし、これで灸法の起源の問題が解決されるわけではない。

いまふれた鼠蹊ヘルニアの療法では、砭石による傷口に灸をすえたあとで、さらに太陰・太陽脈に灸をすえている。それはすでに完成されたかたちの灸法がこの時点で実際におこなわれていたことを証明するだけでなく、その灸法が呪術的な用法を排除することなく、それと共存し併用されていたことを物語る。むろん効果の相乗作用をねらったものにちがいない。艾の呪術的な用法と脈に灸をすえるという固有の意味での灸法との親近性と異質性を、この療法はよくあらわしている。呪術的な用法から固有の意味での灸法にいたるには、どうしてもなされなければならない発見があった。すなわち、疫鬼がそこを通って侵入する経路、あるいは病がそれに属する区域としての脈の存在である。

灸法の起源にかんする第二の問題は、特定の症候群ないし疾病群にふかくかかわるものとしての脈の存在がいかにして発見されたかである。もっとも、個々の脈がいかなる経過で発見されたかを明らかにすることは、ついに不可能であろう。それよりも重要なのは、脈という考えかたがいかにして成立したか、という問題だ。経験的知識の累積から自然に、あるいは直接にみちびかれるような帰結ではそれはなかった。J・ニーダムと魯桂診は、経絡と水路との古典的な類比を指摘して、こう述べている。(30)

最初からそこでは水力工学の用語に類似した用語で考えられており、そのなかには川、支流、放水路、貯水池、湖などがふくまれていた。この類比は『霊枢』のなかにはっきり明示されている。

事実、『黄帝内経』のいくつかの篇(『太素』巻五の四篇、および、『霊枢』巻三・経水、巻六・海論、巻十・邪客など)をみれば、すくなくとも漢代には、この類比はきわめて重要な思考の前提をなしていたことがわかる。ニーダムと魯がいうように、孔穴の名称にも水路に類した用語が多い。それは孔穴体系の展開にとって水路との類比が思考の不可欠の動因であったことを物語る。だが、それははたして歴史的に最初からそうだったのだろうか。すこし設問を変えていえば、自然および人造の水路網の存在が、類比によって、体内の脈の存在を着想させたのだろうか。『説文』によれば、脈の正字である「衇」は「血理分かれて体中を衺《しゃ》行する者。𠂢に従い血に従う」。理はすじ、衺は斜。𠂢は、おなじく『説文』によれば、本流に斜めに交わる川の分流を意味する。すなわち、脈とはあるいは分流しあるいは合流しつつ体内をめぐる血のすじにほかならぬ。すくなくとも字そのものは、水路との類比によってつくられたのである。といっても、字形の意味をあまり重くとってはなるまい。たとえば「覛《みゃく》」は『説文』によれば「𠂢に従い見に従う」が、それは「衺視」、すがめに見ることである。「𠂢」は斜の意味をあらわしているにすぎない。「衇」ももともとは、たんに血管の枝分かれを指す語であったかも知れないのだ。

脈という語は、文献のうえでは、『左伝』僖《き》公《こう》十五年にはじめてあらわれる。

　乱気狡憤《こうふん》し、陰血周作し、張脈僨興《ふんこう》す。外彊《つよ》くして中乾く。

杜預《どよ》注にいう、

　狡は戻《れい》なり。僨は動なり。気外に狡憤すれば、則ち血脈必ず身を周《めぐ》りて作《おこ》り、気に随いて張動す。外彊形有りと雖も、内実に乾竭す。

これはじつは馬について述べたもの、張脈はあきらかにふくれあがった血管を指す。

成書の時期はすこしおくれるだろうが、ほぼ同時代をとりあつかった著作『国語』楚語上には、都市の支配のしかたの比喩に身体がつかわれている。

　且つ夫れ城邑を制するは、体性の若《ごと》し。首領・股肱《ここう》有り、手拇《ぼ》・毛脈に至る。大能く小を掉《うご》かす、故に変《うご》いて勤《つか》れず。

韋昭《いしょう》の注によれば、毛は鬚《しゅ》髪。毛脈はふつう毛の脈と解釈されている。毛の生えかたにみられるすじの意味であろう。だが、いまの主題にとって重要な表現がみいだされるのは、おなじ『国語』周語上のつぎの一節である。括弧内に韋昭注をしめす。

太史　時に順いて土を覗《み》る。陽　癉《あつ》く憤盈《ふんえい》(積満)すれば、土気震発(動起)し、農祥(房星)晨《あした》に正しく(晨に午に中す)、日月　天廟(営室)に底《いた》れば、土すなわち脈発す。時に先だつ(立春の日に先だつ)こと九日、太史　稷《しょく》に告げて曰く、今より初吉(二月朔日)に至れば、陽気倶に蒸《のぼ》り、土膏《うるお》い其れ動く。震《うご》かさず渝《か》えざれば、脈其れ満ち眚《わざわい》(災)して、穀すなわち殖せず、と。

韋昭によれば、孟春の月すなわち陰暦の正月に、日月はいずれも北方七宿の営室(ペガサス座α星)にあり、立春の日の夜明けには、東方七宿の房(蠍《さそり》座のπ星)が南中する。農事の時節の到来であり、だから房星を農祥ともいう。その日に先立って天文台長は農務長官である稷に、農耕にとりかかるときがきた、時期を失すれば穀物は育たぬ、と告げるのである。ここでただちに目を引くのは、春先の土の状態をあらわすことばであろう。陽気が厚く地中に蓄積すると土気が動きはじめるという事態が、人体の比喩をつかってくりかえし表現されている。

「土乃脈発」について、韋昭は「脈は理なり」といい、『礼記《らいき》』月令《がつりょう》・孟春之月の鄭玄《じょうげん》注にみえる「農書に曰く、土長じて橛《くい》を冒せば、陳根抜くべし。耕する者急ぎ発《ひら》け、と」を引く。農書のことばは、『礼記』疏によれば、棒ぐいを立てて土の状態を測候し、土の活動が盛んになって棒ぐいを浸蝕したら、去年の古い根っこを抜きとって、耕作者は急いで「其の地を開発す」る、というのである。しかし、この注はかならずしも適切とはいえまい。韋昭が「脈其満眚」に「脈満ち気結び、更に災疫を為す」と注しているように、土のなかに気の流通する脈があり、その流路が開く、だから土を動かし流れをよくしてやらなければ、気が鬱結して作物が育たない、というのであろう。そこにあるのは人体の血脈のイメージである。ついでながら、「土膏」は土地の肥沃さを意味するが、膏とは脂肪であり、もともと身体にもとづいた表現であるのは、いうまでもない。『国語』のこの一節は、体内をめぐる血脈を具体的にイメージすることによって、大地のなかに流体の通路があるという認識がつくられていったことを、物語っている。

馬王堆医書よりも確実に古い時代に書かれた文献にあらわれる脈の用例は、以上に尽きる。もっとも早い例は動物の血管。ついで比喩としてつかわれた人体の血管と体表に生えている毛のすじ。要するに、脈はもともと血管を意味し、それが身体にみられるほかのすじにも転用されたのである。脈という概念は、『左伝』のなかではじめて文字にあらわされたが、そのときからこのふたつの意味をもっていた、と考えていいだろう。血液の流通する路としての脈概念の成立そのものも、この時期からそれほど古くさかのぼるものではあるまい。血脈に相当する概念は、戦国以前の文献にはみいだされないからである。紀元前三世紀の半ばごろの著作とかりにわたしが想定している馬王堆医書では、脈という語は、脈をとったり瀉血したりする血管としての脈と、病を主《つかさど》り灸をすえる、血管とは明言されていない十一脈と、ふたつの意味に用いられている。張家山医書の『脈書』の「六痛」に「脈は瀆《みぞ》なり」というのは、むろん血の流れる溝である。これらはおそらく当時の日常語の用法にそうものであった。人体の一部として、しかも医学にかかわる概念として、血脈にふれた最初の文章は、『周礼《しゅらい》』天官・瘍医にある。

凡そ瘍を療すには、五毒を以って之を攻め、五気を以って之を養い、五薬を以って之を療し、五味を以って之を節す。凡そ薬は、酸を以って骨を養い、辛を以って筋を養い、鹹を以って脈を養い、苦を以って気を養い、甘を以って肉を養い、滑を以って竅を養う。凡そ瘍有る者は、其の薬を受く。

鄭玄は「鹹は水味。水の地中を流行するは脈に似たり」と注するが、この明確に五行説に立つ記述がせいぜい戦国末期か、ばあいによっては漢初まで下る文章であるのは、ほとんど疑いを入れない。

馬王堆医書にやや遅れる書に、秦の呂不韋《りょふい》の『呂氏春秋』がある。そこにはじめて、血脈という語が登場する。すなわち、巻二・仲春紀・情欲篇に、欲望を節制しないために「血脈壅塞《ようそく》す」、巻二十・恃君覧《じくんらん》・達鬱篇に「血脈は其の通ぜんことを欲す」というのがそれだ。巻二十一・開春論篇には「飲食・居処適《かな》えば、則ち九竅《きょう》・百節・千脈 皆通利す」とみえる。高誘は「通利して壅閉せざれば疾病無し」と注しているが、この千脈も血脈を指すのであろう。

そして『管子』水地篇にいたって、ようやく地上の水路と身体の血脈とを意識的に類比する表現があらわれる。

水は地の血気、筋脈の通流するが如き者なり。

『太平御覧』巻五十八・地部二十二引では、「水は地の血気、筋脈の流るる者」に作り、如字がない。直喩と隠喩のちがいはあれ、川の流れを体内の筋脈を流れる血気として把握しているのである。その逆ではない。この一篇を、郭沫若は西楚の覇王項羽が彭城に都していた時期の作品といい[31]、羅根沢は漢初の医家の作とみる[32]。いずれにしろ、前漢のごく初期の文章と考えておけば大過あるまい。『黄帝内経』ではこの類比関係が逆転し、脈の構造と作用を川の比喩でとらえるにいたることは、すでに指摘した。

もうひとつ想起しておきたいのは、日常語の地脈である。それは『史記』蒙恬列伝にはじめてあらわれる。

臨洮《とう》に起り、之を遼東に属《つら》ね、城塹《ざん》(壕)万余里。此れ其の中に地脈を絶つ無きこと能わざらんや。此れ乃ち恬の罪なり。

蒙恬は秦の将として「長城を築き、地形に因り、用《も》って険塞を制す。臨洮より起り、遼東に至る、延袤《ぼう》(長)万余里」の大事業を成し遂げた人物である。その工事にさいして、まったく地脈を絶たないというわけにはいかなかった。水脈という語にいたっては、魏晋まで下ってやっとつくられる。川を脈としてイメージすることはそれほど困難であったし、したがって、水路の類比によってはじめて脈の概念がつかみだされてくる可能性はほとんどありえなかった。

以上の検討の結果はつぎのように命題化される。

命題4　脈という語は、もともと日常語において、血管をあらわす概念として形成され、血の流れるすじを意味したが、身体のほかのすじを指す概念にも転用された。

脈は第一義的に血の脈すなわち血管であった。『黄帝内経』にいうように、「経脈は血を受けて之を営む」(『霊枢』巻三・経水)、「経脈は、血気を行《めぐ》らせて陰陽を営み、筋骨を濡《うるお》し、関節を利する所以の者なり」(『霊枢』巻七・本蔵)。営むとは営養をゆきわたらせること。疑問の余地はない。経脈ははじめから一挙に脈として、血液の流れるすじとして把握されたのであり、これまでしばしばそう考えられてきたように、多くの孔穴がみいだされてのち、孔穴と孔穴を結んで、点と点をつなぐ線として、経脈の概念が形成されたのではなかったのだ。かりに出土医書に孔穴の考えかたの萌芽を認めたところで、それらが明確に孔穴として把握されるまえに、すでに脈の概念は生まれていたのである。ここで経脈のもつふたつの意味のうち、血管を指すばあいをかりに経血脈、孔穴がそのうえに列んでいる線を経穴脈と呼んで、区別することにしよう。

命題5　経脈ははじめから脈として発見された。

系5-1　孔穴と孔穴を結ぶ線として、経脈の概念が形成されたのではない。経穴脈の概念はおそらく、刺鍼の技法が、初期においてはむしろ一般的であった「出血」の方法から、しだいに「無出血」の方法へと移行するにしたがって、いいかえれば刺穴が刺絡と区別されるようになるにしたがって、形成されていったのであろう。しかし経血脈と経穴脈が厳密にどこまで区別されていたか疑わしい。概念としても、また実際の経路としても、両者はあるいは一致し、あるいは並行し、あるいは交錯した。

系5-2　経血脈と経穴脈はいずれもたんに脈、あるいは経脈と呼ばれ、後世までとくに区別されることはなかった。

系5-3　脈とは、もともと体内に侵入した疫鬼の通路、したがってそれを通して病気があらわになる進路、あるいは、病気がそれに属する区域であった。

系5-4　疫鬼が脈に侵入するとその脈が「動」く、すなわち平常の脈とは異なった搏動をする、と考えられていた。そこから脈に属する病をその脈の搏動のパターンによって診断するという、独自の脈診法が成立した。

系5-5　脈は全体としてひとつにつながっており、そこを血気が循環する、という思想はまだ形成されていな

かった。(33)

脈の存在を発見したのは、艾による呪術療法をおこなった医師たちであった可能性が大きい。体内に侵入した疫鬼のひきおこす病気の進路ないし区域という考えかたは、脈の概念と論理的に十分になじむからである。すくなくとも、つぎの命題がなりたつことは疑問の余地がない、とわたしは考える。

命題6　脈は艾を皮膚のうえで焼くという治療法をおこなっていた人びとの手で発見された。

脈の発見が決定的な一歩であった。

命題7　脈のうえに艾で灸をすえるというやりかたが編みだされたとき、固有の意味での灸法が成立した。

系7-1　脈の種類・名称・数・経路、それに属する病気の種類と症候、その診断法などの知識は、灸法の発達とともに増大し、整備され、戦国末期までには簡単な体系に組織されるにいたった。

系7-2　最初に足に発する三陰脈、ついで三陽脈の六足脈が発見され、それらの経路や属する病気とその症候や脈動との関係などがかなり解明されてのち、その知識を応用し外挿して、手に発する二陰脈、ついで肩と耳と歯に発する三脈が究明され、最後にこの三脈が手の三陽脈として把握しなおされて、十一脈の体系が成立した。

系7-3　三陰三陽(太陰・少陰・厥陰・太陽・少陽・陽明)の概念は、その起源がどこにあるにしろ、脈を体系的に把握するための装置として生かされた。

系7-4　診断法の基礎は足陰脈を死脈、足陽脈を生脈とみなす考えかたにあった。

灸法はすでにたんなる経験的な医学でなく、理論化と体系化への道を歩きはじめていたのである。

その方向をさらに推し進め、医療の世界に大きな変革をもたらしたのは、鍼法の出現であった。鍼法の発明がいつどこでおこなわれたにしろ、それが新しい治療法として人びとのまえにあらわれ、ひろく社会に受け入れられていったのは、せいぜい戦国末から秦代にかけてであったろう。治療技術のこの革新が引き金となって、医学の急速な発展がはじまる。

命題8　戦国から秦代にかけてのある時期に、鍼法が出現した。

鍼で刺すという着想は、砭法から得られたにちがいない。たとえば砭石で皮膚に孔を開けるという手法が「五十二病方」にあった。

命題9　鍼法は、灸法が達成した理論的および技術的な基礎のうえに、砭法の技術を導入し、艾による熱的な効果を鍼による物理的な効果に置き換えることによって成立した。

鍼法という新しい技術をひっさげて登場した革新者たちの自覚において、それは灸法と砭法の両者をともに包括し継承し発展させた治療法であった。

系9-1　鍼法は、灸法の理論的技術的な蓄積をほぼ全面的に継承し、鍼の技術に適合するように改変して、それを発展させた。

だからといって、灸法が鍼法に吸収されたわけではない。

系9-2　灸法は、鍼法の影響を受けながらも、独自の治療技術として存続し、鍼法と並称される位置を医療の世界において確保した。

似たような事態は鍼法と砭法の関係にも生じた。初期の鍼法に用いられた鍼のなかには、砭石の形を模倣した、その機能をもつと称する鍼もあった。

系9-3　鍼法は砭法を全面的に継承しようとしたが、外科の技術はそれとは独立の分科として発展し、鍼法はわずかに砭の用法の原則や簡単な瀉血の技術を吸収したにとどまった。

鍼法派が外科的な技術を断念したのは、おそらく両者の異質性からくるとうぜんの帰結であったろう。

鍼法派が理論的および技術的に解決しなければならない課題は大きくふたつあった。第一に、鍼一本ですべての病気を治療できると称するかれらは、万病に有効な技術とそれを基礎づける理論をつくりださなければならぬ。この第一の課題に先鞭をつけたのは灸法であった。たとえば馬王堆出土の二つの「十一脈灸経」は七十余の病気を記載し、灸をすえるべき脈を指示している。鍼法はその課題をそっくり引き継ぐことになる。第二に、鍼は灸よりもさらに危険度の高い技術であった。『黄帝内経』はくりかえし鍼法がいかに危険な技術であるかを強調している。「上工は気を平かにし、中工は経を乱し、下工は気を絶ち生を危くす」(『太素』巻二十二・刺法、『霊枢』巻二・根結)。それは体内に金属鍼を刺しこむという技術そのものからくる危険性である。そのばあい、刺す以前の問題として解決できる事柄もある。(34) 第一は鍼の太さ(五四ページ表1-1参照)。後世になるほど鍼は細くなる傾向をしめす。第二は鍼の素材の毒性。北宋初の『日華子諸家本草』は、無毒の馬の轡《くつわ》でつくるという。ニーダムと魯によれば、それは炭素含有率の低い、やわらかい鋼である。(35) 第三は細菌による感染。明代中期の『鍼灸聚英』には、薬による消毒・煮沸やサポニンによる洗滌と煮沸をおこなう煮鍼、灯火で鍼を焼く火鍼が記載されている。火鍼にあたるものは『黄帝内経』では燔鍼《はんしん》とよばれる(『太素』巻二十二・九刺、『霊枢』巻二・官鍼。『太素』巻十三・経筋、『霊枢』巻四・経筋)。物理的効果と熱的効果の相乗作用をねらった刺しかた(焠刺《さい》)に用いられたのだが、このばあいは期せずして消毒した結果になった。しかし、一般に消毒の必要性に気づいていた気配は『黄帝内経』にはない。いずれにしろ、こうした問題を解決してゆくには長い経験の蓄積が必要だったはずである。『鍼灸聚英』のような著作がその到達点をしめしている。

さしあたって解決しなければならなかったのは、刺す場所の問題である。直径二ミリに近い金属鍼を身体に突き刺す。刺しどころが悪ければ命を奪いかねない。後世、決して刺してはならない場所が指定され、法医学書にはかならず、鍼灸を施す場所をまちがえた医療過誤のケースがとりあげられるにいたったゆえんである。(36) 刺しても安全な場所を全身にわたってたしかめてゆくこと、それが鍼法派の当面した第二の課題であった。

第一と第二の課題は、具体的な治療法としてはただひとつの問題、どこを刺せば安全かつ効果的か、に帰着する。わたしの考えでは、この問題の解決として発見され確定されていったものこそ、孔穴にほかならぬ。孔穴に相当する治療点の着想が灸法のなかで生まれていたとしても、それはごく萌芽的な段階にとどまったであろう。

命題10　孔穴の概念と体系は鍼法によってつくりだされた。

孔穴の探索の矛先はむろん、まず第一に灸法が明らかにした脈に向けられたであろう。主要な孔穴は経血脈にそって発見された。経血脈から外れたところにも孔穴はすくなからず確定されていたが、それらも多くは十五絡脈や奇経八脈などの概念によって整備され、経絡体系として統合されることになる。鍼法の影響のもとに灸法もまた治療点として孔穴を採用したことは、つけくわえるまでもない。

経血脈・経穴脈・孔穴にもとづく診断と治療の体系は、たんに経験的な水準における探究によって形成され発展してゆくような性質のものでなく、高度に理論的な思索にみちびかれてはじめて成立しうる底のものであった。同時に、そのような理論に裏打ちされてはじめて、過去の経験的な医学にたいし、鍼法はおのれの決定的な優位を主張しえたのである。鍼法という新しい技術を開発し、その技術の有効性を確信する医師たちは、やがて学派を結成して、その理論と技術を発展させ、主張をおしひろめ、弟子たちを教育し、医療活動をくりひろげてゆく。もっとも活発な動きをしめし、すぐれた成果をおさめ、比類ない権威を獲得していったのは、はじめは伝説的な聖王黄帝を、やがては黄帝の師である医師たちを、その開祖と仰いだ学派であった。わたしはその学派を黄帝学派と呼んでいる。『漢書』藝文志の示唆するところによれば、同様な学派にはほかにすくなくともふたつ、扁鵲学派と白氏学派があった。

命題11　鍼法を開発し信奉する医師たちは、学派を結成して活動した。

系11-1　もっとも活発な、もっとも権威ある鍼法学派は黄帝学派であり、ほかに扁鵲学派や白氏学派などがあった。

系11-2　これらの学派による前漢代の著作活動の成果は前漢末までに、それぞれ黄帝・扁鵲・白氏の名を冠する「内経」および「外経」として、集成された。

学派の起源についてはなお問題が残る。最初に結成されたのはどの学派であったか。白氏学派は『漢書』藝文志以外に存在の痕跡をとどめていないが、扁鵲学派について示唆的なのは『脈経』巻五である。そこには「張仲景論脈」とならんで「扁鵲陰陽脈法」・「扁鵲脈法」・「扁鵲華佗声色要訣」・「扁鵲診諸反逆死脈要訣」と、扁鵲の名を冠する四篇の診断法の論文がおさめられている。そこには『黄帝内経』と共通する用語もあるが、異なる用語や表現もすくなくない。たとえば最後の論文に、「死脈の気を相《み》る」ということばがある。それはとくに定義されていないけれども、馬王堆出土の「陰陽脈死候」にみえる「死脈」におなじく、おそらく足の三陰脈を指しているのであろう。死脈という語のこの用法は、『黄帝内経』では失われてしまう。のみならず、「脈来たること、屋漏に雀の啄《ついば》むが如き者は、死す」といった表現には、「足臂十一脈灸経」足厥陰脈の「脈を揗《と》るに、三人参《まじ》りて舂《うすづ》くが如くんば、三日を過ぎずして死す」のような搏動の形容に通ずる古拙さがある。あるいは「扁鵲内経」の残簡であるかも知れない。

富永仲基(一七一五―一七四六)は、加上説と呼ばれる思想史研究の方法論をとなえて、中国古代思想史や仏教思想史の研究をおこなった。(37) むかしから新しい学説や方法を創始しようとするひとは、かならずその開祖をかこつけて、先に学説や方法をうちたてたひとの上に出ようとする、というのである。かりに加上説をここに適用すれば、最初に形成されたのは、おそらく実在したとおぼしい白氏の学派であったろう。ついであらわれた学派は、みずからを権威づけようとして、名医扁鵲をかついだ。最後に登場した学派は、さらにそれを超える権威、黄帝をもちだしたということになる。ともあれ、黄帝学派の最初の世代が著作活動をはじめたのは、前漢の中葉ごろであったろう、とわたしは推測している。

系11-3　黄帝学派の活動は、新代から後漢の前半期にかけて、その頂点に達した。(38) 現存する『黄帝内経』はその成果を集成した論集である。

系11-4　後漢代のある時期以後、黄帝学派による扁鵲・白氏両学派の吸収と統合がすすみ、中国医学派とでもいうべきものが成立した。

歴史はそのために、現存する『黄帝内経』を中国医学の古典として獲得するとともに、扁鵲・白氏両学派の著作を喪失するという代償をはらうことになる。

鍼法の中国医学にたいする最大の貢献は、脈の発見をべつとすれば、理論的な面にある。いっぽうでは、鍼法そのものの内包する困難な問題を解決し、たほうでは、灸法派や薬物療法派などの他の流派にたいして自己の優位を主張するために、かれらが築きあげた理論は、やがて基礎理論として、医学のすべての分野に適用されてゆく。

命題12　中国医学の基礎理論は鍼灸療法、とくに鍼法の分野で形成され、その技術とともに発展し、他の分野に理論的基礎を提供した。

そのもっともきわだった例を、後漢末の張仲景の仕事にみることができる。すでに述べたように、かれは三陰三陽の六経病の脈証の診断を薬物療法に結びつけて、後世の臨床医学と基礎医学に決定的な影響をあたえたのであった。

付　「陰陽脈死候」

「足臂十一脈灸経」の記述は、どの脈についてもすべておなじ形式にとっている。脈の名称、脈の経路、その脈の病気の名称を記載したのち、たとえば冒頭の足泰陽脈なら、「諸病此物者、皆灸泰陽脈」、と指示してしめくくるのである。足厥陰脈だけがその例外に属する。共通形式の記述のあとに、それよりも長い文章がつづいているからだ。病名を記載した部分より以下を、段落に分けて全文引用しよう。（仮字・異体字・誤字などはすべて普通の字に改める。□は欠字、〔 〕内は釈文のさいに補われた字である。以下同じ。）

1　其病、病脞瘦、多溺、嗜飲、足跗腫、疾痹。（其の病は、脞《ざ》瘦《そう》・多溺《たにょう》・嗜飲《しいん》・足跗《そくふ》腫《しゅ》・疾痹《しっひ》を病む。）

2　諸病此物者、〔灸〕厥陰脈。（諸もろの此の物を病む者は、厥陰脈〔に灸す〕。）

3　皆有此五病者、又煩心、死。（皆此の五病有る者は、又煩心《はんしん》すれば、死す。）

4　三陰之病乱、〔不〕過十日死。（三陰の病乱るれば、十日を過ぎ〔ずし〕て死す。）

5　揗脈如三人参舂、不過三日死。脈絶如食頃、不過三日死。（脈を揗《と》り三人参《まじ》りて舂《うすづ》くが如くんば、三日を過ぎずして死す。脈絶ゆること食頃の如くんば、三日を過ぎずして死す。）

6　煩心、又腹脹、死。不得臥、又煩心、死。溏〔泄〕恒出、死。（煩心し、又腹脹《ふくちょう》すれば、死す。臥するを得ず、又煩心すれば、死す。溏《とう》〔泄《せつ》〕恒《つね》に出ずれば、死す。）

7　三陰病雜以陽病、可治。（三陰病　雑《まじ》うるに陽病を以ってするは、治す可し。）

8　陽病背如流湯、死。（陽病　背に湯を流すが如くんば、死す。）

9　陽病折骨絶筋而無陰病、不死。（陽病 骨を折り筋を絶つも陰病無くんば、死せず。）

3以下を付加文とよんでおくならば、この例外的な付加文は、「足臂」と「陰陽」の二つの「十一脈灸経」および「陰陽脈死候」の相互関係について、重要な示唆を投げかけている。のみならず、いわゆる「陰陽脈死候」とはなにかについて、決定的ともいえるてがかりを提供している。

付加文はごく短い文章であるにもかかわらず、各段落の記述内容はすこしずつその性質を異にし、決してひとつの文脈のなかにはない。各条の内容を検討しながら、その相互間のつながりかた、あるいは切れかたと付加文全体の構成とを、あらかじめ明らかにしておこう。

3にいうこの五病とは、むろん1に列挙されている病気を指す。それらの病気のいずれであれ、さらに煩心という症状がくわわれば、死ぬ。3は足厥陰脈にのみかかわる記述であり、単一の脈にかんする記述ではない4とは、ここではっきり文脈が切れている。

中国の研究者によって足臂の名を冠せられたこの「灸経」は、その名のごとくまず足の泰陽・少陽・陽明の三陽脈、ついで足の少陰・泰陰・厥陰の三陰脈、それから臂脈に移り、泰陰・少陰の二陰脈、泰陽・少陽・陽明の三陽脈の順序で記載する。付加文は足の厥陰脈のあとに位置している。だから、4にみえる三陰とは、足の三陰脈でなければならない。5以下もすべて足脈についての記述と考えていい。

病気の状態に死の徴候をみる4にたいし、5は脈の搏ちかたをとりあげる。この脈が陰陽いずれであるかは明示されていない。しかし、4の十日を過ぎずして死すに対応する、三日を過ぎずして死すという表現は、それがひきつづき三陰脈の記述であることを示唆している。ちなみに揗は循におなじく、撫でること。脈を撫でてみると、三人のひとがとんとんと臼をついているみたいだ。食頃は食事をとるあいだの時間、ふつうは短い時間を指すのにつかうが、ここでは脈がとだえた時間だから、逆にたいへん長い時間の指標といえよう。

6は4・5とちがい、むしろ3の記述に近い。それは三陰脈ないしその病気についての一般的な記述というよりも、特定の脈についての記述をおもわせる。事実、腹脹は足泰陰脈にしかあらわれない病名なのだ。これについてはすぐあとでもういちど立ち返るだろう。

6までの陰病にたいし、陽病は7にいたってはじめて登場する。陰病も、陽病を併発したばあいには、治すことができる。逆に9によれば、陽病は、骨が折れ筋が切れても、陰病をともなわないかぎり、死なない。陰病がきわめて重い、しばしば死に至る病であるのにたいし、陽病はどんなにひどくても死なない、むしろ生の徴候をしめす病だと考えられていたのである。

もっとも、陽病にもひとつだけ例外があった。背中を湯のように熱い汗が流れるばあいだ。8は陽病にかんする一般的な記述であるようにみえる。あるいはそうかも知れぬ。しかし、汗の記載は足陽明脈の「熱汗出」だけである。8にいう陽病を、ここではその「熱汗出」を指すものと解釈しておきたい。もっとも、「陰陽十一脈灸経」では、足の陽明脈に汗の記載がなく、少陽脈のほうに「汗出」とみえる。しかし、この二つの「灸経」では病名の記載にかなりのへだたりがあり、両者をいっしょにして論ずるわけにはゆかない。つけくわえておくなら、足陽明脈の病気には躁鬱病がふくまれており、のちに「陽明脈解」篇(『素問』・『太素』巻八)という、その症状を解説した独立の一篇が書かれた。足陽脈のなかでも、陽明脈は特異な脈なのである。

付加文は性質の異なる、二種類の文章によって構成されている。第一は3・6・8の、特定の脈にかんする、あるいはそれとおぼしい記述。第二は4・5・7・9の、陰陽脈にかんする一般的な記述。この両者が交互に配置されている。もうすこし細かくみると、3から6までは陰病ないし陰脈についてであり、4・5の一般的記述を3・6の特定脈の記述がはさむかたちをとる。7は陰病から陽病への橋渡しであり、陰病が死に至る病であるのにたいし、陽病はいわば生に至る病であることが示唆される。8において陽病の唯一の例外を除外したのち、9は陽脈についての一般的な記述をあたえ、それを陰脈と関係づけて、付加文をしめくくる。

この構成はただちにつぎのことを示唆する。すなわち、足厥陰脈にかんする3がその脈の記載のすぐあとに書かれているように、もともと6と8も、それぞれ当該脈のあとに付記されていたのではないか、一般的な記述を足脈の最後に書き加えるさいに、そこにいっしょにまとめられたのではないか。この推測を間接的に裏づけてくれるのは、「陰陽十一脈灸経」である。

「陰陽十一脈灸経」においては、脈は足の三陽脈、肩・耳・歯脈、足の三陰脈、臂の二陰脈の順序に配列されている。各脈の記述は、脈の名称、脈の経路につづいて、「是れ動けば則ち病む」として症状を列挙したのち、「其の産む所の病」を、たとえば冒頭の足鉅陽脈なら、「頭痛、耳聾、項痛、……腨痛、足小指痹」と数え上げ、最後に以上の「十二病為り」としめくくる形式をとる。この共通の形式からはみだした部分をふくんでいるのが、足の三陰脈である。出土した甲乙両本のうち、甲本にもとづいて、太陰・厥陰両脈のその部分を引用しよう。両本にそれほど大きいちがいはない。

太陰脈

i　其所〔産病〕、□□、心煩、死。（其の〔産む〕所〔の病は〕、□□、心煩すれば、死す。）

ii　心痛与腹脹、死。不能食、不能臥、強欠、三者同則死。溏泄、死。（心痛と腹脹とは、死す。食する能わず、臥する能わず、強欠《あくび》し、三者同《とも》にすれば則ち死す。溏泄すれば、死す。）

iii　〔水与〕閉同則死。（〔水と〕閉と同にすれば則ち死す。）

厥陰脈

iv　〔其〕所産病、熱中、〔癃、癩、偏疝〕、□□有而心煩、死、勿治也。（〔其の〕産む所の病は、熱中、〔癃、癩、偏疝〕、□□有りて心煩すれば、死し、治する勿《な》し。）

v　有陽脈与之〔倶〕病、可治也。（陽脈之れと〔倶《とも》に〕病むこと有れば、治す可し。）

iからvまでの引用文を[1]「足臂十一脈灸経」の足厥陰脈の付加文と対比してみると、そこにいくつかのきわめて似通った表現をみいだすことができる。付加文のうち、わたしがさきに特定脈、それも、足泰陰脈についての記述ではないかと示唆した6は、ここではおなじ足太陰脈のiとiiに、それに対応する表現がみつかる。両者の関係は、iとiiの記載が整理・統合されて6になったか、それとも6の記載がさらに厳密・詳細になってiとiiに分かれたか、そのいずれかであろう。あとで述べる理由により、わたしは前者だと考えるが、いずれにしろ6が特定脈にかんする記述であろうというわたしの推測は、これで立証される。

足厥陰脈にかんする3は、やはりおなじくivに対応している。病気の名称こそちがえ、五つの病気があって、それにさらに煩心（心煩）が加われば死ぬとする点に変わりはない。病名のちがいにしても、同じ病気に異なった観点からあたえられた名称とみなすことができよう。

つづく引用文vは、付加文では特定脈でなく、陰脈の一般的な記述である7に、対応する文章をみいだすことができる。厥陰脈の病気でも陽脈の病気が併発していれば治療できる、というこの「陰陽十一脈灸経」の記載は、「足臂十一脈灸経」では三陰脈の病気の記述へと一般化されたのである。付加文の6はiとiiの整理・統合であろうと考えた根拠のひとつがそこにある。これらの記述が「陰陽十一脈灸経」では病名の列挙のなかに埋もれているのにたいし、「足臂十一脈灸経」ではきりはなされて独立の文章となっている点をあわせて考慮すれば、すくなくともいまの主題にかんするかぎり、後者のほうが前者より記述の一般化をすすめている、ということができよう。

「足臂十一脈灸経」の付加文にしろ、それに対応する「陰陽十一脈灸経」の文章にしろ、すべて足脈にかかわるものであった。二つの「灸経」のいずれにおいても、足脈の記述は臂脈のそれよりずっと詳細であり、文章も長い。「陰陽十一脈灸経」では、臂の三陽脈にあたるものは、肩脈・耳脈・歯脈と呼ばれている。属する病気の数にしても、

「陰陽十一脈灸経」によれば、足の鉅陽脈は十二病、少陽脈は十二病、陽明脈は十病、太陰脈は十病、厥陰脈は五病、少陰脈は十病であるのにたいし、臂の肩脈は四病、耳脈は三病、歯脈は五病、鉅陰脈は五病、少陰脈は一病と、はるかにすくない。のみならず、のちには足脈病全体についての解説が、すでに述べた『黄帝内経』の「陽明脈解」篇とはべつに書かれている。『素問』巻十三・「脈解篇」、または、『太素』巻八・「経脈病解」篇が、それだ。

これらの事実は、わたしたちにつぎのことを示唆し、あるいは物語っている。第一に、記述の詳細さからみて、最初に生まれたのは足に発して上体へ走る脈、すなわち足脈という考えかたであり、その経路と属する病気が解明され、六つの足脈の概念がある程度まで確立してのち、その応用として、手に発して上体に入る臂の二陰脈と「陰陽十一脈灸経」にいう肩・耳・歯の三脈が探究され、それらが最終的に、「足臂十一脈灸経」にみえるような、五つの臂脈に統合されたのであろう。ちなみに、肩・耳・歯三脈のうち、耳と歯の二脈の経路は手に始まり、それぞれ耳と歯に入ると記載されているが、肩脈では肩に始まって手に終っている。それはおそらくこの三脈が、はじめはそれぞれ肩・耳・歯に発する脈として把握され、その名称で呼ばれていたが、のちに手に発し肩・耳・歯に終る脈として把握しなおされ、二陰脈と統合されて、六足脈に対応する五臂脈をかたちづくるにいたったことを、示唆している。

第二に、そのことと直接に関連するが、臂脈よりも足脈のほうがつねに重視されていた。臂脈にさらに一脈がくわわり、十二経脈体系ができあがってのちに書かれたにちがいない専論、「陽明脈解」篇や「脈解篇」(経脈病解)の存在が、また後漢末の張仲景の『傷寒論』にいう六経病は足脈の病であることが、なによりも有力にそれを物語る。そして第三に、すでに述べたように、足の陰脈が死に至る病であるのにたいし、陽脈は生に至る病として認識されていた。命をとりとめる病気であるかどうか、換言すれば、治療すべき病気であるかどうかを見極めること、『黄帝内経』のことばをかりれば「死生を決す」ることは、医療がしばしば命がけの行為であり、成功すれば莫大な報酬が得られるものの失敗すればときには命を奪われかねなかった古代においては、診断法の要諦であった。死生脈という、足の陰陽脈のこの認識と相対的な位置づけは、そのまま「死生を決す」る方法の具体化をゆるすことになる。

「足臂十一脈灸経」の付加文のうち、「陰陽十一脈灸経」に対応する文章がみいだされなかったのは、

4　三陰之病乱、〔不〕過十日死。

5　揗脈如三人参舂、不過三日死。脈絶如食頃、不過三日死。

8　陽病背如流湯、死。

9　陽病折骨絶筋而無陰病、不死。

である。5と8はわたしの推測を立証するてがかりがない。しかし、4と9は対応する文章をべつの一篇のなかに発見できる。すなわち、二つの「灸経」とおなじ帛に書かれて出土した、いわゆる「陰陽脈死候」である。その後出土した張家山漢墓の『脈書』によって、欠字はほぼ埋められた。

「陰陽脈死候」は大きく前半と後半に分かれる。前半は三陽脈と三陰脈を診断法とのかかわりにおいて定義する。[2]

a　凡三陽、天気也。其病唯折骨裂膚、一死。（凡そ三陽は、天気なり。其病は唯《ただ》骨を折り膚を裂くとき、一たび死す。）

b　凡三陰、地気也、死脈也。〔陰〕病而乱、則〔不〕過十日而死。（凡そ三陰は、地気なり、死脈なり。〔陰〕病にして乱るれば、則ち十日を過ぎ〔ずし〕て死す。）

後半は三陰脈の乱れから生ずる、身体の五つの構成部分の機能不全、すなわち五死の症状を記述する。[3]

c　三陰腐臧爛腸而主殺。□□五死。（三陰は臓を腐らせ腸を爛らせて殺を主る。□□五死。）
唇反人盈、則肉〔先死〕。（唇反り人盈つれば、則ち肉〔先に死す〕。）
〔齦斉歯長則〕骨先死。（〔齦斉しく歯長ずれば則ち〕骨先に死す。）
面黒、目睘《まる》視衺、則気先死。（面黒く、目睘《まる》く視衺《しゃ》すれば、則ち気先に死す。）

汗出如糸、傅而不流、則血先死。（汗出ずること糸の如く、傅して流れざれば、則ち血先に死す。）

舌陥卵巻、〔則筋〕先死。（舌陥ち卵巻けば、〔則ち筋〕先に死す。）

d　五者偏有、則不活矣。（五者偏《あまね》く有れば、則ち活きず。）

まず後半から簡単にみておこう。cによれば、三陰脈の乱れは、臓腑を腐爛させて人の死を左右し、五つの部分の機能不全を生みだす。唇が反り、鼻溝がふくらんでいるときは肉、歯ぐきの凹凸がなくなり、歯が伸びてくるときは骨、顔色が黒く、目がまんまるでやぶにらみのときは気、ねばっこい汗が糸を引くように出てくるときは血、舌がひっこみ陰嚢が縮んでいるときは筋の機能不全がおこっている。そしてdによれば、この五つの機能不全が全部そろったとき、いわば全身の機能不全におちいり、もはや生きてはゆけない。ここにいう死はあくまで部分的・機能的な死であって、生命そのものの終焉ではない。前半にいう死とは明らかに異なった概念である。

前半の文章にもどれば、あらためて指摘するまでもなく、aは9に、bは4に対応している。aは9の「筋を絶つ」の代わりに「膚を裂く」が入り、「陰病無し」がなく、「唯……一死」がくる。9では、そのときは「死せず」だったのが、aでは、そのときだけ「一たび死す」となっているのだ。「不死」と「一死」では意味が逆転しているようにみえるが、はたしてそうか。中国の古代人は、ひとが人事不省におちいったとき、それを死と表現した。『史記』扁鵲伝によれば、扁鵲が虢《かく》の国を通ったとき、「虢太子死す」。聞けば、太子はにわかに「蹷《けっ》して死」んだのだという。まだ半日は経っていない。扁鵲は「臣能く之を生かさん」と申し出て、「尸蹷《しけつ》」と診断していう、「故に形静《からだ》なること死の状の如し。太子は未だ死せざるなり」、と。隋の巣元方《そうげんぼう》の『諸病源候論』巻二十三・尸厥候は、つぎのように説明する。「尸厥とは、陰気逆するなり。此れ由《よ》り陽脈卒《にわか》に下墜し、陰脈卒に上升し、陰陽離居し、栄衛通ぜず、真気厥乱し、客邪之に乗ず。其の状は死せるが如し。猶お微《かすか》に息有るも恒ならず、脈尚お動くも形は知無し」。知は知覚である。このような仮死状態は人びとには死と映った。「故に天下は尽《ことごと》く扁鵲を以って能く死人を生かすと為す」。

「一たび死す」とは、人事不省すなわち仮死におちいることにちがいない。とすれば、それは「陰病無くんば」という条件つきの「死せず」と、決して抵触しない表現なのである。

「陰陽脈死候」の前半、とくにaの「其病」以下とbの「陰病」以下は、おそらくかつては「陰陽十一脈灸経」の一部であり、前者は足陽脈、後者は足陰脈のいずれかに付記されていたのであろう。「足臂十一脈灸経」の編者は、もともといくつかの脈の記述にちりばめられていた、「死生を決す」る診断法の文章をひとつにまとめて、足泰陰脈のあとに付した。「陰陽十一脈灸経」の編者はちがった道を選んだ。一般的原則を記述した二条だけを抽出して、もともと二つの「灸経」とは独立の文章だったであろう五死のそれに結びつけ、「陰陽脈死候」をまとめあげた。これが最初の診断法の書というべき、この短い一篇の成立にかんする、わたしの仮説である。

「陰陽脈死候」は、現存する『黄帝内経』にあっては、すでに言及したように、『霊枢』の「経脈」篇の一部に、そのまぎれもない条痕をとどめている。そこでは五死は、手の太陰・少陰、足の太陰・少陰・厥陰の五脈の機能不全として、記述されている。足の三陰脈から手足の五陰脈へと変容しているものの、五死が陰脈にかかわる概念だという認識だけは、たしかに後世に伝えられていたのだった。

第二章　湯液の起源

湯剤。薬物に水を加えて煎じ、滓を去り、汁を取って内服する。湯液は吸収が比較的はやく、作用を発揮しやすく、新病や急病に常用する。

『簡明中医辞典』(人民衛生出版社、一九七九)

1　剤形としての湯液

湯液は、いうまでもなく、中国医学において古くから用いられてきた剤形の一種である。梁の陶弘景(四五六―五三六)の編纂した『神農本草経集注』(『集注本草』)の序録は、現存する最古の薬物学総論であるが、その白字文、すなわち陶弘景の校定した『神農本草経』の文章にいう、

　薬性には丸に宜《よろし》き者、散に宜き物、水煮に宜き者、酒漬に宜き者、膏煎に宜き者有り、亦一物にして兼ねて宜き者有り、亦湯酒に入るべからざる者有り。並びに薬性に随い違越するを得ず。

と。丸・散・湯・酒・膏、後世まで頻用される主要な剤形が、ここに「薬性」の観点から統一的に把握されている。白字文がいつ書かれたか、残念ながらわからない。しかし、各種の剤形がでそろい、薬物学総論をまとめるだけの条件が熟したのちであるのは、疑う余地がない。

剤形のちがいは病気の治療にどのような意味をもつのだろうか。元の王好古(一二一〇?―一三一〇?)の『湯液本草』

巻上にみえる金の李杲《りこう》（一一八〇―一二五一）の説は、冒頭に引用した『簡明中医辞典』の説明の先駆であった。岡西為人が指摘したように、[1] それは

大抵、湯は盪《とう》なり、大病を去るに之を用う。散は散なり、急病を去るに之を用う。円は緩なり、速かに之を去る能わず。其れ用薬の舒《じょ》緩にして之を治する意なり。

として、剤形のちがいの効用を「薬効の遅速」に求めるものである。しかし、岡西は「薬効の遅速ばかりでなく、調製・服用・貯蔵・携帯なども剤形を決める要素となった」とみる。

異なった剤形は異なった薬効をもつ。臨床にあたっては、とうぜんさまざまな剤形が症候に応じて用いられるだろう。ところが、中国ではかなりはやい時期に、湯液を主体とする特異な、しかも体系的な臨床医学書が出現する。後漢末、二世紀中葉から三世紀初頭にかけて生き、長沙の太守をつとめたこともあると伝えられる、張仲景の『傷寒雑病論』（『傷寒論』＋『金匱要略』）がそれである。岡西はかつて、後漢から北宋にいたる代表的な臨床医学書にみえている薬剤の処方数を、剤形ごとにまとめた（表2-1）。[2] それによって全処方のなかに占める湯方の百分率をしめしたのが表2-2である。かりに『傷寒雑病論』を例外としても、魏晋南北朝から唐代にいたる治療法を集成した唐代の三書、『千金要方』・『千金翼方』・『外台秘要《げだいひよう》』は、湯剤がいずれも半分近くを占めている。後漢末から唐代にかけて、湯液の時代ともいうべき一時期が存在したのであり、『傷寒雑病論』の出現はその開幕を告げる、象徴的な事件だったのである。わが国では吉益東洞（一七〇二―一七七三）を頂点とする古方派によって『傷寒論』が喧伝され、漢方薬といえばただちに湯液すなわち煎じ薬を想起するまでに、なじみふかい剤形となっている。

張仲景の先駆とされてきたのは、『漢書』藝文志にみえる「湯液経法」であり、さかのぼっては伊尹《いいん》の「湯液」である。西晋の皇甫《こうほ》謐《ひつ》（二一五―二八二）はつとに『鍼灸甲乙経』序において、「仲景、伊尹の湯液を論広して数十巻と為し、之を用いて験多し」と述べ、北宋の高承の『事物起原』巻七・技術医卜部・方書は「湯液経」を「商の伊尹に出

ず」と断じ、南宋の王応麟は『漢藝文志攷証』巻十の「湯液経法三十二巻」の項に『事物紀原』と皇甫謐のことばを引き、さらに『素問』巻四・湯液醪醴論篇と『漢書』郊祀志の王莽の液湯の記事に言及する。このような見かたをさらに強調したのは王好古であった。『湯液本草』序と『陰証略例』伊尹湯液論例にみえるかれの説を要約すればこうなる。神農の『本草』にもとづいて、殷の伊尹が「湯液論」を著し、張仲景がそれを拡充して十巻の書とした。「仲景の方はみな湯液」であり、「此れ医家の正学にして、後世の明哲作ること有りと雖も、皆此れを越えず」、と。ここにいう「湯液論」と「湯液経法」の関係は明言されていないが、たぶんおなじものか、あるいは後者は前者を敷衍したもの、と考えていたのであろう。いずれにしろ、王好古にとって湯液は悠久の歴史をもっていたのである。(3)

伝説は措くとして、前漢末までには成立していた「湯液経法」を『傷寒雑病論』の祖型とみなすとき、そこにはふたつの前提条件が仮定されている。第一に、前漢末までには、一般的な剤形としての湯液の概念が成立していたこと、第二に、湯液による治療法がある程度まで体系化されていたこと。あらためて指摘するまでもなく、このふたつの前提条件にはさらに、湯液は前漢末までにすでにかなり長い歴史を経てきている、という前提が含意されている。

このような仮定を検証するには、従来あまりにも資料に乏しかった。『史記』倉公伝に数種類の

表 2-1　代表的な臨床医学書にあらわれる薬剤の処法

	湯	散	丸	煎	酒	膏	丹	計
傷寒論	97	7	5	1	—	—	—	110
金匱要略	130	30	20	2	—	—	—	182
千金要方	645	224	268	50	68	58	1	1314
千金翼方	597	251	222	21	53	107	—	1251
外台秘要	1761	747	717	83	245	156	—	3709
和剤局方	140	239	281	2	—	22	71	755
本事方	56	115	124	3	4	5	13	320
三因方	337	261	188	7	17	23	47	880

表 2-2

	処方に占める湯方の割合
傷寒論	88.18%
金匱要略	71.42
千金要方	49.08
千金翼方	47.72
外台秘要	47.48
和剤局方	18.54
本事方	17.50
三因方	38.29

湯剤の名称がみえ、『黄帝内経』(『太素』または『素問』+『霊枢』)に、湯剤の原料や製法について二、三の言及があるのが、残された資料のほとんどすべてであった。のみならず、湯液の定義にも異説があった。わたしが一般的な剤形としての湯液というとき、それは病気の種類を限定せずに投与される、水で煎じた薬物の溶出液を意味している。この意味での湯液が、『傷寒雑病論』においては処方の約八〇%を占めていたのである。ところが、たとえば『中国医学大辞典』(商務印書館、一九二一)の「湯液」の項は、こう付記している、「一説には、穀類を煎熬《せんごう》した湯汁。古くはそれを補剤とした」、と。事実、『黄帝内経』は「五穀の湯液」に言及している。もしこれが古いかたちの湯液であった[4]とした ら、『傷寒雑病論』の湯剤とただちにはつながらない。いくつもの鎖の環が、両者をつなぐには、必要なのである。

湯液の歴史についてあらためて検討を迫ったのは、二部の古代の臨床医学書、いわゆる「武威漢代医簡」と「五十二病方」の発見であった。多数の薬剤の具体的な製法を記載した書がはじめて白日の下にもたらされたのである。歴史を連続的な線として記述するにはとうてい不十分であるとはいえ、その再構成のてがかりとしてなら決して貧しくない。それどころか、従来の資料的白紙に近い状態のうえに積み重ねられた仮定と推論を思うとき、わたしたちは歴史分析のためのたしかな、しかも豊かな立脚点を手にしえたというべきだろう。

一九七二年に甘粛省武威の後漢前期のものと推定される墓から出土した医簡には、「湯方」が一例ふくまれていた。十種類の薬物を水煮する、まぎれもない湯剤である。だが、予期に反して、全処方中ただ一例にすぎなかった。湯液という剤形はいささかも優越した位置を占めていなかったのだ。翌七三年に湖南省長沙の馬王堆漢墓から発掘された帛書「五十二病方」には、水煮の処方が十数例記載されていた。しかし、使用する薬物はいずれも一、二種類の、きわめて単純な組成をもつ薬であった。『傷寒雑病論』の湯剤には、用いる薬物は一、二種類にすぎないものもいくらかあるが、大部分は数種類、ときには十数種類に達する。そのような薬物の構成をもつ水煮の処方を完成された、典型的な湯液とみるならば、「五十二病方」の水煮の処方と『傷寒雑病論』とのあいだには、いや「武威漢代医簡」とのあいだにさえ、まだ大きな距離が横たわっている。「五十二病方」のなかには、湯液のいわば原型しかみいだされなかったのである。「五十二病方」の発見された写本の筆写年代は、秦漢交代期の前後であろうと推定されている。とすれば、成書年代は戦国後期とみてさしつかえあるまい。わたしはかりにそれを紀元前三世紀の半ばに想定しているが、すくなくともそこに記載されている知識や技術が戦国後期に存在していたことは、疑問の余地がない。

戦国後期の「五十二病方」、前漢の『史記』扁鵲倉公列伝、前後漢にまたがる『黄帝内経』、後漢前期の「武威漢代医簡」、後漢末の『傷寒雑病論』、これが湯液の初期の歴史を分析するためにわたしにあたえられた、主要な素材のすべてである。古い素材も新しい素材のあいだにはさみこめば、これまで隠れていたものが見え、新たな意味を帯びてくるだろう。これらの主要な文献について、わたしはつぎのような手続きを踏むことにする。まず湯や湯液といった語の具体的な用例についてその意味を明らかにし、ついで湯や湯液と呼ばれているか否かにかかわりなく、一般的な剤形としての湯液の形成にかかわるとわたしが考える処方ないし製薬法を検討する。

「五十二病方」からとりあげることにしよう。

2 「五十二病方」の原 - 湯液

「五十二病方」(5) の現存する三百例に近い治療法のなかには、湯という語が九例みえ、三つの意味に用いられている。第一の意味は、水を沸かしただけの湯。まず化膿した傷(諸傷)の療法。(引用文のなかの異体字は普通の字に改める。□は欠字をしめす。言及の便宜のためにつけた記号「五1」は、「五十二病方」引用文1を意味する。以下の記号もこの例にならう。)

五1　消石を温湯中に置き、以って瘍に洒《そそ》ぐ。

ついで火傷(□爛者)の療法が二例。

五2　湯の熱き者を浴ぎて㲺矢《ていし》を熬《ごう》し、漬《つ》くるに醯《けい》を以ってして、之を封ず。

五3　湯の大いに熱き者を以って㲺矢を熬し、酒を以って滒《ひた》して、之を封ず。

㲺矢は豚の糞。熬は普通は「いる」こと、水分がなくなるまで火にかけることだが、ここではたんに湯通しすることか。醯は酢。このほか、化膿性疾患の癰の療法に、

五4　乾けば、復た之を傅《つ》け、而して湯を以って洒《そそ》いで薬を去れば、已《い》ゆ。

とみえるのは、洗滌用の湯である。おなじく、病原が虫にあると考えられた慢性皮膚疾患の一種(□蠸《かん》者)に「湯を以って沃《そそ》ぐ(以下欠文)」、毒虫に刺された傷(虫蝕)に「(欠文)明日また洒ぐに湯を以ってし、薬を傅くること前の如くす」とあるのも、欠字が多くてたしかなことはいえないが、おそらく傷口を湯で洗滌する、あるいはまえにつけた薬をきれいに洗い落とすといった操作であり、いずれも同様な意味の湯とみていいだろう。化膿性疾患の疽《そ》病に「傅薬の前に洒ぐに温水を以ってす」とみえる温水も、その意味の湯に近い。

第二の意味は、いわゆる薬湯《くすりゆ》。二例ある。まず、すねの傷が膿んでつぶれ、膿が流れている(胻傷《こうしょう》)のを治療する法。

五5　之を治するには、水二斗、郁《いく》一参・朮《じゅつ》一参・□一参、凡そ三物を煮る。郁・朮は皆冶《や》し、湯中に□、即ち湯を炊く。湯温適《かな》い、足を入る可くんば、即ち小木を湯中に置き、即ち□□居□□、足を湯中に入れ、木を践《ふ》みて□を滑す。湯寒《つめた》ければ則ち之を炊き、熱ければ即ち火を止むれば、自ら適う。朝、食し已《おわ》りて湯中に入れ、餔《ほ》時《じ》に至りて出して休めば、病即ち愈ゆ。

薬物を入れる前も入れた後も、ひとしく湯と呼ばれている。郁はどの植物に同定すべきか不詳。一参は三分の一。三物を三分の一ずつ均等に用いるのである。単位はこのばあい斗であろう。冶は粉末にすること。餔時は晩飯時、申の刻、午後四時ごろ。つぎは疥癬《かいせん》(乾瘙《かんそう》)の療法。

五6　桃葉を煮て三たび汎《しん》し、以って湯と為す。温内に之《ゆ》き、熱酒を飲み、已《おわ》りて即《ただ》ちに湯に入り、また熱酒を

其の中において飲む。久しき瘙と雖も已《い》ゆ。

桃はしばしば魔除けに用いられる植物であり、容易に推測されるように、この療法は呪術的である。浴する湯ではないが、『歳時広記』巻五に引く『風俗通義』の佚文《いつぶん》に「元日、桃湯および柏葉湯を飲む」、『荊楚歳時記』元日の桃湯注引・典術に「桃は五行の精、能く邪気を厭伏《ようふく》し、百鬼を制す」と。汅は意味不詳とされている字。「五十二病方」には、ほかに四例(癃に二例、疽病・身疕《ひ》に各一例)みえ、いずれも「三汅煮」と熟し、癃《りゅう》病の一例は汅を乃《だい》に作っている。これらの用例から、三汅は煮という操作をさらに規定する語であるのがわかる。汅はおそらく仍《じょう》に通ずる。『広雅』釈詁四に「仍は重なり」、おなじく釈言に「仍は重、再なり」。三汅煮は三回重ねて煮るという操作を意味するのであろう。具体的にはそれはどうするのか。示唆的なのは、あとで引用する五11と五21である。この二条は「五十二病方」ではつづけて記述されている。まず五11に、材料を「三分」し、水で「一分を煮て、熟すれば、滓を去り、また一分を煮る。此の如くにして以って三分を尽す」調剤法がでてくる。ついで五21では、材料を「分かちて以って三と為し」、酒で「之を三たび汅煮」するという。とすれば、五11の調剤法こそ三汅煮の定義をしめしているのでなければならない。すなわち、材料を三分し、その一分を煮ては滓をすて、またその汁で一分を煮るという操作をくりかえすのが、三汅煮なのである。べつに槐《かい》の本・枝・葉を三汅煮する処方(身疕)があるが、これも根から順番に煮ては滓を浚《さら》えてゆくのだろう。温内はあたたかい部屋。

第三の意味は、蒸すときにしたたる汁。妖術のせいと考えられていた病、蠱《こ》に中《あ》たったばあい(□蠱者)の呪術療法にあらわれる。

五7　北向きに并《なら》べし符を焼き、而して羊尼《じ》を蒸し、下る湯を以って符の灰に淳《そそ》ぎ、……。

尼は羠《い》に通ずる。『説文』に「羠は騬《じょう》羊なり」、去勢羊のこと。

湯のこの三つの意味は、剤形としての湯・湯液の概念がまだ成立していなかったことをしめしている。いいかえれば、湯・湯液の名称で包括しうるような、ある共通の調剤法によってつくられる薬剤は、まだ定形としては存在しなかったのである。

とはいえ、すくなくともその萌芽とみなせる薬剤なら、すでにいくつかあらわれている。まず破傷風(傷痙)の療法。

五8　傷つきて痙《けい》する者は、水を以って財《わずか》に李実を煮て、疾《すみやか》に沸して抒《く》み、浚《さら》えて其の汁を取り、寒和すれば、以って病者に飲ます。……即ち李実毋《な》き時は、□□□□□□煮炊し、其の汁を飲ますこと、其の実の数の如くす。

財は纔・才に同じ。「五十二病方」には七例(傷痙に二例、諸傷・犬筮人傷者・癰・癩・痂に各一例)つかわれ、「さっと」または「すこし」を意味する。べつに毚字が二例、「……するとすぐに」(□爛者)、「すこし」(癃)の意味に用いられている。『五十二病方』(文物出版社、一九七九。以下、『病方』と略記)の注が、「財煮李実」を適当な量の李(すもも)の実を煮ることと解釈するのは誤りである。疾沸は、ぐらぐらと強火で短時間沸騰させることだろう。さっと煮る「財煮」の内容を具体的にしめしている。べつに「安《しず》かに之を炊き、疾に沸せしむる勿れ」(去人馬疣方)という表現がみえる。疾沸にたいし、とろ火で長時間煮るのが安炊にちがいない。抒は李の実をすくいだすこと。「寒和す」とは適当な温度になること。これは煎じ薬というよりも、むしろ李のジュースである。後世の湯剤と直接にはつながらない。

湯液の原型ともいえるものが登場するのは、尿路疾患(癃)の処方としてである。

五9　葵《き》を煮て其の汁を歠《の》む。

五10　葵を烹て、熱して其の汁を飲む。

葵は利尿剤として用いられているのだろう。本草では菜部上品に属する食用植物であり、薬に用いられるのは主としてその実である。後世の湯剤にはまだすこし距離があろう。おなじく癃のつぎの処方は、しかしすでに湯剤である。

五11　棗《そう》種の麤《そ》屑《せつ》二升、葵種一升を取り、合撓《ごうどう》し、之を三分し、水一斗半を以って一分を煮て、熟すれば、滓を去り、また一分を煮る。此《かく》の如くにして以って三分を尽す。浚えて其の汁を取り、蜜を以って和し、纔《わずか》に甘からしめ、寒温適《かな》えば、□之を飲む。

合撓はいっしょにして混ぜ合わせること。二種の薬物を三沥煮するこの処方が、「五十二病方」のなかでは、後世の湯剤にもっとも接近している。薬物は一種だが、いわゆる煎じるという操作に近いのは、痛みがあって出血する血痔、のちの血淋の処方である。

五12　荊《けい》を煮て、三たび之を温めて、之を飲む。

『病方』注は荊を本草木部上品の牡荊とみる。石痒すなわち小便に結石のまじる石淋のつぎの処方も、これに近い。

五13　石韋若しくは酒を三たび温煮して之を飲む。

石韋《せきい》は利尿剤、本草では草部中品。原文は「三温煮石韋若酒而飲之」、「石韋若《も》しくは酒」と読んだところは「酒の若《ごと》くにして之を飲む」とも読めるが、いずれにしろ疑問が残る。「若酒」はあるいは「苦酒」、すなわち酢の誤りかも知れぬ。苦酒という語はたとえば胻傷の治療のなかにみえる。石韋苦酒なら、石韋をひたした酢。もうひとつは女子痒の処方。

五14　隠夫木を煮て、之を飲む。居《お》くこと一日、陽□を韲《ま》ぜ、之を羹《こう》にす。

隠夫木は不詳。羹は熱い汁物。やはり淋症のひとつであるが、「五十二病方」では痒とはべつに病名を挙げる膏溺《こうにょう》は、発熱その他の症状をともない、混濁した小便がでる。その膏溺の処方は女子痒のそれに類似する。

五15　水と溺とを以って陳葵種を煮て之を飲む。また陽□を韲ぜて之を羹にす。

陳葵種は古い葵の実。尿路疾患に用いられている以上の七つの処方が、薬物を水で比較的長時間煮るという意味で、湯剤の原型といえるすべてである。

「五十二病方」にはそのほか、とりかぶとの毒に中たったばあい（毒烏《う》喙《かい》者）の治療法に、五16　鉄を煮て、之を飲む。

というのがあるが、湯液の原型からは外しておいていいだろう。石薬とみなせないこともないが、後世の湯剤には石薬はふつう砕いて用いる。薬物を水で煮る、以上の処方のうち、李実と鉄の二例をのぞけば、残りの七例(五9と五10をおなじとみれば六例)はすべて尿路疾患の処方である。

「五十二病方」においては、湯液の概念はまだ成立しておらず、湯剤の萌芽ないし原型ともいうべき処方はあったが、それらはすべて一種か二種の薬物を水で煮るという、ごく単純な調剤法によるものであった。のみならず、それは尿路疾患(淋証)にのみ有効な、特殊な薬剤とみなされていたのである。特定の一病証にのみ適用されるということは、いうまでもなく、水煮という製法によってつくられる薬剤が剤形としての一般性を獲得しておらず、他の病気にも投与できる薬剤とは考えられていなかったことを意味する。

尿路疾患に用いられた湯剤の萌芽ないし原型を、いま第一種の原‐湯液と呼ぶことにしよう。尿路疾患にのみ有効な特殊な剤形として第一種の原‐湯液が生まれたのは、なぜだろうか。それはおそらく、薬物を水と溺で煮るという五15の処方が示唆するように、原‐湯液と小便のあいだに類的相似、いわゆる同類関係を認めたためであろう。小便とよく似た、したがっておなじ類に属する液体は、同類のゆえに利尿を促進し、利尿剤として作用することができる。もしこの解釈が妥当ならば、一般的な剤形としての湯液の概念は、水煮による薬剤が利尿剤ないし尿路疾患にのみ有効な特殊な剤形であるという観念から解き放たれたとき、はじめて成立するはずである。

湯液の概念は第一種の原‐湯液だけでは生まれない。水で煮た薬物の汁は尿路疾患以外の病気にも効く、という考えかたが成立するためには、第一種の原‐湯液となんらかの意味で近い関係にある、尿路疾患以外にも投与されるある種の処方が、あらかじめ存在していなくてはならない。そうした処方を介して、第一種の原‐湯液は利尿剤という固定観念から解放され、湯液へと発展してゆく。それでは、なんらかの意味で近い関係とはなにか。ここでとりあげたいのは、薬物を煮た汁という点で第一種の原‐湯液と共通性をもつ処方である。ひとつは水の代わりに酒か酢を用いる処方、ひとつは薬物として五穀を用いる処方。あらかじめ前者を第二種の原‐湯液、後者を第三種の原‐湯液と呼んでおくことにする。ちなみに、酒と酢で五穀を煮る、第二、第三種混合の原‐湯液の処方も一例ある。

第二種の原‐湯液として、まず破傷風に用いる酒煮の処方。

五17　薤《かい》一把を択《と》り、淳酒半斗を以って煮沸し、之を飲む。即ち温衣もて坐の四旁を夾《はさ》み、汗出でて足に到れば乃ち□。

薤は本草では菜部中品。淳酒は味の濃い酒、清酒という意味ではない。ついでとりかぶと中毒の処方。

五18　杞本　長さ尺、大いさ指の如きを取り、削りて、木臼中に舂《つ》き、煮るに酒を以ってし（欠文）。

これもたぶん汁を飲むのだろう。杞本は枸杞の根、木部上品。

酒・酢煮もおなじく、尿路疾患に多く用いられている。痒の処方から五例を引用する。

五19　黒菽《しゅく》三升、美醯を以って三たび□煮す。疾《すみやか》に炊き、沸すれば、火を止む。沸下れば、復た炊き、三たび沸せしめて、止む。浚えて汁を取る。牡蠣《ぼれい》一、毒菫《きん》の治《や》せるもの三、凡そ二物□□。三指撮の節に到る一を取り、醯の寒温適《かな》えば、中に入れて□飲す。

菽は豆の類。美醯は上等の酢。毒菫はけし科の紫菫か、と『病方』注にいう。紫菫は本草では宋代の採録品。

五20　酒一杯を以って、襦頸《じゅけい》及び頭垢《く》を中に漬《ひた》し、沸せしめて之を飲む。

襦は短い下着、頸は衿。

五21　景天　長さ尺、大いさ囲束　一を取り、分かちて以って三と為し、淳酒半斗を以って、之を三たび汅煮し、熟すれば、浚えて其の汁を取り、之を歠《の》む。

五22　蠃牛《らぎゅう》二七、薤一葉《けん》を取り、并《ならび》に酒を以って煮て之を飲む。

景天は本草では草部上品。蠃牛は、『病方』注によれば、蝸牛《かたつむり》か。葉は『説文《せつもん》』に「小束なり」。三沥煮の処方がもうひとつある。

五23　醯・酒を以って黍稷《しょしょく》を三たび沥煮して其の汁を飲む。

これはすぐあとに述べる、五穀を煮る処方の特殊なばあいである。黍と稷は二種類のきび。

つぎは疽《そ》の療法である。欠文が多く、たしかなことはいえないが、列記されている三例は類似した処方であろう。

五24　(欠文)半斗、煮て三升と成し、之を飲み、温衣臥(欠文)。

五25　薑《きょう》・桂・椒《しょう》□居《お》くこと四(欠文)淳酒半斗、煮て三升と成らしめ(欠文)。

五26　(欠文)三葉、細切し、淳酒一斗(欠文)即ち漇《さら》えて之を□、温衣(欠文)。

この三つの記述を綜合すると、いずれも何種かの薬物を淳酒で煮こみ、その汁を飲んで、温かい衣服にくるまり、汗を出す療法であるらしい。水煮と異なり、酒煮には発汗作用をうながすねらいがあったのだろう。五17の破傷風のばあいも、汗を出させる療法であった。本草では薑は草部中品、桂は木部上品、椒は木部下品。この処方につづけて記載されている断片「(欠文)桂・椒(欠文)」も、あるいは類似の処方か。

最後に疥癬《かいせん》の処方がひとつある。

五27　菱芰《りょうき》一参を熬《い》り、黄ならしめ、淳酒半斗を以って之を煮る。三たび沸せしめて止め、其の汁を蚩す。夕に食すること毋《な》く、飲む。

菱芰は本草では果部上品、水草。蚩は不詳。『病方』注は、浄ないし清と読むのではないかという。

酒・酢煮は、尿路疾患の五例のほかに、破傷風・とりかぶと中毒・疥癬に各一例、疽にすくなくとも三例用いられており、調剤法としては水煮よりも一般性をもっていたことがわかる。しかも、尿路疾患以外の六処方のうち、淳酒を用いる破傷風と疽の四例までが発汗作用をねらったものとすれば、酒煮には水煮にない効果が期待されていたのである。むろん、酒・酢煮の十一例のうち、尿路疾患が五例を占め、水煮の七例とあわせるなら、水・酒・酢煮の十八例の三分の二にあたる十二例までがこの病気の処方であるのを忘れてはなるまい。薬物の煮汁という剤形は、なんといっても尿路疾患にもっとも適した薬剤とみなされていたらしい。ただ、酒煮には発汗という顕著な作用があるために、水煮をしばっていた利尿剤というせまい枠を比較的容易にのりこえて、適応症の拡大を可能にする結果をみちびいたのであろう。薬物の煮汁という剤形を一般化するための重要な契機がそこにあった、とわたしは考える。

第三種の原‐湯液は五穀の粥《しゅく》である。五23もその一例だが、水で煮るものには二例ある。ひとつは蝮に噛まれたばあい(蚖)の処方。

五28　青粱《りょう》米を以って粥《かゆ》を為《つく》る。水十五にして米一、粥五斗と成し、出して、揚げて気を去り、盛るに新瓦甕を以ってす。口を冪《おお》うに布三□を以ってし、即ち封塗《ほうと》すること厚さ二寸。燔《や》いて、泥をして火を尽さしめて之を歠《の》めば、痏《ゆう》已ゆ。

粱は本草では米穀部中品。米は五穀の仁、痏は傷口。甕口を封じてからの操作がよくわからないが、水と米の割合は十五対一なのだから、ごく薄い粥にちがいない。もうひとつは痔の一種で肛門に癢痛のあるばあい(朐癢《くよう》)の処方。

五29　石の大いさ拳の如きもの二七を取り、熟《よ》く之を燔《や》き、善く米大半升を伐《くだ》き、水を八米とし、石を取りて中に置き、□□熟、即ち之を歠めば而《すなわ》ち已《い》ゆ。

大半は三分の二か四分の三のいずれかを意味する。「五十二病方」では、大半と対をなす小半はつかわれておらず、三分の一をあらわす語として一参を用いているから、おそらく三分の二を意味するのであろう。『病方』注は伐を「舂擣《しょうとう》」と解釈するが、具体的にはそういうことかも知れぬ。穀物の種類は指定されていないから、ごく普通のものだったのだろう。ちなみに篠田統によれば、主食は禾(あわ)・稷(きび)・黍(もちきび)、寄合でもあれば來(こむぎ)・牟(おおむぎ)をはりこむが、粱(もちあわ)や稲はかなりの馳走だったという[6]。

穀物の粥ないし米汁は製法としては水煮(第一種の原‐湯液)に共通する。とはいえ、適応症は水煮とは異なるし、酒・酢煮(第二種の原‐湯液)ともちがう。それは粥ないし米汁が、一般的な剤形としての湯液概念の成立のもうひとつの契機であったことをしめす。はじめに引用した『中国医学大辞典』にいう一説が、これにあたる。

主題からはそれるけれども、ここでひとこと注意しておきたいのは、五29の煮かたについてである。かつて篠田はこう書いている。(7)

火食で注意すべきは、マウリツィオがアフリカ、オーストラリア、南北アメリカ、太平洋諸島から東ヨーロッパですら行われていると報告している「熱石による水の沸騰」でこの国で痕跡をも見出し兼ねる点である。

ところがその技術が中国にもやはりあったことを、この調剤法は立証した。「五十二病方」には、医学史・薬学史だけでなく食物史にとっても、貴重な資料がふくまれているのである。

3 「武威漢代医簡」の湯方

「武威漢代医簡」(8)は「五十二病方」ほど綜合的な書でなく、量的にもすくなく、湯液やそれに関連する記載もごくわずかしかふくまれていない。しかし、きわめて示唆的な二、三の資料を提供している。出土した墓の墓葬の年代は残念ながら確認されていないが、後漢前期であろうと推定されている。

「武威漢代医簡」には、湯という語は二回あらわれる。まず慢性下痢の療法。

武1　黄連《おうれん》四分、黄芩《おうごん》・石脂・龍骨・人参・薑・桂各一分、凡そ七物、皆並びに冶して合し、丸とするに蜜を以ってし、大いさは弾丸の如くす。餔食に先だち、食大湯を以って一丸を飲む。

餔食は夕飯。剤形を問わず、一般に何種類もの薬物を用いて調合するのが中国の製薬法の特徴だとすれば、「五十二病方」から三百年の時間をへだてて、調剤の基本的な考えかたと手法がこの時期にはすでに確立していたことを、「武威漢代医簡」の処方の記載は証明している。武1は同様な調合法の一例にすぎないのである。

それはともあれ、丸薬を飲む食大湯とはなにか。よく似た服用法の例として、散薬を「先に飯を餔《く》い、米麻もて薬を飲む」というのがある。麻は糜《び》すなわち粥。食大湯は食事のときに飲む温い液体であろうが、たんなる白湯でなく、なにかスープの類か。いずれにしろ湯液ないし原-湯液ではあるまい。

もうひとつの用例は「湯方」と熟し、十種類の薬物を用いた煎じ薬である。

武2　久しき欬逆上気を治する湯方。紫苑《しおん》七束、門冬一升、款冬《かんとう》一升、橐吾《たくご》一升、石膏半升、□□□、桂一尺、蜜半升、棗《そう》卅枚、半夏《はんげ》十枚、凡そ十物、皆㕮咀《ふしょ》す。半夏は㕮咀する毋《な》かれ。水斗六升を洎《くわ》え、炊きて六たび沸せしめ、浚えて滓を去り、一小杯を温飲し、日に三たび飲む。即ち薬 宿すれば、当《まさ》に更に之を沸すべし。三、四日を過ぎずして愈ゆ。

㕮咀は薬物を擣き砕いて大豆ぐらいの大きさにそろえること。『集注本草』の陶弘景の序録にいう、「凡そ湯酒膏薬、旧方に皆㕮咀と云うは、秤り畢《おわ》りて之を擣くこと大豆の如くし、また細末を吹去せしむるを謂う」、と。本草では紫苑・款冬は草部中品、麦門冬は草部上品、半夏は草部下品、棗は木部上品、橐吾を本草は款冬の別名とする。列挙された薬物には、張仲景の『金匱要略』巻上・肺痿肺癰咳嗽上気にみえる処方のなかの薬物と重なるものが多い。わたしたちはここに、利尿剤でもなければ発汗剤でもない、そうした特定のせまい枠から解放された、一般的な剤形としての「湯」の概念が成立していること、それが何種類もの薬物を用いる独特の調剤法と結びついていることを、はっきりと確認できる。同時に、薬剤全体のなかで湯剤の占める比重がまだ決して多くないことにも気づく。

湯液概念はすでに確立しているのだから、酒煮や粥が原-湯液であったとすれば、それにもなにか変化が生じているはずである。

武3　伏梁、膿を裹《つつ》みて胃腸の外に在るを治する方。大黄・黄芩・勺薬《しゃくやく》各一両、消石二両、桂一尺、桑螵蛸《そうひょうしょう》十四枚、䗪虫三枚、凡そ七物、皆㕮咀し、漬《ひた》すに淳酒五升を以ってし、卒時して之を煮る。

伏梁は病名。『武威漢代医簡』(文物出版社、一九七五)の注釈は、卒を晬《さい》とみて、晬時を周時、すなわち一昼夜の意味に解釈する。薬物を一昼夜酒に漬けて溶出液をつくっておき、それを煮て飲む。酒をつかう唯一の例だが、これはすでに酒煮とはいえない。比重はあきらかに溶出液をつくるところにある。粥は米麻のほかにもう一例みえる。

武4　(欠文)当《まさ》に大いに下すべし。水尽くれば、大麦の粥を飲む。

欠文のため前後の関係はよくわからないが、下剤をあたえて、そのあとに飲ませるのであろう。「五十二病方」においては粥は薬であった。ところが「武威漢代医簡」では、薬を飲むための液体とか症状がおさまったのちの病人食としてあつかわれている。三種の原-湯液のいずれも、すでに消滅したのである。

「五十二病方」と「武威漢代医簡」との差異には、たんに時間的な間隔だけでなく、南と西の空間的な距離、風土のちがいもいくらか投影されているかも知れぬ。しかし、それをたしかめる資料は存在しない。単純に時間的な差異に還元して考えるほかはない。その三百年の距離をいささかでも埋めるものとして、薬物療法の書ではないけれども、『史記』扁鵲倉公列伝と『黄帝内経』がある。

4　『史記』扁鵲倉公列伝の湯と火斉

『史記』の扁鵲伝と倉公伝のもつ資料としての意味はまったく異なる。扁鵲は半ば伝説的な人物であり、そこにみえる医学的知識は著者司馬遷(前一四五―前八六)の時代のそれと考えられるのにたいし、倉公淳于意は前漢の文帝(在位前一八〇―前一五七)のときに実在していた人物であり、前章に述べたように、その伝の主要な部分はかれのカルテをもとにして構成されている。両者を同日に論ずることはとうていできない。ふたりの伝をそれぞれ別べつに、それだけで完結した資料として検討してゆくことにしよう。なお、出典をしめさずに先人の注に言及し、またはそれを引用するばあいは、すべて滝川亀太郎『史記会注考証』による。

まず扁鵲伝をとりあげよう。つぎの文章は扁鵲のことばでなく、いささか医学に心得のある別人の言として語られている。

史1　臣聞く、上古の時、医に兪跗《ゆふ》有り。病を治するに湯液・醴灑《れいさい》・鑱石《さんせき》・撟引《きょういん》・案抏《あんこつ》・毒熨《どくい》を以ってせず、

……と。

『鶡冠子《かつかんし》』(世賢篇)陸佃《りくでん》解引では醴灑を醴洒《たいせい》に作っているが、醴洒は醴酒の誤りであろう、と多紀元簡は指摘する。それをうけて滝川はいう、灑は酒に作るべきであり、後人がそれを洒に誤り、さらに灑に誤ったのであろう、と。鑱石は砭石。撟引は体操、のちにいう導引であり、馬王堆漢墓からは図と簡単な図解、張家山漢墓からは『引書』が出土した。案抏は按摩。毒熨の毒は毒薬、すなわち強い作用の薬。熨は罨法。司馬貞によれば、患部を「薬物を以って熨帖す」ること、滕維寅《とういいん》によれば、このあとでてくる、いわゆる「五分熨の類」であり、「薬を以って病所を熱熨す。『霊枢』に薬熨法あり」。

ここに列挙された治療法のなかで、薬物をつかっているか、つかっている可能性のあるものは、湯液・醴酒・毒熨である。醴酒については、あとでくわしく述べる。ここでは毒熨とはなにかをみるために、製薬の過程の記述としても興味ある、滕維寅のいう薬熨法を引用しておこう。ちなみに、あとで引く史2・韓1には、湯熨という用語もみえている。『太素』巻二十二・三変刺(『霊枢』巻二・寿夭剛柔)にいう、

黄1　黄帝問うて曰く、薬もて之を熨するに奈何《いかん》。
伯高曰く、醇酒二十升(『霊枢』は升を斤に作る。以下同じ)、蜀椒四(一)升、乾薑一升、桂(桂心)一升を用い、凡そ

四種、皆㕮咀し、酒中に漬す。綿絮《めんじょ》一斤、細白布四丈を用《も》って、皆並びに酒中に内《い》れ、酒を馬矢の温かき中に置きて蓋封す。塗りて洩らさしむることなく、五日五夜、布・綿絮を出し、曝乾《ばくかん》して復た漬し、以って其の汁を尽くす。漬す毎《ごと》に必ず其の日を晬《お》え、乃ち出して乾かす。並びに滓と綿絮とを用い、布を複《かさ》ねて複巾と為し、長さ六、七尺、六、七巾を為る。即ち生桑の炭を用《も》って巾を炙《あぶ》り、以って寒痹に乗(乗はもと刺に作る。『鍼灸甲乙経』巻十・第一によって改む)ぜらるる処を熨し、熱をして病所に入らしむ。寒《ひ》えれば復た巾を炙りて以って之を熨し、三十遍にして止む。即ち汗出ずれば、巾を炙りて以って身を拭い、亦三十遍にして止む。

寒痹の病にたいし、鍼を刺したあと、罨法をほどこすのである。醇酒に薬物をひたし、その溶出液を綿と布にしみこませて乾かし、薬物の滓と綿を布につつみ、それを温めて患部にあてる。晬はまえにも触れたが、一昼夜経つこと。

「五十二病方」にはもっと簡単な薬熨法がでてくる。破傷風の療法をひとつ引用しておけば、

五30　之を治するには、塩を熬《い》りて黄ならしめ、一斗を取り、裹《つつ》むに布を以ってし、醇酒中に淬《ひた》し、入れて即《ただち》に出し、蔽うに市《ふつ》を以ってし、以って頭を熨す。

市は韍《ふつ》の古い字体、韍革の膝掛。おなじく幼児の体が強直する嬰児索瘛には、粘土に塩ともう一種類の薬物を混ぜ、蒸して患部にあてる罨法が記載されている。『黄帝内経』の罨法をそれらと比較するとき、薬物の組成の複雑化という、剤形にかかわりなくみられる一般的傾向は、ここにも歴然としている。

史1にかんしてあらかじめ注意しておきたいのは、湯液と醴酒がならべて記述されていることだ。この『史記』の一節にきわめて近い文意の文章が、『黄帝内経』にみえる。「上古の聖人、湯液・醪醴《ろうれい》を作るも、為《つく》りて用いざるは何ぞや」(後述の黄8をみよ)、と。このように、表現の常套として並記される湯液と醴酒ないし醪醴とのあいだには、なにか密接なつながりがあったと考えてまちがいあるまい。

醪酒について示唆的なのは、つぎの文章である。

史2　扁鵲曰く、疾の腠理に居るや、湯熨の及ぶ所なり。血脈に在るは、鍼石の及ぶ所なり。其の腸胃に在るは、酒醪の及ぶ所なり。其の骨髄に在るは、司命と雖も、之を奈何ともする無し。

湯熨は体を温める療法、湯は薬湯の類。鍼石は化膿性疾患の手術や瀉血に用いる石製の器具。この文章を司馬遷は『韓非子』喩老篇から引いたのだろうが、表現にはすこし手を加えている。

韓1　扁鵲曰く、疾 腠理に在るは、湯熨の及ぶ所なり。肌膚に在るは、鍼石の及ぶ所なり。腸胃に在るは、火斉の及ぶ所なり。骨髄に在るは、司命の属《かか》る所、奈何ともする無きなり。

ここで注目したいのは、酒醪が火斉となっていることだ。『新序』は火斉を大剤に作っているが、剤は斉におなじく、大は火の誤りである、と盧文弨《ろぶんしょう》はいう。「喩老篇」は韓非の青年時代の著作、紀元前二五〇年ごろの作品とみておこう。司馬遷が火斉を酒醪に書き換えるには、そこになんらかの歴史的根拠があったにちがいない。とすれば、湯液と醪醴のあいだにおなじく、酒醪と火斉のあいだにも、なにか密接なつながりがあることになる。

斉《さい》という語は扁鵲伝に一箇所だけみえる。扁鵲伝には具体的な治療行為は一例しか記述されていないが、そのなかに斉ないし斉和としてでてくるのだ。

史3　扁鵲、すなわち弟子子陽をして鍼を砥石に厲《と》がしめ、以って外の三陽五会を取る。間ありて、太子蘇《よみがえ》る。乃ち子豹をして五分の熨を為《つく》り、八減の斉和を以って之を煮、以って更《こも》ごも両脇下を熨せしむ。太子起坐す。更に陰陽を適《かな》え、但だ湯を服すること二旬にして故《もと》に復す。

五分と八減の解釈には唐の司馬貞の説があるが、「恐らくは当時 別に指す所有らん」と中井積徳がいうように、要するに不詳。「以八減之斉和煮之」には、ほかにさらにふたつの読みかたがある、「八を以って之を減じ、斉和して之を煮る」と「八減の斉を以って和して之を煮る」と。意味がわからないから、読みかたも決まらない。とりあえず、斉・斉和の用例にあたっておこう。

『周礼《しゆらい》』天官・亨人《きようじん》に、

周1　鼎鑊《ていかく》を共し、以って水火の斉を給することを掌る。

共は供。鄭玄注に「斉は多少の量」。『漢書』藝文志・方技・経方に、

漢1　経方は、草石の寒温に本づき、疾病の浅深を量り、薬味の滋を仮《か》り、気感の宜《ぎ》に因り、五苦六辛を弁じ、水火の斉を致し、以って閉じたるを通じ結ぼれたるを解き、之を平に反《かえ》す。

経方は薬物療法を中心とする臨床医学。『周礼』天官・瘍医に、

周2　腫瘍・潰瘍・金瘍・折瘍の祝薬劀殺《かつさい》の斉を掌る。

瘍医は外科医。注に「祝は当《まさ》に注に為《つく》るべし。……注とは附して薬を著《つ》くを謂う。刮《かつ》は膿血を刮去するなり。殺とは薬を以って其の悪肉を食するを謂う」、賈公彦《かこうげん》疏に「薬を瘡に注《つ》けて、乃ち後に刮殺す。而して斉と言うは、亦斉量の宜有ればなり」。おなじく「食医、中士二人」の注に「食に和斉薬の類有り」、疏に「皆 斉和を須《もち》いて薬に与《あず》かる」。
『礼記《らいき》』少儀に、馳走のとりかたを指定して、

礼1　凡そ斉は之を執るに右を以ってし、之を左に居《お》く。

鄭玄注に「斉とは食・羹・醬・飲の斉和有る者を謂うなり」、孔穎達《くようだつ》疏に「凡そ斉とは塩梅を以って斉和する法を謂うなり」。『漢書』藝文志・方技・医経に、

漢2　医経は、人の血脈・経落・骨髄・陰陽・表裏を原《たず》ね、以って百病の本、死生の分を起《た》て、而して用《も》って箴石・湯火の施す所を度《はか》り、百薬・斉和の宜き所を調う。至斉の徳は、猶お慈石の鉄を取るがごとく、物を以って相使う。

要するに、斉とは分量ないし加減、または加減して調理・調合した物。斉和とは加減して調理・調合すること。「八減の斉和を以って之を煮る」とは、八減という加減のしかたで調合して火にかけるということであろう。

倉公伝に移ろう。淳于意は診断法、とりわけ脈診の大家であった。かれの臨床医学のいちじるしい特色は、脈法によって診断し、それにもとづいて薬を投与し治療を施していることである。鍼灸療法とともに発展してきた脈診法への造詣と自信が、かれの医療活動を支えているといってよい。そのことを念頭に置きながら、淳于意のカルテのなかから湯と呼ばれている処方や関連する処方を拾いあげてゆこう。

史4　斉王の中子諸嬰児の小子病む。臣意を召して、その脈を診切せしむ。告げて曰く、気鬲《きかく》の病なり、と。病人をして煩懣《はんまん》し、食下らざらしむ。時に沫を嘔く。……臣意　即ち之が為に下気湯を作り、以って之に飲ましむ。一日にして気下り、二日にして能く食し、三日にして即ち病愈ゆ。

切は脈をとること。気鬲は胸がつかえて食事できず、また咳とともに食物をもどしてしまう病気。ここではじめてわたしたちは、後世の湯剤を想起させる名称をもつ薬にでくわす。事実、『中国医学大辞典』は「倉公方」と称して、十四種の薬物を用いる「下気湯」の処方をかかげている。それほど複雑な組成をもつ湯剤が淳于意のころすでにあったとは思えない。しかし、この症状は、たとえば「武威漢代医簡」の「久しき欬逆上気を治する湯方」や『金匱要略』巻上・肺痿肺癰咳嗽上気に記載されている症状に、よく似ている。この「気を下す湯」をそれらの文献にみえる湯剤の祖型とみなすことは、だから十分に可能である。

倉公伝のなかでもっとも注目に価するのは、火斉の名称をつけて呼ばれている数種の薬であろう。火斉と熟する医学用語は、じつは『韓非子』喩老篇と『史記』倉公伝にしかあらわれない。いささか奇妙な話だが、『黄帝内経』にすらみえない。後世はこの用語を忘れ去った。しかし、戦国末から漢初にかけて用いられていたこの語は、湯液の成立過程の解明に重要な示唆を投げかけている。

史5　斉の郎中令循病む。……臣意　之を診《み》て曰く、湧疝《ゆうせん》なり、人をして前後溲《そう》を得ざらしむ、と。循曰く、前後溲を得ざること三日なり、と。臣意　飲ましむるに火斉湯を以ってす。一飲して前溲を得、再飲して大溲し、三飲して病愈ゆ。

前後溲は小大便。もっとも薬剤以外についてなら、火斉という語の用例はある。たとえば『礼記《らいき》』月令《がつりよう》・仲冬之月に、

礼2　乃ち大酋《たいしゆう》に命じて、秫稲《じゆっとう》必ず斉《ととの》え、麴糵《きくげつ》必ず時にし、湛熾《せんし》必ず絜《きよ》くし、水泉必ず香しくし、陶器必ず良くし、火斉必ず得しむ。

注に「酒孰《じゆく》するを酋と曰う。大酋は酒官の長なり。……秫稲必ず斉うとは、孰成するを謂うなり。湛は漬《し》なり。熾は炊なり。火斉は腥孰《せいじゆく》の調なり」、疏に「火斉必ず得しむとは、米を炊き酒に和する時 火斉を用《も》って生熟必ず中を得しむるを謂うなり」。炊いた米とこうじとを適当にまぜあわせ、火を入れて、発酵させるのである。また『荀子』彊国篇に、

荀1　刑范正しく、金錫《せき》美に、工冶《や》巧に、火斉得て、刑を剖《ひら》けば莫邪《ばくや》のみ。

楊倞《ようりよう》注に「火斉得るとは、生孰斉和して宜しきを得るを謂う」。刑范は鋳型、莫邪は名剣。いずれにしろ、火斉とは熟した材料と生の材料とを調合して火にかけること。薬のばあいはそれによって発酵性の調剤をつくる操作が、火斉にほかならなかった。むろん、この操作によってつくられた薬をも火斉と称したことは、『韓非子』の用例からわかる。

火斉を称する処方はさらに五例ある。

史6　斉の中御府の長信病む。臣意、入りて其の脈を診《み》て、告げて曰く、熱病の気なり。然して暑汗あり、脈少しく衰う。死せじ、と。……臣意 即ち液湯火斉を為《つく》り、熱を逐う。一飲して汗尽き、再飲して熱去り三飲して病已《い》ゆ。

「為之液湯火斉」はふつう「之が為に火斉を液湯す」と読まれているが、それでは意味をなさない。ただ、火斉はもともと調剤の操作を指す語であり、その材料までも規定しているわけではないから、この液湯が史5の火斉湯とおな

じであるとはかぎらない。事実、火斉湯は通利剤だったが、この液湯は下熱剤に用いられている。液湯という語は『漢書』郊祀志にみえる。新の王莽即位後の記事である。

漢3　莽の簒位二年、神僊の事を興し、方士蘇楽の言を以って、八風台を宮中に起つ。台　万金に成る。楽を其の上に作《おこ》し、風に順って液湯を作る。

汝淳注にいう、「藝文志に液湯経有り。其の義未だ聞かず」、と。『漢書』の今日のテキストにいう「湯液経法」は、汝淳のみたテキストでは「液湯経」となっていたのであろう。ここにいう液湯は不老長寿の薬にちがいない。

大小便不利の病に用いられた火斉湯の例は史6のほかにも二つある。

史7　斉王の太后病む。臣意を召し、入りて脈を診せしむ。曰く、風癉《ふうたん》　脬《ふ》に客《やど》る。大小溲に難く、溺赤《にょう》し、と。臣意　飲ましむるに火斉湯を以ってす。一飲して即ち前後溲し、再飲して病已《い》え、溺　故の如し。

脬は胞、膀胱のこと。

史8　斉の北宮司空の命婦出於病む。……臣意　其の脈を診て曰く、病気は疝《せん》　膀胱に客《やど》る。前後溲に難くして、溺赤し。病　寒気を見れば則ち遺溺し、人をして腹腫せしむ、と。……臣意　則ち其の足の厥陰の脈に灸すること、左右各おの一所。即ち遺溺せずして溲清み、小腹の痛み止む。即ち更に火斉湯を為りて以って之を飲ましむ。三日にして疝気散じて即ち愈ゆ。

小腹は下腹部。つぎに火斉の操作によってつくる米汁と粥がある。

史9　斉の淳于司馬病む。臣意　其の脈を切し、告げて曰く、当《まさ》に迵風《どうふう》を病むべし。迵風の状は、飲食　嗌《えき》に下れば、輒《すなわ》ち之を後にす。……臣意　告げて曰く、火斉米汁を為りて之を飲め。七、八日にして当に愈ゆべし、と。……其の家復た臣意を召す。臣意　往きて之を問う。尽ごとく意の診の如し。臣　即ち一火斉米汁を為り、之を服せしむ。七、八日にして病已ゆ。

嗌は咽喉。症状は食べた物がすぐ大便になって出てしまうのである。

史10　斉王 故《もと》陽虚侯為《た》りし時、病甚し。……臣意 脈を診て以って痹《ひ》と為す。根 右脇下に在り、大いさ覆杯の如し。人をして喘《ぜん》し、逆気し、食する能わざらしむ。臣意 即ち火斉粥《しゅく》を以って且《しばら》く飲ましむ。六日にして、気下る。即ち更に丸薬を服せしむ。出入六日にして、病已ゆ。

薬効を丸薬で補っているところからみて、火斉粥に期待されている効果は決して強いものではないのがわかる。

いま液湯火斉も薬の名称としてあつかえば、火斉を称するもの、換言すれば、火斉という操作によって調製されたとおもわれるものは、火斉湯(三例)、液湯火斉・火斉米汁・火斉粥(各一例)と四種ある。通利剤として用いられている火斉湯は、ただちに「五十二病方」の尿路疾患治療用の水煮と酒・酢煮の薬、わたしのいう第一種・第二種の原-湯液を想起させる。それにたいし、材料の組成を変えて薬効を下熱に向けたのが液湯火斉である。下痢止めの火斉米汁と下気剤の火斉粥は、第三種の原-湯液につながるが、湯液とおなじ操作が適用されている点と、とりわけ火斉米汁が病人用の食物という性格を強めている点に留意しよう。火斉粥は史4の下気湯と効用をおなじくしているようにみえる。

倉公伝にはもう一箇所、斉という語がでてくる。淳于意が「公の論ずる所や遠し」と一蹴した、斉王の侍医のことばである。

史11　夫れ薬石には陰陽火水の斉有り。故に中熱すれば即ち陰石柔斉を為《つく》りて之を治し、中寒なれば即ち陽石剛斉を為りて之を治す。

ここにいう斉は操作でなく、調合された薬剤を指すのであろう。こうした用例はほかにはない。

火斉以外の湯に移ろう。

史12　斉の中大夫齲《う》歯《し》を病む。臣意 其の左大陽明脈に灸し、即ち苦参《くじん》湯を為りて、日に嗽《うがい》せしむること三升、出入五六日にして、病已ゆ。

苦参は本草では草部中品。『金匱要略』巻上の苦参湯方に「苦参一升、水一斗を以って煎じて七升を取り、滓を去る」とみえる。淳于意の処方も大同小異であろう。

史13　臣意　王后の弟宋建を望見し、告げて曰く、君　病有り。往《ここ》四五日、君　要脅痛み、俛仰《ふぎょう》すべからず、又小溲を得ざりしならん。……臣意　即ち柔湯を為りて之を服せしむ。十八日所《ばかり》にして病愈ゆ。

宋建の病気は、石を持ち上げようとして起てず、おこった腰脅痛だという。ぎっくり腰の類か。柔湯はその痛み止めだが、柔というのは、史11の柔斉の柔とおなじく、その効果のあらわれかたをいう語であろう。淳于意はべつに、「論に曰く」として「悍薬」、「論法に曰く」として「剛薬」という用語を引用しているが、その悍・剛の反対概念が柔である。滕維寅は「柔湯は補薬なり。剛剤に対して言う」、と述べているが、剛・柔が後世の攻・補にどの程度まで対応するかは、検討の余地があるだろう。

淳于意は湯剤を治療に用いただけでなく、湯法を弟子に教えたと語っている。

史14　菑川《しせん》王、時に太倉の馬長馮信《ふうしん》をして方を正さしむ。臣意　教うるに案法・逆順論・薬法・定五味、及び和剤湯法を以ってす。

和剤は斉和におなじく薬材の分量を加減して薬を調合すること。重要なのは薬法とはべつに和剤湯法があることだ。剤形としても調剤法としても、湯液にはすでに独立の位置があたえられているのである。淳于意の治療法のなかで湯液のもつ比重の大きさは、二十五枚のカルテを検討すればすぐわかるが、そのまえにもうひとつ言及しておかなければならないのは、薬酒である。

史15　済北王病み、臣意を召す。其の脈を診て曰く、風蹶・胸満、と。即ち薬酒を為り、三石を尽くして、病已ゆ。

表 2-4　湯・火斉・薬酒のうちわけ

火斉湯	通利	3
液湯火斉	下熱	1
火斉米汁	下痢止め	1
火斉粥	下気	1
下気湯	下気	1
柔湯	痛み止め	1
苦参湯	嗽薬	1
薬酒	下熱下気	1
	計	10

表 2-3　淳于意の治療法

湯・火斉	9
薬酒	1
散薬	2
丸薬	1
薬	1
灸	2
鍼	2
その他	2
計	20

風蹶は熱があり汗が出て胸がつかえる病気(9)、この薬酒の効用は液湯火剤や火斉粥に近い。おそらく酒煮でなく、醪酒《ろうしゅ》の類ではあるまいか。

淳于意の医案によれば、診察した二十五人のうち、十人を助からないと診断して、治療しなかった。診断法の第一の要諦は「死生を決す」ることにある、と『黄帝内経』のなかでしばしば強調されているが、倉公伝にすでにこのことばがみえる。古代中国だけでなく、古代ギリシアにおいても同様だったが(10)、助かる患者かどうかを見極め、助からない患者には手をくださないのが、名医の条件であった。そのばあい淳于意は、診断の結果とその理由を説明するだけである。残りの十五人は、だからとうぜんでもあるのだが、きわめて順調に本復している。その治療法は表2-3のとおりである。二つの療法を併用しているばあいが五例ある。湯または火斉の名で呼ばれるものが全体の四〇%、湯と称するものだけでも三五%に達する。薬酒をくわえれば液体薬の比率は五〇%になる。

湯・火斉および薬酒を列挙したのが表2-4である。「五十二病方」では、三種の原-湯液二十例のうち十二例、六〇%が尿路疾患に用いられていた。ところがここでは通利剤は火斉湯三例のみであり、液体薬の三〇%にとどまっている。また、扁鵲伝では『韓非子』の火斉が酒醪に置き換えられていたが、ここには火斉がいっぽうでは湯に、たほうでは米汁・粥に結びつく概念として登場している。それに火斉を称する液湯や粥に近い薬効をしめす薬酒がくわわる。火斉と薬酒をあわせると、アルコール性のものが七〇%になる。

倉公伝には調剤法の記述がなく、一、二の例外をのぞいて、用いた薬材も記載されていない。だから推論にも限度がある。しかし、「五十二病方」の原-湯液からみれば、かなり大きな変化が生じているのは疑いない。第一種と第二種の原‐湯液に相当するものはすでに湯・火斉ないし薬酒の概念を獲得しており、しかもそのうちの二つは、第三種の原‐湯液を構成していた米汁・粥と火斉の概念を共有している。そしてすくなくとも三つは、後世の湯とおなじものとみてよい。淳于意の時代には、一般的な剤形としての湯液の概念がしだいに形成されつつあったのである。

5　『黄帝内経』の湯液と醪醴

『黄帝内経』は鍼法を標榜する黄帝学派の書である。とはいえ、かれらも薬物療法を無視できたはずはなく、それを利用しなかったわけではない。そこにはいくつかの重要な、示唆に富む証言がふくまれている。『黄帝内経』の文章のなかには、著作年代が淳于意のカルテに先立つもの、あるいは同時代のものも、いくらかおさめられているにちがいない。だがその多くは淳于意の時代以後、前漢の中期から後漢にかけて書かれたものであろう、とわたしは考えている。そうであれば、倉公伝と「武威漢代医簡」のあいだをつなぐ資料ということになる。

湯という語は、水を沸かしただけの湯という意味にももちろんつかわれている。それも飲む湯と浴する湯のふたつのばあいがある。たとえば、「已《すで》に食し、若《も》しくは湯を飲めば」(『太素』巻二十七・七邪、『霊枢』巻十二・大惑論)、「足 氷を履むが如く、時に湯 腹中に入るが如し」(『太素』巻二十八・痹論、『霊枢』巻五・厥病)は前者、「熱気 両股に下り、湯沃の〔伏するが〕(状の)如し」(『太素』巻二十七・邪伝、『霊枢』巻十・百病始生。〔 〕内は『太素』、( )内は『素問』。以下同じ)、「夫れ瘧《ぎゃく》の寒や、湯火も温むる能わず」(『太素』巻二十五・三瘧、『素問』巻十・瘧論篇)、「少腹・膀胱 之を按ずれば、両髀《ひ》沃《そそ》ぐに湯を以ってするが若《ごと》し」(『太素』巻三・陰陽雑説、『素問』巻十二・痹論篇)は後者、「熱を刺すときは、手 湯を探るが如し」(『太素』巻二十一・諸原所生、『霊枢』巻一・九鍼十二原)はいずれの意味にとってもいい。この湯に薬物が入っている用例としては、痹《ひ》不仁・腫痛の病のとき、「是の時に当っては、湯熨及び火灸刺して之を去る可し」(『素問』巻六・玉機真蔵論篇)があり、つづけてべつの病について「是の時に当っては、按ず可く薬す可く浴す可し」、「灸す可く薬す可し」ということばもみえる。浴は湯浴だが、湯熨の湯は容器中の薬湯に患部を入れて温める療法であろう。

『黄帝内経』における湯という語の用法のいちじるしい特色は、すでに一般的な剤形をあらわす概念としてつかわれていることだろう。史15にもみえた風厥の療法に、

黄2　表裏之を刺し、之に湯を飲ます。(『太素』巻二十五・熱病説、『素問』巻九・評熱病論篇)

楊上善の注にいう、「陰陽表裏の脈を刺して以って其の外を攻め、之に湯液を飲ませて以って其の内を療す」、と。また、『医心方』巻一に引く『太素』の佚文《いつぶん》には、

黄3　病 風寒・暑湿・飲食・男女に生ずる有り。心病に非ざる者は、針石・湯薬を以って之を去るべし。喜怒・憂思、神を傷《やぶ》りて病を為すときは、須《すべから》く理を以って情性を清明にし、喜怒・憂思を去り、然る後、針薬を以って之を裨助すべし。但だ針薬を用いるときは、之を愈すべからず。

黄2は鍼法と薬物療法とを対等に組み合わせて用いるよう指示している数すくない例のひとつであり、黄3は精神的な要因に由来する疾患を他の疾患から区別してその治療の原則を述べた文章である。

黄帝学派は初期から湯液という語をつかっていたらしい。『黄帝内経』のなかでもっとも初期の作品とわたしがみなしているふたつの論文に、すでにそれがみえている。

黄4　黄帝 明堂に坐す。雷公曰く、臣 業を受け、之を伝うるに教えを以ってし、皆 経論・従容形法・陰陽刺灸・湯液薬滋を以ってす。(『太素』巻二十九・水論。『素問』巻二十四・解精微論篇は湯液薬滋を湯薬所滋に作る。)

黄5　黄帝曰く、子は別《こと》に五蔵の過《あやま》ち、六府の(知)(和)せざる所、鍼石の敗《しくじ》り、毒薬の宜き所、湯液の滋味に試通す。具《つぶさ》に其の状を言え。悉《ことごと》く言いて以って対《こた》えよ。請う、知《ち》せざるを問え。雷公問うて曰く、肝虚・腎虚・脾虚、皆人をして体を重く煩《はん》(悗《ばん》)(冤)ならしむ。当《も》し毒薬・刺灸・砭石・湯液を投ずれば、或は已《い》え或は已え

ず。〔請う〕(願わくば)、其の解を聞かん。(『太素』巻十六・脈論、『素問』巻二十三・示従容論篇)

知はなおるという意味。ここでは湯液は強い作用をもつ薬を指す毒薬に対比されており、一般に作用のゆるやかな剤形とみなされていたのであろう。後期の論文だが、つぎのような例がある。

黄6　中古の病を治するや、病至りて之を治し、湯液十日、以って八風五痹の病を去る。十日にして已えざれば、治するに草荄《そうかい》を以ってす。……暮代の病を治するや、則ち然らず。……病形已に成り、乃ち微鍼もて其の外を治し、湯液もて其の内を治せんと欲す。(『太素』巻十五・色脈診、『素問』巻四・移精変気論篇)

楊上善によれば、草荄は「薬草の根茎」である。後半の微鍼と湯液の対比は、黄2を一般化した表現である。黄帝学派が湯液によって薬剤を代表させるまでにこの剤形に一般性を認めていたことを示唆している。かれらはあるいは鍼法の補助療法ないし併用療法として湯液を好んでつかったのかも知れぬ。

とはいえ、『黄帝内経』には湯液の具体的な製法は二例しか記載されていない。

黄7　脇に発するを、名づけて敗疵《はいし》と曰う。敗疵とは女子の病なり。之に灸す。其の状は大いなる癰膿にして、其の中に乃ち生肉有り、大いさ赤小豆の如し。之を治するには、蔆翹《りょうぎょう》草根及び赤松子根各おの一升を剉《きざ》み、水一斗六升を以って之を煮、竭《つく》して三升と為す。即ち強《し》いて飲ませ、衣を厚くして釜上に坐らせ、汗をして出して足に至らしむれば、已ゆ。(『太素』巻二十六・癰疽、『霊枢』巻十二・癰疽。ただしいずれも文章に脱誤がある。『鍼灸甲乙経』巻十一・第九によって補改して読む。)

この療法は、「五十二病方」において破傷風に用いられた五17、疽に用いられた五24・26とよく似ている。とくに五17の「温衣もて坐の四旁を夾《はさ》み、汗出でて足に到れば、即ち□(欠字はおそらく已であろう)」は、服用後の処置が表現まで酷似している。「五十二病方」の酒煮にたいして水煮であり、釜のうえに坐って発汗作用をうながすところが異なるにすぎぬ。治療法としてはおなじ系譜に立つと考えていいだろう。それだけに、酒煮から水煮への変化のなかに、湯液の形成の足どりをみてとることができる。なお蔆麴は不詳、赤松子根は赤松の実と根。

もうひとつは半夏湯である。倉公伝にみえる半夏丸は、多紀元堅によれば瀉下剤としてつかわれていたが、この半夏湯は不眠症に投与される。

黄8　其の湯方は、流水千里以外の者八升を以《もち》い、之を揚ぐること万遍、其の清なるもの五升を取りて之を煮る。炊くに葦薪を以ってし、大いに沸せしむ。秫《じゅつ》米一升を量り、半夏五合を治《や》し、徐《おもむろ》に炊ぎて竭《つ》くさしめ、一升半と為す。其の滓を去り、汁一小杯を飲む。日に三たびし、稍《やや》益し、知するを以って度と為す。故《もと》より其の病新たに発せしときは、杯を覆して則ち臥し、汗出ずれば則ち已えん。久しき者は、三飲すれば已ゆ。(『太素』巻十二・営衛気行、『霊枢』巻十・邪客)

この療法のねらいは「其の不足を補い、其の有余を寫し、其の虚実を調え、以って其の道を通じて其の邪を去る」ところにあり、「半夏湯一斉を飲み、陰陽以って通ずれば、其の臥 立どころに至る」のであって、「此れ所謂瀆の壅塞《ようそく》せるを決し、経絡大いに通じ、陰陽和を得る者なり」。「流水千里以外の者」とは千里以上も流れてきた大河の水であろう。とうぜん濁水である。「之を揚ぐること万遍」とは、くりかえし沈澱させては上澄みをとることか。八升の濁水から五升の清水をつくるのである。「五十二病方」には「湮汲《いんきゅう》三渾」という操作があった。[11] 葦は水辺に生える草であり、水とその性質を共有するものとみなされる。[12]『淮南子《えなんじ》』天文訓によれば、女媧《じょか》は葦の灰を積んで洪水を治めたという。葦の灰は乾燥を意味する。葦で炊けば、水の蒸発は促進されるだろう。こうした呪術的な意味をもつ一連の操作は、水煮のための沸騰水をととのえたところで完了する。秫は、『説文《せつもん》』に「稷の黏《ねば》る者」、『爾雅《じが》』釈草・郭璞《かくはく》注に「黏《ねん》粟を謂う」、とみえる。秫米だけなら粥ないし米汁であろうが、それに半夏の粉末がくわわり、滓をしぼれば、湯と呼ばれる剤形ができあがる。「五十二病方」にみえた第三種の原‐湯液は、薬物を入れ滓をしぼるという操作をくわえることによって、湯剤となったのである。

五穀の湯液と醪醴については、『黄帝内経』に貴重な証言がある。

黄9　黄帝 岐伯に問うて曰く、五穀の湯液及び醪醴を為《つく》るは奈何《いかん》、と。岐伯 対《こたえ》て曰く、必ず稲米を以《もち》い、之を稲薪に炊《かし》ぐ。稲米は完《まった》く、稲薪は堅し、と。……黄帝 岐伯に問うて曰く、上古の聖人、湯液・醪醴を作るも、為りて用いざるは何ぞや、と。曰く、上古の聖人、湯液・醪醴を作為《つく》りしは、以って備えと為《な》せるのみ。（『太素』巻十九・知古今、『素問』巻四・湯液醪醴論篇）

醪と醴についてはあとで述べるが、濁酒と甘酒。酒だけでなく五穀の湯液にも、もっとも尊重されていたのは稲米だったことが、これではっきりする。

いっそう示唆的な問題を投げかけているのは、それにつづく一節である。肝心な箇所は原文を引用する。

黄10　夫れ上古には湯液を作り、故《もと》より為りて服せず。……当今之世、必斉毒薬攻其中、鑱石鍼艾治其外。

「必斉毒薬」はこのままなら「必ず毒薬を斉《ととの》え」と読むほかはない。しかし、句づくりをみれば、必斉毒薬は鑱石鍼艾と対をなしており、必斉－鑱石／毒薬－鍼艾の対応関係にあるのがわかる。「必斉・毒薬もて其の中を攻め、鑱石・鍼艾もて其の外を治す」と読むのである。それでは必斉とはなにか。さいわいにして『黄帝内経』にはもうひとつ、必斉に言及した文章がある。

黄11　容色 上下左右に見《あらわ》るるとき、各おの其の要在り。其の色見るること浅きときは、湯液の主治なり。十日にして已ゆ。其の見るること深きときは、必斉の主治なり。二十一日にして已ゆ。其の見るること大いに深きときは、醪酒の主治なり、百日にして已ゆ。（『太素』巻十五・色脈診、『素問』巻四・玉版論要篇）

容色は病気のために顔にあらわれる色。短期間で治癒する病気から長期にわたる療養を必要とする病気へ、湯液、必斉、醪酒の順に投与されている。必斉は湯液よりも即効性のすくない、醪酒よりも短期間服用する薬にちがいない。

ここでわたしはただちに火斉を想起する。医学用語としては、火斉は『韓非子』喩老篇と『史記』倉公伝にのみあらわれ、そのままがたを消したのだった。のみならず、司馬遷は喩老篇にいう火斉を扁鵲伝では酒醪に書き改めた。そのころにはすでに火斉という語になじみが薄くなっていただけでなく、火斉と呼ばれてきたものは酒醪の一種とみなされるようになっていたのではあるまいか。とすれば、火斉の意味が忘れ去られたとき、筆写のさいにそれを必斉と誤ることは十分にありうる。

要するに、わたしは黄10・11の必斉を火斉の伝写の誤りと考えているのだ。そう改めて、読んでみよう。黄10によれば、火斉は古い手術用具である鑱石すなわち砭石と対比されるような薬であったし、黄11によれば、火斉は湯液と醪酒の中間に位置づけられるような薬であった。必斉を火斉と読むことによって、失われた火斉の意味が甦ってくる。

それでは醪酒とはなにか。ここでは醪酒というより、醴をふくめて醪醴と書いておいたほうがいいだろう。すでに黄9で醪醴は湯液と並記されているのをみた。『医心方』巻三十に引く『太素』の佚文は、醪醴をこう賛えている。

黄12　醪醴は、賢人 性に適《かな》うを以って、飲まざるべからず。之を飲み、病を去り神《しん》を怡《よろこ》ばしめよ。必ず此れ性を改むる毒なり。

『説文《せつもん》』によれば、醪は「汁滓酒《じゅうしし》」、すなわち濁酒、醴は「一宿孰《じゅく》」、すなわち一夜で醸《かも》す甘酒であり、徐灝《じょこう》箋によれば、醴は味がいたって薄いのにたいし、醪は醇酒であって味は甘い。薬としてつかわれる醪醴には、むろん薬物が入っているものもある。

『黄帝内経』には醴の記載がひとつある。

黄13　黄帝 岐伯に問うて曰く、心腹満を病む有り。旦食すれば則ち暮食する能わず。此れ何の病と為す、と。岐伯曰く、名づけて鼓脹と為す、と。曰く、之を治するは奈何、と。曰く、之を治するに雞醴を以ってす。一斉《ざい》にして知し、二斉にして已ゆ、と。(『太素』巻二十九・脹論。『素問』巻十一・腹中論篇は雞醴を雞矢醴に作る。)

楊上善注によれば雞醴のつくりかたは、「雞糞を取り、丸と作すべし。熬《ごう》して烟盛ならしめ、清酒一斗半を以って之に沃《そそ》ぎ、承けて汁を取る。名づけて雞醴と曰う」のである。かれはなにに依拠してこの注を書いたのだろうか。たしかに、「五十二病方」の例からみて、このような処方が存在したということはありうる。しかし、この製法では「一宿孰」という醴の定義に合わない。

醪については、それを不仁すなわち知覚麻痺に適用するという記載がみえる。

黄14　形　数《しば》しば驚恐し、筋脈通ぜざれば、病　不仁を生ず。之を治するに按摩・醪薬を以ってす。（『太素』巻十九・知形志所宜、『素問』巻七・血気形志篇、『霊枢』巻十二・九鍼論）

醪薬を楊上善はそのまま「醪醴」に言い換え、王冰は「醪薬とは酒薬を謂う」と注する。いずれにしろ、醪醴がいかなる薬かはあきらかでない。「不仁」に効くといい、「性を改むる毒」というのは、なにを意味するのであろうか。

それに解決をあたえてくれるのは、「五十二病方」とおなじく馬王堆第三号漢墓から発見された「養生方」と「雑療方」である。この両書とも関連する部分は残念ながら破損がひどいが、さいわい馬継興の論文「我国最古の薬酒醸造法」[13]によって、その大体をうかがうことができる。

馬継興によれば、「養生方」には、判読できるかぎり、醸造薬酒六方がふくまれている。かれの文章を引用しよう。（□は欠字。）

(1)　麦冬（つまり顚棘《てんきょく》）を秫米などに配合して醸造する薬酒。（原題は「顚棘を以って漿を為る方」、「老いて起たず」を治療する。）

(2)　黍《しょ》米・稲米などを用いて製造する薬酒。（「醴を為る方」、「老いて起たず」を治療する。わたしの考えでは、この方は『斉民要術』に引く『食経』の醪製造法とたいへんよく似ている。）

(3)　よい酒（「美酒」）と麦□（薬名、不詳）などで製造する薬酒。（「醪を作る」、強壮剤である。）

(4)　石膏・藁本《こうほん》・牛膝《ごしつ》などを用いて醸造する薬酒。（製造法不詳、「用いること少し」とみえる。）

(5)　漆と烏喙《うかい》(つまり烏頭《うず》)などの薬物を用いて醸造する薬酒。(製造法不詳、「醪利中」とみえ、強壮剤である。)

(6)　漆・節(薬名)・黍・稲・烏喙などを用いて醸造する薬酒。(「醪利中」とみえ、強壮剤である。)

「雑療方」のなかにみえる醸造の薬酒はつぎの一方だけである。

智(薬名、どんな物かは不詳)と薜茘《へいり》根などの薬を甗《げん》(古代の一種の炊事用蒸器)のなかに入れて製造する醴酒。(「□□加醸」とみえ、強壮剤である。)

ちなみに、(2)において指摘されている『食経』の醪製造法とは、『斉民要術』巻七・笨麹《ほんきく》并酒に引用されている「食経、白醪酒を作る法」であろう。

生秫米一石、方麹二斤、細かに剉《くだ》き、泉水を以って麹《こうじ》を漬《ひた》し、密蓋すること再宿、麹浮起す。米三斗を炊《かし》ぎて之を酘《かも》し、和調せしむ。蓋《ふた》して五日に満つれば、乃ち好し。酒甘きこと乳の如し。

方麹は方形に固めて乾燥させた麹。「養生方」のは醪でなく醴だから、醸す期間がもっと短いのであろう。穀物しかつかっていない醪醴も薬用とされたことが、これからわかる。なお、「養生方」・「雑療方」の七つの醪醴のうち、不明の(4)をのぞけば、すべて強壮剤であるのに注意しよう。

醪についてはさいわいに、(6)の製造法の部分が比較的完全に残っていて、ほぼ全容をうかがうことができる。馬継興によれば、製造工程は十段階に分かれる。その区分にしたがって読み下してみよう。(括弧内は主として馬の注記にもとづく説明。)

醪を為る。

1　漆(沢漆、草部下品)・節(地節、萎蕤《いずい》の別名、草部上品)各おの一斗を細く斬り、水五□(欠字は斗か)を以って□□□、

2　汁を以って紫蔵(木部中品)を煮、□□□□□□、又浚《さら》え、

3　□麹・麦麹各おの一斗、□□□、其の時を卒《お》えて(一昼夜を経て)、即ち浚え、

4　□□□黍・稲□□、水各おの一斗。
5　并せて、沃《そそ》ぐに麴汁を以ってし、之を湔《と》ぐこと恒(常)飯の如くす。
6　烏喙三顆《か》、乾薑五、焦牡(薬名、不詳)□、凡そ三物を取り、甫(㕮の仮借、つまり薬物を大豆大にくだく㕮咀《ふしょ》)して□□之を投ず。
7　先に□を罌《おう》中に置き、即ち黍を其の上に醸《かも》す。
8　□□汁を均しく之に沃ぐ。
9　又美酒十斗を以って沃ぐ。此の如きこと三たび。
10　而して□□。
11　餔食(哺時、申の刻)を以って一杯を飲む。飲み已《お》わり、身体癢《かゆ》き者は、之を摩す。之を服すること百日、目をして明、耳をして聡、末をして皆強ならしめ、□病及び偏枯を□(欠字は治か)。

この薬酒を醸造するのに、穀物は黍・稲、薬物は漆・節・紫蔵・烏喙・乾薑・焦牡、麴は□麴・麦麴、そのうえ美酒がつかわれている。「五十二病方」にもこれだけ複雑な組成をもつ薬はいくつもない。

この醪酒は耳目を聡明にし、四肢を強健にするという。偏枯は『黄帝内経』にもなんどかでてくる半身不随の病である。黄11には醪酒は百日とあったが、ここにも百日間服用するとみえる。馬継興も指摘しているように、虚弱体質や老化や老人性疾患に効く滋養剤であり、強壮剤である。まさしく『太素』佚文にいう「性を改むる毒」にほかならない。

ちなみに黄11によれば、醪酒の百日にたいし、湯液は十日、火斉は二十一日服用する。『史記』の淳于意のカルテをみると、湯と名づけられた薬は、柔湯をのぞいて二、三日から五、六日、それにたいして柔湯は十八日ほど、火斉米汁は七、八日、火斉粥は十二日、液湯火斉は二十日ほどで完治している。薬酒は三石を尽くすというのだからやや長期にわたるものとみていい。『史記』の記載は『黄帝内経』のことばとかなりよく一致する。

6　湯液派の流れと『傷寒雑病論』

湯液の製法と種類は、前漢末までには、急激に豊かさを増していったにちがいない。『漢書』藝文志・方技略・経方にみえる「湯液経法三十二巻」の編纂がそれを立証する。著録された十一部の書のうち、剤形を書名に冠するのはこの書だけであるのも、注意するに価しよう。湯液は剤形として、それだけきわだった特性をそなえていたのである。だからといって、湯剤がひろく普及し、薬剤を代表すると一般にみなされるにいたったわけではない。

たとえば、『漢書』には医薬という語は頻出するが、湯薬ということばは爰盎《えんおう》伝に一度みえるにすぎない。

漢4　盎曰く、陛下 代に居りし時、太后 嘗《かつ》て病めり。三年、陛下は交睫《こうしょう》解衣(目を閉じ衣を脱ぐ)せず、湯薬は陛下の口に嘗《な》むる所に非ざれば進めず、と。

「武威漢代医簡」には湯方は一例しかおさめられていなかった。後漢の王充の『論衡』道虚篇においては、薬剤を代表するのは散剤であり丸剤である。

論1　如《も》し百薬の気を謂わば、人 或いは薬を服し、一合の屑《せつ》を食い、数十丸を呑むに、薬力烈盛にして、胸中憒《かい》毒し、人を飽かしむる能わず。

また、治期篇にいう、

論2　良医とは能く其の針薬を行い、方術をして験せしむる者なり。

王充はついに湯薬という語をつかわない。前漢も初期にすでに淳于意のような、湯剤を多用する医師もいたのだから、どのような剤形の薬をつかうかは、個人や流派の好みと得手不得手にかかっていたのであろう。

魏晋時代に入ると、だが様相は一変する。『三国志』蜀書・楊戯伝の注に、

三1　戯の同県の後進に李密なる者有り。字は令伯。華陽国志に曰う、……祖母に事《つか》え孝を以って聞こゆ。其の疾に侍すれば、則ち泣涕側食し、日夜帯を解かず。膳飲湯薬、必ず自ら口に嘗《な》む。

『文選』巻三十七・李密「陳情表」にいう、

文1　臣　湯薬に侍し、未だ嘗《かつ》て廃離せず。

『晋書』王祥伝にいう、

晋1　父母に疾有れば、衣　帯を解かず、湯薬は必ず親しく嘗《な》む。

東晋の葛洪(二八三?—三四三?)の『抱朴子』内篇には、すでに村上嘉実によって指摘されているように、[14]湯薬がしばしば薬剤をあらわす語としてあらわれる。たとえば至理篇にいう、

抱1　夫れ愚夫は乃ち肯て湯薬・鍼艾すら信ぜず。況んや此れより深き者においておや。

「湯薬鍼艾」はすでに医療を意味する常套語であった。

さらに引用を重ねる必要はあるまい。後漢末にひとつの決定的ともいえる変化が生じたのである。それをひきおこしたのは、張仲景の『傷寒雑病論』に象徴される、湯液派ともいうべき流れの顕在化であった、とわたしは考える。『傷寒雑病論』はなんども再編纂の過程をへて今日に伝えられている。張仲景の序によれば、「素問」・「九巻」・「八十一難」・「陰陽大論」・「胎臚薬録」・「平脈弁証」によって「傷寒雑病論十六巻」を著したというが、その最初のかたちがいかなるものであったかは、明らかでない。現存する最古のテキストは、三国・魏の王叔和の著作『脈経』の第七、八、九巻である。ただし、そこには薬の処方の記載はない。傷寒は『傷寒論』に、雑病は『金匱要略』にいたり、最終的な形をととのえた。だが、いまはテキストの歴史的な変遷の過程にまで立ち入る必要はない。張仲景の依拠した書が主として鍼灸療法およびそれと結びついた脈診法の書であり、「博く衆方を採」ったと述べているものの、薬

物療法書としては「胎臚薬録」を挙げるにとどまっていることに注意すればたりる。

『傷寒論』のもっともきわだった特色、それは同時に、後世への最大の寄与でもあるのだが、薬物療法を診断法、とりわけ鍼灸療法とともに発展してきた脈診法にもとづく六経病に結びつけ、臨床医学を体系化するための基礎をすえたところにある。[15] それによって治療法は診断法といわば一対一に対応づけられ、薬物療法はたんなる経験的水準から脱却する。時代とともに明確につかみだされ、『傷寒論』からいわば折出されて、各時代のテキストに表現されていったその基本的な考えかたは、こうである。足の三陰(太陰・少陰・厥陰)三陽(太陽・陽明・少陽)の六経脈の脈証(脈象と証候)にもとづき、病気の症候群を六つの類型、いわゆる六経病に大別する。この六大脈証類型はさらに下位の類型に分けられる。診断法の脈証類型に対応するのが、治療法の薬剤類型である。薬剤類型とは、各薬剤を構成する複数の薬物成分のうちの主要な成分を共有し、したがって主要な薬効を共有する、一群の薬剤である。異なる類型の脈証群には異なる類型の薬剤群を投与し、同じ類型内の脈証の小さな変異にたいしては薬剤の小さな変異、すなわち薬物成分の部分的な入れ換えや追加・除去によって対処する。しかも、病気は体の表面から内部へ、いいかえれば、太陽病にはじまり三陽病から三陰病へと連続的もしくは段階的にすすむ、という理論的前提がそこにある。こうして薬物療法は、経験的知識の集積から理論的に整理された一個の体系へと変貌する。こうして六経弁証と呼ばれる診療体系が完成するのは、宋代から明代にかけてであった。

それにおとらず影響を後世に残した、『傷寒論』のもうひとつの重要な特色は、湯液を主体にして薬物療法を組み立てたことである。[16] 張仲景が直接に依拠した「胎臚薬録」はいまは伝わらないから、かれの貢献がどこにあるかをたしかめることはできない。しかし、かれを「湯液経法」と「胎臚薬録」とをつなぐ湯液派の流れの頂点に立つ人物とみなすことはゆるされる。この流れはおそらく、鍼灸学派に深い影響を受け、脈診法を基礎に、薬物療法を中心とする各種の技術を併用して治療をおこなっていた、折衷派であった。事実、『傷寒論』には、湯液による汗・吐・下・

温の四法のほかに、灸・刺・水・火の四法が記載されている。なかでもかれらがとりわけ好んだ剤形は湯液であった。すでに前漢の初期に、「黄帝・扁鵲の脈書」を学び、脈法にもとづいて、主として湯液による治療をおこなった、折衷派の淳于意がいた。鍼法をかかげる黄帝学派は、その補助療法ないし併用療法として湯液を好んだ気配があり、前漢末までにはそれを代表的な剤形と目するにいたっていた。脈診法と湯剤による治療法とのあいだには、親和関係が歴史的に形成されていたのである。鍼灸療法と薬物療法のいわば境界領域に、脈法によって診断し湯剤を多用する流れがいつも存在していたにちがいない。「湯液経法」は前漢末までのかれらの成果を集成した書であったろう。

とはいえ、この流れは折衷派ないし薬物療法派の主流を占めていたわけではあるまい。むしろ少数派だったかも知れぬ。決定的な証拠というにはほど遠いが、「武威漢代医簡」がそれを傍証する。そこには脈診はまったくみえない。のみならず、脈診法によらないこの書は、湯剤をたった一例しか用いていないのである。後漢の文献に湯液・湯剤といった語の用例がたいへんすくないことは、すでに指摘した。

後漢末にいたって事態は一変する。『傷寒雑病論』にその成果を結晶させることになったこの流れは、理論と過去の経験とのいっそう緊密な結合を試み、六経病と薬剤のあいだに対応関係をうちたてて、診断法に基礎をおいた、湯液を主体とする、薬物療法の体系化を推し進めた。『傷寒論』が達成した水準の高さと基本的な考えかたの重要性は、そこに内蔵されていた傷寒病の六経弁証が、明代にすべての病に適用される弁証論治へと発展し、今日にいたるまで臨床医学の基礎とされていることにもうかがえよう。張仲景という固有名詞のなかに人格化されているこの湯液派の目覚しい成功によって、そこに湯液の時代が開かれたのである。

第三章　本草の起源

1　伝説から歴史へ

本草の起源については、ある意味ですでに説きつくされている、といってもいいだろう。後漢の鄭玄《じょうげん》(一二七—二〇〇)以来、今日にいたるまで、それに言及し、あるいは論及した文章は枚挙にいとまがない。かつては、神農・黄帝あるいは殷の伊尹《いいん》のような伝説的な聖王や賢人に、その源流ないし原作者を求めようとする強い志向がそこにはたらいていた。たとえば、西晋の皇甫謐《こうほひつ》(二一五—二八二)の「帝王世紀」に、「炎帝神農氏は……、草木を嘗味し、薬を宣《の》べ疾を療し……、本草四巻を著す」(『太平御覧』巻七百二十一引)、また「黄帝は岐伯をして草木を嘗味し、医を典《つかさど》り疾を療せしむ。今 経方・本草の書は咸な焉《ここ》に出ず」(『初学記』巻二十引)、おなじく『鍼灸甲乙経』序に、「伊尹は亜聖の才を以って、神農本草《しんのうほんぞう》を撰用し、以って湯液を為《つく》る」と述べているのは、起源を神話に遡行させた、きわだった例である。しかし、事実の語りかけるものに耳を傾けるひとが、やがてあらわれてくる。「神農本草経」に「出ずる所の郡県は、乃ち後漢の時の制」であり、「疑うらくは仲景(張機)・元化(華佗)等の記す所」か(『神農本草経集注』序録)、と書いたのは、梁の陶弘景(四五六—五三六)であった。そして、北宋の掌禹錫《しょううしゃく》は『嘉祐本草』の序(一〇六一)において、「蓋し上世未だ文字に著さず、師学相伝え、之を本草と謂う。両漢以来、名医益ます衆く、張機・華佗《かた》の輩は、始めて古学に因り、附するに新説を以ってし、通じて本草を編述するを為す」、と論断したのである。

本草の起源を語る歴史的証拠はごくかぎられている。掌禹錫はそれによりながら、本草書の成立期を後漢末においた。編者として実在の名医に固執した、という点をのぞけば、論点にそれほど大きな狂いはない。近代の歴史研究がその最後の障壁をとりはらった。本草の起源は漢代にあり、それを形成したのは無名の人びとであるという結論[1]は、おそらく今後も動くまい。にもかかわらず、わたしがここであらためて本草の起源の問題をとりあげようとするのは、数すくない資料のなかになお、従来の研究によっては解き明かされてない意味がひそんでおり、その覆われた意味をひきだすことによって、本草の形成過程のいっそう具体的な像を描きだすことができる、と考えるからである。

本草とは、薬物の名称・性質・効能・産地などを調査・研究し、分類・記載する学問である。その成果を記述した書物も本草と呼ばれる。ここでは、必要があれば前者を本草学、後者を本草書と書いて区別することにしよう。本草書は、時代が下るほど、薬物の形・色・生態など博物学的な記載がふえ、図をふくめて記述が正確になってゆく。にもかかわらず、本草はあくまで薬物学であり、博物学に脱皮することは、清末まで、ついになかった。最初の植物志『植物名実図考』があらわれるのは、ようやく一八四八年になってからである。そこに本草と呼ばれる、漢代の『神農本草経』を祖型として、明代の勅撰『本草品彙《ほんぞうひんい》精要《せいよう》』(一五〇五)と李時珍の『本草綱目』(一五九〇―一五九六)に結晶した、自然物(動・植・鉱物)についての知識の体系のいちじるしい特性をみいだすことができよう。それは本草の歴史的な継承・展開のしかたとともに、その起源にもふかくかかわっているにちがいない。

本草の起源というとき、薬物の起源とは厳密に区別して考えなければならない。薬物の知識は医術の発生とともに古く、その起源は歴史の彼方に跡を没している。前三世紀中葉にさかのぼる、現存する最古の臨床医学書「五十二病方」には、約二百五十種の薬物がつかわれている[2]。すでに相当な量の経験的知識の集積である。だからといって、そのとき本草が成立していたわけではない。馬王堆漢墓から同時に出土したほかの医書にも、本草の存在を示唆する記述はない。薬物の知識を本草と呼びうるためには、すべての薬物に適用されるある共通の原理が確立されていなければならず、その原理によって把握され整理された知識は、とうぜんのことだが、経験的水準を超えていなければならない。

本草は漢代になってはじめて形成された。今日わたしたちは漢代の本草学の成果、その最大の遺産を『神農本草経』と呼び、そこにみえる薬物やその記載について語っている。しかし、わたしたちが語っている『神農本草経』とはなにか、ということになると事柄はそれほど単純ではない。後漢末には、たしかに神農の名を冠する本草書があった。三国・魏の時代に書きとどめられたその佚文とおぼしい文章も、いくらかは集めることができる。それを「神農」と呼んでおこう。「神農」の成立以前にも、本草と称する学問的活動はくりひろげられていた。後漢末までには、「神農」以外にも多くの本草書があらわれた。そのなかで「神農」はおそらくもっとも古い著作であり、部分的にはその古さのゆえもあったろう、当時すでにほかの書を凌駕する権威を獲得していたらしい。多くの書にみられるように、「神農」にも後人の筆がなんどとなく加えられたであろうし、注もつくられた。最後に梁の陶弘景の校定をへて、最終的にはその『神農本草経集注』に収録され、後世に伝えられることになる。そのさい陶弘景が、かれの手にした「神農本草経」の文章に整理・改訂をくわえたであろうことは、想像にかたくない。今日わたしたちが全容をうかがいうるのは、宋代の勅撰本草書に嵌めこまれた『神農本草経集注』のなかの『神農本草経』にほかならないのである。

こうして、本草の起源を明らかにしようとすれば、本草形成過程の三つの段階を区別する必要があるのがわかる。第一は、本草という概念が出現する段階。第二は、本草書の存在が確認される段階。第三は、『神農本草経集注』(略して『集注本草』という)が編纂される段階。『神農本草経集注』は、たんにそこに『神農本草経』がふくまれているというだけでなく、以後のすべての本草書の原型となり核心となったという意味でも、きわめて重要な書である。この三つの段階は、時代でいえば、第一が前漢末、第二が後漢末から魏晋にかけて、第三が梁代にあたる。まずこれらの各段階について確認できる事実を分析し、可能な推論と仮説をみちびくことにしよう。

2　学問としての本草の成立

新たに開かれた学問的領域は、既成の学問にたいしてその独自性を宣明するにふさわしい、新しい名称を要求する。薬物学の開拓者たちはおのれの学問に本草と名づけた。『重広英公本草』、いわゆる「蜀本草」を書いた五代・蜀の韓保昇によれば、「薬に玉石草木虫獣あり。しかるに直《ただ》に本草と言うは、諸薬のなかに草類もっとも多きがためなり」。これが本草の語義の、ひろく支持されているほとんど唯一の説明である。だが、かならずしも釈然としないのは、わたしひとりではあるまい[3]。本草のもとの意味はすでにたしかめるすべもないが、いずれにしろ当時の人びとには新鮮な響きをもってうけとめられた言葉であったにちがいない。

「本草の名」(『嘉祐本草』序)が学問分野としてはじめて文献にあらわれるのは、掌禹錫がつとに指摘したように、『漢《かん》書《じょ》』平帝紀および楼護伝(巻九十二)である。「平帝紀」元始五年(五)の条にいう、

　天下の逸経・古記・天文・暦算・鐘律・小学・史篇・方術・本草に通知し、及び五経・論語・孝経・爾雅《じが》を以って教授する者を徴す。在所は為《ため》に一封を軺伝《ようでん》に駕し、京師に詣ら遣《し》む。至る者千人を数う。

と。居住地の役所に都まで一頭立ての駅伝の馬車を用意させ、多くの学者を招集したのは、ときの権力者王莽《おうもう》(前四五—二三)であった。『漢書』王莽伝によれば、周代に範をとり政治体制を刷新しようとはかる王莽は、その前年、周の制度にならって三雍、すなわち天子の政庁の明堂、大学の辟雍《へきよう》、天文気象台の霊台を築き、博士の人員を増やし、一万人の学生を収容する宿舎を建て、学問の振興につとめる。そして、

　天下に一藝に通じ十一人以上を教授し、及び逸礼・古書・毛詩・周官・爾雅・天文・図讖《としん》・鐘律・月令・兵法・史篇の文字を有し、其の意に通知する者を徴し、皆公車に詣らしむ。天下の異能の士を網羅して、至る者前後千

もて数う。皆説を廷中に記さしめ、将《も》って乖繆《かいびゅう》を正し、異説を壱《いっ》にせしむと云う。

このときはじめて国家に公認され、博士の官を置かれた学問に、いわゆる古文経学がある。前漢の今文経学から後漢の古文経学への転回を予告する事件であり、後漢の儒学の方向はここに定まったといえよう。本草もまたそのとき、学問の一分野として認知されたのである。

「平帝紀」と「王莽伝」の記事では、列挙されている分野にいくつか出入りがある。前者の方術・本草に代わって、後者には月令・兵法が入っている。これはなにを意味するのだろうか。「平帝紀」に天文・暦算・鐘律といい、「王莽伝」に天文・図讖・鐘律という。たしかに、図讖は天文・暦算にふかく結びついており、その学説の主要な要素は占星術であった。とはいえ、暦算を図讖と呼ぶ、あるいは図讖のなかに包括する、ということはありえない。あるいは暦算を挙げ、あるいは図讖を挙げたのは、隣接する多様な学問分野を例示するものとしてであった、と考えていいだろう。招集された「異能の士」には、これらの分野の専門家がいずれも包摂されていたにちがいない。

ここで注目しておきたいのは、「平帝紀」に本草と方術とがひとくみになってしるされていることだ。その方術は、陳直の解釈によれば、「医方」を指す(4)。かれは「楼護伝」によってそれを例証しようとする。楼護は、外戚王氏を代表する王莽が平帝を擁して独裁的権力をにぎったころ、広漢太守の地位にあった男である。斉のひと、字は君卿。医者の家に生まれたかれは、青年時代、父とともに長安にあって医業にたずさわり、王氏一族の家に出入りしていた。

護は医経・本草・方術数十万言を誦す。長者咸《み》な之を愛重し、共に謂いて曰く、君卿が才を以って、何ぞ宦学《かんがく》せざるや、と。

宦学の宦は仕官の道を学ぶこと。才能と好学心をみこんだ長者たちのすすめに、楼護はついに医術を棄て、経学を修めて仕官の道を歩むことになる。

『漢書』藝文志《げいもんし》・方技の分類にしたがえば、薬物療法を中心とする臨床医学の経方にたいして、医学理論および鍼灸療法を医経という。おそらく陳直はこの分類を念頭において、経方に相当する分野を医方と呼び、方術にあてたのであろう。しかし、そうであれば、医経・方術とつづけてそのあとに本草を置くところではあるまいか。医経はここでは漢志のそれよりもひろく、一般に医学ないし医書を意味しているようにわたしには思える。それでは、楼護が医経・本草とともにそらんじていたという方術とはなにか。それと「平帝紀」に方術・本草というときの方術とは、はたしておなじ対象を指しているのだろうか。

方術は英語の art にほぼ相当する概念であり、一般に技術・技法を意味する。したがって、広義の方術のなかには、その技術や技法を身につけるのに特別の訓練や特殊な才能を要する、広範な分野が包括されることになる。いま言及した天文・暦算・鐘律・図讖・月令・兵法・医経・本草など、すべて広義の方術に入る。(5)「楼護伝」と「平帝紀」にいう方術は、明らかに広義のそれではない。いっぽう、狭義の方術の定義は『漢書』藝文志にあたえられている、「方技は、皆生生の具」である、と。方技は方術におなじ。「生生の具」の核をなすのは医学すなわち医経と経方だが、漢志の分類では、さらに房中と神僊(仙)もそれに属する。このふたつはひとことでいえば養生術であり、不老長生の技術としての錬金術もそこにふくまれる。錬金術という特殊な分野は除くとして、医経・本草と並び称せられる、楼護が学んだ方術とは、養生術ではなかったか。それにたいして、「平帝紀」にいう方術は、漢志の方技の定義がぴったりあてはまる例とみることができる。

方術と本草をひとくみにした表現は、本草の起源と形成過程を考えるばあい、きわめて示唆的である。本草は当時、方術(医学・養生術)に類する学問、あるいはそれと密接なかかわりをもつ学問、とみなされていたにちがいないからだ。この問題にはこれからくりかえし立ち返ることになるだろう。

「楼護伝」を信ずるならば、かれの青年時代には本草が、テキストをもつ、そして教授(ないし学習)される学問として成立していた。そのテキストが口伝であったか、書物になっていたかは、「本草……を誦す」、つまり暗誦していたという記述だけではわからない。しかし、それからほど遠からぬ元始五年、都に招集された学者たちは一堂に会し、自説を書いて公開し、比較して誤りを正し、異説を統一するよう命ぜられている。本草家たちもその知識を文字にしたためて公表したにちがいない。本草の書かれたテキストがそれ以前にあったにしろなかったにしろ、古代中国においてはじめて開かれたこの「学術大会」(6)が、ひろく知られることになる本草書の成立のきっかけとなったことは、疑いを入れない。じつをいえば、このとき最初の形をあたえられた本草書こそ「神農」、すくなくともその原形にほかならぬ、とわたしは考えているのだが、その論証はこの章の最終的な課題である。

前漢末の学問を代表する劉向《りゅうきょう》(前七七―前六)・劉歆《りゅうきん》(?―二三)父子の仕事に、書籍解題目録「別録」の編纂がある。(7)大部分は劉向の手になったが、その死後、劉歆がひきついで、建平年間(前六―前三)に完成させる。劉歆はさらにそれを節略して「七略」七巻をあらわした。「別録」は失われたが、「七略」は班固(三二―九二)がその概要を『漢書』藝文志におさめ、若干の書を補った。しかし、そこに本草書の名はない。かりに元始五年の「学術大会」においてはじめて本草書が出現したとすれば、「七略」にないのはとうぜんとして、班固はなぜ著録しなかったのか。その理由は知る由もないが、いずれにしろかれは科学・技術の分野には手をつけなかった。事実、形法(天文・暦譜・五行・著亀・雑占)と方技(医経・経方・房中・神僊)の書は一冊も増補されていないのである。

学問の一分野としてではないが、本草という語なら、一種の身分をあらわす名称として、『漢書』郊祀志の成帝・建始二年(前三一)の条にしるされている。元始五年に先立つこと三十六年、楼護の青年時代にもおそらくは先立つ日づけであった。

　候神方士使者副佐・本草待詔七十余人、皆家に帰す。

事情はこうである。前漢にあっては高祖(在位前二〇六―前一九五)以来、とりわけ「尤も鬼神の祀を敬す」(『史記』封禅書)る武帝(在位前一四一―前八七)の即位以後、天地・日月・山川・風雷をはじめとする、自然神やその他さまざまな神格の祭祀が隆盛をきわめた。その間に活躍するのが、神仙術を説く燕・斉の方士（方術の士）たちである。(8) 祭られる神祠には、秦の都であった雍《よう》（陝西省鳳翔県）の四時《じ》（鄜時《ふ》・密時・上時・下時。時は祭りの庭）のような、春秋・戦国時代にさかのぼる古い由来をもつものも多かったが、方士の言を入れ、秦の始皇帝（在位前二四六—前二一〇）や漢の高祖・文帝（在位前一八〇—前一五七）・武帝・宣帝（在位前七四—前四九）によって新たに建立されたものも決してすくなくなかった。そのなかで祭祀としてとくに重要であるだけでなく、あとでくわしく分析するように、本草の形成の背景ともなったのが、武帝のときにはじまった太一《たいいつ》神の祭祀である。

　太一は楚の地方で古くから祭られていた星神であり、楚の都の東に太一祠があった。『楚辞』九歌の「東皇太一」は、太一を上皇と呼ぶ。最高の神格である。元光二年（前一三三）、亳《はく》（河南省商邱《しょうきゅう》市）のひと謬忌《びゅうき》が「太一を祠《まつ》る方」を上奏した。

　天神の貴き者は太一、太一の佐を五帝と曰う。古者は天子、春秋を以って太一を東南の郊に祭り、太牢《たいろう》を用いること七日、壇を為《つく》り、八通の鬼道を開く。（封禅書）

武帝は上言にしたがい、太一祠を長安の東南郊に建てさせ、謬忌のやりかたどおりに奉祠させた。唐の司馬貞の索隠に引く「三輔黄図」佚文によれば、いわゆる謬忌太一壇は「上帝の壇は八觚《こ》、神道八通し、広さ三十歩」であったという。太牢は牛・羊・豕の供物、觚は角である。楚の地方的な最高神にすぎなかった太一が、ここに漢帝国の最高神として登場してきたのである。漢は高祖以来、雍の四時の祭を重んじてきた。そして新たに北時を建てて五時とし、青帝（東）・赤帝（南）・黄帝（中）・白帝（西）・黒帝（北）の五帝を祭った。雍の五時は、天子が親しく天を郊祀する場所として、国家祭祀の中心的な位置を占めていた。神仙術の方士たちによれば、その五帝もじつは太一の補佐にすぎぬ。

　元鼎四年（前一一三）、武帝は雍に郊祀したあと、上帝とおなじく地神后土を祭るべきだとして、みずから汾陰《ふんいん》（山西省万栄県）に赴き、后土祠を立てた。その年の秋、武帝が郊祀のために雍に行幸したさい、「五帝は太一の佐なり。宜しく太一を立てて、上 親しく之を郊《まつ》るべし」と上言するものがいた。郊祀の対象を五帝から太一に変えよう、という提案である。ためらう武帝の心を動かしたのは、斉の方士、公孫卿であった。その夏、汾陰から宝鼎が出土したのは黄帝が宝鼎を得た事跡に暗合し、その冬の十一月辛巳朔旦が冬至にあたるのは黄帝登僊の日に一致すると述べて、神仙の世界にあこがれてやまない武帝に迎合したのである。雍の郊祀のあと、武帝は甘泉宮(陝西省淳化県)に帰り、そこに太一祠壇をつくらせ、当時は十月が正月だったから、元鼎五年にあたる十一月辛巳朔旦冬至、はじめて太一を郊拝した。こうして、太一と后土という、天地を郊祀する一対の祠壇ができあがった。以後、雍の五畤は祭祀上の地位を、甘泉の太一祠と汾陰の后土祠にゆずることになる。

前漢の末期、元帝(在位前四九―前三三)の時代になると、それまで方士たちの主導のもとにすすめられてきた国家祭祀を、儒家思想によって再編成しようとする動きがあらわれてくる。その継承者が成帝(在位前三三―前七)即位時の丞相匡衡《きょうこう》・御史大夫張譚《ちょうたん》であった。匡衡らの建言によって、甘泉の太一、汾陰の后土の両祠は長安の南北郊に移築される。これが今日の北京にも残る、京師の南北郊に設けられた天壇・地壇の起源である。匡衡らはさらに、郊祀の簡素化と秦の上下畤をはじめ礼に合致しない神祠の廃止を提言する。かれらの上奏文によれば、国家が祭祀の費用を郡国に給付し、候神方士使者に祭らせている神祠が、六百八十三箇所ある。そのうち礼にかなっているのは二百八箇所であり、もとどおり奉祠するのがよい。残りの四百七十五箇所は礼にかなっていないか重複するかのいずれかであり、すべて廃止すべきである。かれらの提案は認可された。およそ七割の神祠が廃止のうきめをみた、もっと正確にいえば、国家祭祀の体系から外されたことになる。その結果、

本《もと》と雍の旧祠は二百三所、唯だ山川諸星十五所のみ礼に応ずと為すと云う。諸布・諸厳・諸逐の若《ごと》きは、皆罷む。杜主に五祠有り、其の一を置く。又高祖立つる所の梁・晋・秦・荊《けい》の巫、九天・南山・莱中《らいちゅう》の属、及び孝文の渭陽、孝武の薄忌泰一・三一・黄帝・冥羊・馬行・泰一・皐山《こうざん》山君・武夷・夏后啓母石・万里沙・八神・延年の属、

及び孝宣の参山・蓬山《ほうざん》・之罘《しふう》・成山・萊山・四時・蚩尤《しゆう》・労谷・五牀・僊人・玉女・経路・黄帝・天神・原水の属をば、皆罷む。（郊祀志。孝武は武帝、孝宣は宣帝、薄忌泰一は謬忌太一壇に同じ。）

そして、これにともなう人事が「候神方士使者副佐・本草待詔七十余人、皆家に帰す」であった。とすれば、本草待詔は廃止された神祠のすくなくともひとつと、密接なつながりをもっていたのでなければならない。

「本草待詔とは方薬・本草を以ってして待詔する者を謂う」、と唐の顔師古（五八一―六四五）は注する。そうにはちがいあるまいが、それにしてもこの時期、神祠の存廃と運命をともにする存在であったというのは、どういうことか。同時に家に帰された候神方士使者副佐を追求するほかに、それを考えるてがかりはない。なお、待詔についてはあとで書く。

『史記』によれば、はじめて「候神」という仕事を命ぜられたのは、黄帝登僊の故事を説いて武帝を「嗟乎《ああ》、吾れ誠に黄帝の如きを得ば、吾れ妻子を去《さ》るを視ること、躧《くつ》を脱ぐが如きのみ」と嗟嘆させた、公孫卿であった。武帝はただちに「卿を拝して郎と為し、東のかた太室に候神せしむ」。太室は五山のひとつ、河南の中嶽嵩山《すうざん》。公孫卿によれば、黄帝はつねに五山に遊び、神々と会した。候神には絶好の名山が嵩山である。元鼎六年（前一一一）冬、公孫卿は上言した、緱氏《こうし》城（河南省偃師《えんし》県）で僊人の跡をみた、雉のような物が城のうえを往ったり来たりしていた、と。武帝はその春、みずから緱氏城に赴き、跡を視察する。そのときの公孫卿のことばは、方士の魂胆を伝えてあますところがない。まずそのことばを引用しておこう。

　僊は人主に求むる有るに非ず、人主之を求む。其の道少しく寛仮に非ざれば、神来たらず。神事を言うこと、事迂誕《うたん》の如きも、積むに歳を以ってせば、乃ち致す可きなり。（封禅書）

ちなみに、『漢書』地理志に「河南郡・緱氏〔延寿城・仙人祠有り〕」とみえるのが、その遺跡であろう。

翌元封元年春、武帝はふたたび緱氏に行幸し、太室山（嵩山）に登ったあと、東行して斉の海辺の地を巡り、神々を祭った。燕・斉の渤海沿岸地方には古くからひとつの伝承があった。「海中に三神山有り、名づけて蓬萊《ほうらい》・方丈・瀛《えい》洲《しゅう》と曰う。僊人之に居る」(『史記』秦始皇本紀)というのだ。すでに前四世紀の半ばから、斉や燕の王たちによる三神山と僊人の海上の探索がはじまっていたが、なかでも有名なのは、秦の始皇二十八年(前二一九)に派遣されてついに帰らなかった、斉の徐市《じょふつ》(徐福ともいう)である。武帝が李少君に蓬萊の僊人の話を聞き、はじめて海に方士を遣したのは、謬忌が長安に太一壇を築いていたころだった。その後、「蓬萊は遠からざれども、至る能わざるは、殆ど其の気を見ざればなり」という方士の上言に、「望気を遣して其の気を佐候《うかが》わし」めたこともある(封禅書)。望気は気の観測の専門家。斉の地の巡行は蓬萊をさがす好機であった。武帝は、

　益ます船を発し、海中の神山を言う者数千人をして蓬萊の神人を求めしむ。(同)

巡行には公孫卿が

　節を持し、常に先行して名山を候《うかが》う。東萊(山東省掖県)に至りて言う、夜 大人長さ数丈なるを見たり、之に就けば則ち見えず、と。其の跡を見るに、甚だ大にして、禽獣に類せりと云う。(同)

足跡をみても信じようとしなかった武帝も、群臣たちが一老父をみたというにいたって、ついに僊人と確信する。そして海辺に逗留し、「方士に伝車を予《あた》え、及び間《ひそか》に僊人を求めしむること、千を以って数」えた。

元封二年(前一〇九)春、公孫卿は、「神人を東萊山に見たり。天子に見《まみ》えんと欲す、と云うが如し」、と上言した。武帝はただちに緱氏城に赴き、公孫卿に中大夫を授け、さらに東萊まで足をのばし、大人の足跡をみた。そして「復た方士を遣し、神怪を求め芝薬を采《と》らしむること、千を以って数う」。長安に帰った武帝に、

　公孫卿曰く、「仙人見る可し。而るに上 往くこと常に遽《にわか》なり、故を以って見えず。今 陛下、観を為《つく》ること緱氏城の如くにして、脯《ほ》棗《そう》を置くべし。神人宜しく致す可きなり。且つ僊人は楼居を好む」、と。是こに於いて、上令して長安には則ち蜚《ひ》廉《れん》桂観を作り、甘泉には則ち益延寿観を作り、卿をして節を持し具を設けて神人を候わし

め、乃ち通天台を作り、祠具を其の下に置き、将に神僊の属を招来せんとす。(同)

脯棗はほし肉となつめ、肉や果物の供物。その後も、武帝の「神僊に遇わんと冀《ねが》う」心はやまない。太初元年(前一〇四)、「東のかた海上に至り、海に入るもの及び方士の神を求むる者を考うるも、験莫し」。太初三年、「東のかた海上を巡り」、ふたたびおなじことを試みたが、「未だ験有る者なし」。そのかわり、「黄帝の時、五城十二楼を為《つく》り、以って神人を執期(地名)に候し、(楼に)命《なづ》けて迎年と曰えり」と上言した方士のことばどおりに建物をつくらせ、親しく上帝に礼祀した。さらに、黄帝は泰山だけでなく東泰山(山東省臨朐県)でも天を祭った、という公玉帯の言に、武帝は祠具をととのえて東泰山まで行ったが、ちっぽけなちな山にすぎない。祠官に礼拝させるにとどめ、「其の後、帯をして奉祠し神物を候わしむ」。司馬遷は「封禅書」をこう結んでいる。

方士の神人を候祠し、海に入りて蓬萊を求むること、終《つい》に験有る無し。而して公孫卿の候神は、猶お大人の跡を以って解と為し、効有る無し。

「封禅書」と「孝武本紀」にみえる以上の記述から、求神・求蓬萊神人・求僊人と候神・候神人・候神物・候祠神人とは、はっきり区別されているのがわかる。「海に入り」海中に実在すると信ぜられた蓬萊山の神人・僊人をさがすのが、前者である。東萊山でのできごとがやや異例に属し、探索は海のみならず山にもおよんだようにみえるが、それはあくまで僊人・神人がたしかにあらわれたと信じることができたからであった。たしかに実在するにもかかわらず到達ないし遭遇できないのは、たとえば「未だ至らず、之を望めば雲の如く、至るに及んで、三神山反《かえ》って水下に居る。之に臨めば、風輒《すなわ》ち引き去り、終《つい》に能く至るもの莫《な》しという」事情、蜃気楼の記述とおぼしい現象が存在するからであった。そこに実在するはずの神をさがす、それが求神である。

候神は異なる。神聖な地とされる特定の場所に建てられた祠・観・台などにあって、脯棗を供え、奉祠しつつ、神人の出現を「候」するのである。「怪迂《かいう》阿諛《あゆ》苟合《こうごう》の徒」である「燕・斉の海上《うみのほとり》の方士」(封禅書)のひとり公孫卿の巧妙きわまる理屈によれば、僊人が人主を求めているのでなく、人主が僊人を求めている以上、求める側としては、神人の好む(すなわち方士の好む)環境や供物をととのえ、ひたすらその出現をまちのぞむほかはない。その場所に出現するかどうか、出現するとしていつか、だれにも予知できないのだから、歳月をかけなければならず、事を急いではならない。神人はどんな姿であらわれるか、鳥か獣か人か、子供か老人か、どんな徴《しるし》を残すか、足跡か音声か、だれにも予測できないが、たとえどんな姿、どんな徴であろうと、いちはやく察知しなければならない。それが候神の役目である。「候」には「うかがう」のほかに「まつ」という意味もある。

それでは、その役目にふさわしいのはだれか。第一に、神人・僊人に精通しており、出現すればただちに認知できる、方士でなければならない。第二に、皇帝のために皇帝に代わって候神するのだから、その正式の使者でなければならない。文字通りの候神方士使者の誕生である。武帝のときにこの名称があったかどうかはともかく、実質的には公孫卿が候神方士使者の嚆矢であった。使者であるかれは、武帝の山東巡行のさいも、甘泉の通天台においても、「節を持して」候神した。節は皇帝の命令に代わるものであり、君主権力の一種の象徴であった(9)。『漢書』律暦志に主暦使者という職がみえる。昭帝の元鳳三年(前七八)、太史令の張寿王が改暦を上言した。昭帝は「詔を主暦使者鮮于妄人に下して詰問せしむるに、寿王服せず」。天文学者鮮于妄人の官位はあるいは専門職の最高位である天文台長の太史令より低かったかも知れないが、皇帝権力の代行者として改暦の理由を問いただすことができたのである。公孫卿は官としては、はじめ郎に任ぜられ、ついで神人を見た功により中大夫を拝し、さらに大中大夫に進んでいる。大夫は論議をつかさどる官であり、詔命によって任務にあたる(10)。元封七年(前一〇四)、「大中大夫公孫卿・壺遂・太史令司馬遷等言う、暦紀壊廃す、宜しく正朔を改むべし、と」(律暦志)。公孫卿は天文学にもいくらか通じていたらしく、朔旦冬至の黄帝登僊の故事を上言したのが、武帝に登用されるそもそものきっかけであった。そして、この太初改暦の上奏を最後に、かれは歴史の記録からすがたを消す。武帝が任じたもうひとりの候神方士使者は斉南の公玉帯であったが、くわしいことはわからぬ。かれらは役目の性質上、つねに任地に留まっていなければならない。太室山に派遣された公孫卿はどうやら麓の町の緱氏城に滞在していたらしいが、二年後に甘泉に呼びもどされ、益延寿観で候神することになる。武帝は東萊で方士たちに駅伝の車をあたえ、僊人を捜させたが、候神方士使者にも同様の措置がとられていたかも知れない。もちろん神人の出現をすみやかに伝達するためである。

『漢書』郊祀志の宣帝と哀帝(在位前七—前一)の条に侍祠使者の記事がある。神爵元年(前六一)春、宣帝は甘泉に太一、汾陰に后土を祭ったあと、祭儀をつかさどる太常に詔を下して、五嶽・四瀆《とく》(五名山・四大川)を毎歳礼法どおりに祠官に祭らせるよう命じた。たとえば中嶽太室なら嵩高(河南省許昌市)、長江なら江都(江蘇省揚州市)で祭るのだが、そこには「皆使者節を持して侍祠す」ることになったという。いったい侍祠とはなにか。祭に参列することか、それとも常駐して奉祠することか。祭のために派遣される使者もたしかにあった。ちょうどおなじころ、ある方士が、益州(昆明)に金馬・碧鶏の神がいる、壇を設けて祭れば招くことができる、と上言してきた。そこで「諫大夫王褒《おうほう》を遣わして、節を持して之を求めし」めた(郊祀志)。「王褒伝」には「往きて祀らしむ」と書かれている。このばあい、王褒も侍祠使者と呼ばれたかどうか。

成帝の建始年間のはじめ、匡衡らの奏言にもとづいて多くの神祠が廃止されたが、それには当初から劉向らの根強い反対論があった。「末年に頗《すこぶ》る鬼神を好」み、また世継ぎがなかった成帝は、永始三年(前一四)、甘泉の太一、汾陰の后土、雍の五畤をはじめ、長安・雍および郡国の著名な祠の半ばちかくを復活させる。ついで立った病身の哀帝は、建平二年(前五)、

> 博く方術の士を徴す。京師の諸県に皆侍祠使者有り、尽《ことごと》く前世常《かつ》て興す所の諸神祠官を復すること、凡そ七百余所、一歳に三万七千たび祠《まつ》ると云う。(郊祀志)

年に四回も五回も祠るところがあるからこれほどの回数になるのだ、と司馬光はいうが(『資治通鑑』巻三十四)、それで

は数字があわぬ。それぞれ年平均約五十回、月に平均四回近く祭をおこなった、ということであろう。復活した神祠七百余所という数は、建始年間に存廃を問われた六百八十三祠をうわまわる。国家による祭祀の対象となる祠が、成帝のときよりさらに増えたのである。ひろく方術の士を召しだしたのは、この大規模な復活に対応する人的措置としてであった。かれらは侍祠使者・神祠官に任用され、各地の祠に派遣されたのである。おこなわなければならぬ祭の回数からみて、かれらはその地に常駐する官であったろう。建始二年(前三一)、多くの神祠が廃止されたときの匡衡らの上奏文には、

長安厨官県官給祠郡国候神方士使者所祠、凡六百八十三所。(長安の厨官・県官が給して郡国に祠り候神方士使者の祠る所、凡そ六百八十三所。)[11]

とあった。その時代には、すべての神祠を候神方士使者が管理していたらしい。神祠が全面的に復活したいま、「京師の諸県に皆侍祠使者」がいるだけでなく、「前世 常て興す所の諸神祠官」をすべて復活したという。とすれば、侍祠使者と候神方士使者とは実体はおなじものではあるまいか。候神から侍祠へという、任務の重心の移動がそこにあり、ふたつの名称を生んだのであろう。ともあれ、わたしの考えはこうである。候神方士使者は武帝の元鼎年間に臨時の措置として生まれ、宣帝の神爵年間に五嶽・四瀆を祭る祠において制度化され、その後、京師や全国の著名な祠に置かれるようになった、と。かれらはもともと、霊験あらたかな祠にあって神人の到来その他の瑞兆の出現をまつのが任務であったが、やがて日常的な奉祠と祭祀をそのおもな仕事とするにいたったのであろう。むろんその数はかぎられたものであったにちがいない。

建始二年の記事に帰ろう。もういちど引用しておけば、「候神方士使者副佐・本草待詔七十余人、皆家に帰す」。これを「候神方士使者とその副佐および本草待詔[12]」、あるいは「候神方士使者とその副佐の本草待詔[13]」と読むひともある。しかし、わたしはとらない。使者とその副佐および本草待詔とのあいだには、地位の差がありすぎる。

いま、候神方士使者副佐は本草待詔と制度上ほぼおなじあつかいを受ける存在であった、と仮定しよう。神祠の廃止にあたっておなじ措置がとられているのだから、この仮定は十分な根拠をそなえている。それでは待詔とはなにか。漢代の待詔は正式の官職でなく、官職に任ぜられる前段階であり、仕官へのひとつの階梯である。皇帝に上書したり、召しだされたりした者が、指定された待詔官署にあって皇帝の召命・下問を待つ。所轄官署はふつうは公車であった。

斉人東郭先生は方士を以って公車に待詔す。(『史記』滑稽列伝・褚少孫補・東郭先生伝)

建平二年のように、「方術の士を徴す」ることもあったが、かれらが待詔になる捷径は上書であったろう。成帝の晩年には、「上書して祭祀・方術を言う者多く、皆待詔を得」(郊祀志)たという。待詔には正式の俸禄は支給されないが、生活を維持するにたるだけの一定の補助は交付された[14]。といっても、ながいあいだ公車で詔命を待っていた東郭先生は、敝衣に底抜け履で道行くひとの笑いを買ったというから、その額は推して知るべしである。だが、ひとたび幸運に恵まれれば、東郭先生が二千石を拝したような、栄達の道が開かれている。

待詔とこそ呼ばれていないものの、候神方士使者副佐も上書のために、あるいは徴せられて京師にあり、所轄官署において皇帝の詔命を待つ身であったろう。使者でなく、使者副佐であるのにも意味がある。候神方士使者は、第一に、その任務上つねに任地に滞在していたし、第二に、皇帝の使者として奉祠・候神する以上、とうぜん官を授かっていたにちがいないからである。候神方士使者副佐は、名称から推すかぎり、候神方士使者のかたわらにあって補佐するのが本来の役目であろう。それが都にいる理由としてまず考えられるのは、候神方士使者の命をうけて神人の出現その他の瑞祥を報じ、皇帝の下向や命令を待っているばあいである。しかしもうひとつ、候神方士使者の推挙をへて皇帝に召しだされ、べつの神祠へ候神方士使者として派遣されるのを待っている、といったばあいも想定できよう。いずれにしろ重要なのは、かれらが各地の神祠に活動の本拠を求めている存在であった、ということだ。その神祠が国家祭祀の体系から外されたとき、地位を失ったのはとうぜんであろう。

本草待詔もまた神祠を活動の足場としていたにちがいない。神祠はたいてい名山の麓や中腹、大川・湖水・大海の岸辺などにある。そうした場所には薬物が多い。時代は下るが、後漢末に龐公《ほうこう》という人物がいた。南郡襄陽《じょうよう》(湖北省襄樊《じょうはん》市)のひとである。かれは荊州刺史劉表(一四四―二〇八)の招きにも応じようとせず、のちには「遂に其の妻子を携《たずさ》えて鹿門山に登り、因りて薬を采《と》りて返ら」なかった(『後漢書』逸民列伝)。鹿門山は、注に引く『襄陽記』によれば、「旧名蘇嶺山。建武中(二五―五五)、襄陽侯習郁《しゅういく》、神祠を山に立て、二石鹿を刻み、神道口を夾《はさ》む。俗 因りて之を鹿門廟と謂い、遂に廟を以って山に名づ」けたのだという。薬物で知られる山は各地にあった。『後漢書』郡国志の会稽郡・烏傷《うしょう》(浙江省義烏県)の条に引く「越絶」にいう、「常山有り、古聖の薬を采る所、高く且つ神なり」、と。京兆霸陵《はりょう》(陝西省長安県)のひと韓康は、「常に薬を名山に采り、長安の市に売る」こと三十余年、ついに「遯《のが》れて霸陵の山中に入」った(『後漢書』逸民列伝)。韋著は辟召《へきしょう》に応ぜず、延熹二年(一五九)、桓帝に徴せられて霸陵まで来たものの、病と称してひきかえし、「乃ち雲陽山に入り、薬を采りて返らず」(『後漢書』巻二十六)。雲陽山は陝西省淳化県にある山か。魏郡鄴《ぎょう》(河北省臨漳県)の台佟《だいとう》のように、「武安山に隠れ、穴を鑿ちて居と為し、薬を采りて自ら業とす」(逸民列伝)るひともいたが、神祠は採薬者たちに格好の足場を提供したにちがいない。そうした採薬者たちのあいだに、神祠を介して横のつながりが生まれ、情報の交換がおこなわれ、知的共同体とでもいうべきものが形成されていったとしても、それは時代の趨勢のなかで自然の成り行きであったろう。

成帝をいさめた谷永の上奏文(郊祀志)の表現をつかえば、「不終の薬を服食」する僊人の実在を説き、「海に入りて神を求め薬を采」ろうとした方士はおびただしい数にのぼる。薬物の知識の蓄積にかれらがまったく寄与しなかったとはいえないかも知れない。しかし、あまりにも極限された目的を斉の海浜や渤海湾という狭い地域で追求するかれらの貢献度は微々たるものであった、とみていい。かれらが求めたのはどこまでも「海中三神山の奇薬」(封禅書)であって、それ以外のものではなかった。

方士のなかには谷永のいう「黄冶《こうや》変化」、すなわち錬金術を説く者もすくなくなかった。元光二年（前一三三）、「祠《し》竈《そう》・穀道（辟穀・導引）・却老（不老）の方」をひっさげて武帝にまみえた李少君は、もともと深沢侯の家人であり、「方を主《つかさど》る」、如淳注にしたがえば「方薬を主る」のが仕事であった。かれは風が吹けば桶屋がもうかる式の詭弁を駆使し、武帝にこう上言したという、「竈を祠れば、則ち物を致す。物を致せば、而《すなわ》ち丹沙 化して黄金と為す可し。黄金成りて以って飲食の器と為せば、則ち寿を益す。寿を益せば、而ち海中の蓬萊の僊者乃ち見る可し。之を見て以って封禅すれば則ち死せず。黄帝是れなり」（『史記』孝武本紀）。物とは鬼神のこと、物の化《け》というときの物。封禅は、皇帝が泰山において天を祭り、麓に下りて地を祭り、功業を天地に報ずる祭祀である。おそらくは斉の方士たちが、その地に古くからあった祭祀をもとに、皇帝権力に阿諛してでっちあげたのであろう、最初に封禅をおこなったのは始皇帝、ついで武帝であった。神仙術の方士たちの教義体系において、封禅説と蓬萊僊人説は分かちがたく結びついており、そこに不老長生術としての錬金術がかかわっていたのである。少君のことばに動かされて、武帝は「丹沙・諸薬斉（剤）を化して黄金と為すを事とす」るにいたる。巨額の費用を要する実験にとりくむ錬金術の方士にとって、皇帝の庇護は最強の援軍であった。だが、やがてある事件がおこって、錬金術者たちは一時的な後退を余儀なくされる。

神爵元年（前六一）、十七歳の青年劉向、本名更生は、「復た神僊方術の事を興」した宣帝に淮南《わいなん》王の「枕中鴻宝苑秘《ちんちゅうこうほうえんひ》書」を献上する。[15] この書には、神僊が鬼物を駆使して黄金をつくる技術、それに鄒衍《すうえん》の重道延命の技術が書かれていた（『漢書』巻三十六・劉向伝）。鄒衍は斉の威王（在位前三七八―前三四三）・宣王（在位前三四二―前三二四）の時代に大九州説を唱え、「五徳終始」・「陰陽主運」を著した思想家である。斉人がかれの書を始皇帝に上奏して採用されるにおよび、鄒衍の説は秦漢期の政治・宗教・学術思想に決定的ともいえる刻印を残すことになる。[16] そもそも「燕・斉の海上の方士」にしてからが鄒衍の「術を伝うれども通ずる能わず」、その結果、「怪迂阿諛苟合の徒、此れ自《よ》り興り、勝《あ》げて数う可から」ざるありさまにたちいたったのである（封禅書）。淮南王劉安のもとにはそうした方士たちのすがたがあった。かれは「賓客・方術の士数千人を招致し、内書二十一篇を作為し、外書甚だ衆く、又中篇八巻有り、神仙黄白の術を言い、亦数十万言」(『漢書』巻四十四・劉安伝)にのぼった。内書は内篇ともいい、のちの『淮南子《えなんじ》』であろうとされる著作である。いっぽう、東晋の葛洪《かっこう》(二八三?―三四三?)によれば、「中篇八章は神仙黄白の事を言い、名づけて鴻宝と為す」(『神仙伝』)。かれの『抱朴子』内篇・黄白には、後漢初の桓譚《かんたん》の言として、「黄白の術を好み」、「枕中鴻宝に按じて金を作」ろうとした男の話がみえる。黄白は錬金術、「黄とは金なり、白とは銀なり。古人其の道を秘重して指斥するを欲せず、故に之を隠して爾云《しかい》う」のであり、「鉄器を以って鉛を銷《と》かし、散薬を以って中に投ずれば、即ち銀と成り、又此の銀を銷かし、他薬を以って之に投ずれば、乃ち黄金と作《な》る」(内篇・黄白)のである。中篇は世人にはみられない書物だったが、淮南王が謀反の罪に問われて自殺したとき(前一二二)、更生の父の徳が事件の審理にあたり、手に入れたのだという。その経緯の真偽はともかく、更生は「幼くして読誦し、以って奇と為し」、青年の血気にはやり功をいそぐ心から、「黄金成る可し」といって献じたのであった。宣帝はさっそく「尚方に鋳作の事を典《つかさど》らしむるに、費え甚だ多く、方 験あらず」。かくて更生は「偽黄金を鋳」した罪により囚われて死刑を待つ身となる。このとき劉向が処刑されていたら、漢末の思想と学問の歴史はもっとちがった展開をみせたにちがいない。だが、兄の陽城侯安民が国戸の半分を返上して更生の罪を贖《あがな》い、ようやく許される(劉向伝)。「郊祀志」によれば、このとき京兆尹《いん》の張敞《ちょうしょう》は上書して「方士の虚語を斥遠し、心を帝王の術に游ばせ」るよう諫め、尚方待詔はすべて廃止されるにいたったのであった。

　劉向事件をきっかけに廃止された以上、尚方待詔が錬金術の方士であったのは疑いを入れない。かれらは黄金制作法を上書し、待詔の身となっていたのであろう。それでは、尚方とはもともとどんな官署ないし職なのか。「尚方は、金銀を巧作するを主る所」、と顔師古は「劉向伝」に注する。皇帝の刀剣や愛用の器物の制作を担当するのである(『後漢書』百官志三・尚方令本注)。金属器の鋳造・制作がおもな仕事であったらしい。いっぽう、「郊祀志」に、武帝にとりいった方士欒大《れんだい》は膠東《こうとう》王の尚方であったといい、顔師古注によれば、尚方は「方薬を主る」。それを受けたのであろう、司馬光は尚方待詔の条に注し、「器物を作る尚方に非ず。尚は、主なり、方薬を主るなり」、と解釈した(『資治通鑑』巻二十六)。たしかに、『抱朴子』内篇にみられるような後世の錬金術を念頭におけば、司馬光の解釈に無理はない。黄金を液化した金液は、水銀の硫化と乾溜の過程をくりかえしてえた還丹とともに、最上の方薬であり、それを精製・服用する技術が葛洪時代の黄白にほかならなかったからだ。しかし、はたして前漢にすでに、金液を服食して不死の身になる、という考えかたや技術が生まれていたかどうか。李少君が説いたのは、丹沙を黄金に変え、その黄金で器をつくり、飲食するさいに用いることだった。『神農本草経』の丹砂(硫化水銀)と水銀の条には、硫化・乾溜による両者の相互転化にはふれているが、服用のしかたは書いていない。当時の「黄冶変化」はおそらく「餌を錬りて之を服す」るための技術ではなかった。錬金術の方士を管轄する官署には、金属を精錬・鋳造して器物を制作する尚方が、もっともふさわしかったのである。

本草待詔は、入海採薬方士や尚方待詔とは、はっきり区別される存在であった。かれらにはその活動をきわだたせるふたつの特色があった。第一に、動・植・鉱物にわたってひろく薬物を採取すること、第二に、採取のための持続的かつ安定的な拠点を必要とすることである。そのばあい、わたしの考えでは、採薬活動をつづけるための恰好の足場となったのが神祠であった。薬物の採取者たちは、国家祭祀の体系にくみいれられた神祠の盛況と蠢動する神仙術の方士たちをまのあたりにして、強烈な刺激をうけたにちがいない。かれらは方士の思想的影響のもとにその知識を整理・分類し、体系化し、薬物の知識と技術をひっさげて、方術の士の世界に仲間入りをはたす。採薬者から本草家へ、獲得した本草待詔という身分がその証《あかし》であった。神祠の所在の土地を知りつくした本草家は、各地の神祠に派遣されてゆく候神方士使者にとって、貴重な情報提供者であり、山野の跋渉の案内者であり、またとない協力者でありえた。仕事が競合したりしないだけに、なおさらである。逆に、上書その他の本草家の行動を候神方士使者が援助する、といった事態もおこったにちがいない。皇帝権力のなかに食い入っていた候神方士使者の助力なしに、採薬者が本草待詔という身分を獲得できたかどうか、疑わしい。こうして両者のあいだに、廃止の運命をともにするような、密接な関係が生じたのであろう。薬物の知識を学問の一分野にまで仕立てあげてゆくためには、本草家に時間と知的刺激が必要である。本草待詔の制がその場を提供したにちがいない。

これが「郊祀志」の建始二年の記事にかんするわたしの推論、そこからみちびきだした本草の起源についての推論である。推論が妥当であるかどうかは、この段階の本草の内容の分析をとおして検証されなければならない。ともあれ、建始二年に本草待詔は廃止されたが、本草家たちの学問的活動は、その後いっそう活潑になっていったのであろう、元始五年に王莽の招集した科学・技術の専門家のなかに、ついに本草家がすがたをあらわすにいたる。あとで述べるように(二〇四ページ)、本草の起源を太一の国家祭祀がおこなわれるようになった武帝期以前にさかのぼらせることは決してできない、とわたしは考えているのだが、紀元前後の時期にはすでに、本草は公認の学問の一角を占めるまでに成長していたのである。

3　本草書の出現

「楼護伝」にしたがえば、前漢末には学生のそらんじる本草のテキストが存在していたし、「王莽伝」によれば、元始五年(五)には本草の知識が筆記され公開されたはずである。しかし、本草書の存在を確認するには、後漢末まで時代を下らなければならない。

『周礼《しゅらい》』天官・疾医の「五味・五穀・五薬を以って其の病を養う」に注して、鄭玄《じょうげん》(一二七―二〇〇)はいう、

五薬は草・木・虫・石・穀なり。其の治合の斉は則ち神農・子儀の術に存すと云う。

治はおそらく治《や》の誤りであろう、薬物を粉末にすること、合は混ぜ合わせること、斉は剤におなじ。子儀は唐の孔穎《くよう》達《だつ》(五七四―六四八)の疏に、

中経簿に云う、子義本草経一巻、と。儀は義と一人なり。

とみえる。かれが指摘するように、扁鵲《へんじゃく》の弟子のひとりに子儀がいる(『韓詩外伝《かんしげでん》』、劉向『説苑《ぜいえん》』弁物)[17]。扁鵲は春秋・戦国時代の名医、その時代に本草はむろんなかった。鄭玄のいう「子儀」が「子義本草経」だとすれば、神農もまた本草書を指すと考えていい。ちなみに、「中経簿」は晋の荀勖《じゅんきょく》(?―二八九)の著作、「魏の秘書郎鄭黙《ていもく》、始めて中経を制し、秘書監荀勖、又中経に因り、更《あらた》めて新簿を著し、分ちて四部と為し、群書を総括す」(『隋書』経籍志)。魏(二二〇―二六五)末から西晋(二六五―三一六)初にかけて編纂されたこの図書目録と鄭玄の証言は、三世紀半ばまで「子義本草経」が現存していたこと、二世紀後半には「神農」とこの書が本草の代表的著作とみなされていたこと、「子義本草経」の著作年代はおそくとも二世紀前半までさかのぼること、を物語っている。

「子義本草経」は、しかし、魏晋時代にはすでに代表的な本草書でなく、「神農」がその位置を独占していた。魏の嵆康《けいこう》(二二三―二六二)は「養生論」に「神農」のことば、「上薬は命を養い、中薬は性を養う」を引き、「誠に性命の理を知る」と賛える。晋の張華(二三二―三〇〇)の『博物志』も「神農経」から「上薬は命を養う」、「中薬は性を養う」、「下薬は病を治す」を引用する。また、葛洪の『抱朴子』内篇・仙薬に引く「神農四経」には、「上薬は人をして身安く命延び」、「中薬は性を養い、下薬は病を除く」とみえ、またべつに「神農」のことばにも言及する(内篇・極言)。「神農四経」というのは、葛洪のみた「神農経」が四巻本だったということだろう。『集注本草』の陶弘景の序録には「神農本草経」を四巻といい、掌禹錫の注に引く「蜀本草」は「神農本草、上・中・下並びに序録、合せて四巻」とする。もっともべつに三巻説があり、掌禹錫らはそれをとるのだが、ここでその問題にたちいるつもりはない[18]。要するに、三世紀後半には「神農」・「神農経」・「神農四経」などと呼ばれる本草書があったこと、何種類もの写本が伝わ

っており、「神農四経」はおそらく四巻本であったこと、すべて上薬・養命、中薬・養性、下薬・治病の三品分類を採用していたことを、これらの文献は立証ないし示唆している。

魏晋時代には「神農」・「子儀」以外にも多くの本草書があった。『隋書』経籍志・医方に引く「梁七録」にみえる「華佗弟子呉普本草六巻」もそのひとつである。『嘉祐本草』陶隠居序の掌禹錫《しょううしゃく》注に引く「蜀本草」によれば、「普は広陵（江蘇省揚州市）の人なり。華佗の弟子。本草一巻を撰す」。華佗は曹操（一五五—二二〇）に殺された魏の名医、呉普はその医術の継承者であった。『三国志』魏書・方技伝には呉普に本草の著作があるとはみえない。そのため著者を疑うひともあるが、[19]わたしは内容的にみて信頼できる著作だと考えている。というのは、「呉普本草」ないし「呉氏本草」の佚文が数多く『初学記』・『太平御覧』・『嘉祐本草』掌注その他に引用されているが、それは後漢末・三国期における本草学と本草書について、じつに多くのことを伝えてくれるからである。今日では「呉普本草」の輯本もつくられているが、[20]いまの目的にとって便利なのは清の孫星衍《そんせいえん》・孫馮翼《そんふうよく》輯『神農本草経』である。この輯本には、「神農本草経」の復元の試みとしては、後世の批判もある。[21]しかし、あわせて「呉普本草」と「名医別録」（一七七ページ以下をみよ）をおさめ、比較検討するのに都合がいい。ここでは薬物の記述の細部、その文章の一字一句にこだわるわけではないから、分析にはもっぱら孫輯本を用い、内容を確認して文章を引用するときは『太平御覧』（九八三）、『政和本草』（一一一六）などによることにしよう。ちなみに、清の黄奭《こうせき》輯『神農本草経』は孫輯本の末尾に補遺二十二条をくわえているにすぎず、当面の分析にとってはまったくおなじ書物である。

表 3-1　「神農」・「呉普」の収録薬物数

	上薬	中薬	下薬	計
神　農	144	113	102	359
呉　普	72	52	44	168

表 3-2　「呉普」の産地名記載の薬物数

	上薬	中薬	下薬	計
石	9(13)	3	1	13(17)
草	19	9	11	39
木	1	3	1	5
虫	0	0	2	2
計	29(33)	15	15	59(63)

孫輯本におさめる「神農本草経」と「呉普本草」の薬物数を表3-1にしめす。後者は前者の半分弱だが、上・中・下薬間の比率はほとんど変わらないのに注意しよう。後者では上薬、前者では下薬の比率がそれぞれやや高い、という程度にすぎない。表3-2は「呉普本草」のなかで産地名が具体的に記載されている薬物の数である。理論的な人為分類、すなわち三品分類において上薬の比率が高くなっているのは、特定の地域にのみ産する薬物が上薬には多いことを意味していよう。後世に用いられることになる経験的な人為分類、すなわち石・草・木・虫の比率をみてみると、中薬の石・草・木の割合三対九対三は、「呉普本草」の全薬物におけるそれにちかい。上・下薬がそれからずれているのは、記載の偶然であろう。「神農本草経」上薬の五色石脂は一種としてとりあつかわれているが、「呉普本草」は五種に分かち、それぞれの産地を記載している。したがって、実際には五種として分析することになる。( )内はそのばあいの数をしめす。以下、六十三種の薬物の産地について、簡単な分析を試みよう。なお、産地は『太平御覧』引呉氏本草による。

産地を地方(とくに省)別に分けたのが表3-3である。山東・河南・河北・山西・陝西・四川の六省で七割ちかくを占めている。不明をのぞく最後の三つは広域の地名である。それを三国の国別に分けてみると表3-4になる。ただ

表3-3 地方別産地名数

山東	8
河南	6
河北	5
山西	5
陝西	5
四川	4
甘粛	3
江西	2
ベトナム	2
湖北	1
安徽	1
浙江	1
湖南	1
広東	1
青海	1
陝西・甘粛	1
青海・西蔵	1
広東・広西	1
不明	4
計	53

表3-4 国別産地名数

	産地名	割合(%)
魏	30	56.6
呉	9	17.0
蜀	8	15.1
塞外	2	3.8
不明	4	7.5

表 3-5　2種以上の薬物の産地

産地	薬物数
太山	14
冤句	12
少室	5
邯鄲	4
河内	3
隴西	3
蜀郡	3
益州	3
河西	3
嵩山	2
武都	2
漢中	2

表 3-6　薬物産出の集中地区

国	地方	産　地	薬物数	包摂産地・薬物数
魏	山東	太山地区	17	泰高1・般陽1・臨朐1
		冤　句	12	
	河南	嵩山地区	7	少室5
		河　内	3	
		汝南地区	2	上蔡1
	河北	邯鄲地区	6	易陽1・魏郡1
	甘粛	隴　西	3	
		武　都	2	
蜀	陝西	漢　中	2	
	四川	成都地区	8	益州3・広漢1・臨邛1

ちに目につくのは、魏の領土内が五七%ちかくに達すること、呉と蜀がほぼ等しい割合を占めていることである。ここから著者は魏のひとである蓋然性が高く、またきわめて広域の薬物交易圏が形成されていた、と推論できよう。三国の鼎立もおそらく、薬物の取引にとって決定的な障害ではなかった。

産地をもうすこし細かくみてみよう。二種以上の薬物の産地は表3-5のとおりである。広域の河西（陝西・甘粛）をのぞき、少室山と嵩山（太室山）を嵩山に、蜀郡と益州を成都にまとめ、さらに地理的に同一地区とみなしうるその他の産地をひとつにくくったのが、表3-6である。薬物の産地としては、山東の太山《たいざん》と冤句《えんこう》、河南の嵩山（河北省永年県）、河北の邯鄲《かんたん》、それに四川の成都をくわえた、五つの地区に集中している。

黄河の北には、黄土平原の東端をかぎる太行山脈の東南麓の平野部、南北の交通の要衝にあたる、戦国時代の趙の都であった邯鄲、易陽《えきよう》（河北省永年県）など周辺一帯に薬物を産する。黄河の南には、崑崙《こんろん》に発する北嶺の巨大な山塊が華北平原におしだした、その東北端に位置する中嶽嵩山。華北平原の東の孤立した山塊にそびえたち、黄河をその北側に東北流させる東嶽太山。嵩山と太山は、祭祀の二大中心地であるとともに、今日まで薬物の産地として知られる。この三地点に三方からはさまれて冤句がある。黄河は現在よりも北に位置し、南には済水が流れ、大野沢（巨野沢)がひろがっていた。一帯は司馬遷が「夫れ鴻溝《こうこう》(運河)より以東、芒碭《ぼうとう》以北は、巨野に属す」(『史記』貨殖列伝)と書いた湿地帯であり、冤句は「陶(山東省定陶県)・睢陽《すいよう》も亦一都会なり」というその定陶の西、三五キロメートルほど離れた、済水の北岸にあった。冤句については資料がなく、済水の枯渇によって地勢も一変してしまっているが、司馬遷が「其の俗……稼穡《かしょく》を好む。山川の饒《ゆたかさ》無しと雖も、能く衣食を悪《そまつ》にし、其の蓄蔵を致す」と評した地方であり、低地・湿地の薬用植物に富んでいたのだろう。長江上流、西南高原の中心地成都の本草学的重要性については、あらためて指摘するまでもあるまい。

魏の四地区は、冤句を原点にとると邯鄲までが一八〇キロメートル、嵩山までが二〇〇キロメートル、太山までが二二〇キロメートルと、ほぼ等距離のところにある。むしろ三角形に近いこの四辺形の四つの頂点が魏における薬物採取の中心地であり、本草の四辺形、とでもいうべきものを形成していた(図3-1)。これが「呉普本草」の四辺形にすぎないのか、それとも当時の中国本草の四辺形なのかは、ほかに比較する材料がなく、たしかなことはいえない。ただ、「呉普本草」における他の本草書のあつかいかたや後世における本草学的知識の継承のしかたからみて、おそらく一般化できるのではないか、とわたしは考えている。この四辺形を核に、西は青海・チベット、南はベトナムにまでおよぶ、薬物の広大な交易圏が、三国時代には成立していたのである。

表3-7は、産地名の出現頻度を地方別にまとめたもの、魏の地名の頻度が七〇%を占め、表3-4の産地名数の比率よりもさらに高くなる。出現頻度として薬物数としなかったのは、ひとつの薬物についておなじ地方の産地名を複数列挙しているばあいもあるからだ。この表は著者が魏のひとであるという推論をさらにつよく支持する。三国時代のひとであることは、地名によって立証される。

礜石《よせき》を産する魏興は魏が置いた郡(陝西省安康県)である。おなじく魏が置いた郡に、淮木《わいぼく》の産地平陽(山西省臨汾《りんふん》県)と羊躑躅《ようてきちょく》の産地淮南(安徽省寿県)がある。淮南は晋がのちに南梁県に改めており、それ以前の著作でなければならない。

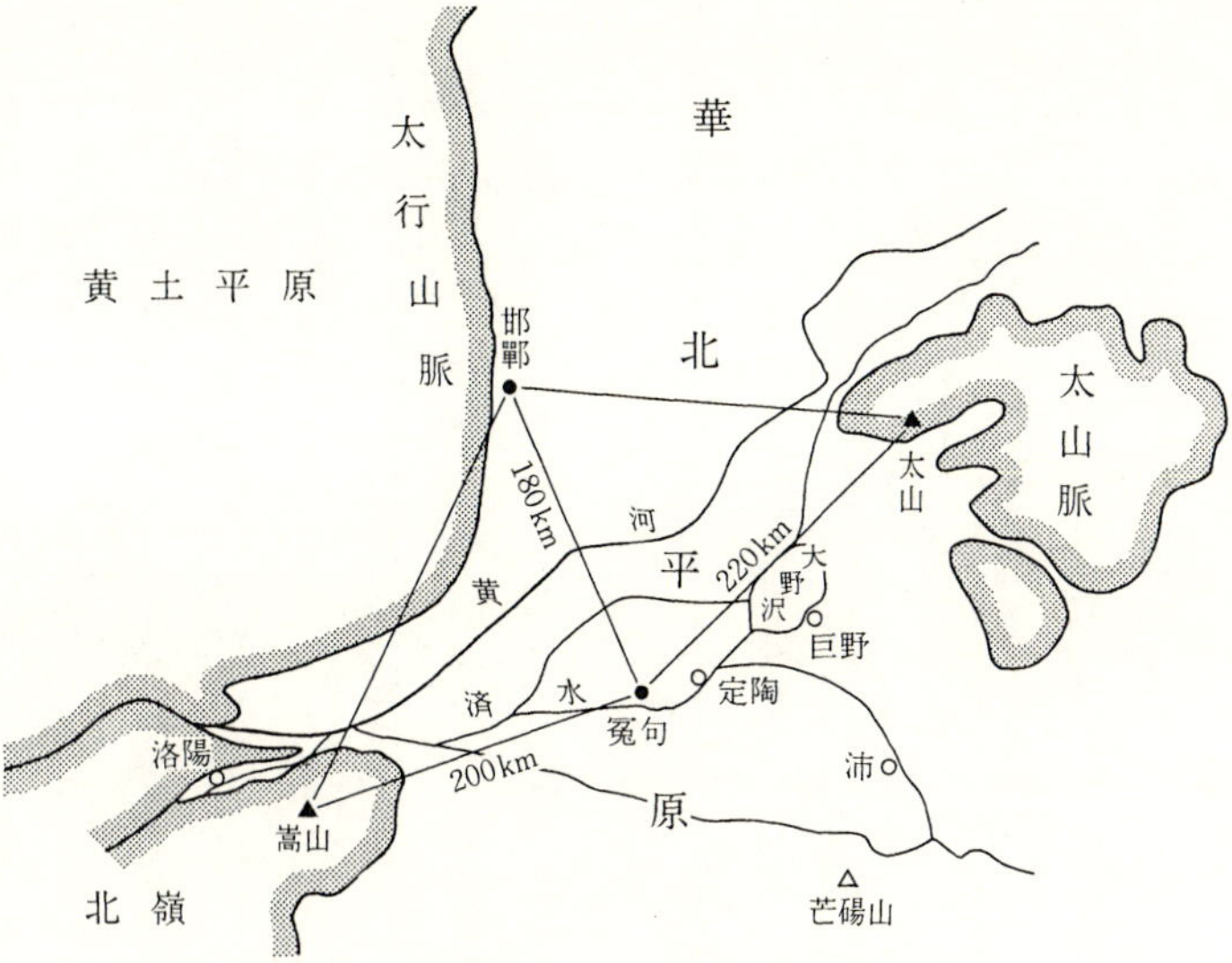

図3-1　本草の四辺形

沙参《さじん》の産地般陽(山東省淄川《しせん》県)は、漢代に置かれた県だが、晋が廃止した。蜀に属する、石胆の産地羌道《きょうどう》(甘粛省西固県)も、漢代に置かれ晋が廃止した県だ。もうひとつ石龍芻《せきりゅうすう》の産地梁州《りょうしゅう》(陝西省漢中市)は蜀が置き、晋はそれによったが、東晋が廃止した。「呉普本草」の著者はまぎれもなく三国時代のひとであり、おそらく魏のひとであることが、こうして立証される。その著者はやはり、伝えられるとおり、華佗の弟子の呉普であった、としておくのが妥当であろう。ついでながら、華佗の故郷沛《はい》は、薬物産出の一中心である冤句からほど遠くないところにあった(図3-1)。

「呉普本草」は薬性を克明に記載し、同時にそれを介して、当時存在していた多くの本草書の名を伝えた。二、三の例を挙げよう。

狗脊《くせき》―神農苦、桐君・黄帝・岐伯・雷公・扁鵲甘無毒、

表3-7　産地名の地方別出現頻度

山東	32
河南	13
河北	8
四川	8
陝西	6
甘粛	6
山西	4
陝西・甘粛	3
江西	2
ベトナム	2
湖北	1
安徽	1
浙江	1
湖南	1
広東	1
広東・広西	1
青海	1
青海・西蔵	1
不明	5
計	97

李氏温。
桔梗《ききょう》―神農・医和苦無毒、扁鵲・黄帝鹹、岐伯・雷公甘無毒、李氏大寒。
ほかに書名を明記しない本草書もある。
牛膝《ごしつ》―神農甘、一経酸、黄帝・扁鵲甘、李氏温、雷公酸無毒。
一経とはある書ということ、そのある書が二部ないしそれ以上の本草書を指していることは、つぎの例からわかる。
貫衆《かんじゅう》―神農・岐伯苦有毒、桐君・扁鵲苦、一経甘有毒、黄帝鹹酸、一経苦無毒。
「呉普本草」の記載に「子儀」の名はみえない。
わたしはこの文章のはじめに、すべての薬物に適用されるある共通の原理が確立されていなければ本草とはいえない、と書いた。「呉普本草」の薬性の記載は、漢代にうちたてられた共通の原理とは五味と寒温ないし毒性にほかならなかったことを、明らかにしている。それについては、あとでくわしく分析することにしよう。ここでとりあげておきたいのは、「神農」・「黄帝」・「岐伯」・「扁鵲」・「医和《いか》」・「雷公」・「桐君」・「李氏」の八部の本草書である。「神農」は、同時代の嵆康が「神農」として引用した書とおなじであるにちがいない。「黄帝」は不明。「岐伯」も不明だが、「呉普本草」にその佚文が二条引かれている。
礬石―岐伯、久服傷人骨。(岐伯に、久しく服すれば人骨を傷《やぶ》る、と。)(『太平御覧』巻九百八十八。なお、『政和本草』巻三・礬石では「岐伯云」に作る。)
狗脊―岐伯・一経、茎無節、根黄白、如竹根、有刺根、葉端円赤、皮白有赤脈。(岐伯・一経に、茎に節無く、根は黄白、竹根の如く、刺根有り、葉端は円く赤く、皮は白く赤脈有り、と。)(『御覧』巻九百九十)
一、二の例からすべてを推すのはむろん危険だが、すくなくともこれでみるかぎり、「岐伯」と一経ともに、植物学的記載においてめざましい成果をおさめていたらしい。「呉普本草」もかなりのところまでその記載を踏襲している(傍点部分)。

茎節如竹有刺、葉円青赤、根黄白、亦如竹根、毛有刺。(同

と。ちなみに『黄帝内経』によれば、岐伯は黄帝の臣であり、医術では岐伯が黄帝の師であった。

「扁鵲」・「医和」もともに不明。扁鵲は『史記』列伝に名をつらねる春秋・戦国時代の名医、医和は『左伝』(『春秋左氏伝』ともいう)昭公元年(前五四一)にみえる秦の名医である。[22] 劉宋の詩人謝霊運(三八五―四三三)に「山居賦、幷びに自注」の作がある。〔　〕内は自注である。

本草の載する所、山沢一ならず。雷・桐は是れ別《わか》ち、和・緩は是れ悉《つく》す。〔……雷公・桐君は古の采薬、(医和?・)医緩は古の良工。〕

さらに「参核六根、五華九実」の草木薬を列挙したのちにいう、「凡そ此の衆薬、事は悉く神農に見ゆ」(『宋書』謝霊運伝)、と。これによれば、謝霊運の当時まで、「雷公」・「桐君」のみならず「医和」も伝えられ、またべつに医緩の名を冠する本草書もあったらしい。医緩は『左伝』成公十年(前五八一)にでてくる秦の名医であった。[23] もうひとつ注意すべきは、和・緩ふたりの医師と対比して、雷公・桐君を採薬者としていることだ。ついでながら、謝霊運にとって本草書は結局「神農」に尽きるものだったことも、記憶にとどめておこう。

「雷公」については、すでに岡西為人によってほぼ解決されているが、[24] ここでもういちど問題を整理しておこう。『隋書』経籍志・医方は「神農本草四巻〔雷公集注〕」(〔　〕内は原注)を著録する。「呉普本草」にいう「雷公」はもともと「神農本草」の集注だったのだろうか。それとも雷公集注「神農本草」は、後人が「雷公」をはじめ諸家の説を集めて注とした「神農本草」であろうか。「雷公薬対二巻」と称する書が『旧唐書』経籍志・医術にみえる。『新唐書』藝文志・医術類によれば、この書は北斉の徐之才(伝は『北斉書』巻三十三、『北史』巻九十)撰である。示唆的なのは『集注本草』序録である。陶弘景によれば、神農氏以来、薬物の知識は口伝であったが、

桐・雷に至りて乃ち著して篇簡に在り。此の書 応《まさ》に素問と類を同じうすべく、但だ後人 更に之を脩飾すること多きのみ。

医学における『素問』に匹敵する古典としての位置を、本草において桐君・雷公のふたりの著作にあたえたのち、さらにいう、

桐君採薬録有り、其の花葉形色を説き、薬対四巻は、其の佐使相須を論ず。

と。文脈からみて、この「薬対四巻」は雷公の著作でなければならない。

岡西はこう解決する。「雷公薬対」には四巻本の旧本と徐之才の手がくわわった二巻本の二種類があった。徐之才に先立つ陶弘景がみたのは、もちろん旧本のほうである。「薬対」は、陶弘景の序録に「佐使相須を論ず」とあるように、畏悪をしるした書であった。畏悪とは、『新修本草』の本文のあと、陶注のまえに、たとえば、

細辛―曾青・棗根、之が使と為る。当帰・芍薬《しやくやく》・白芷《びやくし》・芎藭《きゆうきゆう》・牡丹・藁本《こうほん》・甘草を得て共に婦人を療し、決明・鯉魚胆・青羊肝を得て共に目痛を療す。狼毒・山茱萸《しゆゆ》・黄耆《おうぎ》を悪《にく》み、消石・滑石を畏れ、藜蘆《れいろ》に反す。(『政和』巻六)

甘草―朮・乾漆・苦参、之が使と為り、遠志を悪み、大戟・芫花・甘遂・海藻四物に反す。(同)

とみえる類が、それだ。この畏悪の文は陶弘景以前の古注であり、かれはそれを書き抜いて、一括して序録中にも掲げたが、その前文につぎのように述べている。

神農本経は相使正に各一種、兼ねて薬対を以って之を参するに、乃ち両三有り、事に於いて亦嫌無し。

「両三」の薬物をしるした畏悪の文、すなわち古注は、「薬対」にもとづくものであることがわかる。かくて岡西はこう結論する。

本文の後の古注は、陶弘景以前の何人かが『薬対』から引載して「雷公集注」と名づけたものと推定される。(25)

要するに、本文のすぐあとに雷公の畏悪の文を置く形式を、『集注本草』は雷公集注「神農本草」からそのままうけついでいる、と岡西は想定しているのだ。ちなみに唐の『新修本草』は、勅撰本草のはしりとなった書である。岡西の以上の解釈を、わたしは大綱においてそのとおりだろうと思うが、なお一言つけくわえておきたい。岡西は「雷公集注」を後人が「薬対」から引載したものとみる。そのばあい、集注というからには、「薬対」そのものが集注の形式をとっているか、それとも「薬対」以外の著作からも引載しているか、そのいずれかでなければならない。これは初期本草の性格にかかわる。なお『嘉祐本草』の引用書に「薬対」があり、その解題にいう。

北斉の尚書令・西陽王徐之才撰。衆薬の名品の君臣・佐使・性毒・相反及び主る所の疾病を以って分類して之を記す。凡そ二巻。旧本草は多く引きて以って拠《よりどころ》と為す。其の言は治病用薬に最も詳《くわ》し。

「桐君」は、『隋書』経籍志に「桐君薬録三巻」とあり、唐志もまたそれを踏襲する。『本草綱目』巻一は「桐君采薬録」に注して「桐君は黄帝の時の臣なり」という。むろん後世の伝説である。多紀元胤の『医籍考』(一八二六)には、出典をつまびらかにしないが、つぎの説を載せる。

僧円至曰く、桐君山は厳州に在り。人有り薬を采《と》り、廬を桐木の下に結び、樹を指して姓と為す、故に山名を得たり。

厳州は唐の州名だから、僧円至は唐のひとであろう。桐君山は杭州の西南、浙江省桐廬県にある山か。伝承の真偽はともかく、桐君を採薬者とする点で謝霊運と一致する。

「桐君薬録」の成書年代はかなり新しい。陶弘景の序録に「花葉形色を説く」と特筆されているように、植物学的記載に卓越していたからである。おそらく後漢も後期の著作ではあるまいか。内容については、さいわい陶弘景の注と『太平御覧』に数条引用されていて、その一端をかいまみることができる。

天門冬―桐君薬録又云、葉有刺、蔓生、五月花白、十月実黒、根連数十枚。(桐君薬録に又云う、葉に刺有り、

蔓生し、五月に花白く、十月に実黒く、根は数十枚を連ぬ、と。）（『政和』巻六）

続断―按桐君薬録云、続断生蔓延、葉細、茎如荏大、根本黄白有汁。七月・八月採根。（按ずるに桐君薬録に云う、続断は生じて蔓延し、葉は細く、茎は荏《じん》の大いさの如く、根本は黄白にして汁有り。七月・八月に根を採る、と。）（『政和』巻七）

水萍《すいへい》―薬録云、五月有花、白色。（薬録に云う、五月に花有り、白色、と。）（『政和』巻九）

隋志によれば、梁代には「薬録」と称する書に、べつに「徐滔《じよとう》新集薬録四巻、李《り》譡之《とうし》薬録六巻」があった。しかし、前者は陶注にそれとことわった引用がなく、後者を引用するばあいにはべつの表現をとるのがふつうである。水萍にいう「薬録」は「桐君」のそれを指す、と考えていい。

苦菜―桐君録云、苦菜、三月生扶疎、六月華従葉出、茎直黄、八月実黒、実落根復生、冬不枯。今茗極似此。西陽・武昌及廬江・晋熙皆好。東人正作青茗。茗皆有浡飲之宜人。凡所飲物有茗及木葉・天門冬苗幷菝葜、皆益人、余物並冷利。又巴東間、別有真茶、火煏作巻結為飲、亦令人不眠。（桐君録に云う、苦菜は、三月に扶疎を生じ、六月に華 葉従《よ》り出で、茎は直にして黄、八月に実黒く、実落ちて根復た生じ、冬枯れず。今 茗は極めて此れに似る。西陽・武昌及び廬江・晋熙 皆好し。東人は正に青茗に作る。茗は皆浡飲して人に宜しき有り。凡そ飲む所の物に茗及び木葉・天門冬苗幷びに菝葜有り、皆人に益するも、余物は並びに冷利なり。又巴東の間に、別に真茶有り、火もて煏《あぶ》りて巻結と作して飲を為す、亦人をして眠らざらしむ、と。）（『政和』巻二十七）

この条は節略して『太平御覧』にもみえる。

茗―桐君録曰、西陽・武昌・晋陵皆出好茗。巴東別有真香茗、煎飲令人不眠。（桐君録に曰う、西陽・武昌・晋陵 皆好茗を出す。巴東に別に真香茗有り、煎飲すれば人をして眠らざらしむ、と。）（『御覧』巻八百六十七）

又曰、茶花状如梔子、其色稍白。（又曰く、茶花は状梔子の如く、其の色稍《やや》白し、と。）（同）

薫草―薬録云、葉如麻、両両相対。（薬録に云う、葉は麻の如く、両両相対す、と。）（『政和』巻三十）

占斯―按桐君録云、生上洛。是木皮状如厚朴、色似桂白、其理一縦一横。（按ずるに桐君録に云う、上洛に生ず。是れ木皮にして状は厚朴の如く、色は桂に似て白く、其の理は一縦一横なり、と。）（『政和』巻三十）

あとで述べるように、「神農本草経」にはこのようにすぐれて博物学的な記載は決してみられない。わずか数例にすぎないが、「桐君薬録」には後漢における本草の博物学的発展の軌跡が確実に刻みこまれている。

陶弘景序録は「桐君採薬録」・「薬対」にふれたのちにいう、

魏晋已来、呉普・李当之等、更《さら》に復《ま》た損益す。

と。掌禹錫注に引く「蜀本草」注によれば、李当之は「華佗の弟子、神農旧経を脩《おさ》め、而して世に少しく行用さる」。隋志には梁代の現存書として、「李当之薬録六巻」のほかに、「李当之本草経一巻」を著録する。新旧唐志には「李氏本草三巻」だけがしるされている。その関係はわからない。李氏の書とされるいろんな薬書があった、と岡西はいう[26]。いずれにしろ、「李氏」が「呉氏」以前に書かれたことはまちがいない。

「李当之薬録」の佚文は、「桐君薬録」とおなじく、陶弘景の注と『太平御覧』に十条あまり、みいだすことができる。

戎塩―李云、戎塩、味苦臭。是海潮水澆山石、経久塩凝著石、取之。北海者青、南海者紫赤。又云、鹵鹹、即是人煮塩釜底凝強塩滓。（李が云う、戎塩、味は苦にして臭し。是れ海潮水 山石に澆《そそ》ぎ、久しきを経て塩凝り石に著ける、之を取る。北海の者は青く、南海の者は紫赤。又云う、鹵鹹は、即ち是れ人の塩を煮る釜の底に凝強せる塩滓なり、と。）（『政和』巻五）

紫葳―李云、是瞿麦根。今方用至少。（李が云う、是れ瞿麦《くばく》の根。今 方に用うること至って少し、と。）（『政和』巻十三）

白棘—李云、此是酸棗樹針。今人用天門冬苗代之、非是真也。〔李が云う、此れは是れ酸棗樹針。今人、天門冬苗を用《も》って之に代うるは、是れ真に非ざるなり、と。〕（『政和』巻十三）

つぎの条にたいする陶弘景の批評は、陶注にいう李がまぎれもなく李当之であることを立証する。〔　〕内が陶弘景の評言である。

溲疏—李云、溲疏、一名楊櫨、一名牡荊、一名空疏。皮白中空、時時有節、子似枸杞子、冬月熟、色赤、味甘苦。末代乃無識者、此実真也、非人籬援之楊櫨也。〔李当之此説、於論牡荊乃不為大乖、而濫引溲疏、恐斯誤矣。〕（李が云う、溲疏、一名楊櫨、一名牡荊、一名空疏。皮は白く中空、時時節有り、子は枸杞の子に似て、冬月熟し、色赤く、味は甘苦。末代には乃ち識る者無しとは、此れ実《まこと》に真なり、人の籬援の楊櫨には非ざるなり、と。〔李当之の此の説は、牡荊を論ずるに於いては大いに乖《もと》るとは為さざるも、濫《みだ》りに溲疏を引くは、恐らく斯《そ》れ誤れり。〕）（『政和』巻十四）

この条は牡荊の陶注にもういちど引用されており、李当之の著作は「本草経」でなく「薬録」であることがわかる。

牡荊—李当之薬録乃注溲疏下云、溲疏、一名陽櫨、一名牡荊、一名空疏。皮白中空、時有節、子似枸杞子、赤色、味甘苦。冬月熟。俗仍無識者、当此実是真。非人籬域陽櫨也。〔按如此説、溲疏主療与牡荊都不同、其形類乖異、恐乖実理。〕（李当之薬録は乃ち溲疏の下に注して云う、……。〔按ずるに此の説の如くんば、溲疏の主療は牡荊と都《すべ》て同じからず、其の形類乖異す、恐らくは実理に乖る。〕）（『政和』巻十二）

ここで注目すべきは、「李当之薬録は乃ち溲疏の下に注して云う」、という陶弘景のことばであろう。それは「李当之薬録」が「神農本草経」の注のかたちをとっていたことを示唆し、「神農旧経を脩め」たという「蜀本草」のことばとも符合する。

髪髲—李云、是童男髪神化之事、未見別方。今俗中嫗母為小児作鶏子煎、用髪雑熬、良久得汁、与児服、去痰熱、

療百病。而用髪皆取其父梳頭乱者爾。〔不知此髪髪審是何物。……童男之理、未或全明。〕（李が云う、是れ童男の髪の神化の事にして、未だ別方を見ず。今 俗中の嫗母 小児の為に鶏子の煎を作り、髪を用って雑えて熬し、良《よ》や久しうして汁を得れば、児に与えて服せしめ、痰熱を去り、百病を療す。而して髪を用うるには皆其の父の梳頭して乱るる者を取るのみ、と。〔此の髪髪は審かに是れ何物なるかを知らず。……童男の理は、未だ或いは全くは明らかならず。〕）（『政和』巻十五）

馬刀―李云、生江漢中、長六七寸。漢間人名為単〔音善〕姥〔音母〕、亦食其肉、肉似蜯。（李が云う、江漢中に生じ、長さ六、七寸。（江？）漢の間の人は、名づけて単姥と為《い》い、亦其の肉を食う、肉は蜯に似る、と。）（『政和』巻二十二）

石蚕―李云、江左無識此者、謂為草根。其実類虫、形如老蚕、生附石。傖〔助庚切〕人得而食之。味鹹而微辛。〔李之所言有理、但江漢非傖地爾。〕（李が云う、江左に此れを識る者無く、謂いて草根と為す。其の実は虫に類し、形は老蚕の如く、生じて石に附す。傖人得て之を食う。味は鹹にして微辛、と。〔李が言う所は理有り、但だ江漢は傖地に非ざるのみ。〕）（『政和』巻二十二）

馬陸―李云、此虫形長五六寸、状如大蛩、夏月登樹鳴、冬則蟄。今人呼為飛蚿〔音玄〕虫也、恐不必是馬陸爾。（李が云う、此の虫の形は長さ五、六寸、状は大蛩の如く、夏月は樹に登りて鳴き、冬は則ち蟄す。今 人呼びて飛蚿虫と為すは、恐らくは必ずしも是れ馬陸ならざるのみ、と。）（『政和』巻二十二）

莧実―李云、即莧菜也。（李が云う、即ち莧菜なり、と。）（『政和』巻二十七）

酸草―李云、是今酸箕、布地生者、今処処有。〔然恐非也。〕（李が云う、是れ今の酸箕にして、地に布して生ずる者、今 処処に有り、と。〔然れども恐らくは非なり。〕）（『政和』巻三十）

占斯―李云、是樟樹上寄生樹、大銜枝在肌肉。今人皆以胡桃皮当之、非是真也。（李が云う、是れ樟樹上の寄生

樹にして、大いに枝を銜《くわ》えて肌肉に在り。今人、皆胡桃の皮を以って之に当つるは、是れ真に非ざるなり、と。)(『政和』巻三十)

なお『太平御覧』にさらに一条、「李当之薬録」の引用がある、

檳榔―李当之薬録曰、檳榔、一名賓門。(李当之薬録に曰く、……。)(『御覧』巻九百七十一)

「李当之薬録」は唐代にはすでに失われていた。それが北宋代に編纂された『太平御覧』にみえているのは、この書が北斉の『修文殿御覧』、唐の『藝文類聚』などをもとに増補・改訂してなったものだからである。

いっぽう、唐代につくられた最初の勅撰本草書『新修本草』(『唐本草』、六五九)の蘇敬注には、「李氏本草」が何条か引用されている。(〔 〕内は蘇注。)

茯苓―李氏本草云、馬刀為茯苓使。〔無名馬間者、間字草書似刀字、写人不識、訛為間爾。陶不悟云是馬茎、謬矣。〕(李氏本草に云う、馬刀は茯苓が使と為る、と。〔馬間と名づくる無きは、間字の草書は刀字に似たり、写人識らず、訛りて間と為すのみ。陶悟らずして是れ馬茎と云うは、謬れり。〕)(『政和』巻十二)

「季氏」は「李氏」の誤り、『太平御覧』引呉氏本草の記述のなかに多くの例がある(たとえば、巻九百八十七の紫石英・石鐘乳など)。蘇注は、畏悪に「馬間、之が使と為る」とあるのを、陶注が「按ずるに薬に馬間無し。或いは是れ馬茎ならん。声相近きが故なり」と否定したのにたいする反論である。これによって、「李氏本草」は「薬対」にもとづいて畏悪を記載していたことがわかるし、「薬対」の成書が後漢代であることもほぼたしかめられる。

棘刺花―李云、用棘針天門冬苗、一名顛棘、南人以代棘針。(李が云う、棘針天門冬苗、一名顛棘を用って、南人は以って棘針に代う、と。)(『政和』巻十三)

梓白皮―今見李氏本草・博物志但云、飼猪使肥。(今李氏本草・博物志を見るに但だ云う、猪を飼い肥《ふと》らしむ、と。)(『政和』巻十四)

伏翼—李氏本草云、即天鼠也。又云、西平山中別有天鼠、十一月・十二月取。主女人生子余疾、帯下病無子。（李氏本草に云う、即ち天鼠なり、と。又云う、西平山中に別に天鼠有り、十一月・十二月に取る。女人の子を生みて余疾あり、帯下病にして子無きを主る、と。）（『政和』巻十九）

天鼠屎—李氏本草云、即伏翼屎也。（李氏本草に云う、即ち伏翼の屎なり、と。）（『政和』巻十九）

鮑魚—李当之本草亦言、胸中湿者良。……又云、穿貫縄者、弥更不惑。（李当之本草に亦言う、胸中湿れる者は良し、と。……又云う、穿ちて縄を貫《とお》せる者は、弥いよ更に惑わず、と。）（『政和』巻二十）

『新修本草』が新たに付した薬草の本文中にも、李当之の引用が一条ある。

女萎—李氏本草云、止下消食。（李氏本草に云う、下を止め食を消す、と。）（『政和』巻八）

李時珍は「呉氏・陶氏本草中に散見」する「李氏薬録」を「頗《すこぶ》る発明有り」と評した（『本草綱目』巻一）。その発明は、桐君のように博物学的な記載でなく、むしろ民間における薬物の使用や誤用、薬にかんする習俗などの記述にあったようにみえる。その記述に陶弘景は、桐君にたいしては決してみせなかった激しい反応を、ときとしてしめす。博物学的記載というよりもむしろ、今日ふうにいえば民俗学的な記述にたいする反応であるだけに、李当之と陶弘景の資質や関心のちがいがみえておもしろい。なお、明の陶宗儀の『説郛《せっぷ》』弓一百六には、晋・李当之「薬録」の輯本がおさめられているが、これはじつは冒頭の「檳榔、一名賓門」一条をのぞき、すべて『太平御覧』に引く「本草経」・「呉氏本草」・「列仙伝」・「神仙伝」・「抱朴子」のことばをいいかげんに寄せ集めたものにすぎない。

陶注に引かれている本草書は、「桐君薬録」と「李当之薬録」のふたつにほぼかぎられる。あとは隋志にもその名がみえる「芝草図」などが散見するだけである。『集注本草』序録のなかで「薬対」の占める位置についてはすでに述べた。これら三部のほかに、陶弘景の序録において高い評価を受けている本草書が、もう一部あった。いうまでもなく、呉普の著作である。「神農」以下の多くの本草書を比較・検討して書かれた「呉普本草」の記載とはいかなるものか、『太平御覧』(以下、『御覧』と略記)にみえる佚文をひとつ引用しておこう。まったく恣意的に選んだ、ごく平均的な記載例である。

呉氏本草に曰く、壯蒙、一名紫參、一名衆戎、一名音腹、一名伏菟、一名重傷。神農・黄帝は苦、季氏は小寒。河西の山谷、或いは宛(寃)句の商山に生ず。円衆して生じ、根は黄赤、文有り。皮は黒く中は紫。五月、華は紫赤。実は黒く、大なること豆の如し。三月、根を採る。(『御覧』巻九百九十)

なお、『御覧』巻九百八十五引呉氏本草に、丹砂は「磁石を畏れ、鹹水を悪む」、巻九百九十の藷萸は「甘遂を悪む」、巻九百九十五の麻は「牡厲・白薇を畏る」などとみえるが、これは『集注本草』の畏悪とまったく同文である。「呉普本草」も「李当之本草」にならい、「薬対」にもとづいて畏悪を記載していたのである。

陶弘景はこれらの書物をもとに、「書を読むこと万余巻、一事知らざれば以って深き恥と為」(『南史』巻七十六)した造詣とみずからの観察とを駆使して、「神農本草経」を校定し、『神農本草経集注』を書くことになる。

4 『神農本草経集注』の編纂

『神農本草経集注』によって本草書の原型が確立されてのち、唐代の『新修本草』にはじまる、岡西爲人のいわゆる主流本草は、宋代の『政和本草』にいたるまで、つぎつぎに新注と新薬を増補していったが、原則として以前のテキストの文章には手を触れなかった。したがって、『政和本草』にはそれ以前の本草書が、前から後へ時代を追い、ちょうど考古学的遺物のように層をなして、そっくり保存され、そのまま記述されていることになる。岡西の説明を参考に、実例をみてみよう。(27)

図3-2は『政和本草』巻七の五味子の記載である。まず太字のうち、黒地に白抜きのいわゆる白字文が「神農本

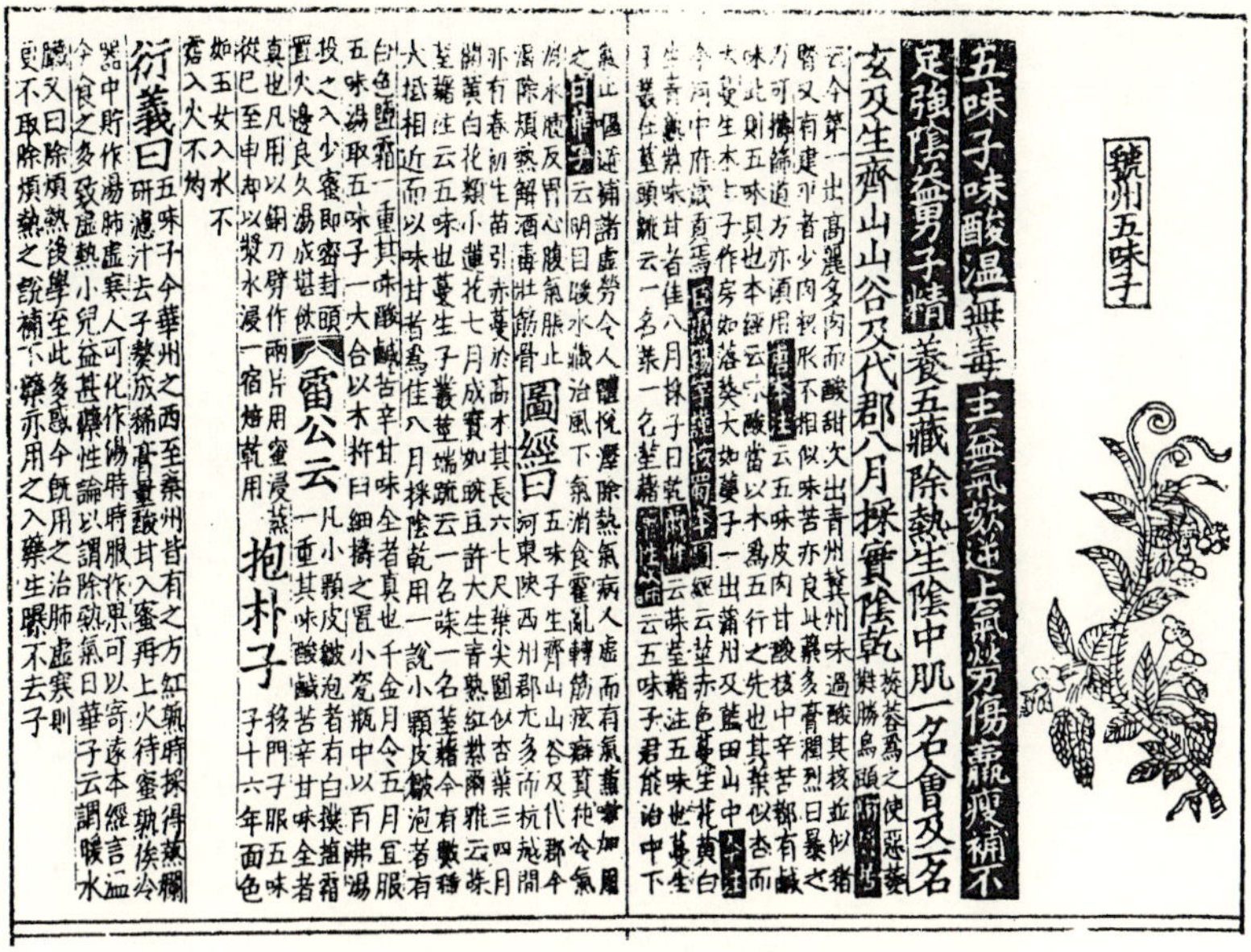

図 3-2 『政和本草』の記載例

草経」、残りの黒字文が「名医別録」である。白字文を本経文、黒字文を別録文ともいう。このふたつが本文を構成する。細字の注は、本文のすぐあと、「陶隠居」注のまえにあるのが畏悪の文であり、「薬対」から採られている。そして、「陶隠居」注までが『神農本草経集注』(『集注本草』)、「唐本注」までが勅撰『新修本草』(蘇敬等、六五九)、さらに「今注」までが勅撰『開宝重定本草』(劉翰等、九七四、『開宝本草』)、「臣禹錫等謹按蜀本」から「日華子」までが勅撰『嘉祐補注本草』(掌禹錫等、一〇六一、『嘉祐本草』)である。それに最初の図と「図経曰」から「抱朴子」までをくわえたのが『経史証類備急本草』(唐慎微、一〇九二、『証類本草』)であった。「図経」は勅撰『図経本草』(蘇頌等、一〇六二)、「雷公」は『雷公炮炙論』(劉宋・雷斅)。最後の「衍義曰」は、勅撰『政和新修経史証類備用本草』(曹孝忠等、一一一六、『政和本草』)の晦明軒本(一二〇四)に金の張存恵がつけくわえたもの、「衍義」は『本草衍義』(寇宗奭、一一一六)。ここにみてとれるのは、『集注』、『新修』、『開宝』、『嘉祐』、『図経』、『証類』、『政和』とつづく主流本草が、『雷公』、『衍義』

をはじめとする、岡西のいわゆる傍流本草を吸収し、本草の成果をすべて消化しつつ、時代とともにしだいに一個の巨大な知識の体系へと成長してゆくすがたである。本草のこの累積的・重層的な継承・発展のパターンは、『集注本草』にいたるまでの初期本草の形成過程を考えるさいにも示唆的であるにちがいない。ここでことわっておくが、わたしが「集注本草」ないし集注本というとき、それは『証類本草』(ここでは『政和本草』を用いる)におさめられ伝えられたテキストを指す。

陶弘景は序録において、本草の歴史にたいするかれの認識と『神農本草経集注』編纂の経緯をこう述べている。引用は敦煌本序録による(28)。

旧説は皆神農本草経と称す。余以って信《まこと》に然りと為す。……但だ軒轅以前は文字未だ伝わらず。……桐・雷に至りて乃ち著して篇簡に在り。此の書 応《まさ》に素問と類を同じうすべく、但だ後人 更に之を修飾すること多きのみ。秦皇の焚く所、医方・卜術は預《あずか》らず、故に猶お全録を得たり。而して漢献の遷徙《せんし》、晋懐の奔迸《ほんぽう》に遭い、文籍焚糜《ふんび》し、千に一を遺さず。今に存する所、此の四巻有り、是れ其の本経なり。生出の郡県は乃ち後漢時の制、疑うらくは仲景・元化等の記す所ならん。又桐君採薬録有り、其の華葉形色を説き、薬対四巻は其の佐使相須を論ず。魏晋以来、呉普・李当之等、更に復た損益し、或いは五百九十五、或いは四百三十一、或いは三百一十九、或いは三品混糅《こんじゅう》し、冷熱舛錯《せんさく》し、草石分かたず、虫獣弁ずる無く、且つ主治する所は互に多少有り。医家備え見る能わざれば、則ち識致に浅深あり。今 輒《すなわ》ち諸経を苞綜《ほうそう》し、煩省《はんせい》を研括し、神農本経三品合わせて三百六十五を以って主と為し、又名医の副品を進むること亦三百六十五、合せて七百三十種、精麤《せいそ》皆取り、復た遺落無し。科条を分別し、物類を区畛《くしん》し、兼ねて世用・土地、及び仙経・道術の須《もち》いる所を注詺《ちゅうめい》し、此の序録を幷《あわ》せ、合して三巻と為す。

要するに、陶弘景によれば、神農にはじまる本草は、桐君・雷公がはじめて文字にしるし、後人がそれに手をくわえた。秦の始皇帝の焚書はまぬがれたものの、後漢末〔献帝〕・西晋末〔懐帝〕の動乱に遭い、文献は散佚し、いまはわずかに四巻を残すのみである。べつに「桐君採薬録」・「薬対」があり、魏晋以後、呉普・李当之らがさらに改訂をほどこした。その結果はどうか。薬物の数、三品への分属、薬性、動植鉱物の類別、適応症など、すべて混乱をきわめ、医師の常備の書とするわけにはいかなくなっている。そこで諸種の文献にひろくあたって研究・整理し、「神農本草経」の薬物に「名医別録」のそれをくわえ、注をつけ、序録とあわせて三巻本とした、というのである。三巻の構成は、つづけて述べているところによれば、上巻に序録、中巻に玉石・草木の三品三百五十六種、下巻に虫獣・果・菜・米食の三品百九十五種および有名無実・有名未用の薬物百七十九種、あわせて七百三十種をおさめる。ちなみに、旧本四巻は序録・上・中・下薬各一巻からなるというのが定説である。[29]

『神農本草経集注』三巻を著したのち、陶弘景はさらにそれを大書して七巻本をつくった。『隋書』経籍志には、梁・隋両代に現存していた「神農本草」をつぎのように記録している。(〔　〕内は原注。)

神農本草八巻(1)〔梁に神農本草五巻(2)、神農本草属物二巻(3)、神農明堂図一巻(4)、……陶隠居本草十巻(5)、……陶弘景本草経集注七巻(6)、……有り。〕

神農本草四巻〔雷公集注〕(7)

神農本草経三巻(8)

これらの書物は、唐代には大幅に陶汰された。『旧唐書』経籍志には、

神農本草三巻(9)

本草集経〔陶弘景撰〕(10)

を記載するにすぎない。「集経」は「集注」ないし「集注経」の誤りであろう。また『新唐書』藝文志にも、

神農本草三巻(11)

雷公集撰神農本草四巻(12)
陶弘景集注神農本草七巻(13)

とみえるだけである。岡西はそれをつぎのように解釈する。[30]

(1)は(2)・(3)・(4)を合わせたものかも知れないが、いずれも未詳。(6)・(8)は陶弘景の校定本、(5)はそのふたつの合本であろう。とすれば、陶弘景の時代まで伝えられていた「神農本草」は(1)・(2)・(3)・(7)であり、(7)の四巻本こそかれの用いた旧本であった。それをもとにつくったのが三巻の定本(8)、三巻本にのちに注をつけて七巻としたのが(6)であり、(10)・(13)は(6)におなじく、また(9)・(11)は(8)に、(12)は(7)におなじ、と。

岡西の解釈によれば、陶弘景は「神農本草四巻〔雷公集注〕」を改訂して「神農本草経三巻」の定本をつくり、そのさい「名医別録三巻〔陶氏撰〕」を抄録して本文にくわえ、また諸種の本草書を「苞綜」して記述を補正し、さらに三巻本に注をつけて「本草経集注七巻」を著した[31](書名はいずれも隋志による)のである。だがこれは、序録を素直に読むかぎり、三巻本がすでに集注本であり、七巻本はそれを大書したにすぎない。[32]といって、隋唐志にみえる「神農本草(経)三巻」を集注本とみることはできないだろう。とすれば、「神農本草」に三巻・四巻・五巻・八巻、「集注本草」に七巻・十巻の諸本があったのである。ちなみに、『神農本草経集注』の構成はわかっていないが、森立之らの復元本『重輯神農本草経集註』(一八四九—一八五一、稿本)では、巻一・序録、巻二・玉石三品、巻三・草木上品、巻四・草木中品、巻五・草木下品、巻六・虫獣三品、巻七・果菜米食三品と有名未用であり、おそらく妥当であろう、と岡西はいう。

陶弘景が校定に用いたテキストが、岡西のいうとおり雷公集注の四巻本であるのは、まず動くまい。雷公集注「神農本草」を以後旧本と称し、それ以外の陶弘景校定以前のテキストをすべて古本と呼ぶことにする。ここでわたしがとりあげたいのは、つぎのような問題だ。陶弘景はいったいどのように旧本に手をくわえたのだろうか。「名医別録」

とはどんな書物なのだろうか。ほかの本草書はどのように陶弘景の集注本に生かされたのだろうか。陶弘景が旧本に手をくわえたことが具体的にわかるのは、第一に、序録の加筆の部分である。岡西の解説を引用すれば、

序録の部分は前述の『神農本草』の旧文十二条を朱書し、その条ごとに「右本説如此」という書き出しで自注を墨で大書し、次に「合薬節度」として薬物の産地、採時、分両、製剤、貯蔵、調製、服法、配剤など用薬全般に亙る総論的事項を凡例風に述べ、次に病症別の用薬名および諸毒の解毒法を掲げ、最後に一四一種の薬物について畏悪が列載されている。(33)

旧文の序録以外はすべて、陶弘景の書き下ろしであり、集注本にあわせて序録として収載されることになる。岡西のいう旧文十二条は、正確には十条とすべきだが、それに陶弘景が筆をくわえたかどうかは、すぐあとで検討する。

第二に、畏悪の文である。集注本ではそれは別録文のすぐあとに注記されており、本経文に畏悪ないし「佐使相須」の記載はない。ところが、前節(一五六ページ)で引用した陶弘景の説明によれば、「神農本草」にも記載はあるが、「相使正に各一種」にすぎないのにたいして、「薬対」には「乃ち両三有り」。そこでかれは二、三種の薬物を列挙する後者の記述を注に生かし、本経文のほうを削ったのである。

第三に、古本ないし旧本の序録の一部とおぼしい佚文が十条あまり、主として「神農本草」の復元を試みた人びとによって集められていることだ。それが現存する集注本の序録にないのは、ある段階で削除されたためにちがいない。それらの佚文は、『博物志』(東晋)から『水経注』(北魏)や『北堂書鈔』・『意林』(唐)をへて『御覧』(北宋)におよぶ、長い時代範囲の書物にみいだされる。その典拠となったのが、あるいは古本であり、あるいは旧本であったろう。とすれば、佚文のなかには、旧本から陶弘景の手で、校定のさいに除かれたものもふくまれているかも知れない。加筆・削除・修正、それが校定にあたって陶弘景のおこなった作業であった。

それでは具体的に、現存する「神農本草」およびその佚文を分析し、陶弘景の加筆・削除・修正のあとを発見する作業に移ろう。まず『集注本草』敦煌本序録の白字文をとりあげる。それはわずか十条でありながら、簡潔な記述のなかに薬物療法の要をつくしており、文章は明晰かつ端正、筆者の並なみならぬ力量を感じさせる。最後に検討する、序録の佚文とおぼしい文章とは、天地のへだたりがある。それは陶弘景もしくはそれに先立つなにびとかの加筆を示唆している。

1　上薬一百二十種を君と為す。命を養うを主《つかさど》り、以って天に応ず。毒無く、多服・久服するも人を傷《やぶ》らず。軽身・益気・不老・延年を欲する者は上経に本づく。
中薬一百二十種を臣と為す。性を養うを主り、以って人に応ず。毒無しと毒有りと、其の宜を斟酌《しんしゃく》す。病を遏《とど》め虚羸《きょるい》を補わんと欲する者は中経に本づく。

下薬一百二十五種を佐使と為す。病を治するを主り、以って地に応ず。毒多く、久服す可からず。寒熱・邪気を除き、積を破り疾を愈《いや》さんと欲する者は下経に本づく。

三品合わせて三百六十五種、三百六十五度に法《のっと》り、度は一日に応じ、以って一歳を成す。其の数を倍し、合わせて七百三十名なり。

2　薬に君臣佐使有り、以って相宣摂す。合和するには宜しく一君・二臣・三佐・五使を用うべし。又一君・三臣・九佐使とするも可なり。

3　薬に陰陽の配合、子母・兄弟、根茎・花実、草石・骨肉有り。単行する者有り、相須する者有り、相使する者有り、相畏する者有り、相悪する者有り、相反する者有り、相殺する者有り。凡そ此の七情は、合和するに当《まさ》に之を視るべく、相須・相使する者は良し、相悪・相反する者を用うる勿かれ。若し毒有らば宜しく制すべく、相畏・相殺する者を用う可し。爾《しか》らざれば、合せる勿かれ。

4　薬に酸・鹹・甘・苦・辛の五味、又寒・熱・温・涼の四気、及び有毒・無毒有り。陰乾・曝乾《ばくかん》・採治の時月・生熟・土地所出・真偽・陳新、並びに各おの法有り。

5　薬に丸に宜《よろ》しき者、散に宜しき者、水煮に宜しき者、酒漬《し》に宜しき者、膏煎に宜しき者有り、亦一物に宜を兼ぬる者有り、亦湯酒に入る可からざる者有り。並びに薬性に随い、違越するを得ず。

6　凡そ病を治せんと欲すれば、先ず其の源を察し、先ず病機を候《うかが》う。五蔵未だ虚ならず、六府未だ竭きず、血脈未だ乱れず、精神未だ散ぜざるは、薬を食して必ず活《い》く。病已《すで》に成るも、半ばは愈ゆるを得可し。病勢已に過ぐれば、命将《は》た全うし難し。

7　若し毒薬もて病を治するときは、先ず黍粟より起《はじ》め、病去れば即ち止む。去らざれば之を倍し、去らざれば之を十す。去るを取りて度と為す。

8　寒を治するには熱薬を以《もち》い、熱を治するには寒薬を以い、飲食消せざるには吐下薬を以い、鬼注《きしゅ》・蠱《こ》毒には毒薬を以い、癰腫《ようしゅ》・瘡瘤《そうりゅう》には瘡薬を以い、風湿には風薬を以い、各おの其の宜しき所に従う。

9　病　胸胃以上に在る者は、先《とき》に食して後に薬を服し、病　心腹以下に在る者は、先に薬を服して後に食す。病四肢・血脈に在る者は、空腹にして旦に在るに宜しく、病　骨髄に在る者は、飽満して夜に在るに宜し。

10　夫れ大病の主たるは中風・傷寒・寒熱・温瘧《おんぎゃく》・中悪・霍乱《かくらん》・大腹水腫・腸澼《ちょうへき》下痢・大小便不通・賁豚《ほんとん》上気・欬逆・嘔吐・黄疸・消渇・留飲・癖食・堅積・癥瘕《ちょうか》・驚邪・癲癇《てんかん》・鬼注・喉痹《こうひ》・歯痛・耳聾・目盲・金瘡・踒《わ》折《せつ》・癰腫《ようしゅ》・悪瘡・痔《じ》瘻《ろう》・癭瘤《えいりゅう》、男子の五労七傷・虚乏羸痩《るいそう》、女子の帯下・崩中・血閉・陰触、虫蛇蠱毒の傷《やぶ》る所に在り。此れ大略の宗兆なり。其の間の変動の枝葉は、各おの端緒に依りて以って之を取れ。

この序録を岡西は、中国における薬物療法の技術が「漢代には既に完成の域に達していたことを物語る」、と評価する[34]。内容的にはそうだろう、とわたしも思う。「武威漢代医簡」は後漢前期の著作だが、そこには多くの薬物を配合した、複雑な組成をもつ薬がみえる。たとえば、慢性の欬逆上気を治療するある薬は、茈胡《さいこ》・桔梗《ききょう》・蜀椒《しょくしょう》・桂・烏《う》喙《かい》・姜《きょう》を粉末にして混ぜ合わせ、白蜜で桜桃ぐらいの大きさの丸にし、もうひとつの薬は十種類の薬物をつかって煎じて湯にする。[35] いったい、なんらの理論的裏づけもなしにこうした配合がおこなわれる、あるいは逆に、こうした配合がなんらの理論的関心をも呼び醒まさない、といった事態が考えられるだろうか。

『黄帝内経』として今日に伝えられる医学の基礎理論は、おそらく後漢前期までにはできあがっていた。もっとも、医学理論は鍼灸療法と結びついて形成されてきたし、『黄帝内経』は第一義的に鍼灸医学の書であったから、そこには薬にかんする記述はごくわずかしかなく、まして薬の理論はまったくふくまれていない。しかし、薬学の理論的基礎となりうる要素ならある。たとえば、序録4にいう五味がそうだ。食物の五味と身体および病気との関係は、『黄帝内経』の著者たちが意を注いだ問題のひとつだった。一例として、『太素』巻二・調食(『霊枢』巻八・五味)を読んでみよう。

黄帝曰く、「穀の五味、聞くことを得可きか」、と。

伯高曰く、「請う、尽く之を言わん。五穀、粳米飯は甘、麻は酸、大豆は鹹、麦は苦、黄黍は辛。五菓……。五畜……。五菜……。五色……。凡そ此の五者は、各おの宜しき所有り。言う所の五宜とは、脾病の者は宜しく粳米飯・牛肉・棗・葵を食すべく、……。五禁とは、肝病は辛を禁じ、……。辛は散らし、酸は収め、甘は緩め、苦は堅くし、鹹は濡らす。毒薬は邪を攻め、五穀は養を為し、五菓は助を為し、五畜は益を為し、五菜は埤《ひ》を為す。気味合せて之を服し、以って精を養い気を益す」、と。

「毒薬」がここにみえる理由について、唐の楊上善は「毒薬は倶に五味を有す。故に次して之を言う」と説明する。また『素問』巻七・宣明五気篇(『太素』調食)にいう、

五味の入る所、酸は肝に入り、辛は肺に入り、苦は心に入り、鹹は腎に入り、甘は脾に入る。是を五入と謂う。

まとめると表3-8になる。とりあげられた穀・果・畜・菜のなかには、やがて「神農本草経」によって薬物に数えられることになるものがいくつもある。五穀でいえば、麻は胡麻、上薬。大豆は、ここでは大豆黄巻(もやし)のこと、中薬。黄黍は、黍米としてよければ、中薬である。五味と食物、さらには五臓やその病気との関係の五行分類原理による把握が、本草に理論的基礎のひとつを提供しうるのは明らかであろう。後漢代に、この原理を薬物に一般的に適用しようとする試みがあらわれたとしても、決しておかしくない。この序録を全体として漢代薬物学の到達点とみなすことは、十分に可能である。しかし、そこに後世の加筆がなかったという意味では、それはない。

この序録を旧本そのままとみたばあい、ただちにおかしいと気づくのは、序録1の末尾の文章、「其の数を倍し、合わせて七百三十名なり」だ。掌禹錫注にいう、

本草の例として、神農本経は朱を以って書し、名医別録は墨を以って書す。神農本経の薬は三百六十五種、今此こに言う、其の数を倍し、合わせて七百三十名なり、と。是れ名医別録の副品を併せて言えり、則ち此の一節は別録の文なり。当《まさ》に墨書を作すべし。蓋し伝写浸《ようや》く久しく、朱墨錯乱の致す所のみ。

序録の黒字文が別録文だというのは、陶弘景の注が細字でなく太字で書かれていたことから生じた誤解である(36)。しかし、「別録の文」を「陶弘景の文」と直して読めば、今日においても定説とすることができる。岡西もこの一節を旧本の序録からは削って読んでいる(37)。だが、はたして伝写の誤りから生じた朱墨錯乱なのだろうか。そうではあるまい。むしろ「名医別録」を増補した陶弘景の、序録への加筆のあとをしめす歴然たる証拠であるように、わたしには思える。

表3-8 五行による分類と関係づけ

五行	木	火	土	金	水
五味	酸	苦	甘	辛	鹹
五臓	肝	心	脾	肺	腎
五色	青	赤	黄	白	黒
五穀	麻	麦	粳米	黄黍	大豆
五果	李	杏	棗	桃	栗
五畜	犬	羊	牛	鶏	猪
五菜	韭	薤	葵	葱	藿
五宜	肝病	心病	脾病	肺病	腎病
五禁	脾病	肺病	腎病	肝病	心病
五入	筋	骨	肉	気	血

おかしい箇所がもうひとつある。序録4の「薬に酸・鹹・甘・苦・辛の五味、又寒・熱・温・涼の四気、及び有毒・無毒有り」という文章だ。本経文には、薬物の五味と四気の記述はあるが、毒の有無の記載はない。いっぽう、「呉普本草」に引く本草書のうち、「神農」・「黄帝」・「岐伯」・「扁鵲」・「医和」・「雷公」・「桐君」および一経は、五味と毒の有無を記載し、原則として四気について述べない。逆に「李氏」は四気のみを記載しており、五味と有毒・無毒にはいっさい触れない。ただ、附子に「苦・大毒」、麦門冬に「甘」とみえるが、これは伝写の誤りとみていい。とはいえ、「神農」以下の諸書にも例外がある。二十二種の薬物について、四気を記述しているのである。それを整理すると、つぎのようになる。

A
- 「神農」との並記なし (1)
  - 独立の記載 (1)-1 ……………一例
  - 他書との並記 (1)-2 …………一例
- 「神農」のみの記載 (2) ……………………九例
- 「神農」と他書との並記 (3) ………………九例
- 「神農」と「李氏」との並記 (4) …………二例

(1)-1は下品の馬刀、「扁鵲は小寒・大毒」。(1)-2は中品の石龍芮《せきりゆうぜい》、「扁鵲・李氏は大寒」。下品・中品には、この「扁鵲」の二例のほかに、生大豆の「神農・岐伯は生・熟とも寒」の記載があるにすぎない。それにたいして、上品には例外が集中し、それらはすべて「神農」にかかわっている。(2)はたとえば人参、「神農は甘・小寒」。(3)はたとえば細《さい》辛《しん》、「神農・黄帝・雷公・桐君は辛・小温」、あるいは蕤核《ずいかく》、「神農・雷公は甘・平・無毒」。「呉普本草」のなかにあらわれる「神農」の記載は百十二例、そのうちの二十例、一八％弱が四気について述べているからには、例外として単純に切り棄ててしまうわけにはゆかない。「神農」は薬性について、五味と有毒・無毒の記述をあくまで主体としつつも、四気の弁別にある程度まで踏みだしていた、と考えるほかはないだろう。問題は(3)をどうとらえるかだ。

「呉普本草」において、薬性は五味(T)、毒の有無(P)、四気(C)の三つの要素によって記載されている。記載の原則をあきらかにするために、複数の本草書のあいだにある要素が共通し、べつの要素が異なっているばあい、どう記述されているかを調べてみると、四つのパターンがあるのがわかる。有毒(P^{+})・無毒(P^{-})を区別する必要のないばあいは、たんにPと書く。

B

(1)′　T—T・P………九例（五例は「神農」をふくまない）
(2)′　P—T・P…………三例（一例は「神農」をふくまない）
(3)′　T・P^{+}—T・P^{-}……四例（二例は「神農」をふくまない）
(4)′　T・C—T・P……六例（T・C側に、三例は「神農」をふくみ、三例は「神農」のみ）

(1)′はたとえば「桐君・黄帝・医和は甘、扁鵲は甘・無毒」（石鍾乳）、あるいは「神農・岐伯・雷公は辛・有毒、黄帝は辛」（蜀漆）。(2)′はたとえば「神農・桐君は苦・有毒、岐伯・雷公は有毒」（甘遂）、(3)′はたとえば「雷公・桐君は苦・無毒、黄帝は苦・有毒」（牡丹）、(4)′はたとえば「神農は甘・小寒、岐伯・黄帝は甘・無毒」（人参）、またたとえば「神農・岐伯・雷公は甘・平、扁鵲は甘・無毒」（太一禹余粮）。これによれば、薬性は第一義的にTによって記載される。そして、Tがおなじとき、またはいっぽうにTの記載がないときには、PまたはP^{+}・P^{-}を記載する。(1)′、(2)′、(3)′の半数は「神農」をふくんでおらず、TとPの記載にかんして「神農」とほかの本草書とのあいだにはなんの違いもみとめられない。ところが、C（四気）をともなう(4)′のT・Cはすべて、「神農」にかかわる記載である。「神農」以外の、単数もしくは複数の書に、独立にCが記載されることは決してない。複数の書を列記するさいは、「神農」がかならず最初にくる。それが前掲A(3)の九例である。

　十八例におよぶAの(2)、(3)は、Cの記載が「神農」のひとつの特徴をなしていることをしめす。そこからただちにひとつの疑いが生ずる、(3)のばあいは「神農」の記載に引きずられたのではないか、もっとくわしくいえば、主要な指標であるTの記載が「神農」とほかの本草書とで一致するばあい、複数の書を列記したのち、「神農」の薬性T・Cをそのまま記載したのではないか、と。九例のうち五例までが「甘・平」であることも、その疑いを強くする。しかし、ひるがえって「甘・平」の記載例をみると、そのうちの三例はT・C—T・P型に属し、「甘・無毒」と区別されているのであり、そこには自覚的な弁別意識がはたらいていると考えるほかはあるまい。さらに「神農」と並記されている本草書でいえば、「雷公」が六回、「岐伯」が四回、「桐君」が二回、「扁鵲」・「黄帝」が各一回あらわれる。「扁鵲」は、「神農」と並記されていないという意味で例外的な(1)のばあいをくわえるなら、三回になる。すくなくとも「雷公」や「岐伯」は無視できない頻度であろう。このようにみてくると、やはり「雷公」・「岐伯」などには四気の記載の萌芽があり、「神農」ではそれがある程度の比重をもつにいたっていた、と考えるべきだろう。ただ、四気の記載にかんして、「神農」とほかの本草書のいずれが時間的に先立つかは、ここからは判断できない。

いずれにしろ、それらはまだ四気記載の萌芽的ないし先駆的な動きをしめすにすぎなかった。決定的な転換をなしとげたのは李当之である。かれはそれまでの五味と有毒・無毒の記載を棄て去り、全面的に四気のそれに切り換えたのであった。序録8に「寒を治するには熱薬を以《もち》い、熱を治するには寒薬を以い」ると述べているように、それは病理学の理論と結びついて生まれてきた薬性の認識である。後漢末から魏晋にかけての時代は、漢代を通じて形成され、多面的な展開をみせてきた医学が、再編成され体系化された時期であった。後漢後期の成書とみられる『難経』と『傷寒雑病論』、そして三国・魏の王叔和の『脈経』や晋の皇甫謐の『鍼灸甲乙経』が、今日に残されたその成果である。このような時代の流れのなかにあって、李当之は薬性の記載にささやかな革命をおこなったのであった。李当之以後の本草書が毒性の記載を保持したにしろ放棄したにしろ、かれにならって四気を書きこんだであろうことは、想像にかたくない。「呉普本草」もわずか二例だが、独自の記載を残している。すなわち、茵芋は「微温・有毒」、蓍実は「苦酸・平・無毒」、と。あえてこれから推論すれば、伝統的な記載方式に李当之の方式をくわえ、薬性記載の新しい方向を確立したのは、おそらく呉普であったろう。

すくなくとも呉普のみた「神農」の薬性の記載は五味と毒の有無が主体であり、四気はかぎられた薬物についての補助的なそれにとどまっていた。陶弘景の手にした旧本の薬性にかんする記載も、ほぼ「神農」を襲うものであったと想定しておこう。そのテキストに、陶弘景は根本的な改訂をくわえた。本経文から有毒・無毒の記載をはずして別録文にまわし、かわりに四気を入れたのである。一六五ページの図3-2を例にとれば、「五味子。味、酸・温」が本経文、「無毒」が別録文である。そのさい、かれはおもになにに依拠して四気を書き入れたのであろうか。「李当之本草」ではなかった。「呉普本草」にみえる李氏の四気記載五十六例のうち、本経文と一致するのはわずか七例、一二・五%にすぎないからである。おそらく「呉普本草」やそれ以後の本草書の記載を整理し、選択的に採用したのであろう。なお、「神農」と本経文との関係についてつけくわえておけば、記載の一致するもの十例にたいし、一致しないもの十一例であり、旧本に記載があればそれに従ったのではなかったことをしめしている。

序録4は、「酸・鹹・甘・苦・辛の五味」と「寒・熱・温・涼の四気」を同格に並べ、それに「有毒・無毒」をつけくわえる文章形式をとる。この叙述は、五味と四気を本経文に、毒の有無を別録文に位置づけた、集注本にこそふさわしいとわたしは思う。旧本の序録であれば、有毒・無毒と四気の位置づけは逆転していたであろう。序録8をふくめて、現存する序録の白字文に陶弘景の筆が加わっているのは、確実とみてよい。

序録から薬物の記載に移ろう。まず解決しておきたいのは、「名医別録」(以下「別録」と略記)とはなにか、という問題である。『新修本草』の編纂に参与した于志寧《うしねい》は、「本草、別録、何為《なんす》れぞ二なる」という高宗の質問にこう答えている、「別録は、魏晋以来、呉普・李当之の記す所、其の華葉形色・佐使相須を言うは、経に附して説を為す、故に弘景合わせて之を録す」(『新唐書』巻百四)、と。「神農本草三巻・雷公集撰神農本草四巻・呉氏本草因六巻〔呉普〕・李氏本草三巻」や「桐君薬録三巻・徐之才雷公薬対二巻」などが「名医別録三巻」(新唐志)とともに現存していた時代の、それも本草書の修定にかかわったひとの証言である。傾聴すべきものがあるにちがいない。

「別録」の著者は、一説によれば陶弘景である。[38] しかし、隋志にはたんに「陶氏撰」とあり、新旧唐志には撰者名がしるされておらず、目録類からそれを確定することはできない。むしろ陶弘景の著作でないとする意見のほうが有力である。岡西爲人の紹介によると、そのひとり多紀元簡の説は、『新修本草』注に引用されている「別録」の文を根拠とするものであった。たとえば、

別録に云う、首《はじめ》て男を生める乳は、目の赤痛・多涙を療し、馬肝・牛肉の毒を解す。豉の濃汁に合わせて之を服すれば、神効あり。又取りて雀屎に合すれば、目の赤努肉を去る。(『政和』巻十五・人乳汁)

別録に云う、子は射工及び疰《しゅ》気の発して常処無きを主る。丸にして之を服す。或いは擣きて末と為し、酢もて和して之に塗る。手に随いて験有り。(『政和』巻二十七・芥)

これらの引用文は、「唐本注」にあらためて引かれているのだからとうぜんの話だが、集注本の黒字文とは一致しない。したがって、いわゆる別録文は、「別録」から採られたものではあっても、「別録」の全文ではない。そのことが、隋志にいう陶氏は陶弘景でないことをしめす、と多紀元簡は考えたのである。岡西の指摘をまつまでもなく、これだけでは「別録」が陶弘景の著作でないとはいえない。しかし、そのことを示唆する証拠は陶注のいたるところにある、と岡西はいう。かれの挙げる例をふたつだけ引いておけば、

按ずるに、本経に女萎有り萎蕤《いずい》無く、別録に女萎無く萎蕤有り、而して用を為すこと正に同じ。疑うらくは、女萎即ち萎蕤ならん。(『政和』巻六・女萎萎蕤)

本経に丈夫を利すと云い、別録に久服すれば陰痿すと云うは、事に於いて相反す。(『政和』巻十四・雷丸)

岡西はつぎのように結論する。おそらく弘景以前にすでに「名医別録」と称する書があり、かれはそのなかから要をとり、本経文にならい、黒字文としたのである。陶弘景が三百六十五種の「名医副品」のほかに、本経品(本経文に

記載されている薬物）にも黒字文をくわえ、別録品のうちの百九十四種を「有名未用」として巻末に退けていることも、その間の事情を物語る[39]、と。

岡西の提出する証拠はかならずしも決定的なものではない。「別録」が純然たる編纂物であり、編者が内容にほとんど手をくわえていないばあい、「本経」と矛盾する文がふくまれることは十分にありうるからだ。とはいえ、わたしも岡西とおなじ推論にかたむく。そして「別録」を、魏晋以後の著名な医師の手になる複数の本草書と処方集をひとつにまとめた、一種の薬物薬方便覧ともいうべき書であろう、と考える。于志寧によれば、その内容は「呉普・李当之の記す所」である。『御覧』に引く「呉氏本草」によって、かれの言の信憑性を検証してみよう。「呉普本草」につづいて、対応する「集注本草」の文を引用する。〔　〕内が別録文である。まず防風。

呉氏本草に曰く、防風、一名迴雲、一名回草、一名百枝、一名蕑根《かんこん》、一名百韭《ひゃくきゅう》、一名百種。……或いは邯鄲《かんたん》・上蔡《じょうさい》に生ず。……二月・十月に根を採り、日乾す。琅邪《ろうや》の者良し。（『御覧』巻九百九十二）

防風。……一名銅芸《どううん》、〔一名茴草《かいそう》、一名百枝、一名屏風《へいふう》、一名蕑根、一名百蜚《ひゃくひ》。沙苑の川沢及び邯鄲・琅邪・上蔡に生ず。二月・十月に根を採り、暴乾す。〕（『政和』巻七）

つぎに沙参。

呉氏本草に曰く、白沙滲、一名苦心、一名識美、一名虎《こ》須《しゅ》、一名白参、一名志取、一名文虎。……河内の川谷、或いは般陽の瀆山に生ず。……三月に採る。（『御覧』九百九十一）

沙参。……一名知母、〔一名苦心、一名志取、一名虎《こ》鬚《しゅ》、一名白参、一名識美、一名文希。河内の川谷及び冤句・般陽の続山に生ず。二月・八月に根を採り、暴乾す。〕（『政和』巻七）

王孫も引いておこう。

呉氏本草に曰く、黄孫、一名王孫、一名蔓延、一名公草、一名海孫。……西海の川谷及び汝南城郭の垣下に生ず。

（『御覧』巻九百九十三）

王孫。……〔一名黄孫、一名黄昏《おうこん》、一名海孫、一名蔓延。海西の川谷及び汝南城郭の垣下に生ず。〕（『政和』巻九）

まえにも言及したが、礬石の記述には決定的ともいえる証拠がふくまれている。

呉氏本草に曰く、礬石《はんせき》、一名羽《う》砠《しょ》、一名羽《う》沢。……河西或は隴西《ろうせい》或は武都・石門に生ず。採るに時無し。岐伯に、久しく服すれば人骨を傷《やぶ》る、と。（『御覧』巻九百八十八）

礬石。……〔岐伯に云う、久しく服すれば人骨を破る、と。……〕一名羽《う》碮《でつ》、〔一名羽沢。河西の山谷及び隴西・武都・石門に生ず。採るに時無し。〕（『政和』巻三）

「岐伯」からの引用までが他書と重なるということは、まず考えられない。わずか四例を挙げたにすぎないが、これらは「呉普本草」がまぎれもなく「別録」のなかにふくまれていたこと、同時にそこにはほかの本草書もおさめられていたこと、陶弘景はそのなかから材料を選択して黒字文を構成したことを、十分に立証している。[40] いうまでもないが、黒字文が「呉普本草」の文とまったく、あるいはほとんど、一致しないばあいもある。たとえば、

呉氏本草に曰く、狼牙《ろうげ》、一名支蘭、一名狼歯、一名犬牙、一名抱牙。……或いは宛句に生ず。……疥癬《かいせん》を消す。（『御覧』巻九百九十三）

牙子。……疥瘙《かいそう》……を主り、……。一名狼牙、〔一名狼歯、一名狼子、一名犬牙。淮南の川谷及び宛句に生ず。〕（『政和』巻十）

もうひとつ例を挙げれば、

呉氏本草に曰く、芫華《げんか》、一名去水、一名敗華、一名児草根、一名黄大戟《おうたいげき》。……三月・五月に華を採る。（『御覧』巻九百九十二）

芫花。……一名去水、〔一名毒魚、一名杜芫。……三月三日に花を採り、陰乾す。〕（『政和』巻十四）

こうした記述が李当之の著作にもとづくものかどうか、たしかめる資料はないが、「呉普本草」とおなじく「李当之薬録」が「別録」におさめられていた点について、于志寧の言を疑う理由はない。

それでは『新修本草』注に引かれた「別録」の文も、「呉普本草」か「李当之薬録」の一部なのだろうか。それとも、「別録」には呉普・李当之の著作以外の書もおさめられていたのだろうか。この問題は当時の本草書の性格をどう理解するかにかかわる。「集注本草」の本経文・別録文や『御覧』に引く「呉氏本草」をみるかぎり、『新修本草』注引別録(41)のような、薬の調合法や投与法にかんする具体的な記述はない。それは本草書とはべつの処方集の領分とみなされていたのであろう。とすれば、「別録」には呉・李以外の著作も採録されていた、と考えるほうが自然ではあるまいか。『新修本草』が「李云」と「別録云」を区別して記載しているのも、それを示唆するようにみえる。とはいえ、これはあくまで推測にとどまる。たしかなのは、『神農本草経集注』が「本経」と「別録」を統合することによって、後漢から魏晋にいたる本草の成果の精髄を結晶化したということだ。それはおそらく陶弘景の自覚でもあったにちがいない。かりに「別録」の内容が「呉普本草」と「李当之薬録」だけだったとしても、この両書には「神農」以来の本草書の達成が十分に生かされていたはずである。

本経文に移ろう。森立之は「神農本草経」の復元にあたって、「毎条の体例は、一に太平御覧に依る」という原則を立てた(42)。『御覧』に引く「本草経」に「旧本の面目」がある、とかれは考えたのだ。そして、「薬名の下に直《ただち》に一名を列し、つぎに気味を挙げ、つぎに出処を記し、つぎに主治を録」した(「重輯神農本草経序」)。集注本では、記載は薬名にはじまり、気味・主治・一名・出処とつづき、最後に採取の時期・部分(葉・子・根など)・処理法(陰乾・暴乾など)がくる。その順序を入れ換えたのである。その根拠を聞いてみよう。

㈠一名　『証類本草』黒字文(別録品)の鸕鷀屎は、つぎのように記載されている。

鸕鷀屎《ろじし》。一名蜀水花。面《かお》の黒皯《こくかん》・黶誌《えんし》を去る。(『政和』巻十九)

『新修本草』もおなじであり、これは『御覧』の記載の順序と一致する。これによれば、現存するテキストが一名を本経文の条末に置いているのは、『新修本草』を編纂した蘇敬が改めたのである。この条はたまたま校改をまぬがれたために、旧本のかたちをみることができるのだ、と。

たしかに、『御覧』に引く「本草経」では、一名の記載があるかぎり、かならず薬名にすぐつづけて書かれている。それが旧本の順序であるかどうかは検討を要するが、かりにそうだとしよう。そのばあい、順序を改めたのは蘇敬でなく、陶弘景であった。『御覧』巻九百五十・水蛭《すいしつ》につぎの引用がある。

本草経に曰く、水蛭、一名至掌、味は鹹、悪血・瘀結《おけつ》・水閉を治し、凝積《ぎょうしゃく》を破り、水道を利す。

陶洪景集注本草経に曰く、水蛭、味は鹹苦・平・微寒・有毒、一名蚑《き》、雷沢池沢に生ず。

集注本の記載はこうである。（〔 〕内は別録文。以下同じ。）

水蛭。味は鹹〔苦〕・平〔・微寒・有毒〕。悪血・瘀血・月閉を逐い、血瘕《けつか》・積聚《しゃくじゅう》・無子を破り、水道を利〔し、又胎を堕〕すを主る。〔一名蚑、一名至掌。雷沢池沢に生ず。五月・六月に採りて暴乾す。〕（『政和』巻二十二）

両者を比較してみると、若干の字句の異同や省略はべつとして、『御覧』では「本草経」と「陶洪景集注本草経」を異なった書として対比・並記し、かつ「味鹹」をのぞいて記載が重複しないように文章を選んでいるのがわかる。そのばあい、「本草経」では一名が薬名のあとにきているのに、「集注本草経」では出処のまえ、省略された主治のつぎに書かれているのは、明らかに陶弘景による改変でなければならない。たった一例ではあるけれども、ほとんど決定的ともいえる証拠であろう。ここでもうひとつ問題なのは、「本草経」の薬名につづく「一名至掌」が、集注本では別録文とされていることである。「本草経」が陶弘景校定以前の旧本であるとすれば、かれはそれを別録文に移したことになる。あるいはもっと一般的にいえば、一名が本経文と別録文でおなじだったばあい、陶弘景はそのどちらかいっぽうを削った、と想定することができる。しかしこのばあい逆に、「本草経」のなかに、部分的にしろ、「別録」

の文章がふくまれていた、と想定することもできる。呉・李の著作という、「別録」の内容からみて、旧本がそれらによって本経文を補い、陶弘景があらためて弁別した、ということは十分にありうる。あとで述べる例からみて、この想定のほうが妥当であるようにわたしには思える。

(二)気味　集注本には、有毒・無毒の記載は黒字文にのみあって、白字文にはない。ところが、乾漆と白頭翁の条には、気味の下に白字文で無毒の二字がある。『御覧』引本草経の白頭翁もおなじである。

乾漆。味は辛・温・無毒〔・有毒〕。（『政和』巻十二）

白頭翁。味は苦・温・無毒〔・有毒〕。（『政和』巻十一）

本草経に曰く、白頭翁、……味は苦・温・無毒。（『御覧』巻九百九十）

参考までに「呉氏本草」を引用しておけば、

呉氏本草に曰く、白頭翁、……神農・扁鵲は苦・無毒。（同）

これから考えると、有毒・無毒の記載は本経・別録いずれにもあり、陶弘景は朱・墨で書き分けたとき、その記載がおなじであれば、すべて黒字に従うのを例とした。ただこの二条だけは、本経が無毒、別録が有毒であったため、朱・墨いずれにも書かざるを得なかったのだ、と。

森立之のこの解釈の前半、すなわち、毒の有無の記載は本経と別録のどちらにもあった、というのはそのとおりだが、記載がおなじであれば黒字に従ったという後半は正確でない。「呉普本草」によれば、諸本草書のあいだで有毒・無毒の記載がくいちがうことは稀であった。九十三の記載例中、わずか九例みいだされるにすぎない。本経と別録の記載が一致するのは、だからむしろあたりまえであった。そのばあい、陶弘景が別録の記載を取って本経のほうを捨てたのは、ひとつには本経の記載が網羅的でなかったからではあるまいか。「呉普本草」の九十三例のうち、「神農」に有毒・無毒の記載があるのは四十九例にとどまっている。

問題は本経に有毒・無毒の記載がなかったばあい、および記載が「別録」とちがっていたばあいだ。ふたたび「呉普本草」に例をとるならば、呉氏独自の記載が三例だけある。茵芋《いんう》—有毒、蓍実《しじつ》—無毒、牛黄《ごおう》—無毒であり、いずれも「神農」その他の本草書の記載はない。「別録」が「李当之薬録」と「呉普本草」から構成されているとすれば、前者には毒性の記載はなかったのだから、「呉氏本草」の記載がそのまま別録文に生かされていると期待していいだろう。事実、茵芋と蓍実はそのとおりである。しかし、牛黄は別録文では有小毒とされている。呉氏以外に依るところがあったのだろう。また、「呉氏本草」の虎掌《こしょう》は「神農」・「雷公」が無毒、「岐伯」・「桐君」が有毒であるのにたいし、別録文では有大毒、大黄《だいおう》は「神農」・「雷公」が「有毒」、「扁鵲」が無毒であるのにたいし、別録文では無毒とされている。いずれも「神農」の記載が退けられているのである。

これらの例からわかるのは、「別録」は呉・李の著作を主な内容としつつも、ほかにも採録している書があった、と考えるほうが理解しやすいことであろう。

㈢出処　『御覧』に引く「本草経」は、気味の下につねに「山谷に生ず」といった語があり、主治のあとにもまた「太山に生ず」といった字がある。前者は朱書、後者は墨書の原文であり、『新修本草』編纂のさい蘇敬がこの体裁を変え、主治の下に「太山山谷に生ず」といった語を記したのだ、と。一例を挙げれば、

本草経に曰く、太一禹余粮、一名石脳、味は甘・平。山谷に生ず。欬逆上気・癥瘕《ちょうか》・血閉・漏下を治し、邪を除く。久しく服すれば、能く寒暑を忍び、飢えず、身を軽くし、千里を飛行し、神仙たり。太山に生ず。(『御覧』巻九百八十八)

森立之のいうように、[43] これが『御覧』引本草経の標準的な叙述形式だと考えていい。この形式から外れたものもとうぜんあるが、それほど多いとはいえない。これに対応する集注本の文は、

太一余粮。味は甘・平〔・無毒〕。欬逆上気・癥瘕・血閉・漏下を主り、邪気〔……〕を除く。久しく服すれば、寒

暑に耐え、飢えず、身を軽くし、千里を飛行し、神仙たり。一名石脳。〔太山山谷に生ず。〕(『政和』巻三)

森立之の考えによれば、一名と出処の両方とも『新修本草』編纂のときに改められた。しかし、一名の順序を変えたのは陶弘景であることを、わたしは立証した。とすれば、出処の記載を改めたのも陶弘景と想定してよいのではあるまいか。むろん陶弘景としたばあいには、㈠の一名の最後に指摘したことがそっくりここにもあてはまる。

要約すれば、陶弘景は集注本を書いたさい、本文につぎの改変をほどこしたことになる。(1)一名を文末に移したこと。(2)出処の記載を統合したこと。(3)若干の字句を改めたり、主治の記述の順序を変えたりしたこと。「治す」を「主る」に改めたのもそのひとつ。(4)標準的でない記述、すなわち薬名・気味・主治・出処以外の記述を削除したこと。ただし若干の玉石薬は例外に属する。これを改訂の原則と呼んでおこう。

実例をしめそう。

本草経に曰く、玄参《げんじん》、一名重台、味は苦・微寒。川谷に生ず。腹中の寒熱・女子の乳を治し、腎気を補い、人の目をして明ならしむ。河間に生ず。(『御覧』巻九百九十一)

玄参。味は苦・〔鹹・〕微寒〔・無毒〕。腹中の寒熱・積聚・女子の産乳の余疾を主り、腎気を補い、人の目を明ならしむ。〔……〕一名重台〔……河間の川谷……に生ず。……。〕(『政和』巻八)

一名を移し、出処をあわせ、積聚を補い、「治」を「主」に改めている。その他の字句の省略・異同は、『御覧』に抄録するさいに生じたものとみていいだろう。これが標準的な例だが、薬物が一名をもたないこともしばしばある。主治の記述の変更をみてみよう。

本草経に曰く、石斛《せきこく》、一名林蘭《りんらん》、一名禁生、味は甘・平。山谷に生ず。傷中・下気・虚労を治し、五蔵・羸瘦《るいそう》を補う。久しく服すれば、痹《ひ》を除き、腸胃(?)、陰を強くす。陸安に出ず。(『御覧』巻九百九十二)

石斛。味は甘・平〔・無毒〕。傷中・除痹・下気を主り、五蔵・虚労・羸瘦を補い、陰を強くし、〔……〕久しく服すれば、腸胃を厚くし、身を軽くし、年を延ばし、〔……〕一名林蘭、〔一名禁生、……六安山谷の水傍の石上に生ず。……。〕（『政和』巻六）

「集注本草」では、「久服」のあとにつづくのはきまって神仙術的な内容の記述である。

本草経に曰く、玉泉、一名玉澧、味は甘・平。山谷に生ず。蔵の百病を治し、筋を柔らげ骨を強くし、魂を安んじ、肌肉を長くす。久しく服すれば、能く寒暑を忍び、飢渇せず、老いず、神仙たり。人死に臨みて五斤を服すれば、死して三年、色変ぜず。藍田に生ず。（『御覧』巻九百八十八）

玉泉。味は甘・平〔・無毒〕。五蔵の百病を主り、筋を柔らげ骨を強くし、魂魄を安んじ、肌肉を長くし、気を益し、〔……〕久しく服すれば、寒暑に耐え、飢渇せず、老いず、神仙たり、〔身を軽くし、年を長くす〕。人死に臨みて五斤を服すれば、死して三年、色変ぜず。一名玉札。〔藍田の山谷に生ず。……。〕（『政和』巻三。なお、玉札は玉澧の伝写の誤りであろう。）

石斛において、除痹と強陰を久服から外して一般の主治のところに移したのは、それらを神仙術的なものではない、すくなくとも神仙術に独自のものではない、と陶弘景が判断したためにちがいない。とすれば、集注本において改めた点として、(5)「久服」の内容を神仙術のそれに統一したこと、を挙げていいだろう。そのことは、薬物学と神仙術のあいだに一線を画そうとした陶弘景の意図的な改訂であったことを、物語っている。

これまでの引用例では、『御覧』引本草経の主治に別録文はまったく引かれていなかった。事実、それは本経品について一般的にいえることである。しかし、『御覧』引本草経がもっぱら別録文を引用しているばあいもある。たとえば、

本草経に曰く、升麻、一名周升麻。味は甘・辛。山谷に生ず。百毒を治辟《ちへき》し、百老の殃鬼《おうき》を殺し、温疾・鄣稚《しょうち》・毒蠱を辟《さ》く。久しく服すれば、夭せず。益州に生ず。（『御覧』巻九百九十）

〔升麻。味は甘・苦……。百毒を解し、百精老物の殃鬼を殺し、温疫・瘴気《しょうき》・邪気・蠱毒を辟け、……を主る。久しく服すれば、夭せず、……。一名周麻。益州の山谷に生ず。……。〕（『政和』巻六）

したがって、別録文の主治がみえないのは、旧本になかったのでなく、『御覧』の採録方針によるものであった、と考えていい。木香の例がそれを証明する。

本草経に曰く、木香、一名木蜜香。味は辛・温・無毒。邪気を治し、毒疫・温鬼を辟け、志を強くし、気不足を主る。久しく服すれば、夢寤《むご》・魘寐《えんび》せず、身を軽くし、神仙を致す。永昌の山谷に生ず。（『御覧』巻九百九十一）

木香。味は辛〔・温・無毒〕。邪気を主り、毒疫・温鬼を辟け、志を強くし、……〔……気不足を主り、……〕久しく服すれば、夢寤・魘寐せず、〔身を軽くし、神仙を致す。一名蜜香。永昌の山谷に生ず。〕（『政和』巻六）

「主気不足」は別録文である。

そのほか、集注本の改訂例を二、三挙げておけば、まず一名を削ったばあいがある。「熊脂《ゆうし》。一名熊白」（『御覧』巻九百八）、「鹵鹹《ろかん》。一名寒石。……大塩。一名胡塩」（『御覧』巻八百六十五、巻九百八十八）などがそれである。また標準的でない記述を削った例としては、朴消に「山谷之陰有鹹苦之水、状如芒消《ぼうしょう》而麁《そ》」（山谷の陰に鹹苦の水有り、状は芒消の如くにして麁）（『御覧』巻九百八十八）とあったのを、「有鹹水之陽」（鹹水の陽に有り）（『政和』巻三）に変えて産地名のあとにつづけ、生大豆では、薬名のあとの「張騫《ちょうけん》外国に使して胡麻・因豆を得たり。或いは戎菽《じゅうしゅく》と曰う」（『御覧』巻八百四十二）をはぶいている。

「本草経に曰く」とあっても、ただちに旧本とはいえない例外的なばあいが、いくらかある。一例を挙げると、

本草経に曰く、菊に筋菊有り、白菊・黄菊有り。花は一名節花、一名傅公《ふこう》、一名延年、一名白花、一名日精、一名更生、一名陰威、一名朱羸《しゅるい》、一名女菊。（『御覧』巻九百九十六）

呉氏本草経に曰く、菊華、一名女華、一名女室。（同）

このふたつをあわせると集注本のつぎの記述になる。

菊花。……一名節花、〔一名日精、一名女節、一名女華、一名女茎、一名更生、一名周盈、一名傅延年、一名陰成。……。〕（『政和』巻六）

ところが、『御覧』引本草経には一名にすぐつづけて、

其の菊に両種有り。一種は紫茎、菊香りて味は甘美、葉は羹《こう》に作《な》す可きを、真菊と為す。一種は青茎にして大、蒿艾《こうがい》を作し、気味は苦、食うに堪えず、薏《よく》と名づくるは、真菊に非ざるなり。

とみえる。これはじつは、菊に二種あることをいわない本経文につけられた、陶注なのである。まぎれもない旧本の文章とみえながら、つづけて陶注を引いている例に、いまさき挙げた木香がある。『御覧』引本草経は、「永昌の山谷に生ず」のあとに、「陶隠居が云う、此れ即ち青木香なり。永昌は復た貢せず、今は皆外国船上従り来ると云う。……」とつけくわえ、出処の説明としているのである。なお「本草経」のこの文は、一名が薬名のあとにくる点では旧本だが、主治のまえに「山谷に生ず」がない点は集注本を思わせる。疑問として残しておく。

つぎは別録品の例。

本草経に曰く、曾青は蜀郡の名山に生ず。其の山に銅有るときは、曾青其の陽に出ず。青き者は銅の青、能く金銅を化す。（『御覧』巻九百八十八）

別録文（『政和』巻三）と共通するのは、「能く金銅を化す」の一句だけである。これも「別録」の文なのだろうか。もうひとつ別録品を引けば、

本草経に曰く、元青、春は芫華を食う、故に元青と云う。秋は地胆と為る。地胆は黒く頭は赤。味は辛・有毒。虫毒・風注を主る。秋は葛華《かっか》を食う、故に之を名づけて葛上亭長と為す。（『御覧』巻九百五十一）

主治は集注本と同文（『政和』巻二十二。ただし虫を蠱、注を疰に作る）である。主治以外の記載は「別録」だろうか、それ

とも後人の文か。『政和本草』巻二十二・地胆引・図経本草にいう、「三、四月、芫花発く時、乃ち生ずること多し。花上に就《よ》りて之を採る。……此の虫は、四月・五月・六月に葛上亭長と為《な》り、七月に斑猫《はんみょう》と為り、九月・十月に地胆と為る。時に随いて変ずるのみ」、と。極端な例だが、『御覧』巻九百四十三・玳瑁《たいまい》に「本草経に云う」として引用しているのは、なんと唐の劉恂《りゅうじゅん》の『嶺表録異』巻上にみえる話であった(44)。

たんに「本草に曰く」とあるばあいは、さらに注意を要する。たとえば、『御覧』巻一千・海藻に引かれているのは、どうやら『嘉祐本草』注らしい。宋代の増補であろう。巻九百十一・鼷鼠《けいそ》は、陶注である。陶注をあわせて引用しているばあいは、ふつう「陶洪景集注本草経」ないし「陶洪経本草経」と書名を表記して、出典が集注本であることをあきらかにしている。

陶洪景集注本草経に曰く、白頸蚯蚓《はくけいきゅういん》、一名土竜。蜚谷《ひこく》の平土に生ず。白頸なる者は是れ其の老大なるのみ。(『御覧』巻九百四十七)

「白頸者」以下が陶注である。ちなみに、集注本(『政和』巻二十二)にたんに「平土に生ず」とあるのは、「蜚谷」の脱字であろう。同様の例に巻九百四十七・螔《こ》(蛞《かつ》)蝓《ゆ》、巻九百四十八・螻蛄《ろうこ》、巻九百五十一・地胆などがある。巻九百九十九・芙《ふ》蕖《きょ》には「陶隠居本草注に曰く」として陶注のみを引用する。

若干の例外はあるものの、『御覧』引本草経は、森立之が想定したように、陶弘景校定以前の旧本からの抄録である、とみてさしつかえあるまい。それでは陶弘景が集注本に採録しなかった文章の佚文は残されていないのだろうか。じつは、それと想定できるものがわずかながら存在する。『御覧』などに「神農本草」・「神農本草経」・「神農経」として引かれている文章である。『御覧』巻九百五十五・桑、巻九百六十・辛夷《しんい》、巻九百六十七・桃、巻一千・地楡では「本草経」と並記されており、べつの書としてあつかわれている。本文とみられるのは数条にすぎないが、陶弘景がなにを棄て、どう処理したか、その一端を推測することはできる。つけくわえておけば、これらの引用は『御覧』

の地・珍宝・羽族・木・果・百卉の各部にかぎられ、薬部にはひとつもみいだされない。『御覧』編纂当時、ある種の評価がはたらいていたことを、それは物語っている。

逐条的に原文を挙げ、必要な注をくわえてゆく。

1　神農本草曰、常山有草、名神護。置之門上、毎夜叱人。（神農本草に曰く、常山に草有り、神護と名づく。之を門上に置けば、夜毎《ごと》に人を叱る。）（『初学記』巻五・恒山）

常山は恒山、嵩山や太山などとならぶ五嶽のひとつ、河北省曲陽県の西北にある。『御覧』巻三十九・恒山引は草名を「神農」とする。『政和本草』では、「有名未用」の別録品のなかに神護草がある。

（神護草は、独り守りて人を叱咄せしむ可し。寇盗も敢ては門に入らず。常山の北に生ず。八月に採る。」（『政和』巻三十）

「有名未用」の薬物のうち陶注があるのは十五種、神護草もそのひとつだが、これらはもともと別録品だったのであろう。

2　神農本草経曰、取鶏卵㱭黄白渾雑者熟煮、及尚軟、随意刻作物、以苦酒漬数宿、既堅、内着杓中。佳者乱真矣。此世所常用、作無不成。（神農本草経に曰く、鶏卵の㱭の黄白渾雑せる者を取りて熟煮し、尚お軟なるに及び、意に随い刻みて物を作り、苦酒を以って漬すこと数宿、既に堅まれば、内《い》れて杓中に着く。佳なる者は真に乱る。此れ世の常に用いる所、作りて成らざる無し。）（『御覧』巻八百八）

似而非琥珀《こはく》のつくりかた。㱭（音はタンまたはダン）は毈におなじ。『説文』に「卵の孚《ふ》せざるなり」。孵化せずに腐って黄味と白味がまじりあったのに加工する。苦酒は酢、数宿は数晩、着は著。「内着杓中」はどうするのかよくわからぬ。

べつに『博物志』の引用文としても採録されている。

2′　博物志。神農本草経曰、雞卵可以作虎魄。法取茯苓・雞瑕卵黄白渾雑者熟煮之、及尚軟、随意刻作物形、以苦酒漬数宿、既堅、内着粉中。仮者及乱真。此世所恒用、作無不成也。(『御覧』巻九百十九)

杓を粉につくり、茯苓《ぶくりょう》もつかうところが、巻八百八引とは異なる。『博物志』は宋代の輯本しか残っていないが、それも引いておこう。

2″　神農本草云、雞卵可作琥珀。其法取伏卵段黄白渾雑者煮、及尚軟、随意刻作物、以苦酒漬数宿、既堅、内著粉中。佳者乃乱真矣。此世所恒用、作無不成者。(葉本・巻四)

偽琥珀の記述はさらに古くさかのぼることができる。

呉氏本草に曰く、丹鶏卵は虎珀と作《な》す可し。(『御覧』巻九百二十八)

おそらく「神農」の記述をふまえた表現であろう。その点をとらえて、「呉普本草」は「神農本草」の注ではなかったか、と示唆したのは中尾万三であった。[45] たしかに、「李当之薬録」がそうであったように、呉普の著作は「神農」の注ないし増補のかたちをとっていたのであろう。「経に付して説を為す」と于志寧は証言していた。陶弘景は旧本の文章を削り、呉普にならってつぎの簡単な一句を本経文に残した。

雞子。……虎魄と作す可し。(『政和』巻十九・丹雄雞)

だが、それだけではなかった。偽琥珀はいまのことばでいえば静電気現象をおこさぬ、と注釈をつけて、要点を陶注に書きとどめたのである。

雞子もて虎魄を作るには、瑕せんと欲する卵の黄白混雑せるものを用い、煮て之を作る。亦極めて相似たり。惟《た》だ芥を拾わざるのみ。(同)

また別録品の琥珀の注にも、

亦瑕雞子及び青魚枕を煮て作る者有り。並びに真に非ず。惟だ芥を拾うを以って験と為す。(『政和』巻十二)

と書いている。なお、青魚枕は別録文に、「頭中の枕は蒸して取りて乾かし、琥珀に代えて之を用う」（『政和』巻二十二）。

ここからふたつの重要な推論が生まれる。第一に、陶弘景が本経文を校定したさい、旧本の文章を削除した例は偽琥珀のつくりかたのほかにもあるだろうということ。第二に、集注を執筆するさい、旧本から削除した内容を注に盛りこんだ例が、おなじくほかにもあるだろうということ。第一の推論については、『御覧』引神農本草について以下にとりあげるもののなかに、その実例がある。第二の推論は、すでに岡西爲人によってなされ、鶏卵・琥珀のほかにも実例がひとつしめされている。すなわち、「これらの諸条は旧経には採録されていたが、陶弘景は治病には関係無いものとして本文から削除し、注として記録するにとどめたのではないか」として、鉤吻の陶注を挙げたのである。(46)すなわち、

又一物有り、陰命と名づく。赤色。木に著き、其の子を懸く。山海中に生ず。最も大毒有り、口に入らば能く立ちどころに人を殺す。（『政和』巻十）

あとでくわしく述べるように（二一七―二一八ページ）、『博物志』巻四に引く「神農経」に、「薬物に大毒、口鼻耳目に入る可からざる者有り、入れば即ち人を殺す」として、鉤吻をはじめ五種を挙げている。鉤吻以外の四種は集注本にみえないが、その「三に曰く、陰命〔赤色にして木に著き、其の子を山海中に懸く〕」、と。陶弘景は陰命だけを注に書きとどめたのである。

これらの例は、陶注に埋めこまれている旧本の記述内容を、文章の選別をとおして掘りおこす可能性を示唆している。たとえば、つぎのような文章はどうか。牛黄《ごおう》の陶注である。

旧《もと》云う、神牛の出入・鳴吼する者、之を有す。其の角上に出ずるを伺い、盆水を以って承け、之を吐かしむれば、即ち水中に堕落す。人をして多く皆胆中に就きて之を得しむ、と。（『政和』巻十六）

文章に脱落・混乱があり、意味がよくわからないが、『図経本草』によれば、牛黄をもっている牛は毛につやがあり、眼が血走り、ときおり鳴吼し、また水に映るのを喜ぶ。「人 盆水を以って之を承け、其の吐出するを伺いて乃ち喝迫すれば、即ち水中に堕落す」るのだという。陶注の伝える内容はいっぽうでは『御覧』に引く「呉氏本草経」、あるいは『政和』に引く「呉氏」につながる。

呉氏本草経に曰く、牛黄は、牛の出入・鳴吼する者、之を有す。夜視るに光牛角中を走ること有り、死すれば、其の胆中、雞子黄の如し。（『御覧』巻九百八十八）

呉氏云う、牛黄は無毒、牛の出入呻する者、之を有す。夜光角中を走り、牛死すれば、胆中に入り、雞子黄の如し。（『政和』巻十六）

牛黄は牛の胆嚢結石である。「呉普本草」は「神農」の注ないし増補という性格をもっていたのではないか、とわたしは推定しておいたが、そうだとすれば、これも「神農」の記載をふまえていると考えられる。

3　神農本草曰、薔薇《しょうび》、一名牛膝《ごしつ》、一名薔麻。（神農本草に曰く、……）（『御覧』巻九百九十八）

「呉氏本草」には「薔薇、一名牛勒、一名牛膝、一名薔薇、一名出棗《しゅつそう》」（同）とあり、集注本には、「営実。……一名牆薇、一名牆麻、一名牛棘《ぎょきょく》、（一名牛勒、一名薔蘼《しょうび》、一名山棘。）」（『政和』巻七）という。

4　神農経曰、玉桃。服之長生不死。若不得早服之、臨死日服之、其尸畢天地不朽。（神農経に曰く、玉桃。之を服すれば生を長らえ死せず。若《も》し早《つと》に之を服するを得ざるも、死ぬ日に臨みて之を服すれば、其の尸は天地を畢るまで朽ちず。）（『斉民要術』巻十、『御覧』巻九百六十七）

『斉民要術』は北魏・賈《か》思勰《しきょう》撰。とうぜん集注本にかかわる記載はない。『抱朴子』内篇・祛惑《きょわく》にいう、崑崙《こんろん》山の「玉李・玉瓜・玉桃は、其の実の形 世間の桃・李の如きも、但だ光明洞徹するを為して堅し。須《すべか》らく玉井の水を以って之を洗うべし。便ち軟くして食う可し」、と。この文章は神仙術的記載としては例外に属する。あるいは魏晋のひとの増補かも知れない。いずれにしろ、玉桃はおそらく神護などとともに旧本において一類をなしており、ともに集注本からは削除されたのであろう。

5　神農本草曰、桑根白皮是今桑樹根上白皮。常以四月採、或採無時。出見地上、名馬領。勿取、毒殺人。（神農本草に曰く、桑根白皮は是れ今の桑樹根上の白皮なり。常に四月を以って採り、或いは採るに時無し。出でて地上に見《あらわ》るるは、馬領と名づく。取る勿れ、毒 人を殺す。）（『御覧』巻九百五十五）

同時に引かれた「本草経」には、

桑根の旁行して土上に出ずる者は伏蛇と名づく。心痛を治す。（同）

とみえる。地上に出ている根について、両書の薬効は相反する。集注本はつぎのように決着をつけた。

桑根白皮。……〔採るに時無し。土上に出ずる者は、人を殺す。〕（『政和』巻十三）

「神農本草」と「本草経」を折衷した、別録文である。

6　神農本草注曰、血藕実茎、一名水芝。所在池沢皆有、生予章・汝南郡者良。苗高五六尺、葉団青、大如扇。其花赤、名蓮荷。子黒、状如羊矢。（神農本草注に曰く、血藕《けつぐう》実茎、一名水芝。所在の池沢に皆有り、予章・汝南郡に生ずる者良し。苗の高さは五、六尺、葉は団《まる》く青く、大いさ扇の如し。其の花は赤く、蓮荷と名づく。子は黒く、状は羊矢の如し。）（『御覧』巻九百九十九）

これと共通する集注本の記載は、

藕実茎。……一名水芝丹、〔一名蓮。汝南の池沢に生ず。〕（『政和』巻二十三）

「神農本草注」が陶弘景注でないことは、『御覧』そのものが同時に「陶隠居本草注に曰く」として陶注にみえる劉宋時代の挿話を引用して明らかにしている。この注はあるいは「雷公集注」であろうか。

7　神農本草曰、辛夷、生漢中・魏興・涼州川谷中。其樹似杜仲樹、高一丈余、子似冬桃而小。（神農本草に曰

く、辛夷《しんい》は漢中・魏興・涼州の川谷中に生ず。其の樹は杜仲樹に似て、高さ一丈余、子は冬桃に似て小。）（『御覧』巻九百六十）

同時に引く「本草経」は一名のみ。集注本では、

辛夷。……（漢中の川谷に生ず。）（『政和』巻十二）

だけが共通する。ここにみえる魏興（陝西省安康県）は、三国・魏が置いた郡であり、梁が廃止した。その間に書かれた文章でなければならない。

8　神農本草曰、合歓、生予州・河内川谷。其樹似狗骨樹。（神農本草に曰く、合歓は予州・河内の川谷に生ず。其の樹は狗骨樹に似たり。）（『御覧』巻九百六十）

『御覧』に「本草経」・「呉氏本草」の引用はなく、集注本の記載とはまったく重ならない。

9　神農本草経曰、地楡、苦・寒。主消酒。生冤句。（神農本草経に曰く、地楡《ちゆ》、苦・寒。酒を消すを主る。冤句に生ず。）（『御覧』巻一千）

「本草経」には「地楡は汗気を止め、酒を消し、目を明らかにす」とみえ、集注本には、

地楡。味は苦・（甘・酸・）微寒（・無毒）。……汗を止め、……（酒を消し、……桐柏及び冤句の山谷に生ず。）（『政和』巻九）

とある。このばあいは「神農本草経」の文が本経文のなかに、別録文とあわせて、そっくり生かされている。

「神農本草」と称しながらも、いわゆる「本草経」とみなしていい例が、もうひとつある。

10　神農本草曰、鴆、生南郡。大毒、入五蔵爛殺人。（神農本草に曰く、鴆《ちん》、南郡に生ず。大毒あり、五蔵に入れば爛《ただ》れて人を殺す。）（『御覧』巻九百二十七）

『御覧』に「本草経」の引用はなく、集注本は、

〔鴆。鳥毛に大毒有り、五蔵に入れば爛れて人を殺す。……一名鴭《うん》日。南海に生ず。〕(『政和』巻三十)と記載する。別名は「呉氏本草」に「運日、一名羽鴆」とみえる。

『御覧』に「神農経」・「神農本草」・「神農本草経」として引用された薬物の記載はこれだけある。なかには旧本においてすでに削除されていた、古本「神農」の文章もあるかも知れない。

集注本の編纂にさいして、陶弘景が具体的にどんな寄与をおこなったか、わたしは可能なかぎり明らかにしようとつとめてきたが、その間に「神農本草経」と「李当之薬録」・「呉普本草」その他の本草書との関係もある程度浮かびあがってきた。ここでもういちど「呉普本草」に立ち返り、気味の記載の分析をとおして、当時存在していた本草書間の関係を推測してみたい。

5 初期本草の分析

「神農」をはじめとする初期本草を比較検討し、それらの相互関係を探ろうとするとき、あたえられている資料は「呉普本草」の薬性の記載だけである。それも毒の有無は諸書のあいだにあまりちがいがなく、てがかりはほとんど五味と四気にかぎられる。以下の分析には孫輯本を用い、表中の本経は集注本の本経文を指す。

本経品三百五十二種の上・中・下品数とその百分率は、表3-9のとおりである。「呉普本草」の佚文の残されているものは百七十種、うち五十三種には薬性(五味・四気・毒の有無)の記載がなく、比較の対象となりうるのは百十七種である。表3-10は各書の薬性記載数をしめす。上・中・下品の分類は本経品のそれにしたがう。ただ薬物数は、たとえば本経では一種とする五色石脂を「呉普本草」では五種に分けて記載するなど、本経とほかの書とがかならずしも一対一に対応しない。統計的に有意味ではない医和・一経・呉普をのぞいた各書の上・中・下品間の比率が、表

3-11である。記載数が大きくちがっても、比率はそれほど変わらないのがわかる。李氏には、竄入とおぼしき二例をのぞいて、五味・毒の有無の記載がなく、逆に神農より桐君にいたる各書には、四気の記載はわずかである。したがって、五味については、本経と神農・黄帝・岐伯・扁鵲・雷公・桐君、四気については、主として本経と李氏の比較になる。

まず五味をとりあげよう。表3-12(a)〜(d)は五味の記載数と各書ごとのその比率をしめす。記載数が表3-10と一致しないのは、第一に、毒の有無のみを記載しているばあいがはぶかれ、第二に、下薬・貫衆の「黄帝は鹹・酸」のように二味が記載されているばあい、それを二回数えているからである。甘・苦・辛・鹹・酸の順序は図示したときに特徴的なかたちをとるように配列したまでであり、とくに意味はない。その百分率をグラフにしめしたのが図3-3である。

表 3-9　本経品数

	上　品	中　品	下　品	総　計
薬物数	142	114	96	352
(%)	40.3	32.4	27.3	100.0

表 3-10　初期本草書の薬物記載数

	上品	中品	下品	総計	本経に対する(%)
本経	55	33	29	117	100.0
神農	53	31	26	110	94.0
黄帝	20	18	12	50	42.7
岐伯	25	16	18	59	50.4
扁鵲	25	11	11	47	40.2
雷公	43	21	16	80	68.4
桐君	17	11	12	40	34.2
李氏	25	17	13	55	47.0
医和	1	2	1	4	3.4
一経	3	1	5	9	7.7
呉普	2	0	3	5	4.3

表 3-11　上・中・下品の百分率

	上　品	中　品	下　品
本　経	47.0	28.2	24.8
神　農	48.2	28.2	23.6
黄　帝	40.0	36.0	24.0
岐　伯	42.4	27.1	30.5
扁　鵲	53.2	23.4	23.4
雷　公	53.8	26.3	20.0
桐　君	42.5	27.5	30.0
李　氏	45.5	30.9	23.6

表 3-12(a)　五味記載—全体

	甘(%)	苦(%)	辛(%)	鹹(%)	酸(%)	記載総計
本　経	34(28.1)	46(38.0)	32(26.4)	3 (2.5)	6 (5.0)	121
神　農	29(27.9)	34(32.7)	29(27.9)	5 (4.8)	7 (6.7)	104
黄　帝	14(29.8)	13(27.6)	10(21.3)	6(12.8)	4 (8.5)	47
岐　伯	14(26.9)	11(21.2)	11(21.2)	10(19.2)	6(11.5)	52
扁　鵲	13(32.5)	13(32.5)	4(10.0)	4(10.0)	6(15.0)	40
雷　公	22(29.3)	28(37.3)	11(14.7)	3 (4.0)	11(14.7)	75
桐　君	14(33.3)	12(28.6)	12(28.6)	3 (7.1)	1 (2.4)	42

表 3-12(b)　五味記載—上品

	甘	苦	辛	鹹	酸	計
本　経	27(47.4)	17(29.8)	9(15.8)	1 (1.8)	3 (5.3)	57
神　農	21(44.7)	12(25.5)	10(21.3)	2 (4.3)	2 (4.3)	47
黄　帝	5(29.4)	6(35.3)	4(23.5)	2(11.8)	0 (0)	17
岐　伯	9(45.0)	5(25.0)	2(10.0)	2(10.0)	2(10.0)	20
扁　鵲	9(47.4)	3(15.8)	3(15.8)	2(10.5)	2(10.5)	19
雷　公	16(41.0)	13(33.3)	4(10.2)	0 (0)	6(15.4)	39
桐　君	9(42.9)	4(19.0)	8(38.1)	0 (0)	0 (0)	21

表 3-12(c)　五味記載—中品

	甘	苦	辛	鹹	酸	計
本　経	7(20.0)	16(45.7)	7(20.0)	2 (5.7)	3 (8.6)	35
神　農	6(19.4)	11(35.5)	7(22.6)	2 (6.5)	5(16.1)	31
黄　帝	5(27.8)	6(33.3)	2(11.1)	2(11.1)	3(16.7)	18
岐　伯	2(13.3)	2(13.3)	4(26.7)	4(26.7)	3(20.0)	15
扁　鵲	2(18.2)	4(36.4)	0 (0)	1 (9.1)	4(36.4)	11
雷　公	3(13.6)	9(40.9)	2 (9.1)	3(13.6)	5(22.7)	22
桐　君	3(30.0)	5(50.0)	0 (0)	1(10.0)	1(10.0)	10

表 3-12(d)　五味記載—下品

	甘	苦	辛	鹹	酸	計
本　経	0 (0)	13(44.8)	16(55.2)	0 (0)	0 (0)	29
神　農	2 (7.7)	11(42.3)	12(46.2)	1 (3.8)	0 (0)	26
黄　帝	4(33.3)	1 (8.3)	4(33.3)	2(16.7)	1(8.3)	12
岐　伯	3(17.6)	4(23.5)	5(29.4)	4(23.5)	1(5.9)	17
扁　鵲	2(20.0)	6(60.0)	1(10.0)	1(10.0)	0 (0)	10
雷　公	3(21.4)	6(42.9)	5(35.7)	0 (0)	0 (0)	14
桐　君	2(18.2)	3(27.3)	4(36.4)	2(18.2)	0 (0)	11

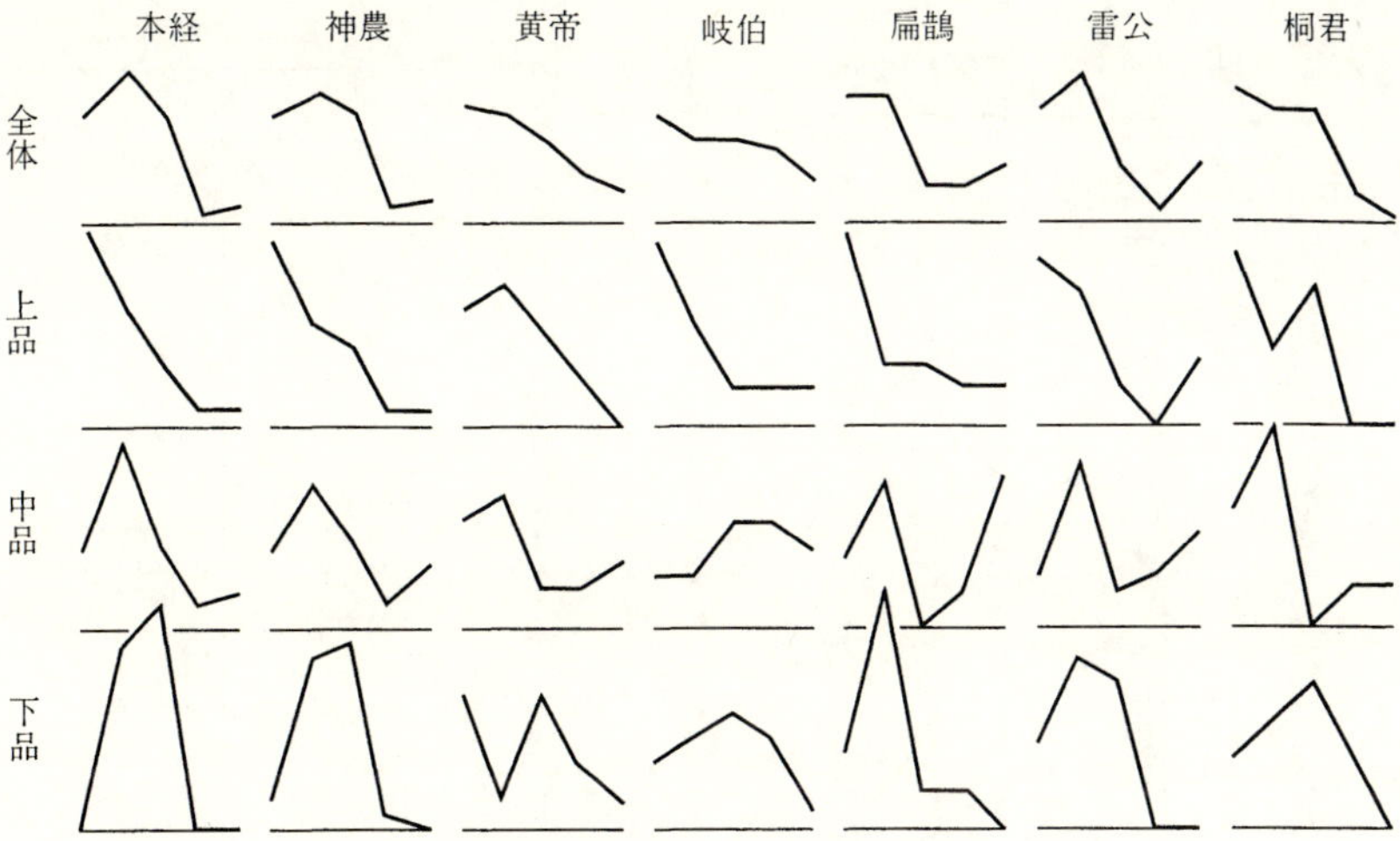

図 3-3　初期本草の五味パターン

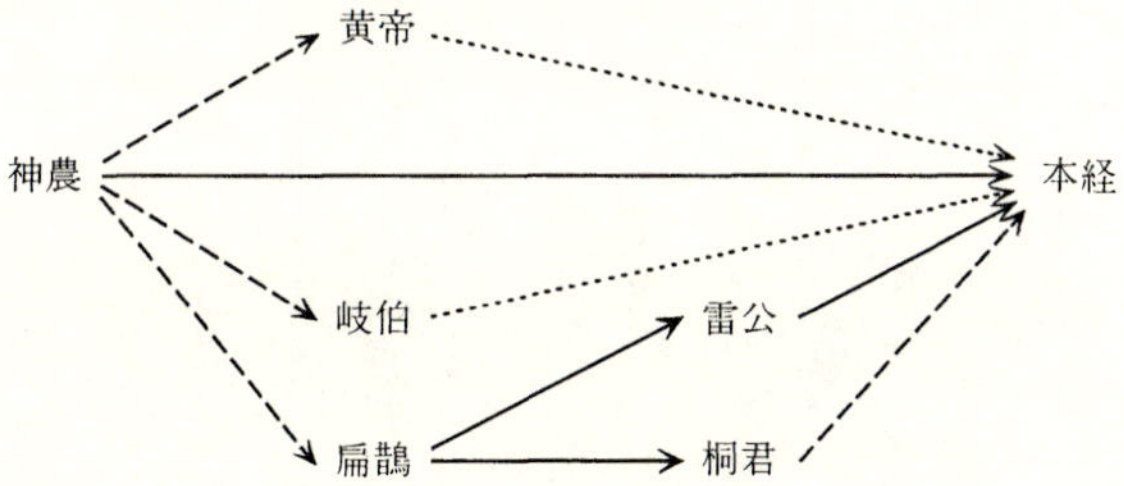

図 3-4

図3-3の折線のかたち、そのパターンに注目し、比較してみよう。本経と神農はきわめて似通ったパターンをもっている。それは集注本の本経文がまぎれもなく神農を基礎にして成ったものであることを物語っていると同時に、いまおこなっている比較が方法的に有効であることをも示唆している。黄帝は下品における甘と苦の比率が神農と逆になっているために、それとはかなりへだたったパターンのようにみえるが、上・中品から推してむしろ近いパターンに属すると考えるべきであろう。神農と異なったパターンを描いているのは岐伯と扁鵲である。岐伯は明らかに孤立している。しかし、扁鵲は雷公および桐君と近い関係にある。しかも、雷公は本経に接近している。

表3-13　方術家の書名

諸家	書名		
	神農	黄帝	太一
道		4	
農	1		
小説		1	
陰陽	1	1	1
天文		1	1
暦譜		1	
五行		2	2
雑占	1	1	1
医経		2	
経方	1	2	
房中		1	
神僊	1	3	1
計	5	19	6

そのなかで、後人による改訂の手を経つつも、南北朝から隋唐時代まで伝えられたのは、神農・雷公・桐君である。ここで本草書の成立にかんしてひとつの仮説を置くことにしよう。すなわち、最初にあらわれた本草書は神農であり、ほかの書はその影響ないし刺激のもとに生まれた、というのである。この仮説を前提すれば、七つの本草書の関係は五味のパターンの分析から図3-4のように推測できよう。実線はその影響のもとに生まれ、内容的にも結びつきが深いことを、破線はその刺激を受けて生まれたが、内容的にはそれほど深いかかわりはないことを、点線はその関係が間接的であることを、それぞれしめす。

黄帝の名を冠する書を残したのは、医師のグループだけではない。『漢書』藝文志にみえる方術家のじつに多くの分野にわたって黄帝の書があった(表3-13)。しかし、医経以下の医学分野だけで四割以上を占めているのは、やはり特徴的であろう。神農を名のる書が農術(雑占家に農事占の書がある)・兵術(陰陽家は兵法家のひとつ)・医術(養生術をふくむ)にかぎられるのとは対象的である。ついでながら、太一(泰壱)を称する書はさらにせまく、兵術と広義の占星術(占気などをふくむ)に限定される。ことわっておけば、表3-13では経方の「神農黄帝食禁七巻」を神農と黄帝のいずれにもかぞえている。

本草家と本草学およびその著作の出現は、医師たちを刺激せずにはおかなかったであろう。すでに述べたように、初期の本草家は採薬者であったが、やがて医師のなかからも本草家があらわれたにちがいない。事実、後漢末には名医華佗の弟子に李当之・呉普のふたりの本草家があらわれている。しかし、黄帝以下の書を医学の黄帝学派や扁鵲学派と直接に結びつける必要はないし、そうしたところでなにか有効な結論をみちびきだせるわけではない。むしろこ

表3-14　四気の記載数

	大寒	寒	微寒	平	微温	温	大温	計
本経		27	13	50	6	27	1	124
神農	1	1	7	10	4			23
黄帝					1			1
岐伯				2	1			3
扁鵲	1		1	1				3
雷公		1	2	2	2		1	8
桐君					2			2
李氏	21	3	18	2	8	4		56
呉普	1			1	1		1	4

表3-15　3段階のまとめ

	寒	平	温
本経	40	50	34
神農	9	10	4
黄帝			1
岐伯		2	1
扁鵲	2	1	
雷公	3	2	3
桐君			2
李氏	42	2	12
呉普	1	1	2

こで注目したいのは、本経と神農がきわめて近似したパターンをしめしていること、それによって間接的に「呉普本草」の資料的信頼度の高さを立証していること、扁鵲・岐伯はそれとは異なるパターンをもち、桐君は両者の中間にあること、したがって、本草にもいくつもの流れがあったと推測されることである。

四気の分析に移ろう。陶弘景にしたがって四気(寒・熱・温・涼)と呼んできたし、これからもそう呼ぶつもりだが、正確にはここでは二気とでもいうべきであろう。初期本草には熱・涼が欠けており、寒・温がそれぞれさらに三分されている。具体的にいえば、大寒・寒・小寒・平・小温・温・大温の七段階区分である。本経では小でなくて微といい、また本経に一例「大熱」とあるのは大温の誤記であろう。表3-14は四気の記載数である。二つの気が並記されているばあいは、その両方にかぞえている。七段階を寒・平・温の三段階にまとめてみると、表3-15になる。李氏では天秤の腕は大きく寒のほうにかたむいていたのに、本経では重心が平に移行し、寒と温がほぼ釣合を保っているのがわかる。

この傾きの変化をきわだたせるために、つぎのような表をつくってみよう。本経の記載を基準にとり、それと一致するものを0、それより大温のほうへ一段階ずれているものを+1、大寒のほうへ一段階ずれているものを−1、以下同様に+2、−2、……とする。結果は表3-16のとおりである。ここからただちにわかるのは、第一に、本経と一致するものがすくないこと、第二に、神農でさえマイナスに傾いていること、第三に、ずれのなかでは±1がいちばん多いこと、第四に、李氏だ

表3-16　本経の記載からのずれ

	−6	−5	−4	−3	−2	−1	0	＋1	＋2	＋3
本経							124			
神農				2	3	4	11	2	1	
黄帝						1				
岐伯							2		1	
扁鵲				1	1		1			
雷公					2	2	2	1	1	
桐君						1			1	
李氏	1	5	2	7	7	17	7	9		1
呉普						2	1	1		

表3-17　3段階のまとめ

	−	0	＋
本経		124	
神農	9	11	3
黄帝	1		
岐伯		2	1
扁鵲	2	1	
雷公	4	2	2
桐君	1		1
李氏	39	7	10
呉普	2	1	1

表3-18　毒性の記載

	無毒				有毒				大毒	
	上薬	中薬	下薬	計	上薬	中薬	下薬	計	下薬	総計
神農	16	15	4	35		2	12	14	1	50
黄帝	13	14		27	1	2	8	11		38
岐伯	14	8	2	24	1		10	11	1	36
扁鵲	16	10	3	29	1		2	3	2	34
雷公	27	14	4	45		2	11	13		58
桐君	11	10		21	1		10	11		32
医和		2	1	3						3
一経			1	1			2	2		3
呉普	2			2			1	1		3

けでなく初期本草全体がマイナスへの傾きをもっていることである。－、0、＋の三段階にまとめてみると、そうした傾向がもっとはっきりする(表3-17)。

注目すべきは、初期本草書のなかに本経とおなじ傾向をしめすものがひとつもないことであろう。なかでも、五味と毒の有無を棄てて全面的に四気の記載に改めた李氏が、本経と大きくくいちがっている。それは本経の四気の記載が李氏をふくむ初期本草書でなく、晋代以後に書かれた本草書に依っていることを、有力に物語る。

毒の有無の記載についても簡単な分析を試みておこう。表3-18にみられるように、有毒・大毒は下薬に集中し、上薬・中薬のほとんどは無毒である。五味や四気のばあいとちがい、基準になる書がないために、本草書間の記載を比較して特性をみちびくことはできないが、それでも二、三の点は指摘できる。第一に、記載のちがいはきわめてすくない。複数の書のあいだで記載がくいちがうのは、下薬七例、中・上薬各二例の、あわせて十一例にすぎない。第二に、神農と雷公の記載は完全に一致する。これはふたたび「神農本草」の歴史における「雷公」の重要性を示唆している。「雷公」には、はじめから「神農本草」注であった可能性がある。神農・雷公の両書を基準にして、それと異なる記載例を拾ってみると、扁鵲三、黄帝二、岐伯・桐君・医和各一となる。第三に、扁鵲がやや特異な傾向をしめしていることである。扁鵲だけがほかの単数もしくは複数の書の記載とくいちがっているばあいが六例あり、全体の半分以上を占める。扁鵲が新しい要素をもちこんだことを、あるいは示唆しているのかも知れない。とはいえ、毒性の記載からあまり多くの推論をみちびきだすことはできない。

最後に残されているのは、「神農」の序録の佚文とおぼしい文章を分析し、内側から本草の起源という核心的な問題に迫ることである。序録とおぼしいというとき、念頭にはむろん敦煌本序録十条を置いている。

6　「神農」序録佚文の意味するもの

数すくない佚文のなかに、太一小子ないし太一子と神農のあいだの師授形式をとる、三つの文章の断片が存在する。そこには本草の起源を解き明かすためのいくつかの手がかりがかくされている。まず、その文章を引用しよう。（　）内は原文、改めた字を〔　〕内に記す。

1　神農本草曰、神農稽首再拝問於太一小子、為衆子之長、矜其飢寒労苦。（其画）〔昼〕即弦（矣）〔矢〕逐狩、求食飲水、夜則巌穴飲処、居無処所。小子矜之、道時風雨、殖種五穀、去温燥隧、随逐寒暑、不憂飢寒風雨疾苦。

（神農本草に曰く、神農稽首《けいしゅ》再拝して太一小子に問う、（小子は）衆子の長と為《な》り、其の飢寒・労苦を矜《あわれ》む。昼は即ち弦矢にて逐狩し、食を求め水を飲み、夜は則ち巌穴にて飲処し、居るに処所無し。小子之を矜み、時の風雨を道《みちび》き、五穀を殖種し、温を去り燧を燥《かわ》かし、随いて寒暑を逐《お》い、飢寒・風雨・疾苦を憂えざらしむ。）

（『北堂書鈔』巻百五十八。〔 〕内は顧尚之輯『神農本草経』巻一による。）

『北堂書鈔』は、隋の虞世南《ぐせいなん》が秘書省の北堂において群書から鈔録した類書。神農は人民にはじめて農業を教えた伝説的聖王である。『易』繋辞伝にいう、「包犠《ほうぎ》氏没して、神農氏作《おこ》る。木を斲《き》りて耜《し》と為し、木を揉《た》めて耒《らい》と為し、耒《らい》耨《どう》の利、以って天下に教う」、『呂氏春秋』開春論・愛類にいう、「神農の教えに曰く、士 当年にして耕さざる者有れば、則ち天下或いは其の饑を受く。女 当年にして績《つむ》がざる者有れば、天下或いは其の寒を受く、」と。その神農が太一小子に教えを乞おうという。稽首は坐って頭を地面につけるきわめて丁重な礼、ここでは弟子が師に奥義の伝授を乞う儀礼である。

太一小子の名は、ほかの書にはまったくあらわれない。小子はこども、あるいは若者。太一神の若い息子、といった意味であろうか。衆子は、ここでは天神の眼からみたもろもろの子、すなわち一般に人民を指すのであろう。太一小子が気候を調え五穀を植えて、人民を生きる苦しみから救った、というのである。このような考えかたが生まれ、説得力をもち、うけいれられるためには、この書の読者となる人びとのあいだに、あらかじめ太一神の信仰が受容され、定着していなければならない。それは太一が国家祭祀体系の最高の神格に位置づけられ、その祭が恒常化してゆく課程で生まれてきた状況であったにちがいない。はじめて謬忌の太一壇がつくられたのは元光二年（前一三三）だが、武帝が甘泉に壇を築いてみずから太一を祭ったのは、それから二十年たった元鼎五年（前一一二）であった。したがって、引用の文章の書かれた日づけが前一一二年よりさかのぼることは決してありえない、と考えていいだろう。太一の祭祀を武帝にすすめ、決意をうながしたのが、最初の候神方士使者公孫卿であったことも、あわせて想起する価値がある。つぎの文章はこの年代をさらに大きく下げるだろう。

2　神農稽首再拝、問于太一小子曰、鑿井出泉、五味煎煮、口別生熟、後乃食咀。男女異利、子識其父。曾聞、上古之時、人寿過百、無殂落之咎。独何気之使〔然〕邪。太一小子曰、天有九門、中道最良、日月行之。名曰国皇、字曰老人。出見西方、長生不死、衆曜同光。神農従其嘗薬、以救人命。（神農稽首再拝し、太一小子に問うて曰く、井を鑿《うが》ち泉を出し、五味を煎煮し、口に生熟を別《わ》かち、後乃ち食咀《そ》す。男女利を異にし、子 其の父を識る。曾て聞く、上古の時、人の寿 百を過ぎて、殂落《そらく》の咎《きゅう》無し、と。独り何の気の然らしむるや、と。太一小子曰く、天に九門有り、中道最も良し、日月之を行く。名づけて国皇と曰い、字を老人と曰う。出でて西方に見《あらわ》るれば、生を長らえて死せず、衆曜光を同じうす、と。神農 其れ従《よ》り薬を嘗め、以って人命を救う。）（『路史』後紀・巻三・注引唐馬総意林。〔　〕内は2′によって改む。）

2′　神農本草曰、神農稽首再拝、問於太一小子曰、曾聞、〔上〕古之時、寿過百歳、而〔無〕殂落之咎。独何気使然耶。太一小子曰、天有九門、中道最良。神農乃従其嘗薬、以救人命。（『太平御覧』巻七十八。〔　〕内は2によって補う。）

これが「神農本草」の文であることは、『御覧』の引用によってわかる。『四庫提要』によれば、梁の庾仲容《ゆちゅうよう》が周秦以来の諸家の雑記およそ百七家の要語を摘録して「子鈔三十巻」を編纂したが、それを増損してできたのが唐の馬総の『意林』五巻だという。

神農の問いの五味はここでは食物一般、生熟は生《なま》のものと煮たもの。「子 其の父を識る」というのはいかなるメタファーか。殂落は死ぬこと。重要なのは、太一小子の答だ。「天に九門有り、中道最も良し、日月之を行く」。天に九つの門があるとは聞きなれない表現だが、これが月行九道論を意味することは疑いを入れない。『漢書』天文志にいう、「日に中道有り、月に九行有り」、と。「中道とは、黄道」である。それにたいして、

月に九行有りとは、黒道二は黄道の北に出で、赤道二は黄道の南に出で、白道二は黄道の西に出で、青道二は黄

道の東に出ず。立春・春分には、月は東して青道に従い、立秋・秋分には、西して白道に従い、立冬・冬至には、北して黒道に従い、立夏・夏至には、南して赤道に従う。然して之を用うるには、一に房の中道に決す。青・赤は陽道に出で、白・黒は陰道に出ず。若し月 節度を失して妄《みだり》に行き、陽道に出ずれば則ち旱風、陰道に出ずれば則ち陰雨あり。

漢代の九道論について伝えられている内容はこれだけであって、それがなにを意味するか、正確なことはわかっていない。ただ、月の軌道が黄道にたいして傾斜しているためにおこる現象の説明であることは、まちがいない。能田忠亮によれば、「年に依って多少の相違はあるが、時代には関係なしに、満月が中天に最も高く輝くのは、冬至の頃で、夏至の頃は満月が他の時節に比べて低く輝き、満月が比較的赤道近くの南北に輝くのは、春秋二分の頃である」。そうした、季節によって変化する月道を、黄道とあわせて九道と呼んだものであろうという。(47)「之を用うるには、一に房の中道に決す」というのは、星占いの方法。房は二十八宿のひとつ、『史記』天官書《てんかんじょ》では東宮蒼竜に属する房宿。司馬貞の索隠に引く緯書「春秋説題辞」に、「房・心を明堂と為す、天下布政の宮」、「尚書運期授」に「房は、四表の道」といい、後漢の宋均は「四星の間に三道有り、日・月・五星の従りて出入する所なり」と説明する。その意味するところは、『晋書《しんじょ》』天文志にくわしい。

房四星を明堂と為す、天子布政の宮なり、亦四輔なり。下第一星は上将なり、次は次将なり、次は次相なり、上星は上相なり。南二星は君の位、北二星は夫人の位。又四表と為し、中間を天衢《てんく》と為し、天関と為す、黄道の経る所なり。南を陽環と曰い、其の南を太陽と曰う。北間を陰間と曰い、其の北を太陰と曰う。七曜天衢に由らば、則ち天下和平、陽道に由らば則ち旱・喪、陰道に由らば則ち水・兵あり。

房の四星のうち、中の二星は天の大通りの関所であり、そのなかを黄道が走っている。黄道の南側にある二星のあいだを陽環、北側のそれを陰間といい、陽環の外には太陽、陰間の外には太陰が拡がっている。それが四表である。

日・月・五星がそのいずれを通るかによって、国の出来事を占う。

『晋書』天文志のとほぼおなじ文章を、『宋書《そうじょ》』律暦志は「劉向 九道を論じて云う」、『新唐書』暦志は「洪範伝に云う」として、引用している。九道論を劉向《りゅうきょう》、とくに「洪範伝」に結びつけるこの後世の説は疑わしい。『続漢書《しょくかんじょ》』律暦志に載せる漢安二年（一四三）の辺韶《へんしょう》の上言が、「其の後 劉歆《りゅうきん》は機を研《きわ》むること極めて深く、之を春秋に験し、参《まじ》うるに易の道を以ってし、河図帝覧嬉《かとていらんき》・雒書乾曜度《らくしょけんようど》を以《もち》いて九道を推広し」た、と証言しているからだ。劉歆の三統暦が九道論を用いていたことは、おなじく賈逵《かき》論暦（永元四年、九二）に、百七十一年ごとに「十一月合朔旦冬至」に復帰するという説は「春秋・三統の九道終数」に合致する、とみえることばによって確認される。劉歆は緯書の「河図帝覧嬉・雒書乾曜度」の九道論をとりいれ、三統暦の計算をおこなったのである。

「河図帝覧嬉」にいう、

黄道一。青道二は黄道の東に出で、赤道二は黄道の南に出で、白道二は黄道の西に出で、黒道二は黄道の北に出ず。月は春には東して青道に従い、夏には南して赤道に従い、秋には西して白道に従い、冬には北して黒道に従う。（『礼記』月令疏）

さらに「河図括地象」には「天に九道有り」（『御覧』巻三十六）とみえ、「河図龍魚」は『漢書』天文志とおなじ文章のあとに、

天に四表有り、月に三道有り。聖人之を知りて、以って年を延ばし寿を益す可し。（『御覧』巻四）

と書きくわえ、九道にもとづく占いと延年益寿とを結びつける思想が緯書のなかに生まれていたことをしめしている。「河図龍魚」はともかく、「河図帝覧嬉」は三統暦に先立つ書であった。それでは、劉歆が太初暦を増補して三統暦をつくったのは、いつか。

『漢書』律暦志によれば、太初暦（前一〇四）の制定後、最初に暦法を包括的に論じたのは劉向であったらしい。成帝

のとき、かれは「六暦を総べ、是非を論じ、五紀論を作」った。六暦とは漢代まで伝えられた六つの古暦、「黄帝・顓頊《せんぎょく》・夏・殷・周及び魯暦」であり、いずれも一年の日数を三六五日と四分の一日とする、いわゆる四分暦であった。ちなみに、中国の暦法では端数を分数で表記し、太初暦は一年の日数の端数に一五三九分の三八五を選んだが、後漢は緯書の影響下に四分暦に立ち返る。劉向のあとをうけて、劉歆は「三統暦及び譜を作り、以って春秋を説」いた。かれは羲和《ぎか》・京兆尹《いん》の職にあって「明堂・辟雍《へきよう》を治」し、「儒林・史卜の官を典《つかさど》り、律暦を考定し、三統暦譜を著」したのである（『漢書』巻三十六）。王莽が周代の制度にならって明堂・辟雍・霊台を建てたのは、元始四年(四)のことであった。王莽の命をうけた劉歆らは、そこに専門家を集め、「律」と度量衡の統一をはかった。

元始中に至り、王莽 政を秉《と》り、名誉を燿《かがや》かさんと欲し、天下の鐘律に通知する者百余人を徴し、羲和劉歆等をして典領・条奏せしめ、之を言うこと最も 詳《つまびらか》なり。(『漢書』律暦志)

いうまでもなく、これは本草が学問の一分野としてはじめて公認された、元始五年のできごとである。そこでおこなわれた試みや事業からみて、その期間はかなり長期にわたるものであったにちがいない。「暦」すなわち三統暦がつくられたのもそのときであった、と考えていいだろう。その三年後に、王莽は即位して新王朝を建て、劉歆を国師に任じている。

讖緯《しんい》思想は戦国末におこり、前漢末から後漢にかけて隆盛をきわめ、多くの著作を生んだ。[48] そのさきがけとなったのは、讖記《しんき》・図讖《としん》などと呼ばれる、未来の出来事や王朝の運命を予言する書の出現である。いまの主題にかかわる一、二の例を挙げるなら、斉人公孫卿が所持していた札書には、

黄帝宝鼎を宛朐《えんく》に得て、鬼臾区《きゆく》に問う。鬼臾区対《こた》えて曰く、黄帝の宝鼎・神策を得たるは、是《こ》の歳の己酉朔旦冬至なり。天の紀を得て、終りて復た始まる、と。是こに於いて黄帝日を迎え策を推すに、後率《おおむ》ね二十歳にして朔旦冬至に復す。凡そ二十推、三百八十年にして、黄帝天に僊登す。(『史記』封禅書)

としるされていた。朔旦冬至は朔日の朝が冬至にあたる吉日。その日は約二十年ごとにめぐってくる。また、初め、成帝の時、斉人甘忠可は天官暦・包元太平経十二巻を詐造し、以って言う、漢家は天地の太終に逢い、当に更《あらた》めて命を天に受くべし。天帝は真人赤精子をして、下して我に此の道を教えしむ、と。（『漢書』巻七十五・李尋伝）

甘忠可の死後、その弟子夏賀良らの建議は哀帝を動かした。哀帝はかれらの説にしたがい、建平二年（前五）を太初元将元年と改め、みずからは陳聖劉太平皇帝と号する。もっとも、二か月後、「道に反し衆を惑わし」たかどで賀良らは誅に伏し（『漢書』巻十一・哀帝紀）、事件は落着するのだが。こうした例にみられるように、図讖の予言思想は国家の大事を予知する占星術と結びつき、やがて経書にたいして緯書を称するにいたる。

「図讖を禁絶せんことを請う疏」において、後漢の天文学者張衡（七八―一三九）はこう述べている。

劉向父子、秘書を領校し、九流を閲定するも、亦讖録無し。成・哀の後、乃ち始めて之を聞く。……則ち知る、図讖は哀・平の際に成るを。（『後漢書』巻五十九・張衡伝）

哀帝（在位前七―前一）、平帝（在位前一―五）の時代に讖緯の書が出現した、という張衡の指摘は重要である。(49)『漢書』王莽伝に「甘忠可・夏賀良の讖書」が宮廷図書館の蘭台におさめられたというのも、建平二年のことであった。王莽は哀帝の治世に頭角をあらわし、平帝のもとで権力を掌握する。讖緯思想への傾斜を深めてゆく王莽の登場が「哀・平の際」の趨勢に拍車をかけたのは、疑いを入れない。

劉向・劉歆父子の立場はやや微妙であった。かれらは太初暦を支持し、劉歆は三統暦をつくったが、讖緯説と結びついたのは四分暦である。「官暦とならなかった四分暦を信奉する人々は、漢末に興った讖緯説に結びつけて頽勢をもりかえそうとした」と藪内清はいう。(50)劉向が「六暦を総べ、是非を論じ」たのも、四分暦派のこの動きと無関係ではなかったろう。かれは甘忠可の讖書を「鬼神を仮《か》りて上を罔《な》みし衆を惑わす」（『漢書』巻七十五）ものと指弾し、劉歆も夏賀良らの書を「五経に合わず、施行す可からず」(同)と判定した。とはいえ、かれらの思想が讖緯説と相容れなかったわけでは決してない。それどころか、福永光司にしたがえば、かれらのなかには「神仙道教的な世界に対する強い志向とひたむきな憧憬」[51]が流れており、その「神仙讖緯的な思想と信仰」[52]は王莽にも大きな影響をあたえずにはおかなかったのである。

劉歆が月行九道論をとりいれた「河図帝覧嬉・雒書乾曜度」の二部の緯書も、三統暦の編纂からそれほどさかのぼらぬ時期、おそらくは「哀・平の際」になったのであろう。九道論を提唱したのは四分暦派の天文学者であったにちがいない。哀・平に先立つ成帝のころのことであろう。緯書に登場した九道論は、劉歆に支持され、三統暦の月行計算にくみこまれることによって、急速にその権威を高めてゆく。そのうえ、九道論が生まれたであろう成帝の治世は、劉向の活動の盛期でもあった。九道論を劉向の「洪範伝」と結びつける伝承が生まれたのも、理由のないことではなかった。

それではいったいなぜ、「神農」はいわば序録に本草とは無関係な九道論をかかげたのであろうか。わたしはさきにこう書いた。元始五年以前にも本草のテキストはあったが、口伝であったか書物のかたちをとっていたかはわからぬ。確実なのは、そのとき、本草の知識が文字にあらわされ、公表されたことだ、と。いまや推論をもう一歩進めることができる。そのとき著述され公開された本草書こそ「神農」、すくなくともその原形にほかならなかったであろう、と。原形というのは、後漢末までに後人の手がくわわっていると想像されるからである。しかし、ここでは、テキストにそれほど大きな違いは生じていなかったと仮定して、たんに「神農」と称することにする。

元始五年の「学術大会」を全体として主宰し指導したのはおそらく劉歆であった。大会には天文・図讖の専門家も数多く参加していた。本草家たちはかれらから占星術や九道論の話を聞き、劉歆が九道論を支持していることを知ったであろう。本草の起源と効用について、なんらかの超越的な権威づけが必要であると感じていた本草家たちは、そこに恰好の根拠をみいだす。九道論をもちこんだのは、明らかに劉歆への迎合であった。かれらの天文の知識は一知半解の聞きかじりの耳学問にすぎなかったことが、それを有力に傍証している。

太一小子は「天に九門有り、中道最も良し、日月之を行く」につづけていう、「名づけて国皇と曰い、字《あざな》を老人と曰う」、と。文脈からみて、中道すなわち黄道の名が国皇、字が老人だというのであろう。国皇とはなにか。『漢書』天文志に、「国皇星は大にして赤く、状 南極に類す。出ずる所、其の下 兵を起こす。兵彊ければ、其の衝利せず」といい、『御覧』巻八百七十五引・春秋考異郵には、「国皇は大にして赤く、南極に類す。見《あらわ》るれば則ち兵起こり、天下急なり」とみえる。『晋書』天文志は「南極老人星に類す」といい、妖星のひとつにかぞえる。妖星とはそこでは彗星を指す。国皇は歳星(木星)の精からできるとも考えられていた。『晋書』天文志引・河図にいう、「歳星の精、流れて天棓・天槍・天猾・天衝・国皇・反登・蒼彗と為《な》る」、と。いずれも出現のさいの形や色や位置や動きなどによって区別された彗星である。国皇が兵乱を予告する妖星の彗星であったのにたいし、老人は恒星、竜骨座のα星(α Car)である。『史記』天官書によれば、「狼の比地に大星有り、南極老人と曰う。老人見《あらわ》るれば、治安んじ、見れざれば、兵起こる。常に秋分の時を以って之を南郊に候《うかが》う」。狼は天狼ともいい、大犬座のα星(α CMa)である。裴駰《はいいん》の集解に、「晋灼《しんしゃく》曰く、比地とは、近地なり」、と。『晋書』天文志には、「老人一星は、弧の南に在り、一に南極と曰う。常に秋分の旦を以って丙に見《あらわ》れ、春分の夕に丁に没す。見るれば則ち治平ぎ、主寿昌なり。常に秋分を以って之を南郊に候う」、という。弧は大犬座の尻尾や後足などにあたる部分の星座。古代ギリシア人の大犬は、古代中国人のイメージでは狼を弓矢がねらうすがたをとる。老人はめでたい星であり、陰暦の八月には祭もおこなわれていた。『後漢書』礼儀志によれば、「是の月(仲秋の月)や、老人星を国都南郊の老人廟に祀る」のである。中道と国皇と老人をいっしょにしてしまうのは、天文学的には支離滅裂というほかはないが、「神農経」の著者にとって必要なのは、ことばのイメージの連鎖であった。皇帝をイメージさせる国皇を介して、「治平げば則ち見れ、見るれば則ち主寿なり」という老人星(『御覧』巻八百七十二引・春秋元命苞)が九門・中道に結びつけられる。緯書のなかに、九道を認識すれば「延年益寿」が可能である、という考えがあったことはすでに述べた。薬物を寿昌へみちびくことができれば、本草家にとって事はたりる。「出でて西方に見るれば、長生不死」、と。西方にあらわれるとは、南極老人が『史記』にいう西宮、のちの西方七宿に属する星であることから生じた誤解であろう。あるいは彗星の国皇と混同しているのかも知れない。最後にいう、「衆曜同光」、と。武帝が太一を祀ったときの祝辞に「寿星仍出、淵燿光明」(寿星仍《しきり》に出で、淵燿光明たり)(『漢書』郊祀志)とみえる。そうした類の祝辞をもじった表現であろう。

「神農本草」のこの一文は、唐突につぎのことばで結ばれる、「神農 其れ従《よ》り薬を嘗め、以って人命を救う」。この文章を読んでいると、貧弱な知識をかき集め、王莽や劉歆の息づかいをうかがいながら、背伸びしてたどたどしく文字を書きつづっている本草家のすがたが、眼前に彷彿してくる。「神農」を書いた人びとは、それまで学問とはあまり縁のなかった採薬者であったにちがいない。

3 本草経曰、太一子曰、凡薬上者養命、中薬養性、下薬養病。神農乃作赭鞭鉤製、従六陰陽、与太一升五岳四瀆、土地所生草石骨肉心皮毛羽万千類、皆鞭問之、得其所能主治、当其五味、(百)〔一日〕七十余毒。(本草経に曰く、太一子曰く、凡そ薬の上なる者は命を養い、中薬は性を養い、下薬は病を養う、と。神農乃ち赭鞭《しゃべん》・鉤製《こうせい》を作り、六陰陽に従い、太一と与《とも》に五岳・四瀆《とく》に升り、土地の生ずる所の草・石・骨・肉・心・皮・毛・羽万千類、皆鞭うちて之に問い、其の能く主治する所を得て、其の五味に当たり、一日に七十余毒なり。)

(『御覧』巻九百八十四。〔 〕内は『淮南子』脩務訓によって改む。後述。)

3′ 本草経曰、太一子曰、凡薬上者養命、中者養性、下者養病。(『藝文類聚』巻八十一・薬)

3″ 神農曰、上薬養命、中薬養性。(『嵇康集』巻三・養生論)

この文章は性質を異にするいくつかの問題をはらんでいる。その第一は、『御覧』に引く「本草経」の問題。いくつかの例外はあるものの、「本草経」とあれば陶弘景校定以前の旧本を指す、というのがまえに得た結論であった。『藝文類聚』は唐代の類書のひとつであり、そこに引く「本草経」も『御覧』と同文であるところから、やはり旧本と考えていいだろう。若干の字の異同はあるにしろ、ほぼおなじ内容の文章が「神農」にふくまれていたであろうことは、嵆康の「養生論」に示唆されている。

第二は、ふたたび太一の問題。「太一子」とあるのは太一小子のことであろう。はじめに推定しておいたように、「神農」の初稿が元始五年に成ったとすれば、太一は新たな意味を帯びることになる。成帝の即位後、国家祭祀の儒教的再編成を企図する匡衡らの提言によって、長安の南北郊に移された太一・后土壇は、その後なんどか廃止と復活をくりかえす。王莽が権力の座についたときには、甘泉・汾陰の祭祀に復していた。政治に周代の理念を追いながら、即位後は「神僊の事を興し」、錬金術に熱中し、讖緯説を信奉し、黄帝登僊への憧憬をかくさなかった王莽は、元始五年、学者たちを招集したその年、二度にわたって太一・后土の祭祀の改革案を上奏した(『漢書』郊祀志)。こうして復活した南北郊の祭祀とかれの提案にもとづく壇の構成や祭礼の法式は、ほとんどそっくり後漢に継承されてゆく。天壇・地壇の祭に決定的な形態をあたえたのが王莽だったのである。[53]「神農」が太一小子をかついだ、唯一ではないにしても強力な理由には、王莽への「阿諛苟合」があったと考えていい。

第三は、神農を開祖と仰いだきっかけはどこにあったかという問題。『淮南子』脩務訓にいう、

古は、民 草を茹《くら》い水を飲み、樹木の実を采《と》り、蠃蛖《らぼう》の肉を食らい、時に疾病・毒傷の害多し。是こに於いて、神農乃ち始めて民をして五穀を播種せしめ、土地の宜しきと燥湿・肥墝《ひこう》・高下とを相《み》、百草の滋味、水泉の甘苦を嘗《な》め、民をして辟就《へきしゅう》する所を知らしむ。此の時に当たりて、一日にして七十毒に遇えり。

「本草経」の「其の五味に当たり、一日に七十余毒なり」が『淮南子』のこの文章をふまえているのは明らかだ。本草家たちは「時に疾病・毒傷の害多し」、「百草の滋味、水泉の甘苦を嘗む」、「一日にして七十毒に遇う」といった記

述のなかに、かれらの学問の開祖にふさわしい人物像をみいだしたにちがいない。ちなみに、本草家の伝承やその系譜を引くもののほかに、神農を医薬の祖とする説話はない。その著作を権威づけるために、本草家たちは『淮南子』をてがかりにして神農伝説を創作したのである。その伝説を読んでゆこう。

赭鞭の赭は赤土色のあか、鞭はむち。鞭打つのは、強制するためであろう、呪術ではしばしば用いる手段である。鉤製は鎌、むろん薬物を刈るための道具だ。六陰陽は『易』の六爻であろう。『易』の原理にしたがって、ということになる。五岳・四瀆は東嶽泰山、南嶽衡山、西嶽華山、北嶽恒山、中嶽嵩山の五大山と東の江、北の済、西の河、南の淮の四大川。宣帝のとき、それを祭るために使者が「持節侍祠」したことは、すでに述べた(一四〇ページ)。薬物としては、草・石のほかに骨・肉・心・皮・毛・羽を挙げ、むしろ動物薬を強調しているのが目につく。実際には『神農本草経』の動物薬は四分の一たらずなのだから、そのようにしておのれの特徴をきわだたせなければならぬ、たとえば尚方や入海採薬方士のような、まぎらわしい人びとがいたということだろう。神農は植・鉱・動物の万千類を鞭打ち、「能く主治する所」を白状させ、その五味と毒性をたしかめた。なお、神農が主治・五味・毒を問いただしたというのは、「呉普本草」の「神農」の記述と一致する。寒・温の記載は後世に付加されたものであることが、ここでもたしかめられる。

薬の神農起源説話は、西晋の皇甫謐の『鍼灸甲乙経』の序に、

上古に神農始めて草木を嘗めて百薬を知る。

「帝王世紀」に、

炎帝神農氏は姜水に長じ、始めて天下をして耕し、五穀を種えて之を食らい、以って殺生を省《はぶ》かしむ。草木を嘗味し、薬を宣べ疾を療し、夭傷の命を救うも、百姓日用して知らず。本草四巻を著す。(『御覧』巻七百二十一。なお、「百姓日用して知らず」は『易』繋辞伝のことば。)

とみえ、この時代には本草の世界を超えて受け入れられるにいたったことをしめしている。鞭の話があらわれるのは、東晋の干宝(?—三一七)の『捜神記』である。

神農は赭鞭を以って百草を鞭うち、尽く其の平毒・寒温の性、臭味の主る所を知り、以って百穀を播く、故に天下は神農と号す。(巻一)

この文章は赭鞭説話の出現の時期に問題を投げかける。皇甫謐がそれに触れず、干宝の書にはじめてみえるということは、その出現が西晋末から東晋初にかけてである可能性を示唆しているからだ。ただ、平毒・寒温・臭味といった表現からみて、これはむしろ干宝が古本「神農」にもとづいたのである。

ともあれこの説話は唐代に、唐の司馬貞が『史記』の冒頭に補った「三皇本紀」によって、歴史に定着される。

炎帝神農氏、……木を斲りて耜と為し、木を揉めて耒と為し、耒耨の用、以って万人に教え、始めて耕せしむ。故に神農氏と号す。是こに於いて蜡祭《ささい》を作《おこ》し、赭鞭を以って草木を鞭うち、始めて百薬を嘗め、始めて医薬有り。

蜡祭は陰暦十二月におこなう祭、百神を合祭する。一年間の農作業をすべて終え、神々を祭ったのち、農閑期に医薬をととのえた、という筋書であろう。ついでながら、『御覧』巻九百八十四引・任昉《にんぼう》述異記には、

成陽山中に神農鞭薬の処有り、一名神農原、一名薬草山。山中に紫陽観有り、世に神農此こに於いて百草を弁《わか》つと伝う。

とみえる。

4　抱朴子曰、神農〔四〕経曰、上薬令人身安命延、昇〔為〕天神〔仙〕、遨遊上下、使役万霊、体生毛羽、行厨立至。又曰、五芝及餌丹砂・玉札・曾青・雄黄・〔雌黄・〕雲母・太〔乙〕〔一〕禹余粮、各可単服之。皆令人飛行長生。又曰、中薬養性、下薬除病、能令毒虫不加、猛獣不〔犯〕〔死〕、悪気不行、衆〔妖併辟〕〔祆辟屏〕。(抱朴子曰く、神農四経に曰く、上薬は人をして身安く命延び、昇りて天神と為り、上下に遨遊し、万霊を使役し、体に毛羽

を生じ、行廚立ちどころに至らしむ、と。又曰く、五芝及び餌の丹砂・玉札・曾青・雄黄・雌黄・雲母・太乙禹余粮を、各おの之を単服す可し。皆人をして飛行・長生せしむ、と。又曰く、中薬は性を養い、下薬は病を除き、能く毒虫加えず、猛獣犯さず、悪気行らず、衆妖をして併びに辟《しりぞ》けしむ、と。）（『抱朴子』内篇・仙薬、『御覧』巻九百八十四。〔 〕内は『抱朴子』、（ ）内は『御覧』。）

4′ 神農経曰、上薬令人身安命延。又云、餌五芝・丹沙・曾青・雲母・太一禹余粮、各以単服、令人長生。中薬養性、下薬除病。（『御覧』巻六百六十九）

葛洪の『抱朴子』にいう「神農四経」が神仙道教の徒によって加筆増訂されたテキストであることを、この条は疑いなく立証している。

5 神農経曰、上薬養命、謂五石之練形、六芝之延年也。中薬養性、〔謂〕合歓蠲忿、萱草忘憂。下薬治病、謂大黄除実、当帰止痛。夫命之所以延、性之所以利、痛之所以止、当其薬応以痛也。違其薬、失其応、即怨天尤人、設鬼神矣。（神農経に曰く「上薬は命を養う」とは、五石の形を練り、六芝の年を延ばすを謂うなり。「中薬は性を養う」とは、合歓忿《いかり》を蠲《のぞ》き、萱草憂を忘れしむ〔を謂う〕。「下薬は病を治す」とは、大黄実《じつ》を除き、当帰痛みを止むを謂う。夫れ命の延ぶ所以、性の利す所以、痛みの止む所以は、其の薬に当たれば応ずるに痛みを以ってすればなり。其の薬に違えば、其の応を失い、即ち天を怨み人を尤《とが》め、鬼神を設《た》つ。）（葉本『博物志』巻四・薬論）

この文章はふつう全体を「神農経」のことばとして引用されるが、「神農経」の文は「上薬養命、中薬養性、下薬治病」だけであり、残りは、張華の筆であるかどうかはともかく、後人の解説である。薬としての五石の使用は前漢の前期までさかのぼる。『抱朴子』内篇・金丹（また『御覧』巻九百八十八）によれば、「五石とは、丹砂・雄黄・白凡（礬）・曾青・慈石なり」。しかし、「練形」という表現は新しい。『荘子』などでは養形という。西晋の左思の「呉都賦」（『文選』巻五)に、仙人の桂父は「形を錬りて色を易」えたとあるのが、この例とともに早い例に属し、やがて道教の徒の愛用することばとなる。たとえば『抱朴子』に、「願わくば真人の守身・錬形の術を聞かん」(微旨)、と。「五石之錬形」は晋代まで下る表現とみていい。六芝は本経上品の赤・黒・青・白・黄・紫芝か。いずれにも「延年」の記載がある。「合歓蠲忿、萱草忘憂」は、陶弘景注が指摘する(『政和』巻十三・合歓)とおり、嵇康「養生論」にみえることば。「当帰止痛」もおなじく「答難養生論」にみえる。合歓は本経中品、大黄はおなじく下品でこの文章に合うが、当帰は本経中品であり、萱草は本経・別録のいずれにもなく、唐代にはじめて本草書(『本草拾遺』など)におさめられた。疑いもなく後人が嵇康の「養生論」をふまえて書いた文章である。唐の徐堅の『初学記』巻二十七・萱にも、「張華博物志曰」として「神農経曰、中薬養生、謂合懽蠲忿、萱草亡憂也」を引く。それが『文選』巻五十三・養生論の李善注になると、「神農本草曰、合歓蠲忿、萱草亡憂」に変わっている。

6　神農経曰、薬物有大毒不可入口鼻耳目者、入即殺人。一曰鈎吻〔盧氏曰、陰(也)〈地〉黄精不相連、根苗独生者是也。〕、二曰鴟〔状如雌雞、生山中。〕、三曰陰命〔赤色著木、懸其子山海中。〕、四曰内童〔状如鵝、亦生海中。〕、五曰鴆〔羽如雀、黒頭赤喙、亦曰蟜蟢、生海中。雄曰(蟢)〈鴆〉、雌曰蟜蟢也。〕。(神農経に曰く、薬物に大毒の口鼻耳目に入る可からざる者有り、入れば即ち人を殺す。一に曰く、鈎吻〔盧氏曰く、陰地の黄精の相連ならず、根苗独り生ずる者是れなり。〕、二に曰く、鴟〔状雌雞の如く、山中に生ず。〕、三に曰く、陰命〔赤色にして木に著き、其の子を山海中に懸く。〕、四に曰く、内童〔状鵝の如く、亦海中に生ず。〕、五に曰く、鴆〔羽雀の如く、黒頭・赤喙、亦蟜蟢とも曰い、海中に生ず。雄を鴆と曰い、雌を蟜蟢と曰うなり。〕、と。)(同。ただし、本文と〔　〕内の注の区別は指海本に従う。また注の字の異同は(　)内が葉本、〈　〉内が指海本。)

ここで問題になるのは盧氏注である。『隋書』経籍志にも盧氏を名のる本草書ないし処方書はみえない。しかし、すでに述べたように(一九二ページ)、陶弘景は、

又有一物、名陰命。赤色著木、懸其子。山海中。最有大毒、入口能立殺人。(『政和』巻十・鉤吻)

と注しており、旧本にあったことは疑いを入れない。とすれば、盧氏注は雷公集注のなかにふくまれていた、と考えるのが当然だろう。いいかえれば、雷公集注は「薬対」・「盧」その他からなっていたにちがいない。集注という以上、「薬対」以外の書もおさめている、その証拠がひとつみつかったことになる。この文章は、盧氏注がついていることからみて、また陰命・内童のような失われた薬名から推して、「神農」の文章と考えていいだろう。なお、陶弘景によれば、鉤吻は「初めて生ずるに、既に極めて黄精に類す」るのであるが、盧氏注は「陰地の黄精の相連なら」ざるものとして、この両種を区別しておらず、その記載の古さをうかがわせる。

7　神農経曰、薬種有五物。一曰狼毒、占斯解之。二曰巴豆、藿汁解之。三曰黎盧。湯解之。四曰天雄・烏頭、大豆解之。五曰班茅、戎塩解之。毒采害、小児乳汁解、先食飲二升。(神農経に曰く、薬種に五物有り。一に狼毒と曰い、占斯之を解く。二に巴豆と曰い、藿汁之を解く。三に黎盧と曰い、湯之を解く。四に天雄・烏頭と曰い、大豆之を解く。五に班茅と曰い、戎塩之を解く。毒采害すれば、小児乳汁もて解き、食に先だちて二升を飲む。)(同)

この文章が旧本にふくまれていたことは、陶弘景が敦煌本序録の解毒の項に、つぎのように記述しているところからみて、確実といっていい。

斑苗・芫青の毒には……戎塩……を用い、並びに之を解く。
狼毒の毒には……占斯を用い、並びに之を解く。
巴豆の毒には……生藿汁……を用い、並びに之を解く。
藜蘆の毒には……温湯を用い、並びに之を解く。
烏頭・天雄・附子の毒には大豆汁……を用い、並びに之を解く。

陶弘景はこの五種のほかにも、治葛をはじめ多くの毒薬をとりあげ、解毒薬の数もおおはばにふやして、旧本序録の文章の面目を一新している。

問題はこの文章が旧本に先立つ「神農」の古本におさめられていたかどうかだ。まず占斯は別録品であり、後人の手になる文章であることを示唆する。狼毒・巴豆・藜蘆はいずれも本経下品。藿は、『新修本草』注に引く「別録」に、赤小豆の「葉を藿と名づく」とみえる（『政和』巻二十五）。大豆は本経中品。天雄・烏頭《うず》・附子《ぶし》はすべてトリカブトの別名、形や採取の時期によって区別したようだ。班茅は斑猫、本経下品。戎塩もおなじく本経下品である。乳汁はむろん人乳汁であろう、別録品に属する。このように、別録を前提した記述をふくむ文章は、いずれにしろ魏の呉普・李当之以後のものでなければならない。末尾の「先食」には、「先に食す」すなわち食後と「食に先だつ」すなわち食前の、ふたつの読みかたが古くからある。ここでは『抱朴子』内篇・仙薬にみえるつぎの記述、

按ずるに中黄子服食節度に云う、治病の薬を服するには食前を以って之を服し、養性の薬は食後を以って之を服す、と。

にしたがって読んでおく。

8　養生略要曰、神農経曰、五味養精神、強魂魄、五石養髄、肌肉肥沢。諸薬、其味酸者、補肝養心、除腎病。其味苦者、補心養(痹)(脾)、除肝病。其味甘者、補脾養肺、除心病。其味辛者、補肺養腎、除脾病。其味鹹者、補腎養(肺)(肝)、除(肝)(肺)病。故五味応五行、四体応四時。夫人性生於四時、然後命於五行。以一補身、不死命神、以母養子、長生延年、以子守母、除病究年。（養生略要に曰く、神農経に曰く、五味は精神を養い、魂魄を強くし、五石は髄を養い、肌肉肥沢す。諸薬は、其の味酸なる者は、肝を補い心を養い、腎病を除く。其の味苦なる者は、心を補い脾を養い、肝病を除く。其の味甘なる者は、脾を補い肺を養い、心病を除く。其の味辛なる者は、肺を補い腎を養い、脾病を除く。其の味鹹なる者は、腎を補い肝を養い、肺病を除く。故《もと》よ

り五味は五行に応じ、四体は四時に応ず。夫れ人の性は四時に生じ、然る後五行に命ず。一を以って身を補えば、不死命神(?)、母を以って子を養えば、生を長らえ年を延ばし、子を以って母を守れば、病を除き年を究む。)(『御覧』巻九百八十四。〔 〕内は意を以って改めた。)

「養生略要」は未詳。養生(性)と称する書は後漢の王充(二七―一〇〇?)が最晩年に著したという「養性書十六篇」(『後漢書』巻七十九)を嚆矢とする。隋の巣元方《そうげんぼう》の『巣氏諸病源候論』(六一〇?)はしばしば「養生方」を引くが、よく知られているものに「張湛養生要集十巻」(『随書』経籍志)があり、丹波康頼《たんばのやすより》の『医心方』(九八四)などに佚文をとどめている。いずれ魏晋以降の書であるのはまちがいない。

ここで五石に対比された五味は草薬を意味する。『素問』巻三・六節蔵象論篇に、「草は五味を生ず。……天 人に食らわすに五気を以ってし、地 人に食らわすに五味を以ってす」。「精神を養う」は医術が道家から学んだ養生の思想である。『荘子』刻意篇にいう、「純粋にして雑《まじ》えず、静一にして変わらず、淡にして無為、動けば天行を以ってす、此れ神を養うの道なり」、と。養神は医術では肉体的なものへと変容する。「陽気は、精ならば則ち神を養い、柔ならば則ち筋を養う」(『素問』巻一・生気通天論篇)、「神を養う者は、必ず形の肥痩、栄衛血気の盛衰を知る。血気は人の神、謹んで養わざる可からず」(同・巻八・八正神明論篇)。医学理論では、神は魂魄とともに臓にやどっている。「五蔵は、神気・魂魄を合わせて之を蔵す」(『霊枢』巻三・経水)、「五蔵の蔵する所、心は神を蔵し、肺は魄を蔵し、肝は魂を蔵し、脾は意を蔵し、腎は志を蔵す」(『素問』巻七・宣明五気篇)。神・魂・魄いずれも気と考えられていたこと、食物や薬物によって養ったり強めたりできるとされた根拠がそこにあることは、あらためて指摘するまでもない。いっぽう、「髄は骨の充」(同・巻二十四・解精微論篇)、骨の内部を満たしているものであり、脳につながっていると考えられていた。髄は空虚になりやすい。「腎は水なり、而して骨に生ず。腎生ぜざれば、則ち髄満たす能わず」(同・巻九・逆調論篇)。髄を生みだすのは腎である。「腎骨髄を生ず」(同・巻二・陰陽応象大論篇)。とすれば、腎を養うことが髄を養うことにつながる。それが石薬の効能とされているのである。この文章は明らかに漢代の医学理論を前提し、それを薬物学のほうへ展開しようとしている。

「精神を養い、魂魄を強む」という表現は、丹砂の本経文に「精神を養い、魂魄を安んず」、人参に「精神を安んじ、魂魄を定む」などとあるのに通ずる。上品には類似の表現が多く、とくに「精神を養う」は頻出する。中品だが、龍眼は「魂を強む」という。髄については本経文に、「髄を補う」(青石)、「脳・髄を補う」(青蘘)、「髄・脳を填む」(乾漆)、「骨・髄を填む」(乾地黄)などがしばしばみえる。「髄を養う」もおなじ意味にちがいはない。「肌肉肥沢」に似通った表現には、「肌肉を長ず」(玉泉)、「肥健」(赤箭)、「悦沢」(柏実)などがある。

薬を意味する「五石」のもっとも古い用例は、『史記』倉公伝である。淳于意の証言によれば、斉王の侍医は「自ら五石を錬り之を服」して、ついに「疽を乳上に発」して死んだという。前漢の文帝(在位前一八〇—前一五七)の時代にはすでに、一部の医師などのあいだに石薬の服用がおこなわれていたのである。ここにいう五石が『抱朴子』のそれとおなじであるかどうかわからないが、癰疽を発して死ぬというのは、後世の五石散(寒食散)の類の石薬服用と共通する症状である。淳于意は「石の薬為《た》る精悍」といい、石薬を「悍薬」とも呼ぶ。『素問』腹中論篇にも、「石薬の気は悍」とみえ、その使用に慎重であった。それが漢代の医学の一般的な石薬観であったとみていいだろう。

五味の作用をまとめると、表3-19になる。表3-8(一七三ページ)と比較すれば、『黄帝内経』の説をふまえ、それを発展させたものであることがわかる。五味が臓に「入る」という流通の経路を、臓を「補う」という作用に置き換え、たんにその臓を補うだけでなく、五行相生の順序にしたがって、それから生ずるものを「養い」、それを生ずるものの「病いを除く」という、三重の作用を五味にもたせたのである。たとえば、相生関係を矢印でしめせば、肝(木)↓心

表3-19　五味の作用

五行	木	火	土	金	水
味	酸	苦	甘	辛	鹹
補	肝	心	脾	肺	腎
養	心	脾	肺	腎	肝
除	腎病	肝病	心病	脾病	肺病

(火)→脾(土)であり、苦(火)は心を補い、脾を養い、肝の病を除く。薬理学を生理学と病理学に結びつける基本的な考えかたが、ここにしめされている。

「五味は五行に応じ、四体は四時に応ず」は、いわゆる天人相感論である。その思想は前漢の董仲舒《とうちゅうじょ》(前一七九?—前一〇四?)の『春秋繁露《しゅんじゅうはんろ》』において明確なかたちをとった。「身は猶お天のごとし、数 之と相参ず、故に命 之と相連なる」(人副天数)。天と人のあいだには数的な対応関係があり、そこから両者の作用の共通性が生じる。両者の作用はしばしば並行しておこり、そのあいだに相互作用、すなわち感応がはたらく。董仲舒はつづけていう、「内に五蔵有るは、五行の数に副うなり、外に四肢有るは、四時の数に副うなり」、と。この考えかたは医学理論にもとりいれられる。「天に四時有り、人に四肢有り。天に五音有り、人に五蔵有り」(『霊枢』巻十・邪客)。五味の五行への分類は『管子』や『呂氏春秋』にまでさかのぼるが、「天に四時・五行有り」(『素問』巻二・陰陽応象大論篇)に直接に人の四体・五味を対応させたのは、本草家がはじめてであろう。

「一を以って身を補う」は、『老子』三十九章に、「天は一を得て以って清く、地は一を得て以って寧《やす》く、神は一を得て以って霊に、谷は一を得て以って盈ち、万物は一を得て以って生じ、侯王は一を得て以って天下の貞となる」、おなじく二十二章に、「一を抱いて天下の式と為る」、『荘子《そうじ》』庚桑楚《こうそうそ》篇に、「老子曰く、衛生の経は能く一を抱かんか、能く失うこと勿からんか」などとみえるのにもとづく。一すなわち道を体得することこそ生を全うするゆえんというのが、本来の道家の考えかたなのだが、ここにいう一がなにを指すかは明らかでない。形而上的な道よりもむしろ、たとえば気のような、形而下的な物を意味するようにみえる。「不死命神」は命と神のいずれかに伝写の誤りがあるのだろう。母・子は、相生関係にあるふたつの行についていう。金が水を生ずるといえば、金が母、水が子である。

五行相生説の立場から五味を論じたこの文章は、魏晋の本草家たちが「神農」をどの方向へ展開しようとしていたか、その一端をしめしている。「神農」古本のいずれかにふくまれていた文章であろう。

断片的であるために、どのような文脈のなかに置かれていたのかよくわからない文章が、もう三つある。

9　神農本草曰、春夏為陽、秋冬為陰。（神農本草に曰く、春夏は陽為《た》り、秋冬は陰為り。）（『文選』巻十六・間居賦・李善注）

10　神農本草曰、春為陽、陽温生万物。（神農本草に曰く、春は陽為り、陽は温にして万物を生ず。）（同・巻二十・関中詩・李善注）

おそらく万物の生長老死と四季とを対応させて論じた一文があったのだろう。

11　神農本草曰、地有固活・女疎・銅芸・紫菀之族。（神農本草に曰く、地に固活・女疎《じょそ》・銅芸《どううん》・紫菀《しおん》の族有り。）（『水経注』巻六・涑水注）

固活・女疎・銅芸は未詳。紫菀は本経中品。ほかに考えるてがかりはない。

前漢時代には、不死の薬の服用による登僊を説く方士に三派があった。ひとつは「海中の三神山の奇薬に遇わんと冀う」（『史記』封禅書）入海求神採薬の方士の一派であり、ひとつは「丹砂諸薬斉を化して黄金と為す」（同）尚方の方士の一派である。初期の本草家はこの両派の方士とは直接のかかわりをもたなかったようにみえるが、神仙術のもう一派、候神の方士とは密接不離の関係にあった。本草が学問の一分野として公認されるまでには、おそらく候神方士一派の力があずかっている。本草家はその思想的影響をとうぜんうけた。いや、神仙世界とのかかわりを強調することは、とりあえず本草の存在理由を正当化することを意味していた、といったほうが正確だろう。とりわけ「命を養う」上薬において、その強調がきわだっている。

ここで簡単な統計をとってみよう。すでに指摘したように、陶弘景は『神農本草経集注』を編纂するさい、神仙術にかかわるとかれがみなした記載はすべて、「久しく服す」るという条件をしめす語のあとに一括する方針をとった。

表 3-20

	薬物総数	神仙薬数	割合(%)
上品	144	116	80.6
中品	113	20	17.7
下品	102	3	2.9
全体	359	139	38.7

そこで、本経文に「久服」とある薬物を神仙薬とみなすことにしよう。また「久しく食す」(六芝など)、「餌を錬りて之を服す」(礬石など)、「錬りて之を食す」(雄黄)は、「久しく服す」とほぼおなじ意味につかわれていると判断できるから、数例だが神仙薬にくわえることにする。そのばあい、桑上寄生の「身を軽くし神に通ず」、丹雄雞の「神に通ず」などは「久服」という条件がないために神仙薬から外れ、乾薑の「久しく服すれば、臭気を去り神明に通ず」はそこに入るという、やや均衡を失した結果も生ずるが、それらはきわめて少数の例外にとどまる。本経上・中、下品のなかの神仙薬の数と百分率は、表3-20のとおりである。この数値は、三品分類がその根拠を神仙思想に求めたことを、はっきりしめしている。

それでは、本草家たちはじっさいに、神仙薬を長生不死のための手段とみなし、薬効の主眼をそこに置いていたのだろうか。「久服」につづく記述を検討してみると、じつはステロタイプの表現をお題目のようにくりかえしているにすぎないのがわかる。もっとも多いのは、軽身延年・軽身不老・軽身耐老・軽身不飢・軽身益気といった類の表現である。そのほか長年・増年・不夭、あるいは養精神・安魂魄・強志・不亡、あるいは補脳髓・強骨髓・益精・強陰、あるいは肥健・長肌肉・好顔色、あるいは益智・耳目聰明・利九竅、まれには不老神仙・飛行千里といった記述もある。しかも、これらの表現の多くは、「久服」という条件つきでないばあいにもつかわれている。「久服」に固有の表現は、延年・不老などごくわずかである。本草家たちは、作用のゆるやかな、長期間の服用にたえる滋養・強壮剤であることをしめすために「久服」を、またその効果を示唆するためにこれらの常套的な表現を使用したように、わたしにはみえる。神仙思想の衣こそまとっているが、かれらが本草の真の存在理由と自負するものはほかにあった。

「神農」の序録においてであろう、かれらはそれをつぎのように表明していた。

12　神農曰、百病不愈、安得長生。(神農曰く、百病愈えざれば、安んぞ長生するを得んや、と。)(『抱朴子』内

篇・極言)

この文章がすくなくとも「神農四経」にふくまれていたことは、『抱朴子』のつぎのことばによって間接的に証明される。

抱朴子曰く、神農九たび疾《や》まざれば、則ち四経の道は垂れず。(外篇・広譬)

「草木は年を延ばすのみ、長生の薬に非ざること知る可きなり」(内篇・仙薬)、「呼吸・道引し、及び草木の薬を服すれば、年を延ばすを得可しと雖も、死を免れざるなり」(同・金丹)として、葛洪は本草を錬金術の下位に位置づける。その葛洪も、「神農四経」の本来的な価値は治病の領域にあること、それが本草家たちの自覚でもあったことを、確実に見ぬいていたのである。「百病愈えざれば、安んぞ長生するを得んや」、このことばこそ本草家が神仙術の方士に投げつけた、辛辣な自立宣言であった。

7 「神農」を書いた人びと

のちに『神農本草経』と呼ばれることになる本草書は、もともと神仙術の方士たちの手になる不老長生の技術の書であり、神仙薬を整理・分類し体系化した著作であった――本草の起源を論じた歴史家たちの一般的な見かたを要約すれば、そうなるだろう。(54) たしかに、いっぽうには、薬物を上・中・下の神仙術的な価値序列によって分類し、上薬を養命、中薬を養生と定義し、上薬の約八〇%、中薬の約一八%、全薬物の約三九%を、久服すれば軽身延年・不老神仙といった類の表現でしめくくるという、『神農本草経』のきわだった特徴があり、たほうには、神祠の廃止にともなって本草待詔が候神方士使者副佐とともに家に帰されたという、『漢書』郊祀志の記載がある。疑いもなく、本草家と神仙術の方士とのあいだには密接なつながりがあったし、『神農本草経』を神仙術の著作とする見かたが生まれたのもゆえなしとしない。にもかかわらず、本草の起源にかかわる外的および内的な資料の分析をとおしてみちびいた、わたしの推論の帰結は異なる。『神農本草経』を書いたのは神仙術の方士でなく、採薬者であった。その知識と技術をみずから本草と称しはじめたかれらは、神仙術の外衣を借りて存在を正当化し権威づけつつ、治病の本草を長生の神仙術に対置し、知的領域における自立化をはかる。そのかれらが、元始五年(五)に王莽に招集されて執筆し公表した著作こそ、『神農本草経』の初稿ないし原形であったろう、というのである。

「神農」というのが、おそらくその初稿ないし原形のもとの題名であったろう。分析にあたってわたしが立てた基本的な仮説はひとつ、すなわち最古の本草書は「神農」である、というのであった。この仮説の意味するものについて、いささか説明をくわえておく必要があるだろう。『漢書』楼護伝に本草を誦したというように、元始五年以前にも本草のテキストはあった。ただ、口伝であったか書物のかたちをとっていたかはわからぬ。かりに書物になっていたとしても、それは薬物の記載だけであり、序録にあたる部分はたぶんなかったし、三品分類もおそらく採用してはいなかったであろう。王莽に招集された本草家たちは、一堂に会したさまざまな分野の方術の専門家から刺激をうけ、「神農」を執筆する。かれらは分類の原理を神仙術から思いつき、五味の薬物学的原理を医学から引きだし、その知識の体系化をはかった。楼護が誦したような既存のテキストがそのなかに生かされたということは、十分にありうる。しかし、学問の名に価する本草書はそのときはじめて成立した、といっても過言ではあるまい。やがて古典となってゆく「神農」は、ほかのテキストをはるかに凌駕する、すぐれた特徴をそなえていたにちがいないのである。

わたしの分析は多岐にわたり、とりあげた時代範囲も前漢中葉から梁代にまでおよんでいる。ここで簡単に、結論だけを要約しておこう。

薬物採取の足場を神祠に求めていた採薬者たちは、武帝朝以後、派遣されてくる候神方士使者に近づき、かれらの影響と助力によってであろう、やがて方術の士に仲間入りをはたし、本草待詔のような身分を獲得するにいたる。かれらの存在と学問を一挙に確立し喧伝する機会は、前漢末、元始五年にやってくる。かれらには本草を、できるだけ一般化された知識の体系として、公にしめす必要があった。同時に、採薬に必要な具体的な知識はできるだけ独占しておこうとする意志も、そこにはたらいていたかも知れぬ。産地の自然環境と五味と毒の有無と主治とによって一般的に薬物を記述し、薬物に固有の博物学的記載はおこなわず産地名も特定しない本草書、「神農」がそこに誕生した。

本草家たちは具体的な薬物だけでなく、その序録にあたる部分において、本草の存在の根拠・起源および原理を論じた。それによれば、本草の存在の根拠は、中道を運行する日月とそのとき生ずる自然の気の状態にある。その理想的な状態を、天の最高神太一の子である太一小子が認識し、人びとに教えを垂れて病患から解き放ち、長寿を保たせる。この根拠づけは明らかに、ちょうどおなじ時期に太一祭祀の改革を提唱した王莽と月行九道論を採用した劉歆への諂《へつら》いであった。その表現のうらに、国家の最高権力者と学問の最高権威者とにとりいって、国家公認の学問の一角にその席を確保しようという、いじましい魂胆が透けて見えている。それでも、神仙術の方士たちの皇帝にたいするあくどい阿諛苟合にくらべれば、まだしもましといわねばなるまい。その主張によれば、太一小子の教えをうけて神農は、すべての動・植・鉱物にあたり、主治・五味・毒の有無を問いただす。それが本草の起源にほかならない。三皇のひとり神農を開祖と仰ぐことによって、本草は中国の文化ないし学問の正統に位置づけられる。本草家たちはこの起源説話ないし開祖説話を、『淮南子』に示唆をえて創作している。起源説話につづいておそらく校定本序録の本経文に相当する文章があり、そこに五味論や毒物とその解毒法の記載もふくまれていたのであろうが、くわしいことはわからない。ただ、本草を一箇の学問として確立しようとする意図だけは、序録の稚拙な文章のなかに読みとれたにちがいない。

「神農」の出現は、採薬者だけでなく、医師のあいだにも反響を呼んだのであろう。それとともに記述の範囲もひろがり、個々の薬物の博物学的特徴や特定の産地名も記載されるようになる。後漢代に採薬者や医師によって書かれた本草書は十指をかぞえる。なかでも重要な著作は、「花葉形色を説」いて博物学的記載を充実させた「桐君採薬録」と、「佐使相須を論」じて薬物配合の原理をうちたてた「雷公薬対」であった。後漢の本草書の見過してはならない特徴は、おそらくそのすべてが「神農」の存在をつよく意識し、多くはそれを前提して書かれていた、ということであろう。なかには「神農」の注のかたちをとった書もあった。三国・魏になってあらわれた二冊の本草書、「李当之薬録」と「呉普本草」もその例外ではない。後漢代の成果の集約でもあるこの両書は、やがて「名医別録」におさめられ、のちに陶弘景校定本の本文の一部を構成することになる。

「神農」は、その後さまざまなひとの手がくわわり、内容がふくらむとともに、記述の乱れも大きくなる。また、書名も「神農四経」などと呼ばれたこともあるが、結局は「神農本草」ないし「神農本草経」に落ち着き、諸本草書の説を集めて注の形式にした四巻の雷公集注本がつくられ、ひろく流布するにいたる。梁の陶弘景はおそらくこの四巻本を底本に、文章に手を入れ、後代の知見をくわえて乱れを正し、本文に別録文を補い、注は「雷公薬対」の畏悪の文を残し、べつにくわしい注を書き、長い序録をつけて三巻本の『神農本草経集注』を編纂、のちに大書して、『神農本草経集注』七巻を完成する。

本草の歴史は、前漢末にあらわれた「神農」を核に、後代の成果が年輪のように層をなして重なって、ついに一本の巨木に成長してゆく、長い過程であった。だからこそ、原初にそなえた薬物学という性格を脱することは、ついになかったのである。漢代にうちたてられた範型が最後まで生きつづける、それは中国の伝統的な学問の歴史にしばしばみいだされるいちじるしい特性であった(55)。

第四章　最初の臨床医学書

1　「五十二病方」の構成

『漢書《かんじょ》』藝文志《げいもんし》は方技の書すなわち医学書を、医経・経方・房中・神僊(仙)の四類に分けて記載した。その分類にしたがえば、馬王堆漢墓から出土した医書のうち、いわゆる二種の「十一脈灸経」、「陰陽脈死候」、「脈法」が医経に、「十問」、「合陰陽」、「天下至道談」、「養生方」、「雑療方」が房中と神僊に、「却穀食気」、「雑禁方」、「導引図」が神僊に属するのにたいし、五十二種類の病気の治療法を記述した「五十二病方」は「胎産書」とともに経方の書であり、出土医書のなかではきわだって長い一篇である。従来、前漢代までの経方書は伝えられていなかったから、その発見は臨床医学史の研究にとって画期的なできごとであった。

「五十二病方」は、冒頭に目次があり、五十二の病名を記載の順に列挙している。それから本文に入り、病名とその治療法を記述する、病名のあとに症状が記載されているばあいもある。病名が未知であり、症状の記載もないために、どんな病気の治療法なのか、見当さえつかないものもある。

病名の配列の順序は、一見恣意的である。同類の病気がいくつかまとめられているものの、全体としてそこに秩序だった構成への意図がはたらいているとはみえない。未知の病名が点在していることも、そうした印象に拍車をかけている。だが、ひるがえって考えれば、五十二種類もの病名を無秩序にならべるといったことは、わざわざそう意図するのでなければ、決しておこりえないだろう。一見してそれとわかる同類の病気をまとめたのは、すでに意図的である。あまり整序されているともみえない全体の図柄の地に、じつは言表されない体系が編みこまれているのかも知れぬ。そこから、もし隠された体系を抽出できるならば、未知の名称はどんな類型の病気を指すか、その推測を可能にするだけでなく、臨床医学の古代的体系とはいかなるものであったか、病気の分類の側面からそれに迫ることもできよう。

病名は目次と本文中と、二度あらわれる。その記載に若干の字の異同があるが、いま両者を比較して病名を確定し、それをいくつかの群にまとめて列挙すれば、つぎのようになる。

Ⅰ　諸傷・傷痙《けい》
Ⅱ　嬰児索痙・嬰児病癇《かん》・嬰児瘛《せい》
Ⅲ　狂犬齧《げつ》人・犬筮《ぜい》人・巣《そう》・夕下・毒烏《う》喙《かい》・蠆・蛭《しつ》蝕・蚖《がん》
Ⅳ　尤《ゆう》
Ⅴ　癲《てん》疾
Ⅵ　白処・大帯・螟《めい》病・□蠸《かん》・□
Ⅶ　痃・人病馬不癇・人病□不癇・人病羊不癇・人病蛇不癇
Ⅷ　諸食病・諸□病
Ⅸ　癃《りゅう》病・溺《にょう》□淪《りん》・膏溺
Ⅹ　腫橐《しゅわい》・癩《たい》
Ⅺ　脈・牡痔《じ》・牝痔・朐《く》癢《よう》
Ⅻ　疽《そ》病・□□・□爛《らん》・胻膫《こうりよう》・胻傷・痂《か》・蛇齧・癰《よう》・髤《きゅう》・虫蝕・乾瘙《そう》・身疕《ひ》

XIII　□蠱《こ》・鬾《き》

XIV　馬疣・𤸇《ば》・□筮《ぜい》

ⅣとⅤは一種の病気しかふくまぬ群である。なお、この書の末尾には、のちに補足された「□筮」の治療法が一条みえているが、むろん「五十二」病のなかにはふくまれておらず、ここでは省略する。

おなじ群にまとめた病気は、なんらかの意味で類縁性をもつと仮定したものである。まずそれぞれの群の類縁性とはいかなるものかを明らかにし、そのうえで、どんな原理にもとづいてそれらの群が配列されているかを考えることにしよう。

Ⅰ　諸傷は刃物その他による切傷、刺傷、打撲傷などの外傷。傷痙はその傷口からの感染による破傷風の類。随意筋の強直性痙攣を「身伸びて屈する能わず」と記載する。Ⅰは外傷とそれによる感染性の疾患。ちなみに、隋の巣元《そうげん》方《ぼう》のあらわした病理学の書『巣氏諸病源候論』は、巻三十六の金瘡病諸候にそれらをまとめて記述する。

Ⅱ　嬰児索痙は、症状の記載によれば、肉が強直して口は開かなくなり、筋が痙攣し、身体を伸ばせない。妊婦に起こる子癇に似た発作（『諸病源候論』巻四十二・婦人妊娠病諸候下・妊娠痙候）か、臍の切口からの感染による新生児破傷風（『千金要方』巻五上の初生出腹にいう臍風）のいずれかであろう、と『五十二病方』[1]（以下、『病方』と略記）は解釈する。嬰児という語を冠しており、同様の病名が三つ続いているから、わたしは後者とみたい。嬰児病癇は小児の癲癇。その症状を、身体が熱く、しばしば意識不明におちいり、頭や背中が強直して腹部がふくらむ、と記載する。嬰児瘛は自家中毒その他による、小児の強直性痙攣。白眼をむき、脇が痛み、息は泣き声のようにかぼそく、大便はこなれてなくて青い、という症状を呈する。Ⅱは強直・痙攣をともなう小児疾患。新生児破傷風は『諸病源候論』巻四十八・小児雑病諸候四の中風痙候、そのほかの疾患は巻四十五・小児雑病諸候一におさめる。

III　狂犬齧人と犬筮人を区別しているところからみると、前者は狂犬病かも知れない。狂犬病であれば痙攣・麻痺をおこすが、記載中症状を示唆していたかも知れない文章には、残念ながら欠字が多すぎる。巣と夕下は、症状の記載もなく、不明。毒烏喙はトリカブトの中毒。軽ければ口唇や四肢のしびれ、重ければ麻痺といった症状をひきおこす。

　癘は、字形だけからいえば、ふたつの解釈が可能である。ひとつは蠆《たい》・蠇《たい》、もうひとつは癘《らい》・厲《らい》。『説文《せつもん》』に「蠆（蠇）は毒虫なり。象形」とみえ、『荘子《そうじ》』天運篇の「其の知は蠇蠆の尾よりも憯《さん》（惨）」に、王先謙の集解に引く王引之は「蠇・蠆はみな蠍《かつ》の異名」と注する。いっぽう、『説文』に「癘は悪疾なり」、『広雅』釈言に「痳《らい》は癘なり」というように、こちらは後世の癩《らい》である。癩については、Ⅵの螟病のところでもういちど触れるが、治療法および前後に配されている病名からみて、ここにいう癘は癘《らい》でなく蠇《たい》であり、蠍《さそり》に刺された病気にほぼまちがいない。蠍は腹部の後端に毒針をもち、猛毒性のものに刺されると、四肢が痙攣してはげしく痛む。

　人の血を吸う蛭は、これらとはやや異質のようにみえる。しかし、本文中の病名には「蛭、人の胻股《こうこ》（膝《しつ》）を蝕む」とみえ、『諸病源候論』巻三十六では、獣毒病諸候・蛇毒病諸候につづく雑毒病諸候のなかに、蜂螫候・蠍螫候・蠆螫候・蜈蚣《ごこう》螫候・蜞蜍《きじょ》著人候とならんで、石蛭螫人候として記載されている。巣元方はいう、「石蛭人に著けば、則ち肌皮を穿囓し、行人の肉中、浸淫して瘡を起こす」、と。ひる・まむし・さそり・むかでなどの同類としてあつかうのは、唐の孫思邈《そんしばく》の『千金要方』、王燾《おうとう》の『外台秘要《げだいひよう》』といった後世の経方書でも変わりない。蚖は毒蛇、蝮の類。咬まれると神経中枢を侵されたりする。毒烏喙以下の四種にも症状の記載はない。

　未知の巣・夕下と毒烏喙とはべつにして、残りはいずれも、巣元方流にいえば「動物毒」病とみなされた病気であり、その強い毒性のために一時的におこる急性疾患である。烏喙は「植物毒」であるが、その毒性のためにおこる急性疾患という点では共通する。のみならず、これらはすべて毒を有することがわかっている、したがって疾患の原因はなにか、その疾患にかからないためにはどうすればよいかがわかっている、という点でも共通する。『病方』は、巣を臊の仮借とみて体臭、夕下をその治療法からみて皮膚病の一種ではないかという。しかし、おなじ群に属する病気はなんらかの意味で類縁性をもつ、というわたしの仮定が成り立つとすれば、巣や夕下も、その症状の重軽はともかく、動植物の毒性のためにおこる、あるいはすくなくともそうだと考えられた、急性疾患にちがいない。ちなみに、巣の呪術療法の呪文にみえる「人星」は星の名であり、唐の段成式の『酉陽雑俎《ゆうようざつそ》』巻十一・広知によれば、人星を識っていると瘧(マラリア)を患わぬ、という言い伝えがあった。『諸病源候論』では、毒烏喙が巻二十六の解諸毒候に入っているのをのぞけば、あとは巻三十六に記載されている。

Ⅳ　尤はいぼ。『説文』に「肬《ゆう》は贅《ぜい》なり」。肬贅はしばしば無用なもの・余計なものを象徴した。『楚辞』九章・惜誦に「反って群に離れて贅肬となる」、『荘子』大宗師篇に「彼は生を以って附贅縣疣と為し、死を以って決[疒+丸]潰癰《けっかんかいよう》と為す」と。また、それは悪の隠喩としてもつかわれた。『太玄』巻六・割に「其の肬贅を割すれば、悪 大なるを得ず」、王涯注に「肬贅は身の悪なり、割して之を去れば、復《ま》た滋大する无《な》し」と。『諸病源候論』巻三十一・瘿瘤等病諸候のほかに、小児に多いからであろう、巻五十・小児雑病諸候六にも疣目候をおさめる。

Ⅴ　癲疾はいわゆる精神疾患であるが、残念ながら症状は記載されていない。おそらく『諸病源候論』巻二・風病諸候下の風狂病候や鬼邪候などで記述する病気がそれに相当しよう。

Ⅵ　白処は、治療法のひとつには「白[疒+處]」([疒+處]は処であろう)とみえ、「白[疒+處]は、白くして腠なし」と記述されている。腠は皮膚表面の溝やしわや紋。『病方』によれば、皮膚の色素が消失する皮膚病、白斑の類にちがいないという。原因はわかっておらず、慢性の経過をたどる。大帯は症状の記載もなく、不詳。治療法からみて、皮膚疾患の一種である。

螟病の螟とは、もともと稲などの茎の髄を食う螟虫、つまり髄虫を指す。症状の記載によれば、「螟とは、虫、齧穿するところの者□、其の発するところ恒処なく、或いは鼻に在り、或いは口の旁に在り、或いは齒齦に在り、或いは手指に在りて□□、人の鼻をして欠け、指をして断たしむ」、と。『病方』は癩病の可能性がきわめてつよいという。症状からいえば、たしかに癩と考えてもおかしくない。問題は古代人がその病因を虫にあるとみなしていたかどうかだ。『論語』雍也篇に、孔子が「疾」にかかった伯牛を見舞う話がみえる。孔子は窓ごしに伯牛の手をとり、「命なるかな、斯《こ》の人にして斯の疾有るや」、と嘆いた。包咸によれば、「牛に悪疾あり、人を見るを欲せず、故に孔子は牖《まど》より其の手を執」ったのである。一説によれば、この悪疾は癩であった。『春秋公羊伝』昭公二十年にみえる「悪疾」について、何休はいう、「悪疾とは、瘖《いん》・瞽《こ》・盲・癘《らい》・禿《とく》・跛《は》・傴《う》を謂う。人倫に逮《およ》ばざる属なり」。こうした病気は天疾とも呼ばれた。『春秋穀梁伝』昭公二十年にいう、「天疾有る者は宗廟に入るを得ず」。癩はこのように生まれながらの病と考えられていた。天与の病だからこそ、命なるかな、という孔子の嘆きが生きてくる。そして漢代の医師たちは、風によってひきおこされるいわゆる風病の一種として、それを説明するようになる。『素問』巻十二・風論篇にいう、「風の人を傷うや、……或は癘風と為る」、と。虫に病因を求めることは決してなかったのである。それでは、ここに記載されている病気はなんだろうか。かつて故篠田統教授は熱帯フランベシアであろうと示唆された。それは微生物の感染による伝染性の疾患である。はじめは皮膚障害がおこり、やがて木苺のような発疹が生じ、のちには皮膚や骨が破壊される。病源となる微生物は蠅に媒介されて皮膚から侵入する。おそらくこうした類の疾患を総称して、螟病と呼んだのであろう。

□蠸は不詳。『説文』に「蠸は虫なり。一に曰く、大螫なり」とみえる。毒虫が刺すこと、あるいはその毒を意味すると同時に、虫の名でもある。守瓜とも瓜蛍ともいい、もっぱら瓜の葉を食う、蛍に似た甲虫だ。『病方』は□蠸を一種の毒虫に刺された傷ではないかという。わたしの仮定によれば、それならIIIに属すべき病気である。白処と螟病から推して、VIにはどちらかといえば慢性の皮膚疾患が属する。□蠸も、原因は虫の毒にあるとみなされたにせよ、やはり慢性の疾患であろう。『諸病源候論』では、白斑は巻三十一・癭瘤《えいりゅう》等病諸候の白癜候に、癩性のそれは巻二・風病諸候下の白癩候に、記載されている。螟病がどれにあたるかは、つまびらかにしない。

Ⅶ　痃は不詳。『病方』によれば、その解釈に二説がある。一説は瘨《うん》に通ずるとして、『説文』に「瘨は、病なり」、桂馥の『説文解字義証』に「病なりとは、頭眩病なり」、眼がくらむ病気である、とみえるのを引く。一説は、字形が近いために痎字を誤ったものとみる。『説文』によれば、「痎は二日に一たび発する瘧」、いわゆる三日熱のマラリアである。わたしは前の説をとるが、その理由はすぐあとで述べる。人病馬不癇にはじまる四つの病名は、目次にはみえるが、本文中では、人病馬不癇の欠字の多い最初の五行を残して、あとは全文欠如している。癇病であろうと思われるが、症状の記載に欠け、病名の意味もよくわからない。ただ、『病方』に指摘するように、示唆をあたえてくれるのは『千金要方』の六畜癇である。一般に癇とは、発作的に意識を失い痙攣をおこす癲癇を指す。とくに大発作とよばれるものは、意識をなくして卒倒し、叫び声をあげ、強直性の痙攣から激しくあばれる痙攣へと移ってゆく。六畜癇とは馬癇・牛癇・羊癇・猪癇・犬癇をいうが、『千金要方』巻五の六畜癇証候によれば、「馬癇の病たる、口を張り頭を揺り、馬のごとく鳴き、反折せんと欲す」るし、巻十四にみえる、馬癲をふくむ五癲のひとつである風癲は、発作のとき羊のように鳴く。おそらく発作時の叫び声や動作からの連想によって名づけたのが、六畜癇であろう。たしかな証拠はないが、人病馬不癇以下の四病名を、ここでは六畜癇に類似した癲癇の名称と考えておこう。ちなみに、『病方』は「人病馬不癇」を、馬癇の発作をおこさせないようにする、という意味ではないかとみるが、この解釈は文の構造からみて無理だろう。Ⅶには目まいや意識障害をともなう疾患が属する。『諸病源候論』巻二・風病諸候下には、風頭眩候と風癲候をつづけて記載する。頭眩と癲癇の関係は、「風眩久しく瘥《い》えざれば、則ち変じて癲疾と為る」(風頭眩候)とみなされていた。

Ⅷ　諸食病・諸□病も全文欠如している。病名からみて、『諸病源候論』でいえば巻二十一の嘔噦諸病候や宿食不消病諸候、巻二十六の蠱毒病諸候下におさめる、いろんな食中毒候などが、それに相当するのであろう。

Ⅸ　癃病の癃は癃、癃とも書く。排尿に異常のある疾患。後世では淋と呼ぶ。治療法のひとつはその症状を、癃は膀胱と尿道に痛みがあり、痛みがひどく、小便をするとますますひどく痛み(以下欠文)、と記述する。文中に血癃・石癃・膏癃・女子癃といった病名もあらわれる。それぞれ血尿の出るもの、結石の出るもの、膏のような尿の出るもの、女性のそれを指す。溺□淪は、『病方』によれば、小便の白濁を意味するのであろうという。症状の記載はない。膏溺はすでに触れた。Ⅸは小便不利の尿路疾患。『諸病源候論』巻十四・淋病諸候の諸淋候・石淋候・膏淋候・血淋候、巻四十・婦人雑病諸候四の淋候・石淋候などにおさめる。

Ⅹ　腫橐は象皮病による陰嚢腫大。癩は㿗とも書き、目次には腸癩(原鈔本は積に作る)とみえる。ここでは鼠蹊ヘルニアを指す。腸管などがヘルニア門を通り、腹腔外の鼠蹊部に出て、陰嚢を肥大させる疾患。『千金要方』巻二十四の陰癩によれば、癩には腸癩・卵脹・気癩・水癩の四種があり、はじめのふたつは治りにくいという。Ⅹは陰嚢が肥大する疾患。『諸病源候論』では、巻五十・小児雑病諸候六の病㿗候や差㿗候において、小さくあつかわれている。

Ⅺ　脈は脈痔。肛門裂創(きれ痔)の一種。症状の記述はない。牡痔は痔瘻《じろう》と痔核(いぼ痔)。治療法のひとつには、巻貝みたいな肉が出て、あるいは鼠の乳首のような形をしており、根本が大きく先端が小さく、そのなかに孔がある、べつの治療法には、肛門のそばにあり、大きいものはなつめ、小さいのはなつめの核ぐらいである、もうひとつの治療法には、大きさはなつめの核ぐらい、ときどき癢《かゆ》かったり痛んだりする、と記述されている。牝痔は肛門周囲膿瘍。本文中では、牡痔の三つの異なった症状を記載する。なお、目次にはみえないが、牝痔のあとに血痔の治療法が一条ついている。血痔はきれ痔。朐癢は、症状の記載によれば、痔瘻のなかで直腸から肛門にかけてひりひりするような痛みをともなうもの。Ⅺには痔が属する。『諸病源候論』では、巻三十四・痔病諸候の諸痔候・牡痔候・牝痔候・脈痔候・腸痔候・血痔候にあつかわれている。

XII　疽病は、後出の癰《よう》とともに、膿瘍であるが、根の深いものを疽、浅いものを癰と呼んで区別する。治療法のなかに嗌《えき》疽・爛疽・血疽・気疽・□疽といった名称がみえ、その場所をしめす嗌(咽喉)疽以外は症状を記載するが、残念ながら欠字が多い。□爛は火傷。治療法のなかには、熱湯を浴びたとき、と指定するものもある。胻膫はすねの火傷。症状は記載されていない。胻傷はすねの外傷。治療法のひとつに、化膿して癰になったばあいのそれがある。Iでなく、ここに入れているのは、おそらく化膿性疾患としてであろう。痂は疥癬、ひぜんがさ。寄生虫による伝染性の皮膚病。治療法のなかに産(生)痂・乾痂とみえ、湿性と乾性があるのをしめす。蛇齧がIIIでなく、ここに属しているのも、傷あとの腫れや化膿を問題にしているのであろう。症状の記載はないが、つかわれている薬物の桑汁は、『本草綱目』巻三十六によれば、止血・鎮痛・腫れどめ・解毒などに用いられる。癰も症状に触れていないが、体癰・頤癰などを場所によって区別している。髤は漆負け。やはり症状を記載していない。虫蝕は、虫に食われたためにおこると考えられた皮膚病その他の疾患。治療法のなかには、「蟘《とく》、口鼻を蝕む」、「蟘、歯を蝕む」とあり、歯痛もそれにふくまれる。蟘は穀物の葉を食う虫であり、『病方』に指摘するように、その考えかたはVIの螟のばあいによく似ている。しかし、螟病がじょじょに進行する病気なのにたいし、虫蝕はおそらく症状が短期間にあらわれる、あるいは急に自覚されるような疾患であろう。乾瘙は乾痂とどうちがうのか、よくわからないが、やはり疥癬であり、治療法のひとつに疥という語がみえる。疕は湿疹・苔癬《たいせん》の類。「疕《ひ》は名なくして瘙《かゆ》し」と記述する。XIIは比較的急性の皮膚疾患ないし化膿性外科疾患。『諸病源候論』では、巻三十二・癰疽病諸候上、巻三十三・癰疽病諸候下、巻三十五・瘡病諸候(癬候・疥候から漆瘡候までをふくむ)、傷瘡病諸候の湯火瘡候、巻三十六・金瘡病諸候の金瘡成癰腫候などであつかわれる。

XIII　□蠱は、これまでの病気とは、かなり性質を異にする。『諸病源候論』巻二十五・蠱毒病諸候上、巻二十六・蠱毒病諸候下にとりあげられている疾患は、『簡明中医辞典』によれば、恙虫《つつがむし》病・急慢性住血吸虫病・重症肝炎・肝硬変・細菌性赤痢・アメーバ赤痢のような、いくつかの危険な病証であるという。その多くが細菌・アメーバ・リケッチア・住血吸虫などのような微生物や寄生虫によっておこる病気である点に注意したい。(2) 問題は古代人がそれらの病気の原因をどこに求めていたかだ。『左伝』昭公元年の「女室に近づけば、疾 蠱の如し」の疏は、蠱毒を「毒薬を以って人に薬し、人をして自らは知らざらしむる者」、と解釈する。『諸病源候論』巻二十五の蠱毒候によれば、「凡そ蠱毒に数種有り、皆是れ変惑の気なり。人、故《ことさら》に之を造作する有り。多くは虫蛇の類を取り、器皿を以って盛貯し、其の自ら相噉食《たんしょく》するに任す。唯一物のみ独り在る者有り、即ち之を謂いて蠱と為す。便《すなわ》ち能く変惑し、酒食に随逐して、人に患禍を為す。佗に患禍すれば、則ち蠱主は吉利なり。不羈《ふき》の徒にして畜えて之に事《つか》う所以《ゆえん》なり。又飛蠱有り。去来 漸に由る無く、状 鬼気の如き者なり。之を得れば卒《にわか》に重し。凡そ蠱に中たりし病は、多く死に趨く。其の毒害の勢甚しきを以って、故に蠱毒と云う」。巣元方はつづけて、蛇蠱・蜴蜥《えきせき》蠱・蝦蟇《がま》蠱・蜣蜋《きょうろう》蠱といった名称をあげ、その症状をくわしく記載する。蠱をおこなう者は、古来、磔《はりつけ》などの極刑に処せられるのが常であった。重要なのは、病気をひきおこす直接の原因すなわち病源は変惑の気だが、その背後に病因として蠱主らの邪悪な意志と行為がある、と信ぜられていたことだ。(3) ここには、しかし症状の記載はない。

魃は、『説文』に「一に小児鬼と曰う」。段玉裁注は『旧漢儀』の文を引いて説明する、すなわち「顓頊《せんぎょく》氏に三子有り、生まれて亡去して疫鬼と為る。一は江水に居り、虐鬼と為る。一は若水に居り、魍魎《もうりょう》鬼と為る。一は人の宮室の区隅に居り、善く人を驚かし、小児鬼と為る」、と。『諸病源候論』巻四十七・小児雑病諸候三の被魃候によれば、婦人が懐妊したとき、悪神がいてその腹中に嫉妬心をおこさせて彼女を制伏し、そのために小児が魃病にかかる。もっとも、どの婦人もそうだというのでなく、時にそういうこともあるというにすぎない、と。ここでは症状はしるされていないが、巣元方によれば、よくちびちび下痢し、悪寒と発熱をくりかえし、毛髪に艶がないのが、その病証である。XIIIは人であれ鬼であれ、邪悪な生き物の意志と行為がひきおこすと考えられた病気である。

ⅩⅣ 馬疣(尤)は、治療法のひとつに「疣の其の末大きく、本小さく□□者」という記載があるから、いぼの一種にちがいない。余厳によれば、いぼの一種である尋常性疣贅の形は、発生する場所によって異なるが、顔面に生ずるものはたいてい乳頭状を呈する。(4) これが『諸病源候論』巻三十一・瓔瘤《えいりゅう》等病諸候のなかで、疣目候につづいて、それとはべつに記載されている鼠乳にほかならぬ。すなわち鼠乳候にいう、「鼠乳は、身面忽ち肉を生じ、鼠乳の状の如し。之を鼠乳と謂う」と。馬疣は鼠乳とみてまずまちがいあるまい。おなじく馬字のつく瘑は、後世に忘れられた病名であり、『説文』も、「瘑は目病。一に悪気身に箸《つ》くと曰い、一に蝕創と曰う」と、三つの解釈を列挙する。ちなみに、『広雅』釈話一には「創なり」、『広韻』には「牛馬病」とみえる。症状は「癰痛みて潰《つい》ゆ」、「癰して潰ゆ」、「瘑に牝牡有り、牡は膚高く、牝は空(孔)有り」というのだから、『説文』・『広雅』の蝕創・創に相当しよう。さらに文中に「面皰赤し」といい、治療法のひとつに、瘑が右にできたら馬の右の頬骨、左なら左のそれを焼いて用いるとあって、顔面にできるにきびの類であることを示唆する。尋常性痤瘡と呼ばれるにきびは、皮脂が毛嚢にたまってふくれ、炎症をおこして赤くなったり、ときには細菌感染して化膿したりする疾患である。ここにいう瘑は化膿したにきびを指すと考えていいだろう。『諸病源候論』巻二十七・面体病諸候の面皰候には、化膿したばあいの記述はない。ⅩⅣは要するに、いわば顔面の出物。それが馬となんらかの関係があるとみなされていたらしいことは、いま言及した瘑の治療法にうかがえるが、それ以上はわからない。最後の□筮は、症状の記載なく、不詳。

以上の分析は、おなじ群に属する疾患はなんらかの意味で類縁性をもつ、という仮定の妥当性をかなりつよく証しているように、わたしにはみえる。この仮定をみたす群を単位群と呼ぶならば、すくなくとも単位群をまとめるという部分的な構成の意図がこの著作にはたらいているのは、疑いを入れない。それでは、全体的な構成についてはどうか。群の配列をきめている、単数もしくは複数の、なんらかの原理が存在するのだろうか。あるいは原理というよりも、むしろ病理学的イメージと呼んでおいたほうがいいかも知れぬ。要するに、全体をたんなる寄せ木でなく、いわば構成された積み木に仕立てあげているなにものかである。

ことわるまでもなく、一般に病気の分類に緊密な体系を期待することは、はじめから不可能だ。病因・症状・患部・治療法、いずれをとっても雑多な病気を、どんな指標を選んで分類したところで、類別されたもののあいだに亀裂は避けられない。問題は、なんらかの指標を選んだとき、そこにいくつかの群をふくむ複合群の存在を認めることができるかどうか、できるとしてその指標はなにか、さらに複合群そのものの配列はどうか、を検討することである。むろん、その指標は古代中国人の疾病観と治療観そのものにかかわるものとなるだろう。病気と治療法にたいしてあたえられる意味は、時代と社会によって異なる。(5) 現代人にとっては奇異であっても、古代人には自然な結びつきもあるにちがいない。『諸病源候論』に後世の体系を代表させ、それと比較しながら、さらに分析をすすめることにしよう。

今日の医学体系に、内科・外科その他の分科とならんで産科・婦人科・小児科があるように、『諸病源候論』は婦人病(雑病と産前・産時・産後の諸病)と小児病(雑病)をほかの病気から独立させて、全五十巻のうち、婦人病に八巻(巻三十七—四十四)、小児病に六巻(巻四十五—五十)をあてている。婦人病のうち、雑病が今日の婦人科、それ以外が産科の疾患にあたる。それらにどれだけの比重をおくかはともかく、産科・婦人科・小児科疾患に独立の位置をあたえる点では、唐代の『千金要方』や『外台秘要』のような臨床医学書も、変わりはない。古く前漢までさかのぼって、『史記』扁鵲伝によれば、扁鵲は邯鄲《かんたん》では帯下医(産婦人科医)、咸陽《かんよう》では小児医になったという。また『漢書』藝文志には、「婦人嬰児方十九巻」が著録されている。前漢の、おそくとも司馬遷の時代(前一〇〇年ごろ)には、すでにそれらの専門的な分科が確立していたのである。

「五十二病方」には、しかし、産科の疾患はまったくあつかわれていない。これだけの材料からあえて推測を試みるならば、産科はこの当時から独立の分科をなしており、専門医が生まれていたにちがいない。「五十二病方」の著者は産科医でもなければ、その分野を得意ともしていなかったのであろう。後世の体系的な医学書と比較したばあい、産科の疾患がすっぽり落ちているのは、「五十二病方」の第一の特徴といえよう。婦人科の疾患については、痒病など二、三の病気にたいして、女子のばあいの処方を記載したり、女子にもおなじ薬をつかう（狂犬齧人）といった指示をあたえたりしている。男子とは異なる病気があること、おなじ病気でもおなじ治療法でいいとはかぎらないことも、はっきり認識していたのである。しかし、それらを一箇所に集めてはいない。小児科の疾患のばあいは逆に、三つの病気をつづけて記載し、ひとつの群にまとめているが、とりあげた病気はきわめて限定された範囲のものにとどまっている。婦人科にしろ小児科にしろ、まだ分科形成の萌芽の段階にあるとみなしていいだろう。それが「五十二病方」の第二の特徴である。

「五十二病方」の記載は外傷にはじまる。外傷は、後世の医学書なら、一般の病気の最後に置くのがふつうである。『諸病源候論』では、婦人病のすぐまえ、巻三十六に置かれている。その巻におさめられているのは、獣毒・蛇毒・雑毒・金瘡・腕傷の諸病であり、「五十二病方」のⅠとⅢに相当する。それらはすべて患者の不注意やうかつさによる病気、避けられたはずの病気、不運としかいいようのない病気である。病理学的であれ生理学的であれ、なんらかの原理のもとにさまざまな病気を整序し、それらを体系的に記述しようとすれば、このような病理学的ないし生理学的必然性をもたない病気は、補足的なあつかいをうけるほかはない。たとえば『諸病源候論』は、「四時の気」である風のひきおこす風病からはじめて、志労・思労・心労・憂労・痩労の五労などをふくんだ虚労病へと、その記述をすすめてゆく。風病が地球という生存環境そのものに由来する、主として外因性の病気であるのにたいし、虚労病は生きること自体からくる心身の衰弱であり、主として内因性の病気である。このように、病因論的にみて一般性の高い病気から出発し、もっと限定的な特殊性の大きい病気へと記述を展開する病理学的立場にたてば、外傷はどうしてもその末尾に位置づけられることになる。また『千金要方』は、その冒頭に妊娠・出生、そして小児病を記載し、人間の発生・生長の過程にともなう疾患という生理学的観点をおしだしている。そのばあいにも外傷は適切な位置をもたない。Ⅲにあたる疾患とともに、薬物療法の末尾、備急の巻に配されているのはとうぜんだろう。ちなみに『外台秘要』の構成は『諸病源候論』に近い。

冒頭に外傷を置き、そこから出発する「五十二病方」の記述の立場は、病理学的(病因論的)でもなければ生理学的でもない。それは感覚的であり、かつ経験的である。一つの病気を他の病気に、あるいは、一つの群を他の群につなぐのは、理論的脈絡でなく、まず第一に、痛みとか痒みといった感覚にもとづく身体イメージの連鎖である。むろん、それだけで多様な疾患を整序することはできない。第二に、患部の部位の同一性や近接性、症状や病因の類似性、あるいは治療法の共通性といった、経験的であると同時にきわめて日常的な、習俗や信念の体系までもふくみこむことによってはじめて成り立つ関連性の認識を、そのイメージ連鎖のうえにまだらに重ねることによって、全体の組み立てができあがる。

外傷による痛みは肢体の強直と痙攣という身体イメージを喚起する。そのイメージを劇的なかたちで実現しているのが破傷風である。それは新生児破傷風を介して強直性痙攣をともなう小児疾患を想起させ、さらに動植物の毒に中たったばあいの強直・痙攣へとイメージの連鎖をつなげてゆく。そのつながりからややはみだす、蛭のような例もふくまれているけれども、そこには病因の類似性という補完的な原理がはたらいて、イメージ連鎖の切れ目を橋渡ししている。この意味で、単位群Ⅰ・Ⅱ・Ⅲは、ある身体イメージによって結ばれた、ひとつの大きなまとまりをなしている、とみなすことができよう。それをいま強直イメージと呼ぶことにする。このような上位のまとまりを複合群と名づけ、Ⅰ・Ⅱ・Ⅲのまとまりを複合群Aと呼ぶことにしよう。

つづいて配列されているⅣのいぼとⅤの精神疾患は、前後の単位群とのあいだに、またその相互間にも、明らかに亀裂をもつ。患部の部位・症状・病因のいずれからみても、そこに類似性や共通性は存在しない。この二群がこの位置に置かれているということが、「五十二病方」の全体の構成をひどくまとまりのないものにしている、すくなくともそうした印象をあたえる第一の要因になっているのは、否めない事実であろう。だが、はたしてⅣとⅤは、まったく恣意的にそこに挿入されたのであろうか。

さきに述べたように、社会集団のなかの無用者・余計者、したがって身中の悪の隠喩に用いられたいぼは患者にとって、今日とはまるで異なる意味をになった病気であったにちがいない。時代はずっと下るが、『南史』后妃列伝下によれば、梁の武帝に見初められた丁貴嬪には、左臂に赤あざがあり、体にはいぼがいっぱいできていたが、後宮に納れられたとたんに、すっかり消えたという。いぼの消失は、いうまでもなく、後宮社会にうけいれられ、その成員として認知された事態を象徴する。いぼは医学的には軽い病気であるにもかかわらず、容易に治すことができない、そのくせ突然消失することもある。そのような特異さが原因であるかどうかはともかく、社会的に意味づけられた病気であるがゆえに、いぼは古代人にとって忌避すべき病気だったらしい。いささか誇張していえば、かれらにとって「いぼ」ということばは、今日の「癌」ということばに近い響きをもっていたのかも知れぬ、それは自己増殖する身中の悪だったのだから。「五十二病方」はいぼの治療法を七つ記載している。

いっぽう、癲疾は鬼にとりつかれたためにおこる精神疾患と考えられていた。『太平御覧』巻七百三十九・癲に引く『風俗通義』の佚文にいう、「俗説に、臥するに戸の砌《みぎり》に枕すれば、鬼、其の頭に陥り、人をして癲を病ましむ」、と。癲疾の病因を鬼に帰する考えかたは、唐代においてもなお確認できる。『千金翼方』巻三十・禁経下・禁邪病にいう、「凡そ鬼邪　人に著けば、或いは啼き或いは哭き、或いは嗔《いか》り或いは笑い、或いは歌い或いは詠い、先きに亡せし姓字を称《とな》え、人をして癲狂ならしむ。此の状有る者を名づけて鬼邪という」。ここに記述された症状は癲疾に典型的なそれであった。『千金要方』巻十四・治諸横邪癲狂針灸図訣はもっと一般的につぎのように記述する。すなわち、「論に曰く、凡そ諸もろの百邪の病は、源　多途に起り、其れ種種の形相を有す。癲邪の端を示表して其の病を見るに、或いは黙黙として声せざる有り、或いは復た言多くして謾《でたらめ》に説き、或いは歌い或いは哭き、或いは吟じ或いは笑い、或いは眠り、溝渠に坐り、糞穢を噉食《たんしょく》し、或いは形を裸し体を露し、或いは昼夜遊走し、或いは嗔罵《しんば》度無し」、と。この鬼はときに、首をくくって死んだひとのそれとみなされたらしい。『酉陽雑俎』巻十一・広知にいう、「自ら縊死《いし》せし縄は顚狂を主る」、と。「主る」ということばの意味するところは、癲疾でなくマラリアについてだが、『千金翼方』巻十八・雑病上・痎瘧《がいぎゃく》のつぎの記載に、示唆されている、「戌時に発する者は、自ら絞死《こうし》せる鬼の為す所なり。之を治するには、左索縄もて其の手脚腰頭を繋《つな》げば、即ち差《い》ゆ」、と。いずれにしろ、死者の鬼にとりつかれた精神病者は、生者の世界の閾《しきい》を踏み越えてしまった外れ者である。戸砌に枕して臥すという行為の象徴するものはそれであった。

いぼと精神疾患、この一見なんのつながりもないふたつの病気には、じつは共通する社会的含意がひそんでいた。いずれも正常な枠からはみだした存在、それを象徴する病気だったのである。のみならず、そこには治療法の共通性も存在した。呪術療法の優越だ。いぼでは七方のうち六方までが単独の呪術療法、癲疾では二方のうち一方が呪術療法、一方が医術と呪術の合成療法からなっている。それは適切な医術療法がなかったという点でも両者が共通していたことをしめす。このふたつの共通性によって、ⅣとⅤを複合群Bにまとめることにしよう。

ことわっておくが、このまとまりはひどく不安定な印象をあたえる。病気の種類のへだたりが大きすぎるのだ。後世のたとえば『千金要方』では、いぼを疥癬《かいせん》の項に附載し、痣《ほくろ》などとともに白殿風、すなわち、ここにいう白処の後に置く。また、癲と癇を風癲としてひとつにくくっている。このまとめかたはそれに先立つ『諸病源候論』でも変わらない。隋唐代には一定した認識が成立していたのだ。それにならって、Ⅳ・ⅤをⅥの後に配列し、Ⅵの白処をふくむ群とⅣのいぼを複合群B、Ⅴの癲疾とⅦの癇をふくむ群を複合群Cにまとめれば、『諸病源候論』や『千金要方』の分類に近づき、すっきりした体系が浮かびあがってくるだろう。だが、ここにあるのはその前段階であり、そこにいたる歴史的な一階梯なのだ。わたしのいう複合群はすべて（ときには群も）、後世の医書では解体され再編される。その複合群（ときには群）のまとめかたのちがいは、両時代の疾病観と治療観の距離をしめしているにちがいない。

Ⅵの慢性皮膚疾患であろうと推定した一群は、色素の消失にはじまり、皮膚がじょじょに変質してゆき、ときにはその破壊が骨にまでおよぶ病気である。昆虫を病因と考えたことをしめす病名がふたつふくまれているのは、示唆的だ。昆虫は腐敗物にたかる。これはおそらく身体がすこしずつ腐ってゆくというイメージと結びついた病気であったにちがいない。ここでは腐蝕イメージと呼んでおこう。

Ⅶの目まいや意識障害をともなう疾患は、記載がほとんど欠損しているけれども、病名から推すかぎり、馬・羊・蛇のような動物と関係づけられる病気であった。おそらくこれらの動物は、もともと病因とみなされていたのかも知れぬ、そのなにか（たとえば魂）が患者の体内に侵入し、そのため患者はその動物に似た鳴き声を発したり、そのように振舞ったりするのだ、と。もしこの推測が成り立つならば、ⅥとⅦは動物（その全体ないし部分）が体内に侵入することによっておこる病気ということになる。動植物の毒におかされるⅢとは、むろん異なる。したがって、それらを単一の複合群とみなすこともできるのだが、残念ながらⅦの身体的イメージがわからない。ここではⅥ、Ⅶを複合群C、C′と呼んでおくことにする。

Ⅷ、Ⅸ、Ⅹ、Ⅺは消化器・泌尿器系の疾患である。それらはすべて、飲食物を摂取してから排出するまでの過程にかかわる病気であって、それらの器官はもともと、飲食物の体内通過がひきおこす身体イメージの連続性によって統合されている。その病気とは、消化不良や下痢のような飲食物の流れかたの異常、もしくは痔のような流路そのものの異常である。とうぜん痛みをともなうが、このばあいの異常は複合群Aのような四肢の強直でなく、むしろ身体を折り曲げる、あるいはかがみこむような動作をひきおこす。おそらく前者が主として皮膚の刺激によるのにたいし、後者は身体内部の刺激によるためであろう。このばあいのイメージを彎曲イメージと呼んでおくことにする。Ⅹの陰嚢すなわち生殖器の疾患は、いうまでもなく、前後に配置された疾患との患部の近接性や器官の機能の共通性によって、ここに配列されたのである。それをふくめて、VIIIからXIまでは複合群Dにまとめることができる。

XIIの急性皮膚疾患ないし化膿性外科疾患は、激しい痒み、腫れ、化膿、ただれといった、一連の皮膚感覚にもとづく身体イメージによって、それだけでひとつの複合群Eをなしている、とみなせよう。それを糜爛イメージと呼んでおく。

XIIIは邪悪な意志をもって害をくわえる生き物のためにおこる病気であり、その病因によって、独立の複合群Fをなしている。

XIVの顔面のいぼやにきびは、馬に関係があると考えられていたらしい気配があるが、よくわからない。あるいは顔面という患部が特別の意味をもっていたのかも知れぬ。複合群Gとしておく。

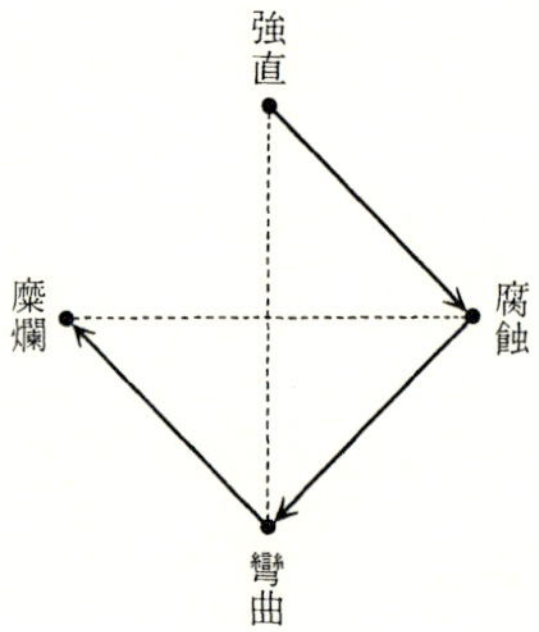

図 4-1

表 4-1 「五十二病方」における複合群

A	I・II・III	強直イメージ
B	IV・V	
C	VI	腐蝕イメージ
C′	VII	
D	VIII・IX・X・XI	彎曲イメージ
E	XII	糜爛イメージ
F	XIII	
G	XIV	

わたしは十四の群から七つないし八つの複合群を構成した。そして、そこにすくなくとも四つの身体イメージをみいだした。Aの強直イメージ、Cの腐蝕イメージ、Dの彎曲イメージ、Eの糜爛イメージである(表4-1)。「五十二病方」の構成を支えるこの四つのイメージの関係は、うえのように図示することができよう(図4-1)。矢印は記述の順序をしめす。強直-彎曲、腐蝕-糜爛という、対立するふたくみの概念は直交軸をなしている。この四つの基点には、五十二種の病気のうち四十種までが属している。そのことは病気の分類において、したがってまた臨床医学を体系化するさいに、もっとも

主要な指標となったのが病理学的な身体イメージであったことを、明確に物語る。それらのイメージによって的確にとらえきれない疾患には、補助的な指標に病因、病気の部位、治療法、患者の社会的位置づけその他を用いて、それらを四つの基本イメージの中間にはさみこんだ。そのさいにも決して無作為であったとはいえない。たとえば、Aの末尾に置かれた瘻や蚘には呪術療法がいくつかつかわれており、治療法の点でつぎのBと共通する要素をもつ。CとC′は病因が共通する。FにはD・Eに似た症状を呈するものがある。

このようにみてくると、「五十二病方」は、病理学的な身体イメージをいわば構成原理とする体系への志向にもとづいて編纂された、かなりたしかな骨組をもつ書物であったことがわかる。むろん、それはあくまで体系形成への過渡的な一段階、おそらくはかなり初期のそれをしめすものにすぎない。にもかかわらず、『諸病源候論』との対比がしめすように、隋唐代に一応の完成をみる病理学体系とかなりの程度まで重なり合う分類が、すでにそこにみいだされる。「五十二病方」の構成は、中国における臨床医学体系の自覚的な形成が、おそくともこの書の編纂の時期、おそらくは戦国時代の末期にすでに進行していたこと、後世の体系はその連続的な発展の帰結にほかならないことを、まぎれもなく立証しているのである。

2 「五十二病方」の呪術療法

「五十二病方」に記載されている治療法は大きくふたつに類別できる。ひとつは医術療法、ひとつは呪術療法である。医術療法とは、薬の内服・外用、洗滌、燻蒸、入浴、罨法、切開・切除その他の物理的ないし化学的な手段を用いて患者の身体に手をくわえ、その物理的化学的な効果によって病気を治療する技術を指す。それにたいして呪術療法は原理的に、病気の治癒を直接的な物理的化学的効果には求めない。その効果と力の源泉とは、もっとべつのところにある。

呪術療法においては、その治療行為を構成するすべての要素が厳密に特定されている。行為の対象・時間・場所・状況・材料・所作・言葉・手続き・順序など、それらすべてが特定されており、ひとつでもちがえば、たとえばその順序をまちがえても、もはや効果は期待できない。そこに呪術療法を医術療法から分かつ、もっとも基本的な特性がある。


たしかに、行為を構成する要素の特定は、一般に医術療法をふくむ技術においてもなされる。たとえば医術療法にあっては、ある特定の病気にかかった、特定の性と年齢の患者に、特定の種類と量の材料を用いて特定のやりかたと順序でつくった薬を、特定の時間に特定の量だけ服用させる。しかし、技術において行為の要素を特定するのは、その目的にとってのいわば最適値を選択するためであり、そこにおのずから一定の選択の幅が生ずる。最適値はつねにひとつとはかぎらないし、またどんなばあいにもかならず、次善の策というものがあるからだ。その選択の幅にはふたつの異なった種類がある。ひとつは許容限界値の存在である。たとえば、処方するある薬草は、ある地方のある種の場所に野生しているものがいちばん良いが、これこれ地方産のものでもかまわない。呪術療法のばあいはそうでない。たとえば、岡のうえの古井戸のわきに生えているある草を使用しなければならない。厳密に特定されていて、許容限界値などは存在しないのだ。もうひとつは、部分的な代替可能性の存在である。技術行為を構成する要素のなかには、決して代替できないものがもちろんある。しかし、代替可能な要素もかならずふくまれている。たとえば、ある薬材がなければ、べつの薬材でもかまわないし、服薬も食前と食後のいずれでもよい、といったばあいだ。それにたいして、呪術療法には部分的な代替可能性はない。ある物がなくてべつのものを用いるばあいには、その行為は全体としてべつの行為に置き換えられる。いいかえれば、全体的な代替可能性しか存在しないのである。

医術療法に許容限界値と部分的代替可能性が存在するのは、物理的ないし化学的な、いいかえれば物質的な手段と効果に依存しているからである。それらは物質そのものの特性なのである。むろん呪術療法においても、病気を治癒させる力をもつ、あるいは、病因を駆逐する力をもつと信じられている物、いわゆる呪物を用いることがすくなくない。その呪物は、ときには物理的化学的な効果を期待できる物、医術療法において薬物として用いられる物であったりする。しかし、かりにそうであっても、医術療法が期待するのとおなじ効果をそこに求めているのではない。原理的にいえばその療法は、呪物を使用しないべつの療法によって、たとえば呪文を唱えるという行為によって、代替できる。物質的なものと非物質的なものの互換性ないし等価性を前提するのが、呪術療法のもうひとつの基本的な特性なのである。

表4-2　医術療法だけの病気

分類	病名	方数	分類	病名	方数
E Ⅻ	痂	26	E Ⅻ	□　□	2
〃	疽　病	16	〃	胻　傷	2
D Ⅺ	牝　痔	9	G ⅩⅣ	馬　疣	2
E Ⅻ	虫　蝕	9	A Ⅱ	嬰児索痙	1
〃	乾　瘙	8	〃	嬰児病癇	1
A Ⅲ	毒烏喙	7	A Ⅲ	夕　下	1
A Ⅰ	傷　痙	6	C Ⅵ	螟　病	1
C Ⅵ	□　蠸	4	〃	□　蠸	1
D Ⅺ	牡　痔	4	C′ Ⅶ	痃	1
E Ⅻ	胻　膫	4	D Ⅸ	溺□淪	1
A Ⅲ	狂犬齧人	3	〃	膏　溺	1
〃	犬筮人	3	D Ⅹ	腫　橐	1
C Ⅵ	白　処	3	D Ⅺ	脈	1
G ⅩⅣ	瘍	3	E Ⅻ	蛇　齧	1
A Ⅲ	蛭　蝕	2			
C Ⅵ	大　帯	2			
D Ⅺ	朐　癢	2	計	31病	128

原理的に異なるこの二種類の療法は、具体的な治療行為においてはしばしば結びついている。効果の相乗作用を期待して、併用されるのだ。なかには医術療法なのか呪術療法なのか、判別に苦しむ事例もある。古代人は今日のわたしたちのようには両者を区別していなかった。「五十二病方」のなかでは、医術療法と呪術療法の記載は、わたしたちの眼からみると無秩序に、まじりあって配列されている。にもかかわらず、両者に明確な区別があったのは、表4-2をみれば明らかであろう。「五十二病方」の構成を分析したさいの分類をつかえば、呪術療法をもたない病気のうち、方数(記載されている治療法の数、薬を用いるばあいなら処方数)三以上のものは、Ⅰ・Ⅲ・Ⅵ・Ⅺ・Ⅻ・ⅩⅣの六群に

かぎられている。Ⅰは外傷、Ⅲは動植物の毒性による急性疾患、Ⅵは慢性皮膚疾患、Ⅺは痔、Ⅻは急性皮膚疾患・化膿性外科疾患、ⅩⅣは顔面の出物。これらに属する病気の多くは呪術療法に依存せず、医術療法だけによって治療されていたのである。五十二種の病気のうち、帛書の破損のために五種の病気の記載はまったく欠けているから、それをのぞくと、約六六%の病気が呪術の世界から離れていたことになる。

古代中国の臨床医学のなかで呪術療法がになっていた一般的な意味と占めていた位置を解明するためには、現存する唯一のまとまった資料である「五十二病方」の呪術療法を、一つひとつ具体的に分析してゆく必要があるだろう。(6) しかしここでは、呪術療法がいかなる病気に適用されているかを検討し、間接的にその意味と位置を推定するにとどめておきたいと思う。

表 4-3　呪術療法をもつ病気

分類	病　　名	呪術方数	全方数	呪術方数の割合(%)
A Ⅱ	嬰　児　瘛	1	1	100.0
B Ⅴ	癲　　疾	2	2	100.0
C′ Ⅶ	人病馬不癇	1	1	100.0
F ⅩⅢ	□　　蠱	5	5	100.0
〃	鬾	2	2	100.0
B Ⅳ	尤	6	7	85.7
A Ⅲ	巣	1	2	50.0
D Ⅹ	癩	12	24	50.0
E Ⅻ	䰍	3	7	42.9
A Ⅲ	瘻	2	5	40.0
〃	蚖	3	11	27.3
E Ⅻ	癰	2	8	25.0
〃	□　　爛	4	17	23.5
D Ⅸ	痒　　病	3	27	11.1
E Ⅻ	身　　疕	1	13	7.7
A Ⅰ	諸　　傷	1	17	5.9
計	16 病	49	149	32.9

表4-3は呪術療法をもつ病気の一覧である。わたしの意図は特徴的な点をきわだたせることにあるのだから、呪術療法には純然たるそれと認めうるものだけをとりあげ、医術療法を併用したものやいずれとも簡単には判別できないものは、医術療法に入れることにする。なお、文章の欠損が大きく、呪術療法か医術療法かわからないばあいは、方数に算入していない(表4-2もおなじ)。十六種の病気にたいし、呪術療法の方数は四十九。「五十二病方」にみえる

すべての方数（二百八十九）の約一七％が呪術療法ということになる。ちなみに、呪術療法の方数三以上の病気をとりだしたのが表4-4である。

これらの表はつぎのことを示唆する。第一に、呪術療法の対象となるのは、かならずしも病理学的な意味で重い病気とはかぎらない。□蠱のような危険な病気もあるが、髼のような一過性のものもふくまれている。第二に、方数一または二の五種の病気をのぞけば、あとは方数五以上であり、十以上のものが六種にのぼる。表4-2と比較してみると、一般に方数がきわめて多いことがわかる。そのことはおそらく、呪術療法が用いられる病気は比較的身近な、日常的な、罹病率の高い病気であったことを物語る。第三に、表4-3の呪術療法をもつ病気、とりわけその比率が五〇％以上にのぼる病気を、表4-2の医術療法だけの病気のうち、方数三以上のものと比較すると、一例（AⅢ）をのぞいて分類は一致せず、すべて異なった群に属している。この事実は、医術療法が確立されていない分野の病気ほど呪術療法にたいする依存度が高かった、という推測をゆるす。

それがなにを意味するかを明らかにするためには、もうすこし立ち入った分析を試みる必要がある。表4-3をてがかりに、まず治療法として呪術療法しかない五種の病気をとりあげよう。嬰児瘛《せい》は小児のいわゆる引きつけ、強直性痙攣である。『素問』巻十三・大奇論篇に「癇瘛筋攣」とみえるように、瘛は癇と通用し、のちには癇が通称になる。『諸病源候論』巻四十五・小児雑病諸候一の癇候にいう、「癇は小児病なり。十歳以上を癲と為し、十歳以下を癇と為す。其れ之を発する状は、或いは口眼相引きて目睛上揺し、或いは手足掣縦《せいしょう》し、或いは背脊《はいせき》強直し、或いは頸項反折す」、と。この引きつけはどうしておこるのか。一般に人間の病気をひきおこすと考えられていた超生物学的な生き物、鬼神の一種を、「疫鬼」と呼んでおくことにしよう。古代中国人によれば、空中に住み、夜間、昆虫（もしくは鳥）のように翼をつけて

表4-4

病名	呪術方数	全方数
癲	12	24
尤	6	7
□蠱	5	5
□爛	4	17
髼	3	7
蚖	3	11
瘁病	3	27

飛来し、子供の体内に入りこむ疫鬼があった。この疫鬼は好んで子供の魂を食う。すると子供が引きつけをおこすのである。その治療法は、疫鬼を体内から追いだして魂をとりかえすための一連の呪術行為からなっている。(7)

癲疾について、前漢の医学は気の理論にもとづく認識に到達した。『素問』巻十三・奇病論篇によれば、癲疾は「病名を胎病と為す。此れ之を母の腹中に在る時に得たり。其の母大いに驚く所有り、気上りて下らず、精気幷びに居る、故に子をして発して癲疾為《た》らしむ」。すなわち、先天的な疾患とみたのである。しかしながら、民衆のあいだには、鬼にとりつかれたためにおこる精神疾患という見かたが、長く生きていた。「五十二病方」の癲疾の病因論も、その構成を分析したさいに示唆しておいたように、おそらくそうした考えかたにもとづくものであったろう。鬼とは、『礼記《らいき》』祭義に「衆生は必ず死し、死すれば必ず土に帰す、此れ之を鬼と謂う」とみえるように、死者であり、同時に、それはわたしのいう疫鬼をも指す。癲疾をひきおこすとされたのは、あるいは首を縊って自殺した死者の鬼であったかも知れない。「五十二病方」にみえるふたつの呪術療法のひとつは、内と外(おそらくは生者と死者、人間と鬼神)の世界の乱された境界をもういちど確立しようとする呪術行為である。

人病馬不癇の残された断片的な記載のなかには、病因を推測するてがかりになるものはなにもない。ただ病名から、おそらく癲癇であり、なんらかの意味で馬を病因とみていたのであろう、と考えたのである。根拠のふたしかな推測に依拠していることを確認するにとどめる。

□蠱は中国の代表的な妖術 sorcery である。他者を害することによって自己の利益をはかろうとする蠱主の邪悪な意志がそこにはたらいている。病因は蠱主、病源はいわゆる変惑の気である。治療法のなかには、黒焦げの蝙蝠や蛇をつかう呪術がふくまれる。

魃は小児鬼がひきおこす小児の病気とされる。病因は小児鬼、病源は母親の嫉妬心ということになるだろう。現代の解釈では栄養不良のためにおこる乳幼児疾患。邪鬼払いの呪術で治療する。

呪術療法しかない五種の病気には、明らかにある種の共通性がある。第一に、病因として超生物学的ないし生物学的な生き物が存在する。□蠱のばあいをのぞけば、それらはおそらく疫鬼である。嬰児瘛・□蠱・魃では、患者にねらいをつけるのはかれらである。癲疾・人病馬不癇では、患者はおそらく偶然に病因に接触する。このちがいは、後者を先天的疾患とする見かたがのちにいちはやく成立したことと無関係ではない。第二に、それらは精神に深くかかわる病気とみなされている。癲疾と人病馬不癇はいわゆる精神疾患であり、嬰児瘛は魂の喪失に起因する病気であると信ぜられていた。□蠱はいささか性格を異にする。しかし、病因のがわの異様な精神のありかたが患者に影響をおよぼさないはずはない。蠱疾とよばれる病気があった。美女に蠱惑され、魂を奪われた男の病である。『左伝』宣公八年の「晋の胥克に蠱疾有り」に注して杜預はいう、「惑いて以って志を失う」、と。妖術であるからこそ、蠱もついに精神と無縁ではありえなかったのである。そして第三に、適切な医術療法がなかったのはいうまでもない。

これらはまぎれもなく呪術療法が、今日なら精神医学が占めるであろう位置にあったことをしめしている。ここでくわしく論ずることはできないけれども、呪術療法はしばしば病気と治療の宇宙論的な意味を開示する。病気とは自然的な秩序の攪乱であり、その回復が治療にほかならないことを、一連の行為をとおして宣明してゆく。医術療法によって対処できる病気とはちがい、人間の生命の存在論的意味を問うことなしには治癒の糸口もつかめぬ病気も存在する。精神にかかわる病がそれであり、呪術療法はなによりもまず、そうした疾患にかかわってゆくのである。

呪術療法が五〇％以上を占める病気に移ろう。尤は病気の軽さにもかかわらず与えられた社会的意味の重さが、七という方数の多さに映しだされている。灸をすえる療法をのぞいて、あとはすべていぼをなにかに転移させ、消滅させる呪術であり、所作と呪文を組み合わせたものが多い。巣は動植物の毒性に中たった急性疾患の一種と推定してお

いた。療法は稲妻にむかって唱える呪文。癲は鼠蹊ヘルニア。方数の多さでは痒病(尿路疾患)につぎ、痂(疥癬)となら
ぶ。その最善の療法はヘルニア門を閉じる手術であり、いうまでもなく近代医学を俟たなければならない。癲には、内容物を腹腔内に還納できないために、救急手術を必要とする危険なばあいもある。その呪術は所作によるものと呪文を中心とするものとが相半ばする。

呪術療法が二〇%台から四〇%台までの病気もあわせて考えたほうが、性格をとらえやすいだろう。鬃は癰・□爛とおなじ群に属し、急性皮膚疾患ないし化膿性外科疾患。呪術行為は雑多だが、呪文が多い。癰・蚖は動植物の毒性による疾患。やはり呪文が主である。

尤と癲には当時、効果的な医術療法はなかった。その空白を埋めるのも、呪術療法の大きな機能だったにちがいない。のみならず、これらの病気はだれにでもおこるものではなかった。対蹠的なのが鬃・癰・蚖である。だれでも罹る可能性がある、にもかかわらず、めったに罹らない偶発的な病気なのである。用心していれば避けられるし、迂闊にやられても、蚖のように危険なものもあるが、たいていは一過性である。

癰と□爛はむしろ一〇%前後の痒病・身疕・諸傷などとおなじ類とみたほうがいいだろう。おこる頻度の高い病気である。きわめてありふれた、罹りやすい、しかもあとがけっこうやっかいな病気であれば、治療法がたくさんあっても、そのなかに一割やそこらの呪術療法がふくまれていたところで、べつにおかしくない。たとえば、□爛の呪術の半分は傷痕を残さないようにする呪術であり、諸傷の呪術は血止めの呪文なのである。

以上の簡単な分析から、とりあえずつぎのような結論をみちびくことができよう。精神にかかわる病、適切な医術療法のない疾患、特定のひとにのみおこる疾患、偶発的な一過性の疾患、むろん個々の具体的な病気についていえば、これらはしばしば重なり合っているが、このような特性をそなえた病気にたいして、呪術療法はある本質的な、もし

くはきわめて重要な、治療機能をになっていた、と。一般に、呪術療法には人間の魂を震撼させずにおかないなにものかがあった。魂の奥底にひそむなにかを、それが確実にとらえていたからにちがいない。そのことは呪術療法の開く世界の拡がり、医学の世界を超えるその拡がりを暗示する。だが、それはもはやいまの主題を超えている。(7)

II 古典

第五章　『黄帝内経』の成立

1　黄帝学派の論文集

『黄帝内経《こうていだいけい》』は、生理学・病理学・解剖学、および診断法と治療法について論じた中国最古の体系的な医学書であり、中国医学理論の源流となった書物である。後世にあたえたその影響は、ひとり医学の領域にとどまらず、ひろく哲学思想にまでおよんだ。

　この書物の名は、紀元一世紀に書かれた書録、『漢書《かんじょ》』藝文志《げいもんし》の「医経」の項に、「黄帝内経十八巻」としてみえるから、それが前漢代か、おそくとも後漢のはじめごろまでに編集されたものであることは、疑いを入れない。ちなみに、この書録には医経として、「黄帝内経」のほかに、おなじく「外経三十七巻」、「扁鵲内経九巻」、おなじく「外経十二巻」、「白氏内経三十八巻」、おなじく「外経三十六巻」、それに「旁篇二十五巻」が著録されている。特徴的なのは、これらの書物が黄帝・扁鵲・白氏という神話的ないし実在の人物の名を冠していること、そのそれぞれが内経と外経から成っていることである。内経と外経の区別がなにを意味するかは、『黄帝内経』以外の著作がすべて失われたか、あるいは、後世の書物のなかに断片的に引用されているにすぎないため、たしかなことはわからない。ただJ・ニーダムは、古代の書物にときにみえる内・外篇の区別から推して、内経は医学の合理的・科学的な側面を、外経は呪術的・宗教的な側面をふくむ著作であったろう、と考えている[1]。たほう、黄帝・扁鵲・白氏の三家の名は、かれらを開祖と仰ぐ学派の名称とみなすことができよう。前漢代にはさまざまな医学の学派があり、それらは大きく三つの系統に分かれていた、というのがさしあたってのわたしの作業仮説である。『黄帝内経』はいわば黄帝学派の論文の集大成であった、とわたしは考える。

『黄帝内経』におさめられている個々の論文がいつごろ書かれ、論文相互間にどのような関係があり、それらがいつごろ集大成されたかについては、現在のところほとんどわかっていない。『黄帝内経』の成立期を戦国時代に置くひとから後漢のはじめとみるひとまで、研究者の見解にも大きなへだたりがある。しかし、多数の論文が『黄帝内経』として一書にまとめられたのがいつであるにしろ、それらの論文は単一の著者によって書かれたものでもなければ、おなじ時代に書かれたものでもないことが重要である。論文相互間にはしばしば理論的立場や学説や治療法のちがいがみられるし、一つの論文が他の論文の説を継承して発展させたり、逆に批判して異説を提出したりしていることも、決してすくなくない。また、論文の形式やその文体やつかわれている用語も決しておなじでない。そのことは黄帝学派が長い歴史をもつこと、しかもそのなかにいくつもの分派が形成されていたことを物語る。わたしたちがそうした点に着目して、『黄帝内経』におさめられた論文を分析してゆくならば、論文相互の関係、その先後関係や系譜を明らかにできるはずであり、個々の論文の書かれた絶対年代を知ることはできなくても、すくなくともその層序は明らかにできるはずである。いうまでもなく、『黄帝内経』の成立の過程を明らかにすることは、同時に、古代中国における医学理論の発展の過程を明らかにすることを意味している。

『黄帝内経』の成立の過程を分析しようとすれば、まずテキストが問題になる。現存する『黄帝内経』の標準的テキストは、『素問』と『霊枢』の二部から成る。『素問』は唐の王冰の編集にかかる。王冰は古いテキストをいくつか集め、それをもとに新しいテキストを編集したのだが、そのさい書物の構成を改め、文章に手をくわえ、さらに七篇の論文を新たに増補している。『霊枢』の由来は定かでないが、一説によれば、やはり王冰が編集したものであろうという。いずれにしろ、それらは決して古代の原形をしめすものではない。わたしたちに必要なのは、もっと古いテキスト、後人の手ができるだけくわわっていないテキストである。さいわい、王冰本に先立つテキストが、不完全ながら伝わっている。唐初のひととされる楊上善が編集した、『太素』である。このテキストは従来から、『黄帝内経』のいっそう古いかたちをとどめているのであろうと考えられてきたが、まだくわしい研究はおこなわれていない。

ここでテキストの比較に深入りすることはできないけれども、『太素』と『素問』および『霊枢』との文体や用語や章の構成を比較検討することによって得たわたしの結論は、『太素』のほうがまぎれもなく古代の原形に近い、ということである。文体についていえば、『太素』のほうがずっと素朴であり、『素問』・『霊枢』では文章を整えようとして、文学的修飾に多くの意を用いている。用語についていえば、すでに意味のわからなくなった古代の用語を、『素問』・『霊枢』では意味の通じる表現に書き改めているが、『太素』にはもとの用語がそのまま残っている。いっそう決定的なのは、章の構成であろう。『太素』にしろ『素問』・『霊枢』にしろ、各巻はそれぞれ数篇の論文から構成されているが、その構成の原理が『太素』と『素問』・『霊枢』とではまったく異なる。『太素』にあっては、素朴で経験的ではあるけれども、医学の実践と緊密に結びついた構成をとっているのにたいし、『素問』・『霊枢』では、もっと原理的な観点に立って、全体ができるだけ理論的整合性を保つように再構成されているのだ。王冰は七篇の基礎医学の論文を『素問』に増補することによって、その意図を完成しようとした。しかし、そのために古代医学体系の構図は見失われてしまったのである。

一、二の例をあげよう。『太素』巻十三は「身度」と名づけられ、「経筋」・「骨度」・「腸度」・「脈度」の四篇がおさめられている。これらはすべて解剖学の論文であり、この章は古代解剖学の知識を集成している。ところが、『霊枢』においては、「経筋」・「骨度」・「脈度」は巻四に、「腸度」は「腸胃」・「平人絶穀」の二篇に分けて巻六におさめられ、それぞれ『太素』では他の諸巻にみえる論文といっしょにまとめられている。『太素』の巻十三がいわば形態論的な観点からまとめられているのにたいし、『霊枢』の巻四・巻六は明らかに作用論的な観点から編集されているのである。また、『太素』巻八の「経脈之一」には、三つの論文がみえる。巻首には「経脈連環」と題する論文、それと「経脈病解」および「陽明脈解」の三篇である。このあとの二篇は、ここでかりに「経脈」篇と略称しておく巻頭の論文の注釈、それもまったく異なった立場ないし学説にもとづく注釈である。このことは、「経脈」篇がきわめて重要な古典的論文とみなされていたこと、しかもそれを解釈する、まったく異なる立場があったこと、いいかえれば、黄帝学派の内部にすくなくともふたつの分派があったことをしめしている。古典的論文とその注釈を一章にまとめた『太素』の意図はきわめて明瞭である。ところが、『素問』・『霊枢』においては、「経脈」は『霊枢』巻三に、「経脈病解」は「脈解篇」と題されて『素問』巻十三に、「陽明脈解」はおなじく巻八に、ばらばらにおさめられ、この三篇の相互関係が切断されてしまっている。「経脈」篇は十二経絡とそれぞれの経絡に関連する病気の記述、「経脈病解」・「陽明脈解」両篇はその病気の病理学的説明であるが、記述的な前者が『霊枢』に、説明的な後者が『素問』に、それも別べつの巻におさめられることによって、それらのあいだの理論的不整合性が覆い隠されたのである。たしかに、王冰の時代までにはすでに数多くのすぐれた臨床医学書があらわれており、『黄帝内経』は医学理論ないし基礎医学の書とみなされるようになっていた。大学教育や医官の資格試験においても、その分野の経書としてとりあつかわれた。しかし、黄帝学派の論文がはじめて集成されたときには、それはたんなる理論書でなく、臨床用医書としての性格をつよく帯びていたにちがいない。とすれば、その原形的な構図は『太素』の章の構成に色濃く伝えられている、とみることができよう。現存する『太素』の「巻」名を列挙すれば、摂生・陰陽・人合・蔵府・経脈・輸穴・営衛気・身度・診候・証候・設方・九鍼・補寫・傷寒・寒熱・邪論・(風論)・気論の十八(( )は推定)である。失われた巻名が三つ(巻四、巻二十、巻三十)あり、最後の雑病を列挙した巻三十のごときは楊上善によって再編集されたものであろうが、そこには古代医学体系を再構成するための重要なてがかりがふくまれてる、とわたしは考える。したが

って、以下の分析には主として『太素』を用いることにしたい。(2)

2　祖型としての馬王堆漢墓出土医書

いまわたしは、『黄帝内経』におさめる論文の相互関係を分析することによって、書かれた絶対年代はわからなくても、すくなくともその層序は明らかにできるだろう、と述べた。ところがじつは最近(一九七三年)になって、層序を解明するための出発点となるばかりでなく、絶対年代の推測をも可能にする、決定的ともいえる新資料が発見されたのである。馬王堆前漢墓の第三号墓から出土した、一連の医学の帛書が、それである。この墓からは医学だけでなく、天文学・数学をはじめとする科学・技術関係の文献資料が多数発掘されており、それらがすべて公表された暁には、戦国末から漢初にいたる科学技術史の研究に多くの光を投げかけるであろうと期待される。なかでも医学の論文は数も多く、その内容は従来の資料的空白をかなりの程度まで埋めるに足るものである。

出土した医学文献のうち、現在(一九七八年)までに釈文が公表されているのは、中国の研究者たちによってそれぞれ「五十二病方」・「却穀食気」・「足臂十一脈灸経」・「陰陽十一脈灸経」・「脈法」・「陰陽脈死候」と名づけられた六篇であり、そのほか帛画の「導引図」が発表されている。(3) わたしたちの研究グループは、これらの医学論文の訳注をつくる作業をすすめてきたが、(4) その過程で明らかになった、そしてわたしたちを驚かせた事実のひとつは、六篇の論文のうち「足臂十一脈灸経」以下の四篇が『黄帝内経』のいくつかの論文の直接の祖型である、ということだった。まずこの点から述べてゆくことにしよう。

「足臂十一脈灸経」と「陰陽十一脈灸経」はいずれも、後世のいわゆる経脈とその機能の乱れによっておこる症候や病名を記述し、その治療法を指示したものであり、『太素』の「経脈連環」篇の祖型をなす論文である。しかし、この二論文の記述の形式や「脈」の名称とその記載の順序には、かなりのちがいがみられる。「陰陽十一脈灸経」では、十一脈のそれぞれについて、はじめに脈の経路をしるし、ついで「是僮(動)則病云々」(是れ動けば、則ち云々を病む)として症候を述べ、それらの症候がみられるばあいは当該脈を治療するように指示し、最後に「其所産病云々」(其の産む所の病は云々)として病名を列記する。「足臂十一脈灸経」では、まず脈の経路をしるす点ではおなじだが、症候の記載がなく、ただちに病名を列挙したのち、これらの病気にかかった者には当該脈に灸をすえるよう指示する。この両者の記述を比較すると、脈の経路の記述は部分的に「足臂十一脈灸経」のほうがくわしくなっているところがある。また、病名の記載も「足臂十一脈灸経」のほうが一般にややくわしく、部分的には「陰陽十一脈灸経」の症候の記載に相当するものもそこにふくまれている。

いまこれらを『太素』の「経脈」篇と比較すれば、どうか。「経脈」篇の記述の形式は、ほとんどそっくり「陰陽十一脈灸経」のそれを蹈襲している。まず脈の経路をしるし、つぎに「是動則病云々」として症候を述べ、最後に「所生病云々」として病名を列記する点ではまったくおなじといっていい。とくに症候の記載には、しばしば細部にわたって一致するか、あるいは、酷似する表現がみいだされる。ただちがっているのは、「陰陽十一脈灸経」では治療法を指示していた、たとえば「是鉅(巨)陽脈主治」(是れ鉅(巨)陽脈の主治)といった表現が、「経脈」篇では脈の作用をしめす、たとえば「是主筋」(是れ筋を主《つかさど》る)といった表現に変わっているところである。こうした点からみて、「陰陽十一脈灸経」が「経脈」篇の直接の祖型であり、前者が後人の手によっておおはばに増補・改訂されて後者になったことは、疑う余地がない。

それでは「足臂十一脈灸経」と「経脈」篇との関係はどうか。たしかに両者の記述の形式は似ていない。しかし、べつの点で密接なつながりがある。いったい、「経脈」篇の文章で「陰陽十一脈灸経」のそれよりおおはばに増えているのは、脈の経路を記述した部分である。症候や病名の記載は、字数においてほとんど変動がないのにたいし、脈の経路の記述はきわめて詳細かつ精密になっている。のみならず、その経路は「直」と「支」に分けて記述されているのである。「直」と「支」は、河川の本流と支流、あるいは、樹木の幹と枝にあたる。ところがじつはこの区別が「足臂十一脈灸経」にみられるのだ。すなわち、脈の経路の記述が「陰陽十一脈灸経」よりかなりくわしくなっている「足泰陽温」および「足少陽温」の項において、「直」と「支」が区別されており、その「直」脈と「支」脈は「経脈」篇のそれに、記述こそ簡単だが、きれいに対応させることができるのである。したがって、脈に「直」と「支」の区別を導入した点において、「足臂十一脈灸経」もまた「経脈」篇の祖型のひとつ、「陰陽十一脈灸経」をその直系の祖先とすれば、「足臂十一脈灸経」は傍系の祖先とみることができよう。

表5-1　脈の名称と配列の順序

「陰陽十一脈灸経」	「足臂十一脈灸経」	『太素』経脈篇
(足)鉅陽脈	足泰陽温	肺手太陰之脈
(足)少陽脈	足少陽温	大腸手陽明之脈
(足)陽明脈	足陽明温	胃足陽明之脈
肩　脈	足少陰温	脾足太陰之脈
耳　脈	足泰陰温	心手少陰之脈
歯　脈	足帣陰温	小腸手太陽之脈
(足)大陰脈	臂泰陰温	膀胱足太陽之脈
(足)厥陰脈	臂少陰温	腎足少陰之脈
(足)少陰脈	臂泰陽温	心主手厥陰心包之脈
臂鉅陰脈	臂少陽温	三焦手少陽之脈
臂少陰脈	臂陽明温	胆足少陽之脈
		肝足厥陰之脈

「経脈」篇と「足臂十一脈灸経」とのつながりは、そればかりではない。表5-1は「陰陽十一脈灸経」・「足臂十一脈灸経」および「経脈」篇にみえる脈の名称を、そこに記載されている順序どおりにならべたものである。ただちに気がつくのは、脈の名称の変化であろう。「陰陽十一脈灸経」には、肩脈・耳脈・歯脈という、身体の部位と結びついた名称がみえる。これはそれぞれのちの手太陽脈・手少陽脈・手陽明脈にあたる。それが「足臂十一脈灸経」では、泰(太)陰・少陰・帣《けん》(厥)陰《ちん》・太陽・少陽・陽明の三陰三陽説の立場から、その名称が統一されている。「経脈」篇になると、さらにそれに臓腑の名称が冠せられ、しかも二つの「十一脈灸経」には欠けていた「心主手厥陰心包之脈」がつけくわえられている。手厥陰脈をくわえたのは、いうまでもなく三陰三陽説の立場を完成させるためである。

表5-2

(b)		(a)		
鍼	病	砭	膿	害
深	浅	深	浅	一害
浅	深	浅	深	二害
大	小	大	小	三害
小	大	小	大	四害

脈の配列の順序では、「陰陽十一脈灸経」がまず陽脈、ついで陰脈をならべているのにたいし、「足臂十一脈灸経」はまず足脈、ついで手脈をならべている。「陰陽十一脈灸経」でも、陰陽それぞれの脈のなかでは足脈を前に、手脈を後に置いているけれども、「足臂十一脈灸経」では明らかに、重点が陰陽でなく手足に置かれているのだ。さらに「経脈」篇では、まず手の陰脈と陽脈をそれぞれ一つずつ配し、ついでそれと対をなすふたつの足脈をならべるという組み合わせを、三回くりかえしている。手足と陰陽にほとんどおなじ比重があたえられているのであり、ある意味では、二つの「十一脈灸経」の折衷とみなすこともできよう。

脈の名称や配列順のこうした変化がなにを意味するかはあとで考えるが、ただこの形式的な比較からみても、中国の研究者たちのように[5]「足臂十一脈灸経」を「陰陽十一脈灸経」より古い著作だと一概に断定するわけにはゆかないように、わたしには思える。なお、「足臂十一脈灸経」の「足帣陰温」の項には死に至る病を論じた一節がみえるが、それにはすぐ後でふれる。

「脈法」に移ろう。この論文は、はじめに治療の一般的原則を述べ、ついで灸療法と針療法の原則をしめし、最後は、脱字が多くてよくわからないけれども、脈法の原則を論じている。ここで提唱された治療の一般的原則、すなわち、「治病者、取有余而益不足殹(也)。」(病を治するには、余有るを取りて足らざるを益すなり)という考えかたは、『黄帝内経』の論文のいたるところに表明されている。いうまでもなく、この考えかたは後世にいたるまで、中国医学における治療の根本原則として維持されることになる。

『黄帝内経』の特定の論文との明確なつながりをしめしているのは、針療法の原則を述べた部分である。それによれば、腫癰が膿をもっているときは砭《へん》(石針)の大小、刺しかたの深浅を考慮しなければならない。それを誤ると害を生む四つのばあいがある。四害を述べた文章には脱字があるけれども、それを補って読み、表にまとめれば、

表5-2(a)になる。つまり、膿の深浅・大小と針のそれとが一致しないばあいに、害を生むのである。これは『黄帝内経』において、針療法のさらに一般的な原則にまで高められた。『太素』巻二十二にみえる「九鍼所主」篇の議論がそれである。表5-2(b)にしめすように、そこでは膿の深浅・大小が病気の深浅・大小にまで一般化されている。一害、二害といった呼称はつかわれていないけれども、文中には「必後為害」(必ず後に害を為す)といった表現がみえる。そして、病気や症状のちがいによって使い分けるべき、さまざまな種類の針が列挙されている。「脈法」のなかの針療法にかんする部分が「九鍼所主」篇の直接の祖型であり、後者が前者を発展させ、一般化し精密化したものであることは、明らかだ。

もうひとつの論文「陰陽脈死候」は、死に至る危険な病気をとりあげる。それによれば、三陽は天の気であり、「その病は、ただ骨を折り膚を裂くとき、一たび死す」。ところが三陰は地の気であり、死脈であって、その病気にかかり作用が乱れると、十日以内に死に至る。死に至る症状は「五死」と呼ばれる。第一は「唇反人盈、則肉先死。」(唇反《かえ》り人盈《み》つれば、則ち肉先に死す)のケースである。以下、「骨先死」、「気先死」、「血先死」、「筋先死」の四つのケースを挙げたのち、「五者扁(徧)有、則不沽(活)矣。」(五者徧《あまね》く有れば、則ち活《い》きず)と結んでいる。

この論文は、先に述べた「足臂十一脈灸経」の「足帣陰温」の一節と関係がある。この一節も、三陰の病気にかかり機能が乱れれば十日以内に死ぬ、とする点ではまったくおなじである。しかし、「陽病は、骨を折り筋を絶つも、陰病无《な》くんば死せず」、とみる点では異なる。また、危険な症状についても、「陰陽脈死候」がもっぱら「唇反」とか「面黒」とか「舌掐(陥)」といった外的な症状を重視するのにたいし、「足臂十一脈灸経」は脈拍とか「煩心」とか「腹張(脹)」といった内的な症候に注目する。陽脈の病気は軽く、陰脈のそれは重いという共通の見解に立ちながらも、なにを致命的とみるかではまったく異なるふたつの立場が存在していたことを、それはしめしている。

「陰陽脈死候」はやがて『黄帝内経』の一論文へと発展してゆく。その論文は現存する『太素』にはみえない。おそらく失われた巻のなかに独立の一篇としてふくまれていたのであろう。しかし、さいわいにして、『霊枢』巻三・経脈、および晋の皇甫謐の『鍼灸甲乙経』巻二・十二経脈絡脈支別上のなかにおさめられて伝わっている。ただ、いずれの書物においても、独立した一篇としてはとりあつかわれておらず、『太素』で「経脈」篇と呼んだ論文のすぐあとに続けて記載されているために、その篇名はわからない。ここではかりに、この論文の各節の冒頭にみえる「気絶」ということばをとって、「気絶」篇と名づけておこう。

「気絶」篇は「陰陽脈死候」にいう「五死」を手足の五つの陰脈の気に結びつけ、「肉」や「骨」などが「先死」する理由を生理学的に説明し、さらに五行説の立場からそれを補足する。要するに、各陰脈の「気」が「絶」することによってひきおこされる、さまざまな器官の機能不全が、その原因だというのである。そして、足太陰脈が「肉」に、足少陰脈が「骨」に、手小陰脈が「血」に、足厥陰脈が「筋」に、それぞれ関係づけられている。「陰陽脈死候」とちがうのは、「気」でなく「毛」ないし「皮毛」をとりあげて、それと手太陰脈とを関係づけている点だ。「気」はもはや「肉」その他とならぶような身体の構成要素でなく、もっと根源的な生命力とみなされるにいたったのである。「気絶」篇はさらに、「五陰気」がすべて「絶」したばあいは「遠一日半死矣」(一日半に遠からずして死す)と述べたのち、同様の説明を陽脈にまで拡張している。「気絶」篇が「陰陽脈死候」の現象論的な記述に生理学的な裏づけをあたえ、体系化しようと試みた論文であることは、疑いを入れない。

3　出土医書から『黄帝内経』をへだてるもの

馬王堆前漢墓から出土した「足臂十一脈灸経」・「陰陽十一脈灸経」・「脈法」・「陰陽脈死候」の四部の写本は、中国の研究者たちによれば、字体からみておそらく秦代(前二二一―二〇六)のものであろうという。[6] したがって、もとの論文が書かれたのはそれ以前ということになる。また、写本が秦代につくられたということは、それらの医学書がこの時代にはまだ実際に用いられていたか、あるいは、すくなくとも保存に価すると考えられていたことをしめすであろう。いっぽう、これらの帛書が出た第三号墓の被葬者は、前一六八年に死んだと推定されている。この年に築かれた墓に写本が副葬品として埋められたということは、おそらく被葬者がこれらの医学書を最後まで大切にしていたことをしめすであろう。帛書の医学書は、写されてから埋められるまで、約五十年の生命を保ったことになる。これらの年代がさしあたり、『黄帝内経』の成立過程を明らかにしようとするばあい、わたしたちに出発点としてあたえられた絶対年代である。

中国の研究者たちは、もし『黄帝内経』が戦国時代の書物だとすれば、帛書の医学書が書かれた年代は春秋戦国の際か、ときにはそれよりさらにさかのぼる可能性がある、と推論している[7]。しかし、その推論のしかたはまちがっている、とわたしは思う。わたしたちが最終的にいかなる結論にみちびかれるにせよ、『黄帝内経』は戦国時代の著作だという、まだたしかめられていない仮定に立って、帛書の医学書の成立年代を推論すべきではなく、逆に、後者についてたしかめられた事実から、前者の成立の過程やその年代を推論すべきなのである。わたしたちがいま、ほぼたしかな事実として採用できるのは、帛書の四つの医学論文が先秦の著作であり、それらは『黄帝内経』のすくなくとも三つの論文の祖型であった、ということである。しかも、帛書の論文と『黄帝内経』の論文との内容のへだたりの大きさからみて、前者が後者に変貌するまでにかなりの歳月を要したであろうことはたしかである。その間にはまぎれもなく、医学の知識や技術や理論に飛躍的な発展があった。そうした知識や技術や理論をもとにして、おそらくは幾世代にもわたる著者たちが論文に手をくわえてゆき、最後に『黄帝内経』の論文として結晶したのにちがいない。そこで、つぎにわたしは、そのあいだにくわわった知識や技術や理論とはいかなるものであったかを、検討することにしよう。

『太素』の「経脈」篇を「陰陽十一脈灸経」や「足臂十一脈灸経」から決定的にへだてているのは、解剖学的知識の飛躍的な増大である。すでに述べたように、前者は後者にくらべ、「脈」の経路の記述がいちじるしく精密になっているが、そのなかで骨や筋の記述がずっと詳細になっているだけでなく、とくに目立つのは、それぞれの「脈」が臓腑と関係づけられていることである。帛書の論文では、内臓への言及はごくわずかであり、むしろ例外的といっていい。「陰陽十一脈灸経」では、足太陰脈が「被胃」(胃を被《おお》う)、足少陰脈が「系于腎」(腎に系《かか》る)、手少陰脈が「入心中」(心中に入る)と述べ、「足臂十一脈灸経」では、足少陰脈が「出肝」(肝に出ず)、手少陰脈が「之心」(心に之《ゆ》く)と記すにすぎない。その他の経路の記述にあらわれる名称はすべて、体外から観察できる身体の部分にかぎられる。ところが、「経脈」篇ではどの脈も二つ、ないし、三つの臓腑と関係づけられている。たとえば足太陰脈なら「属脾。絡胃。」(脾に属し、胃に絡《つな》がる)、手太陽脈なら「絡心。……抵胃。属小腸。」(心に絡がり、……胃に抵《いた》り、小腸に属す)といったふうに。そして、「属」するとされた臓腑の名称が「脈」の名称の最初にかかげられており、「脈」と臓腑との関係がきわめて重視されるにいたったことをしめしている。また、臓腑のほかにも、解剖学の知識をまってはじめて記載できるような、身体の部分の名称もみえる。このことは疑いもなく、その背景に解剖学の急速な発達があったことを物語っている。『太素』巻十三におさめられた諸論文は、そうした古代解剖学の成果の一端をしめすものであろう。

そこからいくつかの興味深い問題がおこってくる。まず『太素』巻十三、「経筋」篇の祖型の問題がある。中国の研究者たちのあいだでは、「足臂十一脈灸経」にみえる「温」字の解釈をめぐって、二つの意見が分かれているという。ひとつは、「温」を「脈」の異字体とみる意見であり、もひとつは、それを「笏《けん》(腱)」字とし、「経筋」篇の「筋」字にあたるとみなす意見である。[8] わたしは前者に従い、後者の意見を採らないけれども、それはやはり重要な問題点を浮彫りしていると考える。

「経筋」篇は「筋」の経路、それに関連する病名ないし症候、および、その治療法の記述である。記述の形式は「経脈」篇によく似ており、とりわけ経路を「直」と「支」に分けて記述するしかたは、ほとんどそっくりである。ただ、「経脈」篇が症候と病名を別べつに記載しているのにたいし、「経筋」篇はいっしょに記載している点が異なる。帛書の論文と比較すれば、「陰陽十一脈灸経」よりも「足臂十一脈灸経」の形式にきわめて近い。だから、それを「足臂十一脈灸経」に結びつけようとする意見が生まれたのは、ある意味では、とうぜんであったといえよう。しかし、わたしたちが考慮しなければならないのは、二つの「十一脈灸経」が書かれた段階ではまだ解剖学が未発達であった、という事情である。

二つの「十一脈灸経」にいう「脈」は、後世の「経脈」ないし「経絡」と同一の概念では決してなかった、とわたしは考える。いわゆる「脈」は、経絡だけでなく、筋や血管その他の循環器や神経などをも包括する概念であったにちがいない。一例をあげよう。「足臂十一脈灸経」の死に至る症候を記述した一節に、「温」の打ちかたが三人で臼をつくみたいであれば、三日たたないうちに死ぬ、などといった表現がみえる。ここにいう「温」は、まぎれもなく血管を指す。「脈」はいわば解剖学以前の素朴な、未分化な概念であった。解剖学の発達とともに、やがて筋や血管のような解剖学的実体の存在が認識され、命名されていったであろうし、「脈」の概念もしだいに分化していったであろう。それと並行して、解剖学的実体ではないけれども、なんらかの機能的連関の存在もはっきり認識され、解剖学的実体とは区別されて、経脈ないし経絡の概念でよばれるようになったのであろう。そうだとすれば、「経筋」篇は解剖学の発達の過程、「脈」概念の分化の過程で生まれた産物、「十一脈灸経」のいわば進化途上の派生物ないし副産物とみなすことができよう。二つの「十一脈灸経」は「経脈」・「経筋」両篇の共通の祖型であり、「経脈」篇をその直系の子孫とすれば、「経筋」篇は傍系のそれになぞらえることができる、というのがわたしの考えである。そのばあい、記述の形式としては、「経脈」篇が「陰陽十一脈灸経」をひきついだのにたいし、「経筋」篇は「足臂十一脈灸経」にならったのであろう。ついでながら、「経筋」篇だけでなく、『黄帝内経』にみえるさまざまな「脈」の経路や営衛気の循環の経路の記述のしかたも、「経脈」篇のそれによく似かよっていることに注意しておきたい。

ところで、経絡と臓腑とを関係づけようとする動きは、帛書の写本がつくられた段階ですでにはじまっていた。「十一脈灸経」において、足少陰脈が「腎」ないし「肝」に、手少陰脈が「心」に関係づけられていることは先に述べたとおりだが、いっそう注目すべきは、「陰陽十一脈灸経」だけにみえる、足太陰脈と臓腑との関係づけである。そこでは脈の名称にすぐつづけて、「是胃(胃)脈也」(是れ胃脈なり)と述べたのち、「被胃。出魚股陰下廉。云々」(胃を被い、魚股の陰の下廉に出で、云々)と経路の記載に入ってゆく。この「是胃脈也」という表現は異例であり、他の脈の記述にはみられない。そのことはこの一句がもともと、後から書きこまれた注記であり、テキストが筆写されてゆく過程で本文中にまぎれこんだものであることをしめしている。脈と臓腑との関係づけは、まずこのようにしてはじまったのである。そして、ここでは「胃脈」とよばれたものが、のちに「経脈」篇では「属脾。絡胃。」として、「脾脈」と称せられるにいたる。また、足少陰脈と手少陰脈はそれぞれ「腎脈」および「心脈」と名づけられたのである。

「十一脈灸経」において臓腑と関係づけられている脈がすべて陰脈であることも、注目に価する。これはおそらく、「足臂十一脈灸経」の一節や「陰陽脈死候」に表明されている、陰脈を死に至る病として重視する考えかたと、密接に結びついているにちがいない。おそらくはその考えかたにみちびかれて、解剖学の発達とともに、まず五陰脈が肺・脾・心・腎・肝の五臓と関係づけられ、それがさらに六陽脈と六腑との関係づけにまで拡張されたのであろう。「足臂十一脈灸経」に挿入された、「陰陽十一脈灸経」にはみえないその一節は、だから、経絡説の発展の方向を示唆するものとして重要である。

解剖学の発達と「脈」概念の分化、そして、脈と臓腑との関係づけに並行しておこったのは、治療法の変化と多様化である。「十一脈灸経」ではいずれも灸療法が用いられている。針療法への言及は、まったくない。ところが「経脈」篇では針療法が主となり、灸は特殊なばあいにしかつかわれていない。このことは、経絡との関係でいえば灸のほうが針よりも古い治療法であり、灸療法の発達につれて経絡が経験的にみいだされ、たしかめられていったことを示唆している。治療法の重心が灸から針へ移ったのはおそらく、針のほうがはるかに多様な刺激をくわえることができるし、また、「経脈」篇からもうかがえるように、針が瀉血のような治療法にもつかえるからであろう。灸から針への、熱的刺激から物理的刺激への治療法のこの転換は、「経脈」篇にかぎらず、『黄帝内経』全体を貫く特色である。さらにそこでは、薬による治療法も併用されている。たとえば、「経脈」篇は薬の使用にふれていないけれども、この篇と密接に関連している『太素』巻十四の「人迎脈口診」篇は、特定のばあいに内服薬を併用するよう指示している。その傾向がもっとはっきりあらわれているのは、「経筋」篇である。ここでも主たる治療法は針であるが、たとえば足陽明筋の病気については、外用薬および内服薬の種類と用法がきわめて具体的に記述されているのである。

いったい、薬を主とする治療法は、経絡に結びついた針灸療法とはまったく独立に発達したものだった。「十一脈灸経」と同時代におけるそのひとつの集成が、「五十二病方」にほかならない。それには約三百の処方ないし治療法が記載されており、内服薬および外用薬を使用するものが大部分を占める。しかし、経絡との関係づけはまったくおこなわれていない。いっぽう、それ以外の治療法も少数ながらみえており、そのなかには薬浴法、燻蒸法、熨《い》法などとともに、砭《へん》法・灸法も数例ふくまれている。しかし、それらは経絡上のつぼを刺激する療法ではない(9)。おなじく砭や灸をつかいながらも、治療の原理がまったく異なっているのだ。帛書の医学書が書かれた段階では、ふたつの経験的な治療体系はまだ別べつに、無関係に存在していた。だが、おそらくは解剖学の発達がその状況を変えていった。筋や循環器や内臓その他の解剖学的実体が認識され、それとさまざまな病気との連関が把握され、また経絡が臓腑と関係づけられてゆくことによって、ふたつの治療体系のあいだの橋渡しが可能になったであろう。そこに、針灸療法と薬を主とする療法とを併用する道が、また、両者に共通の理論的基礎を確立する道が開かれたのであろう、とわたしは考える。

解剖学的知識の飛躍的な増大という背景に目を向けることによって、わたしはいくつかの問題点を指摘してきたのだが、二つの「十一脈灸経」には、まだ検討しておくべきことがらが残されている。ひとつは「陰陽十一脈灸経」にみえる、手の陽脈の名称である。肩脈・耳脈・歯脈というその呼びかたが、三陰三陽説によって整理される以前の古称であることは、ほとんど疑いを入れない[10]。古くは十一脈すべてが身体の部分、それも外から見える部分の名称によって呼ばれていたのであろう。もっとも、なんらかの事情によって古称をとどめているとはいえ、それらがすでに手の太陽・少陽・陽明の三脈に想定されていたことは、配列の順序からわかる。「陰陽十一脈灸経」には、だから、三陰三陽説によって「脈」の名称が統一される直前の段階が投影されている、とみていい。もひとつは「脈」の配列の順序である。「陰陽十一脈灸経」が陰陽によって、「足臂十一脈灸経」が手足によって配列していることは、すでに述べた。手足による配列は、陰陽説ないしその具体的適用としての三陰三陽説が導入される以前の、いっそう古いかたちを、おそらくはしめしていよう。のみならず、「足臂十一脈灸経」が足脈を前に配列していることにも、意味があるのかも知れぬ。というのは、「十一脈灸経」における脈の経路や症候・病名の記述は、一般に足脈のほうが手脈よりもずっとくわしく、完成度が高い。それはおそらく、足脈のほうがはやくみいだされ、研究も進んでいたこと、手脈は足脈をモデルにして後から発見されたものであることを、示唆しているだろうからである。そうした古いかたちをとどめているかにみえる「足臂十一脈灸経」の脈の配列にも、手足から陰陽への重心の移動ははっきり表現されている。足の陽脈と手の陽脈とのあいだに五陰脈をつづけて記述し、そのあとに陰脈を死に至る病とする一節を挿入しているからである。いっぽう、「陰陽十一脈灸経」は陽脈を前に、陰脈を後に記述しているが、それはかならずしも陽脈を重視したためとはかぎらない。いま言及した「足臂十一脈灸経」の一節に相当する文章が最後についており、それが後に切り離されて独立の一篇となった可能性もあるからだ。あるいはそれが「陰陽脈死候」であるかも知れぬ。なお、「陰陽十一脈灸経」においても、陽脈と陰脈それぞれのなかでは、足脈が前に、手脈が後に配列されている。いずれにしろ、二つの「十一脈灸経」は、灸療法が三陰三陽説によって理論的に把握されはじめた初期の段階をしめす論文であるにちがいない。

「脈法」に移ろう。その針療法の原則を述べた部分が『太素』の「九鍼所主」篇へと発展するあいだにおこった変化はなにか。第一に、石針から金属針に変わり、針の種類が増えたことである。「脈法」が書かれた段階では、材料が石であるだけに、大針と小針の区別くらいしかなかったのであろう。しかし、金属に変わると加工も容易になり、針の種類は多様化した。鑱《さん》鍼・員《えん》鍼・鍉《てい》鍼・鉟(鈹)鍼・利鍼・豪(毫)鍼・長鍼・大鍼・鋒鍼のいわゆる九鍼が、それである。第二に、病気の所在や症状による九鍼の使い分けが生じたことである。「脈法」では、用いる針の大小や刺しかたの深浅は、膿の状態だけを目安にして決められていた。ところが、「九鍼所主」篇では、九鍼論ともいうべき、針の用法の理論があらわれてくる。皮膚・肉・五臓など身体のどの部分が発病しているか、その病気は膿・しびれ・痛みなどの症状をともなっているかどうか、それによって別の種類の針を使用すべきだというのである。病気の性質にたいする観察の深まりと針の技法の発達が生みだした最初の針療法の理論が、この九鍼論にほかならなかったのだ。その後、九鍼論を主題とするおびただしい論文が書かれ、その理論がさらに精緻に展開されていったことは、『黄帝内経』の関連する諸篇から知ることができる。

最後に、「陰陽脈死候」と「気絶」篇のばあいについても、簡単に検討しておこう。「気絶」篇が重視するのは、身体の各部分ないし器官のあいだの機能的なつながりである。ある部分ないし器官の機能不全が他の部分ないし器官の機能不全をひきおこす。その根本的な原因をそれぞれの脈の「気」に求めて、死に至る病を説明するのである。気を生命力の根源とみなし、身体をひとつの有機体としてとらえる生理学理論の発展が、「陰陽脈死候」から「気絶」篇への道を開いたのだ。なお、「気絶」篇では脈の一つひとつについて、たとえば「甲篤乙死。木勝土也。」(甲篤く乙死す。木 土に勝つなり)といった類の補足的な説明をくわえているが、それはおそらく医学理論に五行説が導入された初期の段階における、説明のしかたのひとつの型をしめしているとみていい。もっとも、その挿入のしかたはあまりにも唐突であり、後からの加筆ではないか、と疑われるのだが。

帛書の医学書から『黄帝内経』におさめられた論文へと進化するあいだにおこった、知識や技術や理論の発達はこのようなものだった。それがいつの時代のできごとであったかを検討するのはべつの機会にゆずり、最後に『黄帝内経』の成立過程にかんするわたしの仮説を述べておきたい。

4 黄帝学派の形成と発展

帛書の医書を祖型とする『黄帝内経』の「経脈」・「九鍼所主」・「気絶」の三篇は、この論文集のなかでももっとも初期の、いわば古層に属する論文であると想定することが、いまやわたしたちには許されていよう。この仮説は、『黄帝内経』におさめられた論文の層序を明らかにしてゆくための稔り豊かな立脚点を、わたしたちに提供してくれる。

「経脈」篇の祖型は二つの「十一脈灸経」である、とわたしは述べた。「足臂十一脈灸経」と「陰陽十一脈灸経」を比較してみると、前者のほうが後者より古い要素を多くとどめているけれども、後者にも前者より古い要素がいくつかある。だから、「足臂十一脈灸経」のほうが古い時代に書かれた論文だとは、一概にいえない。かりに時代が古いとしても、それを「陰陽十一脈灸経」の直接の祖型とみなし、「足臂十一脈灸経」から「陰陽十一脈灸経」へ、さらには「経脈」篇へと直線的に発展していった(11)、と考えることはできない。「足臂十一脈灸経」の記述の形式が「経筋」

篇にひきつがれているとすれば、なおさらである。わたしはむしろ、二つの「十一脈灸経」には共通の祖型があり、そこから並行して発展してきたものであろう、と考える。いずれが先に書かれたにしろ、いっぽうは脈の経路を、たほうは症候を重視した。それらの知識が綜合され、さらに精密化されて「経脈」篇に結晶したのであろう。

「経脈」篇の文章には、「十一脈灸経」のいずれにもない要素がふたつ、つけくわわっている。ひとつは、前文である。それは雷公と黄帝の問答形式で書かれている。すなわち、雷公が「禁脈之言、凡刺之理、経脈為始。願聞其道。」(禁脈の言に、凡そ刺の理は、経脈を始めと為す、と。願わくば其の道を聞かん)と尋ねたのにたいし、黄帝が「経脈者、所以決死生、処百病、調虚実、不可不通也。」(経脈は、死生を決し、百病を処し、虚実を調うるゆえん、通ぜざる可からざるなり)と答える。したがって、それにつづく本文、つまり「十一脈灸経」に相当する文章全体が、黄帝のことばとされているのだ。もうひとつは、脈ごとに指示されている治療と診断の原則である。それはまず「盛則寫之、虚則補之、……」(盛なれば則ち之を寫し、虚なれば則ち之を補う、……)という、すべての脈に共通する治療の原則を述べたのち、病気が三陰三陽の六脈のいずれにあるかを診断する原則を、脈に応じて指示する。このふたつの要素をつけくわえた著者が、おそらくは「経脈」篇を最後にまとめたひとであり、それは『太素』巻十四の「人迎脈口診」篇の前半を書いた著者とおなじグループないし分派に属するひとだったにちがいない。というのは、第一に、「経脈」篇につけくわえられた文章が、じつは「人迎脈口診」篇の前半の議論を要約したものにほかならないからだ。前文の「凡刺之理、経脈為始。」ということばも、そこにみえる。第二に、「人迎脈口診」篇の前半も、「経脈」篇とおなじく、雷公と黄帝の問答形式で書かれているからだ。

黄帝学派のなかにいくつかの分派が存在していた痕跡のひとつを、わたしはこの問答形式にみる。『黄帝内経』の論文の叙述形式は大きく問答と論述に分かれ、問答形式がその大半を占める。そのばあい、問者‐答者の組み合わせには、雷公‐黄帝のほかに、黄帝‐岐伯、黄帝‐伯高、黄帝‐少兪、黄帝‐少師があるが、これらはおそらく、異な

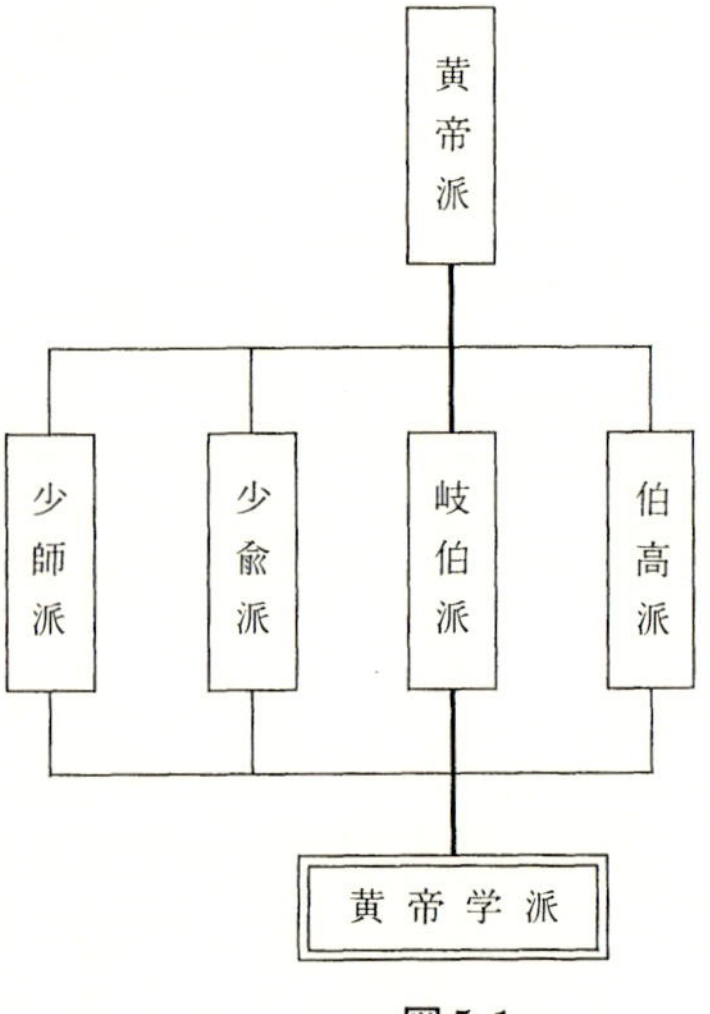

図5-1

った分派の著者たちがその立場を明確にするために採用した表現の形式であろう。いまそれらの分派を、それぞれ答者の名をとって黄帝派・岐伯派・伯高派・少兪派・少師派と呼ぶならば、最大の分派は論文の数の圧倒的な多さからみて岐伯派であった。しかし、最初に形成されたのは黄帝派であろう、とわたしは思う。それは「経脈」篇のような古典的論文の仕上げをしたところにもうかがえるが、問者－答者の組み合わせからも推察できる。黄帝派の論文では黄帝が弟子に教えを垂れているのにたいし、他の四派の論文では黄帝が師に教えを乞うかたちをとっており、明らかに黄帝派をのりこえようとする意図をみせているからである。

黄帝学派の形成にかんするわたしの考えを要約すれば、図5-1のようになる。針灸療法を武器とする医師たちの一グループは、ある時期に、ある思想的潮流の影響のもとに、黄帝を開祖と仰ぐひとつの学派を形成し、その知識や理論を黄帝の教えとして語りはじめる。それが黄帝派である。かれらはその秘伝を、血を歃《すす》り盟《ちかい》を立てる儀式をへて弟子たちに伝えたらしいことが、「人迎脈口診」篇の前半の雷公と黄帝の問答にうかがえる。やがて黄帝派が隆盛になり、知識や技術や理論も発達するにつれ、その内部に四つの分派が形成されてくる。黄帝派の多数を結集して主流派となったのが岐伯派である。たとえば、「人迎脈口診」篇の後半は黄帝と岐伯の問答形式をそなえ、とりあつかう問題はその前半とおなじでありながら、議論ははるかに精密になっている。また、「経脈」篇を注釈した「陽明脈解」篇も岐伯派の論文であるが、そこに用いられた「経脈」篇のテキストは、引用文の量がすくないために断定はできないけれども、おそらく現存するテキストとおなじである。現存する、とことわったのは、「経脈」篇のちがったテキストを伝えた分派もあったと思われるからだ。論述形式で書かれたもうひとつの注釈「経脈病解」篇にみえる「経脈」篇の文章には、現存するそれと相違する部分がかなりあり、それを増補したのではないかと思えるふしがある。少数派の分派を形成したのは、伯高派と少兪派と少師派である。この三派は医学理論に新しい要素をもちこんだが、やがて主流派に吸収され、そこにいわば単一の黄帝学派が成立する。主流派である岐伯派が他の諸派にくらべて長い歴史をもったことは、論文の量からだけでなく、その理論の展開のあとをたどることによっても、たしかめることができる。たとえば、針療法の理論である、おそらく黄帝派の著者の手になるであろう「九鍼所主」篇の九鍼論は、岐伯派の内部でさまざまな解釈を生み、ついには三部九候論にとって代わられたのである。ともあれ、そうした学派の発展のすえに、最後に集大成されたのが『黄帝内経』と『黄帝外経』であったにちがいない。

わたしはいま、黄帝学派の最初のグループはある思想的潮流の影響のもとに形成された、と述べた。その潮流とはなにか。わたしはそれを、戦国にはじまり漢初に盛んであった黄老思想であろう、と考える。もちろんこれは、わたしがいま描いた黄帝学派の歴史とともに、あくまで作業仮説である。これまでに明らかになった事実から出発して、『黄帝内経』におさめられたすべての論文の相互関係や系譜をつきとめ、知識や技術や理論の発達を跡づけそれをほかの文献その他の資料とつきあわせ、またそれによって補いながら、春秋時代から漢代にいたる古代医学史を再構成してゆくのは、わたしたちの今後に残された課題である。

追　記

「『黄帝内経』の成立」(一九七九)は、中国古代医学史についてわたしがはじめて書いた論文である。その後二十年にわたった研究がどこから出発したかを明らかにするために、この論文にかぎって、事実の誤りを正し、二、三の適切でない概念を改めたほかは、発表当時の原形のままに収録した。

ここでわたしは馬王堆漢墓出土医書と『黄帝内経』との関係に初歩的な分析をくわえ、中国医学が成立してゆくすじ道を素描しようと試みている。ここにしめした解釈や提出した作業仮説は、その後の研究をみちびく指針となっていったが、同時に全体としてまだ直観的な理解にとどまっており、研究の進展とともに大幅に修正され、さまざまに変容してゆくことになる。以下にその主な点を列挙し、各章との関連をしるしておく。

1 『黄帝内経』の二系統のテキストのうち、『太素』のほうが、文体・用語・構成のいずれにおいても、古代の原形に近い、と書いた(二六〇—二六一ページ)。しかし、現存する『黄帝内経』の構成はきわめて錯綜しており、『太素』のほうが『素問』・『霊枢』より古代の原形に近いとはいえない、といまは考えている。

2 馬王堆医書にみえる砭法と『黄帝内経』の鍼法とを直接に連続させ、両者を針療法という一つの概念でとらえている(二六六—二六七ページ)。しかし、砭法と鍼法とはまったく別の技術であり、両者のあいだには連続面と断絶面があることを、のちに明らかにした。第一章を参照。

3 「陰陽脈死候」と「足臂十一脈灸経」にみえる陰病・陽病についての解釈(二六七—二六八ページ)は、理解が不十分であり、混乱している。第一章付論を参照。

4 解剖学的研究の貢献を領域をひろげすぎて考えており、時代的にも混乱している(二七〇—二七四ページ)。経脈の研究を主な目的のひとつとして、身体の硬部・軟部の計測がおこなわれたのは、新代である。第七章、あわせて第六章をも参照。

5 ここではまだ脈の概念の正確な理解に到達していない(二七一ページ)。脈とはもともと血管を指す概念であり、効果的な治療点を結ぶ線としての脈(経脈)の概念は、それから派生した。第一章を参照。

6 図5-1(二七八ページ)に作業仮説として提示した、黄帝学派のなかの五つのグループとその関係については、その後、二度にわたって大きな修正をくわえる。まず第六章において、五つのグループを初期二派(前漢)と後期三派(後漢)としてとらえなおしたのが、図6-6(三二三ページ)である。それはさらに、第七章において、伯高派を王莽の新代に活躍したグループと確定するにおよんで、図7-5(三七六ページ)へと変貌する。これによって五派の活躍した時代と継承関係、したがって『黄帝内経』の成書年代、についてのわたしの考えの大綱は定まったのである。そのほか、鍼灸療法と薬物療法の関係(二七三—二七四ページ)など、小さな修正はほとんど全篇におよんでいる、といってよい。にもかかわらず、わたしの古代医学史研究の基調は、この論文のなかにすでに浮き彫りにされており、読者を本書へ案内する粗略な地図として役立つだろう。

なおここで『黄帝内経』のテキストにふれておきたい。『黄帝内経』には『素問』+『霊枢』と『太素』という、二系統のテキストが伝えられている。

現存する『素問』はいわゆる王冰注林億等校正本である。正式の書名は『重広補注黄帝内経素問』。梁の全元起注『黄帝素問』八巻六十八篇をもとに、唐の王冰が新たに編集して二十四巻八十一篇とし、注釈をくわえたもの。北宋の林億等が校訂したさいの補注は、王冰注にたいして新校正と呼ばれる。八十一篇のうち、二篇は佚われ、巻十九—巻二十二におさめる、運気七篇ないし大論七篇と通称される七篇は、王冰が増補したとされる後世の著作である。

『霊枢経』十二巻八十一篇。宋代まで伝わっていた旧本は九巻八十一篇、唐の楊上善の序がついていたという。編者も編集された年代もともに不明。元刊本は十二巻。べつに『鍼経』九巻八十一篇があり、内容はほぼ同じだが篇次が異なり、若干の詳略があった。一説によれば、王冰がこちらのテキストを採用し、それを『霊枢』と呼んだという。現存するテキストには、音釈はついているが、注はない。

『黄帝内経太素』三十巻は、唐の楊上善が編集・注釈したテキスト、京都仁和寺に写本が伝えられている。ただし、巻一・巻四・巻七・巻十八・巻二十は欠巻、巻五・巻六・巻十・巻十二・巻十四・巻二十二・巻二十九は巻首の十数行から数葉を欠いており、巻十七は一篇の一部のみが残存している。影鈔本にもとづく蕭延平校正本(一九二四)が今日も中国で出版されているが、巻十六・巻二十一を欠くなど、不備があった。いまでは仁和寺本の影印本が、東洋医学善本叢書の一として東洋医学研究会から出版(一九八一)されており、原文に接することができる。

第六章　九宮八風説と「風」の病因論

1　作業仮説と分析方法

『黄帝内経《こうていだいけい》』の構成やその成立過程を分析するために、わたしは前章において、いくつかの作業仮説を提出した。この章は、その仮説にもとづいて、具体的に『黄帝内経』を分析する最初の試みである。

わたしの提出した仮説は三つある。第一は、戦国から前漢にかけて、中国医学には三つの大きな学派が存在していた、という仮説である。『漢書《かんじょ》』藝文志《げいもんし》に医経として著録されている、「黄帝内経」とおなじく「外経」、「扁鵲内経」とおなじく「外経」、「白氏内経」とおなじく「外経」は、わたしの考えでは、それぞれおなじ学派に属する医師たちの論文を集大成した著作であり、その三つの学派をわたしは黄帝学派・扁鵲学派・白氏学派と名づけたのである。むろん、そのいずれにも属さない医師たちもいたにちがいない。かれらの論文を集めたのが、「旁篇」として著録されている著作であろう。現存するのは『黄帝内経』だけだが、これらの著作は『漢書』藝文志にみえているのだから、すくなくとも前漢のおわりには存在していた。学派間の区別は、しかし、後漢代をとおして急速に消滅していったにちがいない。魏晋のころにはすでにこれらの学派の学説が統合されていたことを、わたしたちは王叔和《おうしゅくか》の『脈経《みゃくけい》』や皇甫謐《こうほひつ》の『鍼灸甲乙経《しんきゅうこうおつけい》』にたしかめることができる。もっとも、白氏学派だけはその存在の痕跡をみいだすことができないのだけれども。

「黄帝内経」以下の著作はそれぞれの学派の論文集である、とわたしが仮定する根拠は、現存する『黄帝内経』がひとりの著者の手になる書物でもなければ、短期間に書きあげられた著作でもないからである。そこにはながい時代にわたる、多数の著者によって書かれ、また増補・改作されていった、表現形式や文体や用語や学説や思想や治療技術を異にする、多くの論文が収録されている。にもかかわらず、その著者たちはおそらく黄帝を開祖と仰ぐ点で共通していたし、経絡学説と鍼灸療法をかれらの医学の根幹としていたのである。細部のちがいを超えて、かれらはひとつの学派を形成していた、とみなす十分な理由がそこにある。これまでのところ、『黄帝内経』の成立の過程や年代、論文相互の関係や展開の層序、全体の構成などについては、ほとんどなにも明らかにされていない。それを解明するためには、『黄帝内経』をひとつの学派の長期にわたる発展の産物としてとらえる視点が是非とも必要だ、とわたしは考える。

第二は、黄帝学派のなかにいくつかの分派が存在していた、という仮説である。『黄帝内経』の論文の文学形式には、論述形式と問答形式のふたつがあり、大部分は問答形式で書かれている。そのばあい、問者-答者の組み合わせには、雷公-黄帝、黄帝-岐伯、黄帝-伯高、黄帝-少兪、黄帝-少師の五つがある。そのほか、たんに問-答の形式で書かれたものも何篇かある。問者-答者の組み合わせのこのちがいは、たんなる文学的表現のちがいにすぎないのだろうか。そうではない、とわたしは思う。わたしの考えでは、それは黄帝学派の内部における分派の存在をしめしている。その五つの分派を、それぞれ回答者の名をとって、わたしは黄帝派・岐伯派・伯高派・少兪派・少師派と名づけたのである。

『黄帝内経』のなかでは、岐伯派の論文が圧倒的に多い。伯高派の論文がそれにつづく。それ以外の諸派の論文は、それぞれ数篇にすぎない。そのことは、岐伯派が黄帝学派の主流であったこと、またながい歴史をもっていたことを、物語るものであろう。ほかの諸派の歴史は比較的短く、やがて主流派のなかに吸収されていったのであろう。固有名詞を冠しない問答形式の論文は、こうして分派間の区別が消滅し、単一の黄帝学派が成立してから書かれたもの、と一応想定することができよう。すでに述べたように、『黄帝内経』におさめられた論文は形式も内容も多岐にわたる。分派の存在を仮定することは、錯綜した論文相互の関係を解きほぐしてゆくための、きわめて有力なてがかりを提供することになる、とわたしは考える。

第三は、黄帝学派のなかでは黄帝派が最初に形成され、そこからほかの四派が派生してきた、という仮説である。馬王堆漢墓の第三号墓から出土した一連の医書は、古代医学史の資料的空白を大きく埋めただけでなく、『黄帝内経』の成立過程を明らかにするための決定的ともいえる出発点を提供した。現在(一九七九)までにその釈文が発表されている六篇の医書のうち四篇は、『黄帝内経』に収録されている三篇の論文の直接の祖型であることが、明らかになったのである。間接的にはさらに数篇の論文が出土医書に関係づけられる。出土医書が戦国期の著作であることは、ほぼ疑いを入れない。こうしてわたしたちは『黄帝内経』の最古層とみなしうる論文群を手にしたことになる。そして、それらの論文の著者たちは黄帝派であった、とわたしは考えているのである。

黄帝学派の歴史と『黄帝内経』の成立にかんしてわたしが立てた仮説は、ある種の予想で肉づけすれば、つぎのように表現できるだろう。戦国時代に書かれた馬王堆漢墓出土医書などを、その後に蓄積された医学的知識によって補塡し、体系化しつつ、道家思想の影響のもとに最初にひとつの学派を形成したのは、黄帝派であった。やがてそのなかからいくつかの分派が生まれてくる。主流派をかたちづくったのは、岐伯派である。ほかの諸派はやがて岐伯派に乗り越えられ、そのなかに吸収されてゆく。こうして単一の学派となった時期に、それまでに書かれた論文に取捨選択をくわえ、集大成したのが『黄帝内経』であろう、と。仮説を図示すれば、前章の図5-1のようになる。

これはあくまで作業仮説である。分析をすすめていくうちに、とうぜん修正が必要になるはずだ。じっさいにこの章でも、最後にわたしはひとつの重要な修正を試みるだろう。

この章の意図は、右図に要約される作業仮説にしたがって、最近発掘されたある器械をてがかりに、少師派の論文を分析し、その歴史的な位置を明らかにすることにある。それは部分的にであれ、わたしの仮説の妥当性を検証することを、同時に意味しているはずである。

ひとつだけことわっておけば、『黄帝内経』の現存する標準的テキストは、『素問』と『霊枢』である。しかし、不完全なテキストであるとはいえ、『太素』のほうが、すくなくとも文体と用語については、むしろ古代の原形にちかい。だから、『太素』におさめられている論文についてはすべて、それをテキストに使用してゆく。

2　太一九宮占盤

一九七七年七月、安徽省阜陽県の前漢汝陰侯墓から、天文学および占星術用の三種の器械が発見された。[1] そのなかには、第一号盤(いわゆる六壬式盤)、第三号盤(天文器械)とならんで、第二号盤のいわゆる太一《たいいつ》九宮占盤がふくまれている。この占盤の出土ははからずも、『太素』巻二十八の「九宮八風」篇(『霊枢』巻十一・九宮八風)に新たな光を投げかけることになった。あるいは逆に、「九宮八風」篇が占盤の解明にもっとも有力なてがかりを提供した、といってもいいだろう。

太一九宮占盤は円形の天盤と方形の地盤からなり、地盤にとりつけた回転軸が天盤をささえる(図6-1)。天盤の上面、地盤の上面の枠内と枠外、地盤の下面には、それぞれ方位線や文字などがしるされている。その意味する占星術的ないし天文学的内容や占盤のつかいかたなどについては、すでに厳敦傑[2]や殷滌非[3]の試論が発表されているから、それにゆずろう。ここで必要なのは書かれている文字である。天地盤の上面の文字を、天盤・地盤の枠内・枠外の順序で時計回りに写せば、つぎのようになる。

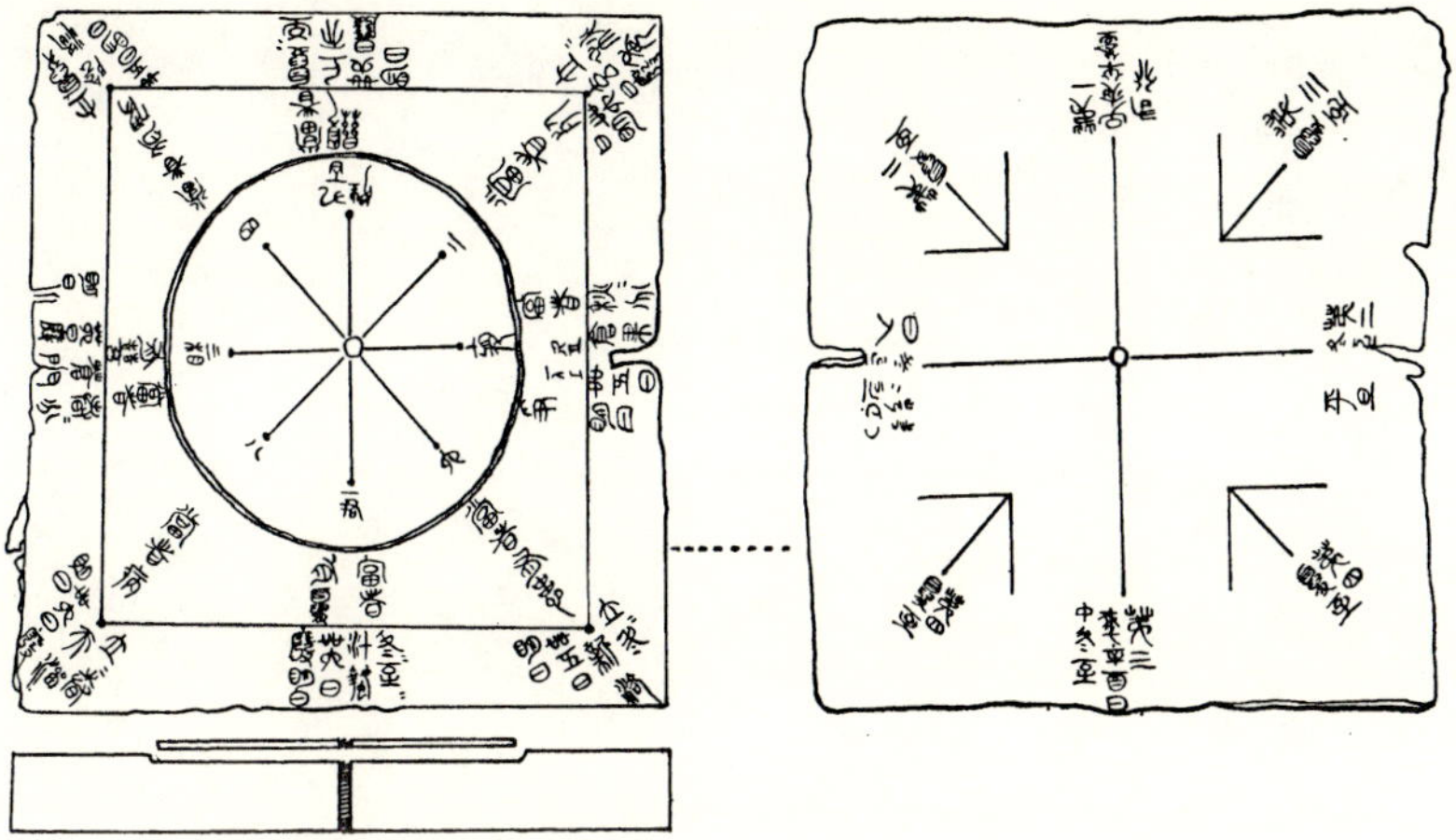

図6-1　太一九宮占盤

一君・当者有憂・冬至冬至汁蟄卌六日廃明日
八・当者病・立春立春天溜卌六日廃明日
三相・当者有喜・春分春〔分〕蒼門卌六日廃明日
四・当者有僇・立夏立〔夏〕陰洛卌五日明日
九百姓・当者顕・夏至夏至上天卌六日廃明日
二・当者死・立秋立〔秋〕玄委卌六日廃明日
七将・当者有盗争・秋分秋分倉果卌五日明日
六・当者有患・立冬立冬新洛卌五日明日

天盤の数字の配列は、縦・横・斜の合計がすべて十五になる魔方陣（図6-2(a)）であり、後世のいわゆる洛書（図6-2(b)）のそれにひとしい。五にあたる中央には、なにも書かれていない。

これらの文字の意味するところは、『太素』九宮八風のつぎの文章に明らかであろう。

立秋・二・玄委。秋分・七・倉果。立冬・六・新洛。夏至・九・上天。招揺・五。冬至・一・汁蟄《じゅうちつ》。立夏・四・陰洛。春分・三・倉門。立春・八・天溜。

ここで汁蟄（北）・天溜（東北）・倉門（東）・陰洛（東南）・上天（南）・玄委（西南）・倉果（西）・新洛（西北）・招揺（中央）は、それぞれの方位の宮名であり、『霊枢』では宮名の下に方位が付記されている。隋の蕭吉の『五行大義』によれば、宮とよばれるのは神の遊ぶ場所だからである。[4]

「九宮八風」篇はつづけてこう説明する。[5]

太一常以冬至之日、居汁蟄之宮四十六日明日、居天溜四十六日明日、居倉門四十六日明日、居陰洛四十五日明日、居上天四十六日明日、居玄委四十六日明日、居倉果四十六日明日、居新洛四十五日明日、復居汁蟄之宮、従其宮。数在所(『霊枢』は所在)日、従一処至九日、復反於一。常如是無已、終而復始。

(太一は常に冬至の日を以って、汁蟄の宮に居ること四十六日明日、……復《ま》た汁蟄の宮に居り、其の宮に従う。在所の日を数うるに、一処従《よ》り九日に至り、復た一に反る。常に是の如く已むこと無く、終りて復た始まる。)

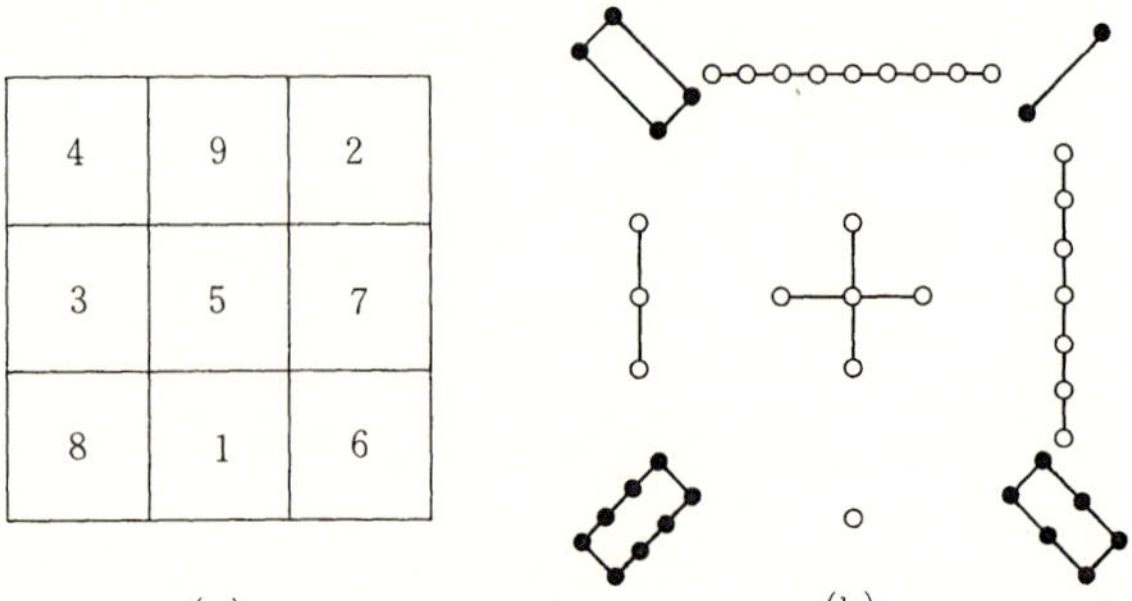

(b)　(a)

図 6-2

太一神は冬至の日に汁蟄宮にいて、そこに四十六日間とどまり、立春の日に天溜宮に移る。以下同様に、時計回りに循環して、一年後の冬至の日にふたたび汁蟄宮に返る、というのである。占盤では四十六日の下にみえる廃字が、「九宮八風」篇には欠けている。その意味については、厳・殷両氏の試論を参照されたい。最後の一節の意味は、『五行大義』に引く「黄帝九宮経」に、「太乙が九宮を行《めぐ》るばあい、一から始めて、数の少いものから多いものへゆき、その数を順《めぐ》るのである」[6]というのと、おなじであろう。それはおそらく占盤のつかいかたに関係する。おなじく厳氏の試論を参照していただきたい。

「九宮八風」篇の文章はさらに「太一の徙《うつ》る日、天必ず之に応ずるに風雨を以ってす。……」とつづき、この占いを占風に結びつける伏線となっているが、それについてはあらためて触れる。占盤に直接にかかわるのは、その後の文章である。

太一冬至に在る日に変有れば、占は君に在り。太一春分に在る日に変有れば、占は相に在り。太一中宮に在る日に変有れば、占は吏に在り。太一秋分に在る日に変有れば、占は将に在り。太一夏至に在る日に変有れば、占は百姓に在り。

天盤にみえる君・相などの文字の意味するところは、これであった。この占いにおいては、二至二分と「中宮之日」に特別の意味づけがおこなわれていたのであろう。

「九宮八風」篇の前半をなす、いま引用した文章は、そのまま太一九宮占盤の解説とみなすことができるほどだ。あるいは、この占いないし占盤にかんする当時の文章をそっくり借用したものかも知れぬ。占盤の文字でもうひとつ重要なのは、地盤の下面にしるされた「七年辛酉日中冬至」という日づけである。くわしくは殷氏の試論にゆずるが、それは文帝七年、すなわち前一七三年の冬至をさす。そのころまでにこの占いはできていたのである。しかし、ここで注意しておきたいのは、「九宮八風」篇とちがって、この占盤には「太一」の文字がないことだ。太一は古く楚の地方で祭られていた星神であり、『楚辞』九歌では東皇太一と呼ばれている。注によれば、「祠は楚の東に在り、以って東帝に配」したのだという。上皇とも呼ばれ、楚では最高神であったらしい。それが漢帝国の最高神とされるのは、武帝によって国家祭祀体系のなかにくみこまれ、甘泉に太一祠壇が築かれた元鼎五年(前一一二)以後のことである。以来、「漢家は常に正月上辛を以って太一を甘泉に祠る」(『史記』楽書)。九宮をめぐる神の名を太一と称したのは、武帝期に入ってからと考えてよい。「九宮八風」篇の前半が書かれた年代の上限も、そこでおのずと決まってくる。

太一と九宮は異なった占いの体系である。『史記』日者列伝・褚少孫《ちよしようそん》補伝によれば、武帝が諮問した占卜家のなかに、五行家・堪輿《かんよ》家・建除家・叢辰家・暦家・天人家とならんで、すでに太一家があった。(7) 太一は後世にいたるまで占星術の重要な一分科であり、六壬《ろくじん》・遁甲《とんこう》とあわせて三式と呼ばれた。天文台にその専門職がおかれていたほどである。(8) そして、唐代に編集された『太乙金鏡式経』をはじめ、おおくの文献が今日に伝わっている。太一とはべつに、九宮もまた一家をなしていたことは、『三国志』呉書の趙達伝にうかがえる。趙達は河南のひとだが、漢の侍中単甫に師事し、「九宮一算之術」を修めたという。[9]『范子計然《はんしけいぜん》』の佚文《いつぶん》にみえるつぎの問答は、その起源がかなり古く、また、なんらかのかたちで陰陽思想と結びついていたことを、示唆している。『范子計然』は、清の姚振宗《ようしんそう》が『漢書藝文志拾補』を編纂したさい、諸子略・陰陽家に著録した佚書である。

范子「どうして九宮を用いるのですか。」

計然「陰陽の道はひとつだけではありません。[10]」

洛書ないし『易』のいわゆる後天図の立場も、これに近似する。『易』の八卦との結びつきは、ほとんど必然的であったろう。「黄帝九宮経」にいう、「其の数は則ち坎一・坤二・震三・巽四・中宮五・乾六・兌七・艮八・離九」[11]、「易乾鑿度」にいう、「太一は其の数を取り、以って九宮を行《めぐ》る」、と。

『太乙金鏡式経』によれば、

　九宮の意味は霊亀にのっとっており、二と四を肩とし、六と八を足とし、左が三で右が七、九を戴き一を履まえる。これが不易の常道である。[12]

いうまでもなく、さきの魔方陣の配列であり、霊亀にのっとるとは河図をさす。この魔方陣は、同時に独得の記数法であり、またそれにもとづく計算法でもあった。後漢末の徐岳の『数術記遺』は、太乙算をふくむ十四の記数法ないし計算法をあげているが、そのひとつに九宮算がある。[13]北周の甄鸞《しんらん》がそれにくわえた注は、「五、中央に居る」をのぞけば、そのまま『太一金鏡式経』に生かされている。趙達の「九宮一算之術」とは、九宮算を駆使する、特異な占卜術であったにちがいない。事実、趙達はつねづね「諸星気風術者」を、テントのなかで計算すれば戸外に出なくても天道がわかるはずなのに、昼も夜も外気にさらされて「気祥を望む」とは、またご苦労なことじゃ、とあざわらい、家にひきこもって計算に没頭していたという。[14]当時はむろん将軍たちの幕下に「諸星気風術者」がいて、戦争に不可欠の役割をはたしていたのである。

わたしたちの主題にとって、この趙達伝はなかなか示唆的である。それによれば、「九宮一算之術」は計算が主体であり、かれは観測を重んずる「星気風」の占卜者を嘲笑していた。ところが「九宮八風」篇は、すでにふれたように、「太一の徙る日、天必ず之に応ずるに風雨を以ってす」として、九宮占を風雨の占い、とりわけ占風に結びつけてゆく。そのことは、九宮占と占風とが、いっぽうは計算、たほうは観測という、本来まったく異なった技術であるにもかかわらず、ある時期に両者を組み合わせようとした占卜術の一派があらわれたことを、意味していよう。「九宮八風」篇の作者はその一派の系譜をひいていたにちがいない。『太乙金鏡式経』巻二・推九宮所主法によれば、「黄帝また風后に命じて太乙式九宮を為《つく》らし」めたという。「黄帝九宮経」という書物もあった。黄帝 - 風后 - 九宮の組み合わせは、興味ふかい。

九宮の占いは、しかし、太一あるいは六壬・遁甲などとちがって、独立の占卜術としてははやく亡びた。正史藝文志などにみえる書名から推して、それが伝えられたのは、ほぼ唐代まであったらしい。宋代にはすっかり衰えていた。そして今日、九宮の書物はそのわずかな佚文が残されているだけである。

3　九宮占風家

太一九宮占盤には「当る者は病む」とか「当る者は死す」といった占いのことばがみえるものの、それだけなら医学とのかかわりは無きにひとしい。九宮占と医学とを具体的に結びつけてゆくには、なんらかの媒体が必要である。それが「風」であった。

「九宮八風」篇にいう。

太一が宮を移る日、天はかならず風雨でそれに応ずる。その日に風雨があるときは吉歳である。民の生活は安らかで病気は少い。風雨がその日に先立つときは、その歳は雨が多く、後れるときは、旱が多い。[15]

これによれば四十六日ないし四十五日ごとに、一年に九回占うことになる。しかし、とくに重視されたのは奇数の宮、すなわち二至二分の宮と中宮に移った日におこなう占いであった。さらにそのあとにつづく一節、「太一冬至に在る日に変有れば、占は君に在り。云々」を解説していう、

いわゆる「変有り」とは、太一が五宮にいる日に、疾風が樹木を折り、沙石を巻き揚げることである。それぞれその風の主《つかさど》るものによって、貴賤(物価の高い安い)を占うのであり、そのために風の吹いてくる方位を視て占うのである。太一のいる場所から吹いてくるのを実風という。それは生長を主り、万物を養う。風がその衝(正反対側)の方位から吹いてくるのを虚風という。それは人を傷うもの、殺を主り害を主るものである。つつしんで虚風を占候してそれを避ける。そこで聖人は邪を避け、害《そこな》うことができない、というのはそれを指すのである。[15]

それぞれの季節に太一のいる場所とその衝の方位、そしてそこから吹いてくる実風と虚風、という新しい概念を導入していることに注目しよう。いいかえれば、九宮占と占風とを組み合わせ、虚実の風の概念をもちこんだ、いわば九宮占風家ともいうべき一派があった、ということが、医学のなかにこの占いを導入させることになったのである。しかも、この一派の存在を証するとともに、医学への導入のしかたをも示唆する、たしかな文献がある。『太素』巻二十八の「八正風候」篇(『霊枢』巻十二・歳露論)である。

「九宮八風」篇は論述形式で書かれているが、「八正風候」篇は黄帝－少師の問答形式をとる。それはふたつの問答からなっている。まず、その第一の問答をみてみよう。

黄帝「お聞かせ願いたいのだが、ある歳にみなおなじ病気にかかるわけは、どうしてそうなのか。」

少師「それは八正(八節すなわち分至・四立の気)のきざしなのです。」

黄帝「どうやって占候するのか。」

少師「それを占候するのは、いつも冬至の日、太一が汁蟄宮に立つときです。太一がその宮にやってくると、天は風雨でそれに応じます。風雨が南方から吹いてくるのを虚風といいます。それは人を傷《そこな》うものです。夜にくるばあいは、万民はみな臥《やす》んでいて犯されません。ですから、その歳は民に病気がすくないのです。[16]」

楊上善の注に引く「九宮経」にいう。

太一とは玄皇の使で、いつも北極のかたわら、汁蟄に住んでおり、天地の間を上下してその常道をとりしきり□起する。汁蟄は坎《かん》宮の名である。太一が坎宮にやってくると、天はかならず風雨でそれに応ずる。その風が太一の住んでいる場所から吹いてきて中宮へむかうのを、実風と名づける。それは生長を主り、万物を養う。もし風が南方から吹いてきて中宮へむかえば、衝のほうから吹いてくる虚風という。それは人を傷うものである。その賊風が夜にくると、人はみな寝ていてその風に犯されず、人にはその病気がすくないのである。[17]

『隋書』経籍志・子部・五行類には、「黄帝九宮経一巻」とならんで、鄭玄《じょうげん》注「九宮経三巻」がみえる。ちなみに、梁代には「黄帝四部九宮五巻」もあったという。楊上善が引用したのは、むろん鄭玄注の「九宮経」であろう。この書物は『漢書』藝文志には記載されていないから、成書は後漢である。この文章は、「八正風候」篇の少師の答と重なるだけでなく、いま引用した「九宮八風」篇の文章の一部とも重なる。それでは、『黄帝内経』の二篇の文章は「九宮経」からの引用であろうか。それとも、二篇のほうが「九宮経」に先立つのであろうか。

原文を引用しよう。(a)は楊注にみえる「九宮経」の全文、(b)は「八正風候」篇の少師の答、(c)は「九宮八風」篇の当該する一節である。

(a)　太一者玄皇之使、常居北極之傍汁蟄、上下政天地之常□起也。汁蟄、坎宮名也。太一至坎宮、天必応之以風雨。其風従太一所居郷来向中宮、名為実風、主生長、養万物。若風従南方来向中宮、為衝後来虚風、賊傷人者也。其賊風夜至、人皆寝臥、不犯其風、人少其病也。

(b) 候此者、常以冬之至日、太一立於汁蟄之宮。其至也、天応之以風雨。風雨従南方来者、為虚風、賊傷人者也。其以夜至者、万民皆臥而弗犯也、故其歳民少病。

(c) 従其所居之郷来為実風、主生長、養万物。風従其衝後来為虚風、傷人者也。

(a)と(b)・(c)とをくらべてみると、あきらかに(a)に説明的な文が増え、それだけ論理的な矛盾や表現の乱れをさらけだしている。まず太一がいつも北極のかたわら、汁蟄に居るというのは、太一は九宮を巡回するのだから、むろんおかしい。ここで太一は天帝でなく、天帝の神のひとりである。「十六神を使い、風雨水旱・兵革饑饉・疾疫災害の所在の国を知《おさ》むるを主る」(『晋書』天文志上)とされる、太一星に等置されているのだ。風が「中宮へ向う」というのも、おかしい。九宮は天上にあり、風は地上に吹くのだから、余計な一句である。「南方従《よ》り来たり中宮へ向う」風を「衝後より来たる虚風と為す」というのは、(b)の「南方従り来たる者を虚風と為す」と(c)の「其の衝後従り来たるを虚風と為す」という、おなじ事柄をべつの言葉であらわしたふたつのテキストがあったのを、無理にひとつにまとめようとして生じた、表現の小さな破綻であろう。そして最後の「人に其の病少し」は、(b)のように「其の歳は民病むこと少し」と表現するのが、あとで述べる前漢の占風の形式にかなっている。

このようにみてくれば、(b)・(c)が古い九宮占風術を適切に表現しているのにたいして、(a)には後世の星占いの知識がくわわっていること、ふたつの異なるテキストに依拠していること、そのためにかえって表現に矛盾や破綻が生じていることは、明らかであろう。「九宮経」は「九宮八風」・「八正風候」両篇よりも後の著作にちがいない。両者の関係をわたしはこう考える。「九宮八風」・「八正風候」両篇が書かれたころには、九宮占風にかんする書があり、いくらか表現のちがいをふくむ二種類のテキストがおこなわれていた。これらのテキストにはさらに後人の手がくわわり、後漢に入って「九宮経」としてまとめられたのであろう、と。この「九宮経」の祖型と想定される、『黄帝内経』

の両篇の典拠となったであろうテキストを、かりに「九宮」と呼んでおく。

『隋書』の言及する三部の九宮占の書物が内容的にどうつながるのか、むろんわからない。しかし、いずれも九宮占風家の著作ではなかったか、とわたしは思う。かれらは黄帝をその開祖と仰いだ。黄帝が風后に命じて九宮をつくらせたというのは、この一派が生みだした起源説話であったにちがいない。その一派の初期の説を、おなじく黄帝を開祖と仰ぐ医家の一派がとりあげたのである。

重要なのは、そのとりあげかただ。第一の問答の少師のことばはつづく。

それが昼にくるばあいは、万民がだらけていて、みな虚風に中たります。ですから、万民に病気がおおいのです。(18)

ここまではおそらく「九宮」の文章であろう。問題はそれからあとだ。

虚邪は体内に入って骨にやどり、外に出てゆきません。立春になると、さかんに陽気が生じて、腠理(肌のきめ)が開きます。そのために立春の日に風が西方(衝にあたる西南方の誤りであろう)から吹いてくると、万民はまたしてもみな虚風に中たります。このふたつの邪気がたがいに接近すると、経気が杜絶《とだ》えたり跡切《とぎ》れたりします。(19)

経気は経脈の気。この文章は全体として「八正風候」篇の作者のものであろう。一般に占いのことばは生理学的ないし病理学的な説明をくわえたりしないし、「腠理開く」といった考えかたはやがて医学上の一論点になってゆくからである。ただ、立春の日については、万民が虚風に中たり、病気にかかるものがおおい、といった類の文章が「九宮」にふくまれていただろう。太一九宮占盤に「当者病」としるされていたのは立春の日であるのを、想起したい。「八正風候」篇が冬至と立春だけをとりあげたのはおそらく、「九宮」において病気に言及しているのがこのふたつだけだったからにちがいない。

「八正風候」篇はつづけていう。

そこで、もろもろのその風に遇いその雨に遇うばあいには、歳露に遇う、とよびます。その歳が温和であるために賊風が少いばあいは、民には病気や死が少く、その歳に賊風・邪気が多くて寒温が調和していなければ、民には病気や死が多いのです。[20]

楊上善によれば、露にはふたつある。ひとつは春露といい、万物の生育をつかさどる。もうひとつは秋露といい、万物の衰退をつかさどる。ここでは賊風・暴雨を秋露になぞらえて歳露と呼んでいるのだという。「是こを以って、実風至るや歳和して吉有り、虚風至るや歳露凶を致すなり[21]」。いずれにしろ、医家は虚風を特定の季節、とりわけ季節の変わり目にあらわれる「賊風・邪気」と解釈したのである。

医家が風占いに惹かれたのは、もちろん「風」ないし「風雨」の概念のせいであったろう。『左伝』昭公元年に、病気の原因として六気をあげる説がみえる。六気の過剰が六種の病気をひきおこす。六気とは陰・陽・風・雨・晦・明であるというのだ。しかしそのばあい、病気の外因と内因は明確に区別されていない[22]。六気は外界にも体内にもあって、外界の六気の過剰が体内の六気の過剰を誘発する。おなじ六気によって生ずる外界の現象と体内の現象とが、ほとんど同時に並行して進行する、と考えられているのである。それはマクロコスモス＝自然の気とミクロコスモス＝人体の気との区別が定かでなく、両者の関係が曖昧なままであったことに対応している。とはいえ、六気がまず外因としてはたらく、とみなされていたのは疑いを入れない。そしてとりわけ風は、中国の病理学において後世まで、もっとも重要な外因のなかにかぞえられた。医家がとくに九宮占風家の説をとりあげたのは、風を外因として理論的に確立するてがかりをそこにみいだしたからにちがいない。九宮占風家は風に虚実を区別し、太一のいる方位から吹く風を実風、その逆向きの風を虚風と呼ぶ。冬は北風、夏は南風といった、その季節にはとうぜんその方位から吹くと期待されている風が実風、その逆が虚風、一応そう理解しておけばいいだろう。虚実が中国の生理学や病理学において不可欠の概念であるのは、あらためてことわるまでもない。「虚実」の概念によって、風占いは医学への通路をみいだしたのであり、それによって風には、病理学にたいして、理論的な基礎を提供する可能性が開かれたのである。「八正風候」篇はその前半の問答において、「九宮経」から虚風とそれがひきおこす病気の占いの部分だけを抽き出し、それにいくらか医学的説明をつけくわえた。占風家ならともかく、医家の占いとしては、しかしそれだけでは不十分だ。八風と病気とを一般的に対応させる必要があるだろう。すくなくとも、対応させて体系化したいという心理的欲求が、医家のなかにはたらくだろう。そうした一般化への試みは、実際におこなわれた。それが「九宮八風」篇の後半である。だが、「九宮八風」篇へ立ち返るまえに、「八正風候」篇の後半の問答にみえる、もうひとつの風占いを検討しておこう。

4　元旦の占風

後世の文献にみえる風占いのやりかたは、おびただしい数にのぼる。そのなかのひとつに、古い起源をもつ元旦の風占いがある。「八正風候」篇の第二の問答にみえるのはそれである。この風占いは、『史記』天官書の八風占と明らかにかかわりをもつ。

黄帝「虚邪の風はどう人を傷い、貴賤をもたらすのか。どうやってそれを占候するのか。」

少師「正月朔日、太一は天溜宮にいます。その日が西北風で雨が降らなければ、人には死が多いのです。」

つづいて、北風についてのくわしい記述があるが、それはあとまわしにしよう。

正月朔日、風が南方から吹いてくるのを旱郷と名づけます。西方から吹いてくるのを白骨将将と名づけます。国に殃《わざわい》があり、人には死亡が多いのです。……正月朔日、風が東南方から吹いてくると、屋根を飛ばし沙石を巻き揚げ、国に大災があります。(23)

中略部分をふくめ、これを「天官書」の八風占と対比したのが、表6-1である。

表6-1　元旦の風占い

風向	「天官書」	「八正風候」篇
南	大旱.	旱郷.
西南	小旱.	
西	有兵.	白骨将将，国有殃，人多死亡.
西北	戎菽為，小雨，趣兵.	不雨，人多死.
北	中歳.	
東北	為上歳.	
東	大水.	
東南	民有疾疫，歳悪.	発屋，揚沙石，国有大災.

「天官書」によれば、歳の善し悪しは、歳のはじめに占候する。占候する日は、四始といって四日ある。冬至の日、臘明の日、正月の旦、立春の日である。(24) 漢の魏鮮は臘明の日と正月旦に八風を占った。つづけていう、「故に、八風は各おのその衝と対し、課多き者を勝と為す。多きは少きに勝ち、久しきは亟《みじか》きに勝ち、疾《はや》きは徐《おそ》きに勝つ」、と。これによれば、魏鮮の風占いは、八風のうち、それぞれ衝（正反対の方向）にあたる二風を対比して吉凶を判断するやりかたであったらしい。だから、九宮や太一の位置とは無関係であった、とみていいだろう。魏鮮はとりわけ作物の収穫を占うのが得意であったらしく、それについてややくわしく記述されているが、ここではその事実さえ記憶しておけばたりる。

表6-1にもどろう。「天官書」の「大旱」と「八正風候」篇の「旱郷」、おなじく「有兵」と「白骨将将」、「小雨、趣兵」と「不雨、人多死」、「歳悪」と「国有大災」などの対応関係は明らかであろう。これらの共通要素をとおして、元旦に八風占をおこなった占風家の一派の原形が浮かび上ってくる。魏鮮も九宮占風家も、おそらくおなじ源泉から流れ出たのであろう。「八正風候」篇はこの一節の最後にいう。

　正月朔日、天が温和で風が吹かなければ、糴《かいよね》が賤《やす》く、民は病気になりません。天が寒くて風が吹けば、糴が貴《たか》く、民には病気が多いのです。これが歳の虚風が人を傷うのを占候するゆえんです。(25)

売り出される穀物の値段を占うこの糴占も、魏鮮の作物占に対応している。魏鮮は歳の美悪を占った。いうまでもなく歳はみのりを意味する。九宮占風家は、その原形的な八風占を九宮占に結びつけた一派であったにちがいない。

魏鮮の風占いは、元旦の朝に占うものであったけれども、「八正風候」篇によれば、かれらは朝・昼・夕の三回、占ったらしい。さきに引用したさい省略した部分だが、

正月朔日、平旦に北風があれば、春に民は死者が多いのです。正月朔日、平旦に北風が吹けば、民の病死する者は十人のうち三人にのぼります。正月朔日、日中に北風があれば、夏、民には死者が多いのです。正月朔日、夕方に北風があれば、秋、民には死者が多いのです。終日、北風があれば、大(民の誤り?)いに病死する者は十人のうち六人にのぼります。

さらに東南風のあとにも、

正月朔日、風が東南から吹けば、春に死亡するものがあります[26]。

と述べている。「八正風候」篇は全体として、九宮占風家の説を医学に適用しようとする初期の努力を表現している、とみなすことができよう。

この篇には最後にもうひとつの風占いがつけくわえられている。

二月の丑の日に風が吹かなければ、民には心や腹の病気が多いのです。三月の戌の日に温くなければ、民には寒熱が多いのです。四月の巳の日に暑くなければ、民は癉を病むことが多いのです。十月の申の日に寒くなければ民には暴死が多いのです[27]。

これは明らかに医家の風占いである。月と日の十二支とによる占いは八風占とはべつの体系であった。医家の風占いを具体化しようとする試みのひとつが、そちらにも向けられたのであろう。「八正風候」篇はつぎのことばで結ばれている。

もろもろの風といわれるものは、みな屋根を飛ばし、樹木を折り、沙石を巻き揚げ、毫毛を起こし、腠理を開きます[28]。

唐の李淳風は、むかしの「占風家はたいてい、発屋・折木・飛沙・転石、といったことばをつかう」と述べ、「黄帝占」の「風の動きはすべて不安の象である」(29)ということばを引く。占風家の常套語がここにしるされているわけだ。それにたいして、「毫毛を起こし、腠理を開く」は医家の風占いのことばであったにちがいない。

5 八風と病と九宮八風図

「九宮八風」篇に返ろう。すでに述べたように、九宮八風占について一般的な記述をおこなったのち、「九宮八風」篇は八風とそれが傷う体の部分および症候とを対応させる。その記述は具体的であると同時に組織的でもある。だからこそ、太一が中宮に入ってそこに立っているときに、朝の八風をみて吉凶を占うのである。南方から吹いてくる風を大弱風と名づける。それが人を傷《そこな》うばあい、内は心に舎《やど》り、外は脈に在る。その気が主《つかさど》るのは熱である。(30)

以下、八風のそれぞれについて同様の記述をくりかえすのだが、それはまとめて表6-2にしめす。そのなかで折風の項に疑問符をつけたのは、その記載が「外は手太陽脈に在り、脈絶ゆれば則ち溢れ、脈閉じれば則ち結びて通ぜず、喜《よ》く暴《にわか》に死す」と、他の体例を破っているからである。明らかにもとの文は失われ、後人がそれを補ったにちがいない。また、凶風の気のつかさどるものについては、記載が欠けている。この記述はつぎのことばによってしめくくられる。すなわち、「およそ此の八風は、皆その虚の郷より来たりて、乃ち能く人を病ましむ」。

ついでながら、ここでつけくわえておこう。いま後人の加筆とみなした、八風と経脈とを対応させる考えかたは、医家の理論としては発展しなかった。経脈の数は、はじめは十一だが、のちには十二に増える。その数と風の数とを対応させるのがむずかしかったためであろう。そのかわり、十二月や十二支と経脈とを結びつける考えかたがあらわれてきた。『太素』巻五におさめる岐伯派の論文「陰陽合」篇の議論が、その例である。しかしながら、八風と経脈およびその病気との対応がまったくすがたを消してしまったのではない。それは讖緯《しんい》説のなかにひきつがれていったらしい。「易緯通卦験」にその詳細な議論が展開されているからだ。

「九宮八風」篇の後半にみえるこの説は、前半の九宮占風家の説とはすでに微妙にずれている。九宮占風家は八節および中宮の日に占った。それがここでは中宮の日の朝に限定されている。いったいなぜ中宮の日を選んだのだろうか。おそらくそれは虚風の概念を一般化するためであったにちがいない。虚風とはもともと衝のほうから吹いてくる風であった。中宮以外の八宮にとって、衝はかならずひとつしかない。しかし、中宮ならどうか。八方ことごとく衝とみなすことができるのではないか。中宮からすれば八方ことごとく「虚の郷」ではないか。そう考えたのであろう。「九宮経」に「中宮へ向う」風とあったのも、この考えかたの延長線上に生まれた表現である。それはむろん、衝の定義からはずれている。しかしそこまで拡大して解釈することによって、八風のなかに同時に虚風をみることが可能になる。そのことがただちに一般化への道につながるのだ。そのかわり、九宮はほとんど意味をなさなくなり、それにともなって虚風の概念もまた変わらざるをえなくなるだろう。「九宮八風」篇の後半の一般的かつ具体的な定式化(表6-2)は、医家が九宮占風家の説を適用してのぼりつめた、かれらの風占いの極点をしめすものであった。

表6-2　八風と症候

風向	風名	傷害		気のつかさどるもの
		内	外	
南	大弱風	心	脈	熱
西南	謀　風	脾	肌	弱
西	剛　風	肺	皮膚	身燥
西北	折　風	小腸	?	?
北	大剛風	腎	骨・肩背之膂筋	寒
東北	凶　風	大腸	両脇腋骨下及支節	
東	嬰児風	肝	筋紉	身湿
東南	弱　風	胃	肉	体重

この定式を表現した一葉の図が、『太素』の「九宮八風」篇にある(図6-3)。身体の各部分を方位に対応させ、八卦・干支を書きそえているほかは、文章の内容がそのまま写されている。この図が文章よりもあとに、それも新洛宮の

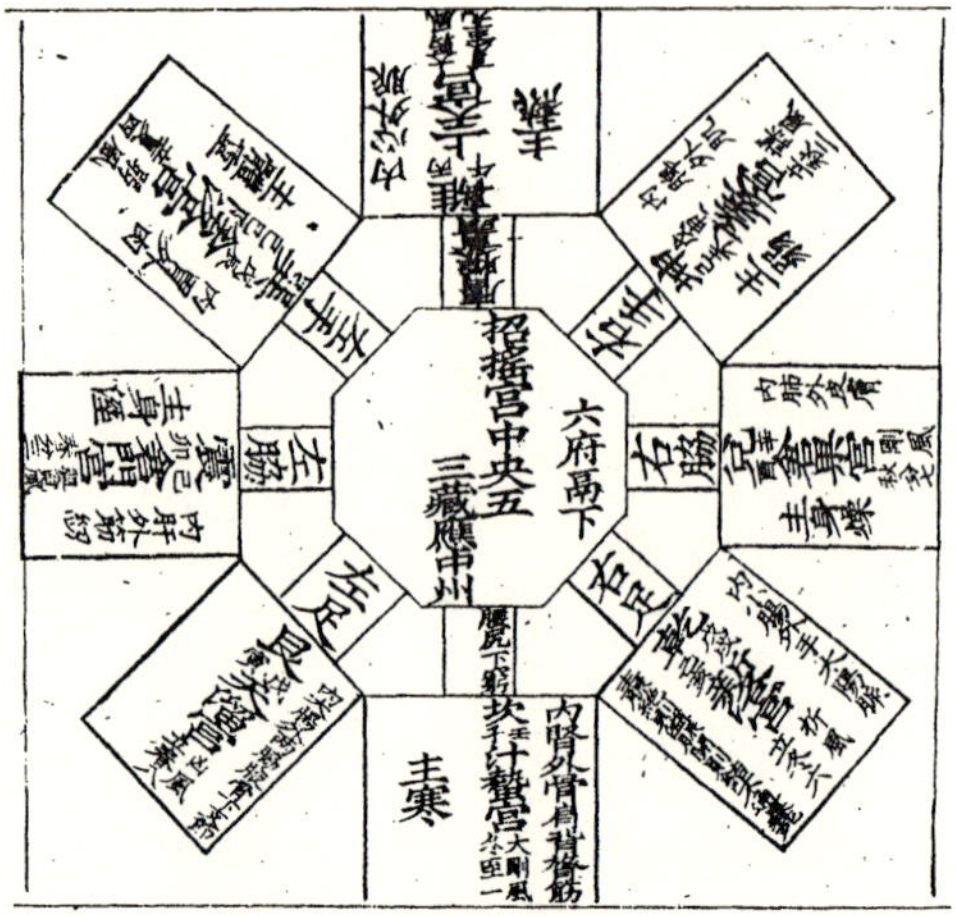

図 6-3 『太素』の九宮八風図

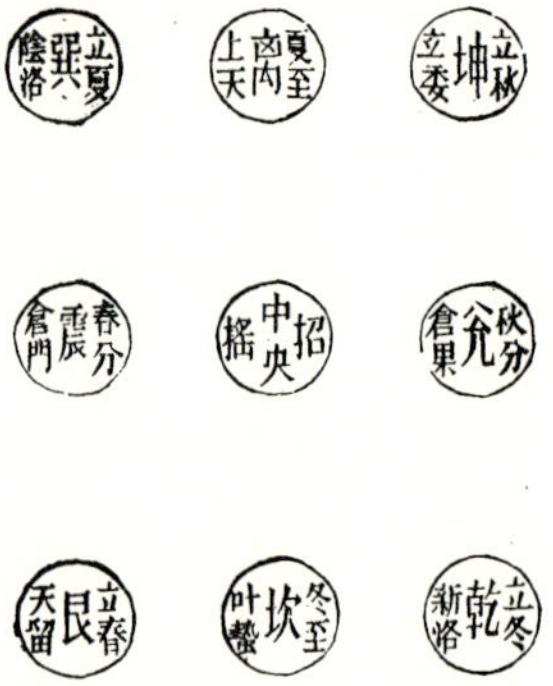

図 6-4 『霊枢』の九宮八風図

「手太陽脈」などの記載からみて、後人の筆がくわわった段階でつくられたものであることは、疑いを入れない。文章の欠落した部分を補い、あるいは、それを図にまとめたのは、いうまでもなく経絡説を追求していた人びとであろう。『黄帝内経』が編纂されたときには、この図もむろん存在していただろう。太一九宮占盤の図と比較してみると、両者の構図の共通性がよくわかる。この図がつくられた時代には、占盤の知識が生きていたにちがいないのだ。事実、その知識が失われたであろう後代の『霊枢』では、図は思いきって簡略化され(図 6-4)、占盤の構図とのつながりがすっかり見失われている。文体や用語だけでなく、この図もまた、『太素』のほうが『霊枢』よりも古代の原形を伝えている、ひとつのよい例証であろう。

八風ないし九方と身体の部分や器宮や症候とを対応させる原理は、要するに、空間分割にもとづく分類のそれである。ここで空間は、まず内外に分割され、その外が八方に分割されている。外の八方に内を加えれば九方になる。これはかつてわたしが分析した[31]、古代中国にきわめて一般的であった思考の型にほかならぬ。しだいに豊かになる経験的知識を、その具体性をそこなわずに体系化してゆこうとすれば、この簡単な分類原理ではいずれ破綻するか、すくなくとも不十分になる。だが、雑多な経験的知識をなんらかの原理にもとづいて整理するという、理論化のための第一歩としては、それでも一定の有効性をもっていたはずである。中国の医学理論は、もちろんいくつかの通路のひとつではあるが、こうした分類の通路をへて形成されていったのである。

6　兵家の占風

「九宮八風」篇には八風の特異な名称がしるされている。ふつう八風名としてよく知られ、多くの書物にあらわれるのは、『史記』律書と『呂氏春秋』有始覧篇のそれだ。両者が混合していたり、その一部が別名になっていたりすることも、すくなくない。それにたいして、「九宮八風」篇の八風名は第三の類型をなしている(表6-3)。この風名のきわだった特色は、占風書にしかでてこないことだろう。それもきまって兵家の占風である。同時に、それらはいずれも九宮占と結びついていないのが目を引く。九宮占と八風占の組み合わせは、特定の一時期、特定の一流派のものにすぎなかったのであろう。

表6-3　八風の名称

	『史記』	『呂氏春秋』	『黄帝内経』
西北	不周風	厲　風	折　風
北	広莫風	寒　風	大剛風
東北	条　風	炎　風	凶　風
東	明庶風	滔　風	嬰児風
東南	清明風	熏　風	弱　風
南	景　風	巨　風	大弱風
西南	涼　風	凄　風	謀　風
西	閶闔風	飂　風	剛　風

まず『五行大義』から引用しよう。

太公兵書にいう、坎は大剛風、乾は折風、兌は小剛風、艮は凶風、坤は謀風、巽は小弱風、震は嬰児風、離は大弱風と名づける。

大剛風は大陰の気が殺すことを好む、だから剛である。折風は金が強くて物を摧折できるのである。小剛風もまた金が殺すからである。凶風は艮が鬼門にあって、凶害の場所なのである。謀風は坤が地でり、大陰の本であって、陰謀が

図 6-5 『乙巳占』の占風図

おおいのである。小弱風は巽が長女であり、だから弱と称するのである。嬰児風は震が長男であってそれを愛《いつくし》む、だから児という。大弱風は離が中女であり、長女よりも弱いのである。(32)

風名の由来の説明は、この八風占が最初から『易』の八卦と結びついていた形跡はないのだから、疑わしい。重要なのはつぎの記述だ。

大剛風と小剛風は客が勝つ。大弱風と小弱風は主人が勝つ。凶風は凶害のことがおこる。謀風は謀逆の人がでる。折風は将軍が死ぬ。嬰児風は主人が強い。

これはすべて、兵家が客と主の盛衰を観るべく、風の吹いてくる方向を占候するのである。(33)

この占いのことばを読むと、風名の由来がわかるようにわたしには思える。主つまり味方、攻撃側からみて、客つまり敵、防禦側が剛いか弱いか、それとも嬰児みたいか、味方の将軍つまり大樹が折れるか、味方から謀反人がでるか、思いがけない凶事がおこるか。のみならず、強敵は北方と西方にあり、将軍の死と凶事と謀反が西北・東北・西南の方向におかれ、弱敵は東方と南方にいる。これは古代中国における夷狄の配置そのままではないか。だから、この風名ははじめから兵家の占風に固有のものであり、この八風占はまさしく兵家の占風にほかならなかった、とみてまちがいあるまい。唐の李淳風の『乙巳占《いっしせん》』に引く「占八風知主客勝負法」(34)、および、『古今図書集成』に引く「軍中風占」のなかの二箇所に(35)、この八風占がややくずれた、変形されたかたちであらわれる。その間のくずれかた、変形されかたの距離が、この風占いのながい歴史を物語っている。

わたしはさきに、太一九宮占盤と『太素』の「九宮八風」篇の図に共通する構図が『霊枢』では見失われている、と書いたが、じつは占風家のこの一派のほうにそれは根強く伝承されていた。図6-5は李淳風が『乙巳占』のなかに、「占八風知主客勝負法」とならべて収録している占風図である。風名が「勝負法」とおなじだから、それとひとくみのものにちがいない。文字は後世のものであるにもかかわらず、構図の共通性は明らかだ。この八風占の本流がどこにあったかを、占風図もまた示唆していよう。

『史記』天官書にみえる魏鮮の八風占の風名はわからないけれども、その占いは「八正風候」篇と共通するものがあり、そのうえ兵家の占風としても伝承されていた。(36)「九宮八風」篇の風名は、兵家の占風とのつながりをさらに浮き彫りにする。魏鮮の作物占いとこの医家の占いと兵家の風占いとは、密接な親縁関係で結ばれた、ひとつの占いグループをかたちづくっていたのである。ここでもうひとつふれておきたいのは、『漢書』郊祀志の記事である。

王莽の簒位二年、神僊の事業をおこし、方士蘇楽のことばにしたがって、宮中に八風台を建てた。台が万金を費してできあがると、そのうえで音楽を演奏し、風の吹く方向にしたがって液湯をつくった。(37)

ここにいう液湯はもちろんふつうの医薬でなく、特殊な仙薬であろう。この記事によれば、八風占の技術は神仙術にも流れ、特異な方向へ発展していったらしい。

7　自然のリズムと身体のリズム

虚風は病気の外因だといっても、すべてのひとにひとしく作用するわけではない。虚風と病気との関係を明らかにしようとすれば、どうしても身体の生理学的ないし病理学的な条件に、目を向ける必要が生まれてくる。すでに「八正風候」篇は、「毫毛を起こし、腠理を開く」ことによって虚風が体内に入りこむ、と述べていた。「九宮八風」篇はさらに、その末尾につけくわえられた短い文章において、三虚三実の概念を導入してくる。身体の生理学的条件を規定する要因に三つの虚と実があり、三虚・両実一虚のいずれであるかによって、病気のあらわれかたが異なる。[38] 両虚一実と三実には言及していないけれども、三実なら病気にかからないのである。だから、「九宮八風」篇の後半はこう主張していることになる。すなわち、八方の虚風はそれぞれ身体の特定の部位にやどり、特定の症候ないし病気をひきおこす。しかし、病気になるかならないか、病気が重いか軽いかは、つきつめていえば、身体の生理学的条件にかかっている、と。こうした問題を真向からとりあげているのが、黄帝－少師の問答形式で書かれた論文、『太素』巻二十八におさめる「三虚三実」篇(『霊枢』巻十二・歳露論)である。

「三虚三実」篇の議論は、明らかに「八正風候」篇をふまえている、あるいは、そうした説を前提しているし、「九宮八風」篇の三虚三実の概念は「三虚三実」篇のそれにひとしいとみていい。このことから第一に、「三虚三実」篇は「九宮八風」篇とほぼおなじ時期に書かれた、あるいはすくなくとも、後者にみえるような八風説の一般化と並行して、前者によって定義されるような三虚三実の議論が展開されていた、と考えることができる。第二に、論述形式で書かれている「九宮八風」篇も、問答形式の他の二篇とおなじ一派の手になる論文であった、と断定してさしつかえあるまい。その一派をわたしは「少師派」と名づけているのだ。

「三虚三実」篇はみごとな論文である。風占いから医学へとむかう思考の真摯な道すじを、わたしたちはそこに読みとることができるだろう。黄帝の冒頭の質問がすでに鋭い。

黄帝が少師に尋ねた「四時の八風が人に中たるばあい、そこに寒暑のちがいがあり、寒ければ皮膚がしまって腠理が閉じ、暑ければ皮膚がゆるんで腠理が開く、とわたしは聞いているが、賊風・邪気はそのために体内に入ることができるのか、それとも、かならず八正の虚邪の風であってこそ、人を傷うことができるのか。」

外因は内的条件があって作用するのか、それとも無関係なのか。後者が占風家の説の核心であるのはいうまでもない。

少師は答えた「そうではありません。賊風邪気が人に中たるのは、時にはよりません。しかしながら、かならずそのために腠理が開くばあいは、賊風・邪気はふかく体内に入り、すみやかに内奥に達し、人を急性の病気にします。そのために腠理が閉じるばあいは、あさく体内に入ってそこに留り、人を慢性の病気にします(39)。」少師の答は占風家の説をその核心において否定している。時はただ腠理の開閉という内的条件を生みだす外的条件としてのみ意味をもつ、と。だが、黄帝は追求の手をゆるめない。

黄帝「寒温がほどよく和らぎ、腠理は開かない、それなのに急病にかかる者がいる。その理由はなにか。」

少師「帝は邪気の入りかたを御存知ないのですか。ふだんでも、その腠理が開くか閉じるか、ゆるむかしまるかには、もともとつねに時というものがあるのです(40)。」

ここにいう「時」は、まえの「時」が外的な時であるのにたいし、いわば内的な時であり、身体の生理学的リズムである。ふだんから生理学的な内部のリズムにもとづいて腠理が開閉しているとすれば、外的な時とか、その時にともなう寒暑とかは二次的な、内部のリズムを増幅したり攪乱したりする要因にすぎなくなるだろう。

それでは、身体の生理学的リズムとはなにか。黄帝の問いに答えて、少師はいう。

「人は天地とかかわり、日月と応じています。ですから、月が満ちるときは海水は西に高まり、人の血気は純粋になり、肌肉は充実し、皮膚は緻密になり、毛髪は堅くなり、膲理にすきまができ(?)、ほこりや垢がつきます。そのときに賊風に遇っても、体内に浅く入るか、でなくても深くは入らないのです。

月の輪郭がなくなるときになると海水は東に高まり、人の血気は虚《から》っぽになり、衛気がなくなって形《からだ》だけが残り、肌肉は減り、皮膚はゆるみ腠理は開き、毛髪は浅くなり、膲理はせまくなり(?)、垢は落ちます。そのときに賊風に遇えば、深く体内に入り、にわかに人を病気にするのです(41)。」

膲理を楊上善は三焦にかかわる現象と解釈する(42)。三焦とはなにをさすのか、古くから議論のあるところだが、ここでは触れない。(43)いずれにしろ六腑のひとつとされるもの、それがここに出てくるのはおかしい。不詳としておこう。

少師によれば、人体は潮汐の周期とおなじ生理学的リズムをもつ。それは一種の天人相感論だが、決して類比ではない。どちらも月の満ち欠けによってひきおこされる現象なのである。月と人体の現象のあいだに密接な相関関係を認めようとする考えかたは、馬王堆医書の一篇、「却穀食気」篇にみられる。辟穀のために石韋を食べるばあい、月の満ち欠けにあわせてその量を加減する、(44)というのだ。いいかえれば、身体のリズムを月のリズムに合致させるのが最善の道なのである。「却穀食気」篇の辟穀・服気の技術は医学でなく、神仙術や道教にうけつがれてゆく。それと「三虚三実」篇とのあいだに直接のつながりはないけれども、基底にある考えかたは共通している。

この考えかたの起源がどこにあるにしろ、また、その妥当性がどうであるにしろ、重要なことは、人体の生理学的リズムという内的条件をとらえることによって、外因決定論とでもいうべき立場をのりこえ、したがって、占風家の説から完全に脱けだすことができた、ということだ。そのとき、「風」はもういちど、風占いとはまったく異なった観点から論ぜられなくてはならないだろう。医学理論を展開する新たな契機がひとつ、そこにあたえられたのである。

「三虚三実」篇はつぎの問答で結ばれる。

黄帝「にわかに死んだり病気にかかったりする者がいるのは、どんな邪気がそうさせるのか。」

少師「三虚の状態にあるときは、その死はにわかにきますし、三実の状態にあるときは、邪気が人を傷うことはできません。」

黄帝「三虚というのをお聞かせ願いたい。」

少師「年の衰えに乗り、月の空《か》けるのに逢い、時の和を失い、そのために賊風に傷われる、それを三虚といいます。ですから、三虚を知らずに病気を論ずるようでは、医師の技術のほうが粗雑なのです。」

黄帝「三実というのをお聞かせ願いたい。」

少師「年の盛りに逢い、月の満ちるのに遇い、時の和を得れば、賊風・邪気があっても、身体を危《そこな》うことはできません。」[45]

楊上善によれば、七歳を基準にして、それに九歳ずつ加えていった十六、二十五、三十四、四十三……の歳を「年の衰」といい、その歳にあたることを「年の衰に乗る」という。[46] この解釈にしたがうなら、人の生・長・老・死の過程に九年ごとの分節があり、その分節にさしかかった歳は病気にかかりやすい、ということになる。つまり、厄年にあたる。しかし、べつの解釈も可能であろう。衰の対概念は盛である。『太素』巻三の岐伯派の論文「陰陽大論」篇は四十歳を「衰之節」といい、[47] 楊上善は「腠理始めて疏なり」と注する。この意味での盛衰であるかも知れぬ。一応、この後の解釈にしたがっておけば、この第一の条件は、第二条件の月の満ち欠けが月ごとのリズムであるのにたいし、年齢的なリズムといえよう。第三の条件は「時の和」である。外的な条件にすぎないようにみえるけれども、おそらくそうではない。「時の和」がもたらす身体の生理学的調和を含意しており、時とはこのばあい季節を指すのであろう。楊上善の注のことばをかりれば、「摂養は四時の和気に従う」のである。

この三つの条件がすべてプラスなら三実、マイナスなら三虚、その中間に両実一虚、さらに言葉としてはみえないけれども両虚一実がある(表6-4)。条件の組み合わせの四つのタイプないし八つのパターンは、あるいは有効であるかも知れぬひとつの図式を、病理学に提供した。実際にはこの図式がそのまま受けつがれていった形跡はない。しかし、そこには中国医学にきわめて特徴的な思考法が原型的なかたちでしめされている。この問題は節を改めて述べることにしよう。

表6-4 三虚三実の図式

年	月	時	虚実
+	+	+	三実
+	+	−	両実一虚
+	−	+	両実一虚
−	+	+	両実一虚
+	−	−	両虚一実
−	+	−	両虚一実
−	−	+	両虚一実
−	−	−	三虚

8　九宮八風説の行方

中国医学における最初の体系的な病理学書、隋の巣元方《そうげんぼう》の『巣氏諸病源候論』(六一〇?)は、「風病諸候」の記載からはじまる。その冒頭の「中風候」にいう。

中風は風気が人に中《あ》たるのである。風とは四時の気であり、八方に分布し、万物を生長させ養育するはたらきをする。その郷から吹いてくるものは、人が中たっても死んだり病気になったりすることが少い。郷から吹いてきたのでないものは、人が中たると死んだり病気になったりすることが多い。それが病気をひきおこすのは、皮膚のあいだにかくれて、内部では気が流通できず、外部には気が発泄できないのである。それが経脈に入って五臓を行《めぐ》るときは、それぞれ臓腑にしたがって病気を生ずる。(48)

そして心中風以下、五臓の中風の症候を記述する。またべつに、「賊風候」にいう。

賊風とは、冬至の日に南方から吹いてくる疾風があり、虚風と呼ばれているもののことである。この風がくると、人を傷害することができる、そこで賊風というのである。それが人を傷うのは、ただ痛くて抑えることができず、寝返りをうつことができないだけで、痛い場所の体にはちっとも熱がない。(49)

ここには、九宮八風説によって導入された病気の外因としての風の概念が、その歴史的な展開を経てたどりついた、究極的な表現がある。風とは四季の気であり、八方にひろがっている。八方はあらゆる方向と言い換えてもよい。その郷から吹いてくる風はひとに無害だが、そうでない風はひとを傷う。ここで九宮や衝という概念は消え、衝と対になる郷という占風の用語も、定義されないままに投げだされている。したがって、郷でないところから吹く風といっても、病気をひきおこしやすい風というのと、意味的にはおなじになる。要するに、病因として一般化された風の概念の成立である。

ただひとつ賊風だけが、八節の日と方位の概念をとどめている。これが「八正風候」篇の第一の問答を継承していることは、ふたつの文章を比較してみればすぐわかる。(a)が「八正風候」篇、(b)が「風病諸候」である。

(a)　常以冬之至日、太一立於汁蟄之宮。其至也、天応之以風雨。風雨従南方来者、為虚風、賊傷人者也。

(b)　賊風者、謂冬至之日有疾風従南方来、名曰虚風。此風至、能傷害於人、故言賊風也。

やはりここでも太一と九宮の概念は消されている。ともあれこれだけが生き残ったのは、あるいは冬至の日の占風だけが後世までおこなわれていたことをしめすのかも知れぬ。

巣元方は、病因としての風について論ずるのはこの二条にとどめ、あとはさまざまな風病の多様な症候を記述することに終始し、巻一と巻二の二巻をそれにあてた。唐の王燾《おうとう》の『外台秘要《げだいひよう》』(七五二)は、巻十四・中風の冒頭の「中風及諸風方」、そして「賊風方」において、風と賊風についての巣元方の説明をそっくり引用し、巻十四、巻十五の二巻をおなじく風病の症候とその治療法の記載で埋めた。

それでは、『黄帝内経』の少師派の九宮八風説はいかなる歴史的な経過をたどって、この隋唐医学の帰結へとたどりついたのであろうか。それを解き明かすほとんど唯一のてがかりを提供しているのが、劉宋の陳延之の『小品方』(正式の書名は『経方小品』)である。[50]

『小品方』は、『外台秘要』や丹波康頼《たんばのやすより》の『医心方《いしんぼう》』(九八四)などに数多く引かれているものの、著作年代もわからぬ佚書であった。ところが一九八五年、その序論・目次そして第一巻が発見され、その後、残巻が復刻されてほぼその全体像をうかがうことができるようになり、[51]成書の年代も上限が四五四年、下限が四七三年としぼりこまれた。[52]目次によれば、第二巻に「治頭面風諸方」をはじめ、風病の諸方を記載している。おそらくそこからの抜書であろう、『医心方』巻三・風病証候に「小品方」のながい引用がある。

つぎの文章にはじまる、陳延之の風論の展開に注目しよう。

説によれば、風とは四時・五行の気である。八方に分布し、十二月に順《したが》い、三百六十日を終える。それぞれの時期にその郷から吹いてくるのを正風といい、天地にあっては五行となり、人にあっては五蔵の気となる。それに順って万物が生成するのであり、はげしい毒の気ではない。人が過度にそれに触れると、その気に勝てずに、病気になるにすぎない。病気になるけれども、ちゃんと愈《い》えるときがある。治療すれば、愈えやすい。その風が時期でないのにやってくるときが、毒風となるのである。治さなければ、ちゃんと生を養うことはできない。(53)

明らかに「八正風候」篇にもとづきながら、五行の概念をもちこんでいる。いうまでもなく、五方風への伏線である。

文章はつづけて、「今は則ち其の証すること左の如し」と述べていう。

春・甲乙・東方・清風。これに傷われるときは肝風となる。頭頸に入り、肝兪に中たって病気となるのである。(54)

以下、症状をしるし、夏・湯風・心風・心兪、仲夏・陽(湯?)風・脾風・脾兪、秋・涼風・肺風・肺兪、冬・寒風・腎風・腎兪と、同様の記述をくりかえす。これは『太素』巻三の岐伯派の五行説にもとづく論文「陰陽雑説」篇(『素問』巻一・金匱真言論篇)を承けて、それを展開した文章である。

東風は春に生ず。病は肝に在り、輸(兪におなじ)は頸項に在り。……中央は土為《た》り。病は脾に在り、輸は脊に在り。

中央を仲夏に置き換え、五方風に五臓の名称をあたえている。この五方＝五臓風は、症状の記述こそ異なるけれども、また季節の風とも関係づけられていないけれども、巣元方のいう心中風以下の五臓中風へとつながっていったのは、疑いを入れない。巣元方が五行論的色彩をふるいおとし、症候の記述に徹していったとき、そこに五臓中風の概念が成立したのである。それはともあれ、陳延之によれば、「四時正気の風」にひとが過度に触れたときの、これが病証なのであった。

それでは、四時(五方)風は八風とどのようにかかわるのであろうか。すでに「陰陽雑説」篇が「天に八風有り、経に五風有り。八風邪気を発し、経風五蔵に触る」と述べていたが、それがどのようにかかわるのか、明らかでない。陳延之はこう説明する。

四時風の総名は、春九十日が清風、夏九十日が湯風、秋九十日が涼風、冬九十日が寒風である。その気は八方に分布し、それにもそれぞれ異なった名がある。太一の神は、節にしたがってその郷に四十五日間とどまり、風雲がすべてそれに応じて起こる。いまその風名を列挙すれば、つぎのとおりである。

東北方は艮の気であり、立春に王《さか》んになる。条風といい、別名凶風、四十五日間王んである。[55]

以下の記述は表6-5にまとめてしめす。表6-3と比較してみよう。第一に、五行説にもとづいて、節に仲夏がくわえられ、八方が九方になっている。第二に、八卦が九宮にとって代わり、いわゆる八卦休王説が導入されている。すでに後漢末の鄭玄《じょうげん》の「易乾鑿度」注にみえるが、[56]ここではそれとちがい、宮の概念そのものが消されているのだ。特定の節には特定の卦の気が王《さか》んになるという八卦休王説[57]は、それよりも早く、後漢の王充の『論衡』に記載されている。[58]第三に、風名が『史記』の一般的なそれに置き換えられ、占風家の特殊な風名はたんに別名として付記されているにすぎない。ここにはっきりみてとれるのは、九宮八風説を九宮占風家のせまく限定された立場から解き放して一般化しようとする、つよい志向であろう。

この文末に陳延之は、「九宮八風」篇を承け、『諸病源候論』を先取りすることばを注記する。

表6-5 「小品方」の風論

方位	王(卦)	節	風名	別名	日数
東北	艮	立春	条風	凶風	45
東	震	春分	明庶風	嬰児風	45
東南	巽	立夏	晴明風	弱風	45
南	離	夏至	景風	大弱風	27 } 45
中央		仲夏	景風	大弱風	18
西南	坤	立秋	涼風	謀風	45
西	兌	秋分	閶闔風	剛風	45
西北	乾	立冬	不周風	折風	45
北	坎	冬至	広莫風	大剛風	45

右の八方の風は、それぞれその郷から吹いてきて、万物を生長させ養育するはたらきをし、人民は死んだり病気になったりすることが少い。[59]

いっぽう、それとは逆に、

八方風が、その郷から吹いてこないで、衝後から吹いてくるときは、虚邪となり、万物を賊害して、人民は死んだり病気になったりすることが多い。そこで聖人は「邪を避くること矢を避くるが如し」と説いているのだ。邪は風である。いま人が寿夭(?)多病なのは、邪を避けることを知らないからだ。病気の証候はつぎのとおりである。[60]

表6-6　八風と病の証候

風名	病	気の舎	
		内	外
凶　風	(病証今無)	大腸	脇腋骨下 四支節解
嬰児風	筋紐湿	肝	筋
弱　風	体重	胃	肉
大弱風	発熱	心	脈
謀　風	弱，四支緩弱	脾	肌
剛　風	燥々者，枯燥痩瘠	肺	皮
折　風	脈絶時而泄利，脈閉 時則結不通，喜暴死	小腸	右手太陽
大剛風	寒々者，患冷不能自温	腎	骨・脊膂筋

として記述するのは、ほぼ「九宮八風」篇を祖述した文章であった。それを表6-6にまとめておく。表6-2と対照していただきたい。

「九宮八風」篇の第一の問答では、郷から吹いてくる、人を生養する「実風」と、衝から吹いてくる、人を傷害する「虚風」とを鋭く対立させた。第二の問答では、太一が中宮に立つ日にかぎり、八方が「虚の郷」となり、八風がひとを病気にする可能性をみとめた。陳延之は第一の問答の立場を継承しながらも、風の虚・実の概念を正・邪の概念に置き換える。そのうえで、郷から吹いてくる正風と衝後から吹いてくる虚邪の風とのちがいは、さしあたってひとに病や死をもたらす蓋然性の多少のちがい、すなわち量的な差にすぎないとみなす。ところがいっぽうでは、正風でも過度に触れると病になるとして、四時風の概念を導入し、五臓と結びつける。この五臓風の病は自然に治癒するという点で、虚邪の八風に中たったときの、治療を必要とする病とは質的に異なると考えたのである。

『医心方』に引用された、陳延之の風の一般論はこれで終わる。あとは風病の具体的な記載に入ってゆくのだが、それに触れる必要はここではない。陳延之の立論のなかに、風の病因論が変質してゆく方向はすでに明らかであった。すなわち方位・季節とのつながりを断ち切った、いっぽうでは五臓中風論であり、たほうでは風の一般論である。ところが、このような一般論に痛撃をくらわせ、風の病因論そのものの解体を迫るような議論が、『諸病源候論』とほとんど時をおなじうしてあらわれた。唐初の武徳年間(六一八―六二六)に太常丞となった甄立言《しんりつげん》の「古今録験方五十巻」の説である。

『医心方』は「小品方」につづけて、いまは佚書である「録験方」を引用する。それによれば、風は天地・山川の気であるが、おこる場所の遠近によってふたつの種類がある。ひとつは天地・八方・四時・五行の気、すなわち遠風である。ひとつは秋風・大風・疾風などのような、打ち振わせる風であり、これが山川の間の気であって、近風にほかならぬ。風を立たせたり、物を動かしたり、人を病気にしたりできるけれども、これは天地の気ではない(61)。のみならず、

医学の古典に「諸《これ》を風に取る」とあるのは、季節ごとにいつも吹く風でもなければ、山川の打ち振わせる風でもない。これは世間にある庭や路、戸口や窓を通り抜ける風にすぎない。天に風が無い日でも、通り抜ける風はいつもあって、人が長時間その通り道にいて、月日が経つと、それが人の肌のきめを虚《うつろ》にして、もろもろの脈に入りこみ、五臓六腑を攻めて、病気にするのだ。また野原や広い沼のほとりの亭も、通り抜ける風を生ずる。やはり住んだり横になったりしてはいけない。また眠ったり坐ったりしていつもひとに扇であおがせるのも、病気になりやすい。ただ通り抜ける穴の風より軽いというにすぎない(62)。

こう述べて甄立言は、身辺に観察された三つの例を記載しているが、要するに医書にいう「風」とは、隙間風や扇風の類にほかならない、とされたのである。

巣元方はおそらく、甄立言より一、二世代先立つひとであろう。しかし甄立言にこう論断させた時代の思想を、巣

元方も共有していたにちがいない。なお四方の気や郷といった概念の名残をとどめてはいるものの、「九宮八風」篇からも陳延之の説からもすでにへだたった地平に立って、風の外因論に古典的な定義をあたえたのであった(63)。

9 発声機構の解剖と音楽

『太素』のなかに現存する少師派の論文は、これまでとりあげた「八正風候」・「九宮八風」・「三虚三実」の三篇である。そのほかに黄帝－少師の問答形式の論文が三篇、『霊枢』におさめられている。なかでも特異な論文は『霊枢』巻十の「憂恚無言」篇であろう。とつぜん声が出なくなる病気を論じたものだが、発声機構の記述のみごとさは、『黄帝内経』の他の論文にその例をみない。

少師によれば、発声機構を構成する器官とその機能は、つぎのとおりである。

咽喉	水穀の道
喉嚨(気管)	気の上下する所以《ゆえん》の者
会厭(喉頭蓋)	音声の戸
口脣	音声の扇
舌	音声の機
懸雍垂(口蓋垂)	音声の関
頏顙(後鼻孔?)	分気の泄るる所
横骨(舌骨)	神気の発舌を主らしむる所

まるで楽器の構造を解剖してみせるみたいな正確な記述であり、これらの用語のなかには今日もそのままつかわれて

いるものがいくつもあるほどだ。このように発声の機構を明らかにしたのち、少師は声の出なくなる理由を説明するのだが、その細部に立ち入る必要はここではない。問題は、こうした正確な記述が発声機構についてみられるのはなぜか、だ。いうまでもなく、これだけの記述は確実な解剖学的知見なしには不可能であろう。疑いもなく、部分的にしろ人体解剖がおこなわれたのである。たしかに、発声の器官と機能は比較的わかりやすかっただろうし、楽器に類比することもできたにちがいない。それにしてもなぜ、関心は発声機構にむけられたのか。

ここでこの一派が黄帝の師に擬定した、したがって一派の開祖と仰いだのであろう、「少師」という名称に注目しよう。いったい、師とはなにか。その意味の拡がりのなかには、まず軍隊がふくまれている。『周礼《しゅらい》』小司徒によれば、五百人を旅といい、五旅を師、五師を軍とよぶ。(64) それは神の名でもある。『周礼』大宗伯に、「槱燎《ゆうりょう》を以って風師・雨師を祀る」とみえる。(65) このふたつの意味は、兵家と占風家という、「八正風候」・「九宮八風」両篇がただよわせていた雰囲気を彷彿させる。それはさらに、春秋時代のなかば伝説的な名人師曠《しこう》をひきあいにだすまでもなく、音楽家をさす。のみならず、少師はまさに音楽家の官名でもあった。『周礼』小師によれば、それは大師を補佐して、各種の楽器の演奏法や歌唱法を教え、祭にはじっさいに演奏・歌唱する役目である。(66)『儀礼《ぎらい》』大射や『論語』微子篇では小師でなく、少師と書かれている。要するに、少師派の少師とはこの楽官のことであろう、とわたしは考えているのだ。少師派は音楽となんらかのかかわりをもっており、そのことが発声機構への特殊な関心を呼びおこしたのではなかったか。

音楽は風占いにふかく結びついていた。『太平御覧』巻九・風に引く「楽動声儀」にいう、「風気は礼楽の使、万物の首なり。物は風を以って成熟せざるはなし。風順なれば則ち歳美く、風暴なれば則ち歳悪し」と。音楽を占風に結びつけた思想が、ここに簡潔に表現されている。『周礼』保章氏にみえる「十有二風を以って、天地の和を察す」に注して、鄭玄はいう、「十有二辰、皆風有り。其の律を吹きて以って和と不とを知る。その道亡べり」と。『史記』律書によれば、周の武王が殷の紂王を伐ったとき、「律を吹き声を聴き、孟春を推して以って季冬に至るに、殺気相并《なら》び、而して音はなお宮」であった。宮・徵《ち》・羽・商・角の五音による風占いは、後世まで、占風家のきわめて得意とした技術に属する。「同声相従うは、物の自然」であり、「なんぞ怪しむに足らんや」とは、「律書」のことばである。のみならず、武王の挿話にも示唆されているように、占風術が最大の効果を発揮したのは、戦陣においてであった。戦争における音楽の役割については、あらためて指摘するまでもあるまい。八風と律について述べた『史記』律書は、もともと兵書ではなかったか、という説があるくらいだ。ともあれ、戦争と音楽と占風と医学と、この四つを貫いてある精神的風土のなかに、少師派は息づいていたのである。

10　類型論的思考

『霊枢』におさめられた少師派の残りの論文、巻二の「寿夭剛柔」篇(その最初の部分のみ)と巻十の「通天」篇は、いずれも陰陽の概念にかかわっている。その思考法を検討しておこう。

「通天」篇は、人を五つのタイプに分け、各タイプの体質・性格・外見を記述する。このタイプのちがいは、陰陽の気の割合によって生ずる(表6-7)。太陽の人が少陰とあるのは、無陰の誤りであろう。「天地の間、六合の内は、五を離れず。人もまた之に応ず。徒《いたずら》に一陰一陽のみには非ざるなり」とは、黄帝に「余嘗つて人に陰陽有りと聞けり。何をか陰人といい、何をか陽人というや」、と尋ねられた少師の答の切り出しだが、これだけ読めば、だれでも五行説を想起するだろう。しかし、五行の概念はつかってない。それとともに、注目に価するのは、太陰・少陰・厥陰・太陽・陽明・少陽の、いわゆる三陰三陽説の立場をとっていないことだ。経脈と結びついた三陰三陽の概念は、黄帝学派の医学理論の中核をなすものであり、馬王堆漢墓出土医書にもすでにはっきり定式化されている。少師派はそれにたいして批判的だったのだろうか。経脈という考えかたは鍼灸療法とともに発展してきた。少師派は鍼灸療法を採用したけれども、そして事実、「盛なれば則ち之を寫し、虚なれば則ち之を補し、盛ならず虚ならざれば、経を以って之を取る」という、黄帝派が明らかにした人迎寸口脈法の治療の大原則をそのまま「通天」篇に書きこんでいるのだけれども、三陰三陽説にはついに同調しなかったらしい。

かれらが駆使したのは、もっとちがった思考法だった。陰陽と虚実の概念のちがいこそあれ、多陰無陽・多陰少陽・多陽少陰・多陽無陰の四つのタイプは、「三虚三実」篇の三虚・両虚一実・両実一虚・三実に完全に対応させることができる。二対一が多対少に変わったにすぎない。この四つのタイプは、「寿夭剛柔」篇では、陰之陰・陰之陽・陽之陰・陽之陽に置き換えられる。いずれにしろ、そこにあるのはまったく同一の思考法である。陰陽の気の調和した状態を想定するときには、少師派の思考法は五行説のそれに近づくけれども、かれらは決して五行の概念を採用せず、あくまで陰陽概念によって把握しようとした。かれらは陰陽論的二分法の原理にあくまで忠実であった。そのことが、ある疑いをわたしにいだかせる。少師派はあるいは医学の内部にでなく外部に生まれ、いわば外から医学の理論化を試みた、比較的初期のグループではなかったのか。鍼灸理論の発展のなかから形成されてきた黄帝派ならば、三陰三陽説を棄て去ることは決してできなかっただろう。病気や治療法を論じても、そのとりあげかたが具体的でなく、きわめて類型論的であることも、その疑いを強めさせる。「寿夭剛柔」篇にその類型論的思考がよくあらわれている。

表 6-7

人のタイプ	気の割合
太　陰	多陰無陽
小　陰	多陰少陽
太　陽	多陽少(無？)陰
少　陽	多陽少陰
陰陽和平	陰陽之気和

「寿夭剛柔」篇は、冒頭の六分の一が黄帝－少師の問答形式、残りの六分の五は黄帝－伯高の問答形式である。伯高派の論文の後半は、『太素』では独立の論文「三変刺」として、巻二十二におさめられている。「寿夭剛柔」篇はおそらく、少師派の論文一篇と伯高派の二篇とを『霊枢』の編者がまとめて一篇としたものであろう。その冒頭の部分では、ふたつの

表6-8(a)

	陰	陽
内	五臓	六腑
外	筋骨	皮膚

表6-8(b)

		外	
		陰	陽
内	陰	陰之陰	陰之陽
	陽	陽之陰	陽之陽

表6-8(c)

病の所在	刺す場所
陰之陽	陰之栄輸
陽之陽	陽 之 合
陽之陰	陰 之 経
陰之陽	絡 脈

基本的な対概念として、内外と陰陽を置く。その組み合わせによって、身体を構成する要素が四つの部分に分けられる(表6-8(a))。この四つの部分の組み合わせから、病気の所在に四つのパターンが生ずる(表6-8(b))。そして、それぞれのパターンにたいして、鍼を刺す場所が指定されるのである(表6-8(c))。ここで注意したいのは、ふたつの点だ。第一に、五臓六腑を内、筋骨皮膚を外とするのは、「九宮八風」篇の後半にみえた身体の部位の分けかたとおなじであり、むしろその一般化とみなすことができる、ということである。内外の概念にくわえて陰陽の概念を導入し、その一般化をはかったところに、かれらの理論的な努力の跡がうかがえるだろう。第二に、かれらが鍼法に言及しているのはこの箇所だけだ、ということである。鍼法だけではない。一般に少師派の論文は、治療法についてほとんどなにも語らない。「憂恚無言」篇には、声が出なくなったばあいの鍼治療について、短い指示が末尾についているが、それは黄帝‐岐伯の問答形式で書かれている。明らかに岐伯派の手によって補足されたのである。少師派が治療法を具体的に論じていないということは、かならずしもかれらが実際の治療にたずさわらなかった、ということを意味するものではないだろう。しかし、かれらの知的関心は治療法よりも、むしろ理論的な一般化にむけられていた。かれらはそこに二分法原理にもとづく類型論的思考法を生かした。

類型論的思考はさらに治療の一般原則にまで適用される。少師によれば、陽の部位の病気を風、陰のそれを痺とよび、陰陽ともに病気なら風痺という。病気が有形‐不痛の症状をしめすとき、それは陽の類であり、陰は大丈夫だが、陽が傷われている。無形‐痛の症状であれば、その逆である。前者にたいしては、陽をすばやく治療しなければならず、陰に手を下してはならない[67]。後者にたいしては、その反対の処置をおこなう。ここで有形・無形は、症状を表面から観察できるかどうか、を意味していよう。あるいは、内外の概念によって置き換えることができるかも知れない。そのほか、陰陽ともに乱れ、症状は有形とも無形ともつかないばあいがあるが、そのときは陰が陽に勝っているのであり、それを不表不裏という。この状態に煩心という症状がくわわれば、もう長くはもたない[68]。これが治療の一般原則である。有形－痛、無形－不痛の組み合わせはないけれども、同一の思考法の選択的適用であることは明らかだろう。その原則は治療の実際から経験的に生まれたというよりも、いささか性急な理論化の結果であるように、わたしには思える。単純な類型論的思考は、理論化の初期の段階では有効にはたらくけれども、経験的知識の豊富な蓄積のまえに、やがて無力化してゆかざるをえない。少師派はおそらくそのようにして乗り越えられていったのであろう。とはいえ、類型論的な思考法は中国医学の核心にあって、いわばその作用原理としてはたらきつづけるのである。

11　少師派の位置

王冰は『素問』を編集するさい、はじめの十八巻に黄帝－岐伯の問答形式の論文五十篇と論述形式の論文十五篇を配し、最後の二巻に雷公－黄帝の問答形式の論文七篇を集め、その間に後人の手になるいわゆる運気七篇を置いた。そして、少師派・少兪派・伯高派の論文はすべて排除した。黄帝派－岐伯派が正統的な系譜である、とおそらく考えたのであろう、もっともかれには学派や内部の分派といった見かたはなかったのだけれども。王冰の認識はたしかにまちがっていなかった、とわたしは思う。だがそれは、他の諸派が黄帝学派の医学の発展にたいしてみるべき貢献をおこなわなかったということを決して意味しない。

黄帝派がみずからになった課題は、鍼灸療法とともに形成されてきた経脈の理論を発展させ、その診断法と治療法を確立することであった。そして、馬王堆漢墓出土医書の段階からのほとんど飛躍的といっていい発展が、かれらの手で成しとげられたのである。しかし、黄帝派に決定的に欠けていたものがひとつあった。病の外因論がそれだ。第八章であらためてくわしく論じるように、医学の大勢を占めていた外因論にたいして、黄帝派はあえて内因論の立場をとり、さまざまな脈法をあみだすとともに、脈法と療法を結合した独自の診療体系をつくりあげた。それだけに、内因の病にたいする洞察とは逆に、かれらの弱味は外因の病にあった。外因としての「風」の概念をひっさげて少師派が登場してきたのは、その空隙を埋めるものとしてであった。そのさい、かれらは占風家の説を借りた。占風家はさまざまな風が人体におよぼす影響について語っていたのである。黄帝学派の病理学にたいする少師派の最大の貢献は、あらためて外因論を導入してきたところにあるといってよい。

占風家のなかでも、わたしが九宮占風家と名づけた一派の説をかれらが採用したのは、虚実の概念のゆえであったろう。虚実の概念は黄帝派にもすでにあった。しかし、それは脈や衛気について語られる概念であり、瀉血のような治療法と結びついていた。あるいはもっと一般的に、「虚なれば則ち之を補し、実なれば則ち之を寫す」という、治療の原則にかかわる概念であった。だが、少師派では異なる。外因としての風が虚なのである。そしてそれをてがかりに、身体の生理学的条件に虚実を導入してくる。外なる虚実と内なる虚実の対応関係のなかに、病気の発生の要因を求めようとするのである。虚実の風の外因論は伯高派や岐伯派によって展開されてゆく。

外因論をもたなかった黄帝派には、予想されることだが、内なる人体と外なる自然という意味での内-外の対概念がなかった。それを導入してきたことは、やはり少師派の功績のひとつにかぞえなければならないだろう。この内外の視点は、天人相感論にささえられつつ、外なる自然との類比によって人体の構造や機能を把握しようとする立場を生みだしてゆく。伯高派や岐伯派の仕事のなかに、わたしたちはそのまぎれもない表現をみることができる。この問題も章を改めて述べることにしよう。内外の概念にはもうひとつの意味がある。人体そのものの内と外である。この概念なら黄帝派にすでにあった。しかし、『太素』巻十四の「人迎脈口診」篇(『霊枢』巻八・五色)にみえるように、そのばあいの内は臓、外は腑を指す限定された概念にすぎなかった。それを一般化して身体の各部位ないし器官と対応させたのは、少師派である。それによって、やがて内外はそのまま陰陽に置き換えうる概念とみなされるようになる。たとえば、岐伯派の論文「陰陽雑説」篇は、「夫れ人の陰陽を言えば、則ち外を陽と為し、内を陰と為す」といい、楊上善は「皮毛・膚肉は外に在りて陽と為し、筋骨・蔵府は内に在りて陰と為す」と注する。内外は陰陽とのこの互換性を獲得することによって、生理学や病理学に欠かせない概念となってゆく。

少師派が導入したり提出したりした概念や思考法は、伯高派や少兪派、とりわけ岐伯派によってうけつがれ、組み換えられ、展開されていった。また、少師派が黄帝派の存在を前提し、それに依拠していたことは、医学用語や治療の原則から推測できる。わたしはいまや、はじめにしめした仮説をつぎのように訂正しなければならぬ。すなわち、少師派は黄帝派にひきつづいておこり、また、黄帝派とともに伯高・岐伯・少兪の三派に乗り越えられていった、と。図示すれば、図6-6のようになる。

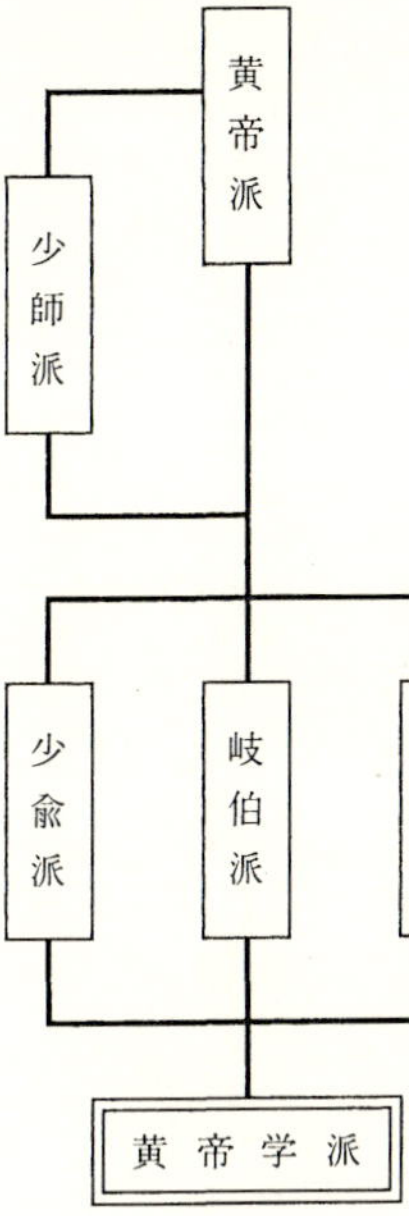

図6-6

黄帝派・少師派を初期二派、伯高派・岐伯派・少兪派を後期三派とよぶならば、初期二派から後期三派への転換は、ことばをかえて、陰陽派から陰陽五行派への転換、といってもよい。初期二派が、あるいは分類原理としてのみ認め、あるいはあえて用いようとしなかった五行説を、説明原理として採りいれ、積極的に適用していったのが、後期三派であった。この転換とともに、黄帝学派の医学理論の新たな展開がはじまってゆくのである。

第七章　計量解剖学と人体計測の思想

1　王莽の解剖

中国における人体解剖の最初の、そして正史にみえる唯一の記録は、有名な『漢書《かんじょ》』巻九十九・王莽《おうもう》伝の記事である。

解剖は新の天鳳三年(一六)におこなわれた。

翟義《てきぎ》の党の王孫慶捕得せられ、莽は太医・尚方をして巧屠と共に之を刳剝《こはく》し、五蔵を量度し、竹筳を以って其の脈を導き、終始する所を知らしめて、云えらく、以って病を治す可し、と。

この記事については、三上義夫がつとに詳細な検討をくわえている(1)。三上によれば、第一に、王孫慶は生きたまま捕えられており、その解剖は死体解剖と生体解剖のいずれとも想定できる。第二に、尚方は「御用の鋳作を典った官署」であり、その官が「人体解剖に参与したのは」、いうまでもなく「解剖の結果を模型に鋳造するのが、其任務であったらうと推定される」。むろん推定にすぎないが、この「推定たるや、高度の確実性を有するものと認めて宜い」。第三に、巧屠すなわち巧みな屠者とは獣畜解体の専門家であり、「獣畜の蔵府の事などに可なり精しかったであらう」。第四に、五臓といって六腑がないのは省略か脱文であろう。第五に、竹べらで脈をたどったのは、脈にかんする知識がいかに重要だったかをしめすものであり、『素問』・『霊枢』のような医経の書が存在していたであろうことを推定させる。さらに第六に、このとき人体解剖がおこなわれた要因として、王孫慶が加担した反乱の主謀者翟義と王莽・

劉歆《りゅうきん》との関係もみのがすことができない、と三上はいう。この最後の点をみるには、事件の背景をふりかえっておく必要があるだろう。

翟義の父は、成帝(在位前三三―前七)に親任され、御史大夫から丞相にまで登り、権臣の横暴を弾劾する正義の士として知られた、翟方進(?―前八)である。もともと『春秋穀梁伝』を修めて博士となったひとだが、『春秋左氏伝』や天文・星暦をも好み、その学を伝えたひとりに、王莽(前四五―二三)の側近であり国師と称せられた劉歆(?―二三)がいた。「父の風烈」をうけついだ次男の翟義の学問について『漢書』巻八十四・翟方伝はなにも語らないが、とうぜん父に就いたであろうし、劉歆とはいわば同門であったにちがいない。平帝(在位前一―五)を毒殺し、宣帝(在位前七四―前四九)の孫の孺子嬰を皇太子に擁して、摂皇帝と呼ばれ朕と称する王莽に漢朝簒奪の野望をみた東郡太守翟義は、居摂二年(七)九月、東平王劉信を天子に立てて挙兵する。王莽を「惶懼《こうく》して食する能わ」ざる(『資治通鑑』巻三十六)ほどの恐怖におとしいれた義挙も、十二月、志空しく戦いに破れ、翟義は劉信とともに軍を棄てて脱走し、ついに自殺して果てた。王莽はその死体を陳都の市場において磔刑に処しただけではない。その母・兄および親族二十四人を長安の市場の十字路で磔に処し、邸宅を壊して池に変え、方進および先祖の墓をあばき、三族をみな殺しにして復讐した。三上の表現をつかえば、「恐怖も甚だしかったと共に又憎しみも尋常でなかったのである」。

翟義が事を謀ったとき、東都の王孫慶は「兵法に明るきを以って、徴せられて京師に在」った。翟義は都に文書を送り、王孫慶に重罪ありと詐って逮捕・伝送させ、一党にくわえたのである。それに先立つ元始五年(五)正月、周の制度に範をとり、学術の振興につとめていた王莽は、さまざまな学問や技術の専門家千人を徴した。あつまった専門家たちは、王莽の命により、それぞれ自説を執筆・公表し、相互に討論して異説を正したという。劉歆が律暦学者たちを指導して三統暦を編纂し、統一度量衡を制定したのも、このときである。そのなかに兵法家がふくまれていたのはいうまでもない。王孫慶もその「徴に応じた兵法家の一人ではなかったらうか」、と三上は推測する。師の子であり同門でもある「翟義の挙兵は劉歆としては遺憾甚だしいものがあったであらう」と三上はいうが、その推測があたっているとすれば、劉歆にとっては二年半にわたって学術活動をともにしてきた同僚がさらにひとり、その反乱にくわわったことになる。

いったいなぜ王莽は王孫慶を解剖に付したのか。王莽の残酷さをしめすいくつかの挿話をあげたのち、三上はこう結論する。

王莽が斯くも残虐の人で、翟義挙兵の時に殊の外に恐怖して生取って磔にしようと考へたのが、目的を達しなかったのを遺憾としたらしいが、九年を経ての後ではあるけれども、其挙兵に就いて重要人物であったらしい王孫慶を幸に生得したので、極刑に課したいのは人情であったらう。劉歆が前述の如き関係があり、且つ学問上の施設も思ふ所があって、単に誅殺する丈けでなく、之を解剖に附することにもなったのではあるまいかと想像したい。磔にして世人に見せたいところを解剖したのである。殺して解剖するよりも生きたまゝで解剖する方が、憎しみの表はれとしては自然なやうにも思はれる。

王莽の残酷さと憎しみ、そして劉歆の屈折した感情と学問的野心とがあいまち、解剖、それも生体解剖へと導いていったのであろう、というのである。三上の推論は、しかしそこにとどまらない。北宋の天聖五年(一〇二七)、尚薬奉御の王惟一が勅命によって銅製の人体模型を鋳造したことがある。体表には経絡とつぼがしるされ、内部には臓腑をおさめた模型である。同様の模型は元・明代にも鋳造されている。「此の如き銅人は天聖中に始めて発案鋳造されたのであらうか」。

かつて劉歆の父劉向は、尚方を指揮して錬金術の実験を試み、失敗してあやうく処刑をまぬがれたことがある。劉歆は度量衡の原器を鋳造した。

此時に当って劉歆たるものが、人体を解剖して其模型を鋳造することを思い付いたであらうことも、容易に想像

> に浮ぶ。其理想の実現に撰ばれたのが、即ち王孫慶だったのである。

中国解剖学史にかんする通史的な専論を書いた渡辺幸三は、この三上の「想像」をほとんど史実としてうけいれている。(2) 銅製人体模型がはじめて制作されたというのを、三上の第七の解釈としておこう。

三上の解釈のうち、第一・第三・第四は問題がない。第二・第五・第六・第七は密接にかかわっており、論証としては相補的な関係にある。ひとつずつみてゆこう。

まず第二の、尚方が御用の鋳作をつかさどった官署だというのはそのとおりだが、じつは尚方と呼ばれるもうひとつの職があった。『史記』司馬相如伝・大人賦にいう、「岐伯に属《しよく》して尚方を使《つかさど》らしむ」、と。岐伯は黄帝の臣であり、医学の師であったと伝えられる人物。また、『漢書』郊祀志上に「欒大《らんだい》は膠東《こうとう》(山東)の宮人、……すでにして膠東王の尚方と為る」とみえ、尚方は「方薬を主る」と顔師古は注する。すなわち薬物療法を専門とする医師である。解剖に参加した尚方はこちらであろう、とわたしは考える。太医、すなわち侍医を最高責任者とするこの解剖には、とうぜん予想される鍼灸の専門家のほかに、方薬の専門家も立ち合っていたのである。この推論があたっているとすれば、このとき銅人が制作されたとする第七の解釈の有力な根拠がひとつ壊れることになる。

第五は後回しにして、第六の、解剖がおこなわれるにいたった背景をなす、翟義・王孫慶と王莽・劉歆との関係のうち、王莽の残酷さや憎しみの深さについてはそのとおりであったとしても、解剖の動機を個人の性格に求める解釈は、とうてい受け入れることができない。古代ギリシアの解剖学を論じて、L・エデルスタインはこう書いている。

> おのれの敵、神によって死を宣告された人物をまえにしたとき、すべての人間的感情は死に絶える。ひとりの人間が他者をおのれの同類とみなさなくなるとき、いかに極端な無神経さに走ることができるかは、プラトンの語る恐るべき物語のなかにしめされている。アグライオンの息子レオンティオスは、町へゆく途中、死体がいくつか処刑場にあるのを見つける。かれはそこへ上ってゆきたい欲望に捉えられるが、最初はとてもできないと感じ

る。しかし、とうとう欲望に負け、顔を手で覆って、吊された男たちに馳け寄り、大声で叫ぶ、「そうよ、罪深い男どもめ、美しい光景を眺めて楽しむがいい！」[3]（『国家』四三九a—四四〇a）

王莽をとらえたのは、憎んでもあまりある敵をまえにしたときにたれもが陥るこの種の感情、いや無感情、残酷さであったろう。いいかえれば、国家への叛逆者に対したときなら、解剖に付するのになんのためらいもなかったであろう。そのことは、北宋代におこなわれたふたつの解剖の事例によっても、立証される。

范鎮(一〇〇七—一〇八七)の『東斎記事』巻一によれば、

慶歴中、広南西路の区(欧の誤り)希範は、白崖山蛮蒙赶《もうかん》を以《ひき》いて内寇し、州及び諸寨《さい》を破壊す。時に天章杜《と》待制杞《き》、西京転運使より広西に徙《うつ》る。既に至り、宜州人呉香等を得て、郷導と為して白崖等の寨を攻め、環州を復す。因りて説きて之を降し、大いに犒《ねぎら》うに牛酒を以ってす。既に酔う。伏兵発して擒《とら》え、六百余人を誅す。後三日、始めて希範を得《とら》え、之を醢《しおから》にして以って谿洞の諸蛮に賜う。其の心肝を取り、絵《えが》きて五蔵図を為《つく》り、世に伝う。其の間、眇目を有する者は則ち肝欠漏す、と。

この間の事情は『宋朝事実』巻十六にくわしいが、范鎮はつづけてその後日談をこう伝えている。

是の時、梅公儀 摯《と》りて御史為《た》り、言えらく、杞 降を殺し朝廷の大いに信を失う、罪を加えんことを請う、と。朝廷其の功を録し、止《た》だ戒諭を加えしのみ。其の後、杞 慶州を知す。一日、方《まさ》に厠に拠らんとするに、希範等の前に訴うを見る。叱して謂いて曰く、若し人に反すれば、法に於いて当《まさ》に誅せらるべし。尚《な》お何ぞ訴うことを為すや、と。未だ幾ならずして卒《しゅっ》す。降を殺すは古人の忌む所、杞 之を知り、心に常に自ら疑う。其の衰うに及び、乃ち祟《たたり》を為すを見るは、怪むに足る無し。

杜杞が降伏した者を殺した報いに祟られて死んだといううわさは、解剖書の名とともに、ひろく流布していったらしい。葉夢得《しょうぼうとく》(一〇七七—一一四八)の『巌下放言』巻下は、「世に伝う欧希範五蔵図は、此れ慶歴の間に、杜杞待制 広南

の賊欧希範を治して作りし所なり」として、事件の経過のかなり変容した話を述べたのちにいう、

杞 大いに宴を為し、犒《ねぎら》いて之に酔わすに酒を以ってす。已にして乃ち坐上に執え、翌日尽く市に磔す。且つ皆腹を剖《さ》きて其の腎腸を刳《えぐ》らしめ、因りて医と画人とをして一一探索し、絵きて以って図を為らしむ。是こを用って待制に遷り、慶州に帥《すい》たり。未だ幾《いくばく》ならず、覩《み》る所有るが若《ごと》し。一夕圊《かわや》に登り、忽ち圊《せい》中に仆る。家人急いで之を出すに、口鼻皆流血し、微かに言う、欧希範 拳を以って我を撃てり、と。後三日、竟《つい》に死す。

亡霊の怨みと杜杞の死はいちだんと劇的である。

葉夢得は杜杞を咎めている。とはいえ、かれの非難は投降者、すなわち、もはや敵ではない、いわば同類を殺したことに向けられており、解剖行為にたいするものではなかった。かれはいう、将軍としてやむをえず殺すにいたったのであろうし、むこうにもむろん罪がある。しかし、「招降の説を為し、之と好を通じ」た結果、ついに投降してきたのであり、いったん降伏したものを騙し討ちにするとは、「何ぞ至って残忍にして、重ねて之を苦しむるや」、と。亡霊のうわさの根拠もこの行為にあった。罪人を解剖に付することにたいしては、行政官にも、それを記録した知識人の側にも、心理的ないし倫理的抵抗はまったくなかった。ちなみに、欧希範はかつて進士に受験したことがあり、「大唐国」を建立する野心をいだいて反乱した知識人であった。

はたして、崇寧年間(一一〇二―一一〇六)の解剖にたいしては、慶暦年間(一〇四一―一〇四八)のそれとちがって、いかなる批判もない。晁公武《ちょうこうぶ》(一一四〇前後在世)の『郡斎読書志』後志巻二にみえる「存真図一巻」の解題にいう、

右は皇朝楊介編。崇寧の間、泗州 賊を市に刑す。郡守李夷行は医家并びに画工を遣り、往きて親しく膜を抉し膏肓を摘し、曲折して之を図《えが》かしめ、尽く纎悉なるを得たり。介 校するに古書を以ってするも、少しも異なる者無く、欧希範五蔵図に比するに、之に過ぐること遠し。実に医家に益有り。

と。人体解剖は罪人にかぎって、とりわけ国家への叛逆者にかぎって、社会的に許容される行為であったことがわか

る。逆にいえば、人体解剖という行為が成り立つ前提に、そのような罪人の存在があった、ということである。解剖を提案したのは劉歆であり、その意図はひとつには「学問上の施設」、すなわち銅人の制作にあった、とする三上の第七の解釈はどうか。記録は劉歆の関与についていっさい触れておらず、状況証拠から推測するほかはないのだが、銅人の制作を前提しなければ、とくに劉歆の主導を仮定する理由はないとわたしはおもう。

『漢書』は、天鳳三年(一六)をはさんで、注目すべきふたつの記録を残している。ひとつは始建国二年(一〇)の記事である。

莽の簒位二年、神僊の事を興し、方士蘇楽の言を以《もち》い、八風台を宮中に興し、台 万金に成る。楽を其の上に作し、風に順いて液湯を作る。また五梁禾を殿中に種え、各おの色に順い其の方面を置き、先に鶴髄・瑇瑁《たいまい》・犀玉二十余物を鬻《しゅく》して種を漬し、粟斛《こく》を計るに一金に成る。言えらく、此れ黄帝穀僊の術なり、と。(郊祀志)

八風台は八方に面した八角形の台であろう。八角形の宗教的意味はすでに福永光司によって論ぜられている[4]。液湯は、もし湯液とおなじだとすれば、穀物の粥[5]。滋養剤として用いられた。そのなかに薬物を混ぜて煮ることもあった。「万金に成る」とは、顔師古によれば、建設費が万金であったこと。五梁禾は、おなじく師古によれば、五色の禾。梁は、范勝之によれば、秫粟《もちあわ》。瑇瑁など二十余の物を煮て、その汁をとり、種を漬けるのだという。粟一斛につき一金を要したというのであろう。さらに滅亡をまえにした地皇四年(二三)、

莽 日日方士の涿《たく》郡の昭君等と与《とも》に後宮に於いて方術を考験し、縦《ほしいまま》に淫楽す。(王莽伝)

おそらくは巨額を投じて、方術の実験に熱中していたのである。帝位に即いてのち、王莽の身辺にあって自然と技術の研究にたずさわったのは、劉歆ではなく、神仙術の方士たちであったようにみえる。『漢書』藝文志・方技略は医経・経方・房中・神僊に分類されている。医経は鍼灸、経方は方薬、房中・神僊は神仙術であり、医学の立場からみれば養生術ということになる。神仙術は医経・経方にきわめて親近な、おなじ類として一括できる技術とみなされて

いたのである。律暦（音楽・度量衡・天文学）も広義の方術（方技）の一部であったが、律暦学者劉歆がとくに医学に関心を寄せていた痕跡は残されていない。

このとき銅人が制作されたとする第七の説は、三上の自負にもかかわらず根拠がない。かれの提出する状況証拠はあまりにも間接的であり、直接に人体模型の鋳造を示唆するものはひとつもない。もし銅人が制作されたとすれば、中国における科学器械・装置の継承の通例からみて、王朝から王朝へと伝えられたであろうし、いくつかの王朝を経過する間に、あるいは修復されあるいは複製が鋳造されたであろう。事実、北宋の銅人はそのようにして後世に伝えられたのである。もし失われたとすれば、その事実がなんらかのかたちで記録されたであろう。新および後漢から北宋にいたる千百年のあいだ、銅人の制作・修復・複製・喪失にかんするいかなる記録や言及もないという事実は、天聖五年における制作が銅人の嚆矢であったことを、ほとんど疑問の余地なく立証している。同時につくられた『銅人腧穴鍼灸図経』三巻に寄せた幹林学士夏竦《かしよう》の序も、銅人の先例にはまったく触れていない。まず確実に、先例はなかった、と断定していい。

王莽の命によって太医たちがおこなったのは、「五蔵を量度し、竹筳を以って其の脈を導き、終始する所を知る」ことであった。五臓を量度するというのは、内臓の長さや大きさ、容量や充実度などを測定することであろう。竹筳は竹ひご。ここで脈がなにを指すか、かならずしも明確ではないが、第一章で述べた（本書七一ページ）経血脈と経穴脈を包括する名称と考えておけばいいだろう。竹ひごで脈のすじ道や長さなどを調べたのである。このときおこなわれた解剖学的研究は、計量解剖学anatometricsという概念によって適切に表現できる、とわたしは考える。古代中国の解剖学はこのとき計量解剖学として成立したのであった。

この解剖に画工が参加した気配はない。おそらく解剖図は制作されなかった。しかし、計量の結果は書きとどめられたにちがいない。その記録はついに失われたのであろうか。いや、存在する、すくなくともその一部はまぎれもなく今日に伝えられている、とわたしは考える。それはたれもが知っている文章である。それが王莽の解剖の記録であることを看破するには、あらゆる既成の観念から自由になって、解剖の事実についての証言と解剖の記録であるそれらの文章とを対比してみさえすればいいのだ。

2　『黄帝内経』の解剖論文

『黄帝内経』(『太素』巻五・十二水、『霊枢』巻三・経水)には、解剖にかんする、あまりにも有名な、岐伯のことばがみえる。(以下の引用において文字の異同は『太素』を〔　〕、『霊枢』を(　)でしめす。)

且つ夫れ人は天地の間、六合の内に生き、此の天の高さ、地の広さは、人力の能《よ》く度量して至る所に非ず。夫《か》の八尺の士の若《ごと》きは、皮肉此れに在り、外より度量・切循して(之を)得可く、(其の)死すれば解(剖)〔部〕して(之を)視る可きなり。

切循は手で触れて撫でること。つづけていう、

其の蔵の堅脆、府の大小、穀の多少、脈の長短、血の清濁、気の多少、十二経の多血少気と、其の少血多気と、其の皆多血気と、其の皆少血気と、皆大数有り。

と。ここに列記された事項の「大数」すなわち法則性は、その文脈からみて、人体の内外からの観察と計量によって得られるはずのものである。しかも、確信に満ちた表現は、それが実際におこなわれた解剖と計量の成果を前提した文章であることをしめしている。そして事実、『黄帝内経』のなかに、この記述に直接に対応する文章数篇をみいだすことができる。『太素』巻十三・腸度、または『霊枢』巻六・腸胃および平人絶穀、それに『太素』巻十三・骨度、または『霊枢』巻四・骨度である。わたしの考えでは、これらの諸篇こそ、王莽の解剖と計量の記録を今日に伝える

文献にほかならない。

まず注目したいのは、これらの諸篇がすべて黄帝－伯高の問答形式をとっていることだ。わたしのいう伯高派の論文である。『黄帝内経』におさめる伯高派の論文はすくない。『太素』に八篇、『霊枢』には九篇、うち八篇は『太素』と重なり、そのなかの二篇は『太素』では一篇に、またべつの一篇は『太素』では二篇になっているから、たかだか十篇にすぎない。伯高派は小さな、もしくは短期間で消滅したグループだったのである。もしわたしの考えが成り立つとすれば、伯高派の活躍した時期は王莽時代に重なっていたことになる。これはわたしが古代医学の形成過程について提出してきた仮説群にとってきわめて重要な帰結である。なぜなら、これによってはじめて『黄帝内経』におさめる論文の著作年代に絶対年代があたえられることになるからだ。それはつぎのような推論を可能にする。すなわち、黄帝・少師の前期二派から伯高・少兪・岐伯の後期三派への移行は、前漢末年から新と後漢の初めにかけておこった、と。のみならず、『漢書』藝文志にいう「黄帝内経十八巻」とは、黄帝派もしくは前期二派の論文を集めたものであろう、という推論をもみちびく。これらの問題には最後に立ち返ることにして、まずいま挙げた諸篇の記載を検討することにしよう。

『太素』または『霊枢』の「骨度」篇においては、脈の位置と長さの推定の基礎となる数値が、主として骨骼の計測の結果としてあたえられる。以下、全文を読み下す。

黄帝　伯高に問うて曰く、脈度とは(経)脈の長短を言う。何を以って之を立つる〔や〕、と。

伯高〔答えて〕曰く、先に其の骨節の〔小大〕(大小)・広狭・長短を度《はか》れば、而《すなわ》ち脈度は定まる、と。

黄帝〔問うて〕曰く、願わくば衆人の度を聞かん。人　長さ七尺五寸なるときは、其の骨節の大小・長短各おの幾何か、と。

伯高〔答えて〕曰く、頭の大骨囲二尺六寸、胸囲四尺五寸、腰囲四尺二寸。

髪覆う所は、顱《ろ》より項に至る、〔長さ〕尺二寸。髪以下頤《い》に至る、長さ一尺。君子は〔参〕(終)折す。

結喉以下欠盆中に至る、長さ四寸。欠盆以下𩩲骬《かつう》に至る、長さ九寸、過ぐれば則ち肺は大、満たざれば則ち肺は小。𩩲骬以下天枢に至る、長さ八寸、過ぐれば則ち胃は大、〔満た〕(及ば)ざれば則ち胃は小。天枢以下横骨に至る、長さ六寸半、過ぐれば則ち迴腸は広長、満たざれば則ち(狭)短。

横骨、長さ六寸半。(横骨上廉以)下内輔の上廉に至る、長さ一尺八寸。内輔の上廉以下下廉に至る、長さ三寸半。内輔の下廉〔以〕下内踝《か》に至る、長さ(一)尺三寸。内踝以下地に至る、長さ三寸。膝膕《しっこく》以下跗属《ふぞく》に至る、長さ(一)尺六寸。跗属以下地に至る、長さ三寸。故《もと》より骨囲大なれば則ち(太)〔大〕過、小なれば則ち及ばず。

角以下柱骨に至る、長さ一尺。腋《えき》中を行きて見えざる者、長さ四寸。腋以下季(脇)〔脅〕に至る、長さ(一)尺二寸。季(脇)〔脅〕以下髀枢《ひすう》に至る、長さ六寸。髀枢以下膝中に至る、長さ(一)尺九寸。膝以下外踝に至る、長さ(一)尺六寸。外踝以下京骨に至る、長さ三寸。京骨以下地に至る、長さ一寸。

耳後　完骨に当る者、広さ九寸。耳前　耳門に当る者、広さ(一)尺三寸。両顴《かん》の間相去ること七寸。両乳の間、広さ九寸半。両髀の間、広さ六寸半。足、長さ(一)尺二寸、広さ四寸半。

肩より肘に至る、長さ(一)尺七寸。肘より〔捥〕(腕)に至る、長さ(一)尺二寸半。〔捥〕(腕)より中指本節に至る、長さ四寸。本節より其の末に至る、長さ四寸半。

項髪以下〔膂《りょ》〕(背)骨に至る、長さ〔三〕(二)寸半。膂骨以下尾骶《びてい》二十一節に至る、長さ三尺。上節、長さ一寸四分分の一。奇分は下に在り、故に上七節より〔下〕膂骨に至る、九寸八分分の七。

此れ衆人〔の〕骨(の)度なり。経脈の長短を立つる所以なり。是の故に其の経〔絡〕(脈)の身に在るを視るや、其の見　浮にして堅〔なる者〕、其の見　明にして大なる者は多血、細にして沈なる者は〔少〕(多)気なり、と。

最後の文章は、楊注に「細にして沈なる者は少気少血は、或いは多気に作る」とみえる。『太素』のもとのテキストには「少気少血」とあり、それを『霊枢』とおなじく「多気」につくる別系統のテキストもあったのである。

尺度を現代のそれに換算するまえに、用語をたしかめておこう。そのさい楊注のほかに、明の張介賓の『類経図翼』(一六二四)巻三・経絡一・周身骨部名目および骨度の注(張注と略記)を参照する。

顱は前頭骨、ここではそのうちの髪の生えた部分。項はうなじ、あるいはくび。頤はあご、とくに下あご。参折は『霊枢』に終折とみえ、『鍼灸甲乙経』巻二・骨度腸度腸胃所受の注に、参は「又三に作り、又終に作る」という。古くから両系統のテキストがあったのである。だから楊注が妥当かどうかは疑問だが、それによれば髪の生え際からあごの下端までが一尺、その顔面を天地人の三つの部分に分けると、君子は三部分の長さが等しく、衆人はそうでないという。どこで三分するかは書いてない。

結喉はのどぼとけ。欠盆は胸骨上縁のくぼみ。髑骬は張注に「鳩尾《きゅうび》(みぞおち)の別名」とある。天枢はへそ。横骨は楊注に「陰上の横骨を謂う」、すなわち恥骨、ここではその上縁を指す。各部分の長さを標準値とくらべたときの大小が肺・胃・大腸の大小に対応すると述べているのは、骨骼と脈の関係だけでなく、内臓との関係にも着目しているのである。七尺五寸を標準身長とみれば、この原則はあとで述べる『太素』腸度篇などにいう平人、つまり標準的なひとにも適用されることになる。

内輔は楊注に「膝下の内箱骨、輔脛《ほけい》なり」、張注は輔骨とは「膝下の内外側の大骨なり」とある。内輔は大腿骨下端の内側上顆の上縁から脛骨上端の内側顆の下縁まで。要するに、膝関節の全体を輔骨と呼び、それを独立の骨とみたのであろう。上・下廉は上・下縁。内踝は脛骨下端のふくらみ、今日も内顆と呼ばれる。膝膕は膝のうしろのくぼみ。跗は張注に「足の面なり」といい、跗属は、張注によれば「凡そ両踝の前後の脛掌所交の処、皆跗の属為《た》り」、すなわち跗骨と脛骨・腓骨《ひこつ》のつくる関節ということになるが、ここではむしろ踵骨《しょうこつ》後端の突起を指しているようにみえる。なお、記述はここで骨の太さと長さの相関に注意している。楊注は骨囲を頭骨囲の意味に理解しているが、むしろ骨囲一般とみたほうが法則にふさわしい。以上が人体正面（下腿部のみ背面も）の計測。つぎに側面に移る。角は頭頂骨上部側面の結節。柱骨は頸椎《けいつい》。楊注によれば柱骨上下の長さの合計は四寸だという。腋はわき。「腋中を行きて見えざる者」とは、鎖骨の外側上端からわきまでを指すのであろう。季脇は、楊注によれば季肋ともいい、張注に「脇下の小肋」とみえる。肋骨最下位の浮肋、ここではその先端を指すか。髀枢は股関節。膝中は膝関節。外踝は腓骨下端のふくらみ。京骨は、楊注に「外踝の下の如前の高骨を名づけて京骨と曰う」。外踝および地との距離からみて、第五中足骨底の突起した部分をいうのであろう。

つづいて身体各部分の横幅。耳のうしろの完骨は側頭骨の乳様突起、耳のまえの耳門はおなじく顴弓であろう。顴は顴骨。楊上善は「両顴・両乳は其の端を取り、両髀は中を取る」と注し、張介賓によれば「両髀の間」とは「両股の中、横骨両頭の処に当る。俗に髀縫と名づく」。両ふとももの真中の間の幅、骨でいえば恥骨の両端の幅にひとしい。足の長さは、楊注に「足中指より足跟《こん》端に至るを取りて之を量り、以って長を取るなり」、広さは、「尺二の長さの中折する処を以って横に之を量り、以って広さを取るなり」。前者が西洋ではもっとも一般的な尺度の基準、足尺foot にあたる。

つぎは手足の長さ。肩から肘までは、楊注に「肩端従《よ》り肘端に至る量なり」、肩甲骨の烏喙《うかい》突起から上腕骨の外側上顆まで。捥は、楊注によれば「臂手相接する処」、前腕骨と手骨の関節部。中指本節は、楊注に「指に三節有り、此れ下節為《た》り、故に本節と曰う」。すなわち基節（第一指骨）であり、ここではそれと中手骨の関節部を指す。項髪から膂骨までは、楊注に「膂骨は脊骨《せきこつ》□。後髪際従《よ》り下り脊端に至り之を量る」。脊端は第一胸椎であろうが、ここではむしろ第七頸椎の隆起の下端をいうのかも知れない。膂骨から尾骶まで二十一節というのは、胸椎十二個、腰椎五個に、仙骨五個を一個とみなし、尾椎を三個とすれば数が合う。張注は脊骨を二十四節とし、二十一節は項骨三個をのぞいた数だというが、それよりもこの記述のほうが解部学的にずっと正確である。

最後に背面。上節は胸椎上部。分の一は十分の一。「故上七節下至於膂骨九寸八分分之七」の「下至於膂骨」は衍文であり、「長」の脱文とみて「故に上七節の長さは九寸八分分の七」と読むべきであろう。

ここで測定者はいかなる度量衡制によっているのだろうか。考えられるのは、周代のそれと新代のそれである。呉承洛『中国度量衡史』(一九三七)によれば、一尺は、前者なら一九・九一センチメートル、後者なら二三・〇四センチメートル。遺物の実測値に二二・九二センチメートルがあるが、その尺は折断変形しているという。ここではとりあえず新代の標準値によって換算しておく(表7-1)。(なおくわしくは補注を参照。)

この人体計測において注目されるのは、つぎの四つの点である。第一に、それは体外からおこなわれた計測であった。眼で見て、あるいは手で触って、きわめて特徴ある部位を測定の基準点に選んでいる。それらはたいてい骨の一部だが、なかには髪の生え際やへそのような、皮膚のうえにきわだつ目印もある。第二に、そうした基準点のとりかたからみても、また正面・側面・背面などの測りかたからみても、その目的は脈の長さを知るための基準値をみちびくことにあった。身体の各部分の比例はふつうほぼ一定である、と仮定できるとすれば、標準的なひとの数値をつかって各人のそれを容易にみいだすことができる。たとえば、あるひとの第一胸椎から尾骨までの長さを三とし、その三分の一を尺度の単位にして測れば、各部分の数値はここにあたえられたものとほぼ等しくなるはずである。事実、『類経図翼』はそのやりかたを採用している。この方法はそこでは頭部折法・胸腹折法・背部折法と呼ばれており、数値は脈上に分布するつぼの位置をたしかめるのに役立つ。

第三に、この計測はかならずしも解剖を必要としないにもかかわらず、その記述は外部からの計測と同時に解剖がおこなわれた可能性を示唆している。胸腹部の各部分の長さと肺・胃・大腸の長さや大きさのあいだ、あるいは骨の太さと長さのあいだには正の相関関係がある、という指摘がそれだ。これがじっさいの観察にもとづくものだとすれば、複数の人体を解剖し比較したことになる。ここでただちに想起されるのは、北宋の慶暦年間の解剖である。「存真図」の編者楊介はこう伝えている。

呉簡によれば、二日ほどで欧希範等五十六腹を解剖し、みな詳しく観察した。……たとえば心臓には大きなもの、小さなもの、方形のもの、長いもの、斜めになったもの、真直ぐなもの、孔のあるもの、孔のないものがあり、ただ希範の心臓だけが紅くて垂れ下がっており、絵とそっくりであった。(6)

表 7-1 「骨度」篇の硬部計測値

	部位	計測値 尺	計測値 cm
基本	身長	7.50	172.80
	頭囲	2.60	59.90
	胸囲	4.50	103.70
	腰囲	4.20	96.77
正面上半身	ひたいの髪の生え際～うなじの髪の生え際	2.00	46.08
	ひたいの髪の生え際～下あご下端	1.00	23.04
	のどぼとけ～胸骨上縁のくぼみ	0.40	9.22
	胸骨上縁のくぼみ～みぞおち	0.90	20.74
	みぞおち～へそ	0.80	18.43
	へそ～恥骨上縁	0.65	14.98
正面下半身	恥骨の長さ	0.65	14.98
	恥骨上縁～大腿骨内側上顆上縁	1.80	41.47
	大腿骨内側上顆上縁～脛骨内側顆下縁	0.35	8.06
	脛骨内側顆下縁～脛骨内顆	1.30	29.95
	脛骨内顆～地面	0.30	6.91
	ひざの裏のくぼみ～踵骨突起	1.60	36.86
側面	頭頂骨上部側面の結節～頸椎下端	1.00	23.04
	鎖骨外側上端～わき	0.40	9.22
	わき～最下位の浮肋の先端	1.20	27.65
	最下位の浮肋の先端～股関節	0.60	13.82
	股関節～膝関節	1.90	43.78
	膝関節～腓骨下端の外顆	1.60	36.86
	腓骨下端の外顆～第五中足骨底の突起	0.30	6.91
	第五中足骨底の突起～地面	0.10	2.30
各部分の幅	左右側頭骨乳様突起間の幅	0.90	20.74
	左右顴弓間の幅	1.30	29.95
	左右顴骨間の幅	0.70	16.13
	左右乳頭外端間の幅	0.95	21.89
	両ふとももの中央間の幅	0.65	14.98
	足の長さ	1.20	27.65
	足の幅	0.45	10.37
腕	肩甲骨烏喙突起～上腕骨外側上顆	1.70	39.17
	上腕骨外側上顆～前腕骨下端	1.25	28.80
	前腕骨下端～第一指骨下端	0.40	9.22
	第一指骨下端～第二指骨上端	0.45	10.37
背面上半身	うなじの髪の生え際～第七頸椎隆起下端	0.35	8.06
	第一胸椎上端～尾骨下端	3.00	69.12
	上部胸椎の長さ	0.141	3.25
	第一胸椎～第七胸椎	0.987	22.74

個体による変異をくわしく比較したのである。「欧希範五蔵図」はそのような検討をへて成った書であった。「存真図」がつくられた崇寧年間の解剖については定かでないが、処刑された賊が複数であれば解剖もそうであったろう。ともあれ、「骨度」篇の記述は複数の人体の解剖を示唆しており、それが事実であった蓋然性はかなり高い、とわたしは思う。

第四に、やや唐突な、短い記述にすぎないが、脈のあらわれかたと血気の多少との関係に触れている。これはさきに引用した『太素』十二水、または『霊枢』経水にみえる、十二経の多血少気・少血多気・多血気・少血気にはすべて法則性がある、という文章に対応する一節であるにちがいない。きわめて不完全なのは、おそらく残りの文が失われたのであろう。

『太素』・『霊枢』骨度に記述されているのは、『太素』十二水、『霊枢』経水にいう「外より度量・切循して得可き」数値や法則性であった。それにたいして『太素』腸度、または『霊枢』腸胃・平人絶穀は、「死すれば解剖して視る可き」数値や法則性を記述する。まず『太素』腸度の前半、または『霊枢』腸胃をとりあげよう。おなじく全文を読み下す。

黄帝 伯高に問うて曰く、余 願わくば六府の穀を伝う者を聞かん。腸胃の小大・長短、穀を受くることの多少は奈何、と。

伯高〔答えて〕曰く、請う、尽く之を言わん、と。

穀の従《よ》りて出入する所の浅深・遠近・長短の度は、脣より歯に至る、長さ九分。

口は広さ二寸半。

歯以後会厭に至る、深さ三寸半、大容五合。

(舌は重さ十両、長さ七寸、広さ二寸半。)

〔咽は大いさ二寸半。〕（咽門は重さ十両、広さ一寸半。下胃に至る。）長さ（一尺）六寸。

胃は紆曲す。之を屈伸するに、長さ二尺六寸、大いさ（一尺）五寸、径五寸、大容三斗（五升）。

小腸は後 脊に〔傅《ふ》〕（附）し、左に環りて、〔葉積〕（迴周畳積）す。其の迴腸に注ぐ者は、外（臍）〔齊〕上に〔傅《ふ》〕（附）し、迴運環〔反〕すること十六曲、大いさ二寸半、径八分分の少半、長さ三丈二尺。

迴腸は（臍）〔齊〕に当り、左に環り、迴周葉積して下り、迴運環反すること十六曲、大いさ四寸、径一寸（寸の）少半、長さ二丈一尺。

広腸は脊に傅して以って迴腸を受け、左に環りて〔葉積〕（葉脊）し、上下に辟《かさ》なり、大いさ八寸、径二寸（寸の）大半、長さ二尺八寸。

腸胃の入る所より出ずる所に至る、長さ六丈四寸四分、〔其の〕迴曲環反すること三十二曲なり。

大容は最大容積。葉積は葉っぱを積み重ねたような状態の形容。迴腸は大腸、広腸は直腸。小半は三分の一、大半は三分の二。数値の若干の異同はともかく、『霊枢』につけくわえられている、舌と咽門の重さをふくむ文章については、あとで触れる。

『漢書』には「五蔵を量度す」とあったが、これは六腑ではないか、という反論がとうぜん予想される。『漢書』にいう五臓は、ひろく五臓六腑の意味に解釈すべきだというのは、三上も指摘するところでもあったが、しかし五臓の量度も同時におこなわれた可能性については、あとで述べよう。いずれにしろ、『漢書』にいう五臓の量度とはこのようなものであったろう。

骨骼のような硬部とちがい、内臓など軟部の計測はむずかしい。伸縮するもののなにを、どんな状態に置いて測るか。それを決めるにはあらかじめ、なんのために測るか、その目的がはっきりしていなければならない。著者たちの意図は、生命活動の生理学的根拠を明らかにすることにあった。かれらの眼は消化器官系に向けられる。生命の維持に不可欠な飲食物をどれだけ摂取できるかは、各消化器官の容量とその相互の作用連関によって決まる。「願わくば人の食せざること七日にして死するを聞かん、〔其の故は〕何ぞや」、という黄帝の問いにたいする伯高の答からなる一篇、『太素』腸度の後半、または『霊枢』平人絶穀が、その計測と説明の試みであった。記述の重複をいとわず、読み下しておこう。

伯高曰く、臣請う、其の故を言わん、と。

胃は大いさ(一)尺五寸、径五寸、長さ二尺六寸、横屈して(水穀)三斗(五升)を受く。其の中の穀、常に留まる〔者〕二斗、水一斗(五升)にして満つ。

上焦は気を泄《も》らし、其の精微なるもの慓悍滑疾なるものを出だす。下焦は下 諸腸に漑《そそ》ぐ。

小腸は大いさ二寸半、径八分分の少半、長さ三丈二尺、〔一斗三合合の大半〕、穀(二斗)四升、水六升三合合の大半を受く。

迴腸は大いさ四寸、径一寸(寸の)少半、長さ二丈一尺、〔一斗七升升の半〕、穀一斗、水七升〔升の〕半を受く。

広腸は大いさ八寸、径二寸(寸の)大半、長さ二尺八寸、(穀)九升三合八分合の一を受く。

腸胃の長さは、凡そ〔長さ六丈〕(五丈八尺)四寸〔四分〕、水穀〔六斗六升六合八分合の一〕(九斗二升一合合の大半)を受く。此れ腸胃受くる所の水穀の数(なり)。

升の半は半升、八分合の一は一合の八分の一。受ける水穀の量は、あたえられた大きさや長さからの体積計算によっては求められず、それらと同時に実測した数値であるのは疑いを入れない。のみならず、これらの記載は『太素』十二水・『霊枢』経水にいう「府の大小、穀の多少」にぴったり対応している。「十二水」・「経水」篇の著者の念頭にはまぎれもなく、この先行する著作ないし記録があったにちがいない。

食物の摂取から排泄にいたる人体の作用の生理学において、中心的な役割をはたす概念は上焦・中焦・下焦のいわゆる三焦である。三焦の概念は時代的に変化しており、しかもそれに対応する解剖学的実体が存在しないだけに、その意味するものについて古くから議論が絶えない。後世の医学では、消化・循環・泌尿器系の器官のもつ生理学的作用を三つの部分が分有していると考え、それらの部分を上・中・下焦と呼ぶ。上焦は咽喉から胸膈にいたる部分であり、おもな作用は水穀の精気を全身にゆきわたらせ、肌膚や骨節の栄養をたもたせることにある。中焦は腹腔の上部であり、飲食物を消化し、糟を流し去り、残りをエキスと化し、肺に送りこんで血に変化させ、また津液をつくりだす。下焦は腹腔の下部、その作用は清んだ液体を濁った固形物から分け、膀胱に導き、排泄することにある。[7] このように三焦は、飲食物を消化し、その精を全身に循環させ、糟を体外に排出する、個々の器官を超えたはたらきをになう、生理学的なあるまとまりといえよう。しかし、『黄帝内経』においてすでにこのような三焦概念が成立していたのではなかった。三焦概念に周到な歴史的検討を加えた金関丈夫[8]によれば、「初原の観念」においては「下焦が三焦そのものであった」ろうという。[9]『史記』扁鵲伝に「別かれて三焦・膀胱に下る」といい、『素問』巻三・五蔵別論篇に「夫れ胃・大腸・小腸・三焦・膀胱、此の五者は天気の生ずる所なり」、おなじく霊蘭秘典論篇に「脾胃は倉廩の官、五味出ず。大腸は伝道の官、変化出ず。小腸は受盛の官、化物出ず。……三焦は決瀆の官、水道出ず。膀胱は州都の官、津液焉《ここ》に蔵し、気化すれば則ち能く出ず」と述べているのをみれば、十分に首肯できる推論である。この古い三焦概念にたいして、あらたに上焦・下焦の概念を導入してきたのが、じつは伯高派であった。

　導入された上焦・下焦の両概念は、胃と小腸のあいだに記載されている。上焦が泄らす精微・慓悍滑疾なる気とは営気と衛気を指す。慓悍滑疾は微細な精気の抵抗もなくすみやかに全身にゆきわたる性質を形容する。伯高派の論文、『太素』巻十二・営衛気行、または『霊枢』巻十・邪客では、衛気を「其の悍気の慓疾なる」、といい、また岐伯派の論文、『太素』巻十二・営衛気別、または『霊枢』巻四・営衛生会では、「精微」なる営気にたいして、衛気を「此の気は慓悍滑疾」と称する。中国医学では一般に血液を営気と呼び、衛気はリンパのような体液や汗や唾液など血液以外の体液を総称する。

ここにいう上焦の働きは、三焦が上焦・中焦・下焦の三つに分化したばあいの上焦および中焦のそれに対応する。しかし、小腸以下の諸腸に漑ぐとされる下焦は異なる。ここの記述によるかぎり、上焦と下焦は胃のふたつの部分、すなわちその上口ないし上脘と下口ないし下脘にあたるようにみえ、またこなれた食物を処理する胃のふたつの作用のようにもみえる。下焦のこのような用例は『黄帝内経』のほかの篇にはみられない。

計測の記録としてみたばあい、上焦と下焦にかんするこの一節は明らかに異質である。それは計測をもとに摂取する食物の量と生命の関係を論じようとしたとき書きこまれた文章にちがいない。

この篇は、計測した数値とその単純な総和をあたえたのちにつけくわえていう、普通のひと(「平人」、標準的なひと)のばあい、その容量の総和がそのまま生命維持の作用に結びつくわけではない、と。

普通のひとのばあいは、そうではない。胃が一杯になれば腸は空っぽになり、腸が一杯になれば胃が空っぽになる。交互に一杯になったり空っぽになったりする、そこで気は上昇したり下降したりすることができ、五臓は安定し、血脈は調和してとどこおりなく流れ、精神は五臓にとどまるのである。もとより神は水穀の精気である[10]。

精神とはもっとも純粋かつもっとも精妙な働きをもつ気であり、心的作用をつかさどる気である。そして心的作用は脳でなく五臓、とりわけ心にやどっていると考えられていた。

そこで腸胃のなかには〔いつも〕穀が二斗〔四升〕、水が一斗〔一升〕(五升)入っている(はずである)。もとより普通のひとは一日に二回、大便をする。大便の量は二升半、一日のあいだに五升、七日で五七が三斗五升、それで入っていた水穀がなくなってしまう。だから、普通のひとが飲食しなければ七日で死ぬのは、水穀・精気・津液がすっかりなくなってしまう(からである。)〔、だから七日で死ぬのだ〕[10]。

三斗五升は小腸と迴腸の穀の容量の和にほぼ等しい。数値は大便の量をふくめて単純な計算や推量によるものだろうが、重要なのは計測の目的が飲食物と生命維持の関係の量的説明にあったこと、あるいはすくなくとも計測の結果をその関係に適用していることだ。人体の構造と作用を計量的に解明したいという情熱にかれらはとりつかれていた。そのようにしてかれらは生理学の構築にのりだしたのである。

3 『難経』の解剖記述

解剖にもとづく計量の結果をしるした『太素』腸度、または『霊枢』腸胃・平人絶穀には、腑があって臓がなかった。また『霊枢』には、『太素』にない舌と咽門の重さに触れた一節があった。ところがここに見過せない文章が残されている。『難経《なんぎょう》』四十二難である。

『難経』、くわしくいえば『黄帝八十一難経』は、医学にかんする八十一の問いとそれにたいする答からなる理論的著作。秦越人すなわち扁鵲の撰と伝えられているが、著作年代はおそらく後漢であろう。『黄帝内経』を前提しつつも、主張するところはかならずしもそれとおなじではない(11)。むしろ鍼医学を独自の立場から発展させ、統一し、体系化した著作ということができよう。

『史記』扁鵲倉公列伝末尾の正義にも引用されている四十二難は、やや複雑な構成をもち、大きくは前半と後半に分かれる。前半は、字句に若干の異同があり、上焦・下焦にかんする記述がないのをのぞけば、『太素』腸度の後半の前段、または『霊枢』平人絶穀の前段と一致する。平人が絶食七日で死ぬ理由を説明したその後段は、つぎの四十三難にみえる。四十二難の後半はさらに五臓にかんする前段と六腑を中心とする後段とに分かれる。若干の字句の異同、記述の順序の入れ換え、重さの記載をのぞけば、その後段は『太素』腸度の前半、または『霊枢』腸胃と基本的におなじであり、それに『太素』腸度の後半、または『霊枢』平人絶穀にみえる水穀の量をつけくわえたものとみていい。いまそれらの記載をまとめると表7-2になる。そこにみられる二、三の数値のくいちがいはすべて、筆写の過程において生じた誤謬や脱落の結果とみなすことができる。事実、『難経』については校訂者、北宋の王惟一がつとに、広腸の「径二寸半」の半は大半、大腸の「径一寸半」の半は少半の脱文である、と指摘している。

ここから導かれる結論のいくつかはきわめて明白である、とわたしはおもう。第一に、『黄帝内経』と『難経』の文章の共通の出典となった記録があったにちがいない。第二に、その記録は両書が編纂された段階においてすくなくとも二篇、おそらくは三篇ないしそれ以上の文章にまとめられていたにちがいない。第三に、重さの記載を後世の加筆である、いいかえれば、各器官の大きさ・長さ・直径・容量は計測されたが重さは計測されなかった、と考える理由はない。もしこの三つの結論が認められるならば、つぎに引用する記述にもとづいて、わたしたちはさらに第四の結論にたどりつくことになる。

『難経』四十二難後半の前段には、『黄帝内経』にない、五臓にかんする記述が置かれている。やはり全文を読み下しておこう。〔　〕内は後人の加筆とわたしがみなす部分である。

肝は重さ四斤四両。左は三葉、右は四葉、凡そ七葉。〔魂を蔵するを主《つかさど》る。〕

心は重さ十二両。中に七孔・三毛有り。〔精汁三合を盛る。神を蔵するを主る。〕

脾は重さ二斤三両、扁にして広さ三寸、長さ五寸、散膏半斤有り。〔血を裹《つつ》み、五蔵を温むるを主る。意を蔵するを主る。〕

肺は重さ三斤三両。六葉両耳、凡そ八葉。〔魂を蔵するを主る。〕

腎は両枚有り。重さ一斤一両。〔志を蔵するを主る。〕

胆は〔肝の短葉間に在り。〕重さ三両三銖。〔精汁三合を盛る。[12]〕

一斤は十六両、一両は二十四銖。王莽の衡原器の実測によれば、一斤は約二四一グラム、一両は約一五グラム、一銖

表7-2 『黄帝内経』『難経』の軟部計測値

器官	計測量	太素・腸度前半	霊枢・腸胃	難経・四十二難後半後段	太素・腸度後半 霊枢・平人絶穀 難経・四十二難前半
脣〜歯	長	9分	9分	9分	
口	広	2寸1/2	2寸1/2	2寸1/2	
歯〜会厭	深 大容	3寸1/2 5合	3寸1/2 5合	3寸1/2 5合	
舌	重 長 広		10両 7寸 2寸1/2	10両 7寸 2寸1/2	
咽	大 長	2寸1/2 6寸			
咽門	重 広		10両 1寸1/2	10両 2寸1/2	
咽(〈門〉)〜胃	長	1尺6寸	1尺6寸	1尺6寸	
喉嚨	重 広 長			12両 2寸 1尺2寸	
胃	重 長 大 径 大容 受穀 水	 2尺6寸 5寸 5寸 3斗	 2尺6寸 1尺5寸 5寸 3斗5升	2斤2両 2尺6寸 1尺5寸 5寸 2斗 1斗5升	 2尺6寸 1尺5寸 5寸 3斗(〈5升〉) 2斗 1斗(〈5升〉)
小腸	重 大〈広〉 径 長 受 受穀 水	 2寸1/2 8分1/3 3丈2尺	 2寸1/2 8分1/3 3丈2尺	2斤14両 2寸1/2 8分1/3 3丈2尺 2斗4升 6升3合2/3	 2寸1/2 8分1/3 3丈2尺 〔1斗3合2/3〕 (〈2斗〉)4升 6升3合2/3
迴腸〈大腸〉	重 大〈広〉 径 長 受 受穀 水	 4寸 1寸1/3 2丈1尺	 4寸 1寸1/3 2丈1尺	2斤12両 4寸 1寸1/2 2丈1尺 1斗 7升1/2	 4寸 1寸〔(1/3)〕〈1/2〉 2丈1尺 〔1斗7升1/2〕 1斗 7升1/2

膀胱	重 縦広 盛溺			9両2銖 9寸 9升9合	
広腸〈肛門〉	重 大 径 長 受穀	8寸 2寸2/3 2尺8寸	8寸 2寸2/3 2尺8寸	12両 8寸 2寸2/3 2尺8寸 9升2合1/8	8寸 2寸2/3 2尺8寸 9升3合1/8

(　)は霊枢，〔　〕は太素，〈　〉は難経．
計測量の受穀は盛穀，大容は受，受水穀などとも書かれている．

は〇・六三グラムである。一斤二四〇グラム、一両一五グラム、一銖は〇・六二五グラムとして、六腑その他もあわせて重さを表示しておこう(表7-3)。

肝の重さ「四斤四両」は、王惟一によれば、別本に二斤四両とあるが、『史記』正義引は四斤四両に作っている。肺の「主蔵魂」の魂は魄の誤り。ここでもっとも注目すべき解剖学的記述は、脾のそれであろう。「散膏半斤」というのは、やや重すぎるきらいはあるが、白く膏状を呈する膵臓にちがいない。膵臓を脾臓にくっついている膏と考えたのである。

〔　〕内を後人の加筆とみるのは、つぎの理由による。まず「精汁三合を盛る」は、心と胆でまったく同文である。ところが、第一に、胆は重さ四六・九グラム、胆汁はせいぜい数グラム。いっぽう、王莽の標準量器では、一合は約二一・一立方センチメートル。したがって、胆にかんするこの記載は、心の文章がまぎれこんだか、勺を合に誤ったかのいずれかでなければならない。第二に、心なら三合、約六三立方センチメートルがあてはまるが、なぜ血といわずに精汁としたのか、よく理解できない。第三に、精汁という概念は『黄帝内経』にはまったくみえない。そもそも体内の液体を汁と呼ぶこともめったにない。みいだされる二例のうち、『霊枢』巻十・百病始生に「腸外の汁沫」とあるのはなにを指すかよくわからないが、おなじく巻六・血絡に、「血出でて清み、而して半ば汁と為る者は何ぞや」と問い、「新たに飲みて液絡に滲むも、未だ血に合せざるなり、故に血出でて汁別かる」と答えているのは、明らかに血清を指す。血と汁を峻別し、汁を体内に摂取して間もない液とみているのは、それがもともと植物や煮物などの「しる」を意味する概念であることに、うまく対応している。『難経』にも、ほかに精汁ないし汁の概念はつかわれていない。第四に、「盛る」という表現も、ほかの記載となじまない。「血を裹み、五蔵を温むるを主る」は、脾の作用の記述として適切でないとはいえないが、ほかの器官には作用を述べた文章はまったくない。『太素』腸度の後半または『霊枢』平人絶穀にあった上焦・下焦の記述も、四十二難にはない。最初の解剖の記録には、それはなかったものと考えていい。最後に、五臓のそれぞれについている、魂・神・意・魂(魄)・志を「蔵するを主る」という句は、解剖学的記述としておかしいというだけでなく、表現もおかしい。『素問』巻七・宣明五気篇に、「五蔵の蔵する所、心は神を蔵し、肺は魄を蔵し、肝は魂を蔵し、脾は意を蔵し、腎は志を蔵す、是を五蔵の蔵する所と謂う」、『霊枢』巻十二・九鍼論や三十四難にも同様の表現があるが、つねに「蔵する」といい、決して「蔵するを主る」とはいわない。謎は唐・孫思邈『千金要方』巻十一、巻十三、巻十五上、巻十七、巻十九の五臓の記述をみれば氷解する。たとえば巻十一・肝蔵にいう、「神の名は藍、藍は魂を蔵するを主る」と。心的作用を「蔵するを主る」のは五臓でなく、五臓の神だったのである。四十二難の記述は疑いもなく、『千金要方』もしくはその元になった書に由来する。このように、〔 〕にくくった部分は、形式的にも内容的にも、この計量解剖学的記述にそぐわない。それを削去することによってすっきりした、しかも首尾一貫した記述が得られるのである。

ただ、四十二難後半は、解剖学的順序に逆らって、まず五臓と六腑を記載し、それから口・脣〜歯・歯以後〜会厭・舌・咽門・喉嚨・肛門をその順に記載しているが、これは明

表7-3 『難経』四十二難にみえる器官の重さ

器官	重さ			
	斤	両	銖	g
肝	4	4		1020.0
心		12		180.0
脾	2	3		525.0
肺	3	3		765.0
腎	1	1		255.0
胆		3	3	46.9
胃	2	2*		510.0
小腸	2	14		690.0
大腸	2	12		660.0
膀胱		9	2	136.3
舌		10		150.0
咽門		10		150.0
喉嚨		12		180.0
肛門		12		180.0

＊印は『史記』正義引では2斤14両に作る.

らかにのちに再編集されたのである。もとの記録ないし文章は、『黄帝内経』のように、自然な順序にしたがっていたにちがいない。

こうして第四の結論にみちびかれる。すなわち、『太素』腸度、または『霊枢』腸胃・平人絶穀のもとになった記録ないし論文には、五臓の計量の結果も記載されていたにちがいない。そして、その一部が『難経』四十二難、四十三難として今日に伝えられたのであろう、と。そこにみられる計量解剖学的記述が『漢書』王莽伝の「五蔵を量度」したという記事にぴたりと対応しているのは、あらためて指摘するまでもあるまい。これらの文章こそ王莽の解剖の記録を伝えるものだ、とわたしは考える。

じつをいえば、三上義夫もそのことを直感していたらしい。かれは『霊枢』経水の文章を引用したのち、こう書いている。

度は長さを測り、量は容量を計ることである。「素問」、「霊枢」に身体各部の度量の数が挙げてあるのは、見遁せない。廖温仁の「支那中世医学史」に「史記正義」を引いて身体諸機関の寸法など記述してあるのは、王莽伝の記事を実施したものによく該当するとも謂はれよう。(13)

三上の直観は解答にもう一歩というところまで迫っていたのである。

4 生理学と五行・天文思想

伯高派は計量解剖学の成果を食物摂取の生理学に結びつけようとした。その生理学とはどのようなものであったか。『太素』巻二・調食の前半、または『霊枢』巻八・五味に簡潔な記述がある。ことばを補いながら訳しておく。

黄帝「穀物の気は五味をもつ。それがどのように分かれて五臓に入るのか、お聞かせ願いたい。」

伯高「胃は五臓六腑の海です。水や穀物はみな胃に入り、五臓六腑はみな気を胃から受けとり、五味はそれぞれその本来そなわる傾向にしたがって五臓に向かいます。穀物の味が酸であればまず肝に向かい、穀物の味が苦であればまず心に向かい、穀物の味が甘であればまず脾に向かい、穀物の味が辛であればまず肺に向かい、穀物の味が鹹であればまず腎に向かいます。胃のはたらきによって清んだ液体に変化した穀物の気がこのように体内をめぐる、それが営気と衛気がさかんに流通するということです。そのとき胃は残りの穀物の気を濁った滓に変化させ、順番に下へ伝達します。(14)」

営気とは文字どおり営《いとな》む気であり、『黄帝内経』のなかでやがてできあがる上・中・下の三焦の理論によれば、中焦のはたらきによって胃の中口から血管に送りこまれ、血液に変化して全身に営養を運ぶ。衛気はそれにたいして衛《まも》る気であり、肌肉を温め、外邪をふせぎ、皮膚にうるおいをあたえ、発汗を制御する。それは上焦のはたらきによって胃の上口から送りだされ、血管の外を運るという。(15)さきに伯高派が導入した上・下焦の概念では、上焦が営衛の気を送りだすはたらきをもっていた。ここでは問答はつぎのように展開する。

黄帝「営気と衛気はどのように運行するのか。」

伯高「穀物ははじめ胃に入り、その精微な部分がまず胃の両焦から出て、五臓にそそぎます。別べつに出てそれぞれ営気と衛気の通路を運行するのです。(14)」

さきの上焦が両焦という概念に置き換えられている。そしてそれは上焦と中焦を予告しているようにみえる。じつはここから新しい三焦概念が発展してくるのだが、それについてくわしくは次章の補論にゆずろう。

伯高派の理論の独自性は、消化された穀物の一部が大気になる、とみなすところにあった。伯高はことばをつづける。

穀物の気の一部は大気に変化し、ひとところに集って、体内は運行せず、胸中に集積します。それを気海といい

表 7-4

五臓(五行)	五色	五味	五穀	五果	五畜	五菜	宜食I	宜食II	五禁
脾(土)	黄	甘	粳米飯	棗	牛	葵	脾病	鹹	腎病
肝(木)	青	酸	麻	李	犬	韭	肝病	甘	脾病
腎(水)	黒	鹹	大豆	栗	猪	藿	腎病	辛	心病
心(火)	赤	苦	麦	杏	羊	薤	心病	酸	肺病
肺(金)	白	辛	黄黍	桃	鶏	葱	肺病	苦	肝病

ます。その大気は肺から出て、喉嚨へと循ります。そこで、息を吐くと出てゆき、吸うと入ってきます。気海中にある天の精気の法則は、つねに吐くとき三の分量が出てゆき、吸うとき一の分量が入ってくる、というのです。ですから、穀物が胃に入らないと、半日すれば気が衰え、一日すれば気が少くなります。[14]

食物の摂取と呼吸と生命の維持を結びつけ、そこに量的な法則をみいだそうという、計量解剖学にあらわれていたのとまったく同一の志向を、ここにも発見することができる。

いまの主題からはそれるけれども、穀の五味について聞かせてほしいという、はじめの話題にもどった黄帝の問いに答えて伯高が展開する五行論にも、簡単に言及しておこう。その内容は一覧表にしめせばたりる(表7-4)。五行説は万物を五つの類に分ける分類原理である。おなじ類に属する物はおなじ性質をもつと考えられる。ここでは五つの味が共通の性質である。それはまた同類および異類相互間の関係を規定する作用原理でもある。ここでは同類間と異類間に異なった原理を想定している。同類間にはたらくのは董仲舒の『春秋繁露』にいう同類相同の原理である。吸引力ないし親和力と表現してもいいだろう。「穀味酸なれば先に肝に走る」、「黄色は甘に宜し」(表7-4の五色)、「肝病のときは宜しく麻・犬肉・李・韭を食うべし」(表7-4の宜食I)といった類がそれだ。異類間にはふたつの異なった原理が適用されている。ひとつは五禁のばあいの相克説(図7-1(a))。金は木に克ち、木は土に克ち、といったぐあいに、金→木→土→水→火→金の順序で循環する。五禁では、克服する側の臓が病気のとき、克服される側の食物を摂ることを禁じている。もうひとつは、表7-4の宜食IIの「肝の色は青、宜しく甘を食うべし。粳米飯・牛肉・棗は皆甘」などといったばあいに適用されている原理（図7-1(b)）。木-土、土-水には相克の順序で、金-火には逆相克の順序で相克説を用い、水-金、火-木には相生説をつかっている。金↓水↓木↓火↓土↓金の順に上が下を生じてゆく、というのが相生説だから、いずれも逆相生の順序である。この奇妙な、いささか混乱した、図7-1(b)のようなダイアグラムを前提しなければ出てきそうにない原理を、生克混用説と呼んでおこう。

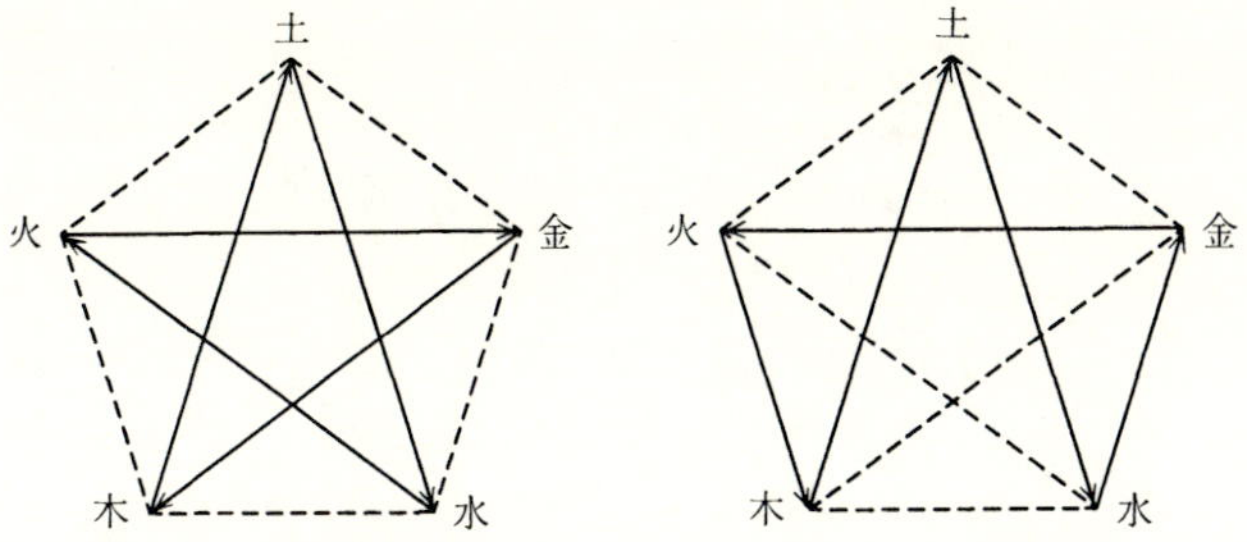

(a) 相克説　(b) 生克混用説

図7-1

この文章はつぎのようなことばで結ばれている。

> 辛は散らし、酸は収め、甘は緩め、苦は堅くし、鹹は濡す。素薬は邪を攻め、五穀は養を為し、五菓は助を為し、五畜は益を為し、五菜は埤《ひ》（補うこと）を為す。気味合して之を服し、以って精を養い気を益す、此の五味は辛・酸・甘・苦・鹹有り、各おの利する所有り、或は散、或は収、或は緩、或は堅、或は濡なり。四時の五蔵の病に、五味宜しき所あり。

三つの作用原理を導入しているにもかかわらず、この論文の五行説は分類論の範囲をあまりでていない。「五味各おの其の喜《この》む所に走る」という考えかたには、生理学への萌芽がある。しかし、それは食養生の原則をしめしえたにとどまっている。

このきわめて素朴な五行説は、それが分類原理を超えて作用原理として生理学・病理学および診断法に導入される、ごく初期の段階に属する文章であることを物語る。ここにあらわれた考えかたは、「五味の口に入るや、各おの走る所有り、病む所有り」と主張する少兪派の論文、『太素』調食の後半、または『霊枢』巻九・五味論によって、生理学および病理学へと展開された。そして、一般に五行説は、主として岐伯派の手によって、多面的に適用され発展させられたのである。その間の経緯を示唆する象徴的な一節を引用しよう。『霊枢』巻九・陰陽二十五人の冒頭である。

黄帝曰く、「余は陰陽の人を聞けり、如何、と。伯高曰く、天地の間、六合の内は、五を離れず、人も亦之に応ず、と。故《もと》より五五二十五人の政にして、陰陽の人は焉《これ》に与《あずか》らず。其の態又衆に合せざる者五あり。余已《すで》に之を知れり。願わくば二十五人の形、血気の生ずる所を聞かん。別《わ》かちて以って候《うかが》い、外従《よ》り内を知るには、如何。」

岐伯「悉なる哉、問いや。此れ先師の秘なり、伯高と雖も猶お之を明らかにする能わざるなり。」

五行説にもとづいて人の体形と体質の類型学を構想する仕事は伯高派でなく、わが岐伯派を俟《ま》ってはじめて可能だったのだということばは、両者の歴史的位置関係を照明してあますところがない。

『黄帝内経』の五行説についてつけくわえておけば、伯高派に先立つ黄帝派と少師派の論文のなかで五行説に言及するのは、五色を五臓に配当した『霊枢』巻八・五色のほかに、『素問』巻二十三・示従容論篇（『太素』巻十六・脈論の一部）のみである。黄帝は雷公にいう、「夫《か》の三蔵土木水参居すというが若きは、此れ童子の知る所、之を問うとは何ぞや」、と。王冰・楊上善ともに、土を脾、木を肝、水を腎と注する。もともと肝虚・腎虚・脾虚にかんする雷公の問いに答えたものであり、土木水の三臓は脾肝腎を指すにちがいない。黄帝のことばにさらに「夫れ二火は三水に勝たず」とあるのを、王冰は五行説の立場から「二火とは二陽蔵を謂い、三水とは三陰蔵を謂う。二陽蔵は心肺なり、……三陰蔵は肝脾腎なり」と注するのにたいし、楊上善は「二火とは二陽、即ち陽明なり。三水とは三陰、即ち太陰なり」として、五行説との結びつきを否定する。いずれにしろ、前期二派による五行への数すくない言及は、配当すなわち分類原理の適用にかぎられているのである。

『黄帝内経』をはじめとする医書の五行説は、五臓の配当において、いわゆる今文尚書の学派の説をとっている（表7-5）。それにたいして、劉歆にはじまる古文尚書の学派は『呂氏春秋』などにみえる配当によった。伯高派が古文学派の説を採用しなかったのは、注目に価する。それは医学学派にたいする劉歆の影響がそれほど大きなものではなかったことを、おそらくは物語る。前漢には『呂氏春秋』などの説のほかにもうひとつ、羅根沢が「漢初の医家の作」とみる『管子』水地篇[16]の配当があった。木に脾、土に心をあてる点で両説は共通する。前漢の文帝(在位前一八〇―前一五七)の時代に活躍した淳于意は、かれの理論を補強するために、そのいずれかの説を用いていたらしい。『史記』倉公伝によれば、斉の丞相の舎人の奴を淳于意はこう診断した、「奴の病を知る所以の者は、脾気周《あまね》く五蔵に乗じ、部を傷《やぶ》りて交る、故に脾を傷る色なり。之を望むに殺然として黄、之を察するに死青の茲の如し。衆医は知らず、以って大虫と為し、脾を傷るを知らず。春に至り(死)(死は衍字か)病む所以の者は、胃気は黄、黄は土気なり、土は木に勝たず、故に春に至り死(病の誤りか)す」、と。淳于意は明らかに脾を木にあてている。同時に、かれの二十五枚のカルテのなかで五行説による説明を試みているのはここだけだ、という点にも注目したい。陰陽説とちがい、五行説は医学理論にとって、まだそれほど本質的な概念装置とはなっていなかったのである。淳于意の説明にしても、患者が春すなわち木に病むという判断にのみ五行説を援用しているにすぎない。

黄帝派は淳于意とちがい、はじめから今文学派の配当を認めていたらしい。しかし、「示従容論篇」では、土・木・火はたんに脾・肝・腎の呼称としてつかわれているにすぎず、理論的になんの役割もはたしていない。「此れ童子の知る所」とは、直接には三臓が「参居す」、すなわちごく近くにあるという事実を指していったのであろうが、同時に五行への五臓の配当とその結果導かれる推論とが常識の域を出るものではなかったことも、示唆していよう。要するに、前期二派にとって五行説は医学理論の本質的な構成要素ではなかった。そこに、まだ萌芽にとどまっているとはいえ、伯高派による生理学への五行説導入の劃期的な意義があった。そのときから五行理論の堰を切ったような発展がはじまったのである。

表 7-5　五臓の五行への配当

	木	火	土	金	水	
今文尚書	肝	心	脾	肺	腎	『黄帝内経』その他の医書
古文尚書	脾	肺	心	肝	腎	『呂氏春秋』『説文』など
管子・水地篇	脾	肝	心	腎	肺	

主題に帰ろう。伯高派の生理学と病理学において、衛気は鍵となる概念 key-concept である。『太素』営衛気行、または『霊枢』巻十・邪客に、関連する議論がみいだされる。（〔　〕内は『太素』。）

黄帝が伯高にたずねた。「いったい邪気が人に宿ると、ときに目がふさがらず睡れなくなることがあるのは、どういう気のせいだろうか。」

伯高は答えた。「五穀が胃に入ると、その糟粕・津液・宗気が三つの隧道（トンネル）に分かれます。そこで宗気は胸中に集積し、喉嚨から出て、心と肺を通りぬけ、呼吸をめぐらせます。営気はその津液を分泌し、それを脈管に注いで血液に変化し、それによって四肢を養い、内に入って五臓六腑に注ぎ、その運行の速さは水時計の時刻の数に対応しています。衛気はその速やかに動く鋭い気を出して、まず四肢の筋肉と皮膚のあいだを不断に循行します。昼間は陽脈をめぐり、夜間は陰脈をめぐります。〔陰脈に入るときは、〕いつも足の少陰脈の領域をとおって、五臓六腑を循行します。

いま厥気が臓腑に宿ると、衛気がひとり蔵府の外側を防衛します。〔臓腑の外側を防衛すると陽気がいきりたち、いきりたつと陰気がますますすくなくなり、陽蹻脈は満ち溢れます。そこで陽気が盛んになり、〕したがって目をつむることができないのです。[17]」

宗気はさきの引用に大気と呼ばれていたもの、「宗は総なり」と楊上善は注する。べつの論文[18]によれば、蹻脈には陰陽両脈があり、足の少陰脈から分かれ、いずれも足のかかとにはじまって目頭にいたる。陽蹻脈の気が盛んになると目がつむれず、逆に陰蹻脈の気が盛んになると目があかないという。厥気は、楊注によれば、邪気。

楊上善が指摘しているように（『太素』調食注）、この食物消化の生理学においては、消化された食物は津液（営気・衛気）・宗気・糟粕に分かれ、三つの道を通って体内のそれぞれの器官や部位に送りだされてゆく。そのばあいわたしが注目したいのは、生理学的過程を量化しようという志向がそこに強く働いていることだ。宗気と糟粕については、それがどんな量ないし割合で体外に排出されるかを、すでにとりあげた伯高派の論文が論じていた。ここでは営気の運行が水時計の刻数に対応し、衛気は昼と夜とで異なった脈を運行するという。そして『太素』巻十二・衛五十周、または『霊枢』巻十一・衛気行(ただし答者は岐伯に作る)において、伯高派は衛気循行の時間論を展開する。

時間区分の基準は太陽の運行(地球の自転と公転)である。生物は体内に時計をそなえて、太陽の運行と体内時計とのずれをたくみに調整しながら、生理機能を維持している。衛気の循行と太陽の運行とのあいだには密接な相関関係があるという信念には、今日の科学が解明しつつある、そうした生体のメカニズムへの、いわば直観的理解がひそんでいるとみなすこともできよう。

黄帝が伯高にたずねた。「衛気の循行、太陽の出入とのその一致はどうか、お聞かせ願いたい。」伯高は答えた。「一年には十二月があり、一日には十二辰(十二時)があります。方位では子午すなわち南北を経とし、卯酉すなわち東西を緯とします。天は四方に二十八宿を周らせ、それぞれの方位に七つの星をもち、あわせて四七二十八星です。そのなかで房星と昴星を緯とし、虚星と張星を経とします。そこで房星から畢星までのあいだを陽とし、昴星から〔尾〕(心)星までのあいだを陰とします。陽は昼を支配し、陰は夜を支配します。そこで衛気の循行は一日一夜に全身を五十周し、昼間は陽脈を二十五周し、夜は陰脈を二十五周して五臓を(周ります)。だから平旦の時刻に陰気がなくなり、陽気が目に出てきて、目がぱっちり開くと、衛気が頭に上ってきて、うなじをめぐり、足の太陽脈を下がり、背中を循って、足の小指の端まで下ります。その分散した脈は、目尻から別かれ、手の太陽脈を下り、(手の)小指の端の外側まで下ります。その分散した脈は、目尻から別かれ、足の少陽脈を下り、小指と次指のあいだに注ぎ、そこから上って手の少陽脈の領分を循り、(かたよって)小指(のあたり)〔と次指のあいだ〕まで下ります。

別かれた脈は、(そこから上って)耳のまえまでゆき、〔頷〕(頷)の脈に合流し、足の陽明脈に注いで跗まで下ってゆき、五指のあたりに入ります。

その分散した脈は、耳の下より手の陽明脈を下がって親指のあたりに入り、掌に入ります。(19)」

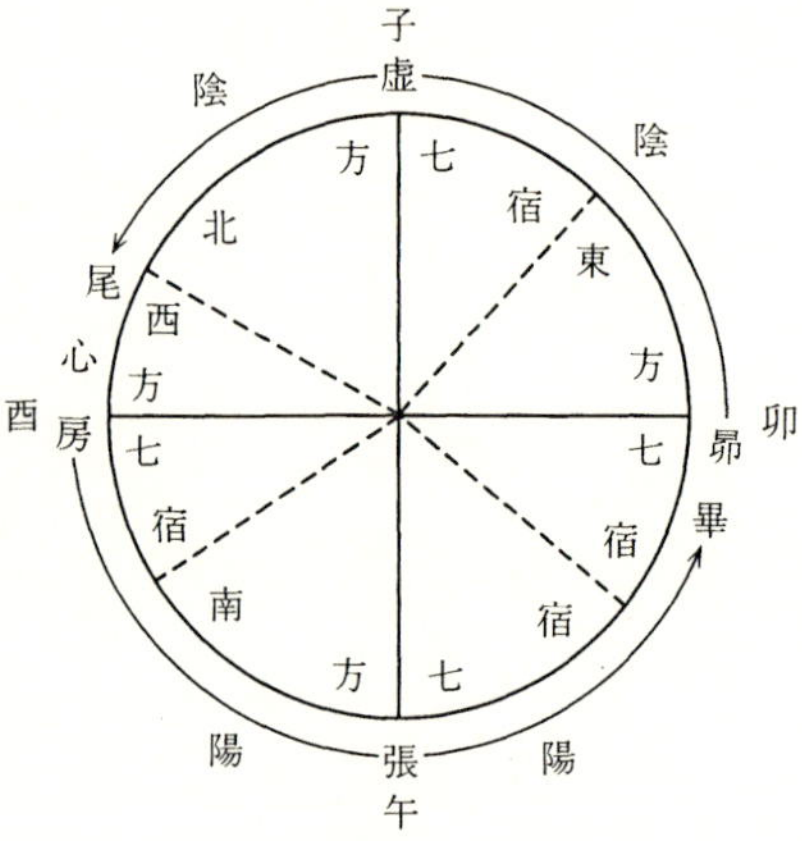

図 7-2

方位と二十八宿、そしてここにいう陰陽の関係は図7-2のとおりである。

じつをいえば、衛気の運行にかんするこの篇の記述は、曖昧な部分が多すぎてはっきりしたイメージがつかめない。ただしかなのは、衛気の運行の様相が営気とはまったく異なる、ということだ。伯高派にも営気の循環という思想はあったのだが、それを具体的に展開することはなかった。伯高派に欠けていた営気の循環の径路を論じたのは、岐伯派である。すなわち、『太素』営衛気別前半、または『霊枢』巻四・営気によれば、営気は中焦から手太陰脈に注ぎ、ついで手陽明脈、足陽明脈へと、「経脈」篇に記載された脈の順序で循環する。ただ、その間に五臓六腑や経脈からはずれた身体のさまざまな部分、最後には督脈までも経過し、かなり複雑な経路をへて手太陰脈に復帰するのである。この説をうけ、経路を経脈にしぼりこんですっきり整序したのが、じつは『難経』二十三難の説であった(五一ページ参照)。それにたいして衛気については、おなじく「営衛気別」篇後半、または『霊枢』営衛生会にいう、「上焦は胃の上口より出て、咽に並《つらな》りて以って上り、膈を貫き、胸中に布し、〔掖〕(腋)に走り、太陰の分を循《めぐ》りて行き、還《ま》た陽明に〔注ぎ〕(至り)、上りて舌に至り、足の陽明を下る」、と。はじめの太陰と陽明は手脈だから、「太陰の分」に入ってのちの衛気の運行の道すじは営気とおなじであるようにみえる。ところが、営気とおなじとすれば説明できない記述がそれにつづく、「常に営と倶に陽を行ること二十五度、陰を行ることも亦二十五度、一周なり。故に五十(周)(度)にして復た大いに手の太陰に会す」、と。楊上善は営気が昼運行するから「陽を行る」、夜運行するから「陰を行る」と表現したのだと解釈し、「昼に行ること二十五周、夜に行ること二十五周、一日一夜に行ること五十周、平旦に手の太陰脈に会す。一度に一周する有り、五十周を日夜一大周と為す」という。たしかに、この解釈にしたがえば、陰脈と陽脈を交互に連ねた十二脈を一昼夜に五十周するのであり、「営と倶に行る」という表現に抵触しない。しかし、「陽を行ること二十五度、陰を行ることも亦二十五度」という表現は、明らかに「衛五十周」篇または「衛気行」篇の「昼日は陽を行ること二十五周、夜は陰を周ること二十五周」を承けたものであり、楊上善の解釈を入れる余地はない。ここで岐伯派は伯高派から衛気運行説の混乱をひきついだのである。ちなみに、岐伯派はやがて、「其の浮気の経を循らざる者を衛気と為し、其の精気の経を行る者を営気と為す」(『太素』巻十・経脈標本、『霊枢』巻八・衛気)として、両者の運行の経路を明確に説明するようになる。

伯高派の説にもどれば、いま引用した文章によるかぎり、目から出た衛気は分散して六陽脈を下ってゆくようにみえる。また、太陽脈・少陽脈・陽明脈はそれぞれ手脈と足脈がひとくみになっており、足脈から手脈へとつながっているようにみえる。これらの記述を綜合して、衛気が昼間運行する、閉じた回路をイメージするのは、それほどむずかしくない。いっぽう、夜間の衛気の運行についてはさらにいう、

陽脈の衛気がなくなると、陰脈がその気を受け入れる。衛気がはじめて陰脈に入るときは、いつも足の少陰脈を通って腎に注ぎ、腎は心に注ぎ、心は肺に注ぎ、肺は肝に注ぎ、肝は脾に注ぎ、脾はふたたび腎に注いで一周する。[20]

こうして、昼は陽脈をめぐって二十五周し、夜は陰脈をめぐって二十五周する、という伯高派の考えかたは、わたしにとりあえず図7-3(a)のような運行回路をイメージさせる。すなわち、衛気は朝、a(目)から出発して、ab(足太

陽)、bc(手太陽)、cd(足少陽)、de(手少陽)、ef(足陽明)、fa(手陽明)とたどり、昼間は円abcdefを二十五回循環し、夕方になるとd(足心)に集ってdg(足少陰)を上り、g(腎)にいたって順次h(心)、i(肺)、j(肝)、k(脾)へと注ぎ、ふたたびgにもどり、夜間は円ghiljkを二十五回循環し、朝方la(足少陰)を通ってaまで上昇するのである。

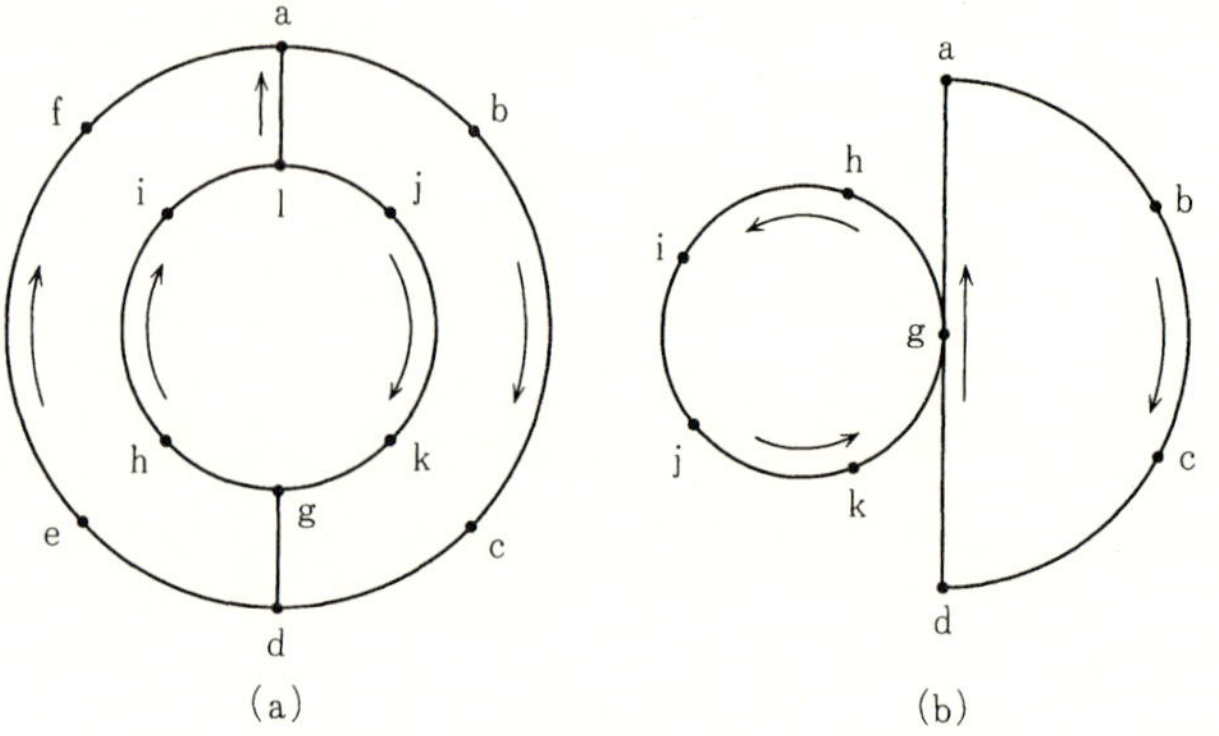

図7-3

しかし、この図は伯高派の考えかたを正確にとらえていない。楊上善にしたがえば、衛気は夜に一度だけ足少陰脈を上るのでなく、「其の足に至るや、足心に入り、内踝に出で、下(上?)って陰分を行《めぐ》り、復た目に合して一周を為す」[19]というように、六陽脈を一巡したのち、足心から足少陰脈を上って目にもどり、一周を完成するからだ。その過程を、漏刻の刻む時間に対応させながら、こう述べている。

水下ること一刻、人気は太陽に在り。水下ること二刻、人気は少陽に在り。水下ること三刻、人気は陽明に在り。水下ること四刻、人気は陰分に在り。……水下ること二十三刻、人気は陽明に在り。水下ること二十四刻、人気は陰分に在り、水下ること二十五刻、人気は太陽に在り。此れ半〔日〕(月)の度なり。

人気は衛気。一日は百刻、二十五刻は半日すなわち昼間の半分。衛気がそれぞれの脈にある時刻はつぎの式であらわすことができる。nを12で止めたのは、昼が五十刻だからである。

太陽＝4n＋1、少陽＝4n＋2、陽明＝4n＋3、陰分＝4n＋4　　n＝0、1、2、……12

矛盾は明らかだろう。いつのまにか二十五周が二十五刻にすりかえられている。この記述のままでは、衛気は昼間、全身を十一周半しかめぐらない。それはともあれ、いま時間的矛盾を無視して回路だけに着目すれば、図7-3(a)は図7-3(b)のように書き換えなければならないだろう。衛気は昼間、aから出発して、ab(太陽)、bc(少陽)、cd(陽明)を通り、dからda(足少陰)をaまで上昇し、循環をくりかえす。夜間は、dg(足少陰)を上り、gからh・i・j・kを通り、gにもどって循環をくりかえし、朝方ga(足少陰)を上昇して、aに出る。

人気の所在と刻数とを対応させたこの篇は、太陽の運行と刻数との関係を述べたつぎのことばで結ばれている。

房従り畢に至る(一)十四舎、水下ること五十刻、日に半度を行く。一舎を迴行するに、水下ること三刻と七分刻の〔二〕(四)なり。

七分刻の二は七分の二刻。宿と舎はおなじ。この文章の意味と混乱とを理解するには、先立つ一節を読まなければならない。

日に一舎を行けば、人気は行りて〔身〕と十分身の八を一周す。日に二舎を行けば、人気は行りて身と十分身の六を〔三〕(二)周す。……日に十四舎を行けば、人気は〔行りて〕身と有奇分(と)十分身の四を二十五周す。

有奇分は端数。厳密にいえば、身を二周してさらに十分身の六を行る、といったふうに表現しなければならない。昼間、太陽の経過する舎の数をnとすれば、この関係は$\frac{8n}{10}$となり、最後の端数の四は二の誤りである。

太陽はおよそ三百六十五日と四分の一で天球上を一周する。一日に約一度、五十刻なら「日は半度を行く」。いっぽう、天球は日周運動をおこない、一日に一回転する。したがって、二十八宿の半分の十四宿が昼間に子午線を通過してゆくことになる。「房従り畢に至る十四舎、水下ること五十刻」というのがそれにあたる。ところがこの篇の著者は、地球の公転と自転にもとづくふたつの異なった現象をすっかり混同してしまい、二十八宿は同じ方位に固定されていて太陽が一昼夜でそこを一周する、と誤解したらしい。こうして、「日に一舎を行けば、人気は行《めぐ》りて身と十分身の八を一周す」、「一舎を迴行するに、水下ること三刻と七分刻の四なり」、ということになる。夜間の運行も同様である。

夜に一舎を行けば、人気は陰蔵を行ること一周と十分蔵の八、亦陽の〔之を〕行ること二十五周にして、復た目に合するが如し。陰陽は一日一夜、合して有奇分は十分身の〔二〕〔四〕と十分蔵の二なり。

要するに、衛気の運行にかんする伯高派の基本的な考えかたは、図7-3(a)にしめしたように、昼は外、夜は内のふたつの異なった円環をめぐる、とみなすところにあった。しかし、脈のじっさいの経路を考慮すると、図7-3(b)のような変則的な回路に後退せざるをえず、そこで矛盾を露呈したのである。

ここで注意しておきたいことがふたつある。第一は、「人の臥起の時に早晏有る所以の者は、奇分尽きざるが故なり」として、衛気の運行が整数で割り切れず、一昼夜に十分の二身と十分の二蔵という端数が生ずることを、睡眠の生理学と結びつけていることだ。第二は、衛気の所在をみて鍼治療をほどこす時間を選ばなければならない、と主張していることだ。

分に多少有り、日に長短有り、春秋冬夏各おの分理有り。然る後、常に平旦を以って紀と為し、夜尽くるを以って始めと為す。是《こ》の故に、一日一夜に水下ること百刻、二十五刻は半日の度なり。常に是《か》くの如く已むこと毋《な》し。日入れば止《や》め、日の長短に随いて、各おの以って紀と為して之を刺す。謹んで其の時を候《うかが》えば、病は期に与《あずか》る可く、時を失し候に反すれば、百病は治せず。

紀は治療をほどこす基準となる時間である。

謹んで気の所在を候《うかが》いて之を刺す。是れを時に逢うと謂う。〔病〕三陽に在れば、必ず其の気の〔加して〕陽〔分〕に在るを候いて之を刺す。病三陰に在れば、必ず其の気の〔加して〕陰分に在るを候いて之を刺す。

三陽はここでは太陽・陽明・少陽の三脈、三陰もおなじく太陰・少陰・厥陰の三脈をいう。鍼治療は昼間におこなわなければならないし、陰病は陰脈に治療をほどこさなければならない。四刻のうちの一刻は衛気が陰分にある、という説明がこうして正当化される。太陽の運行と衛気の生理学と治療法が一貫した説明体系をなしているのである。

残された問題は、一日に五十周、一周に要する時間は二刻、という数値がなにからみちびかれたかだ。答を示唆する伯高派の論文は伝えられていない。しかし、さいわいに岐伯派の論文、『太素』巻十二・営五十周、または『霊枢』巻四・五十営がてがかりを提供している。それによれば、一昼夜を百刻、一呼吸を一息として、二百七十息で二刻になる。二刻は今日の時間の二八・八分にあたる。ひとは安静時に一分間に約十回から十三回呼吸するとされるから[21]、かりに約十回とすれば二百九十息である。二百七十息という値はやや小さいが、きわめて幼稚な水時計(図7-4参照)による測定であるのを考慮すれば、むしろ誤差の範囲に属するとみていいだろう。二刻に二百七十息というのは実測値にちがいない。ここでひとつの仮定を置く。一呼すれば「気は行くこと三寸」、一吸してもまた「気は行くこと三寸」、一息であわせて「気は行くこと六寸」とみなすのである。おそらく一呼・一吸の間に気が鼻孔から三寸ほど出入すると考え、体内の気はすべてそれと連動しておなじ速さで動くと想像したのであろう。いっぽう、「人の経脈は上下・左右・前後二十八脈、身を周ること十六丈二尺」である。二十八脈とは、左右対称に走る手足の陰陽十二脈があわせて二十四脈、それに蹻脈が陰陽二脈、体の前後の正中線を走る督脈と任脈を合計した数。天の二十八宿に対応させている。岐伯派のべつの論文、『太素』巻十三・脈度または『霊枢』巻四・脈度によれば、二十八脈の長さは表7-6のとおりである。一息気行六寸の速さであれば、二百七十息で気は百六十二尺を通過し、二刻で身体を一周することになる。営気が一昼夜で五十周するというのは、呼吸数、脈の長さ、

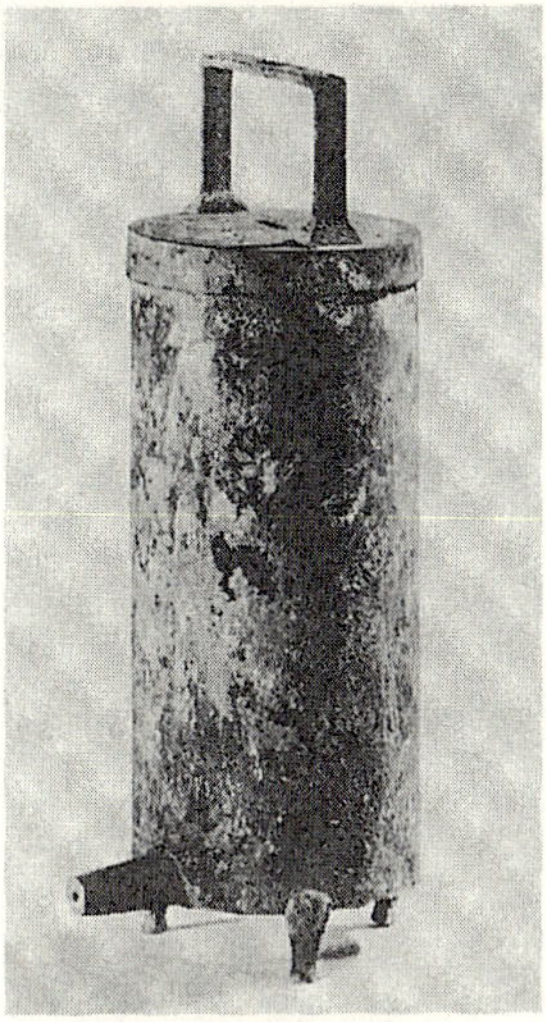

図7-4　陝西省興平県出土前漢銅漏壺

および一息の気行の仮定から生まれた帰結であった。胸中に集積した気が心肺を通りぬけて「呼吸を行《めぐ》らす」と述べているように、血液循環の原動力は呼吸作用にあるとみなしていたのである。

ここでことわっておくなら、一息気行六寸という仮定はあまりにも遅すぎる。ニーダムと魯桂珍が注意しているように(22)、今日の知識では血流はたった三十秒で全身を循環する。およそ六十倍の速さである。しかし、それを咎めるにはあたらない。測定手段がなかったのだから、なんらかの仮定を置くほかはなかった。気行と血行を同一視したのも、気の生理学として無理からぬ推論だったのであろう。

表7-6　脈の長さ

名　称	長　さ	計
手六陽脈	5尺0寸	3丈0尺
手六陰脈	3 5	2 1
足六陽脈	8 0	4 8
足六陰脈	6 5	3 9
陰陽蹻脈	7 5	1 5
督脈・任脈	4 5	0 9
	計	16丈2尺

ともあれ、二刻二百七十息、一息気行六寸、脈の長さ百六十二尺は、ひとくみの緊密な数値をなしており、別べつに導入できる性質のものではない。たとえば一息気行六寸という値にしても、二刻で一周身と仮定して、二百七十息と百六十二尺から計算で求めたのではないか、と思えるほどである。このひとくみの数値そのものが伯高派の測定や提唱にかかるものだったにちがいない。

5　大宇宙と小宇宙の照応

二十八宿にかんする誤解はともかく、昼夜の衛気の循行と太陽の運行、したがって一日の時間とのあいだには厳密な対応関係があるとする伯高派の考えかたは、人体を計量可能な存在であるとみなす思想を生みださずにはおかなかったであろう。人体の精密な計測と計量解剖学へ、さらにはその結果の生理学への適用へと伯高派をかりたてた動因は、おそらくそこにあった。もっと一般化していえば、それはマクロコスモス＝天地とミクロコスモス＝人体とのあいだに対応関係をみる、いわゆる天人相感の思想であり、そこでは大宇宙が計量可能であるならば、小宇宙もまた計量可能でなければならないのである。

伯高派はかれらの天人相感論を一篇の文章に託している。『太素』巻五・巻首闕題篇、または『霊枢』巻十・邪客の後半である。

黄帝が伯高にたずねた、「人の肢体や骨節は天地とどのように対応しているのか、お聞かせ願いたい。」

伯高は答えた、「円形の天と方形の地には、人の円形の頭と方形の足が対応しています。天には日月があり、人には両目があります。地には九州があり、人には九竅があります。天には風雨があり、人には喜怒があります。天には雷電があり、人には音声があります。天には四時があり、人には四肢があります。天には五音があり、人には五臓があります。天には六律があり、人には六腑があります。天には冬夏があり、人には寒熱があります。天には十日があり、人には手の十指があります。辰には十二があり、人には足の十指と陰茎・睾丸があって対応しています。女子は二節足りず、そこで人体を懐妊します。天には陰陽があり、人には夫婦があります。歳には三百六十五日があり、人には三百六十五節があります。地には高山があり、人には肩や膝があります。地には深谷があり、人にはわきや膝のうしろのくぼみがあります。地には十二経水があり、人には十二経脈があります。地には雲気(23)があり、人には衛気があります。地には草や〔蔖《さ》〕(蓂《めい》)があり、人には毛があります。天には昼夜があり、人には臥起があります。天には列星があり、人には歯があります。地には小山があり、人には小節があります。地には岩があり、人には突き出た骨があります。地には林や木があり、人には膜や筋があります。地には聚落があり、人には䐃《きん》肉があります。歳には十二月があり、人には十二節があります。地にはときとして草が生えず、人には子の無いばあいがあります。これが人の天地に対応する根拠となるものです。(24)」

九州は冀《き》・兗《えん》・青・徐・揚・荊・予・梁・雍の九域、九竅は両目・両耳・両鼻孔・口の七竅に前後陰の二竅をあわせ

表 7-7　十二経水と十二経脈の対応

十二経脈	十二経水(水源—流入)
足太陽脈	清水(魏郡—黄河)
足少陽脈	渭水(隴西—黄河)
足陽明脈	海水(四海最大の川)
足太陰脈	湖水(漁陽郡—海)
足少陰脈	汝水(汝南郡—淮河)
足厥陰脈	沔水(武郡—長江)
手太陽脈	淮水(南陽郡—海)
手少陽脈	漯水(平原郡—海)
手陽明脈	江水(蜀岷山郡—海)
手太陰脈	河水(崑崙山—海)
手少陰脈	済水(河東郡—長江)
手厥陰脈	漳水(上党郡—海)

(　)内は楊上善注により，二説を挙げているばあいは適宜一説を採った．

たもの、五音は宮・商・角・徴《ち》・羽の五音階、六律は十二音律のなかの黄鐘《こうしょう》・大族《たいそう》・姑洗《こせん》・蕤賓《ずいひん》・夷則《いそく》・無射《ぶえき》の六陽律。十二経水は、その定義が『管子』度地篇にみえる。

　水に大小有り、又遠近有り。水の山より出でて流れて海に入る者を、命じて経水と曰う。

以下、枝水・谷水・川水・淵水のあわせて五水の定義がつづく。十二経水と十二経脈の対応についてくわしくは岐伯派の論文、『太素』十二水、または『霊枢』経水にみえる。その一覧表をかかげておく(表7-7)。雲気と衛気の類比については、『太素』巻二十六または『霊枢』癰疽に「上焦は気を出だす」、『太素』営衛気別、または『霊枢』営衛生会に「上焦は霧の如し」という。蘆は楊上善注に「草名なり、又死草なり」とみえる。蓂は蓂莢といい、瑞応の草とされる。

　形態的、現象的ないし数的な類比にもとづく天地と人との対応関係は、前漢の中葉、『淮南子』や『春秋繁露』のなかにはっきり表明された。『淮南子』精神訓には、

　頭の円は天に象《かた》どり、足の方は地に象どる。天に四時・五行・九解・三百六十六日有り、人にも亦四支・五蔵・九竅・三百六十六節有り。天に風雨・寒暑有り、人にも亦取与・喜怒有り。故に胆を雲と為し、肺を気と為し、肝を風と為し、腎を雨と為し、脾を雷と為し、以って天地と相参じ、而して心を之が主と為す。是の故に耳目は日月なり、血気は風雨なり。

『春秋繁露』巻十三・人副天数篇に、

　物は疢疾《ちんしつ》にして能く天地に偶する莫し、唯だ人独り能く天地に偶す。人に三百六十節有るは天に偶する数なり、

形体骨肉は地に偶する厚なり、上に耳目聡明有るは日月の象なり、体に空竅・理脈有るは川谷の象なり、心に哀楽・喜怒有るは神気の類なり。……首の坌《ふん》にして員なるは天容に象《かた》どり、髪は星辰に象どり、耳目戻戻たるは日月に象どり、鼻口呼吸は風気に象どり、胸中知に達するは神明に象り、腹胞の実虚は百物に象る。……足布して方なるは地形の象なり。……天地の符、陰陽の副は、常に身に設く。身は猶お天のごとし。数 之と相参ず、故に命 之と相連なる。天は終歳の数を以って人の身を成す。故に小節三百六十六は日数に副《そ》い、大節十二分は月数に副い、内に五蔵有るは五行の数に副い、外に四肢有るは四時の数に副い、たちまち視たちまち瞑するは昼夜に副い、たちまち剛たちまち柔なるは冬夏に副い、たちまち哀しみたちまち楽しむは陰陽に副い、心に計慮有るは度数に副い、行いに倫理有るは天地に副う。

疢疾はわざわい。象とは形に似せてつくること。副とは刀で切り裂くこと。切り裂かれた二つのもの、すなわち正と副はたがいに相似である。接合すれば割符のようにぴったり合う。「天地の符、陰陽の副は、常に身に設く」。人はいわば天地の肖像、割符の片方、あるいは副天地にほかならぬ。「身は猶お天のごとし」。『淮南子』、とりわけ『春秋繁露』は、対応関係を身体だけでなく心の作用や行為にまで求めているが、いまの主題にとって重要なのは、「数」において人は天地の仲間であり、天は一年のパターンを織りなすさまざまな数によって人体をつくりだしたという、董仲舒によって明確に言表された考えかただ。たしかに「天の高さ、地の広さは人力の能く度量する所に非ず」かも知れない。しかし、天地にも測定できるものがある。天地の数的法則性はなによりも天体の運行とそれが生みだす時間的秩序にあらわれている。人の身体がその法則性に貫かれているとするならば、外と内から計量することによって身体の生理的秩序を、また秩序の乱れとしての病理を、さらには治療の守るべき原則を解明できるだろう。

前漢末までには、このいわゆる天人相感論はとりわけ占星術者のあいだに拡がってゆき、占星術に強固な思想的基盤を提供した。緯書の「孝経援神契」(『太平御覧』巻三百六十三・字引)にいう、人頭の円は天に象どり、足の方は地に法《のっと》り、五蔵は五行を象どり、四胑は四時に法り、九竅は九分に法り、目は日月に法る。肝は仁、肺は義、腎は志、心は礼、胆は断、脾は信、膀胱は決難、髪は星辰に法り、節は日歳に法り、腸は鈐《けん》に法る。

と。四胑は四肢、九分は九分野、決難は難問に決着をつけること。鈐は、注によれば「曲なり。鍵閉を主る」、すなわち鍵であり、屈曲する形についていったもの。また「春秋元命苞」(同)にも、

頭は神の居る所、上の員は天気の府に象どる。歳は必ず十二、故に人頭は長さ一尺二寸。

とみえる。人の病気は天地の異変に対応する。初元二年(前四七)の二月と七月に隴西の地震があった。「律暦・陰陽の占を好」んだ翼奉は元帝に上奏した(『漢書』巻七十五・翼奉伝)。

臣聞けり、人気内に逆すれば、則ち天地を感動し、天変は星気・日蝕に見《あらわ》れ、地変は奇物・震動に見る、と。然る所以の者は、陽其の精を用い、陰其の形を用うること、猶お人の五蔵六体を有するがごとく、五蔵は天に象どり、六体は地に象ればなり。故に蔵病めば則ち気色面に発し、体病めば則ち欠申貌に動く。

鍼治療の原則を論じた『太素』巻二十三・量順刺、または『霊枢』巻八・逆順の黄帝と伯高の問答に、つぎのような一節がある。

黄帝 伯高に問うて曰く、「余聞けり、気に逆順有り、脈に盛衰有り、刺に大約有り、と。得て聞く可きか。」伯高対《こた》えて曰く、「気の逆順は天〔下〕(地)・陰陽・四時・五行に応ずる所以なり。脈の盛衰は血気の虚実・有余不足を候う所以なり。刺の大約は、必ず明らかに病の刺す可きと、其の未だ刺す可からざると、其の已《すで》に刺す可からざるとを知ることなり。」

治療はもっとも基本的なところで自然の時間的秩序にしたがわなければならない。こうした考えかたの萌芽は黄帝派や少師派にもすでにあった。しかし、天人相感論を生理学・病理学・診断法および治療法のなかに、その基礎的観念

として、体系的な導入を試みたのは伯高派が最初であった。それは岐伯派の手でさらに発展させられることになる。『太素』巻五・陰陽合、または『霊枢』巻七・陰陽繫日月がその一例である。

わたしたちはここにいたって伯高派にたいする劉歆の思想の間接的な影響を想定することができよう。『漢書』五行志に記録されているかれの災異論は、天人感応の思想にもとづくものだからである。前漢末から新代にかけて学術界を指導し、王莽によって国師に任ぜられた劉歆は、統一度量衡制を制定し、三統暦を編纂した律暦学者であった。劉歆の思想が伯高派の医師たちに人体の計量化の可能性にたいする確信を植えつけたということはありうる。しかし、劉歆の影響はおそらくそれ以上のものではなかった。

伯高派を支えていたのは、大宇宙と小宇宙の照応、大宇宙と小宇宙をつらぬいて在る数的法則への確信である。この天人相感論にみちびかれて、かれらは人体の解剖と計測をおこない、気の循環の思想を生みだした。そして伯高派の衛気(リンパ液など)循環説をうけて、岐伯派が営気すなわち血液の循環説を提出するのである。

6　伯高派と兵法家

『黄帝内経』に十編ほどの論文を残した伯高派は、わたしの考えでは、王莽と劉歆の時代に活躍した医師のグループであり、王孫慶の解剖をおこなったのはその一派の医師たちであった。かれらは伯高をグループの開祖と仰いだ。伯高とはいったいいかなる人物であろうか。

列子の友に「伯高子」がいた、と『列子』黄帝篇はいう。かれは列子を「風に乗って」往来する神仙的世界にいざなった。この挿話は残念ながら、伯高が神話的聖王黄帝の同時代人であったという伝説以上には、なにも語らない。その著作年代も後漢末から魏晋にかけてであろう。伯高の名は、『列子』に先立っていちどだけ、『管子』地数篇にあらわれる。しかも、『黄帝内経』とおなじく、黄帝との問答の相手として。これは検討に値する。

現存する『管子』八十六篇はむろん前七世紀の政治家管仲の作品ではない。著作年代は戦国中期から前漢の武帝(在位前一四一―前八七)・昭帝(在位前八七―前七四)期におよぶとされ、作者の思想的立場も法家・儒家・道家・陰陽家・墨家・兵家・雑家と多岐にわたる。そのなかで地数篇はいわゆる「軽重」十九篇に属している。金谷治によれば、それらは塩鉄の専売政策を中心に、国家の手で営利を追求し、国家財政の立て直しをはかろうとする、軽重家と呼ばれる一派の著作であり、とくに地数篇は鉱物の埋蔵の調査と鉱山の独占管理を説く。これら諸篇の著作年代は、文帝(在位前一八〇―前一五七)・景帝(在位前一五七―前一四一)期から武帝の末年ごろまでを想定できる。(25)

地数篇の全体は桓公と管子の問答からなる。第一の問答の末尾に管子はいう、「昔者、桀は覇して天下を有するも、而も用は足らず、湯は七十里の薄きを有するも、而も用は余り有り。天は独り湯が為に菽粟に雨ふらすに非ず、而して地は独り湯が為に財物を出だすに非ず」、要するに賢臣伊尹《いいん》の政策がよかったからだ、と。それを受けて第二の問答の冒頭に桓公は管子にたずねる、「請う、天財の出ずる所、地利の在る所を問わん」、と。桓公と管子このふたつの問答のあいだに黄帝と伯高の問答が挿入されている。それが後人の手による挿入であるのは、第一の問答の「財物を出だす」が第二の問答の「天財の出ずる所」にただちに接続していることからわかる。また、そこに挿入された理由も、桓公の第二の問いにたいする管子の答を、黄帝にたいする伯高の答と対比すれば、すぐわかる。

管子対えて曰く、山上に赭《しゃ》有るときは、其の下に鉄有り。上に鉛有るときは、其の下に銀有り。一に曰く、上に鉛有るときは、其の下に鉒銀有り。上に丹沙有るときは、其の下に鉒金有り。上に慈石有るときは、其の下に銅金有り。此れ山の栄を見《あらわ》す者なり。苟《いやしく》も山の栄を見す者は、謹み封じて禁と為す。封山を動く者有らば、罪死して赦さず。令を犯す者有るときは、左足入らば左足断たれ、右足入らば右足断たれん。然らば則ち其の之を与犯すること遠からん。此れ天財地利の在る所なり、と。

赭は赤土。明の李時珍の『本草綱目』巻十・代赭石・釈名に、「時珍曰く、赭は赤色なり、代は即ち雁門なり。今は俗に呼びて土朱・鉄朱と為す。管子が云う、山上に赭有れば、其の下に鉄有り、と。鉄朱の名は、或いは此れに縁る、独り其の形色には因らず」、と。鉒銀・鉒金は、明の方以智の『通雅』巻四十八に、「卝《こう》なり」とみえる。すなわち地金。丹沙は硫化水銀。慈石は磁石。銅金は銅と金か。『藝文類聚』巻八十三引・地鏡図に、「山に磁石有れば、下に銅若《も》しくは金有り」。与犯は干犯におなじ。

黄帝‐伯高の問答のこれに対応する一節は、

伯高対えて曰く、上に丹沙有るときは、下に黄金有り。上に慈石有るときは、下に銅金有り。上に陵石有るときは、下に鉛錫赤銅有り。上に赭有るときは、下に鉄有り。此れ山の栄を見《あらわ》す者なり。苟も山の其の栄を見す者は、君謹んで封じて之を祭り、十里を距封して一壇を為《つく》れ。是れ則ち乗る者をして下りて行き、行く者を趨《はし》らしめよ。若し令を犯す者は罪死して赦さず。然らば則ち与折之をして取ること遠からん。

陵石は本草別録品。『政和本草』巻三十・有名未用玉石類に、「陵石。味甘・無毒。気を益し、寒に耐え、身を軽くし、年を長《のば》すを主る。華山に生ず。其の形は薄沢」とあるが、なにを指すか不明。「与折」はおそらく与犯の誤写であろう。

ふたつの文章をくらべてみると、桓公‐管子の問答のほうが筋が通っており、意味もよくわかる。黄帝‐伯高の問答はおそらく後人が地数篇の問答をもじって書いた文章であり、内容と表現をことさら古くよそおい、管子の言の典拠のようにみせかけたのであろう。たとえば、「十里を距封して一壇を為る」という、祭のための設定は、第一の問答の「泰山に封し、梁父《りょうほ》に禅す、封禅の王七十二家」という、いまは『史記』封禅書に管子の言葉としてみえ、もとは『管子』の失われた一篇、封禅篇にあったであろう(26)一節を意識しての、作為にちがいない。いずれにしろ医学の分野における伯高派の出現をそれほど遠くはさかのぼらぬ時期に書かれ、挿入された文章とみたい。

管子と伯高の主張しようとするところはまったく異なる。管子によれば、玉・金・珠は周から「其の涂《みち》遠くして至り難」い僻遠の地に産する。にもかかわらず、文王・武王が「天財地利を以って天下に功を立て名を成」したのは、天財地利を国家の管理下に置き、それを重要さに応じて用い、「珠玉を上幣と為し、黄金を中幣と為し、刀布を下幣と為し」て、通貨を安定させる政策をとったからである。まさしく武・昭期の財務官僚の主張にほかならない。それにたいして伯高は、さきの引用につづけていう。

教えを修むること十年にして、葛盧の山は発して水を出だし、金 之に従う。蚩尤《しゆう》は受けて之を制し、以って剣《けん》鎧《がい》・矛戟《ぼうげき》を為《つく》る。是の歳、相兼ぬる者は諸侯九。雍狐の山は発して水を出だし、金 之に従う。蚩尤は受けて之を制し、以って雍狐の戟、芮《ぜい》の戈《か》を為《つく》る。是の歳、相兼ぬる者は諸侯十二。故に天下の君 戟を頓《たた》いて一たび怒れば、伏尸 野に満つ。此れ戈の本を見《あらわ》すなり。

葛盧と雍狐は不明。芮は山西省芮城県一帯にあった国。蚩尤は神話的英雄。黄帝は蚩尤と天下を争い、涿鹿《たくろく》の野に戦ったという。山に壇を築いて祭ること十年、おのずと川ができて金属が流れ出す。蚩尤はそれを採取して武器をつくり、諸侯を兼併する。その行為が武力の本質をあらわしているという主張は、まぎれもなく兵法家のものであるにちがいない。

伯高はおそらく兵法家と関係のある人物であった。そして、伯高派のある著作は兵家思想から受けた影響の痕跡を歴然ととどめている。すなわち『太素』巻二十三・量順刺または『霊枢』巻八・逆順である。

伯高曰く、兵法に(曰く)、〔逄逄〕(逢逢)の気を迎う無かれ、堂堂の〔陳〕(陣)を撃つ無かれ、と。刺法に曰く、熇熇の熱を刺す無かれ、漉漉の汗を刺す無かれ、渾渾の脈を刺す無かれ、病 脈と相逆う者を刺す無かれ、と。

『孫子』にいう、

正正の旗を邀《むか》う無かれ、堂々の陳を撃つ無かれ。此れ変を治むる者なり。(軍争篇)

刺法が兵法に類比され、刺法の原則を導くさいにその「変を治むる」法が適用されている。のみならず、兵法は量的思考を重んずる世界であった。

兵法に、一に曰く度、二に曰く量、三に曰く数、四に曰く称、五に曰く勝、と。地は度を生じ、度は量を生じ、量は数を生じ、数は称を生じ、称は勝を生ず。(軍形篇)

称は秤《しょう》におなじく、はかり。計量することが勝つことだという信念を、伯高派は兵法家から学んだのではなかったか。さらにその五行論的思考も注目に価する。

声は五に過ぎざるも、五声の変は勝《あ》げて聴く可からず。色は五に過ぎざるも、五色の変は勝げて観る可からず。味は五に過ぎざるも、五味の変は勝げて嘗む可からず。戦勢は奇正に過ぎざるも、奇正の変は勝げて窮む可からず。奇正相変ずること、循環の端無きが如し。孰《たれ》か能く之を窮めんや。(兵勢篇)

逆にいえば、多様性をとらえるためにこそ五行の概念が必要であり、多様性を貫いてある法則性、「循環無端」としてあらわれてくるその法則性をとらえるならば、いかなる「奇正」の変、正常と異常の変化にも対応できるのである。伯高派にとって、そのような法則性の認識は人体計量の基礎のうえに築かれるはずであった。そのことをかれらは兵法家から学んだのであろう。かれらが伯高の名において語ったのは、けっして恣意的な行為ではなかった。

ここでわたしは解剖された王孫慶が兵法家であったことを想起せずにはおれない。解剖にたずさわった伯高派の医師たちと王孫慶とのあいだには、あるいはなんらかの繋がりがあったのではあるまいか。人体の解剖と計測、計量解剖学の出現という、ふたたびくりかえされることのなかった事件の背後には、どうやら思いがけなく複雑な人間関係がひそんでいるように、わたしには思える。

7　「黄帝内経十八巻」と黄帝学派

伯高派が王莽と劉歆の時代に活躍した医学の一派であり、そのグループに属する医師たちが王孫慶を解剖し、その記録を現存する『黄帝内経』のなかに残したとすれば、わたしたちは現存する『黄帝内経』の成立にかんして、はじめて絶対年代を獲得したことになる。しかも、わたしが推論したように、少兪派と岐伯派は伯高派よりも遅れてあらわれたグループだとすれば、現存する『黄帝内経』におさめる論文の大半は、新から後漢の時代にかけて書かれたことになる。そこからただちに、『漢書』藝文志・方技略に著録する「黄帝内経十八巻」とはなにか、という問題が生じてくる。『漢書』藝文志は、劉向・劉歆父子が建平年間(前六―前三)までに完成させた図書目録「別録」を、劉歆がさらに節略した「七略」の概要であり、「黄帝内経」に伯高派をはじめとする後期三派の論文がふくまれていないのは、ほとんど確実といっていいからである。

じつをいえば、この問題にかんしては廖育群がすでに、重要な指摘をおこなっている。[27] 廖によれば、『漢書』藝文志においては「巻」と「篇」とがまったくおなじ意味につかわれており、「十八巻」とはじっさいには十八篇にすぎない。したがって、そこにいう「黄帝内経」は現存する『黄帝内経』、すなわち唐代の竄入にかかるいわゆる運気七篇と佚われた二篇とをくわえて八十一篇からなる『素問』、および八十一篇をおさめる『霊枢』、とはまったく異なる書である、というのだ。これは鋭い指摘であり、すぐれた問題提起であった。

そのばあい、『漢書』藝文志にいう「黄帝内経十八巻」と現存する『黄帝内経』とをまったく別の書とみるか、それとも後者を前者に大幅な増補をくわえたものとみるか、ふたつの立場がありうるが、[28] わたしはあとの立場にたつ。かつてわたしが明らかにしたように、黄帝派の論文のいくつかは馬王堆漢墓出土医書をその祖型としていた。[29] また

『史記』倉公伝や『黄帝内経』にうかがえる医学の伝授の形式からみても、[30] 古代の医書のなかに存在した長い連続性を疑う理由はないからである。巻は篇だという廖育群の指摘からただちに、「黄帝内経十八巻」がそっくり『黄帝内経』のなかにふくまれ今日に伝えられていると仮定して、その十八篇——といっても、現存する書でも十八篇になっているとはかぎらない——以外の『黄帝内経』の論文はすべて「別録」ないし「七略」の成立以後、前漢の末年から新と後漢にかけて書かれた、という結論に導かれる。伯高派は王莽・劉歆の時代に活躍し、少兪・岐伯派はそれに遅れてあらわれたとするわたしの考えは、この結論を支持し、補強し、かつそれを具体化するものといえよう。ちなみに、『黄帝内経』のなかでは岐伯派の論文が最大の分量を占めており、それらはほとんど後漢のおそらくは前期に書かれたのであろう。

それでは「黄帝内経十八巻」の内容はなにか。それは黄帝派の論文を集めた書であり、あるいは少師派の論文もおさめられていたかも知れぬ、というのがとうぜんの帰結である。その内容を簡単に検討しておこう。『素問』・『霊枢』におさめる黄帝・少師両派の論文の篇名を挙げ、『太素』のそれと対照させたのが、表7-8である。

表 7-8　黄帝派・少師派論文対照表

	書名	巻数	篇　名		篇　名	巻数	書名
黄帝派	素問	23	著至教論（方盛衰）	⟷	脈　論	16	太素
		23	示従容論	⟷	脈　論	16	
		23	疏五過論		欠		
		23	徴四失論		欠		
		24	陰陽類論（四時病類）	⟷	脈　論	16	
		24	方盛衰論		欠		
		24	解精微論	⟷	水　論	29	
	霊枢	3	経　脈	⟷	経脈連環	8	
		3	経　脈	⟷	経絡別異	9	
		8	禁　服	⟷	人迎脈口診	14	
		8	五　色	⟷	人迎脈口診	14	
		11	官　能	⟷	知官能	19	
少師派		2	寿夭剛柔		欠		
		10	憂恚無言		欠		
		10	通　天		欠		
		11	〔九宮八風〕	⟷	〔九宮八風〕	28	
		12	歳露論	⟷	三虚三実	28	
		12	歳露論	⟷	八正風候	28	

巻の空欄は現存する『太素』に欠けている篇。〔方盛衰〕、〔四時病類〕は、現存する王冰本『素問』では、それぞれ「著至教論篇」、「陰陽類論篇」の末尾に置かれてその一部となっているが、王冰本のもとになった全元起本では独立の一篇をなしていたとされるもの。〔九宮八風〕は、問答形式をとっておらず、形式のうえから少師派の論文とは断定できないものの、内容的にはそうとみなしうるもの。王冰本『素問』と『霊枢』の篇構成でかぞえれば、黄帝派が十一篇、少師派が〔九宮八風〕を入れて五篇、計十六篇、『素問』の全元起本をとれば、さらに二篇ふえて十八篇、いささかできすぎの気配はあるが、『漢書』藝文志の「十八巻」にぴたりとみあった篇数となる。再編集された可能性の大きい篇数はともかく、とりあえずこれだけを、今日に伝えられた「黄帝内経十八巻」と想定しておこう。

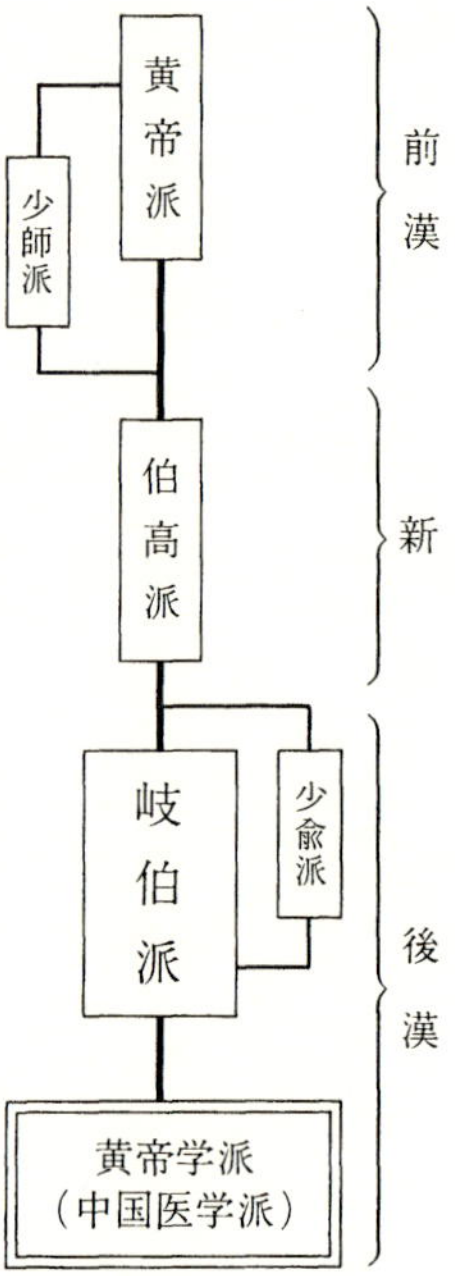

図7-5

　わたしは第五章において黄帝学派の五派の時間的前後関係ないし系譜にかんするわたしの考えを図示し、第六章においてそれを修正したが[31]、ここでふたたび修正した図をしめさなければならない。すなわち、図7-5がそれである。前漢時代に活躍したのは、黄帝・少師の前期二派である。伯高派は太医をはじめ王莽政権下の政府医療機関の中枢を占めた。それだけに、新の滅亡とともに衰退をまぬがれなかったにちがいない。代わって登場したのが、少兪派と岐伯派であった。とりわけ岐伯派は、先行する諸派の仕事を発展させ、さらに多面的な教育・研究・著作活動をくりひろげて、黄帝学派の技術と理論を完成させたのである。おそらくは後漢の前期、紀元一世紀のことであった。

　ちなみに、こう考えてくれれば、今日に伝わる『黄帝内経』収録の論文がでそろい、それらがおそらく『素問』と「九巻」または「鍼経」の二部の書にまとめられた時期から、紀元一世紀末以降、「八十一難」に言及する『傷寒雑病論』に先立って、『難経』が著された時期まで、それほど大きい時間的なへだたりはない。計量解剖学にかんする、現存の『黄帝内経』にはみえない五臓などの記載が、『難経』のほうにおさめられて伝えられてきたのは、すくなくとも時間的にみて決して不自然でない。

8　計量解剖学から記述解剖学へ

最後にもういちど解剖学に返ろう。新代にあらわれた計量解剖学と人体計測の思想は、ついに学問の伝統を形成することはなかった。たった一回かぎりの試みに終ったのである。同時に、その成果が忘れ去られることもなかった。それどころか経典のように墨守されつづけた。明代の『類経図翼』でさえ『黄帝内経』と『難経』の数値をそっくり載せ、ただ「古今の尺寸は同じからず」として古の一尺は今のほぼ八寸にあたると注意するにとどまっている。

宋代の解剖学は、その意味では古代解剖学の復興でなく、まさに新生であった。[32] それは計量化の道をとらず、記述と描図を選んだ。楊介は「存真図」の序にこう書いている。[33]

宜賊欧希範刑せられし時、州吏呉簡は画工をして就きて之を図《えが》きて記さしめ、以って謂えらく、詳しく其の状を得たり、と。或ひと書を以って之を考うるに、則ち未だ完《まった》からず。崇寧中、泗州賊を市に於いて刑す。郡守李夷行は医幷びに画工を往か遣《し》め、観て膜を決し膏を摘し、曲折して之を図かしめ、尽《ことごと》く纖悉なるを得たり。介取りて以って之を校するに、其の喉咽よりして下、心・肺・肝・脾・胆・胃の系は小腸に属し、(大)大腸・腰・腎・膀胱の営は其の中に畳《かさ》なり、経絡聯附し、水穀泌別し、精血運輸し、源委流達すること、悉く古書の如く、少しも異なる者無し。(( )内は衍字。)

かれはさらに欧希範を解剖した呉簡の文章を引用する。

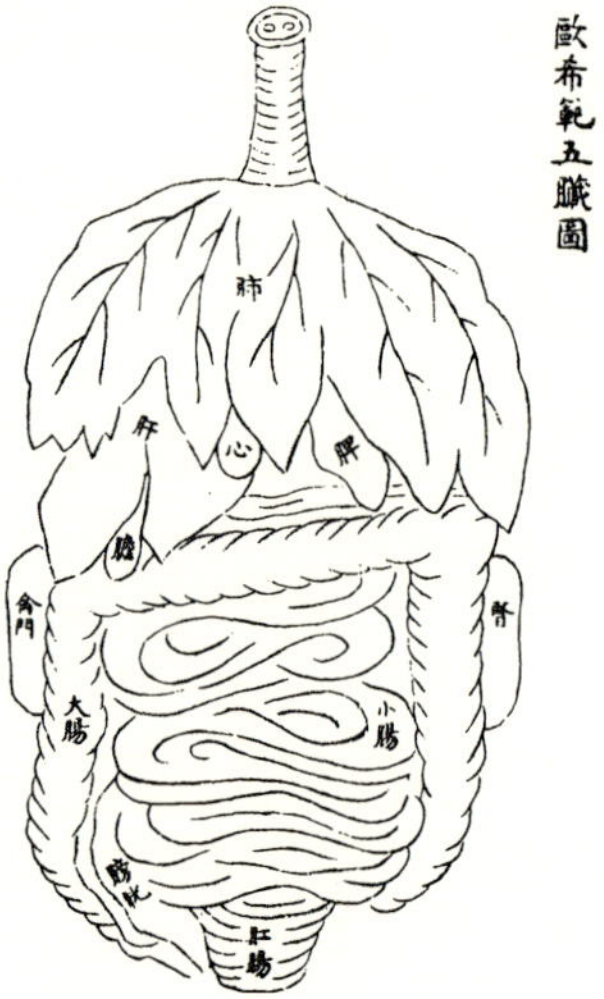

図7-6

宜州推官呉簡が云う、凡そ二日にして欧希範等五十有六腹を剖き、皆詳しく之を視る。喉中に竅三有り、一は食、一は水、一は気。互に人をして之を吹かしむるに、各おの相戾《そむ》かず。肺の下は則ち心・肝・胆・脾有り、胃の下は小腸有り、小腸の下に大腸有り。小腸は皆瑩潔《えいけつ》にして物無く、大腸は則ち滓穢を為す。大腸の傍は則ち膀胱有り。心の若《ごと》きは大なる者、小なる者、方なる者、長き者、斜《かたむ》く者、直なる者、竅有る者、竅無き者有り、了として相類する無し。

唯だ希範の心のみは則ち紅くして硾《た》れ、絵《えが》く所の如し。肝は則ち独片なる者有り、二片なる者有り、三片なる者有り。腎は則ち一は肝の右微《や》や下に在り、一は脾の左微や上に在る有り。脾は則ち心の左に在る有り。蒙幹の若きに至りては、嗽を病むこと多ければ、則ち肺且に損われんとして黒し。欧詮は少しく目疾を得て、肝に白点有り。此れ又内外の応を別かち、其の中の黄漫なる者は脂なり。

蒙幹・欧詮は人名。喉に三つの孔があるという記載が誤りであることは、つとに北宋の沈括《しんかつ》(一〇三一―一〇九四)が『夢渓筆談』巻二十六・薬議において指摘している(図7-6参照)。その点をのぞけば、賈得道が述べているように、大部分は基本的に正確であり、最後の蒙幹らの記述には「疾病と内臓の関係を証明しようと企図する病理解剖学の萌芽」[34]がある。その関心が病理解剖に向かっていたことは注目に価する。一千年の時間をへだてたふたつの時代の解剖学は、計量的な解剖学と記述的な解剖学、生理学への関心と病理学への関心という、あざやかな対比をみせている。そこに医学の歴史の確実な展開をみてとることができよう。

にもかかわらず、漢代の計量解剖学と宋代以後の記述解剖学とは、一本の線で結ばれている。宋代にはじまる『難経』研究が、人体解剖と臓腑観察への流れを生みだした、と考えられるからである。[35]

伯高派による計量解剖学と人体の計測の成果は、後世の医学につぼの位置をたしかめるための基準数値を提供するにとどまった。しかし、解剖と計測をとおして形体的および生理学的な規則性を発見しようとした伯高派の試みは、医学史において十分にその先駆性を評価されてしかるべきであろう。かれらがおこなったような計測は統計学に基礎づけられてはじめて意味をもつ。伯高派の仕事がじっさいには医学に貧弱な効果しかもたらさなかったとしても、それはやむをえないことであった。とはいえ、かれらは思想的にみるとき、今日の解剖学者や自然人類学者のはるかな先駆者だったのである。

付　記

王孫慶以前に人体解剖がまったくなかったのではない。すくなくとも部分的な解剖ならおこなわれたにちがいない。たとえば、発声機構にかんする少師派の論文の正確な記述(三一六ページ)は、解剖なしには不可能であろう。

第八章　診断諸法と「虚」の病理学

1　『難経』の古脈法

扁鵲《へんじゃく》の名で知られる秦越人に仮託されているが、じつは後漢の著作である『難経《なんぎょう》』、くわしくは『黄帝八十一難経』に、古い脈診法を伝える一節がある。すなわち、その十六難である。

脈には三部九候があり、陰陽があり、軽重があり、六十首があり、また一つの脈が変化して四時の脈となる。聖人の時代をはるかに遠ざかって、それぞれがちゃんとひとつの方法をなしているのである。[1]

『難経』はべつに、三部九候・陰陽・軽重・六十首・四時脈の五つの脈診法のうち、六十首をのぞく四つについて、それぞれひとつの「難」をあてて説明している。難とは問いを意味する。

このなかではやく失われたのは、五難に説く軽重である。

脈に軽重があるとは、どういうことでしょうか。

そうだな。はじめ脈をとったとき、菽《しゅく》の実三粒のような重さの脈が、皮毛のところで得られるときは、肺部である。菽の実六粒のような重さの脈が、血管のところで得られるときは、心部である。菽の実九粒のような重さの脈が、肌肉のところで得られるときは、脾部である。菽の実十二粒のような重さの脈が、筋とひとしいところにあるときは、肝部である。骨にとどくまで抑えて、指を挙げるとすばやくやってくる脈は、腎部である。そこで

表8-2　『難経』四難の脈象の複合型

	一陰	一陽	
一陽	$\bar{a}c$	$a\bar{c}$	一陰
二陽	$\bar{a}bc$	$a\bar{b}\bar{c}$	二陰
三陽	$abc\bar{a}_t$	$\bar{a}\bar{b}\bar{c}a_t$	三陰

a：浮，b：長，c：滑……陽
$\bar{a}$：沈，$\bar{b}$：短，$\bar{c}$：濇……陰
tは一時的にその脈になることをしめす．

表8-1　『難経』四難の脈象

		脈象		
		浮	沈	中
臓	心	○		
	肺	○		
	肝		○	
	腎		○	
	脾			○

軽重というのだ。(2)

『難経』によって定式化された脈診法では、手首の寸・関・尺の三部に三本の指をあてて脈をとる。ここでは脈をとる部位は書かれていないが、おそらく寸口部を指でおさえたのであろう。その指が受ける脈の搏動の圧力を菽、すなわちまめの実の重さで量っている。いや、形容しているというべきか。皮毛・血脈・肌肉・筋・骨のところで脈を得るとあるのは、指のおさえかたの強さをいう。指を軽く皮膚にあてるのから骨に強くおしつけるのまで、五段階に区別し、それを五臓の状態をしめす脈として診断したのである。軽重は『黄帝内経』にはまったく痕跡をとどめていない。おそらく黄帝学派の方法ではなかったのであろう。

陰陽は四難にとりあげられている。

脈に陰陽の方法があるというのは、どういうことでしょうか。

そうだな。呼《は》いて心と肺の気を出し、吸って腎と肝に気を入れる。その呼吸の間に脾が穀味を受けとるのであり、その脈は中にある。浮は陽であり、沈は陰である。そこで陰陽というのだ。(3)

中国の脈診法では脈象によって診断する。脈象とは搏動のパターンである。脈象は対をなしており、浮-沈の対はその代表的なものといってよい。四難によれば、心・肺の脈は浮、肝・腎は沈、脾は浮-沈の中である(表8-1)。心脈は浮にくわえて大・散、肺脈は短・濇、肝脈は沈にくわえて牢・長、腎脈は濡・実であり、その副次的な脈象によって相互に区別される。こうして五臓の脈を診断するのが、「是れ陰陽の法なり」。中は中間、脈象の名称ではない。四難はさらに、基本的な三対の脈象、浮-沈、長-短、滑-濇の複合型に表8-2の六脈、すなわち一陰一陽・一

表 8-3 『難経』の三部九候

部	候	診断する疾患の所在
寸	浮 中 沈	上部（天に法る） 頭〜胸
関	浮 中 沈	中部（人に法る） 膈〜臍
尺	浮 中 沈	下部（地に法る） 臍〜足

表 8-4 『難経』十五難の四時脈

脈	臟	方位	五行	脈　象
春脈・弦	肝	東方	木	濡・弱・長
夏脈・鉤	心	南方	火	来疾・去遅
秋脈・毛	肺	西方	金	軽・虚・浮
冬脈・石	腎	北方	水	沈・濡・滑

陰二陽・一陰三陽および一陽一陰・一陽二陰・一陽三陰があり、寸口部にあらわれるという。この二系列が対をなしていることと、名称の由来とは、表8-2からすぐわかる。これらの複合型がそれぞれどの経脈に属するかによって、どこが「逆順を病」んでいるかを診断する。

十八難は三部九候に簡潔な説明をあたえている。三部とは寸・関・尺、九候とはそのそれぞれの浮・中・沈による診脈であり、寸では身体の上部、関では中部、尺では下部を診断する（表8-3）。浮・中・沈とは脈をとるときの指のおさえかたの強弱をいう。四難の浮・沈・中とは異なる概念である。

陰陽脈法と三部九候脈法のふたつは『黄帝内経』に記述されている。しかし、その具体的な手法は『難経』とは異なる。この問題にはあとで立ち返る。

十五難にみえる四時脈の記載は、『素問』巻六・玉機真蔵論篇の文章をほとんどそのままくりかえしている。秋脈を形容する名称を浮から毛へ、冬脈を営から石に変え、それらの名称の由来を説明し、また記述の順序を入れ換えたにすぎない。四時脈法では、表8-4にしめす正常な脈象に「反」する脈象があらわれたとき、それによって病気を診断するのである。

十六難に名称を挙げながら、『難経』の著者が説明をくわえなかった、したがってその時にはすでに失われてしまっていたにちがいない診断法が、ひとつだけあった。すなわち六十首である。

六十首とはなにか。『素問』の掉尾を飾る黄帝派の論文のなかに、さいわいそれに迫る小さなてがかりがみいだされる。

2 揆度・奇恒

『素問』二十四巻のうち、巻二十三、巻二十四の両巻におさめられている黄帝派の論文七篇は、『素問』・『霊枢』のほかの篇にはあらわれない、あるいはほとんどあらわれない、したがってその意味を確定するのが困難な用語を、数多くふくんでいる。その七篇とは、

巻二十三　著至教論篇、示従容論篇、疏五過論篇、徴四失論篇

巻二十四　陰陽類論篇、方盛衰論篇、解精微論篇

である。『太素』では、巻十六・脈論に著至教論篇(末尾の一段をのぞく)・示従容論篇・陰陽類論篇の三篇をおさめ、巻二十九・水論が解精微論篇にあたる。ほかの三篇は失われた(三七五ページ表7-8を参照)。

この七篇は、その用語や内容の古拙さからみて、『黄帝内経』のなかでももっとも古い層に属する論文と考えていいだろう。あらかじめことわっておくなら、この章の意図は、いたるところに読者の理解をはばむ謎をちりばめたこの七篇を解読して、黄帝学派の源流となった黄帝派の医学、その診断法と病理学および病因論を明らかにすることにある。『素問』にみえる黄帝派の七篇を、ここでは簡単に黄帝七篇と呼ぶことにしよう。

六十首の小さなてがかりとは、「方盛衰論篇」のことば、「奇恒の勢は乃ち六十首」である。王冰は注していう、「奇恒の勢六十首は、今は世に伝わらず」、と。しかし、解読のてがかりが奇恒にある。

奇恒は、黄帝七篇にいくどとなくあらわれる、診断法の名称である。そこからまず三つの文章を引用しよう。

善く脈を為す者は、必ず比類・奇恒・従容を以って之を知る。(疏五過論篇)

病を診《み》て審《つまびら》かならざるは、是れ常を失すと謂う。謹んで此の治を守り、経を与《も》って相明らかにせよ。上経・下

経・揆度・陰陽・奇恒・五中、決するに明堂を以ってし、終始を審かにし、以って横行す可し。(同)

奇恒の勢は乃ち六十首、合微の事を診、陰陽の変を追い、五中の情を章《あきら》かにし、其中の論(衍文か?)、虚実の要を取り、五度の事を定む。此れを知れば、乃ち以って診るに足る。(方盛衰論篇)

ここに列挙された用語の多くが、医学理論や診断法や治療法を指すとともに、それを論じた書の題名でもあることは、一見して書名とわかる「上経・下経」だけでなく、たとえば「論は奇恒・陰陽中に在り」(『素問』巻十三・病能論篇)といったことばからも推測できる。[4] このうち揆度・奇恒・上経・下経の四書については、さいわいのちに岐伯派が簡単な解説を書き残している。

すなわち『太素』巻十五・色脈診(『素問』巻四・玉版論要篇)にいう、

黄帝「余は揆度と奇恒の講義を聞いたが、指す内容がおなじでない。それはどう用いるのか。」

岐伯「揆度は病の重さを度《はか》ります。奇恒は奇恒病を論じます。[5]」

「病能論篇」の岐伯のことばはややくわしい。

上経は気が天に通じていることを論じます。下経は病の変化を論じます。金匱は患者が死ぬか生きるかを判断します。揆度は抑えて脈を度ります。奇恒は奇・恒の病を論じます。奇のときは四時には死ぬことができませんが、恒のときは四時に死ぬことができます。いわゆる揆とは、まさしく(脈を)おさえて求めるのであり、おさえてその脈理を求めることをいいます。度とはその病んだ場所をとらえて、四時によってその脈を度るのです。[6]

これによれば「上経」は、天の気の変化と人の気の変化とが照応関係にあることを論じた、生理学書であった。それにたいして「下経」は病理学書である。『素問』中に引く、

下経に曰く、胃和せざれば、則ち臥して安んぜず、とは此れ之《こ》の謂なり。(『素問』巻九・逆調論篇。または『太素』巻三十・臥息喘逆、ただし下経を上経に作る)

故に下経に曰く、筋痿は内を使うことより生ず、と。……故に下経に曰く、肉痿は之を湿地に得る、と。……故に下経に曰く、骨痿は大熱より生ず、と。(『太素』巻二十五・五蔵痿。『素問』巻十二・痿論篇は、使内を肝使内に作る)

というふたつの文章がそれを傍証する。ちなみに王冰注に、「下経は上古の経なり」。「金匱」はほかにみえない書名だが、たとえば馬王堆漢墓出土の「陰陽脈死候」に類する、死生診断法の書であったろう。

「揆度」と「奇恒」は、しばしばひとまとめにあつかわれた、内容的につながりのある、診断と治療の書であった。「色脈診」篇によれば、

陰と陽が他に反したばあい、治療法は権衡を取り去ることにあるが、それは奇恒に属する事柄である。陰と陽が他に反することを知るのは、揆度に属する事柄である。(7)

まえの引用にみえた、おさえて求める脈理とは、脈象を指すと考えていい。とすれば揆度とは、患部を認識して、四時の標準的な脈象にもとづいてその病気をしめす脈象を診断する方法であり、岐伯派がのちに「四時の脈」(『素問』巻四・移精変気論篇)と呼ぶことになる脈法の祖型にほかならない。この揆度の診断にしたがって病気を奇と恒に分け、治療をほどこすのが、奇恒の術である。「四時を以って死するを得ず」が奇、「四時を以って死するを得る」が恒というのは、病気の進行や死と四季の気との対応関係を指すか。「陰陽類論篇」にみえる、

冬三箇月の病は、その病が陽脈に属しているならば、春正月になって脈に死の徴候があらわれても、すべて死ぬのは春を過ぎてからである。(8)

のような診断が、あるいはそれに当たるのかも知れぬ。もしそうだとすれば、春は伸長する生命力の象徴であり、それに対応して、死は春を過ぎ夏にかけておとずれるのだから、このばあいは季節にそった恒病ということになる。そうした奇と恒の病の具体的なあらわれかた、揆度の側からいえば単独および複合の脈象のあらわれかたは、六十通りの類型をなしているというのが、おそらく「奇恒の勢は乃ち六十首」の意味するところであったろう。

王冰注によれば、「奇恒の法を行うは、太陰を以って始めと為す」(玉版論要篇)ということばがしめすように、この脈診は手太陰脈の寸口部でおこなう。また治療法の「権衡相奪う」とは、秤の分銅を取り去って均衡を回復することを意味する。具体的な治療の手法としては、王冰注によれば、陰陽二気の「高下の宜《よろし》き」を調え、『太素』楊上善注によれば、陰陽・虚実の気を「補瀉」するのである。それが鍼の技術、刺法を指しているのはいうまでもない。

五色脈変と呼ばれる診断法があった。古くから伝承されてきたと称しているものの、じっさいには岐伯派の発明であったらしい。それだけに古くからの診断法による権威づけが必要だったのであろう。かれらは主張した、五色脈変は揆度・奇恒と原理的に同一である、と。そしてそれを一種の箴言のかたちにまとめた。そのみじかい文章はおそらく、弟子が五色脈変の技術を習得したとき、師から口訣として弟子に授けられたのであろう。いわば免許皆伝のしるしである。その文章は、「色脈診」篇または「玉版論要篇」では岐伯のことば(1)として、『太素』巻十四・四時脈形または「玉機真蔵論篇」では黄帝のことば(2)として、それぞれまったく異なる文脈のなかに記録されている。

まずふたつの文章を原文のまま引用しよう。(〔 〕は『太素』、( )は『素問』のみにみえる語または字である。)

(1) 請言道之至数。五色脈変、揆度奇恒、道在於一。神転不〔迴〕(回)、〔迴〕(回)則不転、乃失其機。至数之要、迫近以微。著之玉版、命曰合〔生〕(玉)機。

(2) 吾得脈之大要。天下至数、(五色)脈変、揆度奇恒、道在於一〔数〕。神転〔而〕不迴、迴則不転、乃失其機。至数之要、迫近以微。著之玉版、蔵之〔於〕(蔵)府、毎旦読之、名曰〔生〕(玉)機。

楊上善によれば、「合生機」とは「養生の機に合す」、「生機」とは「摂生の機要」を意味し、王冰によれば、「玉機は篇名」であり、「之れを玉版に著す、故に以って名と為す」のであり、「玉版生気の機」を意味する。いずれにしろ王注にいうように、この箴言かもしくはそれをふくむ一篇の題名であるにちがいはないが、ここでは楊注の解釈にしたがい、生機を採っておこう。(1)と(2)の共通要素をとりだせば、つぎのようになる。

天下の至数、五色脈変、揆度・奇恒、道は一に在り。神は転じて迴らず、迴れば則ち転ぜず、乃ち其の機を失す。至数の要は、迫近するに微を以ってす。之を玉版に著し、命《な》づけて生機と曰わん。

この箴言がもういちど、揆度・奇恒の「道」とはなんであったか、確認してくれる。

五色脈変とは、脈の色にあらわれる変化をみて病気を診断する方法である。「色脈診」篇によれば、「夫れ色脈の変化は、以って四時の勝に応ず」。「勝」とは、楊注によれば、「四時の和気」をいう。四季それぞれの気に応じて脈の色は変化するというのだ。はたして『太素』巻十五・色脈尺診（『霊枢』巻一・邪気蔵府病形）に、

色青き者は其の脈は弦、色赤き者は其の脈は句（鉤）、色黄いろき者は其の脈は代、色白き者は其の脈は毛、色黒き者は其の脈は石。

とみえる弦・鉤・毛・石は、やがて『難経』が四時脈の脈象として定着させることになるものであった。それを基準にして「其の色を見るも、其の脈を得ざる」ときが病だと診断する「色脈尺診」の方法は、揆度・奇恒とまさに「道は一」つであり、揆度・奇恒が四時脈にもとづく診断と治療の方法であることを、疑問の余地なく立証している。

ともあれ診断法の揆度は四時脈法へと発展したが、治療法の奇恒は失われたようにみえる。四時脈に限定されない治療法へと一般化されていったのであろうか。

3 陰陽・従容・雌雄

陰陽脈法を論じているのは、「陰陽類論篇」または「脈論」篇である。「上下経・陰陽・従容」に言及したのち、黄帝は雷公に教えていう。

三陽を経と為し、二陽を維と為し、一陽を游部（と為す）。……三陰（原文は陽に作る）[9]を表と為し、二陰を裏と為し、

一陰至絶して〔明〕(朔)晦を作《な》す。

理解できません、という雷公にたいして黄帝はさらに、これらの脈の名称と寸口部にあらわれるその病の脈象とを説明する。従来の注釈はすべて、ここにいう六脈を足脈とみる。それを表8-5にまとめておく。『難経』(表8-1および表8-2)のばあいとちがい、五臓の脈象でなく六脈のそれになっているのに注意しよう。

この一段を黄帝はつぎのことばで結んだ。

この六脈は、寸口部に陰脈があらわれたかと思うとすぐに陽脈があらわれ、かわるがわる連なり並んでやってきて、縒り合わせた縄のように五臓に通じている。それを「陰陽」の論に照合して判断するのだが、先にきた脈を主とし、後からきた脈を客とするのだ。(10)

しかし雷公は満足せず、ただちに問いを投げかえし、話題を展開させる。

表8-5 「陰陽類論篇」の陰陽脈法の脈象

陰陽	従容?	足脈	病脈象
三陽	経	太陽	弦・浮・不沈
二陽	維	陽明	弦・沈・急・不鼓
一陽	游部	少陽	弦・急・懸・不絶
三陰	表	太陰	伏・鼓・不浮
二陰	裏	少陰	?
一陰	?	厥陰	浮・不鼓・鉤・滑

わたしは書物を読みつくしましたし、いつぞやは「経脈」を伝授していただき、「従容」の方法を暗誦しておりますが、それをいまのお話の従容と照合してみますと、陰陽というのがわかりませんし、雌雄というのがわかりません。(11)

黄帝はそれに答えて、

三陽を父と為し、二陽を衛と為し、一陽を紀と為し、三陰を母と為し、二陰を雌と為し、一陰を独使と為す。

という定義をあたえたのち、二つの脈象がいっしょにやってくる複合型の脈象の症候とその病の所在とを説明してきかせるのである。表8-6がその複合型の一覧である。父-独使、雌-紀、独使-紀の三つの組み合わせの記述が欠けているのは、偶然なのか、意味があるのか、わからない。

表8-6　陰陽・雌雄脈法

			雄・陽		
			父	衛	紀
			一陽(少陽)	二陽(陽明)	三陽(太陽)
雌・陰	母	一陰(厥陰)	一陰一陽(厥陰・少陽)	二陽一陰(陽明・厥陰)	三陽一陰(太陽・厥陰)
	雌	二陰(少陰)	二陰一陽(少陰・少陽)	二陰二陽(合病)(少陰・陽明)二陰二陽(交至)	
	独使	三陰(太陰)		二陽三陰(陽明・太陰)	

(三腑)　太陽：膀胱脈，陽明：胃脈，少陽：胆脈
(三臓)　太陰：脾脈，少陰：腎脈，厥陰：肝脈

重要なのは、この問答の構成である。黄帝ははじめに「陰陽・従容」に言及し、六脈を経・維・游部・表・裏・?と定義したのち、六脈それぞれの病の脈象を述べた。雷公はそれを「従容」と呼び、「陰陽・雌雄」を問うた。それにたいして黄帝は、父・衛・紀・母・雌・独使と六脈を定義し、複合型を説いた。あとの問答にいう雌雄は、直接には父・衛・紀・母・雌・独使の六つの概念を指しているであろうし、さらにはこの雌雄を脈象間の関係づけの原理とする、複合型の脈法をあらわしているだろう。とすれば、まえの問答にいう従容は、経・維・游部・表・裏・?の六つの概念と、それを身体内における位置づけの原理とする、六脈単独の脈法を意味するのではあるまいか。もしこの推論が妥当であるならば、陰陽脈法は従容と雌雄というふたつの技法を包括することになる。

従容は黄帝七篇にしかみえない用語である。それに言及した文章を引用しておけば、まず「示従容論篇」に、

> いったい脾脈が虚・浮のときは肺脈に似ており、腎脈が小・浮のときは脾脈に似ており、肝脈が急・沈・散のときは腎脈に似ている。これらはすべて医者が時として混乱するケースである。しかし、「従容」をみればわかる。(12)

脾は足太陰脈、肺は手太陰脈、腎は足少陰脈、肝は足厥陰脈、「従容」はここでは書名だろう。この一節は、従容を六脈単独の脈法とみるわたしの仮説を支持するとともに、「従容」が足脈を中心に手脈をも論じていたことを示唆する。また「徴四失論篇」に、

診に人事無くんば、治数の道、従容の葆、坐して寸口を持するも、診 五脈・百病の起る所に中たらず。

治数は治療方法、葆は宝あるいは保と解釈されているが、(13) 不詳。この文章から、従容は寸口部でとる脈法であったことがわかる。

つけくわえておくなら、「著至教論篇」の末尾に、黄帝と雷公の短い対話がみえる。林億らの新校正によれば、全元起本『素問』では「方盛衰」と題する独立の一篇であったが、そこにいう、

腎且《も》し絶ゆれば、惋惋として日暮るるも、従容出でず、人事殆《あた》らず。

この文章の意味はよくわからないけれども、べつに「従容・人事」(疏五過論篇)という表現もある。従容は人事となんらかの関係があると考えられていたのである。さらにまえに引用した、「善く脈を為す者は、必ず比類・奇恒・従容を以って之を知る」(同)のほかに、「示従容論篇」には従容と比類の密接な関係を示唆する議論がある。それらについては、比類や人事をとりあげるさいに触れる機会があるだろう。

もうひとつつけくわえておけば、「解精微論篇」の雷公のことば、

わたくしは医術を伝授していただき、経論にしたがってお教えを実行しております。従容・形法・陰陽・刺灸・湯薬の滋養法がそれです。(14)

に出てくる従容・形法・陰陽は、馬蒔の指摘するとおり、(15) 書名とみるべきであろう。

いっぽう、雌雄という用語は、黄帝派の三つの論文にあらわれる。

(1) 此れ皆陰陽・表裏・上下・雌雄の相輸応するなり。(著至教論篇)

(2) 聖人の病を治するや、必ず天地・陰陽、四時・経紀、五蔵・六府、雌雄・表裏、刺灸・砭石、毒薬の主《つかさど》る所、従容・人事を知りて、以って経道を明らかにす。(疏五過論篇)

(3) 雌を持して雄を失し、陰を棄てて陽に附し、并合するを知らず、診 故に明らかならず。(方盛衰論篇)

(1)の輸応は、文字どおりには、輸送と反応を意味する。訳すれば、交通とか関係といった語があたっていよう。(3)の「雌を持して雄を失す」と「陰を棄てて陽に附す」とは、表8-6からわかるように、雌が陰、雄が陽であり、逆の事柄を述べている。『素問』巻一・金匱真言論篇では(1)を、「上下」を「内外」に置き換えて引用し、さらに「陰陽・表裏・雌雄の紀を察す」と書いているが、岐伯派の論文にあって雌雄に言及しているのは、この引用箇所だけである。雌雄もまた従容とおなじく、黄帝派に固有の概念であった。そのばあい注意したいのは、以上の引用文にあらわれる雌雄はすべて、書名ではないということだ。「雌雄」と題した書はなかった、そう考えてまちがいないだろう。雌雄の問題はおそらく「陰陽」篇のなかに論ぜられていたのである。

「陰陽」篇とはべつに、王冰が「上古の医書」と注する、「陰陽伝」があった。「著至教論篇」によれば、それは手足の三陽脈、あわせて六陽脈が同時に、まるで疾風・礔礰のようにやってきて、重い病気をひきおこすケースを記述していたらしい。「外に期無く」、時期を問わず、「内に正無く」、なんの規則性もなく、「経紀に中たらず」、病の法則に該当せず、「診に上下無し」、診断の基準も役に立たない、と述べているように、黄帝派の診断法では歯が立たない病気が存在していたのだ。そのことを記憶しておきたい。

4　五中

これまで明らかにしてきた黄帝派の、太陽・陽明・少陽・太陰・少陰・厥陰六脈の脈象群にもとづく陰陽脈法は、『難経』の心・肺・肝・腎・脾の五臓脈象と浮沈・長短・滑濇の三対の基本的な脈象の陰陽にもとづくそれとは、まったく異なるものであり、このふたつのあいだに系譜的なつながりはない。それでは『難経』の陰陽脈法の祖型は黄帝七篇のなかにはみいだされないのだろうか。わたしが注目するのは五中である。

五中もやはり黄帝七篇にしかあらわれない用語である。「陰陽類論篇」の冒頭の問答において、黄帝は雷公にこう質問する。

陰陽の分類、経脈の方法、五中のあつかう範囲からみて、いちばん高い地位を占めるのはどの臓か。[16]

ここにいう陰陽・経脈・五中は、まえに引用した「上経・下経・揆度・陰陽・奇恒・五中」(疏五過論篇)、あるいは「合微の事を診、陰陽の変を追い、五中の情を章かにす」(方盛衰論篇)の合微・陰陽・五中とおなじく、すべて書名と解釈すべきであろう。五中はふつう五臓と理解されている。[17]しかし、それが書名であるならば、ほかの書のばあいとおなじく診断法、おそらくは五臓にかかわる一種の脈法をも、同時に意味しているにちがいない。

「方盛衰論篇」の一節を読んでみよう。

五中の部を識別し、抑えて脈の動静をとらえ、尺部の滑・濇・寒・温のありかたをたどり、脈の大小を視て、病気の状態と照らし合わせ、逆か従かをたしかめ、また病名を知れば、落度なく診断でき、人情にもとらない。[18]

尺は、寸とならんで、手首の脈をとる場所である。「尺寸の論」(徴四失論篇)ということばがしめすように、『黄帝内経』の時代にはまだ、尺と寸のあいだに位置する関は、診脈の場所とはされていなかった。寸・関・尺の三つの場所がでそろうのは、『難経』の時代になってからである。逆従は逆順におなじ。この篇の冒頭にみえる黄帝の説明によれば、「陽は左に従い、陰は右に従い、老は上に従い、少は下に従う」。王冰注によれば、「従う者を順と為し、反する者を逆と為す」。部は、たとえば『素問』巻十五・皮部論篇に、「十二経脈は皮の部なり」、「皮は脈の部なり」というように、脈が走る区域、あえていえば脈の流域、したがって脈がつかさどる、統轄する体の部分を指す。とすれば、「五中の部」とは、五臓脈のつかさどる区域、いいかえれば五臓脈象のしめす病気の所在の範囲、を意味することばでなければならない。

この解釈に誤りがなければ、「方盛衰論篇」のこの一節に記述されている脈法の内容は、表現こそ異なれ、『難経』

の陰陽脈法のそれとほとんど一致する。「五中の部を別かち、脈の動静を按じ」は、『難経』の「呼《は》いて心と肺とを出だし、吸いて腎と肝とを入る」にあたる。「尺の滑濇・寒温の意に循《したが》い」は、『難経』では脈象を浮沈が代表し、寒温がないのと、やや異なる。「其の大小を視」は、『難経』のたとえば「浮にして大・散なるときは心なり、浮にして短・濇なるときは肺なり」とおなじ含意をもつ。ただ黄帝学派のなかでも診脈の流れは大小から脈象へと向かったのであり、それがここに映しだされているのだ。そして「之を病能(態)に合わせ、逆従以って得」は、『難経』の「各おの其の経の所在を以って、病の逆順を名づく」に相当する。黄帝七篇にいう五中こそ、『難経』の陰陽脈法のはるかな祖型であったとみて、ほぼまちがいあるまい。五臓脈象による脈法である点で、この両者は完全に一致する。

それにたいして、黄帝派の陰陽脈法はつづく世代に継承されなかったらしい。それはおそらくいくつもの部分に解体されていったのであろう。一、二、三とあらわす三陰三陽脈の名称をとどめた岐伯派の論文は、『素問』にただ二篇残されているにすぎない。しかもそのひとつ、巻七・経脈別論篇はたんに名称としてつかっているだけだが、もうひとつ、巻二・陰陽別論篇(『太素』巻三・陰陽雑説)には、解体の方向をしめす、注目すべき記述がいくつかみられる。第一は、一陽・二陽・三陽・二陽一陰・二陰一陽・三陽三陰の病の記述[19]につづいて、

一陽を鼓するを鉤と曰い、一陰を鼓するを毛と曰い、陽を鼓し陰に勝つを絃(『太素』は弦に作る)と曰い、陽を鼓し至りて絶ゆるを石と曰い、陰陽相過《よぎ》るを溜(『太素』は弾)と曰う。

と書いていることだ。色脈と共通する弦・鉤・毛・石の概念は、すでに述べたように、のちに四時脈の名称として『難経』に登場するもの、ここで色脈診と陰陽脈法が交錯している。第二は、一陰・二陰・三陰・二陽・三陽・三陰三陽が「倶《とも》に搏《う》つ」ばあいには、それぞれ何日後に死ぬ、と述べていることだ。ここで「倶に」とは、手脈と足脈同時を意味する。これは一種の「陰陽脈死候」といってよい。そして第三に、もっとも注目すべきは、

陽を別かつ者は病の処を知り、陰を別かつ者は死生の期を知る。三陽は頭に在り、三陰は手に在り、所謂一なり。

という記述だ。楊上善と王冰のいずれも、頭を人迎、手を寸口と注する。人迎は足陽明脈に属し、喉頭軟骨の両側を走る総頸動脈の搏動する場所。この記述は明らかに、人迎と寸口で脈をとって比較する、わたしが人迎寸口脈法と名づけたものを指している。人迎寸口脈法はじつは黄帝派がもっとも重視し、岐伯派に継承されてゆくことになる脈法であった。

ともあれ黄帝派の陰陽脈法は、解体されてあるいは四時脈法へ、あるいは死生診断法へ、あるいは人迎寸口脈法へと変質・統合されていったのであろう。

5　人迎寸口脈法

わたしはいま、黄帝派がもっとも重視したと書いたが、黄帝七篇には明示的に人迎寸口脈法について述べた文章はない。ただそれを示唆する、

一陽は少陽なり。手の太陰に至り、上は人迎に連なる。

という短い一節が、「陰陽類論篇」にしるされているだけである。手の太陰は、くりかえすまでもなく、寸口を指す。人迎寸口脈法にかんする論文はすべて、『素問』でなく『霊枢』または『太素』におさめられている。人迎寸口脈法の簡単な要約は、『太素』巻十四・人迎脈口診の、黄帝と雷公の対話形式をとる最初の一段にある。この一段は、『霊枢』では独立の一篇をなしている。すなわち、巻八・禁服である。

わたくしは学業を受けることができ、九鍼六十篇に親しみ、朝晩それを学習し、ちかごろの本は紐が切れ、むかしの本は垢にまみれてしまいましたが、それでもまだそらで読んでおりますのに、すっかり理解してはおりません。[20]

という雷公のことばにはじまるこの篇は、古い師授の形式を伝えており、医学の伝授という視点からも興味ふかいのだが、それは別稿にゆずろう。[21]「臂を割《さ》き血を歃《すす》って盟を為す」儀礼をすませたのち、黄帝は雷公に刺法の原理を述べた短いことばを授ける。

凡そ刺の理は、経脈を始めと為す。其の行《めぐ》る所を営《はか》り、其の度量を知り、内は五蔵に次《いた》り、外は六府を別かつ。審かに衛気を察《み》、百病の母と為し、其の虚実を調え、乃ち止めて其の血絡を寫し、血絡尽くれば而《すなわ》ち殆《あやう》からず。[22]

だが、雷公が求めていたのはすでに学んだ原理でなく、「夫れ大は則ち外無く、小は則ち内無く、大小極まる無く、高下度《はか》る無し」と形容される、「九鍼六十篇」に記述された、刺法の具体的なやりかたの要約、今日ふうにいえば類型化であった。

表8-7

	人迎＞寸口	人迎＜寸口
1倍	少　陽	厥　陰
2倍	太　陽	少　陰
3倍	陽　明	太　陰

人迎寸口脈法は、人迎脈と寸口脈の搏動の大きさを比較して病の所在を知り、脈の状態と症候を求め、治療法を決める診断法である。そのばあい、「寸口は中を主り、人迎は外を主る」。中は陰、外は陽、といいかえてもよい。『霊枢』巻四・四時気(『太素』巻二十三・雑刺)によれば、「気口は陰を候《うかが》い、人迎は陽を候う」のである。平人、すなわち病気でないひとは、人迎脈と寸口脈が等しい力で綱引きしているみたいに呼応し、春夏には人迎脈が、秋冬には寸口脈が、わずかに大きくなる。病気のばあいは、人迎脈と寸口脈のどちらが何倍大きいかによって、その病がどの脈に属するかがわかる(表8-7)。そして脈の状態と症候と治療法との類型化された対応関係から、医者はただちにとるべき処置を知ることができる(表8-8)。ただ、人迎脈と寸口脈がそれぞれ他の四倍以上あり、しかも脈象が大・散のときは、関格と呼ばれる死の病であり、治療法はないとされた。

「人迎脈口診」篇では、陰陽六脈は足脈と手脈のいずれであるか、明言されていない。しかし、手脈よりも足脈を重視して、とりわけ「死生を決す」る診断に用いてきた、馬王堆医書以来の伝統からいって、おそらくそれは足脈を指していたであろう。その点をはっきりさせ、さらに手脈をも人迎寸口脈法のなかにとり入れる修正をくわえたのが、『霊枢』の「禁服」篇であった。脈の状態をあらわすのに、静の対概念である躁を導入して、十二脈へ拡張したのである(表8-9)。この修正された人迎寸口脈法は、たとえば「人迎大一倍於寸口」という表現を「人迎一盛」という表現に改めただけで、そっくり岐伯派の論文、『霊枢』巻二・終始に継承された。岐伯派はこの簡略化された用語、一盛・二盛・三盛を、『素問』巻三・六節蔵象論篇、巻十一・腹中論篇などに用いている。

のみならず、「人迎脈口診」篇の黄帝-雷公対話形式のべつの一段(『霊枢』巻八・五色)は、人迎寸口脈法の変形ともいうべきものを記載する。そこでは搏動の大きさでなく、浮・沈・滑・堅などの脈象を対比的にとらえ、「脈の浮・沈および人迎と寸口の気の小大等しき者は、病已《い》え難し」という(表8-10)。岐伯派の論文、『霊枢』巻十一・論疾診尺(人迎脈口診)は、「五色」篇のそのことばをくりかえす。おなじく岐伯派の論文、『太素』巻二十五・熱病説(『霊枢』巻五・熱病)には、気口が静、人迎が躁、という組み合わせがみえる。人迎寸口脈法のなかに、診脈の対象を脈の大小と脈象から、脈の大小を捨ててもっぱら脈象へと変化させてゆく、たしかな流れが生まれていたのである。さらに「病能論篇」は、寸口脈との比較では

表8-8　人迎寸口脈法の症候と治療法

		人迎＞寸口		人迎＜寸口	
		(症候)	(治療)	(症候)	(治療)
脈	盛	熱	寫	脹満・寒中・食不化	寫
	虚	寒	補	熱中・出糜・少気・溺色変	補
	緊	痛痹	肉刺	痹	先刺後灸
	代	乍甚乍間	取血絡・飲薬	乍痛乍止	取血絡
	陥下		灸		灸
	不盛不虚		飲薬・灸刺		飲薬・灸刺

陥下は外から見えない脈，乍甚乍間・乍痛乍止は間歇発作・痛，肉刺は肉への刺鍼，熱中・寒中は内部の熱・寒，取血絡は瀉血，出糜は下痢．

表8-9「禁服」にみえる人迎寸口脈法

	人迎＞寸口	人迎＜寸口
1倍	足少陽	足厥陰
1倍＋躁	手少陽	手心主
2倍	足太陽	足少陰
2倍＋躁	手太陽	手少陰
3倍	足陽明	足太陰
3倍＋躁	手陽明	手太陰

表 8-10 『霊枢』・五色における人迎寸口脈法の変型

	脈象							病		
	滑	緊	浮	沈	小	大	盛	在内	在外	病勢
脈口	○	○		○	○			○		益甚
人迎		○	○			○			○	益甚
脈口	○		○							日進
人迎	○			○						日損
脈口	○			○				○		日進
人迎	○		○				○		○	日進

脈口は寸口に同じ.

ないが「人迎甚盛」、『素問』巻十三・奇病論篇は「人迎躁盛」と、人迎のみによる診断を記載する。それも人迎寸口脈法のひろがりをしめしているのであろう。

ここで「経脈」と題する書にふれておこう。「人迎脈口診」篇または「禁服」篇に、「凡そ刺の理は、経脈を始めと為す」ということばがあった。その経脈の経路を記述した一篇が『黄帝内経』におさめられている。『霊枢』巻三・経脈または『太素』巻八・経脈連環である。『黄帝内経』の成立を論じたさいに指摘したように(第五章2節)、この篇は馬王堆漢墓から出土した「陰陽十一脈灸経」や「足臂十一脈灸経」を祖型とし、それに手をくわえたものであった。それはつぎのような構成をとる(〔 〕内は『太素』、( )内は『霊枢』)。まず冒頭に、

雷公「禁〔服〕(脈)のことばに、「凡そ刺の理は、経脈を始めと為す。其の行る所を営《はか》り、其の度量を制し、内は五蔵に次《いた》り、〔其の〕(外は)六府を別かつ」とあります。どうかその道理をお聞かせください。」……

黄帝「経脈は患者の死生を判断し、もろもろの病に対処し、虚実を調整する根拠となるものであって、精通しないわけにはゆかぬ。[23]」

という短い問答がある。ついで十二経脈の経路、それぞれの脈に異常があらわれたときの症状、そしていわゆる所生病を記述する。しめくくりには脈ごとに、治療法を指示した定型の文章がくる。最初の肺手太陰脈であれば、

盛なれば則ち之を寫し、虚なれば則ち之を補い、熱あれば則ち之を疾くし、寒なれば則ち之を留め、陥下すれば則ち之に灸し、盛ならず虚ならざるは経を以って之を取る。盛なる者は則ち寸口大なること人迎に三倍し、虚なる者は則ち反って人迎より小なり。

脈によるちがいは、むろん人迎脈と寸口脈の大小およびその倍率だけである。倍率を無視すれば、その関係は表8-11のようになる。この論文を『霊枢』にしたがって「経脈」篇と呼んでおこう。

ここからただちにつぎの結論が導かれる。第一に、「経脈」篇の著者は人迎寸口脈法を採用していたこと、第二に、雷公のいう「禁〔服〕(脈)」はつづく引用文からみて書名であり、それは「人迎脈口診」篇の前半または「禁服」篇を指していること、第三に、『霊枢』経脈の引用には「禁脈」とあるが、『太素』と『霊枢』の篇名とからみて、この一篇はもともと「禁服」と題する書であったこと、第四に、「経脈」篇の著者は、戦国末から伝えられてきた経脈の記述に手をくわえたとき、「禁服」篇によってその前後に増補したこと、第五に、そのさい脈の状態に対応する治療法をさらに簡略化したこと。要するに、中国医学の基礎となる経脈論は、人迎寸口脈法を採用する黄帝派の医師たちによって仕上げられたのであった。

表8-11

	盛	虚
陽脈	人迎＞寸口	人迎＜寸口
陰脈	人迎＜寸口	人迎＞寸口

『黄帝内経』の成立にかんする最初の仮説群を提出(第五章)したとき、わたしは「経脈」篇を黄帝派の著作のなかでも最古層に属するものと想定した。しかし、それは「禁服」篇よりも新しい(補論参照)。のみならず、『霊枢』に収録された黄帝派のこれらの著作は、内容や岐伯派との継承関係からみて、その成書が黄帝七篇よりもおくれるのは確実であろう。いっぽう黄帝七篇にも、「経脈」という書名がしるされている。それはおそらく、現存する「経脈」篇から前後に増補された文章を取り去ったような、形式からみれば馬王堆漢墓出土の「灸経」に近い、完成度におとる書であったろう。黄帝七篇にいうその「経脈」こそ、黄帝派の最古層に属する著作だったのである。

6 終始

黄帝七篇のなかには、人迎寸口脈法に直接言及したことばはない。しかしそれを示唆する文章なら、「陰陽類論篇」にあった。とすれば、人迎寸口脈法はまだ発明されていなかったとみるよりも、これまであきらかにした二、三の例から推して、なにかべつの用語で呼ばれていたのではないか、と疑ってみるべきであろう。その疑問に解決のてがかりをあたえてくれるのは、「終始」と題して『霊枢』巻二におさめる論述形式の一篇(「人迎脈口診」篇後半の一部)である。これを「終始」篇と書くことにする。

「終始」篇の標題に注して、「終始はもと古経の篇名」と指摘したのは、『素問』から多くの篇名を発掘した馬蒔であった。この篇のはじめに、

凡そ刺の道は終始に畢《おわ》る。明らかに終始を知り、五蔵を紀と為せば、陰陽定まる。

おなじく「根結」篇(『太素』巻十・経脈根結)に、

九鍼の玄、要は終始に在り。故に能く終始を知れば、一言にして畢る。

とあるのをとらえて、「故に其の古経の篇名為《た》るを知る」、と主張したのである。(24) わたしは馬蒔の見解を支持すると同時に、それを脈法の名称でもあると考える。

それでは終始脈法とはなにか。「終始」篇にいう、

謹んで天道を奉じ、請う、終始を言わん。終始は経脈を紀と為す。其の脈口・人迎を持し、以って陰陽の有余・不足、平と不平とを知れば、天道畢る。

と。これが人迎寸口脈法を述べた文章であるのは、あらためて指摘するまでもない。さらに「所謂平人は病まず」と

脈法は、古くは終始と呼ばれていたのである。「十二経脈の所生病」は「経脈」篇に記載されていた。とすれば、もはや疑問の余地はない。わたしのいう人迎寸口して、「禁服」篇の平人にかんする記述を敷衍し、[25]一篇をこう結ぶ。

必ず先ず十二経脈の所生病に通じ、しかるのち終始を伝うことを得可し。

黄帝七篇のなかで終始に言及していたのは、「疏五過論篇」であった。まえに引用した「上経・下経・揆度・陰陽・奇恒・五中、決するに明堂を以ってし、終始を審かにし、以って横行す可し」のほかに、「凡そ診る者は、必ず終始を知る」とも書いている。「上経」・「下経」・「揆度」・「陰陽」・「奇恒」・「五中」が書名であるならば、「明堂」と「終始」も書名でなければならないだろう。終始脈法もまた、揆度などとならぶ、古い診断法のひとつであった。

ここでつけくわえておこう。「示従容論篇」によれば、「脈経上下篇」と称する書があった。「肝虚・腎虚・脾虚は、皆人をして体重く煩冤せしむ」といった類のことが書かれていたらしい。それが「上経・下経」とおなじ書であるかどうかは、たしかめるすべがない。いっぽう『史記』倉公伝には、「脈書上下経(あるいは脈書・上下経)・五色診・奇咳術・揆度・陰陽」その他の書名がみえる。奇咳が奇恒とおなじ技術を指すのかどうか、これもたしかめるすべはない。しかし、いま挙げた書名が黄帝七篇にあらわれる書名とおなじであるか、きわめて近いのは、否定できない。「疏五過論篇」の上経・下経・揆度・陰陽・奇恒そして明堂と比べてみよう。明堂は、すぐあとで述べるように、いわば五色診にほかならないのだから、この類似は決して偶然ではありえない。[26]標準的な医書ないし医学の分野の組み合わせが、倉公淳于意の活躍した前漢の文帝(在位前一八〇—前一五七)の時代にはできあがっており、それが黄帝派にひきつがれているのである。それは黄帝七篇にみえるいわゆる古経のいくつか、すくなくともその祖型をなす書の著作年代が、前漢の前半期にまでさかのぼる可能性を示唆しているし、黄帝派の出現の時代にもサイドライトを投げかけている。

7 比類・明堂

診断法をあらわす用語として、また書名としても、検討しておかなければならないものに、さらに比類と明堂がある。そのほか形名(疏五過論篇)や形法(解精微論篇)や五度・五診(方盛衰論篇)も挙げておくべきだろうが、いずれも一度その名称に言及されているにすぎず、五度が脈度・蔵度・肉度・筋度・兪度を指し、五診は『史記』倉公伝にみえるという以外に、その内容をうかがうよすがはない。まず比類をとりあげよう。

「疏五過論篇」は、診断のさいにおちいりやすい五つの過失を論じた書である。「五過・四徳」を知っているか、と黄帝に問われて雷公は答えた、

五過と四徳とを聞かず。比類・形名は虚しく其の経を引き、心に対《こた》うる所無し。

比類と形名の技術については、棒暗記している「比類」・「形名」両書の文章を引用しているだけのこと、どういう意味かと聞かれても、内容がわかっていないのですから、答えようがありません、というのだ。黄帝の説く第三の過失には、すでに引用した「比類・奇恒・従容」ということばもみえる。また治療における四つの過失を論じた「徴四失論篇」は、その第三の過失に「貧富・貴賤の居、坐の薄厚、形の寒温に適《したが》わせず、飲食の宜に適わせず、人の勇怯を別《わ》かたず、比類を知らず」を挙げる。ここでは比類を知ることが、患者の性格を理解し、生活の環境や習慣を改めさせることとならんで、重要とされた。

問答の中心的な話題として比類をとりあげているのは、「示従容論篇」または「脈論」篇である。この篇は、きみは医術を伝授され書物を暗誦し、よく医学の雑多な分野に目を通し、比類にまで手を伸ばして、ひろく道理を理解することができた。きみの得意とするところをわたしに話してごらん(27)。

と雷公に試問する黄帝のことばからはじまる。問答を重ねたのち、「三蔵は以って其の比類を知る所以」とはどういうことか、と尋ねる雷公に黄帝はこう指摘する。

それは従容の話だ。いったい患者が年長であれば腑にさぐりを入れ、年少であれば経脈にさぐりを入れ、壮年であれば臓にさぐりを入れる。(28)

三臓は肝・腎・脾。従容は肝・腎・脾・膀胱・胃・胆の陰陽六足脈による診断法であった。比類に三臓の脈を用いるというのは、じつは三臓三腑の六脈による診断の一部だというのである。「物を援《ひ》き類を比べ」るこの方法は、つぎの事例によって具体的に知ることができよう。すなわち、雷公はかつて診察したある患者の三つの症候と脈象とを挙げて、わたくしはそれを傷肺だと診断したが、なおせなかった、あれはいったいなんの病気だったのでしょう、と質問する。黄帝の説明によれば、それらの症候や脈象はすべて、肺でなく別の臓の異常によるのである。「比類を引かざれば」それはわからぬとして、黄帝はそれと傷肺の病理や症候と対比し、「此の二者は相類せず」と結論する。

比類とは要するに、従容脈法の診断にもとづいて脈象や症候を比較し綜合し、その病理と病名を確定する方法であった。「疏五過論篇」に比類・奇恒・従容とあるから、病気を奇と恒に分けるやりかたも、その綜合判断に利用されていたのだろう。年長は腑、年少は経脈、壮年は臓というのは、年齢と病気の関係を三つの類に分けて、病名や病理をさぐる目安としたものにちがいない。この一篇は、

明らかに比類・従容を引く。是こを以って名づけて診経(29)と曰い、是れを至道と謂う。

ということばによってしめくくられる。林億らの新校正によれば、全元起本『素問』では、この篇は「従容別白黒」と題されていた。だがもともとは、篇名を「診経」と称したのであろう。

いっぽう、「疏五過論篇」に「決するに明堂を以ってす」という明堂に、誤解の余地はない。顔面にあらわれた色による診断法、あるいはそれを論じた書を指す。明堂は周代、祭政の中心となった殿堂だが、古代中国人は顔面の造

作を明堂とそれをとり囲む宮城にたとえた。それが明堂という名称のおこりであり、その技法の概略は『霊枢』巻八・五色に残されている。

おそらく決まり文句につかわれていたことば、「五色は独り明堂に決するか」がなにを意味するか、雷公に尋ねられて、黄帝は答える、「明堂は鼻なり、闕(門)は眉間なり、庭は顔なり、蕃(垣)は頰側なり、蔽は耳門なり」。そのそれぞれの場所は身体の各部分に対応している、「庭は首面なり、闕上は咽喉なり、闕中は肺なり、下極は心なり、直下は肝なり」というふうに。顔面の各場所を部という。「五色には各おの蔵部有り、外部有り、内部有り」、「五色の見《あらわ》るるや、各おの其の色部に出ず」。五色のさまざまなあらわれかたを見て病を診断するのだが、その原則はこうである。

五色は各おの其の部に見《あらわ》る。其の浮沈を察《み》て以って浅深を知り、其の沢夭を察て以って成敗を観、其の散摶を察て以って遠近を知り、色の上下を視て以って病処を知る。

浅深は病の重さ、沢夭はつやの有無、成敗は病状の善し悪し、散摶は色の拡がりかた、遠近は発病時から経過した時間、上下は顔面上の位置。色そのものも症候をあらわす。「青・黒を痛と為し、黄・赤を熱と為し、白を寒と為す」。こうしてたとえば、「赤色両顴に出で、大なること拇指の如きときは、病小《すこ》しく愈ゆと雖も、必ず卒《にわか》に死す」、といった類の診断の具体的な指針がみちびかれるのである。岐伯にむかってあらためて、「五色は独り明堂に決するか」、と黄帝に尋ねさせる『霊枢』巻六・五閲五使は、岐伯派が継承した明堂診断法の簡潔な要約であった。

8　問診と人事

黄帝学派があるいは発明しあるいは発展させた診断の技術の全容はこれでほぼ解明できた、とわたしは考える。形成過程にある中国医学として、それはすでに瞠目すべき多彩さである。黄帝学派の医学がしだいに権威を獲得し、他の学派を圧して中国医学そのものとなってゆく原動力の一端は、黄帝派が当初から発揮したこのような豊かな創造力にあったとみていいだろう。

これまで検討してきた脈診や色診は、診断法のなかでも高度の熟練を必要とする、技術的な側面をかたちづくっている。しかし、診断法はそれにとどまるものではない。やはり経験の蓄積によってはじめて生きてくる、もうひとつの側面がある。診断の五つの「過失を論ず」る「疏五過論篇」は、過失を列挙したのちにいう、「凡そ此の五者は、皆術を受けて通ぜず、人事明らかならざるなり」。「著至教論篇」にも「人事殆《あた》らず」ということばがあった。技術とならぶ診断法のもうひとつの側面とは、この人事にほかならない。それでは、人事とはなにか。「疏五過論篇」の五つの過失をみてゆこう。(30)

一過。まだ病気を診察するまえに、社会的な地位や財産を一挙に失わなかったかどうか、尋ねなければならぬ。そういうばあいには、外の邪気に中たらなくても、病気は内から生ずる。医者は診て首をかしげるが、病名はわからぬ。患者の身体は日ごとに痩せてゆき、気は虚になり精は無くなる。病気が重いときは、外側では衛気(体液)が耗《へ》り、内側では営気(血液)が奪われる。良い医者が過失をおかすのは、病気がおこった情況を知らないことによってである。

二過。病気を診察しようとするときは、かならず、飲食の習慣や住居の状態、度外《はず》れの苦楽や苦楽の変転の経験を尋ねる。そうしたことがらが精気をそこなうばあいがあり、精気がなくなると身体をこわしてしまうからだ。やたらに怒れば陰気をそこない、やたらに喜べば陽気をそこなう。愚かな医者が治療すると、補瀉することは知らず、病気がおこった情況は知らず、患者の精気は日ごとに脱けてゆき、あわせて邪気にまでおかされることになる。

三過。脈診に秀れたひとは、かならず比類・奇恒・従容の方法で脈の異変を知る。医者となってこれらの方法を知らないようでは、その診察は尊重するにたりない。

四過。地位や財産の激変や志の挫折などによって、「邪に中たらずと雖も、精神内に傷《やぶ》れ」、「邪に傷られずと雖も、皮焦《こ》げ筋屈し」た患者にたいして、医者が厳しい態度で臨めず、患者の意識を変えることができず、へっぴり腰で診断はあやふやであり、病状を良いほうへ向かわせることができないようであれば、治療行為はなりたたない。

五過。診察するときはかならず終始脈法によって陰陽の有余・不足、平・不平を知り、さらに残りの事柄を理解するのである。脈を診て病名を調べるときは、男女いずれの脈象かをたしかめねばならぬ。離別や心の鬱屈、憂いや恐れや喜びや怒りによって、五臓は空虚になり、血気は守るべき場所を離れてしまう。医者がどんな病気かを明らかにできず、どうして発病したかを調べずにいて、技術がどうのといってもはじまらぬ。下手な医者はあわてて陰陽の脈に鍼を刺し、身体をだめにし、死期を近づけておいて、ただいつ死ぬかを告げるのだ。

「徴四失論篇」がとりあげる治療の四つの過失も、重なるところが多い。あわせて見ておこう。

一失。診察するのに、陰陽・逆従の原理を理解していない。

二失。師の医術をすっかり修得せず、でたらめにつまらぬ技術を案出して名を売り、でたらめに砭石を多用してわが身の咎をのちのちまで残す。

三失。患者の住宅や居室や飲食などを身分や財産や体質に合うように改めさせず、患者の性質ならどんな治療に耐えられるかを見分けず、比類の方法を知らず、混乱してなにも明らかにできない。

四失。病気を診断するのに、まず病気の始まり、心配事の有無、飲食の不節制、無理な生活、中毒の有無などを尋ねず、いきなり寸口の脈をとっても、病気がわかるわけがない。でたらめな病名をつけて、結局追いつめられることになる。

これらの過失から、逆に黄帝派の診断法とそれを可能にした病理観とがはっきり浮かびあがってくる。可能にした、とあえて言うのは、認識論的切断とわたしが呼ぶ方法(四一一ページ)が、そこに意識的に適用されているからである。

診察にあたってもっとも重視されたのは、問診であった。むろんその前提として、第一に、比類・奇恒・従容・終始などのようなさまざまな技術的診断法に習熟していなければならないし(三過・五過)、第二に、陰陽・逆従の理、すなわち生理学の理論に通暁していなければならない(一失)。このふたつを身につけていないのは、「工と為りて道を知らず」(三過)、重大な過失である。しかし、それだけでは正確な診断は期待できない。このような基本的な知識や技術を生かせるかどうかは問診に、問診をとおして明るみにだされる患者の「人事」にかかっているのだ。

問診によって明らかにしなければならないとされた事柄は、四つのカテゴリーに分類できる。

(1)　病気と身体に直接にかかわる事柄。(五過・四失)

(2)　日常生活の環境や習慣や行為にかかわる事柄。(二過・三失・四失)

(3)　社会的な地位や財産にかかわる事柄。(一過・四過)

(4)　身辺のできごとにかかわる心理的な事柄。(二過・五過)

(1)はここでは除外してよい。(2)、(3)、(4)に一貫しているのは、「邪に中たらずと雖も、病 内より生ず」(一過)という考えかたである。内とはなにか、病を生じさせる内のはたらきとはどういうものか。それを闡明するには、あらかじめ黄帝派の五臓観にふれておかなければならない。

黄帝派は五臓に五行の分類原理を適用し、五行を五臓をあらわす名称としてつかっていた。脾・肝・腎の三臓を、「夫の三蔵土・木・水の参《まじ》り居るが若《ごと》きは、此れ童子の知る所」と述べているのが、その例である。五行を五臓に分類した最初の文献は、『呂氏春秋』十二紀であった。しかし、医家の分類はそれとは異なっている。医家とおなじ方式の分類をとったのは、『淮南子《えなんじ》』墜形訓《ちけいくん》である。編者の淮南王劉安は前一二二年に死んでいる。おそらく前漢の半ばごろには、この分類方式はすでにひろく知られており、医家はそれを採用したのであろう。黄帝派がその先駆であったということもありうる(表8-12)。

表8-12　五臓の五行への配当

	五行				
	木	火	土	金	水
『呂氏春秋』十二紀	脾	肺	心	肝	腎
『淮南子』墜形訓	肝	心	胃	肺	腎
『素問』宣明五気篇	肝	心	脾	肺	腎
	魂	神	意	魄	志

『淮南子』の胃はおそらく脾の誤りであろう．

ここで注意しておきたいのは、分類原理としての五行の採用は、説明原理としての五行説の採用をかならずしも意味しない、ということだ。分類はたしかに認識の第一歩である。それは認識対象を有限のカテゴリーに帰属させ、対象世界にはある種の秩序が存在すること、したがって認識可能であることをしめす。しかし、それだけならなにも説明しない。分類が認識にとって真に意味をもつもの、対象世界のありかたを説明するものとなるのは、同類間および異類間の関係づけと作用の原理があたえられることによってである。中国の自然哲学では、同類間の関係を類とか同類などと呼び、同類間には一種の親和力がはたらくとみなす。このいわゆる同類相感は、五行だけでなく陰陽その他のカテゴリーにも適用される、一般的な原理であった。それにたいして異類間については、五行のばあい、特異な二つの作用原理が導入され、やがてさまざまな分野で独得の理論を構成してゆくことになる。それが戦国後期の思想家鄒衍《すうえん》によって提唱された、相生説と相克説（相尅・相勝とも書く）である（図8-1）。五行概念を用いた思考は、分類原理にくわえて、同類相感・相生・相克の三つの作用原理のうち、すくなくとも一つをそなえているとき、はじめてそれを五行説と呼ぶことができる。事実、木・火・土・金・水のカテゴリーはむろん用いていないが、認識対象を五つに分類する思考なら、殷代にまでさかのぼるのである。

黄帝派は、分類原理としては五行を用いたけれども、三つの作用原理をつかった現象を説明することは決してなかった。その適切な例を『霊枢』五色にみいだすことができる。「五色を以って蔵に命づけ、青を肝と為し、赤を心と為し、白を肺と為し、黄を脾と為し、黒を腎と為す」と、五臓に五色を配しているものの、それと顔面の各部にあらわれる色とのあいだには、いかなる関係も想定していない。のみならず、顔の色については五分類にもこだわらず、青と黒、赤と黄を一括してあつかっている。五行説が医学理論の不可欠の構成要素となるには、伯高派や少兪派、とりわけ岐伯派の時代を待たなければならない。

内外でいえば、五臓はむろん内であった。「病 内より生ず」というとき、内は五臓を含意している。中国医学においてきわめて特徴的なのは、五臓は生理的なはたらきだけでなく、心的なはたらきの担い手とされたことである。心の五つの位相ないし作用である魂・魄・神・意・志を五臓が分有した（表8-12をみよ）。心の動きは、だからただちに五臓の生理的なはたらきの変化となってあらわれる。そこに前提されているのは、気の連続観である。『太素』水論（解精微論篇）にいう、「水の精を志と為し、火の精を神と為す」、水すなわち腎臓の気の純粋なものが志、火すなわち心臓の気の純粋なものが神である、と。身心いずれのはたらきも、気のはたらきにほかならないのである。ちなみに、『太平御覧』巻三百六十三に引く『韓詩外伝』の佚文に、「情は腎に蔵せられ、神は心に蔵せられ、魂は肝に蔵せられ、魄は肺に蔵せられ、志は脾に蔵せらる」、とみえる。前漢代の前半にはすでに、心的作用を五臓に帰属させる思想が生まれていたのである。

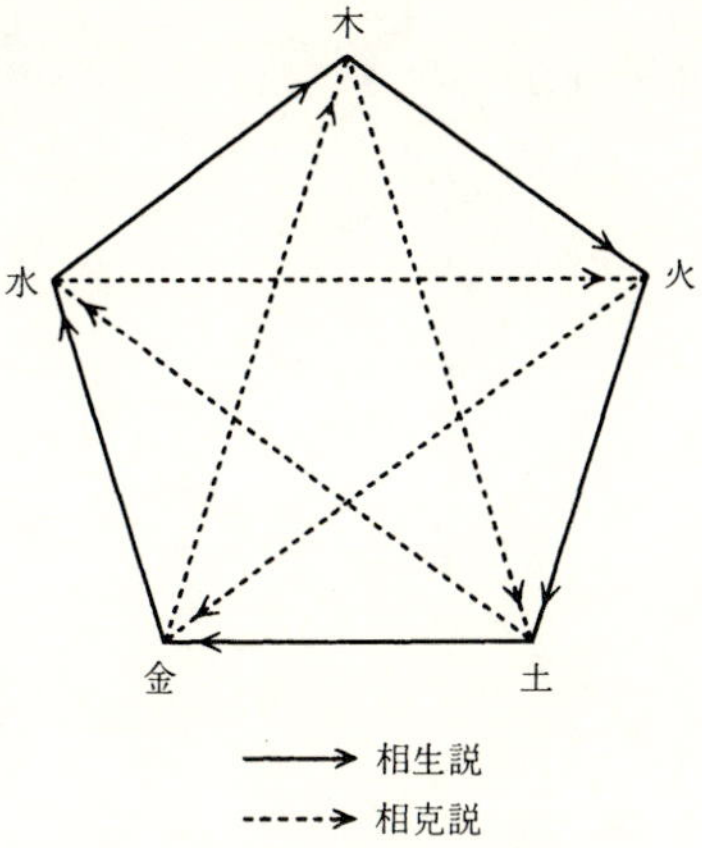

図8-1　五行相生・相克の原理

「邪に中たらずと雖も、病 内より生ず」という問題に帰ろう。五過は病気の原因を心理的要因に求める。激しい感情の発作によって、五臓の気は「空虚」になり、血気は本来在るべき場所を離れ、そこからさまざまな病気がおこってくる、と。一過は高い地位から転落してかかる病を「脱営」、営気すなわち血液の脱離、資産家から転落してのそれを「失精」、精気の喪失と呼び、「気虚し精無く」、重くなると衛・栄（営）すなわち気・血がなくなるという。四過はおなじ事態を、内では「精神」、精気である神がそこなわれる、と表現する。二過によれば、適しない住宅や食事、苦楽の激変などは精気をそこない、精気が竭きて身体を壊す。直接の原因がなんであれ、体内におこる変化はすべておなじである。生命力の源泉であるとともに精神作用をもつかさどる精気が失われ、全身に充満して身体を防衛する体液の衛気と全身を循環して営養を供給する血液の営気が耗ってしまう、というのだ。それをひきおこす、問診によって明らかにすべきとされた、三つのカテゴリーに属する事柄こそ、黄帝派の医師たちが「人事」と称したものにほかならなかった。

患者の人事を明らかにすることは、たんなる診断法上の問題ではなかった。医者はそれにもとづいて患者をカウンセリングするよう求められたのである。生活の環境や習慣や食事がよくないとわかれば、それを改めるように指導しなければならなかった(三失)。地位や財産の激変によって落ちこんでいる患者には、むしろ厳しく接し、意識のありかたを変えさせ、病状を快方に向かわせるようにしなければならなかった。そうでなければ「医事行われず」、治療技術も適用のしようがないのである(四過)。問診はこうして治療行為の一環に、その第一歩に位置づけられたのであった。

9 内因論と「虚」の病理学

病因としての人事、あえていえば人事因を、ここではひっくるめて内因と呼ぶことにしよう。人事のいずれにしろ、おおかれすくなかれ心理的要因がそこに介在しているというばかりではない。体内に生ずる変化はすべて、心理的な事柄を主因とするばあいとまったく同一であり、そのすべてが「邪に中たらずと雖も」発生する病として一括されているからである。黄帝派は病気の原因として人事をもっとも重視し、この内因によって生じた病気をもっぱら診療の対象としていた。そのことを「五過」と「四失」は疑問の余地なく立証している。病理学書の「下経」も、「内を使う」ことより生ずる、内因の病を論じていたのを想起しよう。

黄帝派はむろん外因の存在を否定したのではない。「邪に中たらずと雖も」とくりかえす黄帝派にとって、体外の邪気に犯される、今日ふうにいえば感染症の存在は、自明の前提であった。内因の病によって精気が脱けてゆくと、「邪気乃ち幷《あわ》す」、外因による合併症にかかる(二過)ともいう。にもかかわらず、かれらは外因による病についてはほとんどなにも語らない。いや、あえて語ろうとしなかったのである。

ある原因とそれがひきおこす現象の存在を知っていながら、あえてそれを考慮の外に置き、ひたすらべつの原因とそれによる現象に目を注ぐ。それは認識論的切断[31]のひとつの形態である。認識はつねに認識する対象を限定することによってなりたつ。認識論的切断とは、意図的におこなわれるその限定であり、対象の認識を可能にし確実にするための操作である。認識論的切断はひとつの認識の場をつくりだす。その場から外されたものは、当面の認識にとっては、認識を攪乱する要因でしかない。当面の認識を、認識のその段階と言い換えてもよい。当面の認識が完了したとき、その認識論的切断は解除され、認識はつぎの段階に移る。新たな認識の場はさきに対象から外されていたものをふくむだろうし、そこにいっそう包括的な認識が成立してくるだろう。黄帝派が内因論の立場を固執したのは認識論的切断としてであった、とわたしは考える。

黄帝派の病理学がいわば「虚の病理学」であったのは、注目に価する。「示従容論篇」はまさに虚の病理を論じた一篇であるといってよい。すでに述べたように、肝虚・腎虚・脾虚は従容によってはじめて正確に診断される病であった。脈が浮・弦のときは、腎の気がたりないのであり、沈・石のときは腎の気が内に付着して循環しないのである。咳がでて胸苦しいときは、腎の気が上へ逆行したのである。脈が浮・大・虚のときは、脾の気が外のほうに無くなり、胃の外へ出てしまったのである。傷肺では、脾の気が守るべき場所を離れてしまう。夢もまた虚症の指標であった。「方盛衰論篇」によれば、夢を見るのは五臓の気が虚であるとき、いいかえれば、陽気には余りがあるが、陰気が足りないときであり、どの臓が虚であるかによって見る夢も異なる。体が弱く気が虚であるとき、体の気には余りがあるが脈の気がたりないときは、死ぬ。しかし、脈の気に余りがあれば、体の気が足りなくても生きる。「疏五過論篇」が執拗なまでにくりかえして警告していたのは、内因が虚の病をひきおこすのを忘れるな、ということであった。病の内因論と虚の病理学とは、二枚の歯車のようにぴたりと嚙み合って、ひとつの理論装置を構成していたのである。

虚の病理学の発展は、症例によっては、それまで粗雑な外因論によって説明されてきたものを、あらためて内因にもとづく病と認識させた。たとえば、雷公がある症候群と脈象を挙げて「此れ何の蔵に発するや」と尋ね、比類を知るゆえんが三臓にあるとはどういうことかと問うたとき、黄帝は「いまきみが言ったのは、すべて例の八風がうだるように蒸し暑く、五臓がとけただれて、邪気が臓から臓へ伝わってゆくというやつだ[32]」(脈論)としりぞけて、その症例に虚の病理による説明を適用している。

内因論への意識的な自己限定がもたらしたものは、しかし病理学の発展だけではない。診断法、なかでも脈法の多様な、しかも急速な展開という大きな成果は、それなしには生まれなかったであろう。外因による病と比較するとき、内因による病の特徴は一般に、体におこる変化がゆるやかで連続的であるところに求めることができよう。それは脈象の微妙な変化を観察し追跡する、絶好の対象であった。注意ぶかい観察は、気候の変化と脈象とのあいだにみられる一定の対応関係に、いちはやく気づく。四季の正常な脈象は、脈法にひとつの基準を提供した。「揆度」が立脚した、いわゆる四時脈である。それを生理学的に支えたのが、天の気と人の気の照応を説く「上経」の理論であった。その基礎のうえに、さまざまな脈法が花開いていったのである。

逆にいえば、黄帝派の医学の欠陥はまさに外因論の欠如、外因による病の診療体系からの排除にあった。たとえ認識論的切断によるものであり、それによっていかに豊かな果実を理論や診断法の分野にみのらせたとしても、臨床にさいしてはおびただしい外因の病に直面しなければならない。それを逃れられないのが、治療を使命とする医学の定めである。古い時代の医学が病因をすべて外因に帰したのは、たんに心理的な要因のみによるものではない。外因の病の重さや激しさもさることながら、今日のわたしたちを驚かせるのは、魏晋以後の臨床医学書に記載されている感染症の種類の多様さであろう。外因の病を重んずる考えかたには、それなりの医学的な根拠も存在していたのである。それだけに、ひたすら内因の病をみつめた黄帝派の医学は画期的であり革命的であったということになるのだが、黄帝派の医師たちの名声を確立させたであろうこの強みは、そのまま裏返しの弱さ、致命的ともいえる弱さともなった。「著至教論篇」にみえる「陰陽伝」に論ぜられていたという、三陽脈の気が同時に疾風・礔礰のようにやってくる重い病とは、その記述からみて外因の病であり、感染症にちがいない。黄帝派の医学はそれにたいして無力であった。

こうして、あらためて外因論を導入し、外因による病の診断法と治療法を確立することが、黄帝派のあとにつづく医師たちのまえに、焦眉の課題としてたちあらわれるのである。そのとき外因論は、黄帝派がつくりあげた生理学と病理学に耐えうるもの、それと接合しうるものでなければならないだろう。九宮八風説をかりて風に虚実の概念をもちこみ、旧来の実感的な外因論の限界をのりこえ、医学理論のなかに外因論の再導入をはかった少師派の仕事（本書第六章）は、その第一の課題に応えるものであり、第二の課題の解決は、さらにあとにつづく岐伯派の手に残されたのであった。次章において、岐伯派のその仕事をとりあげることにしよう。

補論　三　焦

現存する『黄帝内経』の「経脈」篇は、黄帝派によって完成されたのではなく、最終的にはおそらく岐伯派の手がくわわっている、とわたしは考えている。それは三焦が六腑のひとつにかぞえられ、また中焦の語も用いられているからである。三焦もしくは上・中・下焦は六腑のひとつとされながらも、他の五腑とちがってそれに対応する独立の器官がないために、古来議論が絶えず、その議論も錯綜を極めている[1]。本文中に三焦概念の起源と変遷についてまとめて論ずる機会はない。ここでその起源にかんするわたしの考えを述べておきたい。「経脈」篇とのかかわりでいえば、三焦・中焦の語は最終的な加筆である可能性が大きく、その加筆者を「経脈」篇の最後の整理者とみなすことができるだろう、ということである。

三焦という語は『史記』扁鵲伝にはじめて用いられる。陽気が「別れて三焦膀胱に下る」というのである。三焦膀胱とつづける表現は『黄帝内経』にもみえる。たとえば、「夫れ胃・大腸・小腸・三焦・膀胱、此の五者は天気の生ずる所なり」(『素問』巻三・五蔵別論篇)、臓と腑を対応させて、「腎は三焦膀胱に合す」(『霊枢』巻七・本蔵)などというのがそれであり、とくに注目すべきは、「本輸」篇の「腎は膀胱に合す。膀胱は津液の府なり。……三焦は中瀆の府なり。水道(焉《ここ》より)出で、膀胱に属す。是れ孤の府(臓と対応しない腑)なり」(『霊枢』巻一、『太素』巻十一)、ということばであろう。府は貯蔵所もしくは役所ないし担当の役人。「中瀆の府」はわかりにくいが、『素問』巻三・霊蘭秘典論篇に「三焦は決瀆の官、水道焉より出ず」とおなじく、「水道」の水門の開閉を担当する役所またはその役人の意味にとっておこう。「膀胱に属す」とあるから、その一部もしくは隣接する場所にあるのだろうが、膀胱の上口の側にあるのか下口の側にあるのかは、これだけではわからない。「霊蘭秘典論篇」では三焦のほうが膀胱よりもまえに記述されている。『史記』以来の三焦膀胱という呼びかたからみて、上口の側にあると考えておこう。

以上の諸例では、三焦は「三つの焦」でなく、あきらかに一つの「三焦」である。三焦とはもともと単一の或るものであり、膀胱の上口かそれに隣接するあたりに位置し、流通する水量の調節作用をおこなっているとされていたにちがいない。三焦が単数でなく複数とされるにいたったのちも、なお古い用法が残っていたことを、いま引用した岐伯派の四篇はしめしている。しかし、『黄帝内経』の三焦の用例は圧倒的に複数であり、それと並行して上焦・中焦・下焦の概念があらわれる。それではいつ、どのようにして、三焦概念は単数から複数へ転換していったのだろうか。そのきっかけとなったのは伯高派の新説であった、とわたしは考える。

穀物の消化と呼吸・循環の生理学をはじめて具体的に論じたのは伯高派である。『霊枢』巻十・邪客(『太素』巻十二・営衛気行)にいう。

> 五穀の胃に入るや、其の糟粕・津液・宗気は分かれて三隧を為す。故に宗気は胸中に積み、喉嚨に出で、以って心脈を貫き、而して呼吸を行《めぐ》らす。営気は、其の津液を泌《なが》し、之を脈に注ぎ、化して以って血と為し、以って四末を栄《めぐ》り、内は五蔵六府に注ぎ、……。衛気は、其の悍気の慓疾なるを出し、而して先に四末の分肉・皮膚の間を行りて休まざる者なり。(訳は三五六ページをみよ。)

胃でこなされた穀物は宗気・津液・糟粕に分かれ、三つのトンネルから出てゆく。宗気は大気ともいい、穀気が気体となったもの。気海と呼ばれる肺にたくわえられ、外からの吸気といっしょに呼吸作用をおこない、さらに喉嚨をへて心脈を通り、循環作用の原動力となる。血液は呼吸によって推進されて体内を循環すると考えられていたのであり、「呼吸を行らす」とは、ここでは循環作用を指す。穀気が液体となった津液からは、まずすばやく動くあらあらしい気が分かれて出て、先に四肢の筋肉や皮膚のあいだに浸透して体内をめぐる。それが衛気である。残りの津液は脈に流れこんで血液に変化し、四肢をめぐり五臓六腑に注ぐ。これが営気である。営衛の両気はおなじトンネルから出てゆく。糟粕とそのトンネルについては、ここには述べられていない。

胃の構造との関係を明言しているのは、解剖諸篇のなかの一篇、『霊枢』巻六・平人絶穀（『太素』巻十三・腸度）である。（文字の異同は『太素』を〔　〕、『霊枢』を（　）でしめす。）

胃は大いさ（一）尺五寸、径五寸、長さ二尺六寸、横屈して（水穀）三斗（五升）を受く。其の中の穀、常に留まる〔者〕二斗、水一斗（五升）にして満つ。上焦は気を泄《おしだ》し、其の精微にして慓悍滑疾なるを出す。下焦は下 諸腸に漑《そそ》ぐ。小腸は大いさ二寸半、……。

精微すなわち営気と慓悍滑疾すなわち衛気の出口が上焦、糟粕の出口が下焦と呼ばれ、それぞれ胃の上口と下口を指していたのは、まず疑いを入れない。伯高派は人体解剖の成果のうえに立って、消化と循環の生理学を開拓しようとしていた。そのとき導入したのが、胃の上焦・下焦の概念であったにちがいない。それは穀物をこなす作用をおこなう胃の本体にたいして、こなしたものを他の器官に送りだす作用をになう、胃の両端の部分として想定されていたのである。穀気の流通を軸に生理学をつくりあげようとする伯高派にとって、それは思考の自然な帰結であったろう。そのかぎり、営気と衛気という、性質も作用も異なる二つのものにべつの出口を想定しようとするのも、また思考の自然な動きであったろう。『霊枢』巻八・五味（『太素』巻二・調食）にいう。

胃は五蔵六府の海なり。水穀は皆胃に入り、五蔵六府は皆気を胃に稟《う》け、五味は各おの其の喜ぶ所に走る。……穀気の津液已《すで》に行《めぐ》り、営衛大いに通ずれば、乃ち糟粕を化し、次を以って下に伝う。……穀始めて胃に入り、其の精微なる者は、先ず胃の両焦より出でて、以って五蔵に漑ぐ。別に出でて営衛の道を両《ふたつ》ながら行《めぐ》る。其の大気の摶《う》つも行らざる者は、胸中に積み、命じて気海と曰う。肺より出で、喉（咽）〔嚨〕を循る。故に呼《は》けば則ち出で、吸えば則ち入る。（訳は三五一ページ。）

大気の出口が胃のどこにあるかはついにわからない。しかし、さきに上焦と呼ばれた出口は、ここでは胃の両焦と言い換えられている。営気と衛気は精微なる者と一括されているとはいえ、別べつに出るとされるのだから、両焦が両口を意味するのはまちがいない。両焦が上焦・中焦と名づけられるのは、すでに時間の問題である。

その動きは、伯高派の「五味」篇を展開した少兪派の『霊枢』巻九・五味論(調食)に読みとることができる。

> 五味の口に入るや、各おの走る所あり、……。酸　胃に入れば、其の気は(渋)〔濇〕《とどこお》りて以って収まり、之を両(焦)〔膲〕に上ぐるも出入する能わず。……鹹　胃に入れば、其の気は上りて中(焦)〔膲〕に走り、脈に注ぐときは則ち血気之に走る。……血脈は中(焦)〔膲〕の道なり。……辛　胃に入れば、其の気は上(焦)〔膲〕に走る。上(焦)〔膲〕は気を受けて諸陽を営《めぐ》らす者なり。……苦　胃に入れば、五穀の気は皆苦に勝つ能わず、苦は下(脘)〔管〕に入り、三(焦)〔膲〕の道は皆閉じて通ぜず。……甘　胃に入れば、其の気は弱(小)〔少〕にして、(上りて)上(焦)〔膲〕に(至)〔上〕る能わず。

ここにいたって両焦は明確に分けて上焦・中焦と呼ばれている。問題は下焦だが、下脘は胃袋の下部を指す。伯高派のいう下焦は下脘にある。苦味が下脘に入ると、三焦の道はすべて閉じて通じなくなるというとき、それは胃の上・中・下焦(上・中・下脘)を指しているのだろうか、それとも従来三焦と呼ばれてきた膀胱上口を下焦ととらえなおし、胃の上・中焦とあわせて三焦と呼んでいるのだろうか。文脈からみて、ここは前者と考えていいだろう。いずれにしろ、『黄帝内経』に残された資料によるかぎり、伯高派の新説を承けて上・中・下の三つの焦という概念を整え、それを三焦と呼んだのは、少兪派であったようにみえる。

いっぽうには古い三焦概念の痕跡をとどめつつも、古い三焦を下焦とする新しい三焦概念を確立し駆使したのは、岐伯派であった。その帰結を『霊枢』巻四・営衛生会(『太素』巻十二・営衛気別)にたしかめておこう。

> 人は気を穀より受く。穀は胃に入り、以って肺に伝与し、五蔵六府は皆以って気を受く。其の清なる者を営と為《い》

い、濁なる者を衛と為う。……営は中焦より出で、衛は上焦（『霊枢』は下焦に作る。『太素』によって改む）より出ず。……上焦は胃の上口より出で、咽に並《つらな》りて以って上り、……。中焦も亦た胃口に並り、上焦の後に出ず。……下焦は迴腸より別かれ、膀胱に注ぎて焉《ここ》に滲入す。

迴腸は、『太素』楊上善注によれば、大腸である。

これまで述べてきたことを簡単に要約すれば、次ページの図8-2のようになる。

三焦概念を理解するさいに重要なのは、それが器官でなく作用域だということであろう。古い三焦は膀胱に送りだす水量の調節作用をになっていたし、新たに導入された胃の上・下焦あるいは両焦は、いずれも消化された穀物を他の器官に送りだす作用をになっていた。いいかえれば、胃や膀胱のもつ作用の一部をとりだして独立させ、それぞれの上口や下口にその作用をおこなう領域を設定したのである。「営衛生会」篇が三つの焦の名において、それぞれの穀気の通る経路を記述しているのは象徴的である。逆にいえば、それは三焦以外の五腑もまた、複数の作用をもつ単一の器官でなく、一つの作用をもつ一つの作用域としてとらえられていたことを、つよく示唆している。

それにしても、三焦はいかにして六腑のひとつに数えられるにいたったのだろうか。というのは、六腑の古い概念には三焦はふくまれていなかったからである。「五蔵六府」という表現は、『呂氏春秋』恃君覧・達鬱にはじめてあらわれる。六腑とはなにか。『太平御覧』巻三百六十三に引く『韓詩外伝』の佚文に、つぎのようにみえる。

何をか六府と謂う。咽喉は量入の府、胃は五穀の府、大腸は転輸の府、小腸は受成の府、胆は積精の府、膀胱は精液の府なり。

三焦でなく咽喉が六腑のひとつだったのである。前漢代を通じて、それが六腑の内容だったことは、伯高派の解剖諸篇のひとつであり、「六府の穀を伝うる者」について述べた『霊枢』巻六・腸胃と、そのいっそう完全な記述である『難経』四十二難のいずれにも、咽門やあるいは喉嚨はあるが三焦はないことによって傍証される。『難経』がそこではあえて「六府」という表現を避けているのにも意味がある。

後漢に入ってはじめて、三焦が六腑のなかに登場する。章帝の建初四年(七九)、白虎観に儒者を集めて五経にかんする学術討論会が開かれた。その報告書である班固の『白虎通義』巻下・情性は、「六府とは何をか謂うや。大腸・小腸・胃・膀胱・三焦・胆を謂うなり」、と定義したのち、「礼運記」のつぎのことばを引用する。

胃は脾の府なり。脾は気を稟《う》くるを主る。胃は穀の委なり、故に脾は気を稟く。膀胱は腎の府なり。腎は寫するを主る。膀胱は常に能く熱を有す。故に先に決難(開いて水を流)す。三焦は包絡の府なり。水穀の道路、気の終始する所なり、故に上焦は竅の如く、中焦は編の如く、下焦は瀆の如し。胆は肝の府なり。……小腸大腸は心肺の府なり。……

「礼運記」がいかなる書かはわからないが、著作年代は後漢前期の前半にまでさかのぼるとみてよい。岐伯派が活躍していた時代である。

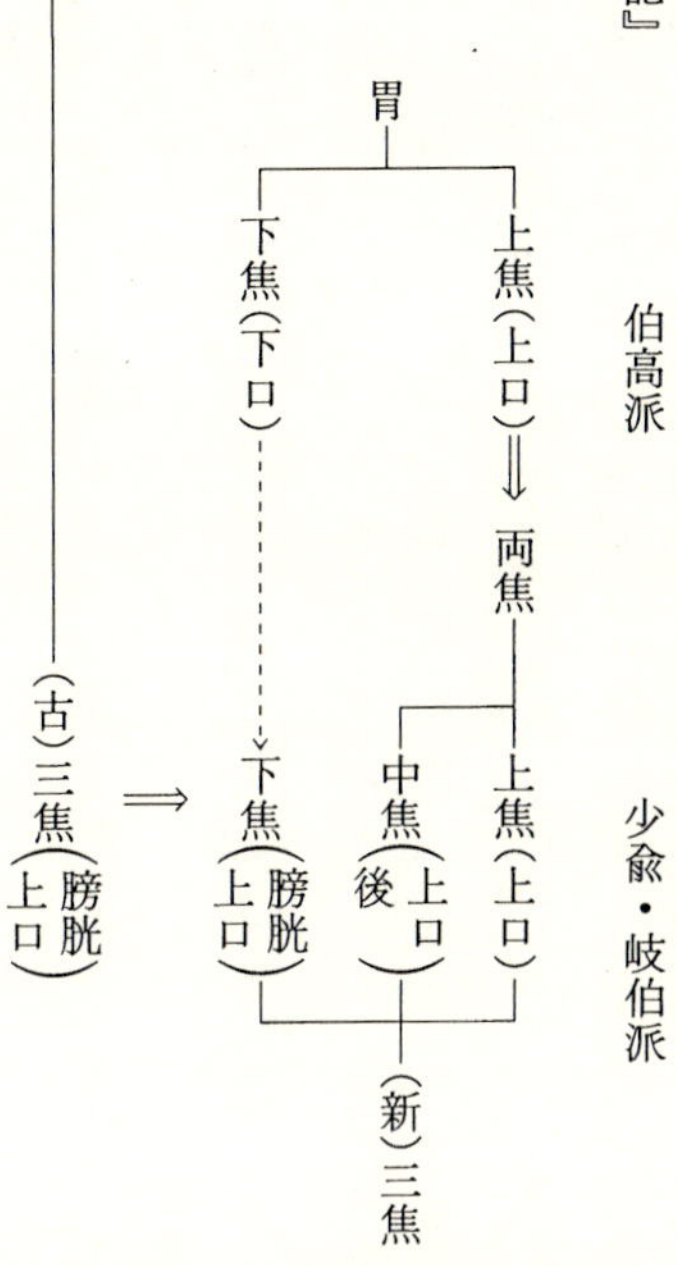

図 8-2

すでに述べたように、伯高派は胃の上焦・下焦および両焦の概念を導入して、生理学の理論を構築しはじめた。それとともに胃や膀胱の諸焦の役割がにわかに注目を集め、咽喉を三焦に置き換えようとする動きがおこったのであろう。「礼運記」にみえる三焦の定義は、その置き換えにさいして咽喉の作用が三焦に帰せられたことを、証明してくれる。この定義は『難経』三十一難にもそのまま採用されている。すなわち、三焦は水穀の道路、気の終始する所なり。

いっぽう、発声機構を解剖学的に記述した少師派の一篇、『霊枢』巻十・憂恚無言は、咽喉・喉嚨をつぎのように定義していた。

咽喉は水穀の道なり。喉嚨は気の上下する所以の者なり。

咽喉・喉嚨から三焦へのすりかえは一目瞭然であろう。上下を終始に改めたにすぎない。それをおこなったのが岐伯派であるのは、ほぼ疑いを入れない。事実、『黄帝内経』のなかで六腑に三焦をふくめているのは岐伯派の諸篇にかぎられ、論述形式の『素問』巻七・宣明五気篇では、胃・大腸小腸・膀胱・胆と下焦の病を五病と称している。

最後に、『白虎通義』と類似する三焦の形容、および『韓詩外伝』に由来する六腑の定義を引用してしめくくりとしよう。すなわち「営衛生会」篇は、文末を「余は聞けり、上焦は霧の如く、中焦は漚の如く、下焦は瀆の如しとは、此れ之の謂なり」という黄帝の言葉で結び、『素問』巻三・霊蘭秘典論篇は、心・肺・肝・胆・膻中につづいて、

脾胃は倉廩の官、五味焉《ここ》に出ず。大腸は伝道の官、変化焉に出ず。小腸は受盛の官、化物焉に出ず。腎は作強の官、伎巧焉に出ず。三焦は決瀆の官、水道焉に出ず。膀胱は州都の官、津液焉に蔵し、気化すれば則ち能く出だす。

と定義する。膻中とは三焦に対応する臓の心包を指す。

つけくわえておけば、「礼運記」に「膀胱は常に能く熱を有す」と説いているが、それはあるいは「三焦」という語の起源を示唆しているのかも知れない。膀胱の上口にあって、膀胱に熱をもたせる作用をするもの、それがもしかすると原初の三焦だったのではあるまいか。(2)

第九章　三部九候法と古代医学形成のパターン

1　三部九候論の構成

三部九候と呼ばれる脈法があった。おなじく三部九候といっても、のちの『難経』にいう三部九候とはまったく異なる。『素問』も黄帝七篇にはみえず、ただ岐伯派の論文のみにあらわれる脈法である。『霊枢』には三部九候への直接の言及はない。

三部九候脈法の立場を明示した『素問』の論文は、つぎの五篇をかぞえる。

巻六　三部九候論篇
巻八　宝命全形論篇、八正神明論篇、離合真邪論篇
巻十七　調経論篇

『太素』では、これらはつぎの諸篇にあたる。

巻十四　巻首闕題篇（三部九候論篇の約三分の二）
巻十九　知鍼石（宝命全形論篇）
巻二十四　天忌・本神論（八正神明論篇）、真邪補寫（離合真邪論篇）、虚実補寫・虚実所生（調経論篇）

わずか五篇（『太素』では二篇を二分して計七篇）にすぎないとはいえ、[1] それらは既成の説を批判し、新しい技法を編みだす

表 9-1　相脈法と三部九候法

三部	九候	診脈の場所	診断の対象	相脈法の診脈の場所
上	天	両額の動脈	頭角の気	
	地	両頬の動脈	口歯の気	
	人	耳前の動脈	耳目の気	
中	天	手太陰(の動脈)	肺	臂太陰の動者
	地	手陽明(　〃　)	胸中の気	
	人	手少陰(　〃　)	心	臂少陰の動者
下	天	足厥陰(　〃　)	肝	
	地	足少陰(　〃　)	腎	骭少陰の動者
	人	足太陰(　〃　)	脾胃	(足太陰の内踝上五寸)

動脈・動者は脈の搏動する場所を指す.

など、主張の尖鋭さと技術の革新性においてきわだっている。

三部九候とはなにか。

人に三部有り、部に三候有り、以って死生を決し、以って百病を処し、以って虚実を調え、而して邪疾を除く。(三部九候論篇)

三部とは上・中・下、すなわち頭・手・足の三部をいい、各部の天・地・人、すなわち脈をとる三つの場所をあわせて九候と呼ぶ。九候をとおして診断するのは、五臓と身体の四つの部分の気である。三部九候脈法をまとめると、表9-1のようになる。『難経』の三部九候(前章三八三ページ表8-3)と比較していただきたい。

三部九候は、しかしたんなる脈法にとどまるものではなく、診断法と治療法を統合した、ひとつの診療体系をなしていた。ここではその体系を三部九候法と名づけ、その理論を三部九候論と呼ぶことにしよう。三部九候論の立場は「離合真邪論篇」(真邪補寫)冒頭の黄帝と岐伯の問答に鮮明に表現されている。

黄帝「余は「九鍼」九篇の講義を受けた。そなたはすぐに九にちなんで九倍の八十一篇をしめした。余はその内容にことごとく精通している。古典に書かれている、気が盛んになったり衰えたりし、右や左へ傾斜移行しているときは、上によって下を調え左によって右を調えること、気に有余や不足を生じているときは、滎《けい》のつぼで補瀉することなどは、余はすべて理解している。それらはすべて、営気と衛気が傾斜移行してゆき、気が虚したり実したりして生じた病である。邪気が外から経脈に入りこんだのではない。余が聞きたいと願っているのは、経脈のなかに邪気がいるばあいだ。その病人はどうなるのか、どういうふうに鍼を刺すのか。」

岐伯「いったい聖人が規則を設けるときは、かならず天地に照応させます。ですから、天には宿度(十二次)があり、地には経水(十二主要河川)があり、人には経脈(十二脈)があります。天地が穏やかなときは経水は静まり、天地が寒くて凍てつくときは経水は流れにくく、天地が焼けつくように暑いときは経水は沸き立ち、突風がにわかにおこるときは経水は波立ち高くうねります。

いったい邪気が脈に入りこむばあい、寒いときは血が流れにくく、暑いときは気血がたっぷりうるおっていますが、虚邪が折をみて入ってきて居すわるのは、やはり経水が風をとらえるようなもの、経脈の搏動する場所に邪気がやってきますと、やはりそのとき高くうねります。邪気は脈中を整然と連なってめぐり、寸口にやってくると脈は大きくなったり小さくなったりします。大きいときは邪気がきており、小さいときは脈は正常です。邪気はいつも定まった場所をめぐるのでなく、陰脈にいるのか陽脈にいるのか、推測することはできません。三部九候を一巡してよく観察し、ふいに邪気にでくわしたら、すみやかにその路を遮断するのです(2)。」

黄帝の問いにみえる滎は五輪、すなわち井・滎・輸・経・合と呼ばれる五種類のつぼのひとつである。「出ずる所を井と為し、溜る所を滎と為し、注ぐ所を輸と為し、行く所を経と為し、入る所を合と為す(3)」といわれるように、それは泉から湧き出た水が流れて川となり湖に注ぐまでの過程をイメージして選ばれている。五輪のつぼは十二経脈のすべてに指定されているが、ここには五臓脈だけを挙げておこう(表9-2)。これらのつぼはすべて前腕と下腿にあり、滎は掌と趾にあつまっている(4)。治療にさいして五輪を重視する考えかたは、『難経』にまでひきつがれてゆく(5)。岐伯の答にいう宿度は、ふつうなら二十八宿を指すが、ここでは周天を十二等分した十二次であろう。経水は、清・渭・海・湖・汝・沔《べん》・淮《わい》・漯《とう》・江・河・済《せい》・漳《しょう》の十二主要河川、経脈は、手と足の三陰三陽の、あわせて十二脈である。

表 9-2　五臓脈のつぼ

		五輪				
		井	滎	輸	経	合
五臓脈	肺手太陰脈	少商	魚際	大淵	経渠	尺沢
	心手少陰脈	中衝	労宮	大陵	間使	曲沢
	肝足厥陰脈	大敦	行間	大衝	中封	曲泉
	脾足太陰脈	隠白	大都	太白	商丘	陰陵泉
	腎足少陰脈	湧泉	然谷	大谿	復留	陰谷

「離合真邪論篇」によれば、黄帝は「九鍼」九篇を学んだという。この篇だけではない。いくつもの論文が黄帝に「九鍼」の講義を受けたと語らせている。たしかに「九鍼」と呼ばれる教科があり、「九鍼」と総称される複数の著作があったにちがいない。「八正神明論篇」(本神論)のことば「九鍼の論」をとって、その教科ないし著作の内容を九鍼論と呼ぶことにしよう。黄帝が聞いたのは、内因によって生ずる営気(血液)と衛気(その他の体液)の上下・左右への傾斜移行、そこにあらわれる虚と実の症候、そしてその治療法の講義であった。これらの内容が九鍼論のすくなくとも一部をなしていたのである。それにたいして九鍼論に欠けていたのは、体外から脈に侵入する邪気、すなわち外因による病とその治療法であった。

岐伯の答から読みとれるのは、九鍼論に対する外因論の医学として位置づけられた三部九候論が、理論的に三つの層から構成され、そのそれぞれが歴史的な重層性をおびていることだ。まず基層には、人体の気と天地の気の照応、という思想が横たわっている。一般論としてはむろん黄帝派の医学の基底にもあった思想だが、ここでは経脈の状態を知るためのモデルとして経水が用いられているのに注目しなければならない。経脈と経水の対応を論じたのは、『霊枢』巻三・経水または『太素』巻五・十二水である。「経脈十二は、外は十二経水に合し、而して内は五蔵六府に属す」と主張するこの岐伯派の論文は、すでに計量解剖学の章で述べたように[6]、伯高派の解剖学の仕事を前提にしたものだった。

且つ夫れ人は天地の間、六合の内に生き、此の天の高さ、地の広さは、人力の能く度量して至る所に非ず。若《も》し夫《か》の八尺の士ならば、皮肉此れに在り、外より度量・切循して(之を)得可く、(其の)死すれば解(剖)(部)して(之を)視る可きなり。

生きているあいだは計測したり触知したりすることによって、死んでからは解剖してみることによって、臓腑の堅さと大きさや脈の長さだけでなく、血の清濁や血気の量の法則をも知ることができる。その法則の根拠とされたのが、対応する経水‐経脈の組み合わせごとに異なっている「其の遠近・浅深、水・血の多少」であった。鍼をどれだけ深く刺せばよいか、どれだけの時間刺したままにしておけばよいかが、その量によって決まる、というのだ。三部九候論は経水‐経脈の対応という観念を「経水」篇(十二水)からひきだしながらも、それを量でなく、流れの視点からとらえた。経水と経脈とは季節に対応する流れの状態が同一である、と想定したのである。天地と人との照応にもとづく人体の可測性という、伯高派の計量解剖学にはじまる思想は、ここに別のモデルへと変質することによって、三部九候論の土台となったのであった。

この基層のうえに、「邪」を風、病脈を波のうねりとしてとらえる、第二の層がくる。万物は気の凝集であるというのが、『荘子《そうじ》』以来、中国の自然哲学の大前提であった(7)。気は連続的な流体であり、濃密さの度合いによって、気体・液体・固体のいずれかの状態で現象する。固体の人体内を満たし、またそこを流れている気、すなわち衛気や営気は、一部分は気体だがほとんどは流体であり、体の状態になんらかの変化がおこれば、それは波として、とりわけ脈をとおして伝わることになる(8)。それが脈診によって病気を認識できるとする根拠であり、病の有無が脈の波の大小によって判断されたのは当然であった。

いま脈のなかをある間隔をおいて列んで流れてゆく球をイメージしよう。この球の行列が波である。球が小さければ波も小さく、球が大きければ波はうねりとなる。うねりのような大きな波は風、すなわち病の外因としての邪気によってひきおこされる。邪気は虚邪とも呼ばれていることからわかるように、この風の概念はあきらかに少師派に由来するものであった。「八正神明論篇」には、そのことがもっと直截に表明されている。あるいは「虚風」といい、「虚邪とは、八正の虚邪の気なり」といい、あるいは「八正とは、八風の虚邪の時を以って至るを候《うかが》う所以の者なり」

という。さらに「月郭(月の本体)満つれば、則ち血気実し、肌肉堅し。月郭空すれば、則ち肌肉減じ、経絡虚し、衛気去り、形独り居る」ということばは、少師派の論文にみえる文章、「月満つれば、則ち……人の血気(精に)(積み)、肌肉充ち……。其の月郭空するに至れば、則ち……人の血気虚し、其の衛気去り、形独り居り、肌肉減じ、……」(『太素』巻二十八・三虚三実、『霊枢』巻十二・歳露論)のほとんど敷写しである。少師派は風に虚実の概念を適用して、外因論の再導入をはかった。[9] しかし、外因による病の病理学と治療法をあみだす仕事は後世にゆだねた。その課題を三部九候論が果たすことになる。

第三の層は、三部九候脈法を用いる必要性、いや必然性の根拠である。ここにいたって三部九候論の主張はほとんど党派性をおびてくる。さきに引用した「離合真邪論篇」によれば、脈中に入って体内をめぐる邪気の特徴は、「其の行に常処無く、陰に在ると陽(に在る)とを度《はか》ることを為す可からず」、というところにあった。またべつに「時に来たり時に去る、故に常には在らず」ともいう。このような振舞いをする邪気を寸口部などだけでとらえることはできない。いわば全身に網を張りめぐらして、待ちうけていなければならない。頭と手と足の三部で診ること、しかもそれぞれの部のなかで「地は以って地を候い、天は以って天を候い、人は以って人を候」うことによって、はじめて「卒然として之に逢う」ことができる。

そこでこう言われているのである。鍼を刺すのに三部九候脈法を知らず、病をしめす脈のありかを知らないようでは、かりに患者を死にいたらしめる医療過誤の危険があったばあい、もっともすぐれた技量をもつ医者であっても、それを避けることはできない、と。[10]

これはすでに三部九候論宣言というべきであろう。この宣言を九鍼論への批判として読んでも、決して見当はずれではない。事実、「三部九候之が原たり、九鍼の論は必ずしも存せず」ということばで一篇をしめくくったのは、「八正神明論篇」であった。

それにしても、「八正神明論篇」の著者は「原」という語にどんな意味をこめていたのであろうか。理論的な根源であろうか、それとも時間的な源流であろうか。もし後者であるならば、この第三の層にもなんらかの歴史性がみいだされることになる。三部九候脈法にはじっさいに古い歴史があった。だが、この問題には最後に立ち返る。それでは、三部九候論がみずからを対置した九鍼論とは、いったいなにか。

2　九鍼の技法と九鍼論

九鍼とは、鑱《さん》・員(円)・鍉《てい》・鋒・鈹《ひ》・員利・毫・長・大の九種類の鍼を指す。『霊枢』巻一・九鍼十二原または『太素』巻二十一・九鍼所象によれば、そのかたちと用途はつぎのとおりであった。

鑱鍼　長さ一寸六分。頭が大きく先が鋭く、陽気を瀉するのに用いる。

員鍼　長さ一寸六分。鍼先が卵形になっていて、筋肉のあたりを摩擦し、肌を傷つけたりしないようにして、そのあたりの気を瀉する。

鍉鍼　長さ三寸半。鍼先は黍《もちきび》の実の鋭った先に似ており、脈を抑えるのに用い、深く沈めたりせず、その気を集めるのに用いないようにする。

鋒鍼　長さ一寸六分。三隅に刃がついていて(先が三角錐になった、いわゆる三稜鍼)、痼疾を外へ出す(瀉血)のに用いる。

鈹鍼　長さ四寸、幅二分半。先は剣先に似ており、大きな膿をとるのに用いる。

員利鍼　長さ一寸六分。大きさは氂牛《りぎゅう》(からうし)の尾の毛ぐらい、円くて鋭く、中ほどがやや大きく、急にしびれがきたのをとるのに用いる。

毫鍼　長さ三寸六分。先端は蚊虻の口に似ており、静かにゆっくり刺し、うかがいながらしばらく鍼を留め、気を養って痛みのあるしびれをとるのに用いる。

長鍼　長さ七寸。鍼先は鋭くて薄い。持病のしびれをとることができる。

大鍼　長さ四寸。先端は杖に似ていて、その鍼先はやや円く、関節にたまった水を瀉するのに用いる。(11)

九鍼のかたちや用途については、ほかにも三篇の文章が残っているが、内容は大同小異といってよい。九鍼がすでに黄帝派の時代に存在しており、それにかんする論文も書かれていたことは、前章に引用した、『霊枢』巻八・禁服(『太素』巻十四・人迎脈口診)の「九鍼六十篇」ということばによって明らかであろう。(12)のみならず、河北省満城県の中山国靖王劉勝(?—前一一三)の墓から出土した金銀鍼は、すくなくとも四種類の鍼が前漢代の前半期にあったことを証明した。(13)残り五種類はまだそのころなかった、と考えなければならない理由はない。

九鍼は、用途によってかたちが決まってくるし、逆にかたちがおのずと用途を決めてしまう。一般に刺法の大切なところは、どんなばあいにどの鍼を用いるかがいちばんむずかしい。九鍼の利点はそれぞれ生かす場面があるし、長短・大小はそれぞれ用いる場面がある。その用いかたが適切でなければ、病状を変えることはできない。(14)

と、『霊枢』巻一・官鍼または『太素』巻二十二・九鍼所主にいうとおりである。九種類の鍼をいかなる場面でいかに適切に操作するかを講ずるのが、もともと「九鍼」と呼ばれる教科であったにちがいない。九鍼をつかうかぎり、操作法としての「九鍼」は不可欠であった。用語や内容からみて三部九候法と思われる『霊枢』巻十一・刺節真邪(『太素』巻二十二・五邪刺)には、(15)「癰を刺すときは鈹鍼を用い、大を刺すときは鋒鍼を用い、小を刺すときは員利鍼を用い、熱を刺すときは鑱鍼を用い、寒を刺すときは毫鍼を用う」という。九鍼のなかでもとくにこの五鍼がよく使われたのであろう。いずれにしろ三部九候法を採用する人びとにとっても、鍼をとるかぎり九鍼の技法は習得すべき基本的な治療技術であった。

しかし、刺鍼の技法には、たんに鍼のかたちと特性に応じた操作、いわゆる「官鍼」以上のものがあった。それは病理学や診断法や治療法などと結びついて、ひとつの診療体系をかたちづくっていたからである。黄帝派の著作のなかで「九鍼」と呼ばれる著作に言及しているただひとつの論文「禁服」篇をみれば、その九鍼論を構成していた脈法－療法がなんであったかは明らかだ。「九鍼六十篇」の要約として黄帝がしめしたのは、人迎寸口脈法とそれにもとづく治療法、すなわち人迎寸口法だったからである。[16]

「九鍼」の名は岐伯派のいくつもの論文に執拗なまでに登場する。それは「九鍼」がかれらの医学教育の基本教科であった証である。そして、岐伯にたいする黄帝の問いのかたちをとるその言及には、「九鍼」にたいする岐伯派のかかわりかたが、またかれらの「九鍼」に求めていたものと求めて得られなかったものとが、示唆されている。いくつかの例を挙げよう。

余は九鍼九篇の講義を受けた。余は親しくその趣旨を伝授され、その意味をかなり理解できた。そもそも九鍼は一に始まって九に終るというのだが、しかしまだその要道を理解できない。[17]（『霊枢』巻七・外揣、『太素』巻十九・知要道）

余はそなたに何度となく、数えきれぬくらい、九鍼の講義を受けたが、余にはまだ了解できぬ。あえて尋ねたい、九鍼はどこから起こり、なににちなんで名がついたのか。[18]（『霊枢』巻十二・九鍼論、『太素』九鍼所象）

いずれも九鍼やその技法に、鍼のかたちと特性を超えた意味づけを求めている。鍼を刺したときの反応のちがいについて説明を求めるものもある。

余はそなたに九鍼の講義を受け、それを人びとに施しているが、人びとの血気はそれぞれ現れかたがちがう。……どうしてそうなのかを話してもらいたい。[19]（『霊枢』巻十・行鍼、『太素』巻二十三・量気刺）

刺鍼の技術の実践は、とうぜんこのような外延的な問題の解決を迫られるし、そこに技術だけでなく理論の発展も生まれてくる。しかし、こうした問いや求めにならまだ従来の九鍼論の範囲で答えることができた。

少師派以来、黄帝学派の医師たちにとって、外因を積極的に視野に入れておくのは、もはや自明の前提であった。とはいえ、外因論をとり入れたからといって、九鍼論になにか大きな変化が生じたわけではおそらくなかった。事態がちがってくるのは、医師たちが外因の病に真向から立ち向かいはじめたときだ。黄帝派はある種の病にたいするその診断法の無力さを認めていた[20]。新しい診療体系が出現しないかぎり、同様の無力感は医師たちのあいだに生きつづけるだろう。『霊枢』巻七・病伝のつぎの問答には、九鍼論では対処できない病に直面した医者の惑いがあるように、わたしにはみえる。

黄帝「余はそなたに九鍼を伝授されたが、ひそかに見渡してみると、導引とか行気とか喬摩とか灸熨とか刺焫《しぜつ》とか飲薬とか、いろんな技術がある。ひとつの技術を守ってよいものか、それともそれらをみんな行ったほうがよいのか。」

岐伯「いろんな技術は多くの医者でやる技術ということであって、一人でみんな行うものではありません[21]。」

もしあくまで鍼法にこだわるのであれば、有効な診療体系を模索しなければならぬ。黄帝はただちにこう要請する。

> 余はちかごろ陰陽の要点、虚実の原理、傾移の経過、治療できる病については、すでに講義を受けた。どうか病が変化してゆく過程と、乱れた邪気が体内を伝播し壊敗させて治療できない病とについて、講義していただきたい[22]。

この問いは、はじめに引用した「離合真邪論篇」の黄帝の問いと、内容的におなじである。治療できる内因の病とその病理のことはわかった。外因の病理と死に至る病について知りたい、というのだ。

くりかえすまでもなく、三部九候論はこうした請問にたいする解答であった。ところが三部九候論の概要を述べた

「三部九候論篇」は意外にも、

余はそなたに何度となく、数えきれないくらい九鍼の講義を受けた。余はどうかその要道を聞かせていただき、それを子孫に委ね、後世に伝えたいと思う。(23)

という、「九鍼」にかんする黄帝の紋切型の要請に応える形式をとっている。三部九候論は「九鍼」の「要道」、つまり核心をなす方法＝原理にほかならぬ、すくなくとも「三部九候論篇」の著者はそう考えていたのである。

3　九鍼篇のなかの歴史

「九鍼」を論じた著作は九篇といい、六十篇といい、八十一篇ともいう。そのなかには講義用のテキストもあったであろうし、テキストの講義者による解説や注釈もふくまれていたであろう。篇数はレトリックにすぎないとしても、「九鍼」の名でくくられる文章はかなりの数にのぼったとみていい。いまそれらをまとめて九鍼篇と呼んでおこう。黄帝派から岐伯派にいたるまで、幾世代にもわたる長い時代をとおして、九鍼篇はあるいは受けつがれ、あるいは新たに書き下ろされていった。もし『黄帝内経』のなかからその何篇かを拾いだすことができるならば、「九鍼」の内容が時代とともにどう変化していったかを明らかにできるだろうし、三部九候論の歴史的な位置づけもそこに浮かび上がってくるだろう。

もちろん、九鍼篇のうちの何篇がはたして現存する『黄帝内経』に収録されているか、収録されているとすればそれはどれかを確定することはできない。しかし、それとおぼしい文章なら選びだすことができる。刺鍼の技法にかんする文章のなかに、本文にたいして注釈がほどこされ、しかも本文と注釈とが別べつの論文を構成しているものが、数篇あるからだ。なかには複数の注釈をもつものもふくまれている。本文と注釈のこのありかたは、それらが講義用のテキストと注釈であった、有力な徴証であろう。わたしがいうのは、『霊枢』巻一・小鍼解または『太素』巻二十一・九鍼要解にその注釈があたえられている、「九鍼十二原」篇または「九鍼要道」篇のなかの短い六篇の文章である。以下この六篇の文章を、注釈の配列の順序にしたがって、九鍼篇の第一の文章、第二のテキストなどと呼ぶことにする。

ちなみに、「九鍼十二原」篇または「九鍼要道」篇は、強い薬もつかわず手術もせず、小さな鍼だけで万人を病から救いたい、そのために「先ず鍼経を立て」てもらいたい、という黄帝の求めに応じて、岐伯が独立の文章をつぎつぎに述べてゆく形式をとるが、その文章の数は、前者では「十二原」の部分をのぞいて十篇(24)、後者では九篇におよんでいる。そのなかの六篇だけが注釈されて、ひとつの論文にまとめられているのである。

ここではその六篇のなかから、「小鍼解」篇または「九鍼要解」篇以外にさらにもうひとつべつの部分的な注釈をもつ二篇、すなわち第一と第四の文章をとりあげよう(25)。そして、本文と注釈、注釈と注釈のあいだの解釈のちがいをたしかめ、それぞれの著者の立場を推測して、「九鍼」の歴史を再構成することにしよう。

まず第一の文章を読み下して引用する。

小鍼の要は陳《の》べ易くして入り難し。〔粗〕(麤)は形を守り、〔工〕(上)は神を守る。神なるかな神、客 門に在り。未だ其の疾を〔覩〕(視)ずして、悪《いずく》んぞ其の原を知らん。刺の微は速遅に在り。〔粗〕(麤)は関を守り、〔工〕(上)は機を守る。機の動きは、其の空を離れず、空中の機は、清静(に而て)〔以って〕微なり。其の来たるは〔迎〕(逢)う可からず、其の往くは追う可からず。機の道を知る者は、〔挂〕(掛)くるに髪を以ってす可からず。機(道)を知らざ〔る者は〕(れば)、之を〔扣《う》〕(叩)つも発せず。其の往来を知り、之と期せんことを要《もと》む。〔粗〕(麤)の闇きかな。〔眇〕(妙)なるかな、工独り之を有す。往く者を逆と為し、来たる者を順と為す。明らかに逆順を知れば、正しく行いて問うこと無けん。〔迎〕(逆)えて之を奪えば、悪んぞ虚無きを得ん、追うて之を済《たす》くれば、悪んぞ実無きを得ん。之を迎え之を随《お》い、意を以って之を和すれば、鍼道畢《おわ》る。(〔　〕内は『太素』、(　)内は『霊枢』。以下同じ。)

粗と工は医者の下手と上手。機関は弩の発射装置だが、機が装置の動き、はたらきをいうのにたいして、関は装置そのものを指す。いまならソフトウェアにハードウェアといったところか。

このテキストは、診断のむずかしさを前提に、刺鍼の微妙さを説く、刺鍼にとってもっとも肝要な点は、第一に鍼を出入させる速さ、第二は気の往来・逆順と補瀉する時との関係にある、と。それにしてもこのテキストは、内容・表現ともに、初心者のにわかに理解できるような文章ではない。鍼の原理を隠喩をまじえて簡潔にしめした文章であり、おそらくそれを用いて弟子に講義したのであろう。とうぜん注釈が求められた。

全文の注釈はつぎのとおりである。

いわゆる「陳べ易し」とは、口では言いやすいということである。

「入り難し」とは、なかなか身に著《つ》かないということである。

「〔粗〕(麤)は形を守る」とは、刺鍼の定式を守るということである。

「〔工〕(上)は神を守る」とは、人の血気の有余は瀉し不足は補うことができるという点を守る、ということである。

「神客」とは、正と邪がいっしょに会するということである。神とは正気であり、客とは邪気である。

「門に在り」とは、邪が正気の出入する場所に循《めぐ》ってくるということである。

「未だ其の〔病〕(疾)を覩ず」とは、先にその正邪の気がどの経脈の病をひきおこすかを知るということである。

「悪んぞ其の原を知らん」とは、先にどの経脈の病ならどの場所に鍼を刺すかを知っておくということである。

「刺の微は数《さく》遅に在り」とは、(刺鍼の微妙さは)遅速(にある)の意味である。

「〔粗〕(麤)は関を守る」とは、四肢を見守るだけで、血気・正邪の気がどう往来するかは知らないということでである。

「〔工〕（上）は機を守る」とは、気を見守ることを知っているということである。

「機の動きは、其の空（中）を離れず」とは、気の虚実と用鍼の遅速を知っているということである。

「空中の機は、清〔静〕（浄）以って微なり」とは、鍼がいったん気をとらえたら、心を集中して気を維持し、失わないようにするということである。

「其の来たるは〔迎〕（逢）う可からず」(a)とは、気が盛んなら補することはできないということである。

「其の往くは追う可からず」(b)とは、虚なら瀉することはできないということである。

「〔挂〕（掛）くるに髪を以ってす可からず」(c)とは、気が失われやすいことを言ったのである。

「之を〔叩〕《う》（扣）つも発せず」(d)とは、補瀉の意味を知らず、血気が無くなってしまっても病がなおらないことを言ったのである。

「其の往来を知る」とは、気の逆順・盛虚を知るということである。

「之と期せんことを要《もと》む」とは、鍼を刺せる状態に気がなった時を知るということである。

「〔粗〕（麤）の闇きかな」とは、深い暗みのなかにあって微妙細密な気の動きを知らないということである。

「〔眇〕（妙）なるかな、工独り之を有す」とは、刺鍼の意味をすべて知っているということである。

「往く者を逆と為す」とは、気が虚で少いのを言う。少いときが逆である。

「来たる者を順と為す」とは、体の気が正常なのを言う。正常なときが順である。

「明らかに逆順を知れば、正しく行いて問うこと無し」とは、鍼を刺す場所を知っているということである。

「迎えて之を奪う」とは、瀉することである。

「追うて之を済《たす》く」とは、補することである。(26)

神と客を正気と邪気と解釈するこの注釈者が、外因論の立場をとっているのは明らかだ。テキストは、「粗守関、工守機、神乎神、客在門」と、三字句が四つならんでいる。「神乎神」は、『黄帝内経』の著者たちには耳になじんだ表現であり、神を形容する常套句に近いことばだったらしい。[27] この注釈者のように、「神乎、神客在門」と読むには無理がある。それをあえてしたのは、神と客を対置し、それを正と邪に置き換えて、外因論による解釈を導入するためであったにちがいない。ひるがえってそれは、客がもともと外から侵入した邪気を意味する語ではなかったことを、つよく示唆している。事実、黄帝七篇のひとつ「陰陽類論篇」に「先に至るを主と為し、後に至るを客と為す」とみえるが、これが名詞に用いられた客の唯一の例なのである。おそらく、第一のテキストは内因論の立場から書かれた文章であり、その著者は黄帝派の医師であったろう。

注釈よりもむしろ解説というべきだろうが、テキストの一部の解釈が「離合真邪論篇」または「真邪補瀉」篇に挿入されている。「気を候《うかが》うは奈何《いかん》」という黄帝の問いにたいする、岐伯の答である。

いったい邪気が絡脈から経脈に入りこみ、血脈のなかにまじると、その寒温が安定せず、波が湧き起こるように去ったり来たりして、いつもそこにいるとは限りません。そこで、ちょうど邪気が来たときに、抑えてそれを止め、止めて(動かないようにしておいて)鍼を刺す、といわれるのです。

こちらに向かって来る邪気を逢《むか》えて瀉することはありません。真気は経脈の正気であり、経脈の正気は太虚です。だから「其の来たるは逢《むか》う可からず」(a)といわれるのは、そのことを指しているのです。

そこで、邪気をうかがってもはっきりせず、その大きな気の塊が通り過ぎてしまってから、それを瀉すると真気が脱け、脱けると回復せず、邪気がふたたびやってくると、病はますます蓄積されます。だから「其の往くは追う可からず」(b)といわれるのは、そのことを指しているのです。

「挂くるに髪を以ってす可からず」(c)とは、邪気がやってくる時を待って、鍼を打って瀉するということです。

もしその時に先んじたり後れたりすると、血気が尽きてしまって、その病はなおりません。そこで、その鍼を刺すことができる時を知っていれば弩機を発射するみたいだが、その鍼を刺すことができる時を知らなければ椎《つち》を打つみたいだ、といわれるのです。だから「機の道を知る者は、挂くるに髪を以ってす可からず。機を知らざる者は、之れを扣《う》つも発せず」(c)(d)といわれるのは、そのことを指しているのです。(28)

まえの解釈とこの解釈とでは、なによりも視点の転換がめだっている。前者を解釈A、後者を解釈Bと呼ぶことにしよう。

(a)をAは、盛なる気は補せず、Bは、向かって来る邪気は瀉せず、と解釈する。Aは補、Bは瀉の視点からとらえているが、技法としてはかならずしも矛盾するものではない。(b)を、Aは虚なる気は瀉せずと解するのにたいして、Bは邪気が去ったあとは瀉せずととるが、邪気が去ったあとは真気であり、真気は太虚なのだから、Aと一致する。(c)は、Aによれば気が失われやすく、Bによれば瀉するのに邪気を待つということだが、これも補と瀉のいずれの側から見るかのちがいにすぎない。(d)はAもBも、血気がなくなったのに病はなおらぬ、とする点ではおなじだが、その理由は、Aは補瀉の意味を知らぬため、Bは瀉する時を誤ったためである。

すくなくともこの四句にかんするかぎり、Aが補と瀉にかかわると看做すのにたいして、Bは瀉の視点のみからとらえ、またAが気の盛-虚の対概念を用いるのにたいして、Bは真気-邪気の対概念を強く押しだしている。いいかえれば、解釈Aは内因論とみても通用するような説明に終始している、したがって、おそらくは黄帝派の解釈を引きずっているのにたいして、解釈Bは外因論の旗幟も鮮明に、新しい意味づけを試みているのである。虚の病理学に立つ内因論が補法を喜び、体外からの邪気の侵入を説く外因論が瀉法を重んじるのは、とうぜんのなりゆきであった。解釈Bが三部九候論であるのはいうまでもない。

ここで断っておこう。六篇のテキストはそれぞれ著者がちがっているらしい。そのことは、第一の文章が内因論によると推測されるのにたいして、第二、第三の文章は邪または邪気の概念を用いており、またそれを必要としていることによって、ほぼ確認される。(29) 他方、「小鍼解」篇におさめられた注釈は、確実に同一人の手になるものでないといえる。脈をとる寸口を、第二の文章の注釈では気口、第六のそれでは脈口と呼んでおり、(30) また第四の文章の注釈では、つぎに述べるように尺寸脈を用いているからである。

二つの注釈をもつもうひとつの篇は、第四のごく短い文章である。

其の色を覩《み》、其の目を察《み》、其の散復を知り、其の形を一にし、其の動静を聴き、其の邪正を知り、右は之を推すを主り、左は持して之を御し、気至れば而ち之を去る。

前半の診断では、脈診とともに色診が用いられているのに注意しよう。後半は刺法だが、左手では鍼を持ってそれを安定させ、右手では押したり引いたりするという、もっとも基本的な技法を述べている。ごく初心者向きのテキストだったのであろう。なお、邪正が人迎寸口脈法とのかかわりを示唆している点についてはあとで触れる。

「小鍼解」篇の注釈を読んでみよう。

「其の色を覩、其の目を察《み》、其の散復を知り(a)、其の形を一にし、其の動静を聴く(b)」とは、上手な医者は目を見て五色を読みとり、また尺寸脈の小大・緩急・滑濇を調《はか》ってどこが病んでいるかを言うことを知っている、ということである。

「其の邪正を知る」とは、虚邪と正邪の風を論ずることを知っている、ということである。

「右は之を推すを主り、左は持して之を御す」とは、鍼を持って出したり入れたりするということである。

「気至れば而ち之を去る」とは、気を補瀉し、調えて気を去らせるということである。(31)

これは「邪正」を「虚邪と正邪の風」と解釈する外因論である。同時に、それをてがかりに、注釈者の立場をもうすこし具体的に解明することができる。

少師派が導入した八正の「虚邪」の概念にたいして、「正邪」の概念を導入し対置したのは、三部九候論者であった。そのことはあとで書く(四四六―四四七ページ)。三部九候論者の虚邪―正邪の概念を継承して、それを色脈診と結びつけた一派があった。『霊枢』巻一・邪気蔵府病形(『太素』巻十五・色脈尺診)にいう。

黄帝「邪気が人に中たったとき、その病のあらわれかたはどうか。」

岐伯「虚邪が体に中たると、ぞくぞくして震えがきます。正邪が人に中たると、かすかにまず色にあらわれ、体には感じません。(32)」

色とはなによりもまず脈の色であったが、「諸脈は皆 目に属す」(『素問』巻三・五蔵生成篇)といわれるように、それは目の色とも呼応していた。

黄帝「色脈は決まったとして、それをどう判別するのか。」

岐伯「その脈の緩急・小大・滑濇を調《はか》れば、病変は決まります。」

黄帝「それを調るにはどうするのか。」

岐伯「脈が急であれば、尺の皮膚も急《はり》があります。脈が緩であれば、尺の皮膚も緩《たる》んでいます。脈が小であれば、尺の皮膚も減《やせ》て気が少くなります。脈が大きければ、尺の皮膚も盛り上がっています。脈が滑であれば、尺の皮膚も滑らかです。脈が濇であれば、尺の皮膚も濇《ざらつ》いています。一般にこの六つの変異は、わずかなこともあれば、ひどいこともあります。そこで上手に尺脈を調るひとには、寸口脈は必要でないし、上手に脈を調るひとには、色は必要ないのです。(33)」

三部九候論者とちがって、かれらは寸口部の寸・尺両部位で脈をとった。そして、とりわけ尺脈を重視し、「其の尺の緩急・小大・滑濇、肉の堅脆を審かにすれば、病形定まる」(『太素』巻十五・尺診)とまで主張するにいたる。

「九鍼」の注釈を追いかけて、わたしはどうやら歴史を先取りしてしまったようだ。ここにしめされているのは、三部九候論が乗り越えられていったひとつの道筋である。頭・手・足の九つの場所で脈をとる『黄帝内経』の三部九候脈法は、『難経』にいたって、寸口部の寸・関・尺の三つの場所、浮・中・沈の三つの抑えかたで診る脈法[34]へと変質した。まったくおなじような変質は、人迎寸口脈法にも生じた。左手の関前一分(掌に近いほうが前、肘に近いほうが後)の場所を人迎、右手の関前一分を気口と呼び、そこで手脈を診る脈法が、三国・魏の王叔和の『脈経』の時代までに確立した[35]。形成期の医学を彩った、身体のさまざまな場所で脈をとる多様な脈診の技法が、やがて寸口部の診脈へと集約されてゆく動きは、すでに『黄帝内経』の時代にはじまっていた。その動きを推し進めたひとつの力が、尺寸脈法を色脈診に結びつけて診断するという、新しい技法をひっさげて登場した一派であった。尺脈ひとつで病を決めることができる、かれらが掲げたこの明解なスローガンは、三部九候脈法でなければ外因の病はとらえられないという主張を打ち破る、強烈なアピールとして作用したにちがいない。

つかわれている用語や表現されている考えかたからみて、第四の文章の注釈者がこの一派に属していたのは疑いを入れない。要するに、これは三部九候論以後の注釈なのである。

もうひとつの部分的な注釈は、『霊枢』巻四・四時気または『太素』巻二十三・雑刺にあらわれる。

> 「其の色を覩、其の目を察、其の散復を知る」とは、其の目の色を視て、それで病の有無を知るのである。「其の形を一にし、其の動静を聴く」とは、気口と人迎に指をあて、その脈を視るのである。脈が堅で盛で滑のときは、病は日ごとに進み、脈が軟のときは、病は快方に向かおうとしており、諸経脈が実のときは、病は三日でおさまる。気口では陰脈を診、人迎では陽脈を診る[36]。

人迎寸口脈法によって解釈するこの篇は岐伯派の著作であった。三部九候脈法が優勢になるまでは、岐伯派も人迎寸口脈法を用いていたのである。

三部九候論以前と以後のふたつの注釈をもつ第四の文章そのものは、注釈のいずれとも異なり、おそらく内因論をとる著作であったろう。というのは、「邪正を知る」という邪正はもともと虚邪と正邪を意味する用語ではなかったからである。少師派の論文、『霊枢』巻十・通天につぎのようなことばがみえる。

謹んで其の陰陽を診、其の邪正を視、容儀を安んじ、有余不足を審かにし、盛なれば則ち之を寫し、虚なれば則ち之を補し、盛ならず虚ならざるは、経を以って之を取る。此れ陰陽を調え、五態の人を別かつ所以なり。

中間の四句ははからずも、少師派もまた人迎寸口脈法を用いていたことを証明しているが、ここではむしろそれと邪正との結びつきに目を向けたい。少師によれば、人の体質には太陰・少陰・太陽・少陽それに陰陽和平の五つの類型がある。類型のちがいを生みだすのは五態、すなわち五つの異なった体質である。たとえば、「陰陽の気和し、血脈調う」陰陽和平の人にたいして、太陰の人は「陰多くして陽無(少?)く、其の陰血濁り、其の衛気濇《とどこお》り、陰陽和せず、緩筋にして厚皮」というふうに。このような均衡のとれた体質とそうでない体質をあらわす概念が、邪正であった。その診断を人迎寸口脈法に求めているのである。第四のテキストにいう「其の動静を聴き、其の邪正を知る」と「通天」篇の「其の邪正を視、……有余不足を審かにす」とは、脈と気のいずれに視点を置くかのちがいにすぎない。注釈者は体質の邪正をあえて外因の邪正の風と読み換えた。そこにかえってもとのテキストの本来の立場が示唆されている。黄帝派か少師派か、いずれにしろ初期の黄帝学派の著作だったのはまちがいない。

要約しよう。伝えられてきた二篇の古いテキストを解釈するにあたって、注釈者たちはいくつかの操作をおこなっている。第一に、テキストの古い概念を読み換え、新しい概念を導入する。神客を正気・邪気、邪正を虚邪・正邪と解釈したのが、その例である。第二に、解釈の視点を転換する。たとえば第一のテキストを解釈Aは補瀉、とくに補の視点からとらえているのにたいして、解釈Bはもっぱら瀉の視点から見ている。第三に、論点を移行させる。おなじく第一のテキストの機を、解釈Aが気の往来をあらわす抽象概念とみなすのにたいして、解釈Bは刺鍼のタイミングの重要さをしめす弩機の比喩ととる。第四に、解釈のなかであからさまに新しい立場を表明する。その例に挙げたいのは、古い注釈にあるようにおそらく人迎寸口脈法を含意していた第四のテキストの「動静を聴く」を、尺寸脈法によって診断することと解釈した新しい注釈である。

この四つの操作によって注釈者たちはおのれの立場を宣明しただけではない。古いテキストを再解釈することは、伝統にたいするひとつの態度表明である。注釈者たちにとってそれは、古い伝統を正統に継承するとともに、その生命を新たな装いのもとに蘇らせることを意味していた。だからこそ、三部九候論者たちはその理論と技術を、「九鍼」の核心をなす方法＝原理と自覚することができたのである。

むろん、古いテキストの再解釈だけでは、新しい理論と技術を説明するのに不十分である。六つのテキストのなかには、内因論のほかに外因論をとるものもふくまれ、成書年代のへだたりをしめしている。注釈はすべて外因論によっているが、脈法からみれば、人迎寸口・三部九候・尺寸の三つの技法に分かれる。時代の趨勢はほぼその順序に推移していったのである。時間的に重なり合う対応関係を簡単に図示しておこう(図9-1)。

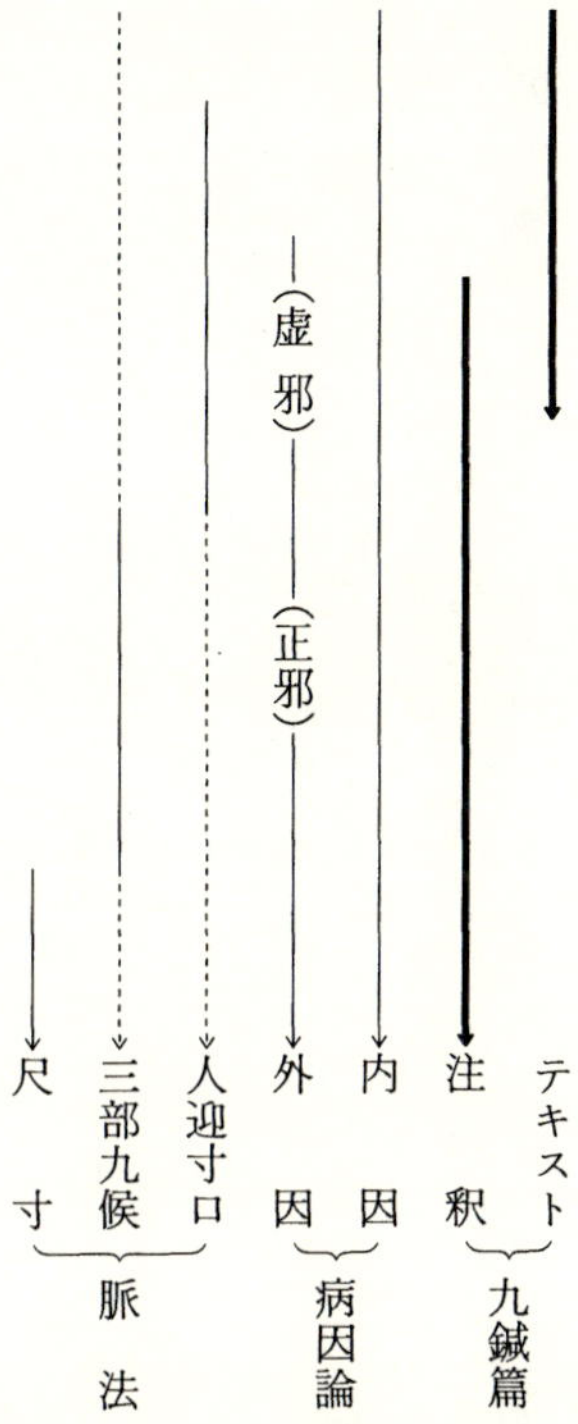

図 9-1

この図についてひとことことわっておけば、脈法の趨勢が人迎寸口から三部九候へ、さらに尺寸へと移っていったからといって、人迎寸口脈法や三部九候脈法がそのまま打ち捨てて顧みられなくなったのではない。そこにおこったのは漸次的な変質の過程であり、すでに述べたように、いずれもやがて尺寸脈法から発展してゆくであろう寸関尺脈法に吸収され統合されて、その一環をかたちづくることになる。

三部九候論者は、脈法の革新者であるとと

もに、刺法の革新者でもあった。かれらはそれを脈法のばあいとまったくおなじ形式、すなわちテキストと注釈の関係で結ばれたふたつの論文をとおして表現した。この形式を心に留めながら、刺法における革新とはいかなるものであったかをみることにしよう。

4　三部九候法の刺法

『霊枢』巻十一・官能(『太素』巻十九・知官能)は、黄帝 - 岐伯の問答形式を一応とっているとはいえ、ほかに例をみない構成をもつ一篇である。この篇は黄帝のつぎのことばからはじまる。

余はそなたに何度も、数えきれないくらい、九鍼の講義を受けた。余はそれを推しひろげて論じて一篇の書き物とした。余がそれを読みあげるから、そなたはその道理を聞き、まちがっていれば余に告げよ。どうかその道理を授け、永く伝えて後世に憂いがなくなるようにしてもらいたい(37)。

こうして黄帝は、「聖王の道を講聴せん」とかしこまる岐伯をまえに、つづけて三篇の独立の文章を朗読する。その第三の文章のあとに、「以って鍼意を言わん」という一句が挿入されており、さらに第四の具体的に刺鍼の技法を述べた文章がつづく。

この形式に即していえば、黄帝が読み上げたはじめの三篇は、岐伯の講義を筆記したものである。それにたいして、「以って鍼意を言わん」につづく第四の文章が、黄帝のいわゆる「推して之を論じ」た部分にあたる。この構成は、最初の三篇がすでに存在していた「九鍼」の講義用のテキストであり、第四の文章が新たに書き下ろされたテキストであることを、つよく示唆している。またそれは、第四の文章の作者がほかならぬ「官能」篇そのものの編者であることを、間接に物語っている。しかも第四の文章の作者は、用語からみて、三部九候論者であった。わたしの推論に誤りがなければ、「官能」篇は三部九候論の立場から編集された「九鍼」のテキストなのである。

それを立証するように、「官能」篇の第三と第四の文章に解説・注釈を加えた論文が残されている。三部九候論の刺法を明らかにした「八正神明論篇」(天忌・本神論)である。以下、「官能」篇のふたつの文章と「八正神明論篇」とを分析することにしよう。

まず「官能」篇の第三の文章を読み下しておく。

用鍼の服は、必ず法則有り。上は天光を視、下は八正を司《つかさど》り、以って奇邪を辟《さ》け、而して百姓に観《しめ》し、虚実を審かにし、其の邪を犯すこと無からしむ。是れ天の露を得、歳の虚に遇わば、救うも勝たず、反って其の殃《わざわい》を受く。故に曰く、必ず天忌を知れ、と。

「天の露を得、歳の虚に遇う」という表現は、『太素』巻二十八・八正風候(『霊枢』巻十二・歳露論)の「諸もろの其の風に逢い、而して其の雨に遇う者は、命《な》づけて歳露に遇うと曰う。歳の和に因りてして賊風少きときは、民病むこと少くして死すること少く、歳に賊風・邪気多く、寒温和せざれば、民病むこと多くして死すること多し」によっている。(38)少師派の思想の影響をあらためて指摘するまでもあるまい。

それを承けて「八正神明論篇」もまた、おなじく少師派の論文「三虚三実」篇(歳露論)によりながら、刺法の原則をこう解説する。「法則有り」とは「天に法り地に則り、以って天の光に合す」るということである。もっとくわしくいえば、

一般に刺法は、日月星辰と四時・八正の気を測って、気の状態がはっきりしたときに刺すのです。ですから、天が温かく日が明かるければ、人の血液は柔かにしなって、衛気は上に浮いています。そのために血は瀉しやすく、気は行《めぐ》りやすいのです。天が寒く日が陰《くら》ければ、人の血はどろっと固まって、衛気は下に沈んでいます。月が生じはじめますと、血気が純化しはじめ、衛気がめぐりはじめます。「月郭満つれば、則ち血気実し、肌肉

堅し。月郭空なれば、則ち肌肉減じ、経絡虚し、衛気去り、形独り居る」。そこで天の時にしたがって血気を調えるのです。そこで天が寒ければ刺してはならず、天が温ければためらってはならず、月が生じれば瀉してはならず、月が満ちれば補してはならず、月の輪郭が見えなければ治療してはなりません。[39]

読み下したところは、「三虚三実」の文そのままか、ほんのすこし変えた表現である。[40]

天地の気と人の気との交通と相互作用という一般的な思想なら、むろん黄帝派にもあった。「天の度を樹《た》て、四時陰陽を之に合し、星辰と日月の光とを別かちて、以って経術を彰かにす」(著至教論篇)といい、「臨んで八極を観、八風の気を正す」(陰陽類論篇)といい、「至陰虚なるは天気絶え、至陽盛なるは地気足らず」(方盛衰論篇)という。至陰・至陽は陰・陽の極限にある体内の気、王冰注によれば、それと天地の気とが「所謂交通せざるなり」。さかのぼれば馬王堆出土「陰陽脈死候」の「凡そ三陽は天気なり」、「凡そ三陰は地気なり」にまでたどりつく思想である。[41]だがそれは、たとえば前漢の思想家董仲舒(前一七九?—前一〇四?)の『春秋繁露』巻十三・人副天数に

陽は天気なり、陰は地気なり、故に陰陽の動くや、人の足をして病ましめ、喉痺起これば、則ち地気上りて雲雨となり、而して象亦之に応ず。天地の符、陰陽の副は、常に身に設《そな》わる。身は猶お天のごとし。数 之と相参ず、故に命 之と相連なる。

とあるような、天人相感論を出るものではなかった。少師派は一歩すすめて、気候の寒温や月の盈虚と人体の生理的変化との照応を、具体的に描いてみせた。しかし、そのねらいは「年の衰えに乗じ、月の空《か》くるに逢い、時の和を失う、因りて賊風に傷《やぶ》らる」、「年の盛なるに逢い、月の満つるに遇い、時の和を得れば、賊風・邪気有りと雖も、之を危うくする能わず」(三虚三実)という、養生に向けられていた。そもそも少師派の虚邪の風の説は養生論であった、といえなくもないのである。事実、「聖人は邪風を避くること矢石を避くるが如し」とは、「九宮八風」篇を結ぶことばであった。三部九候論者はこの思想を刺鍼の技術に導入した。天人相感の思想がいまや刺法の原則へと具体化された

のである。

「八正神明論篇」はつづけて、「星辰は日月の行を制する所以なり。八正は八風の虚邪の時を以って至る者を候《うかが》う所以なり。四時は春秋冬夏の気の所在を分かちて時を以って之を調うる所以なり」と定義したのちにいう、

八正の虚邪は、それを避けて犯してはなりません。体が虚であるときに、天の虚である邪気に逢うと、二つの虚が相感じ、その気が骨までとどき、内に入りこめば五臓をそこないます。……そこで天の忌事というのです。[42]

八正はもともと一種の季節風を意味する。冬夏至・春秋分の二至二分、立春・立夏・立秋・立冬の四立をあわせた、いわゆる八節になると、それぞれ決まった方向から風が吹きはじめると考えられており、その吹くべき季節に吹く風が八正である。『淮南子《えなんじ》』墬形訓《ちけいくん》に「凡そ八紘の気は是れ寒暑を出だし、以って八正に合するに必ず風雨を以ってす」、高誘注に「八正は八風の正なり」。しかし、ここは八方と解釈しなければ意味をなさない。ともあれここには、天の気と体の気のかかわりや「虚」の病にかんする黄帝派以来の思想の歴史的な帰結が、簡潔に表明されている。

新たに書き下ろされた「官能」篇の第四の文章は、三つの部分からなっている。全体を三段に分けて、一段ごとにテキストと注釈をまとめて読んでゆくことにする。

(1)　往古に法り、来今に験し、窈冥《ようめい》に観、無窮に通ず。麤の見ざる所は、良工の貴ぶ所、其の形を知ること莫きも、若《そ》の神は髣髴《ほうふつ》たり。

『黄帝内経』はしばしば哲学的な、とりわけ道家的な概念をかりて、診断と刺鍼のむずかしさを語る。往古・来今は過去と未来、『淮南子』斉俗訓に「往古来今、之を宙と謂う」。窈冥は奥深くて知覚できないもの、『老子』二十一章に「窈たり冥たり、其の中に精有り」、王弼注に「窈冥は深遠の歎。深遠にして得て見る可からず」。無窮は終りのない無限の世界、『荘子』在宥篇に「無窮の門に入りて、以って無極の野に遊ぶ」。その影響が理論のどの深部にまで達していたにしろ、道家思想はつねに医学にとって思考を導く、ひとつの有力な原理であった。

「八正神明論篇」にみえる注釈によれば、この第一段は直接に第三の文章を承けて書かれている。ちなみに、「官能」篇の第二の文章は、「鍼論畢る」ということばで結ばれていた。

「往古に法る」とは、まず鍼経を理解するのである。

「来今に験す」とは、まず日の寒温、月の盛虚を知り、それで四季の気の浮沈を測って、刺鍼によって体の気を調え、たちどころにその効き目があらわれるのを見守るのである。

「冥冥に観る」とは、体の気や、営気・衛気は外にはあらわれず、医者だけがそれを知るということである。

……

「無窮に通ず」とは、後世に伝えることができるというのである。医者がほかのひとと異なる理由はむろんそこにある。……形のないものを視、味のないものを味わう。そこで「冥冥」の現象も「若《そ》の神は髣髴たり」というのである[43]。

冥冥は暗くて知覚できないもの、『荘子』知北遊篇に「之を視るも形无《な》く、之を聴くも声无し。人の論に於いては之を冥冥と謂う」。テキストの「無窮に通ず」は、「冥冥に観る」とおなじく、直接には知覚できない体内の現象を認識することであり、注釈は明らかにテキストの文脈から逸脱している。そこに読みとれるのは、微妙な体の変化も診断できるという、三部九候論者の自負である。

導入部の第一段につづいて、第二段では虚邪‐正邪の対概念が導入される。

(2) 邪気の人に中たるや、洒淅《そんせき》して形《からだ》を動《ふる》わす。正邪の人に中たるや、微かに先ず色に見《あら》われ、其の身に知らず。在るが若《ごと》く無きが若く、亡きが若く存するが若く、形有り形無く、其の情を知る莫し。是の故に上工の気を取るや、乃ち其の萌芽を救い、下工は其の已《すで》に成るを守り、因りて其の形を敗る。是の故に工の鍼を用うるや、気の所在を知りて其の門戸を守り、調気、補寫の所在、徐疾の意、所取の処を明らかにす。

邪気は、つぎに引く注釈にあるように、虚邪の誤り。虚邪と正邪のこの記述は、症候からみた一種の定義である。正邪の概念はこの定義のもとに病因論に導入され、邪気の概念のいっそう柔軟な適用を可能にした。虚邪の概念も、少師派の虚邪の説明と比較すればすぐわかるように[44]、正邪と対比して再定義されている。さきに引用した「邪気蔵府病形」篇もほぼこの定義にしたがっていた。萌芽は病のきざし、已に成るは発病後、門戸は鍼を刺してできた孔。徐疾は鍼を出入させる速さ、所取の処は鍼を刺す場所をいう。

注釈では逆に、虚邪と正邪が病因の側から定義ないし解説される。

「虚邪」とは、八正の虚邪の気である。

「正邪」とは、体が空腹だったり力を出して汗をかいたりして、肌のきめが開いているとき、虚風に逢うと、人にたいするその中たりかたは微弱である。だから、その状態はわからないし、その現象は目にみえない[45]。

おなじく虚風と称しても、虚邪と正邪ではまったくちがった概念であるのがわかる。

このあと注釈はひたすら三部九候論の宣伝につとめるが、先を急ごう。テキストの第三段ではじめて、刺鍼における補瀉の技法が具体的に説明される。刺法の基本はいうまでもなく補瀉にある。

(3)　寫は必ず員(円)を用う。切して之を転ずれば、其の気は乃ち行《めぐ》る。疾《すみやか》に入れて(入字は原欠、『太素』により補う)徐《おもむろ》に出せば、邪気は乃ち出ず。伸して之を迎え、揺《ゆ》(原文は遥、『太素』により改む)すりて其の穴を大にすれば、気出ずること乃ち疾《はや》し。補は必ず方を用う。外は其の皮を引き、其の門に当らしめ、左は其の枢を引き、右は其の膚を推し、微《かすか》に旋《めぐら》して徐に之を推す。必ず端以って正、安以って静、心を堅くして解くこと無く、微《うかが》いて以って留めんと欲す。気下れば疾に之を出し、其の皮を推し、其の外門を蓋《おお》えば、真気は乃ち存す。

これを九鍼篇の古いテキストにみえる刺鍼ないし補瀉の単純な技法と比較してみよう。方円と称する三部九候論者の手法がいかに精巧な技法に磨きあげられているかがわかるだろう。ちなみに、真気‐邪気の対概念は三部九候論を特徴づける用語である。[46]

補瀉の技法の原則は、じつは前節ではとりあげなかった九鍼篇の第二のテキストにあたえられていた、「徐にして疾なれば則ち実し、疾にして徐なれば則ち虚す」、と。「小鍼解」篇によれば、鍼を刺すばあい、ゆっくり入れてすばやく出せば気は実し、逆にすばやく入れてゆっくり出せば気は虚する。前者が補、後者が瀉である。[47] 三部九候論者の方円も、「疾に入れて徐に出す」瀉と「徐に之を推し」「疾に之を出す」補という原則はくずしていない。ただかれらは、このテキストには書かれていないが、もうひとつの原則をそこにつけくわえた。「離合真邪論篇」にしたがえば、鍼の出入を呼吸すなわち気息の出入に合わせて、瀉のときは「吸えば則ち鍼を内《い》れ」、「呼《は》くを候《うかが》いて鍼を引き」、補のときは、「呼尽きて鍼を内れ」、「吸うを候いて鍼を引く」のである。

注釈は焦点を方円にしぼっている。方円といえばたれしも、ふたつの幾何学的図形にこめられた象徴的な意味を想起するだろう。中国思想にあっては、方円は天地を象徴し、動と静、回転と静止を意味した。ところがこの注釈は、方円の方に思いがけない、牽強付会の解釈を下すことによって、かえってその刺法の一面を鋭く照射する。

「瀉は必ず方を用う」。「方」とは、気が方に盛《まさ》であるときに、月が方に満ちているときに、日が方に温いときに、体の気が方に安定しているときに、方に息を吸うときに鍼を内《い》れ、そこでまた方に息を吸うときを測って鍼を転《まわ》し、そこでまた方に息を呼《は》くときを測ってゆっくり鍼を引く。だから「瀉は必ず方を用い、其の気は乃ち行る」

といわれるのである。[48]

方を名詞でなく、助辞とみなしているのだ。注釈であることを離れて読めば、方とはタイミングであるというこの解釈は、鍼の動止の速さ・時間・タイミングを重んずる刺法の特質を浮彫りにしているといえよう。三部九候論の刺法の特徴が気・日・月・体・息のいわば五一致のタイミングをはかるところにあったことも、これでわかる。

方を時間をしめす助辞とみるのにたいして、円の解釈はありきたりな、図形の象徴的な意味にたよっている。

「補は必ず員を用う」。「員」とは行《めぐ》ること、行るとは移ることである。刺す鍼はかならず営気に中《あ》て、息を吸うときに鍼を出す。だから員と方は鍼の形をいうのではない(49)。

営気は血液。この操作は、「離合真邪論篇」の「疾に出して以って盛血を去り、而して其の真気を復す」ということばによって理解される。真気が復することが補なのである。ここでは瀉血が瀉でなく、補の操作として位置づけられていることに注意しよう。刺鍼の個々の手法の意味づけもまた単純ではなくなってきている。

第四のテキストと注釈から、三部九候法の補瀉の原則をきわめて簡単に定式化することができる。すなわち、日月・四時の気が盛んで体内の気が安定しているときに、気息の出入に合わせ、緩急をつけて鍼を出入させ、その孔口を開閉する、というのだ。技法の交代という脈法のような現象は、刺法にはおこっていない。生理学や病理学の新しい説を受けいれ、そこに新たな意味づけを求めながら、刺鍼の技法を洗練させてゆく。それが刺法における革新の方向であり、歴史の展開であった。

いま定式化した、この展開の集約ともいうべき原則を、三部九候論者がさまざまの具体的なケースにいかに適用し、刺法の多様な展開の基礎をつくりだしていったかは、「調経論篇」がつぶさに物語っている。

5　相脈法から三部九候脈法へ

三部九候論者は外因を重視し、その病に対処するための脈法や刺法を発展させたが、それは内因を否定するものではなかった。むしろ内因を包摂できるような、いっそうひろい枠組のなかで外因をとらえようとしていた、といったほうがよい。「調経論篇」はこう論じている。

いったい邪が生じるばあい、陰に生じることもあれば、陽に生じることもある。陽に生じるのは風雨・寒暑から得たのであり、陰に生じるのは飲食・居処・陰陽(性)・喜怒から得たのである。[50]

邪はここでは外因にとどまらず、黄帝派がもっぱら論じた広義の内因をふくむ概念、すなわち病因の意味にまで拡張されている。はじめにいう陰陽は内外といいかえることができよう。たとえば、風雨が人をそこなうばあい、まず皮膚にやどり、孫脈(毛細管)に伝入し、孫脈がいっぱいになると絡脈(経脈から分かれた枝脈)に伝入し、絡脈がいっぱいになると大経脈(体内を縦に走る主要な血管)に運ばれ、血気といっしょになって邪が肌肉にやどる。また、喜怒の発作は抑制しないと、陰気が上に逆行し、下が虚《から》っぽになって、陽気がそこへ流れてゆく。いずれも邪がひきおこした実の状態だ、と「調経論篇」は説くのである。

だが、ひるがえって考えれば、内因を邪の一種としてとらえるということは、実際には、外因のなかに内因を解消することを意味しているだろう。すくなくとも、外因の病とは異なる特性において内因の病をとらえることにはならないだろう。この説もいずれ乗り越えられなければならぬ。[51] 内因を邪とみなすことによって、さしあたって三部九候論が表明したのは、内因論の医学をもおのれの内にとりこんでゆこうとする決意である。一方では「九鍼の論は必ずしも存せず」と既成の九鍼論を批判し、他方ではおのれの説を「九鍼」の「要道」として位置づける。先行者を否定することによって歴史の継承者であろうとする三部九候論者がそこにいる。

だが、それだけではない。三部九候脈法そのものが、じつは馬王堆漢墓出土医書の成書の時代に源流を発する、長い歴史をもっていたのである。

一九八三／八四年に、湖北省江陵県張家山の前漢墓から竹簡『脈書』が出土した。この書には、馬王堆出土の「陰陽十一脈灸経」・「脈法」・「陰陽脈死候」にあたる文章がふくまれ、そこでは文字が消えていた「脈法」の一節が、つぎのように判読された。

相脈の道は、左□□□□□之を案じ、右手は踝に直《あ》てて之を簞《だん》(弾)ず。它脈は静、此れ独り虚なれば、則ち病を主る。它脈は滑、此れ独り衛《しゅっ》(濇)なれば、則ち病を主る。它脈は静、此れ独り動なれば、則ち病を生ず。夫れ脈には固より動く者有り、骭の少陰、臂の鉅陰・少陰は是れ動を主り、疾なれば則ち病む。(□は判読不能。)

いっぽう、『太素』巻十四・巻首闕題篇にいう。

其の九候を察《み》て、独り小なるときは病み、独り大なるときは病み、独り疾なるときは病み、独り遅なるときは病み、独り熱なるときは病み、独り寒なるときは病み、脈独り陥るときは病む。左手を以って上 踝を去ること五寸にして之を按じ、右手は踝に当てて之を弾ず。

「脈法」の文章がこの祖型であるのは、疑問の余地がない。判読不能の五字はおそらく「手去踝五寸」であろう。足の踝上五寸には、足太陰脾脈が走っている。そこが診脈の部位だったのである。「脈書」にはさらに、骭の少陰、臂の鉅陰・少陰が記載されている。これは三部九候脈法にいう下部の地・足少陰腎脈と中部の天・手太陰肺脈および人・手少陰心脈のいわゆる「動脈」にあたる(52)(表9-1を参照)。足太陰脾脈は三部九候でいえば下部の人である。「脈法」の記述にしたがえば、五臓脈のうちの足厥陰肝脈をのぞく四脈を手足の四つの搏動する場所で診るのが、この相脈法だったことになる。もっともこの時代にはまだ、脈と臓腑との結びつきは想定されておらず、それを臓脈と呼ぶことはできないだろう。いずれにしろ、診脈の四つの場所が頭・手・足の九つの場所にまで拡張されたとき、三部九候脈法は成立する。

三部と九候のどこまで形をととのえていたかはともかく、出土医書の相脈法の系譜を引く脈法は、黄帝派の時代にもむろん一部の医師によって継承され、実際に診断に用いられていたにちがいない。ところが、『素問』の黄帝七篇をはじめとする黄帝派の論文にはひとことも記載がないのみならず、この相脈法ないし三部九候脈法を指すとおぼしい用語も検出できない。ほかのいくつもの脈法に言及しているにもかかわらずである。それはおそらく三部九候脈法の形成過程が外因論とふかく結びついており、そのために黄帝派が意識的にこの系統の脈法を排除したからであろう。

わたしのいう認識論的切断が生んだ事態である。相脈法にはじまる三部九候脈法の歴史には、長い伏流期があった。診脈する場所の拡張の時代でもある伏流期をへてひとつの脈法として完成されたのち、三部九候脈法は人迎寸口脈法に代わり、診断法の主流へと躍りでたのであった。

つけくわえておくなら、馬王堆・張家山の両漢墓出土医書は、全体として外因論の立場をとっているとみていいだろう。たとえば「五十二病法」は、主として対症療法を記載するにとどまり、刀傷・火傷・咬傷・虫刺され・漆負けなど原因がはっきりしているばあいをのぞけば、ほとんど病因には触れない。しかし、ときに挙げる病因には内因はなく、傷から入りこむ風、あるいは種々の疫鬼などを原因として記載している。ただ注目すべきは、『脈書』にみえるつぎの文章である。

夫れ留(流)水腐《く》ちず、戸貙(枢)槖《むしば》(蠹)まれざるは、其の動くを以ってなり。動けば則ち四支を実して五臧(蔵)を虚し、五臧(蔵)虚すれば則ち玉体利す。夫れ車に乗り肉を食う者は、春秋には必ず沿(?)す。沿せざれば則ち脈は闐《ただ》れて肉は死す。脈盈なれば而《すなわ》ち之を洫(虚)し、虚なれば而ち之を実し、諍なれば則ち之を侍(持)す。

『呂氏春秋』季春紀・尽数の「流水腐ちず、戸枢螻《むしば》まれざるは、動けばなり」にはじまる一段がこの文章の前半にもとづいているのは、まず疑いを入れない。「脈法」や「脈書」の成書が先秦にさかのぼる証拠とするに足りよう。それはともかく、文章の後半には明確に、車を乗り回し肉をたらふく食らう富貴の身分の生活が、一種の病因としてつかみだされている。(53) 黄帝派の内因論の医学を予感させるこの認識は、三部九候脈法の祖型とおなじ土壌に芽生えていた。内因論の医学は、外因論の支配する医学の世界への遅れて来た者 latecomer として、生長していったのである。

その生長過程にある医学、出土医書と『黄帝内経』をつなぐ時代の医学について、『史記』倉公伝が貴重な証言を残している。「倉公伝」を構成するおもな材料は、淳于意が書いた二十五枚の診籍(カルテ)である。そのうち二十一名の患者については、病因が明記されている。いま病因を内因と外因に分け、内因をさらに心的要因(狭義の内因)と身的要因(広義の内因)に、外因を三部九候論者のいう虚邪と正邪に、それぞれ分類したのが表9-3である。淳于意の得意としたのはどうやら外因の病よりも内因の病であったらしいこと、内因のなかでは、とくに身的要因に目を向けながら、心的要因をもまともに見据えていたことを、この表は物語っている。淳于意の医学は薬物療法を主体にして、事例によっては鍼灸療法をも用いるものであった。鍼灸を主に薬物を副にと、療法の重心こそ逆にかたむいているものの、病因論の立場からいえば、淳于意の医学の指しめす方向にすでに黄帝派の内因論の医学の誕生が予告されていたのである。また外因については、のちに三部九候論者が虚邪から区別して正邪と呼ぶことになるものをとりあげているのに、注目しよう。

つけくわえておけば、淳于意は十八名の患者の脈を診ており、ほかの三名についても間接的にそうだと推測できるから、診断は主として脈法によっていたと考えていい。診脈の部位は、脈口・左口・右口・口の語をそれぞれ一回用いており、両手の寸口部であったことがわかる。淳于意は「診法」・「診脈法」・「脈法奇咳」・「病法」などの書のことばを判断の根拠に挙げているが、なかでも「脈法」からは六回引用している。ところが、そのうちの三つまでは、王叔和の『脈経』のなかにほぼおなじ文章をみいだすことができる。(54) 『黄帝内経』とのかかわりは、それにくらべれば希薄であるにしろ、淳于意の依った「脈法」は形を変えながら確実に後世へ伝えられていったのである。

表 9-3　淳于意の診籍の病因

内因	心的要因	憂(1)　怒＋性(1)　性的欲求不満(1)	3
	身的要因	性(2)　酒(2)　酒＋性(2)　尿閉＋性(1) 落馬(2)　持重(1)　飽食＋疾走(1)	11
外因	虚　邪	寒湿(1)　風(1)　汗＋風(1)　酒＋風(1)	4
	正　邪	汗＋臥地(1)　濡髪＋臥(1)	2
他		石薬服用(1)	1
		計	21

6　古代医学形成のパターン

『黄帝内経』は形成過程にある古代医学が歴史に刻んだ軌跡の集成である。長い時間にわたり、多くの著者が残した、散乱する軌跡である。わたしは三部九候法に照準を合わせながらその軌跡をたどり、古代医学がしだいにみずからをつくりあげていった足取りを発見しようとつとめてきた。

三部九候法の軌跡をもういちどこの歴史の流れのなかに置いてみよう。まずそれは戦国時代のおそらく後期に、相脈法と呼ばれる祖型として、出土医書にあらわれる。相脈法は、手・足の太陰・少陰の四脈を手と足の四つの場所で診る脈法であり、主として灸と砭石を治療に用いる医学の一派[55]の診断法であった。当時、医学は外因の病理観に支配されており、相脈法もむろんそれと結びついていた。しかしこの時期にようやく、食習慣や生活様式などに注目する、内因の病理観が芽生えてくる。

相脈法の軌跡は、いったんここで消える。三部九候脈法へと成熟してすがたをあらわし、華々しい軌跡をしるすのは、それから遠くへだたった後漢に入ってからである。この長い伏流の時代に、いったいなにが生じていたのか。

戦国末ごろ、医療技術にひとつの革新がおこった。鍼を用いる治療法の出現である。それは灸法と砭法によって蓄積された病気と医療にかんする経験的な知識や技術、脈と脈法の発明、気の理論による基礎づけへの努力などの成果を継承して成立した、新しい医学であった。鍼法を主体にして、補助的に灸法を用い、事例によっては投薬・罨法《あんぽう》などもおこなう、この新しい医学の推進者たちは、診療だけでなく理論や教育や著作の面においても活潑な活動をくりひろげ、診療技術と医学理論を飛躍的に発展させつつ、しだいに鍼灸学派ともいうべきものを形成していった。そのひとつに黄帝を開祖と仰ぐ一派があった。黄帝が雷公に教えを垂れる問答形式の著作を残した、わたしが黄帝派と呼ぶ、黄帝学派の最初のグループである。

古代医学の形成にとって、黄帝派の出現はひとつの画期であった。それはかれらがあえて内因論の医学の立場を選びとったからである。外因の病にたいするおのれの無力さを自覚しつつ、かれらは関心を内因の病に集中させた。内因の病の世界はいわば一種の実験室であった。突如として襲いかかり、しばしば体に急激な変調をもたらす外因の病とちがい、内因の病による体調の変化はおおむね緩やかであり、持続的である。それは脈の変化を観察するにも、気の虚実の理論を具体化するにも、格好の材料を提供した。黄帝派はさまざまな脈法をあみだし、診断法の基礎をすえたが、なかでも重んじたのは人迎寸口脈法であった。そして、人迎寸口脈の類型に対応させて治療の原則を立て、人迎寸口法ともいうべき診療方法を生みだした。これは診断と治療を統合するという、現代中医学の診療体系を特徴づける弁証論治（基礎理論にもとづいて証候を弁別し、治療処置を論定する）の方法にまでつながる、中国医学の基本理念のもっとも原初的な表現であった。独自の体系を形成しはじめた中国医学の第一歩にふさわしいこのような達成は、意図的に内因論の立場をとることによってはじめて可能となったといってよい。黄帝派の医学の画期性がそこにあった。

黄帝派の内因論の医学は、いっぽうでは外因の病にたいする無力を露呈しつつ、たほうでは古い外因論の医学に脱皮を迫ることになる。黄帝派につづく人びとにひとつの緊急に解決すべき課題、黄帝派が到達したのと等しい水準に立ち、またそれと理論的に接合できるかたちで、あらためて外因論を導入するという課題を突きつけたからである。それに応えたのが、風に虚実の概念をもちこみ、虚邪の概念を導入し、天の気と人の気の各種の相互作用を生理的変化にまで具体化して描いてみせた、少師派の外因論であった。少師派とともに外因論は、理論のなかに占めるべき位置を回復する。新代に活躍し、人体解剖をおこなった伯高派も、天地と人体の構造の同形性 homomorphism と作用の法則的な同一性を強調した。脈に侵入した邪気をいわば球状の塊、その脈動を突風に煽られた脈のうねりとしてとらえるかれらの見かたは、外因の診断にひとつの具体的な根拠をあたえた。

とはいえ、九鍼の技法と内因の病理学と人迎寸口法にもとづく黄帝派の診療体系にとって代わるような、新しい診療体系はすぐには生まれなかった。岐伯派もはじめは、病因の説明こそ手直ししたものの、人迎寸口の診療法をそのまま用いていた。しかしついに、外因の病を的確に診断できるのは三部九候脈法だけだ、と主張する一派が岐伯派のなかにあらわれる。三部九候脈法は相脈法のはるかな後裔であり、その診脈の手・足の四つの場所を頭・手・足の九つの場所の動脈にまで拡張したものだった。

三部九候論者は虚邪の概念にくわえてさらに正邪の概念を提起し、外因論をいっそう強固な基礎のうえにすえた。そして少師派と伯高派のふかい影響のもとに、天人相感、マクロコスモス＝大地とミクロコスモス＝人体の照応を、脈法と刺法における原則として具体化し、また呼吸とタイミングを合わせる精巧な刺鍼の技法を練りあげ、それをさまざまな症状に具体的に適用するための各種の手法をあみだした。そこに人迎寸口法の弱点を克服した診療体系、三部九候法が出現する。三部九候論者はまた内因をも一種の邪気とみなすことによって、その体系のなかに内因論の医学をも包摂しようと試みる。

岐伯派の三部九候法は黄帝学派の医学のひとつの大きな跳躍台であった。しかし、やがて手首の寸口部で脈をとる、古くからおこなわれていた標準的な方法に、さらに尺部での診脈をつけくわえ、とりわけ尺脈によってすべてを診断できると称する、尺寸脈法の一派が岐伯派のなかに登場してくる。時代の流れはすでに尺寸脈法へかたむいていた。人迎寸口脈法も三部九候脈法も呑みこんで、時代は寸関尺脈法の完成へと動いていく。それとともに、さまざまなグループが新しい主張、新しい理論や技術を掲げ、開祖と仰ぐ伝説的な医師の名において語った、創造と混乱とが分かちがたく融けあっていた、形成期の医学の時代は終りをつげる。医師たちは権威の口を借りて語ることをやめ、問答形式の著作は論述形式のそれに席を譲りわたす。黄帝学派の医学ではすでにない、中国医学の成立である。

形成期の中国医学の歴史にみられたのは、新しい要素があらわれても、古い要素は決して失われることなく持続してゆく、というパターンである。古い要素は新しい要素と共生し、あるいは新しい要素によって解釈しなおされ、あるいは変形され、あるいはべつのモデルに置き換えられ、あるいはべつの体系に移し変えられ、ときには時代をへだてて甦り、その意味ではなにひとつ失われることなく、全体を豊かにしてゆく。内部の無数の小さな亀裂や断絶にもかかわらず、それはひたすらな、連続的、量的な膨脹とみまがうばかりである。このパターンこそ、じつは中国医学の歴史を貫くことになるパターンにほかならない。後漢末までに『黄帝内経』・『難経』および『傷寒雑病論』によって完成された中国医学の古典的形態は、形成期の古代医学とおなじ発展のパターンを描いて、現代中医学へとたどりついたのである。

注

はじめに

(1) 伝統医学の現状については、WHO編『世界伝統医学大全』(津谷喜一郎訳)、平凡社、一九九五、を参照。

(2) 以下の記述についてくわしくは、山田慶兒『中国医学はいかにつくられたか』岩波新書、一九九九(以下『中国医学』と略記)をみていただきたい。

(3) 実例としては、『史記』倉公伝の記載がある。

(4) 山田慶兒編『新発現中国科学史資料の研究 訳注篇』京都大学人文科学研究所、一九八五、を参照。

第一章

(1) 鍼灸の歴史については、宋大仁「鍼灸的発展和在世界各国研究的現状」『中華医史雑誌』一九五四・一、李元吉「中国針灸学源流紀略」同、一九五五・四、上海中医学院針灸学教研組編著『鍼灸学講義』第二章「針灸発展概況」上海科学技術出版社、一九六〇、王雪苔「中国針灸源流考」『中医雑誌』一九七九・八、傅維康「針灸発展史」『中国科技史料』一九八一・三、Lu Gwei-Djen & Joseph Needham, *Celestial Lancets, A History and Rationale of Acupuncture and Moxa*, (3) Historical growth of the system, Cambridge University Press, 1980. などをみよ。このなかには、Lu & Needham のように、鍼療法への最初の言及と解釈されてきた『左伝』成公十年の記事から叙述をはじめているものもあるが、李元吉のように「針灸療法の中国における起源は、文献の記載および多数の学者の意見によれば、おそらく新石器時代(紀元前三〇〇〇年)である」(二六三頁)と、その起源をきわめて古い時代に遡らせるものもある。温少峰・袁庭棟『殷墟卜辞研究――科学技術篇』四川省社会科学院出版社、一九八三、三三三―三三六頁は、甲骨文のなかに鍼灸療法の記載があると主張している。

(2) 『黄帝内経』におさめる問答形式の論文には、問者‐答者の組み合わせに、雷公‐黄帝、黄帝‐少師、黄帝‐伯高、黄帝‐少兪、黄帝‐岐伯の五つがある。これはそれぞれ答者を開祖と仰ぐ五つのグループの存在をしめす、とわたしは考えて、それを黄帝派・少師派・伯高派・少兪派・岐伯派と名づけている。第五章二七八頁を参照。
(3) 扁鵲については、藪内清『中国文明の形成』岩波書店、一九七四、七八―八〇頁、同『科学史からみた中国文明』NHKブックス、一九八二、四一―四六頁を参照。
(4) たとえば前掲『鍼灸学講義』一七頁、Lu & Needham, *op. cit.*, pp. 79-80. をみよ。
(5) くわしくは、劉長林『内経的哲学和中医学的方法』第一章「《内経》形成的年代」科学出版社、一九八二、をみよ。
(6) たとえば、陳邦賢『中国医学史』(三版)、商務印書館、一九五七、は、「『内経』は戦国に生まれ、前漢に完成した」(五九頁)とみる。藪内前掲両書、賈得道『中国医学史略』山西人民出版社、一九七九、もほぼ同様の見解をとる。
(7) Lu & Needham は、「年代にかんしては、学者の大多数の意見は、『素問』が紀元前二世紀、『霊枢』が前一世紀に属する、ということだ」として、劉伯堅・何愛華の名を挙げている。
(8) 厳一萍「中国医学之起源考略」郭正昭他編『中国科技文明論集』牧童出版社、一九七八、四五五―四五六頁。
(9) Lu & Needham は、『素問』と『霊枢』が引き続いて書かれたという意見にほんの少数の著者が反対しているとして、かれらは「『霊枢』を後漢(一世紀か二世紀)にしたがっている」と述べ、李濤と范行準の名を挙げている。
(10) たとえば、北京中医学院主編『中国医学史講義』上海科学技術出版社、一九六四、任応秋「《黄帝内経》研究十講」任応秋・劉長林編『《内経》研究論叢』湖北人民出版社、一九八二、杜石然他編著『中国科学技術史稿』上冊、科学出版社、一九八二(川原秀樹他訳『中国科学技術史』上、東京大学出版会、一九九七)。ただし、ここで『内経』というとき、後代の著作であることが明らかな、『素問』の巻十九―巻二十二の七篇の文章は除外している。天元紀大論・五運行大論・六微旨大論・気交変大論・五常政大論・六元正紀大論・至真要大論の、いわゆる運気七篇がそれである。
(11) 第五章2節(二六三―二六八頁)を参照。
(12) 羅根沢『諸子考索』人民出版社、一九五八、三〇九頁。
(13) 楊伯峻『春秋左伝注』第一冊、中華書局、一九八一、四三三頁。
(14) 崔適『史記探源』巻八。

(15) 郭沫若『金文余釋之余』釈季氏、文求堂書店、一九三二、三四—三五頁。
(16) 林巳奈夫『中国殷周時代の武器』京都大学人文科学研究所、一九七二、一二七—一二九頁。
(17) 第二章5節(一一七—一一八頁)をみよ。
(18) 黄帝学派の五つのグループは、初期二派(黄帝派・少師派)と後期三派(伯高派・少兪派・岐伯派)に分かれ、初期二派は前漢代、後期三派は新代以後に活躍した、とわたしは考えている。くわしくは、第五章および第六章を参照。
(19) 第二章4節(一〇三頁)をみよ。
(20) 第二章4節(一〇五頁)をみよ。
(21) 江陵張家山漢簡整理小組「江陵張家山漢簡《脈書》釈文」『文物』一九八九・九、七二—七四頁。なお、馬王堆出土医書の研究と校釈に、馬継興『馬王堆古医書考釈』湖南科学技術出版社、一九九二、があり、張家山医書をもとりあげて馬王堆医書との関係を明らかにしている。
(22) 第五章2節(二六三—二六六頁)をみよ。
(23) 第七章4節(三五八頁)をみよ。なお山田前掲『中国医学』、一三七—一四〇頁参照。
(24) 「陰陽脈死候」(七八—八六頁に収録)。
(25) 馬継興・周世栄「考古発掘中所見砭石的初歩探討」『文物』一九七八・一一、王雪苔「針灸史的新証拠——近年出土的針灸文物」中医研究院編『針灸研究進展』人民衛生出版社、一九八一、をみよ。馬・周は砭石を、(1)熨法に用いる砭石、(2)按摩に用いる砭石、(3)癰膿を切割し瘀血を刺瀉するのに用いる砭石、(4)体表を叩撃するのに用いる砭石、に分類する。しかし、砭石と呼ばれたのは(3)だけである。なお、桜井謙介「新出土医薬関係文物について」山田慶兒編『新発現中国科学史資料の研究　論考篇』京都大学人文科学研究所、一九八五、三四七—三六八頁、を参照。
(26) 中国社会科学院考古研究所・河北省文物管理処『満城漢墓発掘報告』文物出版社、一九八〇、(上)一一六—一一九頁、(下)彩版一四、図版七五・七六、鐘依研「西漢劉勝墓出土的医療器具」『考古』一九七二・三。
(27) くわしくは山田慶兒「名医の末期」『夜鳴く鳥——医学・呪術・伝説』岩波書店、一九九〇、二四六—二八三頁を参照。
(28) 第二章6節(一二二—一二五頁)参照。

(29) 陳奇猷『呂氏春秋校釈』一、学林出版社、一九八四、七八頁、注一八。

(30) Lu & Needham, *op. cit.*, pp. 22-23.

(31) 郭沫若・聞一多・許維遹撰『管子集校』下、科学出版社、一九五六、六七九頁。

(32) 羅根沢前掲書、四七一―四七三頁。

(33) 循環の思想については、Lu & Needham, *op. cit.*, pp. 24-39. を参照。

(34) 鍼の問題については、Lu & Needham, *op. cit.*, pp. 66-77. を参照。

(35) Lu & Needham, *op. cit.*, pp. 76-77.

(36) たとえば元・王与『無冤録』巻下・被人針灸当下身死。

(37) 山田慶兒「現代日本において学問はいかにして可能か——富永仲基の言説批判と相対主義の問題」山田慶兒・阪上孝編『人文学のアナトミー』岩波書店、一九九五、六一―一四頁を参照。

(38) 第七章7節(三七四―三七六頁)をみよ。

付

(1) その後、湖北省江陵張家山漢墓から出土した竹簡の『脈書』におさめる「陰陽十一脈灸経」では、「太陰脈」は「泰陰之脈」、「□□心煩」は「独心煩」、「腹脹」は「腹張」、「不能臥」は「者臥」、「強欠」は「強吹」、また「厥陰脈」は「蹷陰之脈」、「癃」は「瘁」、「癩」は「穨」、「偏疝」は「扁山」、その下に「為五病」の三字があり、「□□」は「五病」、「勿治也」は「勿治殹」に作る。

(2) 『脈書』におさめる「陰陽脈死候」では、「也」は「殹」、「□病而乱」は「陰病而乱」に作る。

(3) 『脈書』では、「三陰……五死」の十三字がなく、「凡視死徴」に作り、「□□□□」は「齱斉歯長」、「目睘視衺」は「目圜視雕」、「気」は「血」、「傅」は「榑」、「血」は「気」、「舌陥卵巻」は「舌捆橐拳」、「五者徧有、則不活矣」は「凡徴五、一徴見、先活人」に作る。

第二章

(1) 岡西爲人『本草概説』創元社、一九七二、三〇一頁。

(2) 岡西為人「中国医学における丹方」藪内清編『中国中世科学技術史の研究』角川書店、一九六三、二九一頁。

(3) 現代中国の医学史家は、伊尹が湯液を作りだしたということはありうる、あるいは、その時代にはすでに湯液が出現していた、と考えているようだ。たとえば、陣邦賢前掲書、一三頁、および、賈得道前掲書、八―一〇頁。

(4) 賈得道前掲書、一〇頁、注八は、『黄帝内経』の当該箇所を引用し、これを煎剤の始めとみる。なお、廖育群「湯液について」山田慶兒・田中淡編『中国古代科学史論 続編』京都大学人文科学研究所、一九九一、五三一―五四一頁、を参照。

(5) 引用はすべて、馬王堆漢墓帛書整理小組編『五十二病方』文物出版社、一九七九、による。引用文のくわしい解釈は、前掲『新発現中国科学史資料の研究 訳注篇』を参照されたい。薬物については、森村謙一「新出土資料における自然品目の研究」『東方学報』京都第五十三冊、一九八一、Paul U. Unschuld, "Ma-wang-tui *Materia Medica*, A Comparative Analysis of Early Chinese Pharmaceutical Knowledge," *ZINBUN*, no. 18, 1982. を参照。製剤については、馬継興「馬王堆古医書中有関薬物制剤的文献考察」『薬学通報』一九七九・九、尚志鈞「《五十二病方》薬物炮制概況」『中薬通報』一九八二・六、を参照。

(6) 篠田統「古代シナにおける割烹」『東方学報』京都第三十冊・中国古代科学技術史の研究、一九五九、二五三―二七四頁、および、同『中国食物史』柴田書店、一九七四、三一頁。なお、林巳奈夫「漢代の飲食」『東方学報』京都第四十八冊、一九七五、を参照。

(7) 篠田前掲論文、二六二頁。

(8) 引用はすべて、甘粛省博物館・武威県文化館合編『武威漢代医簡』文物出版社、一九七五、による。引用文についてくわしくは、本章注(5)の『訳注篇』をみよ。なお、赤堀昭「武威漢代医簡について」『東方学報』京都第五十冊、一九七八、森村前掲論文を参照。

(9) 『太素』巻二十五・熱病決(『素問』巻九・評熱病論篇)に、「汗出而身熱者、風也。汗出而煩満不解者、厥也。病名曰風厥。」

(10) *Hippocratic Writings*, edited with an introduction by G. E. R. Lloyd, Penguin Books, 1983, p. 16.

(11) 山田前掲『夜鳴く鳥』、一一―一二、四一頁をみよ。

(12) 林巳奈夫教授の示唆による。

(13) 馬継興「我国最古的薬酒醸制方」『薬学通報』一九八〇・七、二八―二九頁。

(14) 村上嘉実「漢墓新発現の医書と抱朴子」『東方学報』京都第五十三冊、一九八一、四〇二—四〇四頁。
(15) 『傷寒論』についてくわしくは、山田前掲『中国医学』第九章をみよ。
(16) 赤堀昭「新出土資料と『傷寒論』」『中医臨床』臨時増刊号、一九八二・五、を参照。なお、赤堀によれば、『傷寒論』の処方は、湯が九十九、散が八、丸が五、鍼灸が十四、その他が二であり、薬物療法のほかに鍼灸療法がこれだけふくまれていることは注目に価する。

第三章

(1) 本草の起源にかんするこれまでの研究としては、中尾万三『漢書藝文志より本草衍義に至る本草書目の考察』京都薬学専門学校薬窓会、一九二八、渡辺幸三「陶弘景の本草に対する文献学的考察」杏雨書屋編『本草書の研究』武田科学振興財団、一九七七、岡西前掲書、第一部第一章—第三章、那琦『本草学』台湾、一九八二、第一章第一節—第四節、などがある。神仙術起源説など重要な問題を提起したのは中尾だが、それをうけた岡西の仕事は秀れており、この章も岡西に負うところが大きい。
(2) 前掲『五十二病方』附録二「《五十二病方》現存薬名」、を参照。
(3) 中尾前掲書、「(二)本草なる文字の起源と其の意義」、一六—三〇頁参照。『漢書』藝文志・方技略にみえる「経方者、本草石之寒温、……」の「本草」がその起源だという、中尾が紹介し支持している説は、しかし、とうてい受け入れられない。
(4) 陳直『漢書新証』天津人民出版社、一九七九、五六頁。
(5) 陳槃「戦国秦漢間方士考論」『国立中央研究院歴史語言研究所集刊』第一七本、一九四八、をみよ。
(6) J・ニーダムは「第一回中国科学・医学全国大会」と形容している。J. Needham, *Clerks and Craftsmen in China and the West*, Cambridge U. P., 1970.(山田慶兒訳『東と西の学者と工匠』下、河出書房新社、一九七七、一二九頁。)
(7) 内藤湖南『支那目録学』『内藤湖南全集』筑摩書房、一九七〇、三六九—三八六頁、を参照。
(8) 以下の記述については、陳槃前掲論文、顧頡剛『秦漢的方士与儒生』上海群聯出版社、一九五五、福永光司「封禅説の形成」『道教思想史研究』岩波書店、一九八七、二〇七—二六四頁、金子修一「中国——郊祀と宗廟と明堂及び封禅」井上光貞他編『東アジアにおける儀礼と国家』(東アジア世界における日本古代史講座第九巻)、学生社、一九八二、一七九—一九二頁、を参照。なお、年代は『資治通鑑』にしたがう。
(9) 安作璋・能鉄基『秦漢官制史稿』下冊、斉魯書社、一九八四、四七六頁。
(10) 同・上冊、一〇七―一一一頁。
(11) 陳直前掲書は、「衡・譚復奏長安厨官県官、給祠郡国候神方士使者、所祠凡六百八十三所」(一八六頁)と読み、狩野直禎・西脇常記訳注『漢書郊祀志』平凡社、一九八八、は、「長安厨官県官給祠、郡国候神方士使者所祠、凡六百八十三所」(一七七頁)と読む。しかし、『史記』封禅書に、公孫卿が「其道非少寛仮、神不来」と武帝に答えたため、「於是郡国各除道、繕治宮観名山神祠所、以望幸」とみえており、宮観・神祠は郡国の管理下に置かれていたことをしめしている。
(12) 上掲『漢書郊祀志』、一七八頁。
(13) 陳直前掲書、一八六頁。
(14) 安作璋・能鉄基前掲書下冊、三七一―三七三頁。
(15) 金谷治『老荘的世界――淮南子の思想』平楽寺書店、七八―八三頁、福永光司「劉向と神仙」前掲『道教思想史研究』三〇六―三一〇頁、参照。
(16) 陳槃「論早期識緯及其与鄒衍書説之関係」『国立中央研究院歴史語言研究所集刊』第二〇本、一九四八、福永前掲書、二二二―二二八頁、を参照。
(17) 山田前掲『夜鳴く鳥』、一六四頁参照。
(18) 中尾前掲書、三八―三九頁、を参照。
(19) 同、三二―三三頁。
(20) 尚志鈞等輯校『呉普本草』人民衛生出版社、一九八七。
(21) 中尾前掲書、三七頁。
(22) 山田前掲『夜鳴く鳥』、一〇三―一〇六頁参照。
(23) 同、一〇二―一〇三頁参照。
(24) 岡西前掲書、三八―三九頁。

(25) 同、三九頁。
(26) 同、四〇頁。
(27) 同、五四―五六頁。
(28) 敦煌本序録の引用は、上山大峻編『敦煌本本草集注序録・比丘含注戒本』龍谷大学善本叢書一六、法藏館、一九九七、による。なお、『神農本草経集注』を引用するばあい、原文が残されている序録については『集注本草』と表記し、『証類本草』のなかにくみこまれて残されている本文については「集注本草」と表記する。後者は陶弘景の文章そのままでなく、後人の筆が加わっているからである。なお、『証類本草』には『大観本草』と『政和本草』のふたつのテキストがあるが、わたしは後者を使用する。
(29) 「陶隠居序」掌注に、「韓保昇又云、神農本草、上中下并序録合四巻」とある。
(30) 岡西前掲書、四五―四七頁。なお、中尾前掲書、四三―四四頁、参照。
(31) 同、五〇―五一頁。
(32) 高橋眞太郎「神農本草経に就いて」『日本医史学雑誌』一三二〇号、一九四三、渡辺幸三「陶弘景の本草に対する文献学的考察」『東方学報』京都第二〇冊、一九五一、廖育群「陶弘景本草著作中諸問題的考察」『中華医史雑誌』二二巻二号、一九九二、真柳誠「三巻本『本草集注』と出土資料」『日本医史学雑誌』三九巻一号、一九九三、を参照。
(33) 岡西前掲書、四八頁。
(34) 同、三〇頁。
(35) 前掲『武威漢代医簡』、一二―一三頁。
(36) 岡西前掲書、五〇―五一頁。
(37) 同、二九頁。
(38) たとえば、明・李時珍『本草綱目』巻一・歴代諸家本草をみよ。
(39) 岡西前掲書、三四―三七頁。
(40) 前掲『呉普本草』附録「関於《呉普本草》若干問題的研究」、九四―九七頁、参照。
(41) 「唐本注」に引く別録はつぎのとおりである。(〔 〕内は巻数。)〔五〕石灰、〔七〕絡石・天名精・旋花・地膚子・石龍芻、〔八〕

石龍芮、〔九〕艾葉・悪実、〔一一〕苧根・女青、〔一二〕槐実、〔一四〕梓白皮、〔一五〕人乳汁、〔一七〕白馬茎・黄犍牛・牡狗陰茎・虎骨、〔一八〕豚卵・獺肝、〔一九〕白鴨・雀卵・鷰屎、〔二〇〕蠡・鱓魚、〔二一〕露蜂房・蚱蟬・白殭蚕・蜚蠊、〔二二〕蝦蟇・蜘蛛・白頭蚯蚓・田中螺汁・蜣蜋、〔二三〕藕実茎・大棗・梅実・柿、〔二五〕赤小豆、〔二七〕白瓜子・芥・荏子、〔二九〕芸台。岡西前掲書は、「惜しむらくは蘇敬の引用は僅か四十余条に過ぎず、それも多くは虫獣の部分であるから、唐代にも(「名医別録」の――引用者)完本は無かったと思われる」(三六頁)、と書いているが、虫獣は四四条中の二一条、引用の巻は三十巻中の二十巻におよんでいる。

(42) 森立之「重輯神農本草経序」。

(43) 同・出処に、「御覧、気味下、毎有生山谷等語、必是朱書原文、主治末、亦有生太山等字、必墨書原文。」

(44) 『政和本草』巻二十・瑇瑁引図経本草もこの話を引用しているが、文章の後半は節略されている。

(45) 中尾前掲書、四九頁。

(46) 岡西前掲書、二五―二六頁。

(47) 能田忠亮「漢代論天攷」『東洋天文学史論叢』恒星社、一九四三、二六九頁。なお、藪内清『中国の天文暦法』平凡社、一九六五、三〇〇―三〇二頁参照。

(48) 杉本忠「讖緯説の起源及び発達」『史学』第一三巻第二・四号、一九三四、陳槃「秦漢間之所謂「符応」論略」『国立中央研究院歴史語言研究所集刊』第一六本、一九四七、あわせて前注の論文をも参照。なお、讖緯説と天文学との関係については、藪内前掲『中国の天文暦法』、二六―三五頁をみよ。

(49) 顧頡剛前掲書、第一九章「讖緯的造作」、を参照。

(50) 藪内前掲『中国の天文暦法』、二六頁。

(51) 福永前掲書、三〇七頁。

(52) 同、三一二頁。

(53) 金子前掲論文参照。

(54) 中尾前掲書、一四―二〇頁、岡西前掲書、一五―一八頁、那琦前掲書、一四―二二頁、をみよ。

(55) 藪内前掲『中国文明の形成』第九章「漢代における科学技術」、を参照。

第四章

（1） 前掲『五十二病方』、四〇頁。
（2）『簡明中医辞典』人民衛生出版社、一九七九、七八四頁。なお、馬王堆第一号漢墓の女屍にも鳳凰山第一六八号漢墓（湖北省）の男屍にも、血管内などに多数の住血吸虫卵が発見された。この地方は現在でも住血吸虫が根絶されていない。
（3） 病因と病源については、波平恵美子『病気と治療の文化人類学』海鳴社、一九八四、二二―二六頁。
（4） 余巌『古代疾病名候疏義』自由出版社、一九七二、九―一〇頁。
（5） 病気の意味づけについては、スーザン・ソンタグ『隠喩としての病い』みすず書房、一九八二、波平前掲書、同「医療人類学」『現代の文化人類学』2、至文堂、一九八二、を参照。
（6） その具体的な試みとして、嬰児瘛の呪術療法をとりあげた、山田慶兒「夜鳴く鳥」『思想』一九八五・一〇、一―二六頁、がある。のち、前掲『夜鳴く鳥』に収録。
（7） 山田前掲『夜鳴く鳥』を参照。

第五章

（1） J. Needham, *op. cit.*, pp. 271-272.（山田慶兒訳『東と西の学者と工匠』下、河出書房新社、一九七七、一一八―一二〇頁。）
（2） この論文を書いたときわたしの用いた『太素』のテキストは、『黄帝内経太素』（蕭延平校正）、人民衛生出版社、一九五五（改装新版は一九六五）である。そこに欠けている巻十六、巻二十一の両巻、および巻二十二の一部は、『欠巻覆刻黄帝内経太素』盛文堂、一九七一、として出版された。その後、仁和寺本の影印本が東洋医学善本叢書の一として東洋医学研究会から刊行（一九八一）され、いまでは原本にあたることができる。本書に引用する文章において、文字に異同があるばあいは、それに従っている。ただし、鍼と針、絡と胳、嘔と欧のような同義異字については、かならずしも仁和寺本に統一していない。
（3） 馬王堆漢墓帛書整理小組「馬王堆漢墓出土医書釈文（一）」『文物』一九七五・六、同「馬王堆漢墓出土医書釈文（二）」『文物』一九七五・九。（以下「釈文」と略記。）

馬王堆漢墓出土医書は、その後、一九八五年にいたって、李学勤・周世栄・馬継興編『馬王堆漢墓帛書〔肆〕』文物出版社、において、図版と釈文がすべて発表された。

（4）われわれの研究グループによる出土医書の訳注の成果は、その後、前掲『新発現中国科学史資料の研究　訳注篇』として出版された。

（5）中医研究院医史文献研究室「馬王堆帛書四種古医学佚書簡介」『文物』一九七五・六、一八頁。（以下「簡介」と略記。）

（6）「簡介」、一八―一九頁。

（7）「簡介」、一八頁。

（8）「釈文(一)」、五頁。

（9）鍾益研・凌襄「我国現已発現的最古医方――帛書《五十二病方》」『文物』一九七五・九、五五頁を参照。

（10）「簡介」、一八頁。

（11）「簡介」、一八頁。

第六章

（1）安徽省文物工作隊・阜陽地区博物館・阜陽県文化局「阜陽双古堆西漢汝陰侯墓発掘簡報」『文物』一九七八・八、一二―三一頁。

（2）厳敦傑「関于西漢初期的式盤和占盤」『考古』一九七八・五、三三四―三三七頁。

（3）殷滌非「西漢汝陰侯墓出土的占盤和天文儀器」『考古』一九七八・五、三三八―三四三頁。

（4）『五行大義』巻一・論数・論九宮数「九宮者、……皆神所遊処、故以名宮也。」

（5）つぎの文章は、「太一常以冬至日、居汁蟄之宮四十六日、明日居天溜四十六日、明日居倉門……」、と切って読むのがふつうである。しかし、太一九宮占盤の文字と対比するとき、「明日」は「四十六日」ないし「四十五日」に続けて読むべきではないだろうか。ただし、「明日」がなにを意味するかは、明らかでない。

（6）『五行大義』「故黄帝九宮経云、……太乙行九宮、従一始、以少之多、順其数也。」

（7）『史記』巻一百二十七・日者列伝・褚少孫補伝「孝武帝時、聚会占家問之、某日可取婦乎。五行家曰可、堪輿家曰不可、建除家曰不吉、叢辰家曰大凶、暦家曰小凶、天人家曰小吉、太一家曰大吉。弁訟不決、以状聞。」

（8）山田慶児『授時暦の道』みすず書房、一九八〇、三五―三七頁を参照。

（9）『三国志』巻六十三・呉書・巻十八・趙達伝「趙達、河南人也。少従漢侍中単甫受学、用思精密。……治九宮一算之術、究其微旨。」

（10）『玉函山房輯逸書』農家・范子計然・巻中「范子問、何用九宮。計然曰、陰陽之道、非独于一物也。」

（11）『五行大義』。

（12）『太乙金鏡式経』巻二・推九宮所主法「九宮之義、法以霊亀。以二四為肩、六八為足、左三右七、戴九履一。此為不易之常道。」

（13）『数術記遺』「九宮算、五行参数、猶如循環。」、注「九宮者、即二四為肩、六八為足、左三右七、戴九履一、五居中央。五行参数者、設位之法依五行、已注於上是也。」

（14）前掲趙達伝「達常笑謂諸星気風術者曰、当迴算帷幕、不出戸牖以知天道、而反昼夜暴露以望気祥、不亦難乎。間居無為、引算自校。」

（15）『太素』巻二十八・九宮八風「太一徙日、天必応之以風雨。以其日風雨、則吉歳矣、民安少病矣。先之則多雨、後之則多旱。……所謂有変者、太一居五宮之日、疾風折樹木、揚沙石。各以其所主占貴賤、因視風所従来而占之。従其所居之郷来為実風、主生長、養万物。風従其衝後来為虚風、傷人者也、主殺主害者也。謹候虚風而避之。故聖人避邪弗能害、此之謂也。」

（16）同・八正風候「黄帝曰、願聞歳之所以皆同病者、何因而然。少師曰、此八正之候也。黄帝曰、候之奈何。少師曰、候此者、常以冬之至日、太一立於汁蟄之宮。其至也、天応之以風雨。風雨従南方来者、為虚風、賊傷人者也。其以夜至者、万民皆臥而弗犯也、故其歳民少病。」

（17）すぐ後に引用する原文(a)をみよ。

（18）前掲八正風候「其以昼至者、万民懈惰、而皆中於虚風、故万民多病。」

（19）同「虚邪入客於骨、而不発於外。至其立春、陽気大発、腠理開。因立春之日、風従西方来、万民又皆中於虚風。此両邪相薄、経気絶代(霊枢作結代者矣)。」

(20) 同「故諸逢其風而遇其雨者、命曰遇歳露焉。因歳之和而少賊風者、民少病而少死。歳多賊風邪気、寒温不和、民多病而多死矣。」

(21) 同注「露有其二。一曰春露、主生万物者也。二曰秋露、主衰万物者也。今歳有賊風暴雨、以衰於物、比秋風露、故曰歳露焉。是以実風至也、歳和有吉。虚風至也、歳露致凶也。」

(22) 『左伝』昭公元年「天有六気、降生五味、発為五色、徴為五声、淫生六疾。六気曰陰、陽、風、雨、晦、明也。」この解釈についてくわしくは、山田前掲『夜鳴く鳥』、一〇三―一〇六頁をみよ。

(23) 前掲八正風候「黄帝曰、虚邪之風、其所傷貴賤何如、候之奈何。少師曰、正月朔日、太一居天溜之宮。其日西北風不雨、人多死。……正月朔日、風従南方来、命曰旱郷。従西方来、命曰白骨将将、国有殃、人多死亡。正月朔日、風従東南方来、発屋揚沙石、国有大災。」

(24) 『史記』天官書「凡候歳美悪、謹候歳始。歳始或冬至日、産気始萌。臘明日、人衆卒歳、一会飲食発陽気、故曰初歳。正月旦、王者歳首。立春日、四時之卒始也。四始者、候之日。」「臘明日」の臘明は臘におなじと解しておく。臘日は旧暦十二月八日。春草が生ずるといわれ、神や祖先をまつる臘祭がおこなわれる。臘の明日とする解釈もある。臘の翌日は小祭といい、君親に拝賀する。

(25) 前掲八正風候「正月朔日、天和温不風、糴賤、民不病。天寒而風、糴貴、民多病。」

(26) 同「正月朔日。平旦北風、春、民多死者也。正月朔日、平旦北風行、民病死者十有三。正月朔日、日中北風、夏、民多死者。正月朔日、夕時北風、秋、民多死者。終日北風、大病死者十有六。……正月朔日、風従東南行、春、有死亡。」

(27) 同「二月丑不風、民多心腹病。三月戌不温、民多寒熱。四月巳不暑、民多病癉。十月申不寒、民多暴死。」

(28) 同「諸謂風者、皆発屋、折樹木、揚沙石、起毫毛、開腠理。」

(29) 李淳風『乙巳占』巻十・五音風占「占風之家多云発屋折木飛沙転石等語」、同・推風声五音法「黄帝曰、凡風之動、皆不安之象也。」

(30) 前掲九宮八風「是故太一入従立於中宮、乃朝八風以占吉凶也。風従南方来、名曰大弱風。其傷人也、内舎於心、外在於脈、其気主為熱。風従西南方来、名曰謀風。其傷人也、内舎於脾、外在於肌、其気主為弱。風従西方来、名曰剛風。其傷人也、内舎於肺、外在於皮膚、其気主為身燥。風従西北方来、名曰折風。其傷人也、内舎於小腸、外在手太陽脈、脈絶則溢、脈閉則結不通、喜暴死。風従北方来、名曰大剛之風。其傷人也、内舎於腎、外在於骨与肩背之膂筋、其気主為寒。風従東北方来、名曰凶風。其傷人也、内舎於大腸、外在於両脅掖骨下及支節。風従東方来、名曰嬰児之風。其傷人也、内舎於肝、外在於筋紉、其気主為身湿。風従東南方来、名曰弱風。其傷人也、内舎於胃、外在於肉、其気主体重。」

(31) 山田慶児「空間・分類・カテゴリー」『混沌の海へ』朝日選書、一九八二、二八九―三四七頁。

(32) 『五行大義』巻四・論八卦八風「太公兵書云、坎名大剛風、乾名折風、兌名小剛風、艮名凶風、坤名謀風、巽名小弱風、震名嬰児風、離名大弱風。大剛風者、大陰之気好殺、故剛。折風者、金強能摧折物也。小剛風者、亦金殺故也。凶風者、艮在鬼門、凶害之所也。謀風者、坤為地、大陰之本、多陰謀也。小弱風者、巽為長女、故称弱也。嬰児風者、震為長男愛之、故曰児。大弱風者、離為中女、又弱於長女也。」

(33) 同「大剛、小剛客勝。大弱、小弱主人勝。凶有凶害之事、謀有謀逆之人、折為将死、嬰児風主人強。此竝兵家観客主盛衰、候風所従来也。」

(34) 『乙巳占』巻十・雑占王侯公卿二千石出入・占八風知主客勝負法「乾、折風、従西北来、主将死、客勝。坎、大剛風、従北来、客勝、主人敗。艮、小剛風、従東北来、客勝、主人不利。震、宂風、従東来、主人勝、客不利。巽、小弱風。従東南来、主人勝、客不利。離、大弱風、従南来、主人勝、客不利。坤、諫風、従西南来、主人勝、客不利。兌、衝風、従西来、客勝、主人不利。」

(35) 『古今図書集成』暦象彙編・庶徴典・巻六十一・風異部彙考・二之六・軍中風占「凡両敵相当、先分八卦之位。乾為折風、起西北。坎為大剛風、起正北。艮為小剛風、起東北。震為宂風、亦曰嬰児風、起正東。巽為小弱風、起東南。離為大弱風、起正南。坤為諫風、起西南。兌為冲風、起正西。乾坎艮皆利客、宜先挙。震巽離皆利主利、後挙。坤有謀不成、主客倶不利、一曰主勝。兌主客兵獲、主得糧。」同・二之九「八卦風、乾為金折衝風、主将憂死、勿戦、客小勝。坎為水大剛風、主人不利、為客不勝。艮為土小剛風、為客大勝、不利主。震為木元山風、為客不利、主人小勝。巽為木小弱風、為主勝、客不利。離為火大弱風、主勝、客不利。坤為土涼風、主勝、客不利。兌為金小弱風、為客大勝、前多伏兵、宜備之。」

(36) 同・巻六十・風異部彙考・一之六・正月朔旦八方風占「漢魏鮮正月朔旦決八風。風東北来為上歳、行兵主客倶不利、一曰利客。南来大旱、一曰為主吉。西南来小旱、有謀不成、一曰主客倶不利。西来有兵起、宜客。西北来戎菽成、小雨則有兵、宜客。北来為中歳、宜客。東来大水、宜主。東南来人病、歳悪、宜主。」

(37)『漢書』郊祀志下「莽篡位二年、興神僊事、以方士蘇楽言、起八風台於宮中。台成万金、作楽其上、順風作液湯。」

(38) 前掲九宮八風「三虚相薄、則為暴病卒死。両実一虚、病則為淋洛寒熱。犯其雨湿之地、則為痿。故聖人避邪風如避矢石焉。其有三虚而偏中於邪風、則為撃仆偏枯矣。」

(39)『太素』巻二十八・三虚三実「黄帝問少師曰、余聞四時八風之中人也、故有寒暑。寒則皮膚急而腠理閉、暑則皮膚緩而腠理開、賊風邪気、因以得入乎、将必須八正虚邪、乃能傷人乎。少師答曰、不然。賊風邪気之中人也、不得以時。然必因其開也、其入也深、其内極也疾、其病人卒暴。因其閉也、其入也浅以留、其病人也徐以持也。」

(40) 同「黄帝曰、有寒温和適、腠理不開、然有卒病者、其故何也。少師曰、帝弗知邪入乎。雖平居、其腠理開閉緩急、固常有時也。」

(41) 同「黄帝曰、可得聞乎。少師曰、人与天地相参也、与日月相応也。故月満則海水西盛、人血気精、肌肉充、皮膚緻、毛髪堅、膲理郄、烟垢著。当是之時、雖遇賊風、其入浅、亦不深。至其月郭空、則海水東盛、人血気虚、其衛気去、形独居、肌肉減、皮膚緩、腠理開、毛髪浅、膲理薄、烟垢落。当是之時、遇賊風、則其入也深、其病人也卒暴。」

(42) 同注「膲腠理曲而不通、三焦之気発於腠理、故曰膲理郄曲也。」

(43) 三焦については、第八章の補論(四一四―四二〇頁)、および山田前掲『中国医学』、九四―九七、一四四―一四六頁、をみよ。なお金関丈夫「三焦」『日本民族の起源』法政大学出版局、一九七六、三一三―三六七頁を参照。

(44) 前掲「釈文(一)」「去(却)谷(穀)者食石韋、朔日食質、日駕(加)一節、旬五而〔止〕。〔月〕大始銚、日〔去一〕節、至晦而復質、与月進退。」

(45) 前掲三虚三実「黄帝曰、其有卒然卒死暴病者、何邪使然。少師曰、得三虚者、其死暴疾、得三実者、邪不能傷人也。黄帝曰、願聞三虚。少師曰、乗年之衰、逢月之空、失時之和、因為賊風所傷、是謂三虚。故論不知三虚、工反為粗。黄帝曰、願聞三実。少師曰、逢年之盛、遇月之満、得時之和、雖有賊風邪気、不能危之。」

(46) 同注「人年七歳、加於九歳至十六歳、名曰年衰。如是恒加九歳至一百六、皆年之衰也。」

(47)『太素』巻三・陰陽大論「衰之節、年四十而陰気自半也、起居衰矣。」

(48)『巣氏諸病源候論』巻一・風病諸候上・中風候「中風者、風気中於人也。風是四時之気、分布八方、主長養万物。従其郷来者、人中少死病。不従郷来者、人中多死病。其為病者、蔵於皮膚之間、内不得通、外不得泄。其入経脈、行於五臓者、各随臓腑而生病焉。」

(49)同・賊風候「賊風者、謂冬至之日有疾風従南方来、名曰虚風。此風至能傷害於人、故言賊風也。其傷人也、但痛不可得按抑、不可転動、痛処体卒無熱。」

(50)九宮八風説にもとづく風の病因論が『小品方』にあることを指摘したのは、石田秀実「『小品方』の医学思想」『こころとからだ——中国古代における身体の思想』中国書店、一九九五、二六八—二六九頁、である。

(51)『小品方・黄帝内経明堂　古鈔本残巻』北里研究所附属東洋医学総合研究所、一九九二、一—六二頁。

(52)小曽戸洋「『小品方』書誌研究」同右、七〇—七一頁。なお、山田前掲『中国医学』、一九五—二〇一頁を参照。

(53)『医心方』巻三・風病証候引小品方「説曰(原文誤日)、風者、四時・五行之気也。分布八方、順十二月、終三百六十日。各以時従其郷来為正風、在天地為五行、在人為五蔵之気也。万物生成之所順、非毒厲之気也。人当触之過、不勝其気、乃病之耳。雖病、然有自差者也。加治則易(原文易下有食字衍)愈。其風非時至者、則為毒風也。不治則不能自養焉。」

(54)同「春・甲乙・東方・清風。傷之者為肝風。入頭頸、肝(下有頸字)兪(原文作愈)中為病。」

(55)同「四時風惣名、春九十日清風、夏九十日湯風、秋九十日涼風、冬九十日寒風。其気分布八方、亦各異名也。太一之神、随節居其郷各卌五日、風雲皆応之。今列其風名如左。東北方艮之気、立春王、為條風、一名凶風、王卌五日。……」

(56)「易乾鑿度」鄭玄注「太一下行八卦之宮、毎四乃還於中央。中央者北神(辰?)之所居、故因謂之九宮。」九宮の名は、坎宮・坤宮・震宮・巽宮・中央之宮・乾宮・兌宮・艮宮・離宮である。なお、山田慶兒『制作する行為としての技術』朝日新聞社、一九九一、一九二頁を参照。

(57)『五行大義』巻二・論相生および論四時休王をみよ。

(58)『論衡』巻二十四・難歳篇「立春、艮王・震相・巽胎・離没・坤死・兌囚・乾廃・坎休。王之衝死、相之衝囚、王相衝位、有死囚之気。乾坤六子、天下正道。」

(59)前掲『医心方』「右八方之風、各従其郷来、主長養万物、人民少死病也。」

(60) 同「八方風、不従其郷来而従衝後来者、為虚邪、賊害万物、則人民多死病也。故聖人説避邪如避矢也。邪者、風也。今人寿夭多病、是不知避邪也。為病証候如左。」
(61) 同「風者、天地・山川之気也、所発近遠有二焉。其一是天地・八方・四時・五行之気、為遠風也。其風、飉・飀・颸(原文作颸)・颳(?)。鼓振者、此則山川間気、為近風耳。譬由鼓肩動於手握之間、便能致風、亦能動物、亦能病人、而非天地之気也。」
(62) 同「経言諸取風者、非是時行永節之風、亦非山川鼓振之風也。此人間逬巷・門戸・窓牖之逕気耳。天無風之日、其恒有逕風。人長居其間、積日月、此能虚人肌理、入人百脈、攻人五蔵六府、則致病焉。復有野間広沢都亭成逕風、亦不可居臥也。復有眠坐恒使人扇之、亦能生病。但小軽於逕穴中耳。古今有身験其事者甚衆。」
(63) たとえば一一七四年に出版された南宋の陳言『三因極一病証方論』巻二・叙中風論には、「夫風為天地浩蕩之気、正順則能生長万物、偏邪則傷害品類。人或中邪風、鮮有不致斃者、故入臓則難愈。……然四気皆能中人。」とみえる。
(64)『周礼』地官・小司徒「五人為伍、五伍為両、四両為卒、五卒為旅、五旅為師、五師為軍。」
(65) 同・春官・大宗伯「以槱燎祀司中司命飌師雨師。」鄭司農によれば「風師、箕也。雨師、畢也。」である。箕、畢は二十八宿の星座だが、そうであっても、風や雨の神であることにかわりはない。
(66) 同・春官・小師「掌教鼓・鼗・柷・敔・塤・簫・管・絃・歌。大祭祀、登歌撃拊、下管撃応鼓、徹歌。大饗、亦如之。大喪、与廞。凡小祭祀、小楽事、鼓朄、掌六楽声音之節与其和。」
(67)『霊枢』巻二・寿夭剛柔「病在陽者、命曰風。病在陰者、命曰痹。陰陽倶病、命曰風痹。病有形而不痛者、陽之類也。無形而痛者、陰之類也。無形而痛者、其陽完而陰傷之也。急治其陰、無攻其陽。有形而不痛者、其陰完而陽傷之也。急治其陽、無攻其陰。」
(68) 同「陰陽倶動、乍有形乍無形、加以煩心、命曰陰勝其陽。此謂不表不裏、其形不久。」

第七章

(1) 三上義夫「王莽時代の人体解剖とその当時の事情」『日本医史学雑誌』一九四三・一、一—二九頁。
(2) 渡辺幸三「現存する中国近世までの五蔵六府図の概説」前掲『本草書の研究』、三八八頁。

(3) L. Edelstein, "The History of Anatomy in Antiquity", in *Ancient Medicine*(tr. by L. Temkin), The Johns Hopkins University Press, 1987, p. 252.

(4) 福永光司『道教と日本文化』人文書院、一九八二、五六—八二頁。

(5) 廖育群前掲「湯液について」『中国古代科学史論 続篇』、五三一—五四一ページ参照。

(6) 丹波元胤編『医籍考』巻十六・呉氏簡欧希範五蔵図、人民衛生出版社、一九八三、一八二頁。くわしくは本章8節をみよ。

(7) 前掲『簡明中医辞典』、四八、六〇、一三七—一三八頁参看。

(8) 金関前掲『日本民族の起源』、三一三—三七四頁。

(9) 同、三五〇、三五九—三六〇頁。

(10) 『太素』巻十三・腸度、『霊枢』巻六・平人絶穀「平人則不然。胃満則腸虚、腸満則胃虚、更〔満〕(虚)更〔虚〕(満)、故気得上下、五蔵安定、血脈和利、精神乃居。故神者水穀之精気(也)。故腸胃之中、〔常〕(当)留穀二斗〔四升〕、水一斗〔一升〕(五升)。故平人日再後、後二升半、一日中五升、七日五七三斗五升、而留水穀尽矣。故平人不〔飲食〕(食飲)七日而死者、水穀精気津液皆尽〔矣、〕故(也。)〔七日而死矣。〕」

(11) P. U. Unschuld, *Nan-Ching*, University of California Press, 1986, pp. 3-16' 山田前掲『中国医学』第八章「体系化への道——『難経』」、を参照。

(12) 「主蔵魂」といった類の表現をのぞいて、これらの記述は敦煌古医籍の一種「明堂五蔵論」や『千金要方』巻十一—巻十九において敷衍されている。そのなかで、胆について前者が「胆重三両三銖、長三寸三分、横二寸五分、停精汁三合」、後者が「重三両三銖、長三寸三分、在肝短葉間下、貯水精汁二合」(巻十二)、心については前者が精汁に言及せず、後者が「盛精汁三合」(巻十三)と記述しているのは、注目に価する。加筆がなにに由来するかは明らかであろう。「明堂五蔵論」は、馬継興によれば、六朝の著作である。したがって、六朝時代には加筆がおこなわれていたのである。馬継興編『敦煌古医籍考釈』江西科学技術出版社、一九八八、一〇一—一六頁参看。

(13) 三上前掲論文、三頁。

(14) 『太素』巻二・調食、『霊枢』巻八・五味「黄帝曰、願聞穀気有五味、其入五蔵、分別奈何。伯高曰、胃者五蔵六府之海也。水穀皆入於胃、五蔵六府皆稟(気)於胃。五味各走其所喜。穀味酸先走肝、穀味苦先走心、穀味甘先走脾、穀味辛先走肺、穀味鹹先走腎。穀気津液已行、営衛大通、乃化糟粕、以次伝下。黄帝曰、営衛之行奈何。伯高曰、穀始入於胃、其精微者、先出於胃之両焦以〔既〕(漑)五蔵、別出両行於営衛之道。其大気之摶而不行者、積於胸中、命曰気海。出於肺、循喉嚨、故呼則出、吸則入。天之精気、其大数常出三入一、故穀不入半日則気衰、一日則気少矣。」

(15) 前掲『簡明中医辞典』、六〇、七六九頁参看。

(16) 羅根沢「"管子"探源」前掲『諸子考索』、四七一—四七三頁。

(17) 『太素』巻十二・営衛気行、『霊枢』巻十・邪客「黄帝問伯高曰、夫邪気之客於人也、或令人目不瞑不臥出者、何気使然。伯高〔答〕曰、五穀入於胃也、其糟粕津液宗気、分為三隧。故宗気積於胸中、出於喉嚨、以貫心〔肺〕(脈)、而行呼吸焉。営気者、泌其津液、注之於脈、化〔而〕(以)為血、以〔営〕(栄)四末、内注五蔵六府、以応刻数焉。衛気者、出其悍気之慓疾、而先行四末分肉皮膚之間而不休者也。昼日行於陽、夜行於陰。〔其入於陰也、〕常従足少陰之分間、行於五蔵六府。今厥気客於(五)蔵(六)府、則衛気独衛其外。〔衛其外、則陽気瞋、瞋則陰気益少、陽喬満。是以陽盛、故目不得瞑。〕(行於陽、不得入於陰。行於陽則陽気盛、陽気盛則陽蹻陥、不得入於陰、陰虚、故目不瞑。)」

(18) 『太素』巻十・陰陽喬脈、または『霊枢』巻四・脈度および巻五・寒熱病。

(19) 『太素』巻十二・衛五十周、『霊枢』巻十一・衛気行「黄帝問於〔伯高〕(岐伯)曰、願聞衛気之行、出入之合、何如。〔伯高〕(岐伯)〔答〕曰、歳有十二月、日有十二辰。子午為経、卯酉為緯。天周二十八宿、而〔一〕面〔有〕七星、四七二十八星。房昴為緯、虚張為経。是故房至畢為陽、昴至〔尾〕(心)為陰。陽主昼、陰主夜。故衛気之行、一日一夜五十周於身、昼日行於陽二十五周、夜行於陰二十五周、〔周〕於五蔵。是故平旦陰〔気〕尽、陽気出於目、目張則気上行於頭、循項下足太陽、循背下至小指之端。其散者、別於目〔兌〕(鋭)眥、下手太陽、下至(手)小指之〔端〕(間)外側。其散者、別(於)目〔兌〕(鋭)眥、下足少陽、注小指次指之間、以上循手少陽之分、(側)下至小指〔次指〕之間。別者(以上)至耳前、合於〔頷〕(頷)脈、注足陽明(以)下行、至跗上、入五指之間。其散者、従耳下下手陽明、入大指之間、入掌中。(其至於足也、入足心、出内踝、下行陰分、復合於目、故為一周。)」( )内の最後の一段は、『太素』楊上善注がまぎれこんだもの。なお、『霊枢』においても、この篇の後段は黄帝と伯高の問答になっている。

(20) 同「陽尽(於陰)〔而〕陰受気矣。其始入於陰、常従足少陰注於腎、腎注於心、心注於肺、肺注於肝、肝注於脾、脾復注於腎為

〔一〕周。」

(21) 『理科年表』六三、丸善、九二三頁。

(22) Lu Gwei-Dien & Joseph Needham, *op. cit.*, pp. 32-33.

(23) 仁和寺本『太素』では、雲字の云が虫食いのために見えないが、雲とみてまちがいあるまい。人民衛生出版社本の蕭延平注を参照。

(24) 『太素』巻五・巻首闕題篇、『霊枢』巻十・邪客「(黄帝問於伯高曰、願聞人之肢節以応天地、奈何。伯高答曰、天円地方、人頭円足方以応之。天有日月、人有両目。地有九州、人有九竅。天有風雨、人有喜怒。天有雷電、人有音声。天有四時、人有四肢。天有五音、人有五蔵。天有六律、人有六府。天有冬夏、人有寒熱。天有十日、人有手十指。辰有十二、人有足十指茎垂以応之。女子不足二節、以抱人形。) 天有陰陽、人有夫妻。歳有三百六十五日、人(有)三百六十〔五〕節。地有高山、人有肩膝。地有深谷、人有〔掖〕(腋)膕。地有十二経水、人有十二経脈。地有〔雲気〕(泉脈)、人有衛気。地有草〔蘆〕(蓂)、人有〔豪〕(毫)毛。天有昼〔晦〕(夜)、人有臥起。天有列星、人有〔歯牙〕(牙歯)。地有小山、人有小節。地有山石、人有高骨。地有林木、人有〔幕〕(募)筋。地有聚邑、人有䐃肉。歳有十二月、人有十二節。地有(四)時不生草、人有〔毋〕(無)子。此人〔所以〕与天地相応者也。」冒頭の( )は太素欠文。

(25) 金谷治『管子の研究』岩波書店、一九八七、一五二―一五七頁、参照。

(26) 同、六〇頁。

(27) 廖育群前掲論文、五三二頁。

(28) 廖育群は、雷公‐黄帝問答形式の諸篇が『漢書』藝文志にいう「黄帝内経・外経」と密接な関係がある、とみる。

(29) 第五章2節(二六三―二六八頁)を参照。

(30) 山田慶兒「医学の伝授」前掲『夜鳴く鳥』、五三―九六頁。

(31) 第五章二七八頁、図5‐1、および第六章三二三頁、図6‐6。

(32) 桜井謙介「『黄帝内経素問』王冰注に記された五蔵像について」『漢方の臨床』一九九一・四、二六―三四頁は、唐代に記述解剖学の先駆があり、「五運行大論篇」王冰注に五臓の正確な記述が残されていると指摘する。

(33) 僧幻雲史記標注、北里研究所東洋医学総合研究所医史学研究部編『『扁鵲倉公伝』幻雲注の翻字と研究』一九九六、一三〇―

一三八頁。

(34) 賈得道前掲『中国医学史略』、一五一頁。あわせて金関丈夫「『頓医抄』と「欧希範五蔵図」」前掲『日本民族の起源』、三六八—三七四頁、を参照。

(35) 北宋の蘇轍の『蘇黄門龍川略志』巻二・医術論三焦にみえる単驤の三焦論と徐遁の臓腑観察の記事や、明の孫一奎の『医旨緒余』巻上・難経正義三焦評にみえる何一陽の人体解剖の記録は、臓腑の解剖学的記述への関心をひきおこしたのが難経研究であったことを、有力に示唆している。資料についてくわしくは渡辺前掲書、三五三—三六三頁をみよ。

〔**補注**〕 度量衡について

伯高派の論文にあらわれる度量衡は、いかなる制によったのであろうか。想定できるのはふたつのばあいである。第一は、同時代の度量衡制によっているばあい、第二は、医学の分野で伝統的に用いられている度量衡制があって、それによっているばあい。前者ならとうぜん、新の王莽によって制定されたものであろうし、後者なら、Nathan Sivin が提案しているように(*Traditional Medicine in Contemporary China*, The University of Michigan, 1987, pp. 96-97, n. 3.)、周代の制であろう。呉承洛『中国度量衡史』(一九五七)によれば、それらの値はつぎのとおりである。

	一尺	一升	一斤
周	一九・九一センチメートル	一九三・七ミリリットル	二二八・八六グラム
新	二三・〇四センチメートル	一九八・一ミリリットル	二二二・七三グラム

「骨度」篇にいう七・五尺は、それぞれ一四九・三センチメートルと一七二・八センチメートルにあたる。

いっぽう、発掘された保存のよい死体の実測値が二例報告されている。湖南長沙馬王堆一号漢墓の利蒼夫人、身長一五四センチメートル(湖南省博物館『馬王堆漢墓研究』、一九七九、三九二頁)と、湖北江陵鳳凰山一六八号漢墓の遂小言(男)、身長一六五・七センチメートル(「発掘簡報」『文物』一九七五・九、三頁)、いずれも士大夫階級に属する。「骨度」篇の七・五尺はむろん男性を想定しているが、実測値に近いのは、周代でなく新代の制による換算である。なお、新代の度量衡原器の実測値については、国家計量総局編『中国古代度量衡図集』、一九八一(山田慶兒・浅原達郎訳、みすず書房、一九八五)を参照されたい。

（1）『難経』十六難「脈有三部九候、有陰陽、有軽重、有六十首、一脈変為四時。離聖久遠、各自是其法。」なお、古脈については、廖育群「《素問》与《霊枢》中的脈法」前掲『中国古代科学史論　続篇』、四九九―五〇四頁を参照。

（2）同・五難「脈有軽重、何謂也。然。初持脈如三菽之重、与皮毛相得者、肺部也。如六菽之重、与血脈相得者、心部也。如九菽之重、与肌肉相得者、脾部也。如十二菽之重、与筋平者、肝部也。按之至骨、挙指来疾者、腎也。故曰軽重也。」

（3）同・四難「脈有陰陽之法、何謂也。然。呼出心与肺、吸入腎与肝、呼吸之間、脾受穀味也、其脈在中。浮者陽也、沈者陰也、故曰陰陽也。」

（4）この点で傾聴すべきは、明の馬蒔『内経素問註証発微』九巻の説である。以下『素問』の文と馬注とを列挙する。

示従容論篇に「及於比類……別異比類」、注「観前後篇内、倶有比類、係古経篇名。然実以比方相類為義、故曰別異比類。」

おなじく「明引比類従容、是以名曰診軽」、注「子当明引比類・従容等篇大義観之、則診病必易軽、名曰診軽。」

疏五過論篇に「上経・下経・揆度・陰陽・奇恒・五中」、注「然上経・下経中有揆度・陰陽・奇恒・五中諸篇、無不悉知大義。」

陰陽類論篇に「帝曰、却念上下経・陰陽・従容」、注「帝言即念上下経有陰陽従容諸篇……。」

おなじく「合之陰陽之論」、注「合以陰陽篇中之論」、「陰陽論係古経篇名。」

方盛衰論篇に「奇恒之勢、乃六十首、診合微之事、追陰陽之変、章五中之情」、注「奇恒者、古経篇名也。六十首、古人診法也。合微・陰陽・五中者、皆古経篇名也。」

解精微論篇に「行教以経論、従容・形法・陰陽・刺灸・湯薬所滋」、注に「経論中有従容・形法・陰陽等篇、刺灸・湯薬等法。」

病能論篇に「上経者……下経者……金匱者……揆度者……奇恒者……」、注「此歴挙古経篇名而釈其義。……上経・下経・金匱・揆度・奇恒、倶古経篇名、今皆失之。」（『発微』巻六）

（以上、『発微』巻九）

（5）『太素』巻十五・色脈診「黄帝曰、余聞揆度・奇恒、所指不同、用之奈何。岐伯曰、揆度者、度病之浅深也。奇恒者、言奇恒病。」『素問』巻四・玉版論要篇は「奇恒病」を「奇病也」に作る。

（6）『素問』巻十三・病能論篇「上経者、言気之通天也。下経者、言病之変化也。金匱者、決死生也。揆度者、切度之也。奇恒者、言奇(疑脱恒字)病也。所謂奇者使奇病(使奇病三字疑衍)不得以四時死也。恒者得以四時死也。所謂揆者、方切求之也、言切求其脈理也。度者得其病処、以四時度之也。」

(7) 前掲色脈診「陰陽反他、治在権衡相奪、奇恒事也。陰陽反他、揆度事也。」玉版論要篇は後の「陰陽反他」の四字を欠く。

(8) 陰陽類論篇「冬三月之病、病合於陽者、至春正月、脈有死徴、皆帰出春。」

(9) 張介賓の説に従う。丹波元簡『素問識』巻八・陰陽類論篇「張云、三陽、誤也、当作三陰。三陰、太陰也、太陰為諸陰之表、故曰三陰為表。」

(10) 陰陽類論篇「此六脈者、乍陰乍陽、交属相并、繆通五蔵、合於陰陽、先至為主、後至為客。」ここで「合於陰陽」を、このすこしまえにみえる「合之陰陽之論」の省略形と解釈する。

(11) 同「臣悉(尽意)〔書〕、〔嘗〕受伝経脈、〔頌〕〔誦〕得従容之道、以合従容、不知〔次第〕陰陽、不知雌雄。」( )は『素問』、〔 〕は『太素』脈論。)

(12) 示従容論篇「夫脾虚浮似肺、腎小浮似脾、肝急沈散似腎、此皆工之所時乱也。然従容得之。」

(13) 『素問識』巻八・徴四失論篇をみよ。

(14) 解精微論篇「臣授業伝之、行教以経論、従容・形法・陰陽・刺灸・湯薬所滋。」

(15) 本章注(4)をみよ。

(16) 陰陽類論篇「陰陽之類、経脈之道、五中所主、何蔵最貴。」

(17) 『素問識』巻八・疏五過論篇および方盛衰論篇をみよ。

(18) 方盛衰論篇「別五中部、按脈動静、循尺滑濇寒温之意、視其大小、合之病能、逆従以得、復知病名、診可十全、不失人情。」

(19) 陰を『素問』は急に、『太素』は隠に作っている。『太素』蕭延平注によれば、「別本は隠上に陰字有り」という。別本を参考し、意を以って改めた。

(20) 『太素』巻十四・人迎脈口診「雷公問於黄帝曰、細子得之受業、通九鍼六十篇、旦暮勤服之、近者編絶、遠者簡垢、然尚諷誦弗置、未尽解於意矣。」禁服篇は遠を久に作る。

(21) 山田前掲『夜鳴く鳥』、七九―八三頁をみよ。

(22)「内次五蔵、外別六府」は、『霊枢』巻三・経脈にみえる引用文による。禁服篇は「内刺五蔵、外刺六府」に作り、人迎脈口診篇は「内次五蔵、別其六府」に作る。また禁服篇では「乃止」の上に「虚実」二字があり、「血絡尽而」を「血尽」に作る。

(23)『太素』巻八・経脈連環「雷公問於黄帝曰、禁服之言、凡刺之理、経脈為始、営其所行、制其度量、内次五蔵、別其六府。願尽聞其道。……黄帝答曰、経脈者、所以決死生、処百病、調虚実、不可不通也。」

(24)馬蒔『黄帝内経霊枢註証発微』巻一・終始第九。なお『太素』は「九鍼之玄」の玄字を欠く。

(25)禁服篇には「寸口主中、人迎主外。両者相応、倶往倶来、若引縄小大斉等。……如是者名曰平人」とあり、終始篇には「所謂平人者不病。不病者、脈口人迎応四時也、上下相応而倶往来也、六経之脈不結動也、……是謂平人」とみえる。

(26)くわしくは、竜伯堅『黄帝内経概説』「第三篇・二・前期黄帝内経所引古代医書」上海科学技術出版社、一九八〇、八〇―八五頁、任応秋「《黄帝内経》研究十講」「三・《内経》引用的古代文献」任応秋・劉長林編前掲『《内経》研究論叢』二〇―二六頁をみよ。

(27)示従容論篇「黄帝燕坐、召雷公而問之曰、汝受術誦書、善(原文作者若二字、拠太素改)能覧観雑学、及於比類、通合道理。為余言子所長。」

(28)同「帝曰、夫従容之謂也。夫年長則求之於府、年少則求之於経、年壮則求之蔵。」なお『太素』は年壮の記述を欠く。

(29)示従容論篇は診軽に作る。脈論篇によって改める。

(30)新校正によれば、疏五過論篇は全元起本では「論過失」と題されていたという。

(31)山田慶児「パターン・認識・制作」前掲『混沌の海へ』、一八〇―一八五頁を参照。ただしそこで述べたのは、観測器械を介在させた認識論的切断である。

(32)『太素』巻十六・脈論「今子所言、皆夫八風菀熟、五蔵消鑠、伝邪相受。」示従容論篇では夫を失に作っている。そのばあいには「今子所言皆失」と読まなければならず、八風以下は黄帝が外因論を主張していることになる。しかしそれでは虚の病を論じている全体の文脈に反する。

補論

(1)金関前掲『日本民族の起源』、三一三―三六七頁。

（2）三焦については、なお山田前掲『中国医学』、九四―九七、一四四―一四六頁、を参照。

第九章

（1）用語や内容からみて、三部九候脈法の立場をとる、あるいはその影響をうけていると思われる論文は、ほかにもかなりある。たとえば、『素問』巻十八・四時刺逆従論篇には「必審九候」ということばがみえており、おそらく三部九候脈法の系譜にたつ論文であろう。なお、注(46)を参照。

（2）離合真邪論篇または真邪補寫「余聞九鍼九篇、夫子乃因而九之、九九八十一篇、余尽〔以〕通其意矣。経言気之盛衰、左右傾移、以上調下、以左調右、有余不足、補寫於（栄）〔滎〕輸、余〔皆以〕知之矣。此皆（栄）〔営〕衛之〔気〕傾移、虚実之所生〔也〕、非邪気〔之〕従外入於経也。余願聞邪気之在経也、其病人何如、取之奈何。岐伯対曰、夫聖人之起度数〔也〕、必応（於）天地、故天有宿度、地有経水、人有経脈。天地温和、則経水安静、天寒地凍、則経水（凝）〔涘〕泣、天暑地熱、則経水沸（溢）、卒風暴起、則経水波涌而隴起。夫邪之入於脈也、寒則血（凝）〔涘〕泣、暑則気淖沢、虚邪因而入客〔也〕、亦如経水之得風也、経之動脈、其至也亦時隴起。其行於脈中循循然〔輑〕、其至寸口（中手）也、時大時小、大則邪至、小則平。其行無常処、在陰与陽不可為度。（従）〔循〕而察之三部九候、卒然逢之、（早）〔蚤〕遏其路。」（（　）内は『素問』、〔　〕内は『太素』。以下同じ。）

（3）『霊枢』巻一・九鍼十二原または『太素』巻二十一・九鍼要道。『霊枢』は輪を腧に作る。

（4）五輪の記載は『霊枢』巻一・本輪または『太素』巻十一・本輪にくわしい。なお『太素』は太淵・太敦・太谿に作る。

（5）『難経集註』第十二・蔵府井俞を参照。

（6）第七章三四〇―三四二頁をみよ。

（7）山田慶児「伝統中国の死生観と老人観」『老人精神医学雑誌』Vol. 2, No. 8, August 1991, 992-997.

（8）山田前掲『中国医学』、九〇―九二頁を参照。

（9）第六章三二一―三二三頁をみよ。

（10）離合真邪論篇「故曰、刺不知三部九候病脈之処、雖有大過、且至工不能禁也。」

（11）九鍼十二原または『太素』巻二十一・九鍼所象「一曰鑱鍼、（長一寸六分。）二曰員鍼、（長一寸六分。）三曰鍉鍼、（長三寸半。）四曰鋒鍼、（長一寸六分。）五曰（鈹）〔鍟〕鍼、（長四寸、広二分半。）六曰員利鍼、（長一寸六分。）七曰（毫）〔豪〕鍼、（長三寸六分。）八曰長鍼、（長七寸。）九曰大鍼（、長四寸）。鑱鍼者、頭大末（鋭）〔兌〕、〔主〕（去）寫陽気。員鍼者、（鍼）〔鋒〕如卵形、揩摩分間、〔令〕不得傷肌肉、以寫分気。鍉鍼者、鋒如黍粟之（鋭）〔□〕、主按脈、勿陥、以致其気。鋒鍼者、刃（三）〔参〕隅以発痼疾。（鈹）〔鍟〕鍼者、末如剣鋒、以取大膿。員利鍼者、（大）〔尖〕如氂、且員且（鋭）〔兌〕、中身微大、以取暴気。（毫）〔豪〕鍼者、尖如（蟁宝）〔蚊虻〕喙、静以徐往、微以久留之、而養以取痛痹。長鍼者、鋒利身（薄）〔摶〕、可以取遠痹。大鍼者、尖如挺、其鋒微員、以寫機関之水（也）。」（（　）内は『霊枢』、〔　〕内は『太素』。以下同じ。なお鍼の寸法は、『太素』ではすぐ前の文章にみえている。）

(12) 第八章三九五―三九六頁をみよ。
(13) 第一章五四―五五頁をみよ。
(14) 『霊枢』巻二・官鍼または『太素』巻二十二・九鍼所主「凡刺之要、官鍼最妙。九鍼之宜、各有所為、長短大小、各有所施（也）。不得其用、病（弗）〔不〕能移。」
(15) 第九章四四七―四四八頁、とりわけ本章注(46)をみよ。
(16) 第八章三九五―三九九頁をみよ。
(17) 『霊枢』巻七・外揣または『太素』巻十九・知要道「余聞九鍼九篇、余親（授）〔受〕其調、頗得其意。夫九鍼者、始於一而終（于）〔於〕九。然未得其要道也。」
(18) 『霊枢』巻十二・九鍼論または九鍼所象「余聞九鍼於夫子、衆多博大矣、余猶不能寤。敢問九鍼焉生、何因（而）有名。」
(19) 『霊枢』巻十・行鍼または『太素』巻二十三・量気刺「余聞九鍼於夫子、而行之（於）百姓。百姓之血気、各不同形。……願聞其方。」
(20) 第八章三九二、四一〇―四一三頁をみよ。
(21) 『霊枢』巻七・病伝「黄帝曰、余受九鍼于夫子、而私覧于諸方、或有導引・行気・喬摩・灸熨・刺焫・飲薬之。一者可独守耶、将尽行之乎。岐伯曰、諸方者、衆人之方也、非一人之所尽行也。」
(22) 同「今余已聞陰陽之要、虚実之理、傾移之過、可治之属。願聞病之変化、淫伝絶敗而不可治者。」
(23) 三部九候論篇「余聞九鍼於夫子、衆多博大、不可勝数。余願聞要道、以属子孫、伝之後世。」

(24) そのなかの一篇は本章注(11)に引いた文章である。九鍼を説明したその篇はむろんのこと、十篇すべてが、いわゆる九鍼諸篇にかぞえられる文章であったとみてよい。

(25) ここで断っておきたい。第二のテキスト「凡用鍼者、虚則実之、満則(泄)〔洩〕之、宛陳則除之、邪勝則虚之。大要曰、徐而疾則実、疾而徐則虚。言実与虚、若有若無、察(後)〔先〕与(先)〔後〕、若(存)〔亡〕若(亡)〔存〕、為虚与実、若得若失。」にも、じつは小鍼解篇または九鍼要解篇のほかにもうひとつ、『素問』巻十四・鍼解篇または『太素』巻十九・知鍼石に全文の注釈がおさめられている。しかしこの注釈には問題がある。

テキストの「徐而疾則実、疾而徐則虚」を、小鍼解篇は「徐にして疾ならば則ち実すとは、徐《おもむろ》に内《い》れて疾《すみやか》に出すを言う。疾にして徐ならば則ち虚すとは、疾に内れて徐に出すを言う」と注する。あとで述べるように(四四八頁)、これが刺法における補瀉の原則である。ところが鍼解篇は「徐にして疾ならば則ち実すとは、徐に鍼を出して疾に之を按ず。疾にして徐ならば則ち虚すとは、疾に鍼を出して徐に之を按ず」と注している。これでは鍼の出入が原則と逆になる。宋の林億らの新校正は、「太素九鍼解篇(現存するテキストでは九鍼要解篇)と経同じうして解異なる。二経は互相に発明す」とつきはなしているが、唐の楊上善は、原則と辻褄を合わせるのに苦心している。すなわち、「寫法は徐に鍼を出すを是《ぜ》と為す。只だ疾に之を按ずることを為せば、即ち邪気洩れず、故に実と為す」、「補法は疾に鍼を出すを是と為す。只だ是れ徐徐に由り、即《ただち》には之を按ぜざれは、正気をして洩らさしむ。故に虚と為す」と、鍼を出す操作に焦点をあてて、そこに原則を適用し、按《おさ》えかたで虚実を救っているのだ。しかし、九鍼要解篇では前者に「此れは其の補を言う」、後者に「此れは其の寫を言う」と注しているのだから、自家撞着はまぬがれない。素直に読むかぎり、鍼解篇の注釈は補瀉が逆になっている、と理解するほかはあるまい。丹波元簡『素問識』巻六・鍼解篇も、小鍼解と「此の解同じからず」と指摘する。

鍼解篇はつづけて二篇の文章に注釈をくわえているが、そのひとつは宝命全形論篇の末尾にも岐伯のことばとしてみえているものである。すなわち、「刺虚者須其実、刺実者須其虚。経気已至、慎守勿失。深浅在志、遠近如一、如臨深淵、手如握虎、神無営於衆物」。その注釈の文章には「鍼下熱」のような、第二のテキストの注釈と共通する表現がみられるから、おなじ注釈者が書いたものにちがいない。そこにふたつの可能性がある。ひとつは、その文章も第二のテキストとおなじく九鍼諸篇のひとつであり、それを鍼解篇では注釈し、宝命全形論篇では岐伯のことばとして利用した。もうひとつは、宝命全形論篇の文章をとりだして鍼解篇が注釈した。後者であれば、鍼解篇の成立は宝命全形論篇よりもおくれ鍼解篇と三部九候論とのかかわりも考えられよう。

しかし、いずれにしろ、鍼解篇の解釈は孤立した解釈であり、その補瀉の技法をうまく位置づけることはできない。分析の対象からはずしたのはそのためである。

(26) 『霊枢』巻一・小鍼解または『太素』巻二十一・九鍼要解「所謂易陳者、易言也。難入者、難著于人也。(麤)〔粗〕守形者、守刺法也。(上)〔工〕守神者、守人之血気有余不足、可補寫也。神客者、正邪共会也。神者、正気也。客者、邪気(也)。在門者、邪循正気之所出入也。未覩其(疾)〔病〕者、先知(邪正)〔正邪〕何経之(疾)〔病〕也。悪知其原者、先知何経之病、所取之処也。刺之微在数遅者、徐疾之意也。(麤)〔粗〕守関者、守四(肢)〔支〕而不知血気正邪之往来也。(上)〔工〕守機者、知守気也。機之動不離其空(中)者、知気之虚実、用鍼之徐疾也。空中之機清(浄)〔静〕以微者、鍼(以)〔已〕得気、密意守気勿失也。其来不可(逢)〔迎〕者、気盛不可補也。其往不可追者、(気)虚不可〔以〕寫也。不可(掛)〔挂〕以髪者、言気易失也。(扣)〔叩〕之不発者、言不知補寫之意(也)、血気已尽而(気)不下也。知其往来者、知気之逆順盛虚也。要与之期者、知気之可取之時也。(麤)〔粗〕之闇〔乎〕者、冥冥不知気之微密也。(妙)〔眇〕哉工独有之者、尽知鍼意也。往者為逆者、言気之虚而(小)〔少〕、(小)〔少〕者逆(也)。来(者)為順(者)、言形気(之平)、平者順也。明知逆順、正行無問者、言知所取之処也。迎而奪之者、寫也。追而済之者、補也。」

(27) たとえば、八正神明論篇または本神論「〔黄〕帝曰、何謂神。岐伯曰、請言神。神乎神、(耳)不〔可〕聞、目明心開(而)〔為〕志先、慧然独悟、口弗能言。」

(28) 離合真邪論篇または真邪補寫「夫邪〔気〕去(絡)〔路〕入於経也、(舎)〔合〕於血脈(之)中、其寒温未(相得)〔和〕、如涌波之起也、時来時去、故不常在。故曰方其来也、必按而止之、止而取之。無逢其衝而寫之。真気者、経気(也)、経気(太)〔大〕虚。故曰其来不可逢、此之謂也。故曰候邪不審、大気已過、寫之則真気脱、脱則不復、邪気復至、而病益蓄。故曰其往不可追、此之謂(也)。不可挂以髪者、待邪之至時而発(鍼)〔針〕寫矣。若先若後者、血気已尽、其病不(可)下。故曰知其可取如発機、不知其〔可〕取如扣椎。故曰知機〔之〕道(者)不可挂以髪、不知機者扣之不発、此之謂也。」

(29) 九鍼十二原または九鍼要道「邪勝則虚之」(第二)、「邪気在上」(第三)。

(30) 小鍼解または九鍼要解「気口虚而当補之也」(第二)、「脈口気内絶不至」(第六)。

(31) 同「覩其色、察其目、知其散復、(一)〔壱〕其形、聴其動静者、言(上)工知相五色于目、有知調尺寸小大緩急滑濇以言所病也。

知其邪正者、知論虚邪与正邪之風(也)。右主推之、左持而御之者、言持鍼而出入也。気至而去之者、言補寫気、調而去之也。」なお注釈ではこの後にテキストにはない「調気在于終始(一)〔壱〕者、持心(也)」がくる。

(32)『霊枢』巻一・邪気蔵府病形または『太素』巻十五・色脈尺診「黄帝曰、邪之中人、其病形何如。岐伯〔答〕曰、虚邪之中身也、(灑淅)〔洫泝〕動形。正邪之中人也、微先見于色、不知于身。」

(33)同「黄帝〔問〕曰、色脈已定、別之奈何。岐伯〔答〕曰、調其脈之緩急小大滑濇、而病変定矣。黄帝〔問〕曰、調之奈何。岐伯答曰、脈急者、尺之皮膚亦急。脈緩者、尺之皮膚亦緩。脈小者、尺之皮膚亦減而少気。脈大者、尺之皮膚亦賁而起。脈滑者、尺之皮膚亦滑。脈濇者、尺之皮膚亦濇。凡此〔六〕変者、有微有甚。故善調尺者、不待於寸〔口〕、善調脈者、不待於色。」

(34)第八章三八一―三八三頁。くわしくは山田前掲『中国医学』、一三七―一四二頁を参照。

(35)王叔和『脈経』巻二・平人迎神門気口前後脈。なお山田前掲『中国医学』、一四一―一四二頁を参照。

(36)『霊枢』巻四・四時気または『太素』巻二十三・雑刺「覩其色、察其(以)〔目〕、知其散復者、視其目色以〔而〕知病之存亡(也)。(一)〔壱〕其形、聴其動静者、持気口人迎、(以)視其脈、堅且盛且滑者、病日進、脈(軟)〔濡〕者、病(将)〔持〕下。諸経実者、病三日已。気口候陰、人迎候陽(也)。」

(37)『霊枢』巻十一・官能または『太素』巻十九・知官能「余聞九鍼於夫子衆多矣、不可勝数。余推而論之、以為一紀。余司誦之、子聴其理、非則語余。請〔受〕其(正)道、令可久伝後世無患。」

(38)第六章二九六頁参照。

(39)八正神明論篇または天忌「凡刺之法、必候日月星辰四時八正之気、気定乃刺之。是故天温日明、則人血淖液、而衛気浮。故血易寫、気易行。天寒日陰、則人血(凝)〔涘〕泣、而衛気沈(也)。月始生、則血気始精、衛気始行。月郭満、則血気(実)〔盛〕、肌肉堅。月郭空、則肌肉減、経(絡)〔路〕虚、衛気去、形独居。是〔故所〕以因天時而調血気〔者〕也。是(以)〔故〕天寒無刺、天温無疑、月生無寫、月満無補、月郭空無治。」

(40)第九章四二六頁をみよ。なお第六章三〇七頁参照。

(41)第一章、付「陰陽脈死候」八四頁参照。

(42)八正神明論篇または天忌「八正之虚邪而避之勿犯也。以身之虚而逢天之虚、両虚相感、其気至骨、入則傷五蔵。……故曰天忌。」

(43) 八正神明論篇または本神論「法往古者、先知鍼経也。験於来今者、先知日之寒温、月之(虚盛)〔盛虚也〕、以候気之浮沈、而調之於身、観其立有験也。観(其)〔於〕冥冥者、言形気(栄)〔営〕衛之不形於外、而工独知之。……通於無窮者、可以伝於後世(也)。是故工之所以異也。……視之無形、嘗之無味、故(謂)〔曰〕冥冥若神髣髴。」なお宝命全形論篇に「是謂冥冥、莫知其形」ということばがある。

(44) 第六章二九二―二九七頁をみよ。

(45) 八正神明論篇または本神論「虚邪者、八正之虚邪気也。正邪者、身形〔飢〕若用力汗出、腠理開、逢虚風、其中人(也)微。故莫知其情、莫見其形〔之〕。」

(46) 真気‐邪気(または邪・虚邪)の対概念を用いるものに、離合真邪論篇、調経論篇のほかに、『素問』巻一・上古天真論篇、巻九・評熱病論篇、巻十・瘧論篇、『霊枢』巻二・根結、巻十・邪客、巻十一・刺節真邪、真‐邪の対概念を用いるものに、八正神明論篇、離合真邪論篇と根結のほかに、『霊枢』巻五・口問、巻六・脹論、巻八・天年、巻十二・九鍼論、真気の概念のみを用いるものに、同・巻五・周痹がある。これらはいずれも、三部九候論の立場をとるが、そのつよい影響下にあった論文とみなせよう。ただし、それらの論文のなかには複雑な構成をもつものもあり、一篇全体がそうだというのでは、かならずしもない。

(47) 本章注(25)をみよ。

(48) 八正神明論篇または本神論「寫必用方。方者、以気方盛也、以月方満也、以日方温也、以身方定也、以息方吸〔也〕而内鍼、乃復候其方吸而転鍼〔之〕、乃復候其方呼〔也〕而徐引鍼。故曰寫必用方、其気(而)〔乃〕行焉。」

(49) 同「補〔者〕必用(員)。〔其〕員者行也、行者移也。刺必中其(栄)〔営〕、復以吸(排鍼)也。故員与方〔也〕(非)〔排〕鍼也。」楊上善は「故」以下の文に「員と方の行針の法は、皆針を推・排して補・寫を為す」と注する。補瀉の技法の一般的な説明としてはそれでいいが、この一節に即してその要点を強調することにはならない。ここは「鍼に非ず」に作る『霊枢』をとるべきだろう。

(50) 調経論篇または虚実所生「夫邪之〔至〕生也、或生於陰、或生於陽。其生於陽者、得之風雨寒暑、其生於陰者、得之飲食居処・陰陽喜怒」。

(51) 病因論は、最終的には、南宋・陳言『三因極一病証方論』(一一七四)によって解決される。陳言は、「天の常気」である寒・

暑・燥・湿・風・熱の六淫(六気)が「先ず経絡より流入し、内は臓腑に合す」る外所因、「人の常性」である喜・怒・憂・思・悲・恐・驚の七情が「先ず臓腑より鬱発し、外は肢体に形《あらわ》る」る内所因、それに飲食、身心の過労、性、虫獣の咬傷、刀傷骨折火傷その他の不内外因の三因を区別し、「其の所因を断じて病源と為し、然る後諸証を配合し、因に随って治を施す」三因論を提唱したのである。わたしが内因あるいは広義の内因と呼んできた黄帝派の病因は、陳言のいう内所因と不内外因を合わせたものであり、両者のあいだになんらかの区別を置こうとする意識は、そこにはまったく認められない。

(52) 馬継興『馬王堆古医書考釈』湖南科学技術出版社、一九九二、二九二―三〇一頁参看。なお『太素』巻十四・巻首闕題篇の楊上善注によれば、動脈は中部では天・手太陰脈に四処、人・手少陰脈に二処、下部では天・足厥陰脈に三処、地・足少陰脈に一処、人・足陰脈に六処ある。なお、第一章四二―四三頁を参照。

(53) 美食は体に悪いという認識がそれまでなかったというのではない。『左伝』襄公二十三年に「美疢《びちん》は悪石に如かず。夫れ石は猶お我を生かす、疢の美なる、其の毒滋《ます》ます多し」。美疢はおいしい食物。なお石は、すぐ上に薬石という語がみえており、ここでは植物の薬にたいして鉱物のくすりを指すのであろうが、砭石とみる解釈もある。第一章一八頁参照。

(54) 『史記』倉公伝引・脈法「脈長而弦、……其病主在於肝。」――『脈経』巻一・遅速短長雑病法「脈長而弦、病在肝。」

同・脈法「熱病陰陽交者死。」――『脈経』巻七・熱病陰陽交「熱病陰陽交者死。」なお、『素問』巻九・評熱病論篇「病名陰陽交、交者死。」

同・脈法「沈之而大堅、浮之而大緊、病主在腎。」――『脈経』巻六・腎病証「腎脈、沈之大而堅、浮之大而緊。」

(55) 第一章4、5節、また山田前掲『中国医学』、四八―五二頁を参照。

あとがき

一九七三年、長沙馬王堆三号漢墓から多数の科学史文献(天文学と医学)が発見され、その釈文の一部が一九七五年に発表された。それを機に、京都大学人文科学研究所において共同研究「新発現中国科学史資料の研究」を発足させたのは、一九七七年であった。最初の報告書(一九八五年)の「まえがき」に、わたしは書いている。

暗い部屋の壁に明り取りを穿つような発見というものがある。小さな窓からさっと射しこんだ光束がじかに捉えるのは、舞いあがる微細な塵や向かいあった壁面のしみにすぎないかも知れぬ。だが、その光に眼が慣れてくるにつれ、周りがしだいに見えてくる。物のかたちがはっきり識別できるようになる。散らばった物を手にとって確め、置き変えて、部屋のなかを片付けることもできるまでになる。一九七二年のいわゆる「武威漢代医簡」につづく、一九七三年の馬王堆長沙漢墓からの科学史文献、とりわけ量的にもっとも多い医学文献の出土は、まさにその種の発見であるようにわたしには思えた。現代中国の考古学は、科学技術史の分野でも、数多くの埋もれた資料に光をあててきたが、この発見がなかでもその白眉であり画期的な成果であるのは、いうまでもなかった。

こうしてわたしは古代医学史の世界に足を踏みいれたのだが、それまでおもに科学思想史や天文学史などの領域を歩いていたわたしには、そこはどこをどう進めば展望が開けてくるのか、ほとんど見当もつかないほど異質の場所であった。研究の過程の副産物を集めた『夜鳴く鳥――医学・呪術・伝説』(岩波書店、一九九〇)の「あとがき」にわたしは、なにしろそこはわたしにとって、底無し沼をいだいた未知の曠野みたいなものだったから、……人跡をたよりにともかく歩けそうな場所を歩いてきた、というにすぎない。

としたためているが、それは当時のいつわらぬ気持であった。本書の主題についていえば、十年たってもなお、手探りの状態を脱けだせずにいたのである。

もともとわたしが医学史に眼を向けたのは、中国の自然哲学、気の哲学の基礎理論ともいうべき陰陽五行説を、じっさいに具体的な現象に多面的に適用し、きわめて精緻な理論を編みだしたのは、医学をおいてほかにないからだった。しかし、馬王堆出土医書ととりくむうちに、わたしの当面の関心は中国医学の起源へと移行していった。そして、遅々とした歩みのなかから、二年後にようやく、一連の作業仮説を提出することができた。*ACTA ASIATICA*, no 36, 1979. 3, に載せた"The Formation of the Huangti Nei-ching."がそれであり、本書II部冒頭の「『黄帝内経』の成立」はその邦文である。以後の仕事はこの作業仮説群を適用してつぎの対象を分析し、その結果にもとづいて作業仮説群を修正し、さらにつぎの対象の分析に適用する、という過程のくりかえしであった。分析の主たる対象は第一に、中国医学の最初の、そしてもっとも重要な古典、『黄帝内経』であり、第二に、中国医学のきわだった特質をかたちづくる鍼灸・湯液・本草の三つの主題についての、さまざまな古代文献の記載である。その成果のうち、前者が本書のII部を、後者がI部を構成している。

一九八九年からわたしは国際日本文化研究センターに移った。それまでに本書の第一章—第七章の元になった論文は書いていた。しかし、『黄帝内経』の分析はまだ道半ばであった。わたしは本草の共同研究を組織するかたわら、第九章にあたる論文にとりかかったのだが、四百字詰原稿用紙三百枚まで書きすすめたところで放棄した。完全に行きづまったのである。あとから考えれば、その理由は明らかだった。それ以前に解決しておくべきことを解決できていなかったのだ。しかしそのときは、この行きづまりはこたえた。一時は、黄帝学派にかんする作業仮説の一部がもろくも崩れ去るのではないかという、不安と焦りさえ覚えた。こうしてながい中断の時期がきた。そのあいだ、わたしは本草や錬金術の領域に手をのばし、日本医学史に首をつっこみ、また天文学史の仕事にも立ち返っていた。

一九九七年の九月から十月にかけて、わたしはひと月、北京に滞在した。北京中医薬大学において、研究者や大学院生に中国と日本の陰陽五行説と医学理論について講義するためである。そのさいわたしは中国書を一冊だけ携えていった。すなわち『素問』であり、その巻二十三と巻二十四におさめられている七篇の文章を、わたしは暇をみては翻いた。『黄帝内経』のなかでもっとも古層に属するとわたしが考えているその七篇は、雷公 - 黄帝の問答形式で書かれており、ほかの諸篇にはみえない、ほかには用例のない用語が多く使われていて、それまでわたしの理解を拒んできていたのである。行きづまりの要因も、つまるところ、この七篇を解読できていない、本書でいえば第八章を書けないでいることにあった。しかし、仕事に追われない時間をあたえられてくりかえし読んでいるうちに、ながいあちだわたしのまえに立ちはだかっていた壁が、いつしか消えてゆくのを覚えた。

北京から帰って間もなく、十月末から机にむかい、第八章と第九章を一気に書きあげ、ついですでに発表した論文の改稿にかかり、すべての作業を終えたのは翌九八年の四月初めであった。馬王堆出土医書にとりくみはじめてからじつに二十一年、中断の期間をのぞいても十四年を費して、ようやく一応の結末をつけることができたことになる。

第一章から第七章までのうち、事実の誤りを正したほかは原論文に修正をくわえていないのは、研究全体の出発点となった、第五章の『黄帝内経』の成立」だけである。作業仮説の適用と修正のくりかえしという方法論のもとでは、最終的な帰結にいたった段階で、中間の論文はすべて改稿を余儀なくされる宿命にはじめからある。つぎの章への橋渡しとして改変できない部分をのぞいて、どの論文にもわたしはかなり大幅な削除と加筆をおこなった。いずれも論旨にかかわる修正である。とくに第六章の「九宮八風説と「風」の病因論」は、改稿が原論文のほとんど半分におよんでいる。したがって本書は、原論文の集成ではなく、まったくべつの書になっているのだが、念のために原論文との関係を一覧しておく。

はじめに　　書き下ろし

鍼灸の起源　『新発現中国科学史資料の研究　論考篇』(山田慶兒編)、京都大学人文科学研究所、一九八五。

陰陽脈死候　同右所収「馬王堆出土医書三則」の1。原題「陰陽脈死生候」。

湯液の起源　同右。

本草の起源　『中国科学史論』(山田慶兒編)、京都大学人文科学研究所、一九八九。

最初の臨床医学書　『新発現中国科学史資料の研究　論考篇』所収「馬王堆出土医書三則」の2と3。共通の原題は無し。

『黄帝内経』の成立　『思想』、一九七九年八月号。

九宮八風説と「風」の病因論　『東方学報』京都第五十二冊、京都大学人文科学研究所、一九八〇。原題「九宮八風説と少師派の立場」。

計量解剖学と人体計測の思想　『中国科学史論　続篇』(山田慶兒・田中淡編)、京都大学人文科学研究所、一九九一。原題「伯高派の計量解剖学と人体計測の思想」。

診断諸法と「虚」の病理学　書き下ろし。

三部九候法と古代医学形式のパターン　書き下ろし。

原論文は方法論的な制約のゆえもあって、いいかえれば作業仮説の適用と修正のくりかえしであったがゆえにつねに一種の草稿にとどまり、きわめて欠陥の多いものであった。いま原論文をすべて、いわば「廃棄」して、本書を定稿としたい。今後、参照・引用・批判などをされるばあいには、どうか本書に依ってくださるよう希望する。

原論文にたいしては、日本・中国・台湾などの若い友人たちから、しばしば峻烈な批判がくわえられた。正鵠を射ている批判はむろんここに採り入れたが、論旨の誤解にもとづくものや見当外れのものをもふくめて、それらの批判はわたしに資料の見落しや読みちがい、読みの甘さや理解の浅さ、視野の狭さや考えの足りなさなどを気づかせるのに十分であった。改稿はそれらの批判に負うところがすくなくない。しかし、もっとも大きな感謝を捧げなければならないのは、京都大学人文科学研究所におけるかつての共同研究のメンバーにたいしてである。とりわけ全員の共同作業によって完成させた『新発現中国科学史資料の研究　訳注篇』(一九八五)は、内外の高い評価を得ただけでなく、わたしの研究にも強固な基礎を提供してくれたのである。

つけくわえておけば、本書の脱稿後、わたしは『中国医学はいかにつくられたか』(岩波新書、一九九九)を書き下ろした。そこでは唐代までの医書をとりあげ、本書ではくわしく触れられなかった『難経』と『傷寒論』にもそれぞれ一章を割いており、中国医学の誕生から確立にいたる過程へのわたしの理解は、そこに簡潔に表現されている。

劣悪な出版事情にもかかわらず、このようにじみな研究書の刊行をひきうけてくださった、岩波書店の大塚信一氏に心からお礼を申し上げる。おびただしい削除・訂正・加筆のために雑沓している原稿と格闘された編集部の押田連さんと印刷所の労苦には、感謝のことばもない。

一九九九年四月一日

山田慶兒

■岩波オンデマンドブックス■

中国医学の起源

1999年 7月28日　第1刷発行
2015年 6月10日　オンデマンド版発行

著　者　山田慶兒《やまだけいじ》

発行者　岡本　厚

発行所　株式会社　岩波書店
〒101-8002 東京都千代田区一ツ橋 2-5-5
電話案内 03-5210-4000
http://www.iwanami.co.jp/

印刷／製本・法令印刷

ISBN 978-4-00-730210-7　　Printed in Japan

書名索引

あ 行

か 行

さ 行

た 行

な 行

は 行

ま 行

や 行

ら・わ 行

図版出典一覧

図 1-1　古銅匕：郭沫若『金文余釋之余』文求堂書店，1932，35 葉.

図 1-2　犂：江蘇省文物管理委員会編著『江蘇徐州漢画象石』科学出版社，1959，図版陸参.

図 1-3　鈹：Orvar Karlbeck, "Selected Objects from Ancient Shouchou", *The Museum of Far Eastern Antiquities, Bulletin*, No. 27, Stockholm, 1955, Pl. 1, 3a.

図 1-4　九鍼

(a)　闕名撰『鍼経摘英集』.

(b)　楊継州撰『鍼灸大成』.

(c)　上海中医学院針灸学教研組編著『鍼灸学講義』上海科学技術出版社，1960，図 2，九鍼図.

図 1-6　劉勝墓出土金鍼：中国社会科学院考古研究所・河北省文物管理処編『満場漢墓発掘報告』下冊，文物出版社，1980，彩版 14.

図 1-7　劉勝墓出土金鍼：同，上冊，図 78.

図 1-8　劉勝墓出土銀鍼：同，上冊，図 81-3, 4.

図 3-2　『政和本草』の記載例：『政和本草』金・晦明軒本，南天書局影印本，1976，185 頁.

図 6-1　太一九宮占盤：『考古』1978 年第 5 期，341 頁.

図 7-4　陝西省興平県出土前漢銅漏壺：『中国古代天文文物図集』文物出版社，1980，図版 38.

図 7-6：『順経考穴編』群聯出版社，1955，363 頁.